HSK 4급

고수들의 막판 7일! 실전모의고사 500제

"百发百中"

— 백 번 쏘아 백 번 맞추다 —

PREFACE

스스로 HSK 전문가가 되라!

십수 년이 넘는 기간 동안 HSK를 강의하면서 학생들로부터 다양한 질문을 받았다. "선생님, HSK는 뭐부터 준비해야 해요?", "4급을 따려면 얼마나 공부해야 해요?", "제 실력은 이런데 4급을 딸 수 있을까요?" 등등이다. 이런 질문을 하는 학생들이 시험을 앞두고 가장 크게 느끼는 것은 '막막함'이었다. 그래서 좋은(?) 선생님을 찾고, 잘(?) 가르친다고 소문난 강의를 찾는다. 이것은 학습에 대한 열정과 꿈을 향한 노력이니, 가르치는 입장에서 볼 때 칭찬할 만한 부분이다. 그래서 이러한 막막함을 안고 수업을 듣는 학생들에게 오랜 시간의 강의와 연구를 통해 터득한 노하우를 어떻게 하면 쉽고 명료하게 전달해 줄 수 있을지 늘 고민하며 가르쳐왔다. 그런데 '이런 노하우를 빼곡하게 모은다고 모두 목표한 성적을 취득할 수 있는가?'라고 질문했을 때 '꼭 그렇지는 않다'가 나의 오랜 경험에서 얻은 결론이었다. 재미있는 사실은, 실제로 단기간에 원하는 급수를 취득하는 학생들을 보면 어떤 강사나 강의에 의존하는 것이 아니라, 강사나 강의로부터 배운 내용을 자신의 것으로 만드는 사람, 스스로 전문가가 되는 학생들이었다. 그래서 그들은 자신이 무엇을 배우는지를 알고, 배운 내용에 대한 확신이 있으며, 강사나 강의에서 배우지 못한 내용을 스스로 탐구하여 배움의 영역을 직접 확장할 줄 알았다. 그러니 시험 결과는 당연히 좋을 수밖에 없지 않겠는가?

중국 정부가 공인하는 대표적인 중국어 능력 시험인 HSK는 이제 선택이 아닌 필수이다. 이것은 중국과 미국에 대한 무역 의존도가 높은 우리나라의 현실만 봐도 알 수 있다. 인적, 물적, 문화적 교류가 활발해지는 시대에서 그에 맞는 전문적인 외국어 실력을 갖추는 것은 보편적인 일이 되었다. 현재 HSK는 대학 진학 및 졸업, 취업 및 승진에서 중요한 평가 항목으로 인정받는다. 그래서 많은 학생들이 급수 취득을 목표로 도전한다. 이러한 학생들에게 그간 늘 강조한 부분이 있다. 바로 기본기이다. HSK가 꼭 필요한 자격 시험이긴 하지만, 무조건 '단기간', '목표 달성'이란 키워드에만 집중하다 보면 금새 잊혀지는 외국어가 될 것이 분명하기 때문이다. 단기간에 필요한 급수를 취득해야 하는 학습자들이 분명히 있을 것이다. 그러나 기초석을 세우지 않고 건물을 쌓아 올릴 수는 없다. 기초가 바르게 잡혀야 그 위의 것들을 탄탄하게 쌓아 갈 수 있다. 바로 이 부분에 주안점을 두고 본 모의고사집을 집필하였다. 4급을 준비하는 학생들이라면 쉽게 안다고 생각하는 부분도 해설편에 상세하게 반복하여 서술하였다. 이 책을 본다고 해서 저절로 급수를 취득하게 되는 것은 아닐 것이다. 다만 학생들이 이 책을 통해 스스로 HSK전문가가 될 수 있는 길을 걸어갈 수 있도록 집필했다고 자부한다. 이 책을 통해 중국어에 한 걸음 가까워지고, 각자의 꿈에도 큰 걸음을 내딛게 되길 바란다. 끝으로 책을 끝까지 집필할 수 있도록 도움을 주신 여러 동료 선생님들과 출판사에 감사와 응원의 인사를 전한다.

대표 저자 이지현

HSK 소개

✚ HSK란?

HSK(汉语水平考试)는 제1언어가 중국어가 아닌 사람의 중국어 능력을 평가하기 위해 만들어진 중국 정부 유일의 국제 중국어 능력 표준화 시험입니다. 생활 · 학습 · 업무 등 실생활에서의 중국어 운용 능력을 평가하며 현재 세계 112개 국가, 860개 지역에서 시행되고 있습니다.

✚ 시험 방식

- HSK PBT(Paper-Based Test) : 시험지와 OMR답안지로 진행하는 시험
- HSK IBT(Internet-Based Test) : 컴퓨터로 진행하는 시험

✚ HSK의 용도 및 등급별 수준

HSK는 국내외 대학(원) 및 특목고 입학 · 졸업 시 평가 기준, 중국 정부 장학생 선발 시 평가 기준, 각급 업체 및 기관의 채용 · 승진 시 평가 기준이 되는 시험입니다. 총 1급~6급으로 구성되어 있으며, 등급별 수준은 하단의 표와 같습니다.

급수	수준
HSK 6급 (5,000 단어 이상)	중국어로 정보를 듣거나 읽는 데 있어 쉽게 이해할 수 있으며, 구두상 또는 서면상의 형식으로 자신의 견해를 유창하고 적절하게 전달할 수 있다.
HSK 5급 (2,500 단어 이상)	중국어 신문과 잡지를 읽을 수 있고, 중국어 영화 또는 TV프로그램을 감상할 수 있다. 또한 중국어로 비교적 완전한 연설을 할 수 있다.
HSK 4급 (1,200 단어 이상)	여러 분야의 화제에 대해 중국어로 토론을 할 수 있다. 또한 비교적 유창하게 중국인과 대화하고 교류할 수 있다.
HSK 3급 (600 단어 이상)	중국어로 일상생활, 학습, 업무 등 각 분야의 상황에서 기본적인 회화를 할 수 있다. 또한 중국 여행 시 겪게 되는 대부분의 상황에 중국어로 대응할 수 있다.
HSK 2급 (300 단어 이상)	중국어로 간단하게 일상생활에서 일어나는 화제에 대해 이야기할 수 있다.
HSK 1급 (150 단어 이상)	간단한 중국어 단어와 문장을 이해하고 사용할 수 있으며, 기초적인 일상 회화를 할 수 있다.

INTRODUCTION

접수 방법 & 구비 서류

인터넷 접수	HSK한국사무국 홈페이지(www.hsk.or.kr)를 통해 접수
우편 접수	구비 서류를 준비하여 HSK한국사무국에 등기우편으로 발송 ❖ 구비 서류 : 응시원서(홈페이지 다운로드), 사진 2장(1장은 응시원서에 부착), 응시비 입금영수증
방문 접수	서울공자아카데미에 방문하여 접수 ❖ 구비 서류 : 응시원서(홈페이지 다운로드), 사진 3장, 응시료

시험 당일 준비물

- 수험표 : 인터넷/우편 접수 시 홈페이지에서 출력, 방문 접수 시 접수처에서 배부
- 유효신분증 & 필기구 : '주민등록증, 운전면허증, 기간 만료 전의 여권, 주민등록증 발급신청확인서, 청소년증, 청소년증 발급신청확인서' 등의 신분증 & '2B연필 및 지우개' 등의 필기구

HSK 4급 시험의 구성

시험 내용		문항수		시험 시간	점수
듣기	제1부분	10	45문항	약 30분	100점
	제2부분	15			
	제3부분	20			
듣기 영역에 대한 답안 작성시간				5분	
독해	제1부분	10	40문항	40분	100점
	제2부분	10			
	제3부분	20			
쓰기	제1부분	10	15문항	25분	100점
	제2부분	5			
총계		100문항		약 100분	300점

➡ 각 영역별 만점은 100점으로 총점 180점 이상이면 합격
➡ 성적 조회 : HSK IBT는 시험일로부터 2주 후 조회 가능, HSK PBT는 시험일로부터 1개월 후 조회 가능, 수험표 상의 수험번호와 성명을 입력하여 조회할 수 있음(중국고시센터 홈페이지 : www.chinesetest.cn)
➡ 성적표는 시험일로부터 45일 후 수령 가능하며 시험 성적은 시험일로부터 2년간 유효함

HSK 4급 영역별 소개

HANYU SHUIPING KAOSHI

듣기

듣기 **제1부분** ▶ **일치 · 불일치 판단하기**(총 10문항 / 1번~10번)

⋯⋯ 한두 문장의 짧은 지문을 듣고 제시된 문장이 일치하는지 일치하지 않는지를 판단하는 유형으로 지문은 서술형으로 제시된다.

문제 예시

문제 ▶
1. ★ 北京的夏季不怎么热。 ( )

녹음 지문 ▶
北京的夏天又干又热，所以这么热的夏天，你一定要多喝点儿水，好好照顾自己。

듣기 **제2·3부분** ▶ **대화 및 단문을 듣고 질문에 알맞은 정답 고르기**(총 35문항 / 11번~45번)

⋯⋯ 듣기 제2부분과 제3부분의 일부는 남녀의 대화를 듣고 질문에 알맞은 정답을 고르는 유형으로, 제2부분은 남녀가 한 번씩 주고받는 대화이며 제3부분(26번~35번)은 남녀가 두 번씩 주고받는 대화이다. 또한 제3부분 중 36번에서 45번까지는 단문을 듣고 질문에 알맞은 정답을 고르는 유형이다.

문제 예시

대화형 ▶
11. A 有约会
B 肚子难受
C 要陪孩子
D 准备搬家

녹음 지문 및 질문 ▶
男：今天来了一个新同事，下班后我们去聚餐欢迎一下新同事，怎么样？
女：不好意思，今天我去不了了，我孩子有点儿发烧，我得回家照顾孩子。
问：女的为什么不去聚餐？

단문형

36. A 皮肤严重瘙痒
    B 引起过敏
    C 听力减弱
    D 有触电般的疼痛

37. A 没有果实
    B 可以制药
    C 会放电
    D 能吸声

녹음 지문 및 질문

第36到37题是根据下面一段话：

最近有些地方出现了店内没有售货员的超市，这种超市被叫做"无人超市"。顾客在进门的时候只要刷一下手机，然后选好要买的东西，用手机付款后，就可以离开了。另外，无人超市还提供全年24小时的服务，这给购物带来更多的方便。

36. 在无人超市，顾客怎么付款？

37. 关于无人尝试，可以知道什么？

독해

독해 제1부분 ▶ **빈칸에 알맞은 어휘 넣기**(총 10문항 / 46번~55번)

···› 독해 제1부분은 제시된 보기에서 적합한 어휘를 골라 문장의 빈칸을 채우는 문제로, 5개 문항은 서술문의 빈칸을 채우는 문제이며, 나머지 5개 문항은 대화문의 빈칸을 채우는 문제이다. 정답은 중복되지 않는다.

문제 예시

보기

A 错误　　　　　　B 国籍　　　　　　C 之
D 坚持　　　　　　E 否则　　　　　　F 迷路

문제

46. 很感谢你把我送到机场，（　　　　）我真的没办法准时到。

HSK 4급 영역별 소개

독해 제2부분 **문장 배열하기**(총 10문항 / 56번~65번)

⋯→ 독해 제2부분은 문장으로 제시된 보기 A, B, C를 바른 어순과 논리적인 흐름에 따라 배열하는 문제이다.

문제 예시

문제

56. A 她改变了很多，做事不再像以前那样粗心了
    B 甚至她做什么事情都提前计划好
    C 妹妹经历了一些失败以后

_____

독해 제3부분 **단문을 읽고 질문에 알맞은 정답 고르기**(총 15문항 / 66번~85번)

⋯→ 독해 제3부분은 단문을 읽고 제시된 문제에 알맞은 정답을 고르는 문제로, 66번~79번은 하나의 지문을 읽고 하나의 문제를 푸는 유형이고, 80번~85번은 하나의 지문을 읽고 두 개의 문제를 푸는 유형이다.

문제 예시

지문

66. 这种巧克力不仅美味可口，而且口味多种多样，它一直很受小孩子的欢迎，所以值得一买。

문제

★ 他觉得巧克力：
A 好吃极了　　　　B 比较贵　　　　C 很好看　　　　D 有点儿苦

지문

80~81.
在杭州，有一座越看越美丽的图书馆，它就是杭州图书馆环保分馆，这是中国第一座垃圾场上的环保图书馆，正式对外开放之后，它不仅可以借阅图书，还能提供专业的环保信息、环保服务等。另外，它以举办丰富的活动来鼓励大家保护环境。

문제

★ 那座图书馆：
A 借书数量有限　　　B 只周末开放　　　C 将正式开馆　　　D 在垃圾场上

★ 图书馆举办活动是为了：
A 提高阅读水平　　　B 吸引游客　　　　C 保护环境　　　　D 鼓励读书

쓰기

쓰기 제1부분 ▶ 어순 배열하기(총 10문항 / 86번~95번)

··· 쓰기 제1부분은 제시된 4~5개의 어휘를 중국어의 어순에 맞게 배열하여 하나의 완벽한 문장을 완성하는 문제이다.

문제 예시

문제 ▶　86.　有点儿　　　　西红柿炒饭　　　　他做的　　　　咸

쓰기 제2부분 ▶ 제시어 및 사진을 보고 작문하기(총 5문항 / 96번~100번)

··· 쓰기 제2부분은 제시된 사진을 보고 제시된 어휘를 사용하여 관련있는 내용으로 작문하는 문제이다.

문제 예시

문제 ▶　96.

俩

교재의 구성 & 장점

HANYU SHUIPING KAOSHI

1

一、听力

第一部分

第1-10题：判断对错。

例如：我想去办个信用卡，今天下午你有时间吗？陪我去一趟银行？

★ 他打算下午去银行。 (✓)

...原因是，广告太多了，不管什么时间，...总能看到那么多的广告，浪费我...

1. ★ 北京的夏季不怎么热。 (✗)

2. ★ 说话人经常和别人交流。 ( )

3. ★ 表扬别人应该说明原因。 ( )

4. ★ ... ( )

5. ★ 学生觉得张老师的课很无聊。 ( )

20 · HSK 4급 고수들의 막판 7일! 실전모의고사 500제

최신 1~2년 출제 경향 **반영 &** 시험 직전 소화 가능한 5회분 모의고사

시험 직전에는 방대한 양의 문제보다는 오답을 복습할 수 있을 만큼의 문제를 풀고 핵심만 공부하는 것이 중요합니다. HSK에 자주 출제되는 문제 유형과 어법을 바탕으로, 최근 1~2년간 시험에 새롭게 출제된 어휘와 주제를 반영하여 모의고사 딱 5회분에 담았습니다.

HSK전문강사들의 정답 노하우와 합격 비법을 논리적이고 명료한 해설로 수록 하였습니다. HSK를 처음 응시하는 학습자들도 해설을 보고 풀이 방법을 자연스럽게 터득할 수 있습니다. 또한 필수 공략Tip이 있어 중요한 HSK 어법 포인트를 학습할 수 있습니다.

고수들의 정답 노하우가 담긴 명쾌한 해설 & 공략Tip

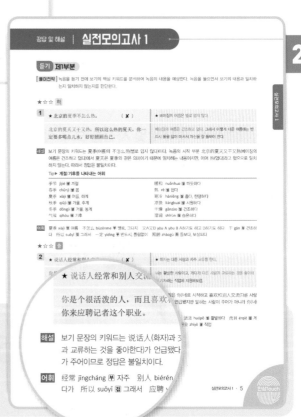

나의 취약점을 분석할 수 있는
문제 유형별 학습 자가진단표

각 문제의 난이도와 중요도, 출제 포인트를 자가진단표에 명시하였습니다. 학습자들은 자가진단표를 작성한 뒤 자신이 어떤 문제 유형과 학습 영역(어휘, 독해, 청취, 쓰기 등)이 취약한지 파악하여 시험 직전에 집중적으로 공부해야 할 부분을 정리할 수 있습니다.

HSK 기본기가 부족한 학습자들을 위해, HSK 4급 기초어법을 쉽고 간단하게 이해할 수 있도록 한 장 분량으로 정리하였고, 4급 시험에 가장 많이 출제되는 품사별 빈출 어휘를 함께 수록하였습니다. 모의고사를 풀기 시작할 때와 시험 바로 직전 두 번에 걸쳐서 기본기를 탄탄히 다집니다.

한 장으로 보는 HSK 4급 기초
어법으로 기본기 다지기

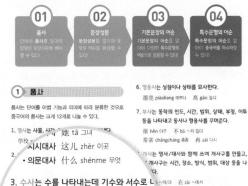

4급 합격 노하우 & 학습 가이드

HSK 시험을 처음 준비하는 분들 중에는 두꺼운 문법책이나 수업에 사용했던 회화책으로 공부하려는 분들이 계십니다. 여기서 주의할 점은 "HSK와 문법과 회화는 각각 학습 목적과 방법이 다르다"라는 것입니다. HSK 시험 내용에 문법과 회화가 모두 포함되긴 하지만, 그렇다고 해서 이 모든 것을 통달해야 볼 수 있는 시험은 아닙니다.

문장의 어순에 대한 감각을 기르십시오.

HSK 시험에서 가장 중요한 것은 중국어 문장의 기본 어순입니다. 어순이 바로 어법이라고 해도 과언이 아닐 만큼 중국어에서는 어순이 핵심입니다. 어순은 복잡한 어법 지식이 아니라, "주어+술어+목적어"를 판단하는 감각을 말합니다. 이 기본 뼈대를 갖출 줄 알아야 조금씩 근육과 살(보어, 부사어, 관형어 등등)을 붙여 나갈 수 있습니다.

핵심 문제 유형을 파악하십시오.

산 정상을 오르는 데에도 등산로가 있듯이 급수를 취득하는 데에도 가이드가 필요합니다. 맨땅에 헤딩하듯 문제부터 풀기보다는 HSK 전문강사의 노하우가 담긴 출제 빈도가 높은 문제 유형들과 꼭 알아야 하는 핵심 tip을 집중적으로 학습하는 것이 좋습니다. HSK는 다루는 주제와 어법 범위가 넓고 제한된 시간에 풀어야 하기 때문에 이러한 전략적 접근이 없으면 시작부터 쉽게 지칠 수 있습니다.

4급 필수어휘 1,200개를 꼭 암기하십시오.

HSK 4급은 초급에서 중급으로 난이도가 상승하는 급수이기 때문에 어휘량을 대폭 늘려야 합니다. 4급과 3급은 어법은 비슷하지만 어휘의 양이 2배 정도 차이가 납니다. 따라서 국가한반에서 제공한 4급 필수어휘를 꼭 암기해야 합니다.

학습 진단 Q&A

- ✔ 중국어를 1년 이상 공부했어요.　　　　　　　　☐ 예　☐ 아니오
- ✔ HSK를 준비할 수 있는 기간이 한 달 미만이에요.　☐ 예　☐ 아니오
- ✔ HSK 3급 성적이 있어요.　　　　　　　　　　☐ 예　☐ 아니오
- ✔ 관형어, 부사어, 보어의 개념을 알고 있어요.　　☐ 예　☐ 아니오

합계: 예 _____ 개 / 아니오 _____ 개

학습 진단 Q&A 결과에 따른 학습 가이드

- '예'가 3개 이상 나오신 분들은 하단 학습 가이드의 2번부터 학습하십시오.
- '아니오'가 2개 이상 나오신 분들은 학습 가이드의 1번부터 학습하시길 권합니다.
- 결과에 상관없이 기초부터 쌓길 원하는 분들은 1번부터 학습하시길 바랍니다.

①	②	③	④
4급 종합서	4급 실전 모의고사	유형별 자가진단표	필수 어법+단어
합격 공략법으로 영역별 학습	5회분으로 실전 감각 UP	체크를 통해 취약점 분석	암기로 막판 핵심 다지기

① → 4급 종합서의 합격 공략법 98개 및 필수 어휘 1,200개를 영역별로 꼼꼼히 마스터

② → 4급 실전모의고사 5회분 풀이로 시간 분배 능력 및 실전 감각 업그레이드

③ → 문제 유형별 자가진단표 체크를 통해 나의 취약점 분석 및 막판 정답률 높이기

④ → 한 장으로 보는 4급 필수 어법 및 빈출 단어를 암기하여 막판 핵심 다지기

4급 종합서

HSK 4급 고수들의 합격전략 4주 단기완성

4급 실전모의고사

HSK 4급 고수들의 막판 7일! 실전모의고사 500제

학습 플랜

HANYU SHUIPING KAOSHI

✚ 학습 플래너 활용법

- 자신의 학습 기간에 맞는 플래너를 선택합니다.
- 학습 플래너에서 각 날짜별로 배정된 학습 내용을 그날그날 공부하도록 합니다.
- 학습을 완료하면 체크(V) 표시를 합니다.
- 문제를 풀 때는 OMR 답안지에 정답을 기입하여 실전처럼 풉니다.

막판 7일! 초단기 완성 플랜

❖ 학습 시작일 : _____월_____일   ❖ 학습 종료일 : _____월_____일

❖ 하루 평균 학습 시간 : _____시간   ❖ 시험 예정일 : _____월_____일

DAY 01 (V)	DAY 02 ( )	DAY 03 ( )	DAY 04 ( )
_____월_____일	_____월_____일	_____월_____일	_____월_____일
모의고사 1회, 자가진단표 작성 및 분석	모의고사 2회, 자가진단표 작성 및 분석	모의고사 3회, 자가진단표 작성 및 분석	모의고사 4회, 자가진단표 작성 및 분석

DAY 05 ( )	DAY 06 ( )	DAY 07 ( )	
_____월_____일	_____월_____일	_____월_____일	**Real Test!**
모의고사 5회, 자가진단표 작성 및 분석	모의고사 1~5회 오답 다시 풀기	4급 기초어법 및 빈출 단어 암기	

⋯▶ 학습 기간이 7일인 플래너로 실제 시험과 동일하게 시간을 정해놓고 매일 1회분의 모의고사를 풉니다. 시험 직전 단 7일간 집중하여 실전 감각을 기를 수 있습니다.

STUDY PLAN

시험안내 Information | 합격의 공식 Formula of pass | 시대에듀 www.sdedu.co.kr

2주! 단기 완성 플랜

❖ 학습 시작일 : _____월_____일   ❖ 학습 종료일 : _____월_____일
❖ 하루 평균 학습 시간 : _____시간   ❖ 시험 예정일 : _____월_____일

	DAY 01 (V)	DAY 02 ( )	DAY 03 ( )
Start!	_____월_____일	_____월_____일	_____월_____일
	한 장으로 보는 4급 기초어법	모의고사 1회 듣기, 독해 영역	모의고사 1회 쓰기 영역, 자가진단표 작성

DAY 04 ( )	DAY 05 ( )	DAY 06 ( )	DAY 07 ( )
_____월_____일	_____월_____일	_____월_____일	_____월_____일
모의고사 2회 듣기, 독해 영역	모의고사 2회 쓰기 영역, 자가진단표 작성	모의고사 3회 듣기, 독해 영역	모의고사 3회 쓰기 영역, 자가진단표 작성

DAY 08 ( )	DAY 09 ( )	DAY 10 ( )	DAY 11 ( )
_____월_____일	_____월_____일	_____월_____일	_____월_____일
모의고사 1~3회 자가진단표 분석 및 오답 복습	모의고사 4회 듣기, 독해 영역	모의고사 4회 쓰기 영역, 자가진단표 작성	모의고사 5회 듣기, 독해 영역

DAY 12 ( )	DAY 13 ( )	DAY 14 ( )	
_____월_____일	_____월_____일	_____월_____일	**Real Test!**
모의고사 5회 쓰기 영역, 자가진단표 작성	모의고사 4~5회 자가진단표 분석 및 오답 복습	4급 기초어법 복습 및 빈출 단어 암기	

⋯▶ 학습 기간이 14일인 플래너로 이틀에 1회분의 모의고사를 풀어 실전 감각을 기름과 동시에 오답을 꼼꼼히 분석하고 취약점을 보완할 수 있습니다.

이 책의 차례

고수들의 막판 7일!

HSK 4급

실전모의고사 500제

제 1 회

듣기
독해
쓰기

新汉语水平考试
HSK(四级)

模拟考试一

注　意

一、HSK(四级)分三部分：

　　1. 听力(45题，约30分钟)

　　2. 阅读(40题，40分钟)

　　3. 书写(15题，25分钟)

二、 听力结束后，有5分钟填写答题卡。

三、 全部考试约105分钟(含考生填写个人信息时间5分钟)。

一、听 力
第一部分

第 1–10 题：判断对错。

例如：我想去办个信用卡，今天下午你有时间吗？陪我去一趟银行？

  ★ 他打算下午去银行。   （ ✔ ）

  现在我很少看电视，其中一个原因是，广告太多了，不管什么时间，也不管什么节目，只要你打开电视，总能看到那么多的广告，浪费我的时间。

  ★ 他喜欢看电视广告。   （ ✘ ）

1. ★ 北京的夏季不怎么热。   （ ）

2. ★ 说话人经常和别人交流。   （ ）

3. ★ 表扬别人应该说明原因。   （ ）

4. ★ 打印机的声音很奇怪。   （ ）

5. ★ 学生觉得张老师的课很无聊。   （ ）

6. ★ 有的餐厅免费提供饮料。 ( )

7. ★ 说话人的爸妈腿脚不好。 ( )

8. ★ 弄坏家具时应该由房东来负责。 ( )

9. ★ 春节高速公路不会堵车。 ( )

10. ★ 感情问题只有自己最清楚。 ( )

第二部分

第 11-25 题：请选出正确答案。

例如：女：该加油了，去机场的路上有加油站吗？

男：有，你放心吧。

问：男的主要是什么意思？

A 去机场　　　　B 快到了　　　　C 油是满的　　　　D 有加油站 ✔

11. A 有约会　　　　B 肚子难受　　　　C 要陪孩子　　　　D 准备搬家

12. A 开窗户　　　　B 发传真　　　　C 擦盘子　　　　D 挂镜子

13. A 填表格　　　　B 修相机　　　　C 抬沙发　　　　D 整理材料

14. A 离地铁站很远　　B 周围很吵　　　　C 环境很好　　　　D 购物不便

15. A 提前到了　　　　B 还没出发　　　　C 找错出口了　　　　D 没到叔叔家

16. A 放松心情　　　　B 课后复习　　　　C 多喝热水　　　　D 提前购买

17. A 取款　　　　B 逛超市　　　　C 排队买票　　　　D 拿签证

18. A 别拿重要的　　　B 多放吃的　　　　C 少带行李　　　　D 必须带护照

19.　A 照相　　　　　B 取药　　　　　C 拿毛巾　　　　　D 唱京剧

20.　A 要加班　　　　B 观看比赛　　　C 打网球　　　　　D 要去聚会

21.　A 特别重　　　　B 非常贵　　　　C 比较轻　　　　　D 比较厚

22.　A 减压方法　　　B 旅行目的地　　C 文化节节目　　　D 交通工具

23.　A 没交网费　　　B 密码变了　　　C 网速很慢　　　　D 很多人上网

24.　A 本子　　　　　B 杂志　　　　　C 雨伞　　　　　　D 袜子

25.　A 换新的电脑　　B 去国外旅行　　C 买流行的手机　　D 购买相机

第三部分

第 26-45 题：请选出正确答案。

例如：男：把这个文件复印五份，一会儿拿到会议室发给大家。

女：好的。会议是下午三点吗？

男：改了。三点半，推迟了半个小时。

女：好，602会议室没变吧？

男：对，没变。

问：会议几点开始？

A 两点　　　　B 3点　　　　C 3：30 ✓　　　　D 6点

26. A 数量有限　　　B 一年100元　　　C 只能在校园办　　　D 当天有效

27. A 是博士　　　　B 写过书　　　　C 鼻子高　　　　D 很活泼

28. A 很开心　　　　B 很伤心　　　　C 很烦恼　　　　D 很激动

29. A 比较酸　　　　B 很难吃　　　　C 不够甜　　　　D 有些咸

30. A 缺少热情　　　B 刚成为医生　　　C 常开玩笑　　　D 没看通知

31. A 海洋馆　　　　B 大使馆　　　　C 图书馆　　　　D 植物园

32. A 腿受伤了　　　B 咳嗽得很厉害　　　C 擦破了皮　　　D 胳膊还疼

33. A 研究经济　　　B 穿得很正式　　　C 有个约会　　　D 快毕业了

34. A 养植物　　　　B 拍照片　　　　C 练功夫　　　　D 学游泳

35. A 饺子　　　　　B 面条　　　　　C 炒饭　　　　　D 烤鸭

36. A 刷信用卡　　　B 付现金　　　　C 刷手机　　　　D 汇款

37. A 要自备塑料袋　B 提供购物信息　C 店内没售货员　D 不能分期付款

38. A 帮助做家务　　B 指出缺点　　　C 对人友好　　　D 常发脾气

39. A 与家人商量　　B 自己找方法　　C 主动解决问题　D 多向别人求助

40. A 比赛结束时　　B 比赛开始时　　C 比赛进行中　　D 随时可进场

41. A 广告足球　　　B 比赛竞争　　　C 增进友谊　　　D 引起关注

42. A 作家　　　　　B 司机　　　　　C 警察　　　　　D 教授

43. A 美食节目　　　B 新闻节目　　　C 经济节目　　　D 体育节目

44. A 比较懒的人　　B 态度积极的人　C 喜欢活动的人　D 不愿出门的人

45. A 出现堵车　　　B 引起误会　　　C 污染环境　　　D 浪费时间

二、阅 读
第一部分

第 46-50 题： 选词填空。

　　A 错误　　　B 国籍　　　C 之　　　D 坚持　　　E 否则　　　F 迷路

例如：她每天都（ D ）走路上下班，所以身体一直很不错。

46. 很感谢你把我送到机场，（　　　）我真的没办法准时到。

47. 先生，请先填一下这张申请表，只要写名字、性别和（　　　）就行了。

48. 我们肯定是（　　　）了，要不为什么找不到呢？

49. 长城是中国历史文化符号（　　　）一，也是中国人的骄傲。

50. 这篇文章好像有些语法（　　　），请你检查后再修改一下。

第 51-55 题： 选词填空。

A 份　　　　B 误会　　　　C 温度　　　　D 无聊　　　　E 景色　　　　F 只要

例如：A：今天真冷啊，好像白天最高（ C ）才2℃。

　　　　B：刚才电视里说明更冷。

51. A：小王，今天我太（ 　 ）了，咱们一块儿去打网球，怎么样？

　　 B：不行，昨天我胳膊受伤了，到现在还疼呢。

52. A：今天对面的超市有抽大奖活动，我们也去看看。

　　 B：好的，听说满100元送一（ 　 ）小礼物。

53. A：你们公司周围（ 　 ）挺美的，有很多绿色植物。

　　 B：对啊，这些让人感到很舒服。

54. A：你不觉得小刘生我的气了吗？我给他打过几次电话都没接。

　　 B：难道你们之间有什么（ 　 ）吗？

55. A：这次旅游给我留下了美好的回忆，谢谢你。

　　 B：哪儿啊，（ 　 ）你满意就行了。

第二部分

第 56-65 题：排列顺序。

例如：A 可是今天起晚了

        B 平时我骑自行车上下班

        C 所以就打车来公司   B   A   C

56. A 她改变了很多，做事不再像以前那样粗心了

     B 甚至她做什么事情都提前计划好

     C 妹妹经历了一些失败以后 _____

57. A 这家小吃店刚开业时，顾客不太多

     B 生意也比以前好了很多

     C 但换了厨师之后，过了一段时间顾客就变多了 _____

58. A 并尽自己最大的努力去完成

     B 做任何事情都要给自己信心

     C 只要认真去做，即使不成功你也不会后悔 _____

59. A 其中有38人参加数学兴趣小组，有26人参加球类兴趣小组

     B 那么，两个小组都参加的同学有多少人

     C 我们班共有55人，每个人都至少参加一个兴趣小组 _____

60. A 有什么好主意，请您尽管说

     B 张老师，您来得真及时啊

     C 我们正商量下个月课外活动的安排 _____

61. A 这也是一种人与人之间需要互相帮助的生活态度

B "助人为乐"的意思是说

C 把帮助别人当成一种快乐 _____

62. A 千万要坚持到底，别轻易放弃

B 小关，既然你已经做出了决定

C 那么不要回头，要对自己有信心 _____

63. A 为了表达人与人之间最美好的心意而送出的

B 所以最好的生日礼物不一定是最贵重的东西

C 生日礼物是指在他人的生日时 _____

64. A 味道也都不一样，所以很多人都爱吃饺子

B 它美味可口，按照各个地方的做法

C 饺子是我们生活中经常吃的一种美食 _____

65. A 虽然课后老师又特意给我讲了一遍

B 但我还是没有弄清楚，看来应该回家再好好复习一下

C 今天上数学课的时候，老师讲的那道题实在是太难了 _____

第三部分

第 66-85 题： 请选出正确答案。

例如：她很活泼，说话很有趣，总能给我们带来快乐，我们都很喜欢和她在一起。

    ★ 她是个什么样的人？

    A 幽默 ✔   B 马虎   C 骄傲   D 害羞

66. 这种巧克力不仅美味可口，而且有很多种口味，它一直很受小孩子的欢迎，所以值得一买。

    ★ 他觉得巧克力：

    A 好吃极了   B 比较贵   C 很好看   D 有点儿苦

67. 这瓶红酒是我结婚时父亲送给我和丈夫的。父亲说无论是哪种酒，都是时间越长味道越香。结婚就像美酒一样，时间越久，夫妻之间的感情也越深。

    ★ 父亲希望女儿和她的丈夫：

    A 更健康   B 感情越来越好   C 早点儿生子   D 要互相尊重

68. "举一反三"这句话的意思是说，通过从一件事情类推而知道其他许多事情。在学习过程中，如果有了这种能力，往往会取得很好的成绩。

    ★ "举一反三"的能力对学习：

    A 影响力不大   B 几乎无效果   C 获得成绩   D 没有帮助

69. 事情既然已经发生了，我们应该讨论怎样解决这个问题，而不是讨论谁对谁错的问题。所以一起想办法，这才是最先应该做到的。

    ★ 我们应该怎么做？

    A 接受批评   B 一起找办法   C 学会信任   D 懂得节约

70. 他是一位很有名的小说家。最近他新写了一本关于怎样互相尊重的书。那本书写得很精彩，深受很多读者的喜爱，很值得一看。

    ★ 关于那位小说家，可以知道：

    A 脾气不好　　　　B 非常活泼　　　　C 压力很大　　　　D 有很多读者

71. 游客朋友们请注意！参观动物园时，为了保证安全，只允许开车窗，不允许把头和手伸出窗外或离动物太近，请不要下车。谢谢大家的理解。

    ★ 根据这段话，提醒游客：

    A 禁止下车　　　　B 先下后上　　　　C 系安全带　　　　D 排队进场

72. 木香花是一种植物，多生长在中国四川和云南境内，花白色或者黄色，花期是从4月到5月，开花时，香味很浓。

    ★ 关于木香花，可以知道：

    A 多为红色　　　　B 能开黄色的花　　C 四季都开花　　　D 可以入药

73. 去年我家搬到这儿，就在20层，我喜欢坐在窗边的沙发上看窗外极美的景色。而且夏天开窗户后房间里特别凉快，所以很多时间都开着窗户，不用开空调。

    ★ 他家：

    A 在公司对面　　　B 刚搬到郊区　　　C 周围很安静　　　D 非常凉快

74. 儿子，我并不反对你玩游戏。但是你还是个学生，要以学习为重，不能影响学习。

    ★ 她希望儿子应该做什么？

    A 打扫房间　　　　B 找兴趣爱好　　　C 以学习为主　　　D 管理时间

75. 随着《成都》这首歌的流行，很多人都开始关注"成都"这座城市，它处于中国西南地区，西高东低，所以东西部的气候各不相同。另外，这里动物和植物的种类也丰富多样。

   ★ 根据上文，成都有什么特点？
   　　A 动植物种类多　　B 经济增长很快　　C 交通极为方便　　D 气候极其干燥

76. 听说森林公园里开满了五颜六色的花，风景特别美丽。我打算这个周末和几个朋友一起骑车去那儿。到了那天，我们先找个寄存自行车的地方，然后一起去爬山。

   ★ 他们怎么去那儿？
   　　A 坐船　　　　　B 骑车　　　　　C 打车　　　　　D 坐火车

77. 我戴这副眼镜已经很长时间了，但是我总感觉戴着它的时候看不清楚东西，而且也不舒服。所以，今天我要去眼镜店配一副新的眼镜。

   ★ 他计划：
   　　A 打网球　　　　B 擦盘子　　　　C 换眼镜　　　　D 抬沙发

78. 名人的书信是研究历史的重要材料之一。他们的每一封信都能打开一段历史。我们可以通过读他们的信，来了解当时发生的事情以及他们对社会的想法等。

   ★ 名人的书信是研究什么的重要材料？
   　　A 环境污染　　　B 科学知识　　　C 当时历史　　　D 经济发展

79. 不要试着去改变周围人，因为人从来都不是容易改变的，所以要求别人按照自己的方式来生活，这就是很难做到的。

   ★ 根据这段话，应该做什么？
   　　A 别容易放弃机会　　　　　　　　B 别试着改变别人
   　　C 要养成好习惯　　　　　　　　　D 要坚持自己的想法

80-81.

在杭州，有一座越看越美丽的图书馆，它就是杭州图书馆环保分馆，这是中国第一座垃圾场上的环保图书馆，正式对外开放之后，它不仅可以借阅图书，还能提供专业的环保信息、环保服务等。另外，它以举办丰富的活动来鼓励大家保护环境。

★ 那座图书馆：

A 借书数量有限　　　　　　　　B 只周末开放
C 将正式开馆　　　　　　　　　D 在垃圾场上

★ 图书馆举办活动是为了：

A 提高阅读水平　　　　　　　　B 吸引游客
C 保护环境　　　　　　　　　　D 鼓励读书

82-83.

聚餐点菜时，你一定会遇到过这样的情况：当你问别人"你想吃什么"的时候，有些人总会回答"随便"。他们到底真的吃什么都行吗？其实，这样就很容易会浪费很多时间在选菜上，所以，每个人都应该至少说清楚要求，比如说喜欢吃炒饭、不能吃辣等类似这样的要求。这样才能让大家吃得更愉快。

★ 点菜时说"随便"容易怎么样？

A 表示尊重　　　B 节约时间　　　C 浪费时间　　　D 让人生气

★ 说话人建议点餐时应该怎么做？

A 自己拿主意　　　　　　　　　B 让别人来决定
C 不用多问意见　　　　　　　　D 多替别人考虑

84-85.

　　小关是一个经验很丰富的人，他不仅工作很努力，做事还很细心，而且他的管理能力也很高。他来我们公司已经十多年了。到现在从来没有出现过错误。所以许多人都认为这次活动由他来负责很合适。

　　★ 关于小关，可以知道：
　　　　A 总是粗心　　　　B 爱讲笑话　　　　C 刚换工作　　　　D 经验丰富

　　★ 说话人为什么认为小关适合做负责人？
　　　　A 信任他人　　　　B 极少出错　　　　C 敢说真话　　　　D 重视信用

三、书 写
第一部分

第 86-95 题：完成句子。

例如：那座桥　　800年的　　历史　　有　　了

　　　那座桥有800年的历史了。

86. 有点儿　　西红柿炒饭　　他做的　　咸

87. 看到了　　一份符合　　招聘广告　　我　　要求的

88. 很详细　　使用说明书　　写得　　这份打印机的

89. 之间　　尊重　　应该　　人与人　　互相

90. 真让人太　　结果　　失望了　　这场比赛的

91. 举行　　校内的　　将于　　音乐节大赛　　下个月

92. 大家　　和鼓励　　首先感谢　　对我的　　支持

93. 后悔　　你现在　　来不及了　　已经

94. 比橡皮　　价格　　铅笔的　　贵一些

95. 不小心把　　弄　　我购物时　　小票　　丢了

第二部分

第 96–100 题：看图，用词造句。

例如：

乒乓球

<u>她很喜欢打乒乓球。</u>

96.

俩

97.

饺子

98.

擦

99.

失望

100.

日记

고수들의 **막판 7일!**

HSK 4급

실전모의고사 500제

제 2 회

듣기
독해
쓰기

新汉语水平考试
HSK(四级)

模拟考试二

注　意

一. HSK(四级)分三部分：

　　1. 听力(45题，约30分钟)

　　2. 阅读(40题，40分钟)

　　3. 书写(15题，25分钟)

二、 听力结束后，有5分钟填写答题卡。

三、 全部考试约105分钟(含考生填写个人信息时间5分钟)。

一、 听 力
第一部分

第 1–10 题：判断对错。

例如：我想去办个信用卡，今天下午你有时间吗？陪我去一趟银行？

    ★ 他打算下午去银行   (✓)

    现在我很少看电视，其中一个原因是，广告太多了，不管什么时间，也不管什么节目，只要你打开电视，总能看到那么多的广告，浪费我的时间。

    ★ 他喜欢看电视广告。   (✗)

1. ★ 那篇文章是关于减压的。   ( )

2. ★ 大家一定要给他发传真。   ( )

3. ★ 他同学的看书速度特别慢。   ( )

4. ★ 找对方向挺重要的。   ( )

5. ★ 他不想按要求吃药。   ( )

6. ★ 寒假时他没回家。　　　　　　　　　（　　）

7. ★ 他还没做好决定。　　　　　　　　　（　　）

8. ★ 小赵很受同学们欢迎。　　　　　　　（　　）

9. ★ 那些方法对减肥很有帮助。　　　　　（　　）

10. ★ 他们没赶上飞机。　　　　　　　　（　　）

第二部分

第 11-25 题：请选出正确答案。

例如：女：该加油了，去机场的路上有加油站吗？

男：有，你放心吧。

问：男的主要是什么意思？

A 去机场   B 快到了   C 油是满的   D 有加油站 ✓

11. A 办公室   B 机场   C 邮局   D 植物园

12. A 肚子难受   B 不怎么饿   C 睡懒觉   D 时间来不及

13. A 飞机上   B 船上   C 电梯上   D 地铁上

14. A 搬东西   B 整理材料   C 擦盘子   D 收拾行李箱

15. A 导游   B 教师   C 律师   D 警察

16. A 写作业   B 做总结   C 逛商店   D 修空调

17. A 进一步   B 向东走   C 往左移   D 擦地上

18. A 奶奶   B 父亲   C 叔叔   D 同事

19. A 10:00   B 15:00   C 17:00   D 22:00

20. A 突然长胖很多   B 睡不好觉   C 成绩不好   D 压力很大

21. A 看杂志   B 借小说   C 查词典   D 寄封信

22. A 不够浪漫   B 很一般   C 很精彩   D 太无聊

23. A 非常暖和   B 经常下雨   C 比较干燥   D 偶尔刮风

24. A 还书   B 留座位   C 借铅笔   D 交作业

25. A 钢笔   B 可乐   C 咖啡   D 葡萄汁

第三部分

第 26-45 题：请选出正确答案。

例如：男：把这个文件复印五份，一会儿拿到会议室发给大家。

女：好的。会议是下午三点吗？

男：改了。三点半，推迟了半个小时。

女：好，602会议室没变吧？

男：对，没变。

问：会议几点开始？

A 两点   B 3点   C 3：30 ✓   D 6点

26. A 报名参赛   B 学期计划   C 参观地点   D 网上购物

27. A 是一名护士   B 通过面试了   C 经常戴帽子   D 还没结婚

28. A 打印照片   B 弹钢琴   C 买地图   D 看医生

29. A 更精神了   B 太热情了   C 很骄傲   D 很成熟

30. A 环保   B 民族文化   C 功夫   D 人的性格

31. A 火车上   B 出租车上   C 餐厅里   D 办公室里

32. A 手机关机   B 一直占线   C 快没电了   D 换号码了

33. A 打印机   B 沙发   C 词典   D 冰箱

34. A 植物园　　　　　　B 动物园　　　　　　C 海洋公园　　　　　　D 玩具店

35. A 橡皮　　　　　　　B 铅笔　　　　　　　C 相机　　　　　　　　D 笔记

36. A 不想再搬家了　　　B 暂时住几个月　　　C 继续找房子　　　　　D 没把房子卖出去

37. A 房租便宜　　　　　B 交通方便　　　　　C 周围安静　　　　　　D 购物不便

38. A 喝了很多酒　　　　B 吃了碗炒饭　　　　C 买了辆汽车　　　　　D 看了场电影

39. A 高速公路上　　　　B 火车上　　　　　　C 出租车上　　　　　　D 小船上

40. A 1818年　　　　　　B 1867年　　　　　　C 1876年　　　　　　　D 1918年

41. A 穿着很暖和　　　　B 容易穿进去　　　　C 穿起来很难　　　　　D 又软又轻

42. A 文化水平　　　　　B 公司规定　　　　　C 生活态度　　　　　　D 学习材料

43. A 互相尊重　　　　　B 照顾老人　　　　　C 同情别人　　　　　　D 关注自己

44. A 互联网上　　　　　B 课后复习上　　　　C 与朋友聊天上　　　　D 课外活动上

45. A 尊重孩子的意见　　B 让孩子多读书　　　C 多和孩子交流　　　　D 让孩子多锻炼

二、阅 读

第一部分

第 46-50 题： 选词填空。

    A 公里　　　　B 差不多　　　　C 比如　　　　D 坚持　　　　E 地点　　　　F 现金

例如：她每天都（ D ）走路上下班，所以身体一直很不错。

46. 真抱歉，现在刷卡机突然坏了，修理需要等一段时间，我们只能收（　　）。

47. 你不觉得这几辆汽车外观上看上去（　　）吗？

48. 老师让我通知明天的集合（　　）换到体育馆门口了。

49. 我们的地球每天都在变化，（　　）有些地方就是由以前的森林变成海洋的。

50. 车子这次要跑好几千（　　），跑长途之前应该对车进行哪些检查？

第 51-55 题： 选词填空。

A 棵　　　B 打扰　　　C 温度　　　D 按时　　　E 空气　　　F 收拾

例如：A：今天真冷啊，好像白天最高（ C ）才2℃。

B：刚才电视里说明更冷。

51. A：快年底了，是不是公司的任务太重了？

B：对啊，公司现在缺人，所以最近我都没能（　　）下班。

52. A：刚搬完家还没来得及（　　），房间里有点儿乱，你随便找个地方坐吧。

B：没事，我刚巧走到这儿，就顺便过来看一下你。

53. A：这么冷的天气，你竟然还开着窗户呢？

B：其实我想让房间换换新鲜的（　　），窗户一直关着真不好。

54. A：你知道为什么这（　　）树右边的叶子比左边的多吗？

B：这种植物喜欢向阳，右边的叶子离太阳更近，所以自然多点儿。

55. A：不好意思，我（　　）你这么久了，我也该走了，很感谢你的帮忙。

B：不用客气，只要有空儿就常过来。

第二部分

第 56-65 题：排列顺序。

例如：A 可是今天起晚了

　　　 B 平时我骑自行车上下班

　　　 C 所以就打车来公司
B　　A　　C

56. A 这是为了保护馆内的艺术品

　　 B 馆内不允许照相

　　 C 先生，请注意，所有的游客参观艺术馆时　　　＿＿＿＿＿＿＿＿＿＿

57. A 在那儿看自己很漂亮

　　 B 今天我去理发店理了一个短发

　　 C 但回来在家照镜子的时候却没那么好看了　　　＿＿＿＿＿＿＿＿＿＿

58. A 直接出来见面详谈

　　 B 其实这件事说起来很复杂

　　 C 电话里却很难说明清楚，要不我们约个地方　　　＿＿＿＿＿＿＿＿＿＿

59. A 判断翻译水平的高低时，有两种标准

　　 B 首先译文读起来就会感觉很自然

　　 C 其次不该改变原文本来的意思　　　＿＿＿＿＿＿＿＿＿＿

60. A 原来她和好朋友在一起时，完全相反

　　 B 我们都以为小刘是个很喜欢安静的人

　　 C 性格特别活泼，最爱说话　　　＿＿＿＿＿＿＿＿＿＿

61. A 他接了个电话后，突然就走了
    B 看上去他有了急事，来不及收拾自己的东西了
    C 笔记本电脑是6号桌那个小伙子的   _____

62. A 在中国，牙膏最早见于1920年左右
    B 而在牙膏还没出现之前
    C 中国人以中草药和盐为工具，用它们来刷牙   _____

63. A 这样做既有助于大家的健康，也能环保
    B 该校内食堂鼓励大家在食堂里用餐
    C 为了减少餐盒和塑料袋的使用   _____

64. A 他的心情很快就会好起来
    B 每当他遇到些困难时
    C 都会去家附近的花园走一走，一看到五颜六色的鲜花   _____

65. A 是因为我在那儿度过了四年大学生活
    B 当时我还考虑要不要留在那儿找工作呢
    C 我对那座美丽的城市很熟悉   _____

第三部分

第 66-85 题： 请选出正确答案。

例如：她很活泼，说话很有趣，总能给我们带来快乐，我们都很喜欢和她在一起。

　　★ 她是个什么样的人？

　　A 幽默 ✓　　　　B 马虎　　　　C 骄傲　　　　D 害羞

66. 妈，你知道我的眼镜在哪儿吗？我可能把它忘在客厅或厨房了，我怎么也找不到眼镜了，没戴眼镜完全看不清楚。

　　★ 他怎么了？

　　A 腿受伤了　　　B 有点儿累　　　C 感冒了　　　　D 看不清楚

67. 请大家注意！今天的作业就是写一篇关于公共交通和城市发展的文章，谈一谈自己的看法。至少200字左右，明天上课之前交就行。

　　★ 关于作业，可以知道什么？

　　A 下周一之前交　　B 翻译成英文　　　C 与交通有关　　　D 最多800字

68. 我本来不想参加这次面试，是因为这份工作只招两个人，但却有100多人参与了竞争。后来我再想想，要是不参加的话，以后一定会后悔我的选择。

　　★ 他原来为什么不想参加面试？

　　A 工资不算高　　　B 不符合专业　　　C 要经常加班　　　D 应聘者太多

69. 这座观景台在这个城市很有名。它虽然白天很安静，人也不多，但是一到晚上就非常热闹。夜晚比白天更美，从这里能看到的城市风景优美极了。

　　★ 那座观景台：

　　A 门票价格便宜　　B 白天更美丽　　　C 晚上人更多　　　D 能看到长江

70. 无论在生活上还是在工作上，我们都会发现，有些人把迟到当成习惯，这样的人往往对自己要求不太严格。

★ 经常迟到的人往往：

A 会乱发脾气　　　B 缺少耐心　　　C 不能严格要求自己　D 很容易放弃

71. 和网球、篮球相比，羽毛球更受到人们的喜爱。首先，它运动量比较小，各个年龄段的人都适合；其次，它对场地的要求不高，而且简单易学，只要有空地就可以打。

★ 羽毛球受欢迎的原因是什么？

A 动作很复杂　　　B 运动量很大　　　C 对场地要求低　　　D 很受环境影响

72. 在课堂上教育学生时，找到最合适的方法才是关键。如果只表扬不批评，就会让学生变得骄傲；而只批评不表扬，这也会让学生失去自信。

★ 这句话是对谁说的？

A 护士　　　　　B 导游　　　　　C 教师　　　　　D 律师

73. 汉语里有"马到成功"，表示的是希望能把事情进行得顺利，很快地获得自己想要的成功。这个词语与很久以前的人们骑马或坐马车出行的习惯有关。在亲朋好友去做重要的事情之前，我们会祝他们"马到成功"。

★ "马到成功"的出现与什么有关？

A 工作态度　　　B 出行习惯　　　C 付款方式　　　D 游戏做法

74. 成为一个优秀的演员应该懂得如何生活，是因为生活就像电视剧一样，只有能了解生活中的酸甜苦辣，才能演出真实感，演得更贴近实际情况。

★ 说话人认为演员应该：

A 知识丰富　　　B 不怕麻烦　　　C 了解生活　　　D 懂得幽默

75. 在我们遇到超出自己能力范围的事情时，到底应该坚持下去还是放弃呢？有时候放弃一些事情并不是坏事。我们应该勇敢地学会放弃，否则可能会浪费很多时间，白费力气。

   ★ 对于自己办不到的事情，我们应该：

   A 找人商量　　　　B 拒绝邀请　　　　C 学会放弃　　　　D 接受意见

76. 中国人常说"饭后百步走，活到九十九。"，它的意思是说在吃饭之后，走上一百步，就能活到九十九。其实从健康方面来说，这句话却并不科学，还会引起些健康的问题。饭后马上散步对身体并没有帮助。

   ★ 饭后不应该做什么？

   A 洗个碗　　　　　B 做运动　　　　　C 喝杯茶　　　　　D 擦餐桌

77. 暑假出去玩的人特别多，所以暑假的机票比平时大概贵了几倍。咱们去北京旅游的时间还是推迟一点儿吧。

   ★ 说话人的意思是：

   A 改旅游地点　　　B 自己开车去　　　C 提前买机票　　　D 推迟旅游时间

78. 我无论去哪个国家旅游，之前都会提前了解那个地方的风俗文化。一方面是我能知道到那个国家应该注意些什么，另一方面是我本身就喜欢研究不同国家的文化。

   ★ 说话人出国前做什么准备？

   A 查天气情况　　　B 护照和签证　　　C 出入境规定　　　D 了解别国的文化

79. 那个国家大剧院在我们这儿很有名。它的对面就是天安门广场，站在广场上看着对面的大剧院感觉十分浪漫，而且每天都有丰富多彩的演出。

   ★ 关于那个国家大剧院，可以知道什么？

   A 对面有广场　　　B 周日关门　　　　C 门票有限　　　　D 免费进场

80-81.

　　有些人认为猫是一种很懒的动物，是因为猫在一天中大约有14到15小时睡觉，有的猫甚至睡20个小时以上。所以它就被称为"懒猫"。 其实猫一点儿也不懒，仔细看它就会发现：只要有点儿声响，猫的耳朵就会动。如果有人走近，它就一下子醒过来。猫不会睡得很死是为了能很快感觉到周围的情况。

★ 很多人为什么以为猫很懒？
　　A 吃完就躺着　　B 平时很少活动　　C 睡觉时间很长　　D 喜欢在家里

★ 下列哪项是作者的看法？
　　A 猫很活泼　　B 猫很可爱　　C 猫并不懒　　D 猫爱洗澡

82-83.

　　世界各地植物叶子长得都很不相同，这与气候条件有关。在寒冷而干燥的地方，因为空气中的水分很少，那里的植物叶子会又长又窄，有的甚至长得像针一样；而在温暖而湿润的地方，叶子会长得既宽又厚。

★ "世界各地植物叶子不同"与什么有关？
　　A 四季变化　　B 气候条件　　C 道路情况　　D 山的高度

★ 在暖和湿润的地方，植物的叶子：
　　A 非常细　　B 宽且厚　　C 比较窄　　D 像针一样

84-85.

　　最近这部小说很受人们欢迎，它主要讲的是农村的小男孩儿在大城市生活成长的一个故事。书中写他在很多方面丰富多彩的经历，小说反映了当时社会面临的问题：越来越多的年轻人不愿走出自己的世界，害怕竞争，不想长大。这位作家想告诉人们：万事开头难，走出第一步就是成功的一半。

★ 这部小说指出了什么？
　　A 花钱习惯　　　　B 男女爱情　　　　C 环境污染　　　　D 社会问题

★ 作家告诉我们：
　　A 减少误会　　　　B 引人同情　　　　C 详细安排　　　　D 勇敢点儿

三、书写
第一部分

第 86-95 题：完成句子。

例如：那座桥　　800年的　　历史　　有　　了
　　　　<u>那座桥有800年的历史了。</u>

86. 越来越　　深了　　他们　　友谊　　之间的

87. 理解　　夫妻　　应该互相　　之间

88. 的　　这道题的答案　　一页上　　在这本书　　最后

89. 顺便把　　你出门时　　拿出去　　这些食物垃圾

90. 开始　　从7岁就　　弹　　他女儿　　钢琴了

91. 文章　　他的这篇　　很精彩　　写得

92. 寄了　　给护士　　一封　　这个孩子　　感谢信

93. 约好的地点　　提前10分钟　　关阿姨　　到了

94. 填一下　　申请表格　　请您先去　　这张　　对面的办公室

95. 组成　　11个数字　　手机号码　　一般由

第二部分

第 96–100 题：看图，用词造句。

例如：

乒乓球

她很喜欢打乒乓球。

96.
乱

97.
降落

98.
区别

99.
合适

100.
来得及

HSK 4급

실전모의고사 500제

제 3 회

듣기
독해
쓰기

新汉语水平考试
HSK(四级)

模拟考试三

注　意

一、HSK(四级)分三部分：

    1. 听力(45题，约30分钟)

    2. 阅读(40题，40分钟)

    3. 书写(15题，25分钟)

二、 听力结束后，有5分钟填写答题卡。

三、 全部考试约105分钟(含考生填写个人信息时间5分钟)。

一、听 力

第一部分

第 1–10 题：判断对错。

例如：我想去办个信用卡，今天下午你有时间吗？陪我去一趟银行？

  ★ 他打算下午去银行。   （ ✓ ）

  现在我很少看电视，其中一个原因是，广告太多了，不管什么时间，
也不管什么节目，只要你打开电视，总能看到那么多的广告，浪费我
的时间。

  ★ 他喜欢看电视广告。   （ ✗ ）

1. ★ 他在给大家介绍新同事。   （ ）

2. ★ 那个大使馆在海边。   （ ）

3. ★ 出错时先弄清楚到底错在哪儿。   （ ）

4. ★ 春雨过后会快速降温。   （ ）

5. ★ 那辆车一共有六个座位。   （ ）

6. ★ 那本杂志每周出一本。 （　　）

7. ★ 周兰从小就学钢琴了。 （　　）

8. ★ 打折活动还没开始。 （　　）

9. ★ 飞机就要降落了。 （　　）

10. ★ 他是一个经验很丰富的警察。 （　　）

第二部分

第 11-25 题：请选出正确答案。

例如：女：该加油了，去机场的路上有加油站吗？

男：有，你放心吧。

问：男的主要是什么意思？

A 去机场 B 快到了 C 油是满的 D 有加油站 ✓

11. A 教室 B 邮局 C 植物园 D 海洋馆

12. A 钥匙丢了 B 擦不干净 C 材料缺页 D 填错表格

13. A 教室里 B 厨房里 C 办公室里 D 客厅里

14. A 寄感谢信 B 发电子邮件 C 发传真 D 发送手机号码

15. A 钥匙 B 衬衫 C 礼物 D 铅笔

16. A 继续努力 B 懂得放弃 C 不要提醒 D 不用着急

17. A 男的高兴极了 B 男的在道歉 C 女的要打招呼 D 他们在吵架

18. A 秋季凉快 B 经常下雨 C 风景美丽 D 空气干燥

19. A 找零钱　　　　　B 存钱　　　　　C 取现金　　　　　D 办信用卡

20. A 不想参赛　　　　B 不去旅行　　　C 不愿当律师　　　D 不去参观长城

21. A 生意变好了　　　B 成绩提高了　　C 快生孩子了　　　D 找到工作了

22. A 弄丢了地图　　　B 任务没完成　　C 路上堵车了　　　D 洗衣机坏了

23. A 哪儿都不去　　　B 换个地方　　　C 改天再去　　　　D 今天就去

24. A 早睡早起　　　　B 经常锻炼　　　C 提前出发　　　　D 收拾行李

25. A 蛋糕　　　　　　B 雨伞　　　　　C 袜子　　　　　　D 帽子

第三部分

第 26-45 题：请选出正确答案。

例如：男：把这个文件复印五份，一会儿拿到会议室发给大家。

女：好的。会议是下午三点吗？

男：改了。三点半，推迟了半个小时。

女：好，602会议室没变吧？

男：对，没变。

问：会议几点开始？

A 两点　　　　 B 3点　　　　 C 3：30 ✓　　　　 D 6点

26. A 胳膊受伤了　　 B 脚有些疼　　　 C 肚子难受　　　 D 头有点疼

27. A 走错路了　　　 B 堵得太厉害　　 C 快来不及了　　 D 电影票卖光了

28. A 弹钢琴　　　　 B 童话故事　　　 C 唱歌跳舞　　　 D 表演京剧

29. A 比以前胖了　　 B 变化不太多　　 C 就要结婚了　　 D 是一名教授

30. A 向别人问路　　 B 上网查地址　　 C 自己找办法　　 D 重新看地图

31. A 多做运动　　　 B 多吃甜食　　　 C 少吃盐　　　　 D 少吸烟

32. A 火车站　　　　 B 机场　　　　　 C 车站　　　　　 D 加油站

33. A 通知成绩　　　 B 问价格　　　　 C 告诉结果　　　 D 请假

34. A 拿铁　　　　　B 果汁　　　　　C 矿泉水　　　　D 汽水

35. A 女的要旧报纸　B 男的在找零钱　C 旧杂志卖光了　D 剩下的杂志很多

36. A 毛衣　　　　　B 帽子　　　　　C 雨伞　　　　　D 眼镜

37. A 很伤心　　　　B 挺兴奋的　　　C 十分无聊　　　D 不太开心

38. A 少数民族很多　B 寒冷且干燥　　C 四季都开鲜花　D 很少下雪

39. A 面条　　　　　B 饺子　　　　　C 小吃　　　　　D 蛋糕

40. A 公司文化　　　B 符合专业　　　C 收入高低　　　D 发展机会

41. A 怎样减轻压力　B 怎样选择工作　C 怎样减少污染　D 怎样养成习惯

42. A 教书　　　　　B 看病　　　　　C 打针　　　　　D 开药方

43. A 记者要及时报道　B 护士并不轻松　C 成为医生很难　D 警察要有责任感

44. A 被吸引了　　　B 走开了　　　　C 流了眼泪　　　D 很激动

45. A 受到尊重　　　B 很难交流　　　C 指出缺点　　　D 容易改变

二、阅读

第一部分

第 46–50 题： 选词填空。

   A 积累   B 看法   C 地址   D 坚持   E 弄   F 专门

例如：她每天都（ D ）走路上下班，所以身体一直很不错。

46. 知识和能力是可以慢慢（　　）起来的。

47. 请您再检查一下您的收货（　　）是不是正确。

48. 放心吧，我叔叔在这个方面很有经验，我先问问他的（　　）怎么样？

49. 你在关冰箱门时，用力过大的话，我看冰箱很快就会被你（　　）坏了。

50. 你快过来尝一尝，这些绿茶叶是我（　　）从四川省买过来的。

A 直接　　　　B 入口　　　　C 温度　　　　D 估计　　　　E 提醒　　　　F 收拾

例如：A：今天真冷啊，好像白天最高（ C ）才2℃。

　　　　B：刚才电视里说明更冷。

51. A：天突然变阴了，你帮我去把挂在外边的衣服收回来吧。

　　 B：好的，（ 　　 ）快要下雨了。

52. A：你收到银行的短信（ 　　 ）了没有？我怎么没收到短信呢？

　　 B：7月份的工资上周五已经发了啊，我上周就收到了。

53. A：很抱歉，我可能会晚到，还有一站，稍等一会儿。

　　 B：知道了，电影票已经取好了，我在影院（ 　　 ）处等你，慢慢来。

54. A：去了一趟售楼处之后，他们怎么总是给我打电话呀？真烦人！

　　 B：我也有过那样的经验，当时真让人受不了，我（ 　　 ）把手机号码换了。

55. A：客人就要到了，菜准备得怎么样了？

　　 B：你先把餐桌（ 　　 ）一下，我的西红柿鸡蛋汤做得差不多了。

第二部分

第 56-65 题：排列顺序。

例如：A 可是今天起晚了

　　　　B 平时我骑自行车上下班

　　　　C 所以就打车来公司　　　　　　　　　　B　A　C

---

56. A 我们店会进行自动抽奖活动

　　　B 为了向到来的各位顾客表示感谢

　　　C 每位获奖者会得到现金大奖和大礼包　　　_____

---

57. A 但她一切都是为你好，希望你能顺利通过面试

　　　B 并实现自己的理想

　　　C 你姐姐说话确实有点儿直接　　　　　　　_____

---

58. A 后来就不像以前那么热闹了

　　　B 以前楼下有一家羊肉店生意很好，每天都要排很长的队

　　　C 但去年那家店搬到别的城市了　　　　　　_____

---

59. A 有两种方法：提供更高的奖金和降低参赛条件

　　　B 怎样才能让更多的人参加这场羽毛球比赛

　　　C 请大家商量一下，这两种方法中哪种更适合、更有效　_____

---

60. A 它很受年轻人欢迎，在短短一个月的时间里

　　　B 就卖出去了10万多本

　　　C 那部小说是位著名的作家写的　　　　　　_____

61. A 我叔叔从小就对中国各地的文化很感兴趣

    B 因此他对这方面的知识非常了解

    C 大学毕业后继续读研究生时，阅读了大量的专业书 _____

62. A 但是今天他却陪我去了一家新开的家具城

    B 我丈夫本来不爱逛街

    C 我们从早上9点开始一直逛到晚上，最后也没买到喜欢的沙发

    _____

63. A 就无法保证学生的安全，同时也不方便管理

    B 如果在校外租房

    C 很多学校鼓励学生在校内住宿 _____

64. A 平时很少锻炼的人，力气不算很大

    B 就会感觉到全身都又酸又疼，这是很正常的

    C 所以在突然抬起很重的东西时 _____

65. A 但是却一下子想不起来究竟是谁唱的

    B 这首歌听起来非常熟悉

    C 而且我还记得第一次听到它的感觉 _____

第三部分

第 66-85 题：　请选出正确答案。

例如：她很活泼，说话很有趣，总能给我们带来快乐，我们都很喜欢和她在一起。

　　★ 她是个什么样的人？

　　A 幽默 ✓　　　　B 马虎　　　　　C 骄傲　　　　　D 害羞

66. 到底什么是真正的"学"呢？很多人都认为"教"是最有效的"学"，只有自己先完全理解，才能教得更好、更正确。在这个过程中也能加深自己的印象。

　　★ 最有效的学习方法是什么？

　　A 教别人　　　　B 课前预习　　　　C 进行研究　　　　D 认真复习

67. 各位家长请注意，由于台风影响，本校为了保证全校师生的安全，决定从明天起停止到校上课，进行线上教学。所以请家长在家提前准备好。

　　★ 学校为什么停课？

　　A 学校在修建　　B 举行国际比赛　　C 快过新年了　　D 天气原因

68. 安排自己的时间和工作内容是一种增强幸福感的方法之一，这种方法会让人们变得更积极、更主动。

　　★ 安排自己的时间和工作内容的人们会：

　　A 十分无聊　　　B 很积极　　　　C 比较成熟　　　　D 太马虎

69. 这个茶叶在我们城市很有名。它的质量特别好，原来的价格比较贵。但因去年卖剩下了，而且存放时间已经超过了三四个月，所以现在打8折。

　　★ 这个茶叶：

　　A 取自高山　　　B 对身体好　　　C 正在打折　　　　D 比平时贵

70. 保护环境是我们每个人的共同责任。环保的方法并不在远处，而是在离我们很近的地方。比如说不浪费水电、少使用空调、多乘坐公交车和地铁等。所以我们应该从小事做起。

　　★ 要保护环境，我们应该：

　　A 节约用电　　　　B 偶尔开空调　　　C 多用塑料袋　　　D 经常开车

71. 中国有句话说得好："兴趣是最好的老师。"就是说我们在选择专业时，要考虑清楚自己的兴趣，这才是最关键。如果选择自己不喜欢的专业，即使上了大学，也很难学好，这样也许会失去大学生活的快乐。

　　★ 在选择专业时，应该考虑：

　　A 自己的兴趣　　　B 父母的意见　　　C 是否符合分数　　D 是否热门专业

72. 有些客人以为宾馆房间里的饮料是免费提供的，不太了解这个规定。其实那种饮料是收费的。所以我建议为了减少这种误会，我们要注意观察宾馆是否在饮料旁边写清楚饮料的价格，宾馆也应该写清楚饮料的价格。

　　★ 他建议宾馆怎么做？

　　A 提供优质服务　　B 提高网速　　　　C 写明价格　　　　D 降低早餐费

73. 无论是去约会还是参加面试，很多人都爱打扮。在打扮自己时，我们应该注意符合自己的年龄，只有适合自己的年龄、自然而舒服的打扮才能让自己看起来更美丽，会给人留下很好的印象。

　　★ 什么样的打扮容易给人留下好印象？

　　A 流行的　　　　　B 自然的　　　　　C 成熟的　　　　　D 干净的

74. 这种植物是我们农村随处可见的，一般我们把它叫成"车前草"。我经常用它来做汤，除了味道很不错，对身体也很有好处。

　　★ "车前草"：

　　A 喜欢向阳　　　　B 可以做汤　　　　C 可以入药　　　　D 四季开花

안심Touch

75. 决定成功的并不是能力的高下，重要的是态度。有些人总是把事情做到"差不多"就感到满意，这些人往往和成功无缘。想要让自己变得更优秀，一定要严格要求自己、坚持到底。

★ 让自己变得更优秀，必须：

A 丰富科学知识　　B 提高工作能力　　C 养成好习惯　　D 严格要求自己

76. 提到北京菜，大家都会想起烤鸭吧。那么，现在就让我们一起去探访北京最有名的烤鸭老店，先去那儿的厨房了解一下怎样做烤鸭，然后尝尝美味的烤鸭。

★ 他们接下来会做什么？

A 打包后回家　　B 马上离开餐厅　　C 先点几种饮料　　D 看烤鸭怎么做

77. 这种新材料，与过去使用的材料相比，虽然质量差不多，但价格却比过去的更低。因此它深受各大公司喜爱。

★ 这种新材料：

A 很便宜　　　　B 更优质　　　　C 无污染　　　　D 还需研究

78. 有一天，在机场的洗手间里，我不小心把护照和登机牌忘在了那儿，还好被负责打扫卫生的阿姨看到了，否则我没法及时登机，恐怕会错过航班。

★ 说话人把登机牌丢在哪儿了？

A 登机口　　　　B 免税店　　　　C 卫生间　　　　D 取行李处

79. 无论做什么事，选对方向很重要。如果走向错的方向，就会离目的地越来越远，这样做会浪费很多时间。因此，如果没有正确的方向，自己再怎么做出努力都是无用的。

★ 这段话告诉我们：

A 该重视过程　　B 要有责任心　　C 要求要严格　　D 要选对方向

80-81.

　　有些人认为鸟是一种很笨的动物，其实它并不笨，反而非常聪明。鸟一般在吃的东西时，会把吃的东西放在别的鸟不知道的地方，有时还会换地方放。有别的鸟在的话，通过做一些假动作来骗它们，总之，鸟在放吃的东西时很重视安全。

　　★ 说话人认为鸟怎么样？
　　　　A 很聪明　　　　　B 缺少信心　　　　C 很骄傲　　　　　D 有责任感

　　★ 鸟在放吃的东西时，会怎么样？
　　　　A 换地方放　　　　B 放树叶下面　　　C 放在树上　　　　D 扔进河边

82-83.

　　所有的子女都希望自己的父母老了以后，能在家里很舒服地生活，不用那么辛苦地工作。实际上，老人害怕孤独，喜欢热闹。所以，我们应该多鼓励他们参加一些简单的社会活动，这样才能让他们感到自己仍然是一个在家庭和社会里被需要的人。对他们来说，这种"被需要"的感觉就是幸福。

　　★ 老人更喜欢什么？
　　　　A 离开孩子生活　B 非常热闹　　　C 陪孙子玩　　　D 到处旅游

　　★ 关于老人，哪个正确？
　　　　A 不愿意辛苦　　B 爱住在郊区　　C 喜欢城市生活　D 需要被重视

안심Touch

84–85.

　　管理钱是一件很多人都比较重视的事情，但是现在许多年轻人都有些乱花钱的习惯，他们特别"敢"花钱。比如衣服得穿最流行的、手机必须是最新的、护肤要最贵的等。他们每个月赚多少花多少。我建议一定要根据自己的实际经济情况来花钱，否则也许会给以后的生活带来很大的经济上的烦恼。

★ 说话人觉得有些年轻人怎么样？
A 乱花钱　　　　B 有钱就存钱　　　C 很会管理钱　　　D 不工作想赚钱

★ 花钱时，我们应该考虑：
A 是否需要　　　B 经济能力　　　C 质量好坏　　　D 东西价格

三、书写

第一部分

第 86-95 题：完成句子。

例如：那座桥　　800年的　　历史　　有　　了
　　　　那座桥有800年的历史了。

86. 越来越　　这段时间的　　复杂了　　道路情况

87. 理想　　到大的　　作家　　成为一名　　是他从小

88. 禁止　　森林　　用火　　内

89. 原本的　　他不得不　　旅游计划　　改变了

90. 阴凉的地方　　放在　　这种植物　　不要总是　　把

91. 一座　　出生在　　海边小城　　我妻子　　美丽的

92. 哭了起来　　都　　得　　感动　　很多观众

93. 穷人　　表扬　　不是为了　　帮助　　得到别人的

94. 很开心　　和周丽　　让我　　聊天　　感到

95. 环境　　被　　吸引住了　　他　　这里的

第二部分

第 96-100 题：看图，用词造句。

例如：

乒乓球

她很喜欢打乒乓球。

96.

开心

97.

棵

98.

功夫

99.

倒

100.

戴

고수들의 막판 7일!

HSK 4급

실전모의고사 500제

제 4 회

듣기
독해
쓰기

新汉语水平考试
HSK(四级)

模拟考试四

注　意

一、HSK(四级)分三部分：

　　1. 听力(45题，约30分钟)

　　2. 阅读(40题，40分钟)

　　3. 书写(15题，25分钟)

二、 听力结束后，有5分钟填写答题卡。

三、 全部考试约105分钟(含考生填写个人信息时间5分钟)。

一、听 力
第一部分

第 1–10 题：判断对错。

例如：我想去办个信用卡，今天下午你有时间吗？陪我去一趟银行？

    ★ 他打算下午去银行。　　　　　　　　　　　　　　　　(✓)

    现在我很少看电视，其中一个原因是，广告太多了，不管什么时间，也不管什么节目，只要你打开电视，总能看到那么多的广告，浪费我的时间。

    ★ 他喜欢看电视广告。　　　　　　　　　　　　　　　　(✗)

1. ★ 夏天洗冷水澡更凉快。　　　　　　　　　　　　　　　(　)

2. ★ 这次旅行他玩得很开心。　　　　　　　　　　　　　　(　)

3. ★ 遇到问题时要冷静下来。　　　　　　　　　　　　　　(　)

4. ★ 森林对保护环境很有好处。　　　　　　　　　　　　　(　)

5. ★ 这篇小说只受国内读者欢迎。　　　　　　　　　　　　(　)

6. ★ 他在对大家表示感谢。　　　　　　　　　　　（　　）

7. ★ 写日记有很多好处。　　　　　　　　　　　　（　　）

8. ★ 她做菜经验很丰富。　　　　　　　　　　　　（　　）

9. ★ 小王经常迟到。　　　　　　　　　　　　　　（　　）

10. ★ 本次航班能按时起飞。　　　　　　　　　　（　　）

第二部分

第 11-25 题：请选出正确答案。

例如：女：该加油了，去机场的路上有加油站吗？

男：有，你放心吧。

问：男的主要是什么意思？

A 去机场　　　　B 快到了　　　　C 油是满的　　　　D 有加油站 ✔

11. A 警察　　　　B 邮递员　　　　C 导游　　　　D 售货员

12. A 太旧了　　　　B 声音很吵　　　　C 突然停了　　　　D 很费电

13. A 想去旅行　　　　B 天有点儿阴　　　　C 气温很低　　　　D 出去散步

14. A 有点儿辣　　　　B 不太甜　　　　C 特别酸　　　　D 非常咸

15. A 读硕士　　　　B 做生意　　　　C 进入社会　　　　D 举行婚礼

16. A 先躺会儿　　　　B 吃药　　　　C 去医院　　　　D 回家休息

17. A 高速公路上　　　　B 宾馆　　　　C 售票处　　　　D 邮局

18. A 学网球　　　　B 弹钢琴　　　　C 游泳　　　　D 练开车

19. A 专业符合　　　　B 经验丰富　　　　C 缺少信心　　　　D 态度积极

20. A 8点　　　　　　B 9点　　　　　　C 10点　　　　　　D 11点

21. A 毕业条件　　　　B 专业课　　　　　C 奖学金　　　　　D 课外活动

22. A 电话打通了　　　B 电话坏了　　　　C 电话没放好　　　D 电话没声音

23. A 笔记　　　　　　B 皮鞋　　　　　　C 帽子　　　　　　D 现金

24. A 理发店　　　　　B 大使馆　　　　　C 超市　　　　　　D 动物园

25. A 是一名护士　　　B 快生孩子了　　　C 已经毕业了　　　D 快要结婚了

第三部分

第 26-45 题：请选出正确答案。

例如：男：把这个文件复印五份，一会儿拿到会议室发给大家。

女：好的。会议是下午三点吗？

男：改了。三点半，推迟了半个小时。

女：好，602会议室没变吧？

男：对，没变。

问：会议几点开始？

A 两点　　　　B 3点　　　　C 3：30 ✓　　　　D 6点

26. A 味道很香　　　B 价格很贵　　　C 顾客不多　　　D 服务一般

27. A 电脑出问题　　B 网速很慢　　　C 网址正确　　　D 电脑突然停了

28. A 地点不好　　　B 环境很好　　　C 购物不便　　　D 房租便宜

29. A 批评　　　　　B 拒绝　　　　　C 同意　　　　　D 鼓励

30. A 去出差　　　　B 去旅行　　　　C 要搬家　　　　D 看医生

31. A 美味很多　　　B 污染严重　　　C 景色优美　　　D 交通方便

32. A 机场　　　　　B 火车站　　　　C 植物园　　　　D 大使馆

33. A 15分钟　　　　B 30分钟　　　　C 50分钟　　　　D 一个多小时

34. A 打电话　　　　B 寄信　　　　　C 发传真　　　　D 发邮件

35. A 爬山　　　　　B 打网球　　　　C 收拾厨房　　　D 排队买票

36. A 奖金　　　　　B 兴趣　　　　　C 工资　　　　　D 休假

37. A 存钱的重要性　B 讨论的作用　　C 选择职业的标准　D 减肥的效果

38. A 记者　　　　　B 留学生　　　　C 警察　　　　　D 护士

39. A 要有怀疑精神　B 学好外语并不难　C 懂得节约用水　D 做事不能马虎

40. A 丰富经验　　　B 增加信心　　　C 减少麻烦　　　D 方便交流

41. A 及时发照片　　B 上网查信息　　C 别发关键信息　D 别玩电子游戏

42. A 想听别人意见　B 对人热情　　　C 不想拿主意　　D 真的没想法

43. A 一起商量　　　B 推迟决定　　　C 一个人判断　　D 让别人决定

44. A 父母　　　　　B 世上　　　　　C 理想　　　　　D 太阳

45. A 多与人交流　　B 一定要有耐心　C 不要骄傲　　　D 输赢不重要

二、阅 读
第一部分

第 46-50 题： 选词填空。

A 往往　　　B 抱歉　　　C 既然　　　D 坚持　　　E 技术　　　F 篇

例如：她每天都（ D ）走路上下班，所以身体一直很不错。

46. 很（　　），您的包不能带进店内，您可以把它放在存包的地方。

47. （　　）改变不了环境，那你就要学会改变你自己。

48. 这（　　）小说是一位著名的作家新出的，内容十分精彩。

49. 成功的人（　　）能坚持到底，并不容易放弃。

50. 随着网络（　　）的发展，互联网极大地影响着我们的生活。

第 51–55 题： 选词填空。

    A 正式   B 擦   C 温度   D 但是   E 沙发   F 登机牌

例如：A：今天真冷啊，好像白天最高（ C ）才2℃。

       B：刚才电视里说明更冷。

51. A：你过来帮我把（　　）抬到窗户那儿，这样看着很舒服。

    B：知道了，我马上就去。

52. A：刚才（　　）家具时，我不小心把花瓶打碎了，还没来得及收拾。

    B：你也不是故意的，你没受伤就行了。

53. A：现在我要去安检了，你们也快回去吧。

    B：你拿好护照和（　　），一下飞机就联系我们。

54. A：你今天怎么打扮得这么（　　）？看起来很有精神。

    B：其实我今天第一次去面试，紧张得很。

55. A：你看我穿这件蓝色的衬衫怎么样？好看吗？

    B：好看是好看，（　　）我觉得白色的那件更适合你。

第二部分

第 56—65 题：排列顺序。

例如：A 可是今天起晚了

      B 平时我骑自行车上下班

      C 所以就打车来公司   B   A   C

56. A 它的意思是指对某一事情的开始、发展、结果都不知道

    B 也用这句话来比喻对实际情况了解太少

    C 汉语里有句话叫"一问三不知"   _____

57. A 但住了一段时间后，逐渐适应了这里的气候

    B 我刚搬到北方时

    C 总觉得这里的空气太干燥了   _____

58. A 园区内禁止吸烟，请您理解，谢谢

    B 各位游客朋友们，大家好！欢迎来到景色宜人的北海公园

    C 为了保证您和他人的安全   _____

59. A 时间是无价的，即使一个人钱再多

    B 但时间过去了就永远不能再来了

    C 也买不到它，钱花光了可以再赚   _____

60. A 否则你会手忙脚乱，也很难成功

    B 不管你做什么事情

    C 都要提前计划好，事先有正确的方向   _____

61. A 然后到第一个路口向右走大约50多米
    B 就能看到您说的那家儿童书店了
    C 您先从前面这个天桥上过去
    _____

62. A 这才是他能保持健康的关键
    B 我父亲不管天冷还是天热
    C 每天早上都坚持跑3公里
    _____

63. A 它非常值得一看
    B 作者在书中介绍了国内各省各地的特产和美食
    C 这本书是一名导游写的
    _____

64. A 来到杭州，如果错过这几条小吃街
    B 那条小吃街是杭州三大美食街之一，许多人都说
    C 就不能说自己来过杭州
    _____

65. A 现在飞往该省所有的航班
    B 由于昨晚8时四川省突然下起了大雨
    C 都推迟1小时起飞，请大家理解
    _____

第三部分

第 66-85 题：请选出正确答案。

例如：她很活泼，说话很有趣，总能给我们带来快乐，我们都很喜欢和她在一起。

    ★ 她是个什么样的人？

      A 幽默 ✓   B 马虎   C 骄傲   D 害羞

66. 最近《饮食与历史》这个节目很受欢迎。不仅使观众看到了许多中华美味，而且还能从中学到做菜的方法，非常值得一看。

    ★《饮食与历史》这个节目：

      A 不值得看   B 广告太多   C 特别精彩   D 主要介绍经济

67. 在自助餐厅里，如果你只坐在你的座位等别人拿东西给你，那么你连一点东西都吃不到。只有站起来主动去拿，你才能吃到你想吃的。同样，我们在生活中什么都不做也就什么也得不到。

    ★ 在生活中，我们应该：

      A 回忆过去   B 重视过程   C 自己多努力   D 总结原因

68. 山东省烟台市被称为"苹果之都"。那儿的苹果很有名，因该省的气候条件较适合种苹果，所以苹果很大、味道特甜、颜色也好看，这吸引着成千上万的游客前来购买。

    ★ 关于烟台，可以知道：

      A 气候湿润   B 很少下雨   C 苹果很有名   D 到处是草地

69. 许多人常说"以后还有机会"，但这句话并不一定是真的。因为估计将来会发生什么事情是很难的，谁也猜不到的。所以机会来了，我们就应该主动去试一试，千万别错过机会。

★ 根据这段话，我们应该：

A 别错过机会　　　B 学会拒绝　　　　C 别随便借钱　　　D 要有耐心

70. 世界卫生组织把每年4月7日定为"世界无烟日"，这是为了鼓励大家尽量少吸烟。吸烟不但对自己身体伤害很大，还会给周围人的健康带来不好的影响。

★ 根据这段话，我们应该：

A 少抽烟　　　　　B 保证安全　　　　C 保护环境　　　　D 提出意见

71. 杭州市位于中国浙江省北部。它已有两千二百多年的历史了，既是浙江省的政治、文化和经济中心，也是著名的旅游城市。

★ 根据这段话，杭州市：

A 是一座小城市　　B 有很多美味　　　C 历史很短　　　　D 是旅游城市

72. 有些人在别人求你做很难做到或者没时间去做的事时，总是很难拒绝他们的请求，担心会影响双方之间的感情。实际上，真正的友谊不会因你的一次拒绝而受到任何影响。

★ 不会拒绝朋友的人会害怕：

A 经历失败　　　　B 影响友谊　　　　C 引起污染　　　　D 遇到危险

73. 汽车的天窗起到很大的作用。每当上车时，我们应该先打开天窗，这是为了给车内换到新鲜而干净的空气，并且对减少车内的污染很有帮助。

★ 这段话主要谈的是什么？

A 研究的目的　　　B 天窗的作用　　　C 汽车的好处　　　D 科技的发展

74. 我们应该为美好的明天准备些什么呢？我们要把所有的热情与汗水都用在职场上，并将今天的工作做到最好。这才是最理想的准备。

★ 怎样才能为明天做好准备：

A 要有信心　　　B 到时候准备　　　C 提前计划好　　　D 今天努力工作

75. 这种小镜子很适合我们随身带着使用，尤其是年轻女孩子。镜子太大随身带着很不方便，可是它既好看又轻便，因此很适合作为小礼物送给女孩子。

★ 根据这段话，小镜子：

A 不太有用　　　B 带着方便　　　C 不好使用　　　D 价格便宜

76. 我们都认为小王是一个很害羞的人，是因为他从不爱说话，甚至说了一句话脸就红。但是随着年龄的增长，他也逐渐变了，没想到他毕业后竟然成为了一名优秀的演员，这真让人很吃惊。

★ 根据这段话，可以知道他：

A 很讲信用　　　B 赚了不少钱　　　C 变得成熟　　　D 当了演员

77. 有的孩子用大哭或发脾气来表达自己需要什么，这时父母不能他们要什么就给什么。我们应该重视这个问题，否则就不会让孩子主动想办法解决问题，容易养成乱发脾气的坏习惯。

★ 孩子发脾气的主要原因：

A 受到批评　　　B 表达需要　　　C 想引起关注　　　D 想得到爱情

78. 很多年轻人都以现在流行的样式为标准去购物来打扮自己。但在我看来，不管什么，真正适合自己才是最重要的，不能过于追求时尚。

★ 年轻人该穿什么样的衣服：

A 适合自己的　　　B 价格贵的　　　C 实用的　　　D 流行的

79. 网球爱好者都会选择比较厚的网球专用袜子。这是为什么呢？首先，进行移动速度很快的比赛时，厚的网球袜能保护好脚。其次，它能有效吸汗。

★ 厚网球袜对什么有帮助：

A 降低气温　　　B 容易吸汗　　　C 提高成绩　　　D 管理心情

80-81.

现代人都有一些或多或少的压力。那么人们可以通过做什么减轻压力呢？对于很多女性来说，逛街是一种放松心情的好方法。她们在买到自己想买的东西的时候，可以让她们暂时忘掉一些烦恼。

★ 很多女性通过什么减压？

A 聊天　　　　　B 睡觉　　　　　C 购物　　　　　D 锻炼

★ 这段话主要讲什么？

A 怎样增进友谊　B 介绍旅游景点　C 怎样获得成功　D 介绍减压方法

82-83.

幽默是一门艺术，也是一种让人羡慕的能力，有这种能力的人，即使是再无聊的经历，从他们的嘴里说出来也会变得有趣，甚至让人笑得肚子疼。懂得幽默的人不管在什么地方，都会给别人带去快乐，所以周围的人都愿意多和他们交流。这才是值得我们好好学习的一种生活态度。

★ 根据这段话，幽默会让人感到：

A 烦恼　　　　　B 伤心　　　　　C 开心　　　　　D 轻松

★ 这段话主要讲什么？

A 合适最重要　　B 懂得幽默　　　C 要有礼貌　　　D 学会原谅

84-85.

汉语里有句话："友谊第一，比赛第二。"它的意思是在比赛中输赢不是最重要的，目的在于增进友谊。没有人会永远输，也没有人会一直赢。所以只要努力做了，不管输还是赢都同样很精彩。

★ 根据这段话，比赛的目的是：

A 增进友谊　　　　B 提高竞争力　　　　C 拉近距离　　　　D 增加收入

★ 这段话主要讲什么？

A 鼓励孩子阅读　　B 输赢并不重要　　　C 健康才是关键　　D 接受别人批评

三、书写

第一部分

第 86-95 题：完成句子。

例如：那座桥　　800年的　　历史　　有　　了

　　　　那座桥有800年的历史了。

86. 方向　　特别　　找对　　重要

87. 妹妹已经　　邀请　　他的　　接受了

88. 旅客都　　吸引了　　被　　所有的　　这里的风景

89. 并　　解决　　不能　　发脾气　　任何问题

90. 好几倍　　比以前　　顾客的　　增加了　　数量

91. 从来　　京剧表演　　没看过　　他　　这么精彩的

92. 你快　　脱下来的　　挂在这儿　　把　　上衣

93. 对身体　　每天坚持　　有什么　　跑5公里　　好处

94. 不应该　　哥哥　　难道你　　道歉吗　　向

95. 耐心　　有　　学外语时　　一定要

第二部分

第 96-100 题：看图，用词造句。

例如：

   乒乓球

她很喜欢打乒乓球。

96.    钥匙

97.    脏

98.    赢

99.    兴奋

100.    收拾

HSK 4급

실전모의고사 500제

제 5 회

듣기
독해
쓰기

新汉语水平考试
HSK(四级)
模拟考试五

注　意

一、HSK(四级)分三部分：

    1. 听力(45题，约30分钟)

    2. 阅读(40题，40分钟)

    3. 书写(15题，25分钟)

二、　听力结束后，有5分钟填写答题卡。

三、　全部考试约105分钟(含考生填写个人信息时间5分钟)。

一、 听 力
第一部分

第 1-10 题：判断对错。

例如：我想去办个信用卡，今天下午你有时间吗？陪我去一趟银行？

　　　★ 他打算下午去银行。　　　　　　　　　　　　　　　(✓)

现在我很少看电视，其中一个原因是，广告太多了，不管什么时间，也不管什么节目，只要你打开电视，总能看到那么多的广告，浪费我的时间。

　　　★ 他喜欢看电视广告。　　　　　　　　　　　　　　(✗)

1. ★ 他是个做事很急的人。　　　　　　　　　　　　　　(　　)

2. ★ 他顺利通过了面试。　　　　　　　　　　　　　　　(　　)

3. ★ 中国共有55个民族。　　　　　　　　　　　　　　　(　　)

4. ★ 他对这儿的环境很熟悉。　　　　　　　　　　　　　(　　)

5. ★ 认真学习的态度值得我们学习。　　　　　　　　　　(　　)

6. ★ 这次招聘会还没开始。　　　　　　　　（　　）

7. ★ 他打算送一件衣服。　　　　　　　　　（　　）

8. ★ 飞机就要降落了。　　　　　　　　　　（　　）

9. ★ 书店邀请了著名的作者。　　　　　　　（　　）

10. ★ 失败往往是成功的基础。　　　　　　　（　　）

第二部分

第 11-25 题：请选出正确答案。

例如：女：该加油了，去机场的路上有加油站吗？

男：有，你放心吧。

问：男的主要是什么意思？

A 去机场　　　　B 快到了　　　　C 油是满的　　　　D 有加油站 ✓

11. A 非常精彩　　　　B 十分无聊　　　　C 值得观看　　　　D 内容有趣

12. A 害羞　　　　B 吃惊　　　　C 伤心　　　　D 失望

13. A 没人参加　　　　B 提前结束　　　　C 座位不够　　　　D 推迟开会

14. A 律师　　　　B 机长　　　　C 演员　　　　D 司机

15. A 还在洗碗　　　　B 在弹钢琴　　　　C 上口语课　　　　D 吃酸辣面

16. A 办公室　　　　B 医院　　　　C 电影院　　　　D 教室

17. A 写一封信　　　　B 主动道歉　　　　C 只说抱歉　　　　D 送小礼物

18. A 有些误会　　　　B 偶尔联系　　　　C 很少吵架　　　　D 感情很好

19. A 麻辣烫　　　　　B 炒饭　　　　　　C 酸辣面　　　　　D 烤鸭

20. A 服务不错　　　　B 卫生不好　　　　C 餐具很脏　　　　D 客房很小

21. A 讨论　　　　　　B 唱京剧　　　　　C 喝酒　　　　　　D 修房子

22. A 修理空调　　　　B 收拾衣服　　　　C 照照片　　　　　D 选择餐具

23. A 留在学校　　　　B 回老家　　　　　C 去旅游　　　　　D 写小说

24. A 总是粗心　　　　B 做事认真　　　　C 从不骄傲　　　　D 积极主动

25. A 很粗心　　　　　B 很仔细　　　　　C 很骄傲　　　　　D 很幽默

안심Touch

第三部分

第 26-45 题：请选出正确答案。

例如：男：把这个文件复印五份，一会儿拿到会议室发给大家。

女：好的。会议是下午三点吗？

男：改了。三点半，推迟了半个小时。

女：好，602会议室没变吧？

男：对，没变。

问：会议几点开始？

A 两点　　　　　B 3点　　　　　C 3：30 ✓　　　　　D 6点

26. A 擦盘子　　　　B 出去散步　　　　C 打扫卫生　　　　D 吃辣的

27. A 乒乓球　　　　B 网球　　　　　C 羽毛球　　　　　D 篮球

28. A 宝宝帽子　　　B 小玩具　　　　C 儿童衣服　　　　D 虎头鞋

29. A 特别贵　　　　B 非常甜　　　　C 无污染　　　　　D 比较酸

30. A 白天暖和　　　B 仍然寒冷　　　C 偶尔下雨　　　　D 凉快多了

31. A 门票价格　　　B 表演目的　　　C 橡皮数量　　　　D 报名人数

32. A 听广播　　　　B 收看电视　　　C 去逛超市　　　　D 打扫厨房

33. A 参加聚餐　　　B 表演节目　　　C 研究经济　　　　D 组织开会

34. A 反对看法　　　　B 尊重意见　　　　C 表示感谢　　　　D 指出错误

35. A 手表弄丢了　　　B 手表停了　　　　C 手表走慢了　　　D 手表突然坏了

36. A 批评孩子　　　　B 教育孩子　　　　C 陪孩子玩　　　　D 与孩子逛街

37. A 从不听话　　　　B 不爱说话　　　　C 好学数学　　　　D 想吃饼干

38. A 舒服　　　　　　B 热情　　　　　　C 难过　　　　　　D 失望

39. A 颜色的作用　　　B 介绍各地美食　　C 了解少数民族　　D 存钱的重要性

40. A 赶不上变化　　　B 恐怕浪费时间　　C 无法保证安全　　D 只好推迟比赛

41. A 管理时间　　　　B 选择专业　　　　C 重视过程　　　　D 方向重要

42. A 总睡懒觉　　　　B 压力很大　　　　C 工作量很多　　　D 睡得太晚

43. A 要按时睡觉　　　B 该及时体检　　　C 要坚持锻炼　　　D 该找到爱好

44. A 吃甜食　　　　　B 听音乐　　　　　C 吸烟　　　　　　D 逛街

45. A 交通工具　　　　B 生活态度　　　　C 减压方式　　　　D 交流目的

二、阅 读
第一部分

第 46–50 题： 选词填空。

　　A 后悔　　　B 至少　　　C 故意　　　D 坚持　　　E 适应　　　F 年龄

例如：她每天都（ D ）走路上下班，所以身体一直很不错。

46. 现在有些人看起来比实际（　　）小很多。

47. 他又不是（　　）的，我希望你们能互相理解。

48. 在这么热的夏天，我们一天（　　）喝1,500毫升左右的水。

49. 多保重身体，否则等到身体出现了问题，再（　　）也来不及了。

50. 麦克逐渐（　　）了亚洲的饮食文化。

第 51-55 题： 选词填空。

A 来得及　　　B 流利　　　C 温度　　　D 信心　　　E 到底　　　F 丰富

例如：A：今天真冷啊，好像白天最高（ C ）才2℃。

　　　B：刚才电视里说明更冷。

51. A：我很羡慕小王能说一口（　　）的普通话。

　　B：羡慕什么，你也从现在起认真学习汉语吧。

52. A：你为什么经常吃西红柿呢？有那么好吃吗？

　　B：听说西红柿里的营养很（　　），常吃西红柿对身体很好。

53. A：都7点了，我们恐怕会迟到一会儿，怎么办？

　　B：不用着急，功夫表演还有半个小时才开始呢，还（　　）。

54. A：我明天要去参加一个面试，有点儿紧张。

　　B：别紧张，你要对自己有（　　），相信自己能得到好结果。

55. A：这儿（　　）发生了什么事情？怎么这么乱啊！

　　B：不好意思，我的小狗刚才把垃圾桶打翻了。

第二部分

第 56-65 题：排列顺序。

例如：A 可是今天起晚了

　　　B 平时我骑自行车上下班

　　　C 所以就打车来公司　　　　　　　　　　　　　　　B　A　C

56. A 今晚只好要加班了

　　 B 我本来打算今天上午把这个任务完成好的

　　 C 现在都下午5点了，估计到下班之前都没办法弄好　　_____

57. A 然后用剩下的钱来交房租、水电费等

　　 B 这样他们很快就能买得起房子了

　　 C 这对夫妻每个月把工资的大部分都存起来　　_____

58. A 回家时妹妹都不想离开那儿了，现在仍然很兴奋

　　 B 看到了很多从来没见过的动物

　　 C 昨天正好是儿童节，妈妈带我和妹妹去参观动物园　　_____

59. A 参观中请大家跟紧我，不要走丢了，谢谢

　　 B 各位旅客请注意，你们到入口处排队，我先去售票处买票回来

　　 C 拿到票后，我会带大家进去开始参观　　_____

60. A 你最好把它放在窗户边，让它多见太阳

　　 B 这种宽叶喜欢有阳光的地方

　　 C 这样做才能长得更快、叶子的颜色也会变得更绿　　_____

61. A 一看见护士就哭，她怎么都没想到
    B 我长大后竟然会成为一名护士
    C 妈妈说我小的时候特别害怕去医院打针
    _____

62. A 因此孩子小时候的教育很重要
    B 意思是一个人从3岁就可以推测到80岁的性格
    C 中国有"三岁定八十"的说法
    _____

63. A 平时刷牙的时候把盐加在牙膏或者牙刷上
    B 这样做对牙变白很有好处
    C 很多网站上都介绍
    _____

64. A 就按照超出部分每一公斤的标准加收费用
    B 按照规定，一个人最多可免费带20公斤行李
    C 如果您的行李箱超过20公斤的话
    _____

65. A 一边抱着西瓜吃，一边看电影
    B 这才是最让人感到幸福的事
    C 夏天快要到了，在家里开空调
    _____

第三部分

第 66-85 题： 请选出正确答案。

例如：她很活泼，说话很有趣，总能给我们带来快乐，我们都很喜欢和她在一起。

★ 她是个什么样的人？

A 幽默 ✓   B 马虎   C 骄傲   D 害羞

66. 以前，我妻子是一名专业羽毛球运动员，还得了多次国内外大赛的第一名，她在羽毛球界很有名。现在在一所大学教孩子们打羽毛球，她上课幽默风趣，深受学生们的欢迎。

★ 根据这段话，他妻子：

A 喜欢去爬山   B 没工作经验   C 是一名演员   D 当过运动员

67. "凉茶"很受广东人欢迎。其实，它是一种以中药来做成的饮料，并不是茶。尽管味道较苦，但对身体有一定的好处，尤其热着喝效果更好。

★ 凉茶：

A 味道很苦   B 是一种茶   C 是水果做的   D 有减肥的作用

68. 有些人还认为自己做错了道个歉，说一句抱歉就行了。其实原谅一个人很容易，但是重新信任别人却是很困难的。所以我们在向别人道歉时应该让人感到你真心的歉意。

★ 根据这段话，道歉时：

A 不用紧张   B 只说抱歉   C 不要太晚   D 需要真心

69. 许多人都忙了一周，等到周末就喜欢睡懒觉，有的人甚至一睡就是大半天。但是医生提醒我们睡太久却对身体不太好，睡懒觉也许还会引起头疼。他们建议每天睡七八个小时就足够了。

　　★ 根据这段话，睡觉时间太长会：

　　A 解决烦恼　　　　B 减轻压力　　　　C 增加信心　　　　D 影响健康

70. 快乐的人就像太阳，无论照到哪里，哪里都明亮；而伤心的人就像乌云，不管去到哪里都有雨滴和哭声。只有态度积极主动的人，才能找到快乐的生活，相反，总是伤心难过的人会给人带来烦恼。

　　★ 这段话告诉我们什么？

　　A 做人要积极　　　B 要适应环境　　　C 要找回信心　　　D 要信任别人

71. 从20世纪起，环境污染越来越严重了，其中主要原因是由大量的塑料垃圾引起的。甚至在世界上最深的海洋中也发现了塑料垃圾。研究者指出，将来在我们历史里，塑料会成为我们发现最多的东西。

　　★ 这段话主要想告诉我们什么？

　　A 别破坏森林　　　B 要节约用水　　　C 塑料垃圾太多　　D 不要浪费时间

72. 与人交流时，有些人往往"口不对心"。就是说有人习惯嘴上说"没关系"，"不用担心我"等，但是他们却愿意得到你的支持和鼓励。如果你看不出他们的心里话，就会让他们感到很失望。

　　★ "口不对心"的意思最可能是：

　　A 做事很马虎　　　B 长期坚持　　　　C 说话很直接　　　D 说的和想的不同

73. 语言是人们交流的工具之一。除了语言以外，人们还可以通过什么来表达自己的想法呢？第一，幼儿一般用哭来表达自己需要什么。第二，有些人以音乐来表达自己的感情，有时，音乐更容易让人理解。第三，用手或身体的动作来表达想法。

★ 根据这段话，音乐表达的感情：

　A 很难理解　　　　B 印象更深　　　　C 易让人听懂　　　D 无法接受

74. 很多年轻人都愿意去大城市工作。虽然大城市有工作机会多、工资高、工作环境不错等好处，但也有竞争压力大、工作量多等坏处。而小城市就业机会较少、工资较低，但工作量却不多，压力不大、生活比较轻松。

★ 根据这段话，大城市：

　A 工作量不多　　　B 工作压力大　　　C 工资比较低　　　D 招聘机会少

75. 重庆市的地理条件很特别，有很多山，交通也很复杂。所以人们把它称为"山城"。如果第一次去重庆市旅游，没有不会迷路的人。

★ 根据这段话，重庆：

　A 河流很多　　　　B 绿茶有名　　　　C 交通复杂　　　　D 气候湿润

76. 有人说"机会只留给准备好的人"，这句话尽管不是假的，但光有准备也是不够的，机会不是等来的，而是你自己主动去找的，当机会来临时，千万别错过。

★ 根据这段话，我们应该：

　A 多与别人交流　　B 认真考虑将来　　C 丰富工作经历　　D 自己去找机会

77. 这家公司在专门制造筷子的公司中很有名。与其他公司相比，他们以优质多样的材料来做成筷子，颜色和质量都很不错。因此，不少人都把它作为礼物送给家人或亲友。

★ 这家公司制造的筷子有什么特点？

A 非常轻 B 质量很好 C 价格不贵 D 只有黑色

78. 这款巧克力有两种口味，一种是含70%可可的，一种是含85%可可的，爱吃黑巧克力的，一定不能错过，配上咖啡和奶茶更好吃。

★ 根据这段话，那款巧克力：

A 冷静下来 B 味道很好 C 代表甜食 D 增加体重

79. 很多人认为"一分钱一分货"，这句话的意思是商品的价钱与质量的好坏有关。在一般情况下，材料的质量越高，商品的质量越优秀，价格也较高；材料的质量越低，商品的质量越差，价格越便宜。

★ 根据这段话，便宜的东西：

A 很快卖出去 B 质量没保证 C 不值得购买 D 能吸引顾客

80-81.

一般情况下，对不太熟悉的人，人们往往会根据外界条件或者周围的人对他的看法来判断他是个什么样的人。但实际上，这种方式并不是正确的。如果要想真正了解一个人，千万别光听别人怎么说，应该亲自多与他交流，只有这样才能真正认识这个人。

★ 对不熟悉的人，我们往往根据什么来做出判断？

A 别人的看法 B 自己的感觉 C 第一印象 D 他人的经验

★ 真正了解一个人，我们应该：

A 只看外表 B 相信印象 C 光听别人的话 D 多与他交流

82-83.

人们常说"冬天到了，春天还会远吗？"这句浪漫的话是一位著名的诗人留下来的。它的意思就是说在人生的过程中，我们可能会遇到各种各样的困难，那时，千万不要随便放弃希望，也别怀疑自己。所有的失败与困难都只是暂时的，它们会随着时间而逐渐没有了，把这些失败和困难作为下一次成功的基础，明天会有新的太阳迎接我们。

★ 根据这段话，困难和失败？

A 只是暂时的　　B 仍然留着　　C 主动想办法　　D 无法解决

★ 这段话主要讲什么？

A 勇敢去尝试　　B 不要轻易放弃　　C 要禁止吸烟　　D 要有怀疑精神

84-85.

人们都希望自己可以过上很幸福的日子。那么究竟什么才是真正的幸福？有人说帮助别人是一种幸福；有人说赚很多钱是一种幸福；还有人说健康才是真正的幸福。而我认为幸福感的高低由生活态度来决定，不管你认为幸福是什么，只要你用心去找，就一定能发现它。

★ 说话人认为幸福感高低由什么来决定？

A 获得成功　　B 身体健康　　C 收入高低　　D 生活态度

★ 最后一句的"它"指的是：

A 友谊　　B 幸福　　C 热情　　D 信任

三、书写
第一部分

第 86-95 题：完成句子。

例如：那座桥　　800年的　　历史　　有　　了
　　　那座桥有800年的历史了。

86. 很　城市的　严重　这座　空气污染

87. 糖　千万别　往　放太多　这个汤里

88. 你　祝贺　大奖　科学竞赛的　获得了

89. 说明一下　你快　这个情况　将　简单地

90. 发现的　往往都是　很多发明　从生活中

91. 表中的　重新　请按照　姓名顺序　排列一下

92. 一公里　我们距离　入口　高速公路　只有

93. 什么是　幸福　究竟　真正的　你认为

94. 鼓掌起来　观众们　获奖者　台下的　都为那位

95. 态度　面试时　交谈　很重要

第二部分

第 96-100 题：看图，用词造句。

例如：

乒乓球

她很喜欢打乒乓球。

96.

精彩

97.

垃圾桶

98.

厚

99.

挂

100.

咳嗽

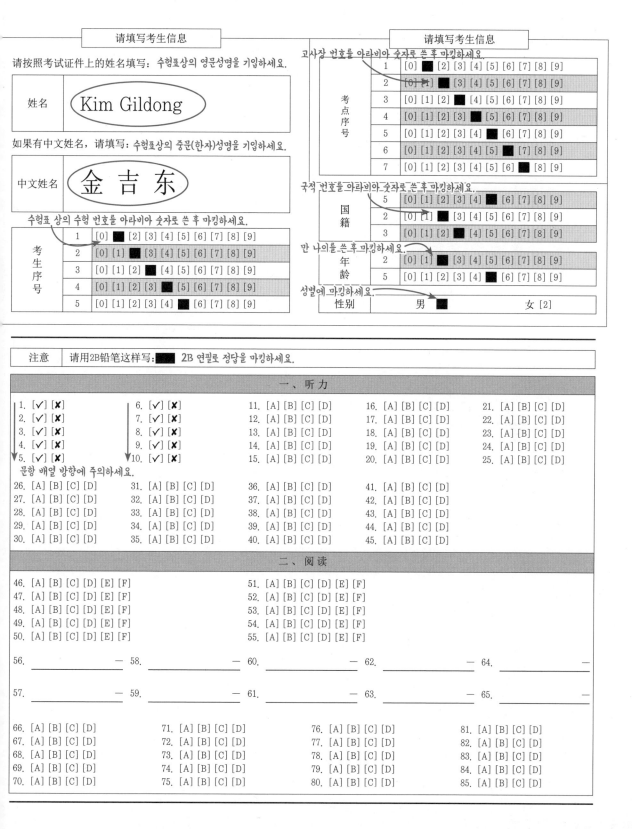

86. _____

87. _____

88. _____

89. _____

90. _____

91. _____

92. _____

93. _____

94. _____

95. _____

96. _____

97. _____

98. _____

99. _____

100. _____

新 汉 语 水 平 考 试
HSK（四级）答题卡

请填写考生信息

请按照考试证件上的姓名填写：

姓名	

如果有中文姓名，请填写：

中文姓名	

考生序号	[0] [1] [2] [3] [4] [5] [6] [7] [8] [9]
	[0] [1] [2] [3] [4] [5] [6] [7] [8] [9]
	[0] [1] [2] [3] [4] [5] [6] [7] [8] [9]
	[0] [1] [2] [3] [4] [5] [6] [7] [8] [9]
	[0] [1] [2] [3] [4] [5] [6] [7] [8] [9]

请填写考点信息

考点序号	[0] [1] [2] [3] [4] [5] [6] [7] [8] [9]
	[0] [1] [2] [3] [4] [5] [6] [7] [8] [9]
	[0] [1] [2] [3] [4] [5] [6] [7] [8] [9]
	[0] [1] [2] [3] [4] [5] [6] [7] [8] [9]
	[0] [1] [2] [3] [4] [5] [6] [7] [8] [9]
	[0] [1] [2] [3] [4] [5] [6] [7] [8] [9]
	[0] [1] [2] [3] [4] [5] [6] [7] [8] [9]

国籍	[0] [1] [2] [3] [4] [5] [6] [7] [8] [9]
	[0] [1] [2] [3] [4] [5] [6] [7] [8] [9]
	[0] [1] [2] [3] [4] [5] [6] [7] [8] [9]

年龄	[0] [1] [2] [3] [4] [5] [6] [7] [8] [9]
	[0] [1] [2] [3] [4] [5] [6] [7] [8] [9]

性别	男 [1] 女 [2]

注意　请用2B铅笔这样写：▉

一、听力

1. [✓] [✗]　　6. [✓] [✗]　　11. [A] [B] [C] [D]　　16. [A] [B] [C] [D]　　21. [A] [B] [C] [D]
2. [✓] [✗]　　7. [✓] [✗]　　12. [A] [B] [C] [D]　　17. [A] [B] [C] [D]　　22. [A] [B] [C] [D]
3. [✓] [✗]　　8. [✓] [✗]　　13. [A] [B] [C] [D]　　18. [A] [B] [C] [D]　　23. [A] [B] [C] [D]
4. [✓] [✗]　　9. [✓] [✗]　　14. [A] [B] [C] [D]　　19. [A] [B] [C] [D]　　24. [A] [B] [C] [D]
5. [✓] [✗]　　10. [✓] [✗]　　15. [A] [B] [C] [D]　　20. [A] [B] [C] [D]　　25. [A] [B] [C] [D]

26. [A] [B] [C] [D]　　31. [A] [B] [C] [D]　　36. [A] [B] [C] [D]　　41. [A] [B] [C] [D]
27. [A] [B] [C] [D]　　32. [A] [B] [C] [D]　　37. [A] [B] [C] [D]　　42. [A] [B] [C] [D]
28. [A] [B] [C] [D]　　33. [A] [B] [C] [D]　　38. [A] [B] [C] [D]　　43. [A] [B] [C] [D]
29. [A] [B] [C] [D]　　34. [A] [B] [C] [D]　　39. [A] [B] [C] [D]　　44. [A] [B] [C] [D]
30. [A] [B] [C] [D]　　35. [A] [B] [C] [D]　　40. [A] [B] [C] [D]　　45. [A] [B] [C] [D]

二、阅读

46. [A] [B] [C] [D] [E] [F]　　51. [A] [B] [C] [D] [E] [F]
47. [A] [B] [C] [D] [E] [F]　　52. [A] [B] [C] [D] [E] [F]
48. [A] [B] [C] [D] [E] [F]　　53. [A] [B] [C] [D] [E] [F]
49. [A] [B] [C] [D] [E] [F]　　54. [A] [B] [C] [D] [E] [F]
50. [A] [B] [C] [D] [E] [F]　　55. [A] [B] [C] [D] [E] [F]

56. ＿＿＿＿＿ — 58. ＿＿＿＿＿ — 60. ＿＿＿＿＿ — 62. ＿＿＿＿＿ — 64. ＿＿＿＿＿

57. ＿＿＿＿＿ — 59. ＿＿＿＿＿ — 61. ＿＿＿＿＿ — 63. ＿＿＿＿＿ — 65. ＿＿＿＿＿

66. [A] [B] [C] [D]　　71. [A] [B] [C] [D]　　76. [A] [B] [C] [D]　　81. [A] [B] [C] [D]
67. [A] [B] [C] [D]　　72. [A] [B] [C] [D]　　77. [A] [B] [C] [D]　　82. [A] [B] [C] [D]
68. [A] [B] [C] [D]　　73. [A] [B] [C] [D]　　78. [A] [B] [C] [D]　　83. [A] [B] [C] [D]
69. [A] [B] [C] [D]　　74. [A] [B] [C] [D]　　79. [A] [B] [C] [D]　　84. [A] [B] [C] [D]
70. [A] [B] [C] [D]　　75. [A] [B] [C] [D]　　80. [A] [B] [C] [D]　　85. [A] [B] [C] [D]

三、书写

86. _____

87. _____

88. _____

89. _____

90. _____

91. _____

92. _____

93. _____

94. _____

95. _____

96. _____

97. _____

98. _____

99. _____

100. _____

新 汉 语 水 平 考 试
HSK（四级）答题卡

请填写考生信息

请按照考试证件上的姓名填写：

姓名	

如果有中文姓名，请填写：

中文姓名	

考生序号	[0] [1] [2] [3] [4] [5] [6] [7] [8] [9]
	[0] [1] [2] [3] [4] [5] [6] [7] [8] [9]
	[0] [1] [2] [3] [4] [5] [6] [7] [8] [9]
	[0] [1] [2] [3] [4] [5] [6] [7] [8] [9]
	[0] [1] [2] [3] [4] [5] [6] [7] [8] [9]

请填写考点信息

考点序号	[0] [1] [2] [3] [4] [5] [6] [7] [8] [9]
	[0] [1] [2] [3] [4] [5] [6] [7] [8] [9]
	[0] [1] [2] [3] [4] [5] [6] [7] [8] [9]
	[0] [1] [2] [3] [4] [5] [6] [7] [8] [9]
	[0] [1] [2] [3] [4] [5] [6] [7] [8] [9]
	[0] [1] [2] [3] [4] [5] [6] [7] [8] [9]
	[0] [1] [2] [3] [4] [5] [6] [7] [8] [9]

国籍	[0] [1] [2] [3] [4] [5] [6] [7] [8] [9]
	[0] [1] [2] [3] [4] [5] [6] [7] [8] [9]
	[0] [1] [2] [3] [4] [5] [6] [7] [8] [9]

年龄	[0] [1] [2] [3] [4] [5] [6] [7] [8] [9]
	[0] [1] [2] [3] [4] [5] [6] [7] [8] [9]

性别	男 [1]	女 [2]

注意　　请用2B铅笔这样写：　■

一、听力

1. [✓] [✗]　　6. [✓] [✗]　　11. [A] [B] [C] [D]　　16. [A] [B] [C] [D]　　21. [A] [B] [C] [D]
2. [✓] [✗]　　7. [✓] [✗]　　12. [A] [B] [C] [D]　　17. [A] [B] [C] [D]　　22. [A] [B] [C] [D]
3. [✓] [✗]　　8. [✓] [✗]　　13. [A] [B] [C] [D]　　18. [A] [B] [C] [D]　　23. [A] [B] [C] [D]
4. [✓] [✗]　　9. [✓] [✗]　　14. [A] [B] [C] [D]　　19. [A] [B] [C] [D]　　24. [A] [B] [C] [D]
5. [✓] [✗]　　10. [✓] [✗]　　15. [A] [B] [C] [D]　　20. [A] [B] [C] [D]　　25. [A] [B] [C] [D]

26. [A] [B] [C] [D]　　31. [A] [B] [C] [D]　　36. [A] [B] [C] [D]　　41. [A] [B] [C] [D]
27. [A] [B] [C] [D]　　32. [A] [B] [C] [D]　　37. [A] [B] [C] [D]　　42. [A] [B] [C] [D]
28. [A] [B] [C] [D]　　33. [A] [B] [C] [D]　　38. [A] [B] [C] [D]　　43. [A] [B] [C] [D]
29. [A] [B] [C] [D]　　34. [A] [B] [C] [D]　　39. [A] [B] [C] [D]　　44. [A] [B] [C] [D]
30. [A] [B] [C] [D]　　35. [A] [B] [C] [D]　　40. [A] [B] [C] [D]　　45. [A] [B] [C] [D]

二、阅读

46. [A] [B] [C] [D] [E] [F]　　51. [A] [B] [C] [D] [E] [F]
47. [A] [B] [C] [D] [E] [F]　　52. [A] [B] [C] [D] [E] [F]
48. [A] [B] [C] [D] [E] [F]　　53. [A] [B] [C] [D] [E] [F]
49. [A] [B] [C] [D] [E] [F]　　54. [A] [B] [C] [D] [E] [F]
50. [A] [B] [C] [D] [E] [F]　　55. [A] [B] [C] [D] [E] [F]

56. _____ — 58. _____ — 60. _____ — 62. _____ — 64. _____ —

57. _____ — 59. _____ — 61. _____ — 63. _____ — 65. _____ —

66. [A] [B] [C] [D]　　71. [A] [B] [C] [D]　　76. [A] [B] [C] [D]　　81. [A] [B] [C] [D]
67. [A] [B] [C] [D]　　72. [A] [B] [C] [D]　　77. [A] [B] [C] [D]　　82. [A] [B] [C] [D]
68. [A] [B] [C] [D]　　73. [A] [B] [C] [D]　　78. [A] [B] [C] [D]　　83. [A] [B] [C] [D]
69. [A] [B] [C] [D]　　74. [A] [B] [C] [D]　　79. [A] [B] [C] [D]　　84. [A] [B] [C] [D]
70. [A] [B] [C] [D]　　75. [A] [B] [C] [D]　　80. [A] [B] [C] [D]　　85. [A] [B] [C] [D]

86. _____

87. _____

88. _____

89. _____

90. _____

91. _____

92. _____

93. _____

94. _____

95. _____

96. _____

97. _____

98. _____

99. _____

100. _____

新汉语水平考试
HSK（四级）答题卡

请填写考生信息

请按照考试证件上的姓名填写：

| 姓名 | |

如果有中文姓名，请填写：

| 中文姓名 | |

考生序号	[0] [1] [2] [3] [4] [5] [6] [7] [8] [9]
	[0] [1] [2] [3] [4] [5] [6] [7] [8] [9]
	[0] [1] [2] [3] [4] [5] [6] [7] [8] [9]
	[0] [1] [2] [3] [4] [5] [6] [7] [8] [9]
	[0] [1] [2] [3] [4] [5] [6] [7] [8] [9]

请填写考点信息

考点序号	[0] [1] [2] [3] [4] [5] [6] [7] [8] [9]
	[0] [1] [2] [3] [4] [5] [6] [7] [8] [9]
	[0] [1] [2] [3] [4] [5] [6] [7] [8] [9]
	[0] [1] [2] [3] [4] [5] [6] [7] [8] [9]
	[0] [1] [2] [3] [4] [5] [6] [7] [8] [9]
	[0] [1] [2] [3] [4] [5] [6] [7] [8] [9]
	[0] [1] [2] [3] [4] [5] [6] [7] [8] [9]

国籍	[0] [1] [2] [3] [4] [5] [6] [7] [8] [9]
	[0] [1] [2] [3] [4] [5] [6] [7] [8] [9]
	[0] [1] [2] [3] [4] [5] [6] [7] [8] [9]

| 年龄 | [0] [1] [2] [3] [4] [5] [6] [7] [8] [9] |
| | [0] [1] [2] [3] [4] [5] [6] [7] [8] [9] |

| 性别 | 男 [1] | 女 [2] |

注意　请用2B铅笔这样写：■■■

一、听力

1. [✓] [✗]　　6. [✓] [✗]　　11. [A] [B] [C] [D]　　16. [A] [B] [C] [D]　　21. [A] [B] [C] [D]
2. [✓] [✗]　　7. [✓] [✗]　　12. [A] [B] [C] [D]　　17. [A] [B] [C] [D]　　22. [A] [B] [C] [D]
3. [✓] [✗]　　8. [✓] [✗]　　13. [A] [B] [C] [D]　　18. [A] [B] [C] [D]　　23. [A] [B] [C] [D]
4. [✓] [✗]　　9. [✓] [✗]　　14. [A] [B] [C] [D]　　19. [A] [B] [C] [D]　　24. [A] [B] [C] [D]
5. [✓] [✗]　　10. [✓] [✗]　　15. [A] [B] [C] [D]　　20. [A] [B] [C] [D]　　25. [A] [B] [C] [D]

26. [A] [B] [C] [D]　　31. [A] [B] [C] [D]　　36. [A] [B] [C] [D]　　41. [A] [B] [C] [D]
27. [A] [B] [C] [D]　　32. [A] [B] [C] [D]　　37. [A] [B] [C] [D]　　42. [A] [B] [C] [D]
28. [A] [B] [C] [D]　　33. [A] [B] [C] [D]　　38. [A] [B] [C] [D]　　43. [A] [B] [C] [D]
29. [A] [B] [C] [D]　　34. [A] [B] [C] [D]　　39. [A] [B] [C] [D]　　44. [A] [B] [C] [D]
30. [A] [B] [C] [D]　　35. [A] [B] [C] [D]　　40. [A] [B] [C] [D]　　45. [A] [B] [C] [D]

二、阅读

46. [A] [B] [C] [D] [E] [F]　　51. [A] [B] [C] [D] [E] [F]
47. [A] [B] [C] [D] [E] [F]　　52. [A] [B] [C] [D] [E] [F]
48. [A] [B] [C] [D] [E] [F]　　53. [A] [B] [C] [D] [E] [F]
49. [A] [B] [C] [D] [E] [F]　　54. [A] [B] [C] [D] [E] [F]
50. [A] [B] [C] [D] [E] [F]　　55. [A] [B] [C] [D] [E] [F]

56. _____ — 58. _____ — 60. _____ — 62. _____ — 64. _____

57. _____ — 59. _____ — 61. _____ — 63. _____ — 65. _____

66. [A] [B] [C] [D]　　71. [A] [B] [C] [D]　　76. [A] [B] [C] [D]　　81. [A] [B] [C] [D]
67. [A] [B] [C] [D]　　72. [A] [B] [C] [D]　　77. [A] [B] [C] [D]　　82. [A] [B] [C] [D]
68. [A] [B] [C] [D]　　73. [A] [B] [C] [D]　　78. [A] [B] [C] [D]　　83. [A] [B] [C] [D]
69. [A] [B] [C] [D]　　74. [A] [B] [C] [D]　　79. [A] [B] [C] [D]　　84. [A] [B] [C] [D]
70. [A] [B] [C] [D]　　75. [A] [B] [C] [D]　　80. [A] [B] [C] [D]　　85. [A] [B] [C] [D]

86. _____

87. _____

88. _____

89. _____

90. _____

91. _____

92. _____

93. _____

94. _____

95. _____

96. _____

97. _____

98. _____

99. _____

100. _____

新 汉 语 水 平 考 试
HSK（四级）答题卡

请填写考生信息

请按照考试证件上的姓名填写：

姓名	

如果有中文姓名，请填写：

中文姓名	

考生序号	[0] [1] [2] [3] [4] [5] [6] [7] [8] [9]
	[0] [1] [2] [3] [4] [5] [6] [7] [8] [9]
	[0] [1] [2] [3] [4] [5] [6] [7] [8] [9]
	[0] [1] [2] [3] [4] [5] [6] [7] [8] [9]
	[0] [1] [2] [3] [4] [5] [6] [7] [8] [9]

请填写考点信息

考点序号	[0] [1] [2] [3] [4] [5] [6] [7] [8] [9]
	[0] [1] [2] [3] [4] [5] [6] [7] [8] [9]
	[0] [1] [2] [3] [4] [5] [6] [7] [8] [9]
	[0] [1] [2] [3] [4] [5] [6] [7] [8] [9]
	[0] [1] [2] [3] [4] [5] [6] [7] [8] [9]
	[0] [1] [2] [3] [4] [5] [6] [7] [8] [9]
	[0] [1] [2] [3] [4] [5] [6] [7] [8] [9]

国籍	[0] [1] [2] [3] [4] [5] [6] [7] [8] [9]
	[0] [1] [2] [3] [4] [5] [6] [7] [8] [9]
	[0] [1] [2] [3] [4] [5] [6] [7] [8] [9]

年龄	[0] [1] [2] [3] [4] [5] [6] [7] [8] [9]
	[0] [1] [2] [3] [4] [5] [6] [7] [8] [9]

性别	男 [1] 女 [2]

注意	请用2B铅笔这样写： ■

一、听力

1. [✓] [✗]　　6. [✓] [✗]　　11. [A] [B] [C] [D]　　16. [A] [B] [C] [D]　　21. [A] [B] [C] [D]
2. [✓] [✗]　　7. [✓] [✗]　　12. [A] [B] [C] [D]　　17. [A] [B] [C] [D]　　22. [A] [B] [C] [D]
3. [✓] [✗]　　8. [✓] [✗]　　13. [A] [B] [C] [D]　　18. [A] [B] [C] [D]　　23. [A] [B] [C] [D]
4. [✓] [✗]　　9. [✓] [✗]　　14. [A] [B] [C] [D]　　19. [A] [B] [C] [D]　　24. [A] [B] [C] [D]
5. [✓] [✗]　　10. [✓] [✗]　　15. [A] [B] [C] [D]　　20. [A] [B] [C] [D]　　25. [A] [B] [C] [D]

26. [A] [B] [C] [D]　　31. [A] [B] [C] [D]　　36. [A] [B] [C] [D]　　41. [A] [B] [C] [D]
27. [A] [B] [C] [D]　　32. [A] [B] [C] [D]　　37. [A] [B] [C] [D]　　42. [A] [B] [C] [D]
28. [A] [B] [C] [D]　　33. [A] [B] [C] [D]　　38. [A] [B] [C] [D]　　43. [A] [B] [C] [D]
29. [A] [B] [C] [D]　　34. [A] [B] [C] [D]　　39. [A] [B] [C] [D]　　44. [A] [B] [C] [D]
30. [A] [B] [C] [D]　　35. [A] [B] [C] [D]　　40. [A] [B] [C] [D]　　45. [A] [B] [C] [D]

二、阅读

46. [A] [B] [C] [D] [E] [F]　　51. [A] [B] [C] [D] [E] [F]
47. [A] [B] [C] [D] [E] [F]　　52. [A] [B] [C] [D] [E] [F]
48. [A] [B] [C] [D] [E] [F]　　53. [A] [B] [C] [D] [E] [F]
49. [A] [B] [C] [D] [E] [F]　　54. [A] [B] [C] [D] [E] [F]
50. [A] [B] [C] [D] [E] [F]　　55. [A] [B] [C] [D] [E] [F]

56. _____　— 58. _____　— 60. _____　— 62. _____　— 64. _____

57. _____　— 59. _____　— 61. _____　— 63. _____　— 65. _____

66. [A] [B] [C] [D]　　71. [A] [B] [C] [D]　　76. [A] [B] [C] [D]　　81. [A] [B] [C] [D]
67. [A] [B] [C] [D]　　72. [A] [B] [C] [D]　　77. [A] [B] [C] [D]　　82. [A] [B] [C] [D]
68. [A] [B] [C] [D]　　73. [A] [B] [C] [D]　　78. [A] [B] [C] [D]　　83. [A] [B] [C] [D]
69. [A] [B] [C] [D]　　74. [A] [B] [C] [D]　　79. [A] [B] [C] [D]　　84. [A] [B] [C] [D]
70. [A] [B] [C] [D]　　75. [A] [B] [C] [D]　　80. [A] [B] [C] [D]　　85. [A] [B] [C] [D]

三、书写

86. _____

87. _____

88. _____

89. _____

90. _____

91. _____

92. _____

93. _____

94. _____

95. _____

96. _____

97. _____

98. _____

99. _____

100. _____

新 汉 语 水 平 考 试
HSK（四级）答题卡

请填写考生信息

请按照考试证件上的姓名填写：

| 姓名 | |

如果有中文姓名，请填写：

| 中文姓名 | |

考生序号	[0] [1] [2] [3] [4] [5] [6] [7] [8] [9]
	[0] [1] [2] [3] [4] [5] [6] [7] [8] [9]
	[0] [1] [2] [3] [4] [5] [6] [7] [8] [9]
	[0] [1] [2] [3] [4] [5] [6] [7] [8] [9]
	[0] [1] [2] [3] [4] [5] [6] [7] [8] [9]

请填写考点信息

考点序号	[0] [1] [2] [3] [4] [5] [6] [7] [8] [9]
	[0] [1] [2] [3] [4] [5] [6] [7] [8] [9]
	[0] [1] [2] [3] [4] [5] [6] [7] [8] [9]
	[0] [1] [2] [3] [4] [5] [6] [7] [8] [9]
	[0] [1] [2] [3] [4] [5] [6] [7] [8] [9]
	[0] [1] [2] [3] [4] [5] [6] [7] [8] [9]
	[0] [1] [2] [3] [4] [5] [6] [7] [8] [9]

国籍	[0] [1] [2] [3] [4] [5] [6] [7] [8] [9]
	[0] [1] [2] [3] [4] [5] [6] [7] [8] [9]
	[0] [1] [2] [3] [4] [5] [6] [7] [8] [9]

| 年龄 | [0] [1] [2] [3] [4] [5] [6] [7] [8] [9] |
| | [0] [1] [2] [3] [4] [5] [6] [7] [8] [9] |

| 性别 | 男 [1] | 女 [2] |

注意　请用2B铅笔这样写：■

一、听力

1. [✓] [✗]　　6. [✓] [✗]　　11. [A] [B] [C] [D]　　16. [A] [B] [C] [D]　　21. [A] [B] [C] [D]
2. [✓] [✗]　　7. [✓] [✗]　　12. [A] [B] [C] [D]　　17. [A] [B] [C] [D]　　22. [A] [B] [C] [D]
3. [✓] [✗]　　8. [✓] [✗]　　13. [A] [B] [C] [D]　　18. [A] [B] [C] [D]　　23. [A] [B] [C] [D]
4. [✓] [✗]　　9. [✓] [✗]　　14. [A] [B] [C] [D]　　19. [A] [B] [C] [D]　　24. [A] [B] [C] [D]
5. [✓] [✗]　　10. [✓] [✗]　　15. [A] [B] [C] [D]　　20. [A] [B] [C] [D]　　25. [A] [B] [C] [D]

26. [A] [B] [C] [D]　　31. [A] [B] [C] [D]　　36. [A] [B] [C] [D]　　41. [A] [B] [C] [D]
27. [A] [B] [C] [D]　　32. [A] [B] [C] [D]　　37. [A] [B] [C] [D]　　42. [A] [B] [C] [D]
28. [A] [B] [C] [D]　　33. [A] [B] [C] [D]　　38. [A] [B] [C] [D]　　43. [A] [B] [C] [D]
29. [A] [B] [C] [D]　　34. [A] [B] [C] [D]　　39. [A] [B] [C] [D]　　44. [A] [B] [C] [D]
30. [A] [B] [C] [D]　　35. [A] [B] [C] [D]　　40. [A] [B] [C] [D]　　45. [A] [B] [C] [D]

二、阅读

46. [A] [B] [C] [D] [E] [F]　　51. [A] [B] [C] [D] [E] [F]
47. [A] [B] [C] [D] [E] [F]　　52. [A] [B] [C] [D] [E] [F]
48. [A] [B] [C] [D] [E] [F]　　53. [A] [B] [C] [D] [E] [F]
49. [A] [B] [C] [D] [E] [F]　　54. [A] [B] [C] [D] [E] [F]
50. [A] [B] [C] [D] [E] [F]　　55. [A] [B] [C] [D] [E] [F]

56. _____ — 58. _____ — 60. _____ — 62. _____ — 64. _____

57. _____ — 59. _____ — 61. _____ — 63. _____ — 65. _____

66. [A] [B] [C] [D]　　71. [A] [B] [C] [D]　　76. [A] [B] [C] [D]　　81. [A] [B] [C] [D]
67. [A] [B] [C] [D]　　72. [A] [B] [C] [D]　　77. [A] [B] [C] [D]　　82. [A] [B] [C] [D]
68. [A] [B] [C] [D]　　73. [A] [B] [C] [D]　　78. [A] [B] [C] [D]　　83. [A] [B] [C] [D]
69. [A] [B] [C] [D]　　74. [A] [B] [C] [D]　　79. [A] [B] [C] [D]　　84. [A] [B] [C] [D]
70. [A] [B] [C] [D]　　75. [A] [B] [C] [D]　　80. [A] [B] [C] [D]　　85. [A] [B] [C] [D]

三、书写

86. _____

87. _____

88. _____

89. _____

90. _____

91. _____

92. _____

93. _____

94. _____

95. _____

96. _____

97. _____

98. _____

99. _____

100. _____

HSK 4급

실전모의고사 500제

정답 및 해설

듣기

제1부분	1. ✗	2. ✗	3. ✓	4. ✓	5. ✗	6. ✓	7. ✓	8. ✗	9. ✗	10. ✓
제2부분	11. C	12. D	13. D	14. C	15. D	16. A	17. B	18. C	19. A	20. D
	21. C	22. C	23. B	24. B	25. B					
제3부분	26. B	27. B	28. C	29. D	30. D	31. C	32. C	33. B	34. D	35. A
	36. C	37. C	38. D	39. A	40. C	41. C	42. B	43. A	44. D	45. C

독해

제1부분	46. E	47. B	48. F	49. C	50. A	51. D	52. A	53. E	54. B	55. F
제2부분	56. C - A - B	57. A - C - B	58. B - A - C	59. C - A - B	60. B - C - A					
	61. B - C - A	62. B - C - A	63. C - A - B	64. C - B - A	65. C - A - B					
제3부분	66. A	67. B	68. C	69. B	70. D	71. A	72. B	73. D	74. C	75. A
	76. B	77. C	78. C	79. B	80. D	81. C	82. C	83. A	84. D	85. B

쓰기

제1부분

86. 他做的西红柿炒饭有点儿咸。

87. 我看到了一份符合要求的招聘广告。

88. 这份打印机的使用说明书写得很详细。

89. 人与人之间应该互相尊重。

90. 这场比赛的结果真让人太失望了。

91. 校内的音乐节大赛将于下个月举行。

92. 首先感谢大家对我的支持和鼓励。

93. 你现在后悔已经来不及了。

94. 铅笔的价格比橡皮贵一些。

95. 我购物时不小心把小票弄丢了。

제2부분

96. 他们俩喜欢唱歌。 / 这对夫妻俩都喜欢唱歌，特别是妻子喜欢唱流行歌曲。

97. 我想吃饺子。 / 我有点儿饿了，咱们一起去吃饺子，怎么样？

98. 他在擦汗。 / 运动结束后，他在用毛巾擦汗呢。

99. 看起来他很失望。 / 没想到他们队输了，这让他感到很失望。

100. 我每天都写日记。 / 写日记是个好习惯，它可以给我们留下美好的回忆。

 나의 학습 취약점 & 보완점 체크하기

문제별 중요도와 난이도를 보고 자신의 학습 취약점을 파악할 수 있게 하였습니다. 정답을 확인하여 반복적으로 틀린 문제를 표시하고 어떤 부분(어휘력, 독해력, 청취력)을 보완해야 할지 진단해 봅시다.

듣기 제1부분			듣기 제3부분		
1 □ ★	하	다른 부분 찾아내기	26 □ ★★	상	옳은 내용 고르기
2 □ ★	중	다른 부분 찾아내기	27 □ ★	중	옳은 내용 고르기
3 □ ★★★	상	전체적인 내용 파악하기	28 □ ★★★	중	태도/감정 파악하기
4 □ ★	하	같은 부분 찾아내기	29 □ ★★★	하	상태/평가 듣기
5 □ ★★	중	다른 부분 찾아내기	30 □ ★	상	옳은 내용 고르기
6 □ ★★	중	같은 부분 찾아내기	31 □ ★	하	장소 듣기
7 □ ★	하	같은 부분 찾아내기	32 □ ★★★	중	이유/원인 파악하기
8 □ ★★★	상	전체적인 내용 파악하기	33 □ ★	중	옳은 내용 고르기
9 □ ★★	중	다른 부분 찾아내기	34 □ ★	하	남/여 행동 듣기
10 □ ★★	중	전체적인 내용 파악하기	35 □ ★	하	명사 키워드 듣기
듣기 제2부분			36 □ ★★	중	세부 내용 파악하기
11 □ ★	중	이유/원인 파악하기	37 □ ★★	상	옳은 내용 고르기
12 □ ★★	하	남/여 행동 듣기	38 □ ★★	중	옳은 내용 고르기
13 □ ★★	하	남/여 행동 듣기	39 □ ★★	중	옳은 내용 고르기
14 □ ★★	중	세부 내용 듣기	40 □ ★	하	특정 시기 듣기
15 □ ★	중	옳은 내용 고르기	41 □ ★★	상	옳은 내용 고르기
16 □ ★★★	중	남/여 행동 듣기	42 □ ★	하	직업/신분 듣기
17 □ ★	하	행동 파악하기	43 □ ★★	중	화제/분야 듣기
18 □ ★★	중	남/여 행동 듣기	44 □ ★★	중	옳은 내용 고르기
19 □ ★	하	남/여 행동 듣기	45 □ ★★★	중	옳은 내용 고르기
20 □ ★	하	이유/원인 파악하기	독해 제1부분		
21 □ ★	하	상태/평가 듣기	46 □ ★★	하	접속사 넣기
22 □ ★★	중	화제/분야 듣기	47 □ ★	하	목적어로 쓰인 명사 넣기
23 □ ★★	상	이유/원인 파악하기	48 □ ★	중	술어로 쓰인 동사 넣기
24 □ ★★	하	명사 키워드 듣기	49 □ ★★★	상	조사 넣기
25 □ ★	중	세부 내용 파악하기	50 □ ★★	중	목적어로 쓰인 명사 넣기

실전모의고사 1

안심Touch

51 □ ★	하	술어로 쓰인 형용사 넣기		79 □ ★★	하	옳은 내용 고르기
52 □ ★★	상	양사 넣기		80 □ ★	하	옳은 내용 고르기
53 □ ★	하	주어로 쓰인 명사 넣기		81 □ ★★	중	세부 내용 파악하기
54 □ ★★★	중	목적어로 쓰인 명사 넣기		82 □ ★★	중	세부 내용 파악하기
55 □ ★★	하	접속사 넣기		83 □ ★★	상	옳은 내용 고르기

독해 제2부분			84 □ ★★	하	옳은 내용 고르기

56 □ ★★★	하	대사, 접속사 키워드		85 □ ★★	상	이유/원인 파악하기

		쓰기 제1부분			

57 □ ★★	하	상황 제시, 접속사 키워드				
58 □ ★★	상	상황 제시, 접속사 키워드		86 □ ★	하	관형어, 형용사술어문
59 □ ★	중	대사, 접속사 키워드		87 □ ★★	중	관형어, 동사술어문
60 □ ★★	중	호칭, 대사 키워드		88 □ ★★★	중	정도보어
61 □ ★★	하	상황 제시, 접속사 키워드		89 □ ★★	중	부사어, 동사술어문
62 □ ★★★	중	호칭, 접속사 키워드		90 □ ★★	중	겸어문
63 □ ★	중	상황 제시, 접속사 키워드		91 □ ★★★	상	부사어, 동사술어문
64 □ ★★★	하	대사, 부사, 접속사 키워드		92 □ ★★	중	동사술어문
65 □ ★★★	하	큰따옴표, 부사 키워드		93 □ ★★	중	동사술어문

독해 제3부분			94 □ ★★	중	비교문

66 □ ★	하	상태/평가 듣기		95 □ ★★★	상	把자문

		쓰기 제2부분			

67 □ ★★	중	옳은 내용 고르기				
68 □ ★★	상	옳은 내용 고르기		96 □ ★★	중	수사 제시어 문장 만들기
69 □ ★★	하	옳은 내용 고르기		97 □ ★	하	명사 제시어 문장 만들기
70 □ ★★	중	옳은 내용 고르기		98 □ ★★★	상	동사 제시어 문장 만들기
71 □ ★★	상	옳은 내용 고르기		99 □ ★★	중	동사 제시어 문장 만들기
72 □ ★★	중	옳은 내용 고르기		100 □ ★★★	하	명사 제시어 문장 만들기

73 □ ★	하	옳은 내용 고르기				

점수 확인			
74 □ ★★★ 하 옳은 내용 고르기			
75 □ ★★ 상 세부 내용 파악하기	듣기	(/45문항) X 2.2점 = _____ 점/100점	
76 □ ★ 하 세부 내용 파악하기	독해	(/40문항) X 2.5점 = _____ 점/100점	
77 □ ★ 하 세부 내용 파악하기	쓰기 1	(/10문항) X 5점 = _____ 점/50점	
78 □ ★★ 중 세부 내용 파악하기	쓰기 2	(/ 5문항) X 10점 = _____ 점/50점	
	총점 : _____ 점(만점 300점)		

※ 주의: 위의 영역별 문항 점수는 만점을 기준으로 하여 산출한 가상 점수로 실제 HSK 성적과 계산 방식이 상이할 수 있습니다.

듣기 제1부분

[풀이전략] 녹음을 듣기 전에 보기의 핵심 키워드를 분석하여 녹음의 내용을 예상한다. 녹음을 들으면서 보기의 내용과 일치하는지 일치하지 않는지를 판단한다.

★☆☆ 하

1

★ 北京的夏季不怎么热。　　(✗)	★ 베이징의 여름은 별로 덥지 않다.
北京的夏天又干又热，所以这么热的夏天，你一定要多喝点儿水，好好照顾自己。	베이징의 여름은 건조하고 덥다. 그래서 이렇게 더운 여름에는 반드시 물을 많이 마셔서 자신을 잘 돌봐야 한다.

해설 보기 문장의 키워드는 夏季(여름)와 不怎么热(별로 덥지 않다)이다. 녹음의 시작 부분 北京的夏天又干又热(베이징의 여름은 건조하고 덥다)에서 夏天은 夏季와 같은 의미이기 때문에 일치하는 내용이지만, 이어 热(덥다)라고 했으므로 일치하지 않는다. 따라서 정답은 불일치이다.

Tip▶ 계절/기후를 나타내는 어휘

季节 jìjié 몡 계절	暖和 nuǎnhuo 혱 따뜻하다
春季 chūnjì 몡 봄	热 rè 혱 덥다
夏季 xiàjì 몡 여름, 하계	寒冷 hánlěng 혱 춥다, 한랭하다
秋季 qiūjì 몡 가을, 추계	凉快 liángkuai 혱 시원하다
冬季 dōngjì 몡 겨울, 동계	干燥 gānzào 혱 건조하다
气候 qìhòu 몡 기후	湿润 shīrùn 혱 습윤하다

어휘 夏季 xiàjì 몡 여름　不怎么 bùzěnme 튀 별로, 그다지　又A又B yòu A yòu B A하기도 하고 B하기도 하다　干 gān 혱 건조하다　所以 suǒyǐ 젭 그래서　一定 yídìng 튀 반드시, 틀림없이　照顾 zhàogù 통 돌보다, 보살피다

★☆☆ 중

2

★ 说话人经常和别人交流。　　(✗)	★ 화자는 다른 사람과 자주 교류를 한다.
你是个很活泼的人，而且喜欢和别人交流，所以你来应聘记者这个职业。	너는 활발한 사람이고, 게다가 다른 사람과 교류하는 것을 좋아하니 기자라는 직업에 지원해보렴.

해설 보기 문장의 키워드는 说话人(화자)과 交流(교류하다)이다. 녹음의 문장은 你(너)로 시작하고 喜欢和别人交流(다른 사람과 교류하는 것을 좋아한다)가 언급됐다. 보기의 키워드 중 두 번째 것이 언급됐지만 화자가 주어가 아니라 你(너)가 주어이므로 정답은 불일치이다.

어휘 经常 jīngcháng 튀 자주　别人 biérén 때 다른 사람　交流 jiāoliú 통 교류하다　活泼 huópō 혱 활발하다　而且 érqiě 젭 게다가　所以 suǒyǐ 젭 그래서　应聘 yìngpìn 통 지원하다　记者 jìzhě 몡 기자　职业 zhíyè 몡 직업

★★★ 상

3

★ 表扬别人应该说明原因。　　（ ✓ ）

★ 다른 사람을 칭찬할 때는 원인을 설명해야 한다.

表扬一个人会起到很积极的作用，不过不能只是简单地说一句 "你真棒，你干得很好"，尤其是对年龄小的孩子，应该告诉他们为什么表扬，让他们明白以后该怎么做。

사람을 칭찬하는 것은 긍정적인 작용을 일으킨다. 하지만 단순하게 "너 정말 대단하다. 아주 잘했어"라고만 말해서는 안 된다. 특히 나이가 어린아이들에게 그렇다. 따라서 그들이 앞으로 어떻게 해야 하는지를 알도록 그들에게 왜 칭찬을 하는지를 알려줘야 한다.

해설　보기 문장의 키워드는 表扬(칭찬하다)과 应该说明原因(원인을 설명해야 한다)이다. 녹음의 마지막 부분에서 应该告诉他们为什么表扬(그들에게 왜 칭찬을 하는지를 알려줘야 한다)이라고 하여 키워드가 일치한다. 따라서 정답은 일치이다.

어휘　表扬 biǎoyáng 통 칭찬하다　别人 biérén 대 다른 사람　说明 shuōmíng 통 설명하다　原因 yuányīn 명 원인　积极 jījí 형 긍정적이다　作用 zuòyòng 명 작용　而且 érqiě 접 게다가　简单 jiǎndān 형 간단하다　句 jù 양 마디 [말·글을 세는 단위]　尤其 yóuqí 부 더욱이, 특히　年龄 niánlíng 명 연령　所以 suǒyǐ 접 그래서　应该 yīnggāi 조통 마땅히 ~해야 한다　告诉 gàosu 통 알리다　明白 míngbai 통 알다, 이해하다

★☆☆ 하

4

★ 打印机的声音很奇怪。　　（ ✓ ）

★ 프린터의 소리가 아주 이상하다.

使用打印机方式不正确时，就会发出这种奇怪的声音，如果今后再突然出现这种情况，你可以试一下关机，然后过一会儿再开机。

프린터를 사용하는 방식이 부정확할 때, 이런 이상한 소리가 납니다. 만약에 앞으로 갑자기 이런 상황이 생기면 전원을 꺼 보세요. 그런 다음 다시 전원을 켜 주세요.

해설　보기 문장의 키워드는 打印机(프린터), 声音很奇怪(소리가 아주 이상하다)이다. 녹음의 시작 부분에서 使用打印机方式不正确时，就会发出这种奇怪的声音(프린터를 사용하는 방식이 부정확할 때, 이런 이상한 소리가 납니다)이라고 하여 보기의 키워드가 모두 언급되었다. 따라서 정답은 일치이다.

어휘　打印机 dǎyìnjī 명 프린터　声音 shēngyīn 명 소리　奇怪 qíguài 형 이상하다　使用 shǐyòng 통 사용하다　方式 fāngshì 명 방식　正确 zhèngquè 형 정확하다　发出 fāchū 통 내다, 발산하다　种 zhǒng 양 종류를 세는 단위　如果 rúguǒ 접 만약에　突然 tūrán 갑자기　出现 chūxiàn 통 출현하다　情况 qíngkuàng 명 상황　关机 guānjī 통 전원을 끄다　然后 ránhòu 접 그런 다음에　一会儿 yíhuìr 명 잠깐, 짧은 시간　开机 kāijī 통 전원을 켜다

★★☆ 중

5

★ 学生觉得张老师的课很无聊。　　（ ✗ ）

★ 학생들은 장 선생님의 수업이 지루하다고 생각한다.

学生认为张老师的课讲得非常好，很幽默。大家都觉得张老师讲课特别有意思，就是有时候语速有点儿快。

학생들은 장 선생님이 수업을 잘하고 유머러스하다고 생각한다. 모두들 장 선생님의 수업이 매우 재미있는데 다만 가끔 말하는 속도가 조금 빠르다고 생각한다.

해설　보기 문장의 키워드는 张老师的课(장 선생님의 수업)와 很无聊(아주 지루하다)이다. 녹음의 大家都觉得张老师讲课特别有意思(모두들 장 선생님의 수업이 매우 재미있다고 생각한다)에 有意思(재미있다)가 있으므로 학생들이 수업을 재미있게 생각한다는 것을 알 수 있다. 따라서 정답은 불일치이다.

어휘　觉得 juéde 통 ~라고 느끼다　无聊 wúliáo 형 무료하다, 지루하다　认为 rènwéi 통 생각하다, 여기다　讲 jiǎng 통 말하다　幽默 yōumò 형 유머러스하다　特别 tèbié 부 특히, 아주　有意思 yǒuyìsi 형 재미있다　语速 yǔsù 명 말의 속도　快 kuài 형 빠르다

★★☆ 중

6

★ 有的餐厅免费提供饮料。 　　　(✓)	★ 어떤 식당은 무료로 음료를 제공한다.
在这次世界杯足球赛的这段时间里，很多餐厅都通过打折活动来吸引顾客。比如，啤酒买一送一，各种饮料打折或免费提供等等。	이번 월드컵 기간에, 많은 식당들이 할인 행사를 통해 고객을 유치했다. 예를 들어, 맥주 한 잔을 사면, 한 잔을 더 주고, 각종 음료를 할인하거나 무료로 제공하는 것 등이다.

해설 보기 문장의 키워드는 免费提供饮料(무료로 음료를 제공한다)이다. 녹음의 마지막 부분에서 各种饮料打折或免费提供(각종 음료를 할인하거나 무료로 제공한다)이라고 하여 보기의 키워드가 언급되었다. 따라서 정답은 일치이다.

어휘 餐厅 cāntīng 몡 식당　免费 miǎnfèi 통 무료로 하다　提供 tígōng 통 제공하다　饮料 yǐnliào 몡 음료　世界杯 shìjièbēi 몡 월드컵　足球 zúqiú 몡 축구　段 duàn 양 구간을 세는 단위　通过 tōngguò 개 ~을 통해　打折 dǎzhé 통 할인하다　活动 huódòng 몡 행사, 이벤트　吸引 xīyǐn 통 매료시키다　顾客 gùkè 몡 고객　比如 bǐrú 젭 예를 들어　各种 gèzhǒng 혱 각종의　或 huò 젭 혹은

★☆☆ 하

7

★ 说话人的爸妈腿脚不好。 　　　(✓)	★ 화자의 아버지, 어머니께서 다리가 안 좋으시다.
这次我要陪父母去旅游，可是他们年龄大了，腿脚也不怎么好，走不了太远的路，所以我不能把时间安排得太紧。	이번에 부모님을 모시고 여행을 간다. 그러나 부모님은 연세가 많으시고, 다리도 불편하셔서, 너무 먼 길은 가실 수가 없다. 그래서 나는 일정을 너무 촉박하게 계획해서는 안 된다.

해설 보기 문장의 키워드는 爸妈(아버지 어머니)와 腿脚不好(다리가 안 좋다)이다. 녹음에서 父母(부모님)와 腿脚也不怎么好(다리도 불편하시다)가 언급되었으므로 정답은 일치이다. 不怎么는 '그다지/별로 ~하지 않다'라는 뜻으로 不太와 유사한 표현이다.

Tip▶ 신체 관련 어휘

头 tóu 몡 머리	胳膊 gēbo 몡 팔
脸 liǎn 몡 얼굴	手 shǒu 몡 손
眼睛 yǎnjing 몡 눈	肚子 dùzi 몡 배
鼻子 bízi 몡 코	腿 tuǐ 몡 다리
耳朵 ěrduo 몡 귀	脚 jiǎo 몡 발
嘴 zuǐ 몡 입	

어휘 父母 fùmǔ 몡 부모　旅游 lǚyóu 통 여행하다　可是 kěshì 젭 그러나　年龄 niánlíng 몡 연령　不怎么 bùzěnme 뿐 별로, 그다지　远 yuǎn 혱 멀다　所以 suǒyǐ 젭 그래서　安排 ānpái 통 안배하다　紧 jǐn 혱 촉박하다, 빡빡하다

★★★ 상

8

★ 弄坏家具时应该由房东来负责。 　　(✗)	★ 가구가 파손될 경우 마땅히 집주인이 책임져야 한다.
房东说租房时不小心把家具弄坏的话，你就负责买新的，这就是租房的条件，否则不退还保证金。	집주인은 집을 임대할 때 실수로 가구를 파손할 경우, 책임지고 새 것으로 구입해야 한다고 말했다. 이것은 임대 조건으로 만약 어길 시에는 보증금을 돌려주지 않는다고 했다.

해설 보기 문장의 키워드는 弄坏家具时(가구가 파손될 경우)과 由房东来负责(집주인이 책임진다)이다. 녹음의 시작 부분 房东说租房时不小心把家具弄坏的话，你就负责买新的(집주인은 집을 임대할 때 실수로 가구를 파손할 경우, 책임지

고 새것으로 구입해야 한다고 말했다)에서 가구를 파손할 경우, 집주인이 아닌 세입자가 새것으로 책임지고 구입해야 한다고 했다. 따라서 정답은 불일치이다.

어휘 弄坏 nònghuài 통 망가뜨리다, 망치다 家具 jiājù 명 가구 由 yóu 개 ~이/가 [동작의 주체를 나타냄] 房东 fángdōng 명 집주인 负责 fùzé 통 책임지다 租房 zūfáng 통 (집, 주택을) 임대하다 条件 tiáojiàn 명 조건 否则 fǒuzé 접 그러지 않으면, 안 그러면 退还 tuìhuán 통 돌려주다 반환하다 保证金 bǎozhèngjīn 명 보증금

★★☆ 중

9

★ 春节高速公路不会堵车。 (✘)	★ 설날에 고속도로는 차가 막히지 않는다.
各位司机朋友们，在春节七天假期间走高速公路是免费的，但是恐怕会有堵车的风险。所以您最好提前选择出行方式和时间，谢谢。	운전기사 여러분, 설날 7일 연휴 기간 동안 고속도로 이용이 무료입니다. 그러나 아마도 차가 막힐 수 있어요. 그래서 미리 외출 방식과 시간을 선택하는 것이 가장 좋습니다. 감사합니다.

해설 보기 문장의 키워드는 春节(설날), 高速公路(고속도로), 不会堵车(차가 막히지 않다)이다. 녹음에서는 설날에 고속도로가 무료라고 하면서 恐怕会有堵车的风险(아마도 차가 막힐 수 있어요)이라고 했다. 녹음은 차가 막힌다는 내용이므로 정답은 불일치이다.

어휘 春节 chūnjié 명 춘절, 설날 高速公路 gāosùgōnglù 명 고속도로 堵车 dǔchē 통 차가 막히다 各位 gèwèi 대 여러분 司机 sījī 명 운전기사 假 jià 명 휴가 期间 qījiān 명 기간 免费 miǎnfèi 통 무료로 하다 但是 dànshì 접 그러나 恐怕 kǒngpà 부 아마도 风险 fēngxiǎn 명 위험 所以 suǒyǐ 접 그래서 最好 zuìhǎo 부 가장 바람직한 것은, ~하는 게 제일 좋다 提前 tíqián 통 앞당기다 选择 xuǎnzé 통 고르다, 선택하다 出行 chūxíng 통 외출하다 方式 fāngshì 명 방식

★★☆ 중

10

★ 感情问题只有自己最清楚。 (✓)	★ 감정 문제는 자기 자신이 가장 잘 안다.
感情就像买鞋一样，喜不喜欢和合不合适，只有自己才知道。你们俩在一起开不开心，能不能继续发展，这也是只有你自己知道，所以别太在意别人的看法。	감정은 신발을 사는 것과 같다. 좋아하고 좋아하지 않고와 맞고 맞지 않고는 자기 자신만이 안다. 너희 둘이 함께 있어 즐겁고 즐겁지 않은 것과, 계속해서 발전시킬 수 있고 없고의 여부도 자기 자신만이 아는 것이다. 그러므로 다른 사람의 생각을 너무 신경쓰지 마라.

해설 보기 문장의 키워드는 感情问题(감정 문제)와 自己清楚(자신이 알다)이다. 녹음에서 感情就像买鞋一样，喜不喜欢和合不合适，只有自己才知道(감정은 신발을 사는 것과 같다. 좋아하고 좋아하지 않고와 맞고 맞지 않고는 자기 자신만이 안다)라고 했다. 감정은 자기 자신만이 안다고 했으므로 정답은 일치이다.

Tip▶ 조건 관계를 나타내는 접속사 只有

只有 뒤의 조건이 있어야만, 후반절 부사 才 뒤의 결과가 성립할 수 있다는 유일한 조건 관계를 나타낼 때 쓰인다.

· 호응 구조: [只有A, 才B] A해야만 B한다

예 只有坚持到底才能获得成功。 끝까지 꾸준히 해야지만 성공할 수 있다.

어휘 感情 gǎnqíng 명 감정 自己 zìjǐ 대 자기, 자신 清楚 qīngchu 형 분명하다 像 xiàng 통 ~와 같다 合适 héshì 형 적당하다, 알맞다 只有A, 才B zhǐyǒu A, cái B 접 A해야만 B하다 俩 liǎ 수 두 사람, 두 개 开心 kāixīn 형 기쁘다 继续 jixù 통 계속하다 发展 fāzhǎn 통 발전하다 所以 suǒyǐ 접 그래서 别 bié 부 ~하지 마라 在意 zàiyì 통 마음에 두다, 개의하다 别人 biérén 대 다른 사람 看法 kànfǎ 명 견해

풀이전략 녹음을 듣기 전에 보기의 핵심 키워드를 파악하여 녹음의 내용을 짐작한다. 녹음을 들으면서 들은 내용을 보기에 메모하고 질문에 알맞은 정답을 고른다.

★☆☆ 중

11

男: 今天来了一个新同事，下班后我们去聚餐欢迎一下新同事，怎么样？ 女: 不好意思，今天我去不了了，我孩子有点儿发烧，我得回家照顾孩子。	남: 오늘 새로운 동료가 왔는데, 퇴근 후에 우리 새로운 동료를 환영하는 회식을 하는 게 어떨까? 여: 미안해요. 오늘 갈 수가 없어요. 저희 아이가 열이 좀 나서 집에 가서 아이를 돌봐야 해요.
问: 女的为什么不去聚餐？	질문: 여자는 왜 회식에 가지 않는가?
A 有约会 B 肚子难受 **C 要陪孩子** D 准备搬家	A 약속이 있어서 B 속이 불편해서 **C 아이와 함께 있어야 해서** D 이사 준비를 해서

해설 보기는 상황과 상태를 나타낸다. 남자는 여자에게 회식을 제안했고, 이에 여자는 今天我去不了了，我孩子有点儿发烧，我得回家照顾孩子(오늘 갈 수가 없어요. 저희 아이가 열이 좀 나서 집에 가서 아이를 돌봐야 해요)라고 하며 회식에 갈 수 없는 이유를 말했다. 따라서 여자가 회식에 가지 않는 이유가 C임을 알 수 있다.

어휘 同事 tóngshì 몡 동료　聚餐 jùcān 동 회식하다　欢迎 huānyíng 동 환영하다　A不了 A bùliǎo A할 수가 없다　孩子 háizi 몡 아이, 자녀　发烧 fāshāo 동 열이 나다　得 děi 조동 ~해야 한다　照顾 zhàogù 동 돌보다, 보살피다　约会 yuēhuì 동 약속하다 몡 데이트　肚子 dùzi 몡 배　难受 nánshòu 형 불편하다　陪 péi 동 동반하다, 모시다　准备 zhǔnbèi 동 준비하다　搬家 bānjiā 동 이사하다

★★☆ 하

12

女: 你来得真及时，快过来帮我把镜子挂一下。 男: 好的，告诉我挂在哪儿。	여: 너 정말 잘 왔다. 빨리 와서 거울 거는 것 좀 도와줘. 남: 알겠어. 어디에 걸어야 하는지 알려 줘.
问: 男的要帮忙做什么？	질문: 남자는 무엇을 도와주려고 하는가?
A 开窗户 B 发传真 C 擦盘子 **D 挂镜子**	A 창문 열기 B 팩스 보내기 C 쟁반 닦기 **D 거울 걸기**

해설 보기는 모두 행동을 나타낸다. 여자는 남자에게 快过来帮我把镜子挂一下(빨리 와서 거울 거는 것 좀 도와줘)라고 하며 거울 거는 것을 도와달라고 했다. 이에 남자는 好的(알겠어)라고 했으므로, 남자가 도와주려는 것은 D이다.

어휘 及时 jíshí 형 시기적절하다　帮 bāng 동 돕다　镜子 jìngzi 몡 거울　挂 guà 동 걸다　告诉 gàosu 동 알리다　窗户 chuānghu 몡 창문　传真 chuánzhēn 몡 팩스　擦 cā 동 닦다　盘子 pánzi 몡 쟁반

★★☆ 하

13

男: 你把今天的会议材料都整理好了吗？	남: 자네 오늘 회의 자료 정리 다 했나？
女: 还没呢，我整理完马上就交给您。	여: 아직 못했어요. 정리를 다 하고 바로 제출하겠습니다.
问: 男的让女的做什么？	질문: 남자는 여자에게 무엇을 시켰는가？

A 填表格	A 서류 작성
B 修相机	B 카메라 수리
C 抬沙发	C 소파 운반
D 整理材料	**D 자료 정리**

해설 보기는 모두 행동을 나타낸다. 남자는 여자에게 你把今天的会议材料整理好了吗？(자네 오늘 회의 자료 정리 다 했나？)라고 물었다. 이에 여자는 정리를 다 하고 바로 제출하겠다고 했으므로 남자가 여자에게 시킨 것이 D임을 알 수 있다.

어휘 会议 huìyì 명 회의　材料 cáiliào 명 재료　整理 zhěnglǐ 동 정리하다　交 jiāo 동 제출하다　填 tián 동 채우다, 기입하다　修 xiū 동 수식하다　相机 xiàngjī 명 카메라, 사진기　抬 tái 동 들어올리다, 함께 운반하다　沙发 shāfā 명 소파

★★☆ 중

14

女: 真没想到这个小区里有小河和小桥，这里的环境挺美的。	여: 정말 뜻밖에도 이 단지에 작은 강과 작은 다리가 있다니, 여기 환경이 너무 아름답다.
男: 对啊，这里不仅环境非常美丽，生活还很方便，所以我才决定搬到这里的。	남: 맞아. 이곳은 환경이 매우 아름다울 뿐만 아니라 생활도 또 편리해. 그래서 내가 여기로 이사 온 거야.
问: 那个小区有什么特点？	질문: 그 단지는 어떤 특징이 있는가？

A 离地铁站很远	A 지하철역에서 멀다
B 周围很吵	B 주변이 시끄럽다
C 环境很好	**C 환경이 좋다**
D 购物不便	D 쇼핑이 불편하다

해설 보기는 모두 지역에 대한 평가를 나타낸다. 여자가 이곳 환경이 아름답다고 했고 이에 남자도 동의하며 这里不仅环境美丽，生活还很方便(이곳은 환경이 매우 아름다울 뿐만 아니라 생활도 또 편리해)이라고 했다. 따라서 그 단지의 특징으로 알맞은 것은 C임을 알 수 있다.

Tip▶ 점층 관계를 나타내는 접속사 不仅

不仅은 단독으로 사용할 수 없고 뒤에는 항상 부연 설명을 하는 접속사 '而且'나 부사 '还/也'와 호응한다. 점층 관계를 나타낼 때 쓰인다.

• 호응 구조: [不仅A, 而且/还/也B] A할 뿐만 아니라 게다가 B하다
예 中国菜**不仅**很好吃，而且价格**也**很便宜。 중국 음식은 맛있을 뿐만 아니라, 가격도 매우 저렴하다.

어휘 小区 xiǎoqū 명 주택 단지　河 hé 명 강　桥 qiáo 명 다리, 대교　环境 huánjìng 명 환경　挺 tǐng 부 아주, 매우　不仅 bùjǐn 접 ~일 뿐만 아니라　美丽 měilì 형 아름답다　生活 shēnghuó 명 동 생활(하다)　方便 fāngbiàn 형 편리하다　所以 suǒyǐ 접 그래서　决定 juédìng 동 결정하다　搬 bān 동 옮기다, 이사하다　特点 tèdiǎn 명 특징　离 lí 개 ~로부터　地铁站 dìtiězhàn 명 지하철역　远 yuǎn 형 멀다　周围 zhōuwéi 명 주위, 주변　吵 chǎo 형 시끄럽다　购物 gòuwù 동 물품을 구입하다, 쇼핑하다　不便 búbiàn 형 불편하다

15

男: 小刘, 我刚取了生日蛋糕, 你已经到叔叔家了吗?

女: 不, 我刚下地铁, 估计走10分钟就到了。

问: 关于女的, 下列哪个正确?

남: 샤오리우, 나 방금 생일 케이크 받아 왔는데, 너 이미 삼촌 집에 도착했어?

여: 아니, 나 이제 막 지하철에서 내렸어. 걸어서 10분이면 도착할 거야.

질문: 여자에 관하여 다음 중 옳은 것은?

A 提前到了	A 미리 도착했다
B 还没出发	B 아직 출발하지 않았다
C 找错出口了	C 출구를 잘못 찾았다
D 没到叔叔家	**D 삼촌 집에 도착하지 않았다**

해설 보기는 모두 행동을 나타내고, 도착/출발에 관한 내용이다. 남자가 여자에게 삼촌 집에 도착했느냐고 물었고, 이에 여자는 不, 我刚下地铁(아니, 나 이제 막 지하철에서 내렸어)라고 대답했다. 따라서 여자에 관하여 옳은 내용은 D이다.

어휘 刚 gāng 뿐 방금, 막   取 qǔ 통 가지다, 얻다   蛋糕 dàngāo 명 케이크   已经 yǐjīng 뿐 이미, 벌써   到 dào 통 도착하다   叔叔 shūshu 명 숙부, 아저씨   地铁 dìtiě 명 지하철   估计 gūjì 통 추측하다   提前 tíqián 통 앞당기다   出发 chūfā 통 출발하다   找 zhǎo 통 찾다   错 cuò 형 틀리다   出口 chūkǒu 명 출구

★★★ 중

16

女: 我昨晚梦见面试那天我迟到了, 我很担心下周的面试。

男: 别紧张, 也许你最近压力太大了, 先放松一下心情。

问: 男的建议女的怎么做?

여: 나 어젯밤에 면접보는 날 지각하는 꿈을 꿨어. 다음 주 면접이 너무 걱정 돼.

남: 긴장하지 마. 너 요즘 스트레스가 너무 심해. 우선 마음을 편하게 가져 봐.

질문: 남자는 여자가 어떻게 하기를 권하는가?

A 放松心情	**A 마음을 편하게 한다**
B 课后复习	B 수업 후에 복습한다
C 多喝热水	C 따뜻한 물을 많이 마신다
D 提前购买	D 미리 구매한다

해설 보기는 모두 행동을 나타내고, 권면하는 내용이다. 여자는 면접이 긴장된다고 했고, 이에 남자는 别紧张(긴장하지 마), 放松一下心情(마음을 편하게 가져 봐)이라고 했다. 따라서 남자가 여자에게 권한 것이 A임을 알 수 있다.

어휘 梦见 mèngjiàn 통 꿈꾸다   面试 miànshì 통 면접시험을 보다   那天 nàtiān 때 그날   迟到 chídào 통 늦다, 지각하다   担心 dānxīn 통 걱정하다   别 bié 뿐 ~하지 마라   紧张 jǐnzhāng 형 긴장하다   着急 zháojí 형 조급해하다   最近 zuìjìn 명 최근   压力 yālì 명 스트레스   放松 fàngsōng 통 늦추다, 느슨하게 하다   心情 xīnqíng 명 기분, 심정   复习 fùxí 통 복습하다   热水 rèshuǐ 명 뜨거운 물   提前 tíqián 통 앞당기다   购买 gòumǎi 통 구매하다, 사다

★☆☆ 하

17

男: 喂, 妈, 我忘带钥匙了, 你在哪儿?

女: 我在超市, 回家的路上顺便买些牙膏和面条什么的。

남: 여보세요. 엄마, 저 열쇠 챙기는 거 깜빡했어요. 어디세요?

여: 마트야. 집에 가는 길인데 치약이랑 국수 등을 사려고 해.

问：女的在做什么？	질문: 여자는 무엇을 하고 있는가?
A 取款 **B 逛超市** C 排队买票 D 拿签证	A 돈을 뽑는다 **B 마트에서 쇼핑한다** C 줄서서 표를 산다 D 비자를 가져온다

해설 보기는 모두 행동을 나타낸다. 남자가 여자에게 어디에 있느냐고 물었고, 이에 여자는 我在超市, 回家的路上顺便买些牙膏和面条什么的(마트야. 집에 가는 길에 치약이랑 국수 등을 사려고 해)라고 대답했다. 따라서 여자가 하고 있는 일은 B임을 알 수 있다.

Tip▶ 나열할 때 자주 쓰는 什么的

什么的는 '등등, 따위'의 뜻으로 한 개 혹은 병렬된 몇 개의 성분 뒤에 쓰여 열거를 나타낸다. 유사한 표현으로 等等이 있다.

- 호응 구조: [A、B、C什么的] A, B, C 등등
  예 冰箱里有牛奶、可乐、啤酒什么的。 냉장고 안에는 우유, 콜라, 맥주 등이 있다.

어휘 喂 wèi 집 여보세요　忘 wàng 통 잊다　带 dài 통 가지다, 지니다　钥匙 yàoshi 명 열쇠　超市 chāoshì 명 마트　路上 lùshang 명 길 위, 도중　牙膏 yágāo 명 치약　取款 qǔkuǎn 통 돈을 찾다　逛 guàng 통 거닐다, 한가롭게 거닐다　排队 páiduì 통 줄을 서다　票 piào 명 표　签证 qiānzhèng 명 비자

★★☆ 중

18
女：出差旅行时，行李箱里放哪些东西好呢？ 男：不要带太多的东西，带上那些你必须带的东西就行了。	여: 여행이나 출장 갈 때, 트렁크 안에 무엇을 챙겨야 할까? 남: 너무 많은 물건을 가져가지 마. 네가 꼭 필요한 물건만 챙기면 돼.
问：男的让女的做什么？	질문: 남자는 여자에게 무엇을 시켰는가?
A 别拿重要的 B 多放吃的 **C 少带行李** D 必须带护照	A 중요한 물건을 가져가지 마라 B 먹을 것을 많이 담아라 **C 짐을 적게 챙겨라** D 여권을 꼭 챙겨야 한다

해설 보기는 모두 행동을 나타내고, 권면하는 내용이다. 여자는 출장 갈 때 무엇을 챙겨야 할지 물었고, 이에 남자는 不要带太多的东西, 带上那些你必须带的东西就行了(너무 많은 물건을 가져가지 마. 네가 꼭 필요한 물건만 챙기면 돼)라고 대답했다. 따라서 남자가 여자에게 시킨 것은 C임을 알 수 있다.

어휘 出差 chūchāi 통 출장 가다　旅行 lǚxíng 통 여행하다　行李箱 xínglǐxiāng 명 여행용 트렁크　带 dài 통 가지다, 지니다　必须 bìxū 부 반드시 ～해야 한다　别 bié 부 ～하지 마라　重要 zhòngyào 형 중요하다　行李 xíngli 명 짐　护照 hùzhào 명 여권

★☆☆ 하

19
男：果然是春天到了，你看，植物园里的花儿都开了，这儿的风景多美丽啊。 女：我们在这儿多拍些照片吧。	남: 과연 봄이 왔구나. 너 봐봐. 식물원의 꽃이 모두 폈어. 이곳의 풍경 너무 아름답다. 여: 우리 여기에서 사진을 많이 찍자.
问：女的一会儿要做什么？	질문: 여자는 잠시 후에 무엇을 하려고 하는가?

A 照相	A 사진을 찍는다
B 取药	B 약을 받아 온다
C 拿毛巾	C 수건을 가져온다
D 唱京剧	D 경극을 부른다

해설 보기는 모두 행동을 나타낸다. 남자가 이곳의 풍경이 아름답다고 하자, 여자는 我们在这儿多拍些照片吧(우리 여기에서 사진을 많이 찍자)라고 했다. 따라서 여자가 잠시 후에 할 행동은 A임을 알 수 있다.

Tip▶ 동사 照

4급에서 照는 '(사진을) 찍다'라는 뜻 외에도 여러가지 의미 항목이 등장한다.

① (사진, 영화를) 찍다, 촬영하다　예 这张照片**照**得很好。　이 사진 정말 잘 찍었다.

② (거울에) 비추다　예 她经常**照**镜子。　그녀는 자주 거울을 본다.

③ (빛)을 비추다, 내리쬐다　예 阳光**照**进教室里来。　햇살이 교실 안으로 비쳐 들어온다.

어휘 果然 guǒrán 🤟 과연, 아니나 다를까　春天 chūntiān 🈌 봄　植物园 zhíwùyuán 🈌 식물원　风景 fēngjǐng 🈌 풍경　美丽 měilì 🈌 아름답다　拍 pāi 🈌 촬영하다　照片 zhàopiàn 🈌 사진　照相 zhàoxiàng 🈌 사진을 찍다　毛巾 máojīn 🈌 수건　京剧 jīngjù 🈌 경극

★☆☆ **하**

20

女：爸，我晚上和几个朋友们一起去聚会，不回
　　来吃饭了。
男：知道了，一定要注意安全，早点儿回来。

问：女的为什么不回家吃饭？

여: 아빠, 저 저녁에 몇몇 친구들과 같이 모임에 가기로 했어요. 돌
· 아와서 밥 안 먹어요.
남: 알겠어. 조심히 다녀오고 일찍 오렴.

질문: 여자는 왜 집에 가서 식사를 하지 않는가?

A 要加班	A 야근해야 해서
B 观看比赛	B 경기를 봐야 해서
C 打网球	C 테니스를 쳐야 해서
D 要去聚会	**D 모임에 가야 해서**

해설 보기는 모두 행동을 나타낸다. 여자가 남자에게 我晚上和几个朋友们一起去聚会(저 저녁에 몇몇 친구들과 같이 모임에 가기로 했어요)라고 하며 집에 와서 밥을 먹지 않는다고 했다. 따라서 여자가 집에 가서 식사를 하지 않는 이유는 D임을 알 수 있다.

어휘 聚会 jùhuì 🈌 모이다 🈌 모임　一定 yídìng 🤟 반드시, 틀림없이　注意 zhùyì 🈌 주의하다　安全 ānquán 🈌🈌 안전(하다)　加班 jiābān 🈌 초과 근무를 하다, 야근하다　观看 guānkàn 🈌 관람하다, 보다　比赛 bǐsài 🈌 경기　网球 wǎngqiú 🈌 테니스

★☆☆ **하**

21

男：我看这两副眼镜都适合您，戴着都很好看，
　　您要选哪一个？
女：我更喜欢黑色的，戴起来又轻又舒服。

问：女的觉得黑色的眼镜怎么样？

남: 제가 보기에 이 두 안경 모두 잘 어울리세요. 착용하시니 모두
　　예쁩니다. 어떤 걸로 고르시겠어요?
여: 검은색이 더 마음에 들어요. 써보니 가볍고 편하네요.

질문: 여자는 검은 안경이 어떻다고 느끼는가?

A 特别重	A 매우 무겁다
B 非常贵	B 매우 비싸다
C 比较轻	**C 비교적 가볍다**
D 比较厚	D 비교적 두껍다

해설 보기는 모두 사물의 상태를 나타낸다. 남자는 여자에게 안경이 잘 어울린다고 하면서 어떤 걸로 고를 거냐고 물었다. 이에 여자는 검은색을 고르며 戴起来又轻又舒服(써보니 가볍고 편하네요)라고 했다. 따라서 여자의 검은 안경에 대한 생각으로 알맞은 것은 C이다.

Tip▶ 방향보어 起来의 파생 용법

4급에서 자주 쓰이는 방향보어 起来는 '일어나다'라는 뜻 외에도 여러가지 파생 의미를 나타낸다.
① 동작이나 상황이 시작됨을 나타냄 **예** 这个孩子突然哭起来了。 이 아이는 갑자기 울기 시작했다.
② 견해를 나타냄 **예** 这些葡萄看起来很甜。 이 포도는 보아하니 달아 보인다.

어휘 副 fù 양 벌, 쌍 [쌍이나 세트로 된 물건을 세는 단위]　适合 shìhé 통 적합하다, 알맞다　戴 dài 통 착용하다　好看 hǎokàn 형 예쁘다　选 xuǎn 통 고르다　更 gèng 부 더욱　黑色 hēisè 명 검은색　又A又B yòu A yòu B A하기도 하고 B하기도 하다　舒服 shūfu 형 편안하다　轻 qīng 형 가볍다　特别 tèbié 부 특히, 아주　重 zhòng 형 무겁다　贵 guì 형 비싸다　比较 bǐjiào 부 비교적　厚 hòu 형 두껍다

★★☆ 중

22

女：马教授，我们该商量一下这次校园文化艺术 节表演什么节目最好呢？ 男：好的，我也想听听您的意见和想法。 问：他们在谈论什么？	여: 마 교수님, 저희 이번 교내 문화예술제 때 어떤 프로그램을 공연해야 좋을지 상의해야 하지요? 남: 좋아요. 저도 당신의 의견과 생각을 듣고 싶습니다. 질문: 그들은 무엇에 대해 이야기하고 있는가?
A 减压方法 B 旅行目的地 **C 文化节节目** D 交通工具	A 스트레스를 푸는 방법 B 여행 목적지 **C 문화제 프로그램** D 교통수단

해설 보기는 모두 명사이며, 특정 분야 및 주제를 나타낸다. 여자가 남자에게 我们该商量一下这次校园文化艺术节表演什么节目最好呢?(저희 이번 교내 문화예술제 때 어떤 프로그램을 공연해야 좋을지 상의해야 하지요?)라고 묻는 것을 통해 이들이 교내 문화예술제 프로그램에 관해 이야기하고 있음을 알 수 있다. 따라서 정답은 C이다.

어휘 教授 jiàoshòu 명 교수　该 gāi 조동 ~해야 한다　商量 shāngliang 통 상의하다　校园 xiàoyuán 명 교정, 캠퍼스　文化 wénhuà 명 문화　艺术节 yìshùjié 명 예술제　表演 biǎoyǎn 통 공연하다　节目 jiémù 명 프로그램　意见 yìjiàn 명 의견, 견해　想法 xiǎngfǎ 명 생각　谈论 tánlùn 통 담론하다　减压 jiǎnyā 통 스트레스를 경감시키다　方法 fāngfǎ 명 방법　旅行 lǚxíng 통 여행하다　目的地 mùdìdì 명 목적지　交通 jiāotōng 명 교통　工具 gōngjù 통 도구, 수단

★★☆ 상

23

男：姐，今天怎么连不上网了？一直说我密码错 误。 女：不好意思，我把密码改完后忘了告诉你。 问：男的为什么上不了网？	남: 누나, 오늘 왜 인터넷 연결이 안 되지? 계속 비밀번호가 틀렸대. 여: 미안해. 내가 비밀번호를 바꾸고 네게 알려주는 것을 잊었어. 질문: 남자는 왜 인터넷을 할 수 없었는가?

A 没交网费	A 통신비를 내지 않아서
B 密码变了	**B 비밀번호를 바꿔서**
C 网速很慢	C 인터넷 속도가 느려서
D 很多人上网	D 많은 사람들이 인터넷을 해서

해설 보기는 모두 인터넷에 관한 내용이다. 남자가 인터넷이 연결되지 않는다고 했고, 이에 여자는 我把密码改完后忘了告诉你(내가 비밀번호를 바꾸고 네게 알려주는 것을 잊었어)라고 했다. 따라서 남자가 인터넷을 할 수 없었던 이유는 B이다.

어휘 连 lián 통 연결하다, 잇다 上网 shàngwǎng 통 인터넷에 접속하다 一直 yìzhí 부 계속해서 密码 mìmǎ 명 비밀번호 错误 cuòwù 형 잘못된, 틀린 명 실수, 잘못 改 gǎi 통 고치다 忘 wàng 통 잊다 告诉 gàosu 통 알리다 交 jiāo 통 제출하다 变 biàn 통 바뀌다, 변하다 网速 wǎngsù 명 인터넷 속도 慢 màn 형 느리다

★★☆ 하

24

女：你还要用这些旧杂志吗？否则我都扔了。	여: 너 이 낡은 잡지들을 쓸 거야? 안 쓰면 내가 다 버린다.
男：除了那几本关于自然科学的杂志，其他的都不要了。	남: 자연과학에 관한 잡지 몇 권을 제외하고, 다른 것은 다 필요 없어.
问：女的在收拾什么东西？	질문: 여자는 어떤 물건을 정리 중인가?

A 本子	A 노트
B 杂志	**B 잡지**
C 雨伞	C 우산
D 袜子	D 양말

해설 보기는 모두 사물을 나타낸다. 여자가 你还要用这些旧杂志吗？(너 이 낡은 잡지들을 쓸 거야?)라고 하며 쓰지 않으면 버린다고 했으므로 여자가 정리하던 물건이 B임을 알 수 있다.

어휘 旧 jiù 형 낡다, 오래되다 杂志 zázhì 명 잡지 否则 fǒuzé 접 그러지 않으면, 안 그러면 扔 rēng 통 버리다 除了 chúle 개 ~을 제외하고 关于 guānyú 개 ~에 관해서 自然 zìrán 명 자연 科学 kēxué 명 과학 형 과학적이다 其他 qítā 명 기타, 그 외 本子 běnzi 명 공책 雨伞 yǔsǎn 명 우산 袜子 wàzi 명 양말

★☆☆ 중

25

男：我发现儿子正在存钱，不像以前那样乱花钱。	남: 나는 아들이 저금을 하고 있고, 예전처럼 돈을 함부로 쓰지 않는다는 것을 알게 되었어.
女：是啊，他说要去国外旅行，所以最近不怎么乱花钱了。	여: 그래요. 아이는 해외 여행을 가려고 요즘 돈을 많이 쓰지 않는 거예요.
问：儿子存钱要干什么？	질문: 아들은 돈을 모아서 무엇을 하려고 하는가?

A 换新的电脑	A 새 컴퓨터로 바꾼다
B 去国外旅行	**B 해외로 여행을 간다**
C 买流行的手机	C 유행하는 핸드폰을 산다
D 购买相机	D 카메라를 구입한다

해설 보기는 모두 소비와 관련된 구체적인 목적을 나타낸다. 남자는 아들이 돈을 함부로 쓰지 않는다고 했고, 이에 여자는 他说 要去国外旅行, 所以最近不怎么乱花钱了(아이는 해외 여행을 가려고 요즘 돈을 많이 쓰지 않는 거예요)라며 그 이유를 설명했다. 여자의 말을 통해 아들이 돈을 모아서 하려고 하는 것이 B임을 알 수 있다.

어휘 发现 fāxiàn 통 발견하다, 알아차리다   儿子 érzi 명 아들   存钱 cúnqián 통 저금하다   像 xiàng 통 ~와 같다   以前 yǐqián 명 이전, 예전   乱 luàn 부 함부로   花钱 huāqián 통 (돈, 시간을) 쓰다   国外 guówài 명 국외, 해외   旅行 lǚxíng 통 여행하다 所以 suǒyǐ 접 그래서   不怎么 bùzěnme 부 별로 ~하지 않다   换 huàn 통 교환하다, 바꾸다   电脑 diànnǎo 명 컴퓨터   流 行 liúxíng 통 유행하다   购买 gòumǎi 통 사다, 구매하다   相机 xiàngjī 카메라, 사진기

듣기 제3부분

[풀이전략] 녹음을 듣기 전에 보기의 핵심 키워드를 파악하여 녹음의 내용을 짐작한다. 녹음을 들으면서 들은 내용을 보기에 메 모하고 질문에 알맞은 정답을 고른다.

★★☆ 상

26

女：哇，今天有这么多人啊，我们快点儿去排队买票吧！ 男：我办了公园年卡，你买自己的票就行了。 女：你这张年卡是怎么办的？多少钱一张？ 男：才一百块钱，在公园售票处就能办，北京40个公园都可以随便入场。	여: 와, 오늘 이렇게 사람이 많다니. 우리 빨리 가서 줄서서 표를 사자! 남: 나 공원 연간 회원카드 만들었어. 네 표만 사면 돼. 여: 너 회원카드 어떻게 만들었어? 한 장에 얼마야? 남: 100위안밖에 안 해. 공원 매표소에서 만들 수 있어. 베이징 40개 공원 모두 입장이 가능해.
问：关于公园年卡，可以知道什么？	질문: 공원 연간 회원카드에 관하여 알 수 있는 것은?
A 数量有限 **B 一年100元** C 只能在校园办 D 当天有效	A 수량에 제한이 있다 **B 1년에 100위안이다** C 교내에서만 만들 수 있다 D 당일에 유효하다

해설 보기는 모두 사물에 대한 정보이다. 보기의 키워드로 A는 有限(제한이 있다), B는 100元(100위안), C는 校园(교내), D는 当 天(당일)을 삼고 녹음을 듣는다. 여자가 남자에게 연간 회원카드의 가격을 물었고, 이에 남자는 才一百块钱(100위안밖에 안 해)이라고 대답했다. 따라서 연간 회원카드에 관해 알 수 있는 것은 B이다.

어휘 排队 páiduì 통 줄을 서다   票 piào 명 표   办 bàn 통 처리하다   公园 gōngyuán 명 공원   售票处 shòupiàochù 명 매표소 随便 suíbiàn 부 마음대로 하다   入场 rùchǎng 통 입장하다   数量 shùliàng 명 수량   有限 yǒuxiàn 통 유한하다   校园 xiàoyuán 명 캠퍼스, 교정   当天 dāngtiān 명 당일, 같은 날   有效 yǒuxiào 형 효과적이다, 유용하다

★☆☆ 중

27

男：听说他是个名校毕业的硕士。 女：对啊，而且他还写过书呢，真了不起！ 男：是吗？是关于什么的书？ 女：就是怎样管理时间的，所以他在新来的同事之间很有名。	남: 듣자니 그는 명문대를 졸업한 석사래. 여: 맞아, 게다가 그는 책도 쓴 적이 있어. 정말 대단해! 남: 그래? 무엇에 관한 책인데? 여: 바로 어떻게 시간을 관리하는가에 관한 책이야. 그래서 그는 새로운 동료들 사이에서 아주 유명해.

问：关于新来的同事，下列哪个正确？	질문: 새로 온 동료에 관하여 다음 중 옳은 것은?
A 是博士 **B 写过书** C 鼻子高 D 很活泼	A 박사다 **B 책을 쓴 적이 있다** C 코가 높다 D 아주 활발하다

해설 보기는 모두 인물에 관한 설명이다. 남자와 여자는 他(그)에 관해 대화를 하고 있고, 여자가 他还写过书呢(그는 책도 쓴 적이 있어)라고 말했다. 따라서 새로 온 동료에 관해 옳은 내용은 B이다.

어휘 听说 tīngshuō 통 듣자하니, 들은 바로는　毕业 bìyè 통 졸업하다　硕士 shuòshì 명 석사　而且 érqiě 접 게다가　了不起 liǎobuqǐ 형 뛰어나다, 대단하다　关于 guānyú 개 ~에 관해서　怎样 zěnyàng 대 어떻게, 어떠하냐　管理 guǎnlǐ 통 관리하다　所以 suǒyǐ 접 그래서　同事 tóngshì 명 동료　之间 zhījiān 명 사이, 지간　有名 yǒumíng 형 유명하다　博士 bóshì 명 박사　鼻子 bízi 명 코　活泼 huópō 형 활발하다

★★★ 중

28

女：我们公司决定帮我们付一半儿的房租。 男：哇！真棒！所有的人都可以申请吗？ 女：只要进公司满一年都能申请。 男：那太好了，到今年9月份正好满一年了。	여: 우리 회사가 우리에게 임대료 반을 내주기로 결정했어. 남: 와! 정말 좋다! 모든 사람들이 다 신청할 수 있는 거야? 여: 회사 입사하고 1년을 채워야 신청할 수 있어. 남: 그럼 잘됐다. 올해 9월이면 딱 1년이야.
问：男的现在心情怎么样？	질문: 남자는 지금 기분이 어떠한가?
A 很开心 B 很伤心 C 很烦恼 D 很激动	**A 아주 기쁘다** B 아주 상심하다 C 아주 번뇌하다 D 아주 감격하다

해설 보기는 모두 감정을 나타낸다. 여자의 말에 남자는 哇！真棒！(와! 정말 좋다!), 那太好了(그럼 잘됐다)라고 대답했다. 따라서 남자의 지금 기분으로 알맞은 것은 A이다.

Tip▶ 감정/기분을 나타내는 어휘

开心 kāixīn 형 기쁘다	难过 nánguò 형 괴롭다, 슬프다
高兴 gāoxìng 형 기쁘다	烦恼 fánnǎo 형 번뇌하다
快乐 kuàilè 형 즐겁다	兴奋 xīngfèn 형 흥분하다
幸福 xìngfú 형 행복하다	失望 shīwàng 통 실망하다, 낙담하다
激动 jīdòng 통 감격하다, 감동하다	后悔 hòuhuǐ 통 후회하다
感动 gǎndòng 통 감동하다	着急 zháojí 형 조급해하다
伤心 shāngxīn 통 상심하다	

어휘 决定 juédìng 통 결정하다　付 fù 통 지불하다　房租 fángzū 명 임대료, 집세　所有 suǒyǒu 형 모든, 일체의　申请 shēnqǐng 통 신청하다　只要 zhǐyào 접 ~하기만 하면　满 mǎn 통 꽉 채우다, 가득 차다　正好 zhènghǎo 부 마침, 때마침　开心 kāixīn 형 기쁘다　伤心 shāngxīn 통 상심하다　烦恼 fánnǎo 통 번뇌하다　激动 jīdòng 통 감격하다

29

男：这是什么味儿？好香啊！	남: 이거 무슨 냄새야? 맛있겠다!
女：我烤饼干了，你快过来尝一尝。	여: 쿠키 구웠어. 빨리 와서 먹어 봐.
男：还不错，就是稍微有点儿咸。	남: 그런대로 괜찮은데, 다만 약간 짜다.
女：是吗？我今天盐放得比以前多点儿。	여: 그래? 오늘 소금을 예전보다 많이 넣었어.
问：男的觉得饼干怎么样？	질문: 남자는 쿠키가 어떻다고 생각하는가?

A 比较酸	A 비교적 시다
B 很难吃	B 아주 맛없다
C 不够甜	C 덜 달다
D 有些咸	**D 조금 짜다**

해설 보기는 모두 맛을 나타낸다. 여자가 남자에게 쿠키를 먹어 보라고 했고, 이에 남자는 就是稍微有点儿咸(다만 약간 짜다)이라고 대답했다. 따라서 남자의 견해로 알맞은 것은 D이다.

Tip▶ 맛을 나타내는 어휘

酸 suān 혱 시다	咸 xián혱 짜다
甜 tián 혱 달다	淡 dàn 혱 싱겁다
苦 kǔ 혱 쓰다	油腻 yóunì 혱 기름지다
辣 là 혱 맵다	

어휘 味儿 wèir 몡 냄새, 맛 烤 kǎo 동 굽다 饼干 bǐnggān 몡 비스킷 尝 cháng 동 맛보다 稍微 shāowēi 뮈 조금 咸 xián 혱 짜다 盐 yán 몡 소금 以前 yǐqián 몡 과거 比较 bǐjiào 뮈 비교적 酸 suān 혱 시다 难吃 nánchī 혱 맛없다, 먹기 어렵다 够 gòu 혱 충분하다 甜 tián 혱 달다

30

女：小王，学校网站上介绍的游戏公司的招聘会，你参加吗？	여: 샤오왕, 학교 홈페이지에 소개된 게임 회사의 채용회 너 참가할 거야?
男：有招聘会吗？我怎么没看到通知呢。	남: 채용회가 있어? 나는 왜 알림을 못 봤지?
女：下周有第一场招聘会。	여: 다음 주에 제1회 채용회가 있어.
男：谢谢，你这个消息太及时了。	남: 고마워. 너의 이 소식 너무 시기적절했어.
问：关于男的，可以知道什么？	질문: 남자에 관하여 알 수 있는 것은?

A 缺少热情	A 열정이 부족하다
B 刚成为医生	B 막 의사가 되었다
C 常开玩笑	C 자주 농담을 한다
D 没看通知	**D 알림을 보지 못했다**

해설 보기의 키워드로 A는 热情(열정), B는 医生(의사), C는 开玩笑(농담을 하다), D는 通知(알림)를 삼고 녹음을 듣는다. 여자가 남자에게 채용회에 참가할 거냐고 물었고 이에 여자는 我怎么没看到通知呢(나는 왜 알림을 못 봤지?)라고 대답했다. 따라서 남자에 관해 알 수 있는 것은 D이다.

어휘 网站 wǎngzhàn 몡 웹 사이트 介绍 jièshào 동 소개하다 游戏 yóuxì 몡 게임, 놀이 招聘会 zhāopìnhuì 몡 채용 박람회 参加 cānjiā 동 참가하다 通知 tōngzhī 몡 동 통지(하다) 消息 xiāoxi 몡 소식, 뉴스 及时 jíshí 혱 시기적절하다 缺少

quēshǎo 통 부족하다   热情 rèqíng 명 열정   刚 gāng 분 막, 방금   成为 chéngwéi 통 ~이 되다   医生 yīshēng 명 의사   开玩笑 kāi wánxiào 통 농담하다

★☆☆ 하

31

男: 你借这本书太久了，需要交费。	남: 이 책을 빌린 지 너무 오래 돼서 비용을 내셔야 합니다.
女: 要交多少钱？	여: 얼마를 내야 해요?
男: 你都超过了十天，一共三块，以后记得借书要按时还回来。	남: 10일을 넘기셨으니까 전부 3위안이에요. 다음에는 책 빌리시면 제때에 반납하셔야 합니다.
女: 好的，下次我一定要在规定的时间看完。	여: 알겠습니다. 다음에는 반드시 규정된 시간 안에 다 볼게요.
问: 他们现在最可能在哪儿？	질문: 그들은 지금 어디에 있는가?
A 海洋馆	A 아쿠아리움
B 大使馆	B 대사관
C 图书馆	**C 도서관**
D 植物园	D 식물원

해설 보기는 모두 장소를 나타낸다. 남자의 말 你借这本书太久了(이 책을 빌린 지 너무 오래 됐어요), 以后记得借书要按时还回来(다음에는 책 빌리시면 제때에 반납하셔야 합니다)에서 借书(책을 빌리다), 还(반납하다)이 언급됐으므로 이들이 있는 장소로 알맞은 것은 C이다.

Tip ▶ 장소를 나타내는 어휘

邮局 yóujú 명 우체국	公园 gōngyuán 명 공원
教室 jiàoshì 명 교실	火车站 huǒchēzhàn 명 기차역
学校 xuéxiào 명 학교	地铁站 dìtiězhàn 명 지하철역
校园 xiàoyuán 명 캠퍼스	机场 jīchǎng 명 공항
宾馆 bīnguǎn 명 호텔	车站 chēzhàn 명 정류장
酒店 jiǔdiàn 명 호텔	加油站 jiāyóuzhàn 명 주유소
饭店 fàndiàn 명 호텔, 식당	售票处 shòupiàochù 명 매표소
餐厅 cāntīng 명 식당	入口处 rùkǒuchù 명 입구
动物园 dòngwùyuán 명 동물원	书店 shūdiàn 명 서점

어휘 借 jiè 통 빌리다   久 jiǔ 형 오래다   需要 xūyào 통 필요하다   交费 jiāofèi 통 비용을 지불하다   超过 chāoguò 통 초과하다, 넘다   一共 yígòng 분 전부, 합계   以后 yǐhòu 명 이후   记得 jìde 통 기억하고 있다   借书 jièshū 통 책을 빌리다   按时 ànshí 분 제때에   还 huán 통 반납하다   一定 yídìng 분 반드시, 틀림없이   规定 guīdìng 통 규정하다   海洋馆 hǎiyángguǎn 명 아쿠아리움   大使馆 dàshǐguǎn 명 대사관   图书馆 túshūguǎn 명 도서관   植物园 zhíwùyuán 명 식물원

★★★ 중

32

女: 张老师，宁宁这几天咳嗽得很厉害，明天恐怕不能去学弹钢琴了。	여: 장 선생님, 닝닝이 요며칠 기침이 너무 심해서 내일 아마도 피아노를 치러 갈 수 없을 거 같아요.
男: 严重吗？那么下周还能正常来上课吗？	남: 심한가요? 그러면 다음 주에는 정상적으로 수업하러 올 수 있어요?
女: 看情况吧，到时候我再跟你联系。	여: 상황 봐서 그 때 제가 다시 연락 드릴게요.
男: 好的，那好好照顾她，下周再给我打电话吧。	남: 알겠습니다. 그럼 닝닝 잘 돌봐주시고 다음 주에 다시 전화주세요.

问：宁宁为什么不去学弹钢琴了？	질문: 닝닝은 왜 피아노를 배우러 가지 않는가?
A 腿受伤了 **B 咳嗽得很厉害** C 擦破了皮 D 胳膊还疼	A 다리를 다쳤다 **B 기침이 심하다** C 찰과상이다 D 팔이 아직 아프다

해설 보기는 모두 신체와 관련된 증세를 나타낸다. 보기의 키워드로 A는 腿(다리), B는 咳嗽(기침), C는 皮(피부), D는 胳膊(팔)를 삼고 녹음을 듣는다. 여자의 말 宁宁这几天咳嗽得很厉害, 明天恐怕不能去学弹钢琴了(닝닝이 요며칠 기침이 너무 심해서 내일 아마도 피아노를 치러 갈 수 없을 거 같아요)를 통해 닝닝이 기침이 심해서 피아노를 치러 갈 수 없음을 알 수 있다. 따라서 정답은 B이다.

어휘 咳嗽 késou 통 기침하다   厉害 lìhai 형 심하다, 대단하다   恐怕 kǒngpà 부 아마도   弹钢琴 tán gāngqín 통 피아노를 치다   严重 yánzhòng 형 심각하다, 위급하다   正常 zhèngcháng 형 정상적인   上课 shàngkè 통 수업하다   情况 qíngkuàng 명 상황   联系 liánxì 통 연락하다   照顾 zhàogù 통 돌보다, 보살피다   腿 tuǐ 명 다리   受伤 shòushāng 통 부상당하다   擦破 cāpò 통 (살갗 등이) 스쳐 벗겨지다   皮 pí 명 피부   胳膊 gēbo 명 팔   疼 téng 형 아프다

★☆☆ 중

33

男：今天怎么穿得这么正式？有什么事吗？ 女：其实今晚我参加大使馆举行的留学生中秋节 　　活动。 男：那你应该好好儿打扮一下了，希望这次活动 　　能给你留个好回忆。 女：对啊，我也很希望。 问：关于女的，可以知道什么？	남: 오늘 왜 이렇게 정장을 차려입었어? 무슨 일 있어? 여: 사실 오늘 저녁에 대사관에서 개최하는 유학생 추수감사절 행사에 참석하거든. 남: 그럼 너 당연히 잘 꾸며야지. 이번 행사가 너에게 좋은 추억을 남기길 바래. 여: 맞아. 나도 그랬으면 좋겠어. 질문: 여자에 관하여 알 수 있는 것은?
A 研究经济 **B 穿得很正式** C 有个约会 D 快毕业了	A 경제를 연구한다 **B 정장을 차려입었다** C 데이트가 있다 D 곧 졸업한다

해설 보기는 모두 인물에 관한 정보를 나타낸다. 보기의 키워드로 A는 经济(경제), B는 正式(정식의), C는 约会(데이트), D는 毕业(졸업하다)를 삼고 녹음을 듣는다. 남자가 여자에게 한 말 今天怎么穿得这么正式?(오늘 왜 이렇게 정장을 차려입었어?)를 통해 여자가 정장을 입었음을 알 수 있다. 따라서 여자에 관하여 알 수 있는 것은 B이다.

어휘 正式 zhèngshì 형 정식의   其实 qíshí 부 사실은   参加 cānjiā 통 참가하다, 참석하다   大使馆 dàshǐguǎn 명 대사관   举行 jǔxíng 통 열다, 거행하다   留学生 liúxuéshēng 명 유학생   中秋节 Zhōngqiūjié 명 중추절, 한가위   活动 huódòng 명 행사, 이벤트   应该 yīnggāi 조동 마땅히 ~해야 한다   打扮 dǎban 통 치장하다, 단장하다   希望 xīwàng 통 희망하다   留 liú 통 남다, 남기다   回忆 huíyì 통 회상하다   研究 yánjiū 통 연구하다   经济 jīngjì 명 경제   约会 yuēhuì 명 데이트   毕业 bìyè 통 졸업하다

34

女：暑假快要到了，你怎么安排？	여: 곧 여름방학인데 너 뭐 할 거야?
男：我准备报一个游泳兴趣班。	남: 나는 수영 등록하려고 해.
女：你不是害怕下水吗？怎么突然想学游泳呢？	여: 너 물에 들어가는 거 무서워하지 않아? 왜 갑자기 수영이 배우고 싶어진 거야?
男：听说坚持游泳对身体很有帮助，想锻炼锻炼身体。	남: 수영을 꾸준히 하는 것이 건강에 좋다고 해서 신체를 단련하고 싶었어.
问：男的暑假要做什么？	질문: 남자는 여름방학에 무엇을 하려고 하는가?
A 养植物	A 식물을 기르다
B 拍照片	B 사진을 찍다
C 练功夫	C 무술을 연습하다
D 学游泳	**D 수영을 배우다**

해설 보기는 취미 활동을 나타낸다. 여자가 남자에게 여름방학에 무엇을 할 것인지 물었고, 이에 남자는 我准备报一个游泳兴趣班(나는 수영 등록하려고 해)이라고 대답했다. 따라서 남자가 여름방학에 할일로 알맞은 것은 D이다.

어휘 暑假 shǔjià 몡 여름방학　安排 ānpái 툉 안배하다　准备 zhǔnbèi 툉 준비하다　报 bào 툉 등록하다　游泳 yóuyǒng 툉 수영하다　害怕 hàipà 툉 두려워하다, 겁내다　下水 xiàshuǐ 툉 입수하다　突然 tūrán 뷔 갑자기　听说 tīngshuō 듣자하니, 들은 바로는　坚持 jiānchí 견지하다　身体 shēntǐ 몡 몸, 건강　帮助 bāngzhù 툉 돕다 몡 도움　锻炼 duànliàn 단련하다　养 yǎng 툉 기르다　植物 zhíwù 몡 식물　拍 pāi 툉 찍다, 촬영하다　照片 zhàopiàn 몡 사진　练 liàn 툉 연습하다　功夫 gōngfu 몡 무술

35

男：妈，我快饿死了。饺子还没做好吗？	남: 엄마, 저 너무 배고파요. 만두 아직 다 안 됐어요?
女：等一会儿，做得差不多了。	여: 조금만 기다리렴. 거의 다 됐어.
男：是吗？有什么需要帮忙的吗？	남: 그래요? 뭐 도와드릴까요?
女：帮我把餐桌擦擦，然后拿几个盘子。	여: 식탁 좀 닦고, 큰 접시 몇 개 가져가렴.
问：他们准备吃什么？	질문: 그들은 무엇을 먹을 것인가?
A 饺子	**A 만두**
B 面条	B 국수
C 炒饭	C 복음밥
D 烤鸭	D 오리구이

해설 보기는 모두 음식을 나타낸다. 남자는 배가 고프다고 하면서 여자에게 饺子还没做好吗？(만두 아직 다 안 됐어요?)라고 물었고 여자는 거의 다 됐다고 말했다. 따라서 이들이 먹을 음식은 A이다.

Tip▶ 음식 관련 단어

馒头 mántou 찐빵 (소가 없는 것)	炒面 chǎomiàn 복음면
包子 bāozi (소가 든) 찐빵	汤 tāng 국
面包 miànbāo 빵	烤鸭 kǎoyā 오리구이, 카오야
炒饭 chǎofàn 복음밥	鸡蛋 jīdàn 계란

饿 è 형 배고프다　饺子 jiǎozi 명 만두　一会儿 yíhuìr 명 잠시, 짧은 시간　差不多 chàbuduō 형 비슷하다 부 거의　需要 xūyào 동 필요하다　餐桌 cānzhuō 명 식탁　擦 cā 동 닦다　然后 ránhòu 접 그런 후에　盘子 pánzi 명 쟁반, 큰 접시　炒饭 chǎofàn 명 볶음밥　烤鸭 kǎoyā 명 오리 구이

36-37

最近有些地方出现了³⁷店内没有售货员的超市，这种超市被叫做"无人超市"。顾客在进门的时候只要刷一下手机，然后³⁶选好要买的东西，用手机付款后，就可以离开了。另外，无人超市还提供全年24小时的服务，这给购物带来更多的方便。	요즘 어떤 지역에는 ³⁷가게 안에 판매원이 없는 마트가 등장했다. 이런 마트는 '무인 마트'라고 불린다. 고객은 들어가서 핸드폰을 스캔하고, ³⁶사려고 하는 물건을 고른 후에 핸드폰으로 돈을 지불하면 떠날 수 있다. 그 밖에, 무인 마트는 연중 24시간 서비스를 제공하기 때문에 쇼핑에 더 많은 편리함을 가져다 주었다.

最近 zuìjìn 명 최근, 요즘　出现 chūxiàn 동 출현하다　售货员 shòuhuòyuán 명 판매원　超市 chāoshì 명 마트　种 zhǒng 양 종류를 세는 단위　无人 wúrén 무인이다　顾客 gùkè 명 고객　只要A, 就B zhǐyào A, jiù B 접 A하기만 하면 B하다　刷 shuā 동 (솔로) 닦다　然后 ránhòu 접 그런 후에　选 xuǎn 동 고르다, 선택하다　付款 fùkuǎn 동 돈을 지불하다　离开 líkāi 동 떠나다　另外 lìngwài 접 이 외에, 이 밖에　提供 tígōng 동 제공하다　全 quán 형 전체의, 모든　服务 fúwù 명 서비스　购物 gòuwù 동 물품을 구입하다, 쇼핑하다　带来 dàilái 동 가져오다　更 gèng 부 더욱　方便 fāngbiàn 형 편리하다

★★☆ 중

36 在无人超市，顾客怎么付款?　　　무인 마트에서 고객은 어떻게 계산하는가?

A 刷信用卡　　　　　　　　　A 신용카드로 계산한다
B 付现金　　　　　　　　　　B 현금을 낸다
C 刷手机　　　　　　　　　**C 핸드폰으로 계산한다**
D 汇款　　　　　　　　　　　D 송금한다

보기는 모두 결제 수단을 나타낸다. 보기의 키워드로 A는 信用卡(신용카드), B는 现金(현금), C는 手机(핸드폰), D는 汇款(송금)을 삼고 녹음을 듣는다. 녹음에서 무인 마트에 대해 소개하며 选好要买的东西，用手机付款(사려고 하는 물건을 고른 후에 핸드폰으로 돈을 지불한다)이라고 했다. 따라서 고객이 물건을 계산하는 방법은 C이다.

信用卡 xìnyòngkǎ 명 신용카드　付 fù 동 지불하다　现金 xiànjīn 명 현금　汇款 huìkuǎn 동 송금하다

★★☆ 상

37 关于无人超市，可以知道什么?　　무인 마트에 관하여 알 수 있는 것은?

A 要自备塑料袋　　　　　　　A 자기가 직접 비닐봉투를 준비해야 한다
B 提供购物信息　　　　　　　B 구매 정보를 제공한다
C 店内没售货员　　　　　　**C 가게 안에 판매원이 없다**
D 不能分期付款　　　　　　　D 분할 납부를 할 수 없다

보기는 모두 쇼핑에 관한 내용이며, 키워드로 A는 塑料袋(비닐봉투), B는 购物信息(구매 정보), C는 售货员(판매원), D는 分期付款(분할 납부)을 삼고 녹음을 듣는다. 녹음의 시작 부분에서 무인 마트에 대해 店内没有售货员的超市(가게 안에 판매원이 없는 마트)라고 소개했으므로 알맞은 정답은 C이다.

自备 zìbèi 동 스스로 준비하다　塑料袋 sùliàodài 명 비닐봉지　信息 xìnxī 명 정보　分期付款 fēnqī fùkuǎn 동 분할 상환하다

38-39

³⁸哥哥最近总是对家人爱发脾气, 有一点小事就容易生气, 事后又会感到很后悔。我估计他一定是做生意很不顺利, 工作压力特别大, 所以我建议他有什么困难就说出来, ³⁹和家人一起商量解决问题, 不要一个人伤心难过。

³⁸형은 요즘 계속 가족에게 성질을 부린다. 사소한 일로도 쉽게 화를 내고, 화를 낸 후에는 또 후회를 한다. 나는 형이 분명 사업이 잘 안 풀리고 일 스트레스가 너무 커서 그러는 것 같았다. 그래서 나는 형에게 힘든 점이 있으면 말하고, ³⁹가족과 함께 상의하여 문제를 해결해서, 혼자 힘들어하지 말라고 권했다.

어휘 最近 zuìjìn 명 최근, 요즘 总是 zǒngshì 부 늘, 항상 家人 jiārén 명 가족 发脾气 fā píqi 동 성질을 부리다 容易 róngyì 형 쉽다, ~하기 쉽다 生气 shēngqì 동 화내다 感到 gǎndào 동 느끼다 后悔 hòuhuǐ 동 후회하다 估计 gūjì 동 추측하다 一定 yídìng 부 반드시, 틀림없이 生意 shēngyi 명 장사, 사업 顺利 shùnlì 형 순조롭다 压力 yālì 명 스트레스 特别 tèbié 부 특히, 아주 所以 suǒyǐ 접 그래서 建议 jiànyì 동 건의하다, 제의하다 困难 kùnnan 형 곤란하다 명 어려움 伤心 shāngxīn 동 상심하다 难过 nánguò 형 괴롭다, 슬프다 商量 shāngliang 동 상의하다 解决 jiějué 동 해결하다 问题 wèntí 명 문제

★★☆ 중

38

说话人的哥哥对家人态度怎么样?

화자의 형은 가족들에 대한 태도가 어떠한가?

A 帮助做家务
B 指出缺点
C 对人友好
D 常发脾气

A 집안일을 도와준다
B 단점을 지적한다
C 사람들에게 우호적이다
D 자주 사람들에게 성질을 부린다

해설 보기는 모두 사람에 대한 태도를 나타낸다. 보기의 키워드로 A는 家务(집안일), B는 缺点(단점), C는 友好(우호적이다), D는 发脾气(성질을 부리다)를 삼고 녹음을 듣는다. 녹음의 시작 부분에서 哥哥最近总是对家人爱发脾气(형은 요즘 계속 가족에게 성질을 부린다)라고 하여 화자의 형에 대해 설명했다. 따라서 형의 가족들에 대한 태도로 알맞은 것은 D이다.

어휘 帮助 bāngzhù 동 돕다 명 도움 家务 jiāwù 명 가사일 指出 zhǐchū 동 지적하다, 밝히다 缺点 quēdiǎn 명 단점, 결점 友好 yǒuhǎo 형 우호적이다

★★☆ 중

39

说话人建议哥哥怎么做?

화자는 형에게 어떻게 하기를 권했는가?

A 与家人商量
B 自己找方法
C 主动解决问题
D 多向别人求助

A 가족과 상의하라
B 스스로 방법을 찾으라
C 주동적으로 문제를 해결하라
D 다른 사람에게 도움을 많이 청하라

해설 보기는 모두 해결 방안을 나타낸다. 보기의 키워드로 A는 商量(상의하다), B는 自己(스스로), C는 主动(주동적으로), D는 求助(도움을 청하다)를 삼고 녹음을 듣는다. 녹음의 마지막에 我建议他……和家人一起商量解决问题(나는 형에게……가족과 함께 상의하여 문제를 해결하라고 권했다)라고 했으므로 화자가 형에게 가족과 상의하길 권했음을 알 수 있다. 따라서 정답은 A이다.

어휘 自己 zìjǐ 대 자기, 자신 找 zhǎo 동 찾다 方法 fāngfǎ 명 방법 主动 zhǔdòng 형 자발적인, 주동적인 解决 jiějué 동 해결하다 向 xiàng 개 ~를 향해 别人 biérén 대 다른 사람 求助 qiúzhù 동 도움을 청하다

40为什么很多国际足球大赛中，运动员都要带着一个小孩入场？这些孩子被称为"球童"，球童一般都是五到十岁之间的孩子，41他们的出现是为了告诉大家"友谊第一，比赛第二"，输赢并不是最重要的，增进友谊才是关键。

40왜 많은 국제 축구 대회에서 운동선수들은 어린아이를 데리고 입장하는 것일까? 이런 아이들은 '에스코트 키즈'라고 불린다. 에스코트 키즈는 일반적으로 5세에서 10세 사이의 아이들이다. 41그들의 등장은 모두에게 '우정이 첫 번째고 경기가 두 번째이다'를 알리기 위함이다. 이기고 지는 것이 가장 중요한 것이 아니라, 우정을 증진시키는 것이야말로 관건이다.

어휘 国际 guójì 몡 국제　足球 zúqiú 몡 축구　大赛 dàsài 몡 대형 경기　入场 rùchǎng 통 입장하다　孩子 háizi 몡 아이　被 bèi 깨 ~에 의해서　称为 chēngwéi 통 ~라고 부르다　球童 qiútóng 플레이어 에스코트 키즈　一般 yìbān 톙 일반적이다　岁 suì 몡 세, 살 [나이를 세는 단위]　之间 zhījiān 몡 사이　出现 chūxiàn 통 출현하다　为了 wèile 깨 ~을 하기 위해서　告诉 gàosu 통 알리다　友谊 yǒuyì 몡 우정, 우의　输 shū 통 지다　赢 yíng 통 이기다　并 bìng 뷔 결코　最 zuì 뷔 가장, 최고　重要 zhòngyào 톙 중요하다　增进 zēngjìn 통 증진하다　关键 guānjiàn 몡 관건, 포인트

★☆☆ 하

40 球童会在什么时候入场？　　에스코트 키즈는 언제 입장하는가？

A 比赛结束时	A 경기가 끝날 때
B 比赛开始时	**B 경기가 시작될 때**
C 比赛进行中	C 경기가 진행 중일 때
D 随时可进场	D 아무 때나 입장할 수 있다

해설 보기는 모두 특정 시기를 나타낸다. 보기의 키워드로 A는 结束(끝나다), B는 开始(시작하다), C는 进行中(진행 중이다), D는 随时(아무 때나)를 삼고 녹음을 듣는다. 녹음의 시작 부분에서 为什么……运动员都要带着一个小孩入场？(왜…… 운동선수들이 어린아이를 데리고 입장하는 것일까?)이라고 했으므로 경기에 입장할 때 에스코트 키즈가 입장한다는 것을 알 수 있다. 따라서 정답은 B이다.

어휘 结束 jiéshù 통 끝나다, 마치다　开始 kāishǐ 통 시작되다　进行 jìnxíng 통 진행하다　随时 suíshí 뷔 수시로, 아무 때나

★★☆ 상

41 球童的出现是为了说明什么？　　에스코트 키즈의 등장은 무엇을 설명하기 위함인가？

A 广告足球	A 축구를 광고하다
B 比赛竞争	B 경기에서 경쟁하다
C 增进友谊	**C 우정을 증진시키다**
D 引起关注	D 관심을 불러일으키다

해설 보기는 모두 목적을 나타낸다. 보기의 키워드로 A는 广告(광고하다), B는 竞争(경쟁하다), C는 友谊(우정), D는 关注(관심)를 삼고 녹음을 듣는다. 녹음에서 他们的出现是为了告诉大家"友谊第一，比赛第二"，输赢并不是最重要的，增进友谊才是关键(그들의 등장은 모두에게 '우정이 첫 번째고 경기가 두 번째이다'를 알리기 위함이다. 이기고 지는 것이 가장 중요한 것이 아니라, 우정을 증진시키는 것이야말로 관건이다)이라고 하여 보기 C의 키워드 友谊(우정)가 언급됐다. 따라서 알맞은 정답은 C이다.

어휘 广告 guǎnggào 몡 광고　竞争 jìngzhēng 통 경쟁하다　引起 yǐnqǐ 통 야기하다. 끌다　关注 guānzhù 통 관심을 가지다

42-43

⁴²我是一名出租车司机，平时经常收听广播，通过广播，我能及时了解道路情况和国内外的新闻，所以不会感到很无聊。⁴³我最爱听的广播节目就是关于美食这方面的，这类节目很受司机们的欢迎。

⁴²나는 택시 운전기사인데, 평소에 자주 라디오를 청취한다. 라디오를 통해서 나는 적시에 도로 상황과 국내외의 뉴스를 알 수 있다. 그래서 무료함을 느끼지 않는다. ⁴³내가 가장 듣기 좋아하는 프로그램은 음식 분야이다. 이런 류의 프로그램은 운전기사들에게 인기가 있다.

어휘 出租车 chūzūchē 몡 택시　司机 sījī 몡 기사　平时 píngshí 몡 평소　收听 shōutīng 통 청취하다　广播 guǎngbō 몡 라디오 방송　通过 tōngguò 깨 ~을 통해서　及时 jíshí 휑 시기적절하다　了解 liǎojiě 통 자세하게 알다　道路 dàolù 몡 도로　情况 qíngkuàng 몡 상황　新闻 xīnwén 몡 뉴스　所以 suǒyǐ 젭 그래서　感到 gǎndào 통 느끼다　无聊 wúliáo 휑 무료하다　最 zuì 円 가장, 최고　节目 jiémù 몡 프로그램　关于 guānyú 깨 ~에 관해서　美食 měishí 몡 맛있는 음식　方面 fāngmiàn 몡 분야, 영역　类 lèi 몡 종류, 같은 부류　受 shòu 통 받다　欢迎 huānyíng 통 환영하다

★☆☆ 하

42

说话人的职业是什么？	화자의 직업은 무엇인가?
A 作家 **B 司机** C 警察 D 教授	A 작가 **B 운전기사** C 경찰 D 교수

해설 보기가 모두 직업을 나타낸다. 녹음의 시작 부분에서 我是一名出租车司机(나는 택시 운전기사이다)라고 했으므로 화자의 직업이 운전기사임을 알 수 있다. 따라서 정답은 B이다.

어휘 作家 zuòjiā 몡 작가　警察 jǐngchá 몡 경찰　教授 jiàoshòu 몡 교수

★★☆ 중

43

说话人最喜欢收听哪种节目？	화자가 가장 듣기 좋아하는 프로그램은 무엇인가?
A 美食节目 B 新闻节目 C 经济节目 D 体育节目	**A 음식 프로그램** B 뉴스 프로그램 C 경제 프로그램 D 스포츠 프로그램

해설 보기가 모두 어떤 프로그램을 나타낸다. 녹음에서 我最爱听的广播节目就是关于美味这方面的(내가 가장 듣기 좋아하는 프로그램은 음식 분야이다)라고 했으므로 화자가 가장 듣기 좋아하는 프로그램은 A이다.

어휘 新闻 xīnwén 몡 뉴스　经济 jīngjì 몡 경제　体育 tǐyù 몡 스포츠, 체육

44-45

随着电话、手机、互联网的发展，很多人通过点外卖的方式来解决吃饭的问题，只要你上网轻轻一点，好吃的东西很快就会上门到家，这就是外卖。外卖除了省去了买菜、洗菜、做菜的麻烦，也不用洗碗，⁴⁴尤其是给上班族和不愿意出门的人带来了很多方便。但同时，⁴⁵外卖也带来了不少浪费餐具、污染环境等问题。

전화, 핸드폰, 인터넷이 발전함에 따라, 많은 사람들이 배달 음식 주문이라는 방식으로 식사 문제를 해결한다. 당신이 인터넷에 접속해서 가볍게 클릭 한 번만 하면, 맛있는 음식이 집까지 빠르게 배달된다. 이것이 배달 음식이다. 배달 음식은 음식 재료를 사고, 씻고, 요리하는 번거로움을 줄여줄 뿐만 아니라, 설거지도 할 필요가 없다. ⁴⁴특히나 직장인과 외출을 원하지 않는 사람들에게 많은 편리함을 가져다 주었다. 그러나 동시에 ⁴⁵배달 음식은 식기를 낭비하고 환경을 오염시키는 등의 문제를 가져왔다.

어휘 随着 suízhe 껜 ~함에 따라서　互联网 hùliánwǎng 몡 인터넷　发展 fāzhǎn 몡 동 발전(하다)　通过 tōngguò 껜 ~을 통해서　点 diǎn 동 주문하다, 클릭하다　外卖 wàimài 동 (음식을) 포장 판매하다 몡 배달 음식　方式 fāngshì 몡 방식　解决 jiějué 동 해결하다　只要A, 就B zhǐyào A, jiù B 젭 A하기만 하면 B하다　上网 shàngwǎng 동 인터넷에 접속하다　轻 qīng 혱 가볍다　好吃 hǎochī 혱 맛있다　上门 shàngmén 동 남의 집을 방문하다　除了 chúle 껜 ~을 제외하고　省去 shěngqù 동 절약하다　洗 xǐ 동 씻다　麻烦 máfan 동 귀찮다 번거로움　不用 búyòng 동 ~할 필요가 없다　洗碗 xǐwǎn 동 설거지하다　尤其 yóuqí 뮈 더욱이, 특히　上班族 shàngbānzú 몡 직장인　愿意 yuànyì 동 원하다, 바라다　出门 chūmén 동 외출하다　带来 dàilái 동 가져오다　方便 fāngbiàn 혱 편리하다　但 dàn 젭 그러나　同时 tóngshí 몡 동시에　浪费 làngfèi 동 낭비하다　餐具 cānjù 몡 식기　污染 wūrǎn 동 오염시키다, 오염되다　环境 huánjìng 몡 환경

★★☆ 중

44

根据这段话，外卖受哪些人欢迎？	이 글을 근거로, 배달은 어떤 사람들에게 인기 있는가?
A 比较懒的人	A 비교적 게으른 사람
B 态度积极的人	B 태도가 적극적인 사람
C 喜欢活动的人	C 활동을 좋아하는 사람
D 不愿出门的人	**D 외출을 원하지 않는 사람**

해설 보기는 모두 사람의 성향을 나타낸다. 보기의 키워드로 A는 懒(게으르다), B는 积极(적극적이다), C는 喜欢活动(활동을 좋아하다), D는 不愿出门(외출을 원하지 않다)을 삼고 녹음을 듣는다. 녹음은 배달 음식에 대해 설명하면서 尤其是给上班族和不愿意出门的人带来了很多方便(특히나 직장인과 외출을 원하지 않는 사람들에게 많은 편리함을 가져다 주었다)이라고 했다. 따라서 배달을 좋아하는 사람은 D임을 알 수 있다.

어휘 比较 bǐjiào 뮈 비교적　懒 lǎn 혱 게으르다　态度 tàidu 몡 태도　积极 jījí 혱 긍정적이다, 적극적이다　活动 huódòng 동 활동하다, 움직이다

★★★ 중

45

外卖有什么问题？	베달은 어떤 문제가 있는가?
A 出现堵车	A 차가 막힌다
B 引起误会	B 오해를 야기한다
C 污染环境	**C 환경을 오염시킨다**
D 浪费时间	D 시간을 낭비한다

해설 보기는 모두 부정적인 영향을 나타낸다. 보기의 키워드로 A는 堵车(차가 막히다), B는 误会(오해), C는 污染环境(환경 오염), D는 浪费时间(시간 낭비)을 삼고 녹음을 듣는다. 녹음의 마지막 부분에서 外卖也带来了不少浪费餐具、污染环

境等问题(배달 음식은 식기를 낭비하고 환경을 오염시키는 등의 문제를 가져왔다)라고 하여 배달이 일으키는 문제들을 언급했다. 따라서 정답은 C이다.

어휘 出现 chūxiàn 图 출현하다　堵车 dǔchē 图 교통이 막히다 图 교통체증　引起 yǐnqǐ 图 야기하다, 일으키다　误会 wùhuì 图 图 오해(하다)　浪费 làngfèi 图 낭비하다

독해 제1부분

풀이전략 문제 문장의 빈칸 앞뒤를 보고 어떤 문장 성분이 들어가야 하는지 확인한 뒤, 보기에서 알맞은 품사와 뜻을 가진 단어를 찾아 넣는다.

46-50

A 错误	B 国籍	C 之	A 오류	B 국적	C ~의
D 坚持	E 否则	F 迷路	D 견지하다	E 그러지 않으면	F 길을 잃다

어휘 错误 cuòwù 图 오류, 잘못　国籍 guójí 图 국적　之 zhī 图 ~의　坚持 jiānchí 图 견지하다, 고수하다　否则 fǒuzé 图 그러지 않으면, 안 그러면　迷路 mílù 图 길을 잃다

★★☆ 하

46 很感谢你把我送到机场，（ E 否则 ）我真的没办法准时到。

나를 공항까지 데려다줘서 고마워. (E 그러지 않으면) 나는 정말 제시간에 도착할 방법이 없었을 거야.

해설 빈칸은 [문장, ___+문장]의 구조로 접속사 자리이다. 빈칸이 뒷절의 맨앞에 있으므로 뒷절에 오는 접속사가 와야 한다. 문맥상 앞절이 '공항까지 데려다주다'이고, 뒷절이 '제시간에 도착할 방법이 없었다'라고 하여 상반된 의미를 나타내므로 E 否则(그러지 않으면)가 들어가야 한다.

Tip▶ **후속절에 쓰이는 접속사 否则**
否则는 항상 후속절의 맨 앞에 쓰여 앞의 조건이 실현되지 않을 경우 뒤의 상황이 발생한다는 것을 나타낸다.
• **호응 구조: [A，否则B]** A해야 한다. 그러지 않으면 B한다
⑩ 我们早点儿出发吧，**否则**恐怕会赶不上了。 우리 조금 일찍 출발하자. 그러지 않으면 차를 놓치게 돼.

어휘 感谢 gǎnxiè 图 고맙다, 감사하다　送 sòng 图 보내다　机场 jīchǎng 图 공항　办法 bànfǎ 图 방법　准时 zhǔnshí 图 제때에, 제시간에　到 dào 图 도착하다

★☆☆ 하

47 先生，请先填一下这张申请表，只要写名字、性别和（ B 国籍 ）就行了。

선생님, 우선 이 신청표를 작성해주세요. 이름, 성별과 (B 국적)만 쓰시면 됩니다.

해설 빈칸은 [명사(名字)、명사(性别)+和+___]의 구조로 명사 자리이다. 문맥상 '이름, 성별과 ~만 쓰시면 됩니다'를 나타내므로 보기 중 들어갈 수 있는 단어는 B 国籍(국적)이다.

어휘 先 xiān 图 우선, 먼저　填 tián 图 채우다, 기입하다　申请表 shēnqǐngbiǎo 图 신청표　只要A，就B zhǐyào A, jiù B 图 A하기만 하면 B하다　名字 míngzi 图 이름　性别 xìngbié 图 성별

48 我们肯定是（F 迷路）了，要不为什么找不到呢？

우리는 분명히 (F 길을 잃었다). 그렇지 않다면 왜 못 찾는 걸까?

해설 빈칸은 [주어(我们)+부사어(肯定)+강조(是)+___+了]의 구조로 동사 술어 자리이다. 뒷절에 找不到(찾을 수 없다)가 있으므로 문맥상 '길을 잃었다'라는 뜻이 앞에 와야 한다. 따라서 정답은 F 迷路(길을 잃다)이다.

어휘 肯定 kěndìng 분명히, 틀림없이   找 zhǎo 동 찾다

49 长城是中国历史文化符号（C 之）一，也是中国人的骄傲。

만리장성은 중국역사문화 상징 (C 의) 하나이자, 중국인의 자랑거리이다.

해설 빈칸은 [수식어(中国历史文化符号)+___+피수식어(一)]의 구조로, 빈칸 앞뒤에 명사 符号(상징)와 수사 一(하나)가 있으므로 조사가 들어가야 한다. 之는 수식어와 피수식어 사이에 쓰여 的(~의)와 같은 뜻을 나타내고 'A之一'의 형식으로 쓰여 'A의 하나'라는 뜻을 나타내므로 정답은 C 之(~의)이다.

Tip▶ **조사 之**
5급에서 자주 출제되는 조사 之는 구조조사 的와 같은 역할을 한다. 수식어와 피수식어 사이에 놓여 수식이나 종속 관계를 나타낸다. 之一가 보인다면 무조건 끝에 배치한다.
• **호응 구조: [A是B之一]** A는 B 중의 하나이다
예 坚持是成功者的共同特点之一。   끈기는 성공한 사람의 공통 특징 중 하나이다.

어휘 长城 Chángchéng 고유 만리장성   历史 lìshǐ 명 역사   文化 wénhuà 명 문화   符号 fúhào 명 부호, 기호   骄傲 jiāo'ào 형 오만하다 명 자랑, 자랑거리

50 这篇文章好像有些语法（A 错误），请你检查后再修改一下。

이 글은 어법 (A 오류)가 좀 있는 것 같으니 다시 검토한 후 고치세요.

해설 빈칸은 [술어(有)+관형어(些语法)+___+了]의 구조로 명사 자리이다. 빈칸 앞의 语法(어법)와 의미가 연결되는 것은 A 错误(오류)이다.

어휘 篇 piān 양 편 [글을 세는 단위]   文章 wénzhāng 명 글, 문장   好像 hǎoxiàng 부 마치 ~과 같다   语法 yǔfǎ 명 어법   所以 suǒyǐ 접 그래서   检查 jiǎnchá 동 검사하다   改 gǎi 동 고치다

51-55

A 份	B 误会	C 温度	A 세트	B 오해(하다)	C 온도
D 无聊	E 景色	F 只要	D 심심하다	E 경치	F ~하기만 하면

어휘 份 fèn 양 인분, 세트, 부   误会 wùhuì 명 동 오해(하다)   无聊 wúliáo 형 심심하다   温度 wēndù 명 온도   景色 jǐngsè 명 풍경, 경치   只要 zhǐyào 접 ~하기만 하면

51
A: 小王，今天我太（D 无聊）了，咱们一块儿去打网球，怎么样？
B: 不行，昨天我胳膊受伤了，到现在还疼呢。

A: 샤오왕, 오늘 나 너무 (D 심심해), 우리 같이 테니스를 치러 가는 거 어때?
B: 안 돼. 어제 나 팔을 다쳐서 지금까지 아직도 아파.

해설 빈칸은 [정도부사(太)+___+了]의 구조로 형용사 자리이다. 뒷절이 테니스를 치러 가자는 내용이므로 문맥상 D 无聊(심심하다)가 들어가는 것이 적합하다.

어휘 一块儿 yíkuàir 튄 같이, 함께　网球 wǎngqiú 몡 테니스　胳膊 gēbo 몡 팔　受伤 shòushāng 동 부상을 당하다　疼 téng 혱 아프다

★★☆ 상

52
A: 今天对面的超市有抽大奖活动，我们也去看看。
B: 好的，听说满100元送一（A 份）小礼物。

A: 오늘 맞은편의 마트에서 추첨 행사를 하는데, 우리도 가 보자.
B: 좋아. 듣자하니 100위안어치를 사면 작은 증정품 한 (A 세트)를 준대.

해설 빈칸은 [수사(一)+___+관형어(小)+명사(礼物)]의 구조로 양사 자리이다. 礼物(선물)에 사용할 수 있는 양사인 A 份(세트)이 들어가야 한다.

어휘 对面 duìmiàn 몡 맞은편　超市 chāoshì 몡 마트　抽 chōu 동 빼내다, 뽑다　大奖 dàjiǎng 몡 대상　活动 huódòng 몡 행사, 이벤트　听说 tīngshuō 동 듣자하니, 들은 바로는　满 mǎn 동 가득 차다, 채우다　送 sòng 동 선물하다　礼物 lǐwù 몡 선물, 증정품

★☆☆ 하

53
A: 你们公司周围（E 景色）挺美的，有很多绿色植物。
B: 对啊，这些让人感到很舒服。

A: 너희 회사 주변 (E 경치)가 아주 예쁘다. 녹색 식물도 많고.
B: 맞아. 이것이 사람들에게 편안함을 느끼게 해.

해설 빈칸은 [관형어(你们公司周围)+___+부사어(挺)+술어(美)+的]의 구조로 명사 자리이다. 빈칸 앞의 周围(주변)와 술어 美(예쁘다)와 어울리는 단어는 E 景色(경치)이다.

어휘 周围 zhōuwéi 몡 주위, 주변　挺 tǐng 튄 매우, 아주　美 měi 혱 아름답다　绿色植物 lǜsè zhíwù 몡 녹색 식물　感到 gǎndào 동 느끼다　舒服 shūfu 혱 편안하다

★★★ 중

54
A: 你不觉得小刘生我的气了吗？我给他打过几次电话都没接。
B: 难道你们之间有什么（B 误会）吗？

A: 너 샤오리우가 나한테 화난 거 같다고 생각되지 않아? 내가 그에게 몇 번 전화를 했는데 안 받더라고.
B: 너희 사이에 어떤 (B 오해)가 있는 거 아니야?

해설 빈칸은 [술어(有)+관형어(什么)+___]의 구조로 목적어 자리이다. A가 샤오리우가 화난 것 같다고 했으므로 문맥상 B 误会 (오해)가 들어가는 것이 적합하다.

어휘 觉得 juéde 동 ~라고 느끼다　生气 shēngqì 동 화내다　次 cì 양 회, 번　接 jiē 동 (전화를) 받다　难道 nándào 부 설마 ~하겠는가?　之间 zhījiān 명 사이, 지간

★★☆ 하

55 A: 这次旅游给我留下了美好的回忆，谢谢你。
B: 哪儿啊，（ F 只要 ）你满意就行了。

A: 이번 여행은 나에게 아름다운 추억을 남겼어. 고마워.
B: 아니야. 네가 만족(F 하기만 하면) 된 거지.

해설 빈칸은 [___+조건(你满意)+就+결과(行了)]의 구조로 접속사 자리이다. 뒷절의 부사 就는 접속사 只要(~하기만 하면)와 함께 쓰여 '~하기만 하면 ~하다'라는 충분조건을 나타내므로 F 只要(~하기만 하면)가 들어가는 것이 적합하다.

Tip▶ **조건 관계의 접속사 只要**
只要 뒤에 조건이 나오고, 뒷절에 부사 就/都가 쓰여 이러한 결과가 성립할 수 있다는 충분조건을 나타낸다.
• 호응 구조: [只要A, 就B] A하기만 하면 B하다
예 只要和妈妈在一起，我就感到温暖。　엄마와 함께 있으면, 나는 따뜻함을 느낀다.

어휘 旅游 lǚyóu 동 여행하다　留下 liúxià 동 남기다　美好 měihǎo 형 아름답다　回忆 huíyì 동 회상하다, 추억하다 명 회상, 추억
满意 mǎnyì 형 만족하다

독해 제2부분

[풀이전략] 어순을 배열할 수 있는 단서(접속사, 대사, 호칭 등)를 찾는다. 눈에 보이는 단서 외에도 원인과 결과, 사건이 일어난 순서 등 논리적인 흐름을 파악하여 어순을 배열한다.

★★★ 하

56 A 她改变了很多，做事不再像以前那样粗心了 → 대사 她가 있다.
B 甚至她做什么事情都提前计划好 → 부연설명에 쓰이는 甚至가 있다.
C 妹妹经历了一些失败以后 → 호칭 妹妹가 있다.

해설 A는 대사 她(그녀)가 있으므로 她가 가리키는 사람이 앞에 와야 한다. B는 부연 설명에 쓰이는 접속사 甚至(심지어)가 있으므로 앞절에 올 수 없다. C는 주어가 妹妹(여동생)이고 주술목 문장이므로 맨 앞에 배치한다. C의 经历了一些失败以后(실패를 경험한 이후)와 A의 她改变了很多(그녀는 많이 변했다)가 인과 관계이므로 C-A로 연결한다. B의 做什么事情都提前计划好(무슨 일을 하든지 미리 계획을 한다)는 A의 不再像以前那样粗心了(예전처럼 그렇게 덤벙대지 않는다)보다 심화된 내용이므로 A-B로 연결한다. 따라서 C-A-B로 연결되어야 한다.

문장 妹妹经历了一些失败以后，她改变了很多，做事不再像以前那样粗心了，甚至她做什么事情都提前计划好。
여동생은 실패를 겪은 후 많이 변했다. 일 처리도 예전처럼 그렇게 덤벙대지 않는다. 심지어 무슨 일을 하든지 모두 미리 계획을 세운다.

Tip▶ **후속절에 쓰이는 접속사 甚至**
甚至는 후속절에 쓰여 뒤의 상황을 강조하면서 부연 설명을 이끈다. 접속사와 부사로 쓰인다.
• 호응 구조: [A, 甚至B] A한데 심지어 B하기도 하다
예 我最近学习压力很大，甚至有过放弃学习的念头。

나는 요즘 공부 스트레스가 아주 크다. 심지어 공부를 포기할 생각도 했었다.

어휘 改变 gǎibiàn 통 변하다　像 xiàng 통 ~와 같다　粗心 cūxīn 형 세심하지 못하다, 부주의하다　甚至 shènzhì 접 심지어, ~까지도　提前 tíqián 통 앞당기다　计划 jìhuà 통 계획하다　经历 jīnglì 통 겪다, 경험하다　失败 shībài 통 패배하다

★★☆ 하

57
A 这家小吃店刚开业时，顾客不太多 → 주어와 상황을 나타내는 ……时가 있다.
B 生意也比以前好了很多 → 生意의 주어가 없고 부사 也가 있다.
C 但换了厨师之后，过了一段时间顾客就变多了 → 접속사 但이 있다.

해설 A는 상황을 나타내는 '……时(~할 때)'가 있으므로 문장 맨 앞에 배치한다. C는 후속절 접속사인 但(그러나)으로 시작하고 상황을 나타내는 '……之后(~한 후)' 뒤에 A와 상반되게 손님이 变多了(많아졌다)라고 했으므로 A-C로 연결한다. B의 生意比以前好了很多(장사가 예전보다 많이 좋아졌다)는 C의 顾客就变多了(손님이 많아졌다)에 대한 결과이므로 C-B로 연결한다. 따라서 A-C-B로 연결되어야 한다.

문장 这家小吃店刚开业时，顾客不太多，但换了厨师之后，过了一段时间顾客就变多了，生意也比以前好了很多。 이 분식집은 막 개업했을 때는 손님이 그다지 많지 않았다. 하지만 주방장을 교체한 후 시간이 조금 지나니 고객이 많아졌고, 장사도 예전보다 많이 좋아졌다.

어휘 小吃店 xiǎochīdiàn 명 분식점, 간이 식당　刚 gāng 부 막, 방금　开业 kāiyè 통 개업하다　顾客 gùkè 명 고객　生意 shēngyi 명 장사, 사업　比 bǐ 개 ~보다　以前 yǐqián 명 예전, 이전　但 dàn 접 다만, 그러나　换 huàn 통 교환하다, 바꾸다　厨师 chúshī 명 요리사　之后 zhīhòu 명 그 후　过 guò 통 지나다　段 duàn 양 동안, 구간 [시공간의 일정한 거리를 나타냄]　变 biàn 통 바뀌다, 변하다

★★☆ 상

58
A 并尽自己最大的努力去完成 → 접속사 并이 있다.
B 做任何事情都要给自己信心 → 전제 做任何事情이 있다.
C 只要认真去做，即使不成功你也不会后悔 → 최선을 다한 행동이 없고 가설의 결과만 있다.

해설 A는 후속절에 쓰이는 접속사 并(그리고)으로 시작하므로 맨 앞에 올 수 없다. C는 교훈적인 내용이다. B는 주술목으로 이루어진 문장이고 做任何事情(어떤 일을 하든지)이라는 전제로 시작하므로 문장 맨 앞에 배치한다. B의 要给自己信心(자신에게 믿음을 가져야 한다)과 A의 尽自己最大的努力去完成(자신이 할 수 있는 최선의 노력을 다해서 완성하라)이 비슷한 의미이므로 B-A로 연결한다. C는 종합적인 내용이므로 맨 마지막에 배치하여 B-A-C로 문장을 완성한다.

Tip▶ 부사/접속사 并
① 부사 并은 '결코, 전혀'라는 뜻으로 뒤에 반드시 부정형을 수반한다.
　　예 有一些压力并不是坏事。 약간의 스트레스가 있는 것은 결코 나쁜 일은 아니다.
② 접속사 并은 '그리고'라는 뜻으로 단어, 구, 단문을 연결한다.
　　예 他先找到原因，并解决问题。 그는 먼저 원인을 찾고 문제를 해결한다.

문장 做任何事情都要给自己信心，并尽自己最大的努力去完成，只要认真去做，即使不成功你也不会后悔。 어떤 일을 하든지 자신에게 믿음을 가지고 자기가 할 수 있는 최선의 노력을 다해서 완성해라. 최선을 다하면 설령 성공하지 않는다고 하더라도 후회하지 않는다.

어휘 并 bìng 접 그리고, 또　尽 jìn 통 될 수 있는 대로 ~하다, 되도록 ~하다　自己 zìjǐ 대 자기, 자신　努力 nǔlì 통 노력하다　完成 wánchéng 통 완성하다　事情 shìqing 명 일, 사건　只要 zhǐyào 접 ~하기만 하면　认真 rènzhēn 형 성실하다, 착실하다　即使 jíshǐ 접 설령 ~하더라도　成功 chénggōng 명 동 성공(하다)　后悔 hòuhuǐ 통 후회하다　任何 rènhé 대 어떠한　信心 xìnxīn 명 자신감

★☆☆ 중

59
A 其中有38人参加数学兴趣小组，有26人参加球类兴趣小组 → 범위를 가리키는 其中이 있다.
B 那么，两个小组都参加的同学有多少人 → 전환에 쓰이는 접속사 那么가 있다.
C 我们班共有55人，每个人都至少参加一个兴趣小组 → 주어가 있다.

해설 A의 其中(그중)은 앞에 언급된 것을 다시 가리키는 단어이므로 문장 맨 앞에 올 수 없다. B의 那么(그러면) 역시 후반절에 쓰이는 접속사이다. C가 주술목으로 이루어진 문장이므로 맨 앞에 배치한다. C에서 兴趣小组(취미 반)가 언급되었는데, A에서 구체적으로 数学兴趣小组(수학 취미 반)와 球类兴趣小组(공놀이 취미 반)가 설명되었으므로 C-A로 연결한다. C와 A를 통해 총 인원수보다 각 취미 반에 참여한 학생 수의 합이 많으므로 B의 '두 개의 취미 반에 모두 참여하는 학생은 몇 명일까'가 맨 뒤에 배치되는 것이 적합하다. 따라서 C-A-B로 문장을 완성한다.

문장 我们班共有55人，每个人都至少参加一个兴趣小组，其中有38人参加数学兴趣小组，有26人参加球类兴趣小组，那么，两个小组都参加的同学有多少人？우리 반에는 전부 55명이 있는데, 모든 사람들이 적어도 하나의 취미 반에 참여한다. 그중 38명이 수학 반에, 26명이 공놀이 반에 참여한다. 그러면 두 개의 취미 반에 모두 참여하는 학생은 몇 명일까?

어휘 其中 qízhōng 그중　参加 cānjiā 통 참가하다, 참여하다　数学 shùxué 명 수학　兴趣 xìngqù 명 흥미　小组 xiǎozǔ 명 그룹　球类 qiúlèi 명 구기류 운동　那么 nàme 접 그러면, 그렇다면　同学 tóngxué 명 학우, 학교 친구, 동창　班 bān 명 반　共 gòng 부 전부, 함께　至少 zhìshǎo 부 적어도, 최소한

★★☆ 중

60
A 有什么好主意，请您尽管说 → 상의할 안건에 대한 의견을 묻고 있고, 대사 您이 있다.
B 张老师，您来得真及时啊 → 호칭 张老师가 있다.
C 我们正商量下个月课外活动的安排 → 상의할 안건이 언급되었다.

해설 B는 호칭을 부르는 것으로 시작하므로 문장 맨 앞에 배치한다. B의 来得真及时(정말 때마침 잘 오셨어요)와 C의 我们正商量(저희는 상의하는 중입니다)이 시간적인 의미로 서로 연결된다. B-C로 배치한다. A는 상대의 의견을 요청하고 있고, 대사 您(귀하)이 있으므로 문장 맨 끝에 배치하여 B-C-A로 완성한다.

문장 张老师，您来得真及时啊，我们正商量下个月课外活动的安排，有什么好主意，请您尽管说。장 선생님, 정말 때마침 잘 오셨어요. 저희는 다음 달 특별 활동 계획에 대해 상의하는 중입니다. 좋은 의견 있으면 얼마든지 말씀해주세요.

Tip▶ 호칭/이름 뒤에 쉼표(,)가 있다면, 첫번째 문장이다!
보통 호칭/이름 뒤에 쉼표가 있으면, 뒤에 그 대상에게 전하려는 말이 이어진다. 따라서 호칭/이름이 있는 문장은 가장 맨 앞에 배치하도록 한다.
예 各位观众，请按照票上的座位号入座。관중 여러분, 표의 번호대로 착석해주십시오.
小刘，你快来吃饭吧。샤오리우, 너 빨리 와서 밥 먹어.

어휘 主意 zhǔyi 명 의견, 생각　尽管 jǐnguǎn 부 얼마든지, 마음 놓고　及时 jíshí 형 시기적절하다　正 zhèng 부 마침, 딱　商量 shāngliang 통 상의하다　课外活动 kèwài huódòng 명 특별 활동, 수업 외 활동　安排 ānpái 통 안배하다

★★☆ 하

61
A 这也是一种人与人之间需要互相帮助的生活态度 → 부사 也가 있다.
B "助人为乐"的意思是说 → 큰따옴표가 '助人为乐'가 있다.
C 把帮助别人当成一种快乐 → 큰따옴표 안의 단어에 대한 설명이다.

해설 B가 큰따옴표로 묶인 단어로 시작하므로, 이 단어에 대한 설명이 이어지도록 C를 B 뒤에 배치한다. A가 부사 也(또한)로 시작하므로 C와 비슷한 부연 설명임을 알 수 있다. 따라서 B-C-A로 문장을 완성한다.

문장 "助人为乐"的意思是说，把帮助别人当成一种快乐，这也是一种人与人之间需要互相帮助的生活态度。 '助人为乐'이 단어의 의미는 다른 사람을 돕는 것을 즐거움으로 삼고, 사람과 사람 사이에는 서로 돕는 생활 태도가 필요하다는 것을 말한다.

어휘 种 zhǒng 窗 종류를 세는 단위　与 yǔ 개 ~와/과　之间 zhījiān 명 사이, 기간　需要 xūyào 동 필요하다　互相 hùxiāng 뷔 서로, 상호　帮助 bāngzhù 동 돕다 명 도움　生活 shēnghuó 동 생활하다 명 생활, 삶　态度 tàidu 명 태도　助人为乐 zhù rén wéi lè 젱 남을 돕는 것을 기쁘게 생각하다　词 cí 명 단어　意思 yìsi 명 의미　指 zhǐ 동 가리키다　别人 biérén 때 다른 사람　当成 dàngchéng 동 ~로 여기다　快乐 kuàilè 형 즐겁다

★★★ 중

62
A 千万要坚持到底，别轻易放弃 → 주어가 없다.
B 小关，既然你已经做出了决定 → 호칭 小关이 있고, 접속사 既然이 있다.
C 那么不要回头，要对自己有信心 → 대사 那么가 있다.

해설 B가 호칭으로 시작하므로 문장 맨 앞에 배치한다. B의 접속사 既然(기왕 ~하게 된 바에는)과 C의 접속사 那么(그러면)는 '既然A, 那么B'의 호응 관계를 이루므로 B-C로 배치한다. C의 要对自己有信心(자신에게 자신감을 가져)과 A의 千万要坚持到底(부디 끝까지 인내해라)가 의미가 연결되므로 C-A로 배치한다. 따라서 B-C-A로 연결되어야 한다.

문장 小关，既然你已经做出了决定，那么不要回头，要对自己有信心，千万要坚持到底，别轻易放弃。샤오꽌. 기왕 네가 이미 결정한 거라면, 뒤돌아보지 말고, 자신에게 자신감을 가져. 부디 끝까지 인내하고 쉽게 포기하지 마.

Tip▶ 추론의 접속사 既然
既然은 기정 사실이나 기정 사실로 간주할 수 있다는 것을 나타낸다. 뒷절에는 접속사 那么 또는 부사 就를 사용하여 추론한 결과를 제시한다.
- **호응 구조: [既然A，那么/就B]** 기왕에 A된 바에야. 그러면 B하다
  예 你既然说做，那么就做吧。 네가 기왕에 한다고 한 이상, 그럼 해봐라.

어휘 千万 qiānwàn 뷔 부디, 제발　坚持 jiānchí 동 견지하다　到底 dàodǐ 동 끝까지 ~하다　别 bié 뷔 ~하지 마라　轻易 qīngyì 뷔 간단하게, 쉽사리　放弃 fàngqì 동 포기하다, 버리다　既然A，那么B jìrán A, nàme B 접 기왕 A된 이상 그러면 B하다　决定 juédìng 동 결정하다　回头 huítóu 동 되돌아보다　信心 xìnxīn 명 자신감

★☆☆ 중

63
A 为了表达人与人之间最美好的心意而送出的 → 주어가 없다.
B 所以最好的生日礼物不一定是最贵重的东西 → 접속사 所以가 있다.
C 生日礼物是指在他人的生日时 → 주어와 상황을 나타내는 ……时이 있고 목적어가 없다.

해설 C가 주술로 이루어진 문장이고, 상황을 나타내는 '……时(~할 때)'가 있으므로 문장 맨 앞에 배치한다. C의 在他人的生日时(타인의 생일 때)과 A의 내용이 생일 선물에 대한 설명으로 연결되므로 C-A로 배치한다. B는 所以(그래서)로 시작하여 결과/결론을 나타내므로 가장 마지막에 배치하여 C-A-B로 문장을 완성한다.

문장 生日礼物是指在他人的生日时为了表达人与人之间最美好的心意而送出的，所以最好的生日礼物不一定是最贵重的东西。 생일 선물은 타인의 생일 때 사람과 사람 사이의 가장 아름다운 마음을 표현하기 위해서 선물하는 것이다. 그래서 가장 좋은 생일 선물이 꼭 가장 비싼 것은 아니다.

어휘 为了 wèile 개 ~을 하기 위해서　表达 biǎodá 동 나타내다　与 yǔ 개 ~와/과　之间 zhījiān 명 사이, 기간　美好 měihǎo 형 아름답다　心意 xīnyì 명 마음, 성의　所以 suǒyǐ 접 그래서　生日礼物 shēngrìlǐwù 명 생일 선물　一定 yídìng 뷔 반드시, 틀림없이　贵重 guìzhòng 형 귀중하다　指 zhǐ 동 가리키다　他人 tārén 명 타인

64
A 味道也都不一样，所以很多人都爱吃饺子 → 부사 也와 접속사 所以가 있다.
B 它美味可口，按照各个地方的做法 → 대사 它와, 개사 按照가 있으며 술어가 없다.
C 饺子是我们生活中经常吃的一种美食 → 주어 饺子가 있다.

[해설] C가 주술목으로 이루어진 문장이므로 맨 앞에 배치한다. C에서 饺子(만두)를 소개했고, B가 它(그것)로 시작하면서 만두에 대한 부연 설명을 하고 있으므로 C-B로 배치한다. B의 按照各个地方的做法(각 지방의 조리법에 따라)가 A의 味道也都不一样(맛도 다 다르다)과 연결되고, A에 결론적인 내용이 나오므로 B-A로 배치한다. 따라서 C-B-A로 문장을 완성한다.

[문장] 饺子是我们生活中经常吃的一种美食，它美味可口，按照各个地方的做法，味道也都不一样，所以很多人都爱吃饺子。만두는 우리 생활에서 자주 먹는 맛있는 음식이다. 만두는 맛이 있고, 각 지방의 조리법에 따라 맛도 다 다르다. 그래서 많은 사람들이 만두 먹는 것을 좋아한다.

Tip▶ 개사 按照
개사 按照는 규정, 규칙, 계획, 조건, 순서 등의 기준에 따라 행동함을 나타낸다.
[按照 + 2음절 명사(条件/规定/顺序/情况) + 동사 술어]
예 按照公司的规定处理一下。회사 규정에 따라서 처리하겠습니다.

[어휘] 味道 wèidao 명 맛　一样 yíyàng 형 같다　所以 suǒyǐ 접 그래서　饺子 jiǎozi 명 만두　美味 měiwèi 명 맛있는 음식 형 맛이 좋다　可口 kěkǒu 형 맛있다　按照 ànzhào 개 ~에 따라, ~에 의해　各 gè 대 각기, 각각　地方 dìfang 명 곳, 군데, 지방　做法 zuòfǎ 명 방법　生活 shēnghuó 명 동 생활(하다)　经常 jīngcháng 부 자주　种 zhǒng 양 종류를 세는 단위　美食 měishí 명 맛있는 음식

65
A 虽然课后老师又特意给我讲了一遍 → 접속사 虽然과 시점을 나타내는 课后가 언급되었다.
B 但我还是没有弄清楚，看来应该回家再好好复习一下 → 접속사 但이 있다.
C 今天上数学课的时候，老师讲的那道题实在是太难了 → 상황이 제시되었다.

[해설] C가 주술목으로 이루어진 문장이며, '……时候(~할 때)'를 이용하여 상황을 제시하고 있으므로 가장 맨 앞에 배치한다. A에 접속사 虽然(비록 ~할지라도)이 있고, B에 접속사 但(그러나)이 있으므로 '虽然A，但B'의 호응 관계를 이룬다는 것을 알 수 있다. 따라서 C-A-B로 문장을 완성한다.

[문장] 今天上数学课的时候，老师讲的那道题实在是太难了，虽然课后老师又特意给我讲了一遍，但我还是没有弄清楚，看来应该回家再好好复习一下。오늘 수학 수업 때, 선생님이 말씀하신 그 문제가 정말 너무 어려웠다. 비록 수업 후에 선생님이 다시 일부러 나에게 설명해주셨지만 나는 그래도 이해가 잘 안됐다. 집에 가서 다시 잘 복습해야겠다.

Tip▶ 전환 관계의 접속사 虽然
虽然은 앞절에 위치하고, 뒤에는 항상 전환되는 내용을 이끄는 접속사 但是나 부사 却와 호응하여 쓰인다.
• 호응 구조: **[虽然A，但是/却B]** 비록 A하지만 그러나 B하다
예 北京烤鸭**虽然**很好吃，**但是**价格不算便宜。북경 오리구이는 비록 맛은 좋지만, 가격이 싼 편이 아니다.

[어휘] 虽然A，但B suīrán A, dàn B 접 비록 A일지라도 그러나 B하다　特意 tèyì 부 특별히, 일부러　讲 jiǎng 동 말하다　遍 biàn 양 번, 회　但 dàn 접 그러나　弄 nòng 동 하다, 만들다　清楚 qīngchu 형 분명하다　看来 kànlai 보아하니　应该 yīnggāi 조동 마땅히 ~해야 한다　复习 fùxí 동 복습하다　上课 shàngkè 동 수업하다　数学 shùxué 명 수학　道 dào 양 문제를 세는 단위　实在 shízài 부 확실히

[풀이전략] 먼저 문제의 질문과 보기를 보고 핵심 키워드를 파악한 뒤, 이 키워드를 중심으로 지문을 읽는다. 지문의 내용과 보기를 대조하여 질문에 알맞은 정답을 고른다.

★☆☆ 하

66

这种巧克力不仅美味可口，而且有很多种口味，它一直很受小孩子的欢迎，所以值得一买。	이런 초콜릿은 맛있을 뿐만 아니라 맛의 종류도 다양하다. 이것은 어린아이들에게 인기가 좋으니 살 가치가 있다.
★ 他觉得巧克力：	★ 그는 초콜릿을 어떻게 생각하는가?
A 好吃极了 B 比较贵 C 很好看 D 有点儿苦	**A 매우 맛있다** B 비교적 비싸다 C 아주 예쁘다 D 조금 쓰다

해설 질문은 초콜릿을 그가 어떻게 생각하는가이다. 보기의 키워드로 A는 好吃(맛있다), B는 贵(비싸다), C는 好看(예쁘다), D는 苦(쓰다)를 삼고 지문과 대조한다. 지문에서 这种巧克力不仅美味可口，而且有很多种口味(이런 초콜릿은 맛있을 뿐만 아니라 맛의 종류도 다양하다)라고 했으므로 초콜릿이 맛있다고 생각한다는 것을 알 수 있다. 따라서 정답은 A이다.

어휘 种 zhǒng 窗 종류를 세는 단위   巧克力 qiǎokèlì 圀 초콜릿   不仅A, 而且B bùjǐn A, érqiě B 젭 A일 뿐만 아니라 B하다   美味 měiwèi 圀 맛있는 음식 톙 맛이 좋다   可口 kěkǒu 톙 맛있다   口味 kǒuwèi 圀 맛   一直 yìzhí 児 계속해서   受 shòu 동 받다   欢迎 huānyíng 동 환영하다   所以 suǒyǐ 젭 그래서   值得 zhídé 동 ~할 만한 가치가 있다   好吃 hǎochī 톙 맛있다   贵 guì 톙 비싸다   好看 hǎokàn 톙 아름답다, 예쁘다   苦 kǔ 톙 쓰다

★★☆ 중

67

这瓶红酒是我结婚时父亲送给我和丈夫的。父亲说无论是哪种酒，都是时间越长味道越香。结婚就像美酒一样，时间越久，夫妻之间的感情也越深。	이 레드 와인은 내가 결혼할 때 아빠가 나와 남편에게 선물해주신 것이다. 아빠는 어떤 술이든지 모두 시간이 점점 길어질수록 맛이 좋아진다고 말씀하셨다. 결혼은 바로 맛있는 술과 같이 시간이 오래 지날수록 부부 사이의 감정도 점점 깊어지는 것이다.
★ 父亲希望女儿和她的丈夫：	★ 아버지는 딸과 딸의 남편이 어떻게 살기를 바라는가?
A 更健康 **B 感情越来越好** C 早点儿生子 D 要互相尊重	A 더욱 건강해진다 **B 감정이 점점 좋아진다** C 일찍 아이를 낳는다 D 서로 존중한다

해설 질문에서 아버지가 딸내외가 어떻게 살기를 바라는지 묻고 있다. 보기의 키워드로 A는 健康(건강하다), B는 感情好(감정이 좋다), C는 生子(아이를 낳다), D는 尊重(존중하다)을 삼고 지문과 대조한다. 지문의 마지막 부분에서 结婚就像美酒一样，时间越久，夫妻之间的感情也越深(결혼은 바로 맛있는 술과 같이 시간이 오래 지날수록 부부 사이의 감정도 점점 깊어지는 것이다)이라고 했다. '감정이 깊어지는 것'은 '감정이 점점 좋아진다'라는 뜻이므로 정답은 B이다.

어휘 瓶 píng 窗 병을 세는 단위   红酒 hóngjiǔ 圀 레드 와인   结婚 jiéhūn 동 결혼하다   父亲 fùqīn 圀 부친, 아버지   送 sòng 동 선물하다   丈夫 zhàngfu 圀 남편   无论A, 都B wúlùn A, dōu B 젭 A를 막론하고 B하다   种 zhǒng 窗 종류를 세는 단위   时间 shíjiān 圀 시간   越A越B yuè A yuè B A할수록 B하다   长 cháng 톙 길다   味道 wèidao 圀 맛   香 xiāng 톙 향기롭다, (음

식이) 맛있다　像 xiàng 툥 ～와 같다　美酒 měijiǔ 똉 좋은 술　久 jiǔ 휑 오래다　夫妻 fūqī 똉 부부　之间 zhījiān 똉 사이, 지간　感情 gǎnqíng 똉 감정　深 shēn 휑 깊다　更 gèng 뾩 더욱　健康 jiànkāng 휑 건강하다　生子 shēngzǐ 툥 아이를 낳다　互相 hùxiāng 뾩 서로, 상호　尊重 zūnzhòng 툥 존중하다

★★☆ 상

68

“举一反三”这句话的意思是说，通过从一件事情类推而知道其他许多事情。在学习过程中，如果有了这种能力，往往会取得很好的成绩。	'举一反三'이 말의 의미는 한 가지 일을 유추하는 것을 통해 다른 많은 일들을 알게 된다는 뜻이다. 학습 과정에서 만일 이러한 능력이 있다면, 종종 좋은 성과를 얻게 될 것이다.
★ “举一反三”的能力对学习： A 影响力不大 B 几乎无效果 **C 获得成绩** D 没有帮助	★ '举一反三'의 능력은 학습에 어떤 영향을 미치는가? A 영향력이 크지 않다 B 거의 효과가 없다 **C 성과를 얻는다** D 도움이 안 된다

해설　질문은 '举一反三'의 능력이 학습에 어떠한 영향을 미치는가이다. 지문의 마지막 부분에서 如果有了这种能力, 往往会取得很好的成绩(만일 이러한 능력이 있다면, 종종 좋은 성과를 얻게 될 것이다)라고 했으므로 정답은 C이다.

어휘　举一反三 jǔ yī fǎn sān 쩡 한 가지 일로부터 다른 것을 미루어 알다　句 jù 앵 마디 [말·글의 수를 세는 단위]　意思 yìsi 똉 의미, 뜻　通过 tōngguò 꺤 ～을 통해서　事情 shìqing 똉 일, 사건　类推 lèituī 툥 유추하다　其他 qítā 때 기타, 그 외　之后 zhīhòu 똉 ～뒤, 그 후　运用 yùnyòng 툥 운용하다　别的 biéde 똉 다른 것, 다른 사람　地方 dìfang 똉 곳, 군데, 지방　过程 guòchéng 똉 과정　如果 rúguǒ 쩝 만약에　种 zhǒng 앵 종류를 세는 단위　能力 nénglì 똉 능력　往往 wǎngwǎng 뾩 종종　取得 qǔdé 툥 얻다　成绩 chéngjì 똉 성과, 성적　影响力 yǐngxiǎnglì 똉 영향력　几乎 jīhū 뾩 거의　无 wú 툥 없다　效果 xiàoguǒ 똉 효과　获得 huòdé 툥 얻다　帮助 bāngzhù 툥 돕다 똉 도움

★★☆ 하

69

事情既然已经发生了，我们应该讨论怎样解决这个问题，而不是讨论谁对谁错的问题。所以一起想办法，这才是最先应该做到的。	일이 기왕에 이미 발생했으니, 우리는 마땅히 어떻게 이 문제를 해결할지 논의해야지, 누가 맞고 누가 틀렸는지를 논의해서는 안 된다. 따라서 함께 방법을 생각하는 것이야말로 가장 먼저 해야 할 일이다.
★ 我们应该怎么做？ A 接受批评 **B 一起找办法** C 学会信任 D 懂得节约	★ 우리는 마땅히 어떻게 해야 하는가? A 비난을 받아들인다 **B 함께 방법을 찾는다** C 신임할 줄 안다 D 절약할 줄 안다

해설　질문에서 우리가 어떻게 해야 하는지 묻고 있다. 보기의 키워드로 A는 批评(비난), B는 找办法(방법을 찾다), C는 信任(신임하다), D는 节约(절약하다)를 삼고 지문과 대조한다. 지문에서 所以(따라서) 이후에 一起想办法, 这才是最先应该做到的(함께 방법을 생각하는 것이야말로 가장 먼저 해야 할 일이다)라고 했으므로 정답은 B이다.

어휘　事情 shìqing 똉 일, 사건　既然 jìrán 쩝 기왕 ～된 바에야　已经 yǐjīng 뾩 벌써, 이미　发生 fāshēng 툥 발생하다　应该 yīnggāi 쪻뾩 마땅히 ～해야 한다　讨论 tǎolùn 툥 토론하다　怎样 zěnyàng 때 어떻게, 어떠하냐　解决 jiějué 툥 해결하다　错 cuò 휑 틀리다　所以 suǒyǐ 쩝 그래서　想 xiǎng 툥 생각하다　办法 bànfǎ 똉 방법　才 cái 뾩 ～이야말로 [주어를 강조함]

最 zuì 🖫 가장, 최고 先 xiān 🖫 우선, 먼저 接受 jiēshòu 🗟 받아들이다 批评 pīpíng 🗟 비판하다 学会 xuéhuì 🗟 습득하다 信任 xìnrèn 🗟 신임하다 懂得 dǒngde 🗟 알다 节约 jiéyuē 🗟 절약하다

★★☆ 중

70

他是一位很有名的小说家。最近他新写了一本关于怎样互相尊重的书。那本书写得很精彩，深受很多读者的喜爱，很值得一看。	그는 유명한 소설가이다. 최근 그는 어떻게 서로 존중할 것인가에 관한 책을 썼다. 그 책은 아주 훌륭해서 많은 독자들의 사랑을 받고 있으므로 볼 가치가 있다.
★ 关于那位小说家，可以知道：	★ 이 소설가에 관하여 알 수 있는 것은?
A 脾气不好 B 非常活泼 C 压力很大 **D 有很多读者**	A 성격이 좋지 않다 B 매우 활발하다 C 스트레스가 아주 크다 **D 독자가 많이 있다**

해설 질문에서 소설가에 대한 옳은 내용을 묻고 있다. 보기의 키워드로 A는 脾气(성격), B는 活泼(활발하다), C는 压力(스트레스), D는 读者(독자)를 삼고 지문과 대조한다. 지문은 소설가에 관한 내용으로 深受很多读者的喜爱(많은 독자들의 사랑을 받고 있으므로)라고 했다. 따라서 소설가에 관해 알 수 있는 내용은 D이다.

어휘 位 wèi 🖪 분 [존댓말] 有名 yǒumíng 🖩 유명하다 小说家 xiǎoshuōjiā 🖪 소설가 最近 zuìjìn 🖪 최근, 요즘 关于 guānyú 🖫 ~에 관해서 怎样 zěnyàng 🖽 어떻게, 어떠하냐 互相 hùxiāng 🖫 서로, 상호 尊重 zūnzhòng 🗟 존중하다 精彩 jīngcǎi 🖩 뛰어나다, 훌륭하다 深受 shēnshòu 🗟 깊이 받다 读者 dúzhě 🖪 독자 喜爱 xǐ'ài 🗟 좋아하다 值得 zhídé 🗟 ~할 만한 가치가 있다 脾气 píqi 🖪 성격, 성깔 活泼 huópō 🖩 활발하다 压力 yālì 🖪 스트레스

★★☆ 상

71

游客朋友们请注意！参观动物园时，为了保证安全，只允许开车窗，不允许把头和手伸出窗外或离动物太近，请不要下车。谢谢大家的理解。	관광객 여러분 주목해주세요! 동물원을 참관하실 때, 안전을 위해서 창문은 여는 것만 가능합니다. 머리나 손을 창문 밖으로 내밀거나 동물에게 너무 가까이 하면 안 되며 차에서 내리지 말아주십시오. 양해해 주셔서 감사합니다.
★ 根据这段话，提醒游客：	★ 이 글에 근거하여 관광객에게 일깨워주는 것은?
A 禁止下车 B 先下后上 C 系安全带 D 排队进场	**A 하차를 금지한다** B 먼저 하차한 후에 승차한다 C 안전벨트를 맨다 D 줄 서서 입장한다

해설 질문은 관광객에게 일깨워주는 것이 무엇인가이다. 지문에서 관광객에게 동물원 참관 주의사항을 전달하면서 请不要下车(차에서 내리지 말아주십시오)라고 하여 보기 A의 키워드가 언급되었다. 따라서 정답은 A이다.

어휘 游客 yóukè 🖪 여행객, 관광객 注意 zhùyì 🗟 주의하다 参观 cānguān 🗟 참관하다 动物园 dòngwùyuán 🖪 동물원 为了 wèile 🖫 ~을 하기 위해서 保证 bǎozhèng 🗟 보증하다, 보장하다 安全 ānquán 🖪 안전 允许 yǔnxǔ 🗟 허락하다 车窗 chēchuāng 🖪 차창 伸出 shēnchū 🗟 내밀다 或 huò 🖫 혹은, 아니면 动物 dòngwù 🖪 동물 近 jìn 🖩 가깝다 下车 xiàchē 🗟 차에서 내리다 理解 lǐjiě 🗟 이해하다, 알다 禁止 jìnzhǐ 🗟 금지하다 系 jì 🗟 매다, 묶다 安全带 ānquándài 🖪 안전 벨트 排队 páiduì 🗟 줄을 서다 进场 jìnchǎng 🗟 입장하다

★★☆ 종

72

木香花是一种植物，多生长在中国四川和云南境内，花白色或者黄色，花期是从4月到5月，开花时，香味很浓。	목향화는 식물의 한 종류로 대체로 중국 사천과 운남 지역에서 자란다. 꽃은 흰색 또는 노란색이고 꽃이 피는 시기는 4월부터 5월까지이며 꽃이 필 때 향기가 아주 짙다.
★ 关于木香花，可以知道： A 多为红色 **B 能开黄色的花** C 四季都开花 D 可以入药	★ 목향화에 관하여 알 수 있는 것은? A 빨간색이 많다 **B 노란색 꽃이 핀다** C 사계절 모두 꽃이 핀다 D 약에 쓸 수 있다

해설 질문에서 목향화에 관한 옳은 내용을 묻고 있다. 보기의 키워드로 A는 红色(빨간색), B는 黄色(노란색), C는 四季(사계절), D는 入药(약에 쓰다)를 삼고 지문과 대조한다. 지문에서 목향화를 소개하며 花白色或者黄色(꽃은 흰색 또는 노란색이다)라고 했으므로 목향화에 관한 옳은 내용은 B이다.

Tip▶ 5급에 나오는 개사/동사 为

개사 为는 '~위해/~때문에'라는 뜻 외에도 동사 술어로 사용되어 'A为B(A는 B이다)'로 쓰인다. 이때 为는 是에 해당한다.

예 实习期**为**三个月。 실습 기간은 3개월이다.

어휘 木香花 mùxiānghuā 몡 목향화 种 zhǒng 양 종류를 세는 단위 植物 zhíwù 몡 식물 生长 shēngzhǎng 통 생장하다 四川 Sìchuān 지명 쓰촨, 사천 云南 Yúnnán 지명 윈난, 운남 境内 jìngnèi 몡 경내, 구역 白色 báisè 몡 흰색 或者 huòzhě 접 혹은, 아니면 黄色 huángsè 몡 노란색 花期 huāqī 몡 개화기 开花 kāihuā 통 꽃이 피다 花香 huāxiāng 몡 꽃의 향기 浓 nóng 혱 (액체나 기체가) 진하다 红色 hóngsè 몡 빨간색 四季 sìjì 몡 사계, 네 계절 入药 rùyào 통 약재로 쓰다

★☆☆ 하

73

去年我家搬到这儿，就在20层，我喜欢坐在窗边的沙发上看窗外极美的景色。而且夏天开窗户后房间里特别凉快，所以很多时间都开着窗户，不用开空调。	작년에 우리 집은 여기로 이사 왔고 20층에 산다. 나는 창가 소파에 앉아서 창밖의 아름다운 풍경을 보는 것을 좋아한다. 게다가 여름에 창문을 열면 방 안이 특히 시원해서, 많은 시간 동안 창문을 열어두므로 에어컨을 켤 필요가 없다.
★ 他家： A 在公司对面 B 刚搬到郊区 C 周围很安静 **D 非常凉快**	★ 그의 집은? A 회사 맞은편에 있다 B 교외 지역으로 막 이사했다 C 주변이 조용하다 **D 매우 시원하다**

해설 질문에서 그의 집에 관한 옳은 내용을 묻고 있다. 보기의 키워드로 A는 公司对面(회사 맞은편), B는 郊区(교외 지역), C는 周围(주변), D는 凉快(시원하다)를 삼고 지문과 대조한다. 지문에서 夏天开窗户后房间里特别凉快(여름에 창문을 열면 방 안이 특히 시원하다)라고 했으므로 키워드가 언급된 D가 정답이다.

어휘 去年 qùnián 몡 작년 搬 bān 통 옮기다, 이사하다 层 céng 몡 층 沙发 shāfā 몡 소파 景色 jǐngsè 몡 풍경 而且 érqiě 접 게다가 夏天 xiàtiān 몡 여름 开 kāi 통 열다, 켜다 窗户 chuānghu 몡 창문 房间 fángjiān 몡 방 特别 tèbié 뷔 특히, 아주 凉快 liángkuai 혱 시원하다 所以 suǒyǐ 접 그래서 不用 búyòng 통 ~할 필요가 없다 空调 kōngtiáo 몡 에어컨 对面 duìmiàn 몡 맞은편 刚 gāng 뷔 막, 방금 郊区 jiāoqū 몡 교외 지역, 변두리 周围 zhōuwéi 몡 주위 安静 ānjìng 혱 조용하다

74

儿子，我并不反对你玩游戏。但是你还是个学生，要以学习为重，不能影响学习。	아들아, 나는 네가 게임하는 것을 결코 반대하지 않는단다. 하지만 너는 아직 학생이니 공부에 비중을 두고 공부에 영향을 끼쳐서는 안 된다.
★ 她希望儿子应该做什么？ A 打扫房间 B 找兴趣爱好 **C 以学习为主** D 管理时间	★ 그녀는 아들이 무엇을 하기를 바라는가? A 방을 청소한다 B 흥미를 찾는다 **C 공부에 비중을 두다** D 시간을 관리하다

해설 질문에서 그녀가 아들이 무엇을 하기를 바라는지에 대해 묻고 있다. 보기의 키워드로 A는 打扫(청소하다), B는 兴趣爱好(흥미), C는 以学习为主(공부에 비중을 두다), D는 管理时间(시간을 관리하다)을 삼고 지문과 대조한다. 지문에서 你还是个学生，要以学习为重(너는 아직 학생이니 공부에 비중을 두어야 한다)이라고 했으므로 아들이 하기를 원하는 것은 C이다.

Tip▶ **고정 격식 '以 A 为 B'** A를 B로 삼다(여기다)

　　　예 以考试为目的。 시험을 목적으로 하다.

어휘 并 bìng 凰 결코, 전혀　反对 fǎnduì 동 반대(하다)　游戏 yóuxì 명 게임, 놀이　但是 dànshì 접 그러나　学生 xuésheng 명 학생　重 zhòng 동 중시하다　影响 yǐngxiǎng 동 영향을 주다　打扫 dǎsǎo 동 청소하다　房间 fángjiān 명 방　找 zhǎo 동 찾다　兴趣 xìngqù 명 흥미　爱好 àihào 명 취미　管理 guǎnlǐ 동 관리하다　时间 shíjiān 명 시간

75

随着《成都》这首歌的流行，很多人都开始关注"成都"这座城市，它处于中国西南地区，西高东低，所以东西部的气候各不相同。另外，这里动物和植物的种类也丰富多样。	「成都」라는 노래가 유행하면서, 많은 사람들이 모두 '성도'라는 도시에 관심을 갖기 시작했다. 이곳은 중국 서남 지역에 있고, 서쪽이 높고 동쪽이 낮다. 그래서 동서 지역의 기후가 각각 다르다. 그 밖에, 이곳의 동물과 식물의 종류도 풍부하고 다양하다.
★ 根据上文，成都有什么特点？ **A 动植物种类多** B 经济增长很快 C 交通极为方便 D 气候极其干燥	★ 이 글에 근거하여, 성도는 어떤 특징이 있는가? **A 동식물의 종류가 많다** B 경제 성장이 아주 빠르다 C 교통이 매우 편리하다 D 기후가 매우 건조하다

해설 질문에서 성도 지역은 어떤 특징이 있는지 묻고 있다. 보기의 키워드로 A는 动植物(동식물), B는 经济增长(경제 성장), C는 交通(교통), D는 气候(기후)를 삼고 지문과 대조한다. 지문의 마지막 부분에서 这里动物和植物的种类丰富多样(이곳의 동물과 식물의 종류도 풍부하고 다양하다)이라고 했으므로 키워드가 언급된 A가 정답이다.

어휘 随着 suízhe 개 ～에 따라서　成都 Chéngdū 지명 청두, 성도　首 shǒu 양 수 [노래·시를 세는 단위]　流行 liúxíng 동 유행하다　开始 kāishǐ 동 시작되다　关注 guānzhù 동 주시하다, 관심을 갖다　座 zuò 양 동, 채 [산·건축물·교량 등의 고정된 물체를 세는 단위]　城市 chéngshì 명 도시　处于 chǔyú 동 (사람·사물이 어떤 지위·상태·환경·시간에) 처하다, 놓이다　地区 dìqū 명 지역　高 gāo 형 높다　低 dī 형 낮다　所以 suǒyǐ 접 그래서　部 bù 명 부분　气候 qìhòu 명 기후　各 gè 대 각각, 각기　相同 xiāngtóng 동 서로 같다　另外 lìngwài 접 그 밖에, 그 외에　动物 dòngwù 명 동물　植物 zhíwù 명 식물　种类 zhǒnglèi 명 종류　丰富 fēngfù 형 풍부하다　多样 duōyàng 형 다양하다　经济 jīngjì 명 경제　增长 zēngzhǎng 동 높아지다,

증가하다　快 kuài 휑 빠르다　交通 jiāotōng 몡 교통　极为 jíwéi 閉 아주, 극히　方便 fāngbiàn 휑 편리하다　极其 jíqí 閉 지극히, 매우　干燥 gānzào 휑 건조하다

★☆☆ 하

76

听说森林公园里开满了五颜六色的花，风景特别美丽。我打算这个周末和几个朋友一起骑车去那儿。到了那天，我们先找个寄存自行车的地方，然后一起去爬山。

삼림공원 안에 다채로운 색의 꽃이 가득 피어서 풍경이 매우 아름답다고 한다. 나는 이번 주말에 몇 명의 친구와 함께 자전거를 타고 그곳에 갈 계획이다. 그날, 우리는 우선 자전거를 맡기고 나서 함께 등산을 갈 것이다.

★ 他们怎么去那儿？	★ 그들은 어떻게 그곳에 갈 것인가？
A 坐船	A 배를 타고
B 骑车	**B 자전거를 타고**
C 打车	C 택시를 타고
D 坐火车	D 기차를 타고

해설 질문에서 그곳에 어떻게 가는지 교통수단을 묻고 있다. 지문에서 我打算这个周末和几个朋友一起骑车去那儿(나는 이번 주말에 몇 명의 친구와 함께 자전거를 타고 그곳에 갈 계획이다)이라고 했으므로 자전거를 타고 간다는 것을 알 수 있다. 따라서 정답은 B이다.

어휘 听说 tīngshuō 동 듣자하니, 들은 바로는　森林 sēnlín 명 삼림　公园 gōngyuán 명 공원　开 kāi 동 열다, 피다　满 mǎn 형 가득 차다　五颜六色 wǔ yán liù sè 셩 여러 가지 빛깔, 가지각색　风景 fēngjǐng 명 풍경　特别 tèbié 부 특히, 아주　美丽 měilì 형 아름답다　打算 dǎsuàn 동 ~하려고 하다. ~할 작정이다　周末 zhōumò 명 주말　骑车 qíchē 동 자전거를 타다　先 xiān 부 먼저, 우선　找 zhǎo 동 찾다　寄存 jìcún 동 맡겨 두다　自行车 zìxíngchē 명 자전거　然后 ránhòu 접 그런 후에　爬山 páshān 동 등산하다　船 chuán 명 배　打车 dǎchē 동 택시를 타다　火车 huǒchē 명 기차

★☆☆ 하

77

我戴这副眼镜已经很长时间了，但是我总感觉戴着它的时候看不清楚东西，而且也不舒服。所以，今天我要去眼镜店配一副新的眼镜。

나는 이 안경을 낀 지 이미 오래됐다. 그러나 나는 늘 안경을 착용하고 있을 때마다 물건이 잘 보이지 않았고, 게다가 불편했다. 그래서 오늘 안경점에 가서 새안경을 하나 맞추려고 한다.

★ 他计划：	★ 그의 계획은？
A 打网球	A 테니스를 친다
B 擦盘子	B 쟁반을 닦는다
C 换眼镜	**C 안경을 바꾼다**
D 抬沙发	D 소파를 운반한다

해설 질문에서 그의 계획을 묻고 있다. 보기의 키워드로 A는 网球(테니스), B는 盘子(쟁반), C는 眼镜(안경), D는 沙发(소파)를 삼고 지문과 대조한다. 지문에서 안경을 낀 오래됐다고 하면서 今天我要去眼镜店配一副新的眼镜(오늘 안경점에 가서 새안경을 하나 맞추려고 한다)이라고 했다. 따라서 그의 계획으로 알맞은 정답은 C이다.

어휘 戴 dài 동 착용하다　副 fù 조, 벌 [한 벌, 한 쌍으로 되어 있는 물건에 쓰임]　眼镜 yǎnjìng 명 안경　已经 yǐjīng 부 이미, 벌써　但是 dànshì 접 그러나　总是 zǒngshì 부 늘, 항상　感觉 gǎnjué 동 감각, 동 느끼다　清楚 qīngchu 형 분명하다　而且 érqiě 접 게다가　舒服 shūfu 형 편안하다　所以 suǒyǐ 접 그래서　眼镜店 yǎnjìngdiàn 명 안경점　配 pèi 동 맞추다　网球 wǎngqiú 명 테니스　擦 cā 동 닦다　盘子 pánzi 명 쟁반, 큰 접시　抬 tái 동 들어올리다, 함께 운반하다　沙发 shāfā 명 소파

78

名人的书信是研究历史的重要材料之一。他们的每一封信都能打开一段历史。我们可以通过读他们的信，来了解当时发生的事情以及他们对社会的想法等。	명인의 서신은 역사를 연구하는 중요한 자료 중의 하나이다. 그들의 각 편지는 모두 역사를 열어줄 수 있다. 우리는 그들의 편지를 읽는 것을 통해서, 당시 발생했던 일들과 그들의 사회에 대한 생각 등을 알 수 있다.
★ 名人的书信是研究什么的重要材料？	★ 명인의 서신은 무엇을 연구하는 중요한 자료인가？
A 环境污染 B 科学知识 **C 当时历史** D 经济发展	A 환경 오염 B 과학 지식 **C 당시 역사** D 경제 발전

해설 질문에서 명인의 서신이 무엇을 연구하는 중요한 자료인지 묻고 있다. 지문의 시작 부분에서 名人的书信是研究历史的重要材料之一(명인의 서신은 역사를 연구하는 중요한 자료 중의 하나이다)라고 했다. 따라서 정답은 C이다.

어휘 名人 míngrén 몡 명인, 유명한 사람 书信 shūxìn 편지 研究 yánjiū 통 연구하다 历史 lìshǐ 역사 重要 zhòngyào 형 중요하다 材料 cáiliào 몡 자료, 재료 之一 zhīyī ~중의 하나 封 fēng 양 통 [편지를 세는 단위] 打开 dǎkāi 통 열다 段 duàn 양 동안, 구간 [시공간의 일정한 거리를 나타냄] 通过 tōngguò 깨 ~을 통해 读 dú 통 읽다 了解 liǎojiě 통 자세히 알다 当时 dāngshí 당시 发生 fāshēng 통 발생하다 事情 shìqing 몡 일, 사건 以及 yǐjí 젭 및, 아울러 社会 shèhuì 몡 사회 想法 xiǎngfǎ 몡 생각 环境 huánjìng 몡 환경 污染 wūrǎn 통 오염(시키다) 科学 kēxué 몡 과학 知识 zhīshi 몡 지식 经济 jīngjì 몡 경제 发展 fāzhǎn 몡 통 발전(하다)

79

不要试着去改变周围人，因为人从来都不是容易改变的，所以要求别人按照自己的方式来生活，这就是很难做到的。	주변 사람들을 바꾸려고 시도하지 마라. 왜냐하면 사람은 지금까지 쉽게 바꿀 수 있는 것이 아니기 때문에 다른 사람에게 나의 방식대로 생활하도록 요구하는 것은 아주 어려운 일이다.
★ 根据这段话，应该做什么？	★ 이 글에 따르면 마땅히 무엇을 해야 하는가？
A 别容易放弃机会 **B 别试着改变别人** C 要养成好习惯 D 要坚持自己的想法	A 쉽게 기회를 포기하지 마라 **B 다른 사람을 바꾸려고 시도하지 마라** C 좋은 습관을 길러야 한다 D 자신의 생각을 고수해야 한다

해설 질문에서 우리가 무엇을 해야 하는지 묻고 있다. 보기의 키워드로 A는 放弃机会(기회를 포기하다), B는 改变别人(다른 사람을 바꾸다), C는 好习惯(좋은 습관), D는 坚持想法(생각을 고수하다)를 삼고 지문과 대조한다. 지문의 시작 부분에서 不要试着去改变周围人(주변 사람들을 바꾸려고 시도하지 마라)이라고 하여 보기 B의 키워드가 언급됐다. 따라서 정답은 B이다.

어휘 试 shì 통 시험삼아 해보다, 시도하다 改变 gǎibiàn 통 변하다, 고치다 周围 zhōuwéi 몡 주위 因为 yīnwèi 젭 ~때문에, 왜냐하면 从来 cónglái 믄 지금까지 容易 róngyì 형 쉽다, ~하기 쉽다 所以 suǒyǐ 젭 그래서 要求 yāoqiú 통 요구하다 别人 biérén 떼 다른 사람 按照 ànzhào 깨 ~에 따라, ~에 의해 自己 zìjǐ 떼 자기, 자신 方式 fāngshì 몡 방식 生活 shēnghuó 통 생활하다 몡 생활, 삶 别 bié ~하지 마라 放弃 fàngqì 통 포기하다 机会 jīhuì 몡 기회 养成 yǎngchéng 통 길러내다, 양성하다 习惯 xíguàn 통 습관이 되다 몡 습관 坚持 jiānchí 통 견지하다 想法 xiǎngfǎ 몡 방법

안심Touch

在杭州，有一座越看越美丽的图书馆，它就是杭州图书馆环保分馆，80这是中国第一座垃圾场上的环保图书馆，正式对外开放之后，它不仅可以借阅图书，还能提供专业的环保信息、环保服务等。另外，81它以举办丰富的活动来鼓励大家保护环境。	항저우에는 볼수록 아름다운 도서관이 있다. 그곳은 바로 항저우 도서관 친환경 분관으로, 80중국 최초의 쓰레기장 위에 만들어진 친환경 도서관이다. 정식으로 개방한 후에는 도서를 빌려줄 뿐만 아니라, 전문적인 친환경 정보, 친환경 서비스 등을 제공하고 있다. 그 밖에 81많은 행사를 열어 사람들이 환경을 보호하도록 장려한다.

어휘 杭州 Hángzhōu 지명 항주, 항저우　座 zuò 양 동, 채 [산·건축물·교량 등의 고정된 물체를 세는 단위]　越 A 越 B yuè A yuè B A할수록 B하다　美丽 měilì 형 아름답다　图书馆 túshūguǎn 명 도서관　环保 huánbǎo 명 환경보호 [环境保护의 준말]　分馆 fēnguǎn 명 분관, 별관　垃圾场 lājīchǎng 명 쓰레기장　正式 zhèngshì 정식의　对外 duìwài 형 대외적인　开放 kāifàng 통 개방하다, 열다　之后 zhīhòu 명 ~뒤, 그 후　不仅 bùjǐn 접 ~뿐만 아니라　借阅 jièyuè 통 빌려 보다　图书 túshū 명 도서　提供 tígōng 통 제공하다　专业 zhuānyè 형 전문적인 명 전공　信息 xìnxī 명 정보　服务 fúwù 명 서비스　另外 lìngwài 접 그 밖에, 그 외　举办 jǔbàn 통 거행하다, 열다　丰富 fēngfù 형 풍부하다, 많다　活动 huódòng 명 행사, 이벤트　鼓励 gǔlì 통 격려하다, 장려하다　保护 bǎohù 통 보호하다　环境 huánjìng 명 환경

★☆☆ 하

80

★ 那座图书馆：	★ 그 도서관은?
A 借书数量有限	A 도서 대출 수량이 제한되어 있다
B 只周末开放	B 주말에만 개방한다
C 将正式开馆	C 곧 정식으로 개관할 것이다
D 在垃圾场上	**D 쓰레기장 위에 있다**

해설 질문에서 도서관에 관해 옳은 내용을 묻고 있다. 보기의 키워드로 A는 借书数量(대출 수량), B는 周末(주말), C는 开馆(개관하다), D는 垃圾场(쓰레기장)을 삼고 지문과 대조한다. 지문에서 항저우 도서관을 소개하면서 这是中国第一座垃圾场上的环保图书馆(중국 최초의 쓰레기장 위에 만들어진 친환경 도서관이다)이라고 했다. 따라서 키워드가 언급된 D가 정답이다.

어휘 借书 jièshū 통 책을 빌리다　数量 shùliàng 명 수량　有限 yǒuxiàn 형 유한하다, 수량이 많지 않다　将 jiāng 부 곧, 장차　开馆 kāiguǎn 통 개관하다

★★☆ 중

81

★ 图书馆举办活动是为了：	★ 도서관에서는 여는 행사는 무엇을 위함인가?
A 提高阅读水平	A 독서 수준을 향상시키기 위해
B 吸引游客	B 관광객을 유치하기 위해
C 保护环境	**C 환경을 보호하기 위해**
D 鼓励读书	D 독서를 장려하기 위해

해설 질문에서 도서관에서 여는 행사의 목적에 대해 묻고 있다. 보기의 키워드로 A는 提高水平(수준을 향상시키다), B는 游客(관광객), C는 环境(환경), D는 鼓励(장려하다)를 삼고 지문과 대조한다. 지문에서 它以举办丰富的活动来鼓励大家保护环境(많은 행사를 열어 사람들이 환경을 보호하도록 장려한다)이라고 했으므로 키워드가 언급된 C가 정답이다.

어휘 提高 tígāo 통 향상시키다　阅读 yuèdú 통 열독하다　水平 shuǐpíng 명 수준, 레벨　吸引 xīyǐn 통 매료시키다　游客 yóukè 명 여행객, 관광객

82-83

聚餐点菜时，你一定会遇到过这样的情况：当你问别人"你想吃什么"的时候，有些人总会回答"随便"。他们到底真的吃什么都行吗？其实，82这样就很容易会浪费很多时间在选菜上，所以，83每个人都应该至少说清楚要求，比如说喜欢吃炒饭、不能吃辣等类似这样的要求。这样才能让大家吃得更愉快。

회식 자리에서 음식을 주문할 때, 당신은 분명히 이런 상황을 겪었을 것이다. 당신이 다른 사람에게 "무엇을 먹고 싶어?"라고 물었을 때, 어떤 사람들은 늘 "아무거나"라고 대답한다. 그들은 도대체 정말 무엇을 먹어도 괜찮다는 것일까? 사실, 82이렇게 하면 많은 시간을 메뉴를 고르는 데 낭비하기 쉽다. 그래서 83모든 사람들이 적어도 요구사항을 정확하게 말해야 한다. 예를 들면 볶음밥 먹는 것을 좋아한다. 매운 음식을 못 먹는다 등의 요구 사항이다. 이렇게 해야만 모두가 더욱 즐겁게 식사할 수 있다.

어휘 聚餐 jùcān 통 회식하다   点菜 diǎncài 통 음식을 주문하다   一定 yídìng 부 분명히, 틀림없이   遇到 yùdào 통 봉착하다, 만나다   情况 qíngkuàng 명 상황   别人 biérén 대 다른 사람   总 zǒng 부 늘, 항상   回答 huídá 통 대답하다   随便 suíbiàn 통 마음대로 하다   到底 dàodǐ 부 도대체   行 xíng 형 좋다, 괜찮다   其实 qíshí 부 사실은   容易 róngyì 형 쉽다, ~하기 쉽다   浪费 làngfèi 통 낭비하다   选菜 xuǎncài 통 메뉴를 고르다   所以 suǒyǐ 접 그러므로   应该 yīnggāi 조통 마땅히 ~해야 한다   至少 zhìshǎo 부 적어도, 최소한   清楚 qīngchu 형 분명하다, 명확하다   要求 yāoqiú 통 요구하다 명 요구 사항   比如 bǐrú 접 예를 들어   炒饭 chǎofàn 명 볶음밥   辣 là 형 맵다   类似 lèisì 통 유사하다   更 gèng 부 더욱   愉快 yúkuài 형 기쁘다

★★☆ 중

82

★ 点菜时说"随便"容易怎么样？

★ 음식을 주문할 때 "아무거나"라고 말하면 어떻게 되기 쉬운가?

A 表示尊重
B 节约时间
C 浪费时间
D 让人生气

A 존중을 나타낸다
B 시간을 절약한다
C 시간을 낭비한다
D 화나게 만든다

해설 질문에서 음식을 주문할 때 "아무거나"라고 말하면 어떤 상황이 일어나는지 묻고 있다. 지문에서 这样就很容易会浪费很多时间在选菜上(이렇게 하면 많은 시간을 메뉴를 고르는 데 낭비하기 쉽다)이라고 했으므로 키워드가 그대로 언급된 C가 정답이다.

어휘 表示 biǎoshì 통 나타내다   尊重 zūnzhòng 통 존중하다   节约 jiéyuē 통 절약하다   生气 shēngqì 통 화내다

★★☆ 상

83

★ 说话人建议点餐时应该怎么做？

★ 화자는 음식을 주문할 때 어떻게 하기를 권하는가?

A 自己拿主意
B 让别人来决定
C 不用多问意见
D 多替别人考虑

A 스스로 결정한다
B 다른 사람이 결정하게 한다
C 의견을 많이 물어볼 필요가 없다
D 다른 사람을 대신해서 많이 생각한다

해설 질문에서 화자는 음식을 주문할 때 어떻게 하기를 권하는지 묻고 있다. 지문에서 应该(마땅히 ~해야 한다)가 언급된 부분에서 每个人都应该至少说清楚要求(모든 사람들이 적어도 요구 사항을 정확하게 말해야 한다)라고 했다. 说清楚要求(요구를 정확히 말하다)와 拿主意(결정하다)는 비슷한 뜻이므로 정답은 A이다.

어휘 自己 zìjǐ 대 자기, 자신   拿主意 ná zhǔyi 방법을 결정하다, 생각을 정하다   决定 juédìng 통 결정하다   不用 búyòng 통 ~할 필요 없다   意见 yìjiàn 명 의견, 견해   替 tì 통 대신하다, 대체하다   考虑 kǎolǜ 통 고려하다

84-85

84小关是一个经验很丰富的人，他不仅工作很努力，做事还很细心，而且他的管理能力也很高。他来我们公司已经十多年了。85到现在从来没有出现过错误。所以许多人都认为这次活动由他来负责很合适。

84샤오꽌은 경험이 풍부한 사람이다. 그는 일하는 것도 매우 열심이고, 일 처리 또한 세심하다. 게다가 그는 관리 능력도 아주 좋다. 그는 우리 회사에 온 지 벌써 10여 년이 되었는데 85지금까지 실수를 한 적이 없다. 그래서 많은 사람들이 모두 이번 행사는 그가 맡아서 하는 것이 적합하다고 생각한다.

어휘 经验 jīngyàn 몡 경험　丰富 fēngfù 혱 풍부하다　不仅A, 而且B bùjǐn A, érqiě B 젭 A일 뿐만 아니라 B하다　工作 gōngzuò 동 일하다　努力 nǔlì 동 노력하다　细心 xìxīn 혱 세심하다, 주의 깊다　管理 guǎnlǐ 동 관리하다　能力 nénglì 몡 능력　已经 yǐjīng 뷔 이미, 벌써　从来 cónglái 뷔 지금까지　出现 chūxiàn 동 출현하다　错误 cuòwù 몡 실수, 잘못　所以 suǒyǐ 젭 그래서　许多 xǔduō 혱 매우 많다　认为 rènwéi 동 생각하다, 여기다　活动 huódòng 몡 행사, 이벤트　由 yóu 게 ～이/가 [동작의 주체를 나타냄]　负责 fùzé 동 맡다, 책임지다　合适 héshì 혱 적당하다

★★☆ 하

84

★ 关于小关，可以知道：

★ 샤오꽌에 관하여, 알 수 있는 것은?

A 总是粗心
B 爱讲笑话
C 刚换工作
D 经验丰富

A 늘 부주의하다
B 농담하기를 좋아한다
C 막 이직했다
D 경험이 풍부하다

해설 질문에서 샤오꽌에 관한 옳은 내용을 묻고 있다. 보기의 키워드로 A는 粗心(부주의하다), B는 笑话(농담), C는 换工作(이직하다), D는 경험(经验)을 삼고 지문과 대조한다. 지문에서 小关是一个经验很丰富的人(샤오꽌은 경험이 풍부한 사람이다)이라고 했으므로 샤오꽌에 관해 옳은 내용은 D이다.

어휘 总是 zǒngshì 뷔 늘, 항상　粗心 cūxīn 혱 세심하지 못하다, 부주의하다　讲 jiǎng 동 말하다　笑话 xiàohua 몡 우스운 이야기　刚 gāng 뷔 막, 방금　换 huàn 동 바꾸다

★★☆ 상

85

★ 说话人为什么认为小关适合做负责人?

★ 화자는 왜 샤오꽌이 책임자가 되는 것이 적합하다고 여기는가?

A 信任他人
B 极少出错
C 敢说真话
D 重视信用

A 다른 사람을 믿으므로
B 실수를 잘 하지 않아서
C 진실을 용기있게 말할 수 있어서
D 신용을 중시해서

해설 질문에서 화자는 왜 샤오꽌이 책임자로 적합하다고 생각하는지 이유를 물었다. 지문에서 到现在从来没有出现过错误(지금까지 실수를 한 적이 없다)라고 했으므로 정답은 B이다.

어휘 适合 shìhé 동 알맞다, 적합하다　负责人 fùzérén 몡 책임자　信任 xìnrèn 동 신임하다　他人 tārén 몡 타인　极 jí 뷔 극히, 매우　出错 chūcuò 동 실수를 하다　敢 gǎn 뷔 감히, 대담하게　真话 zhēnhuà 몡 참말　重视 zhòngshì 동 중시하다　信用 xìnyòng 몡 신용

쓰기 **제1부분**

[풀이전략] 가장 먼저 문장의 술어가 될 수 있는 단어를 찾는다. 그리고 술어와 어울리는 주어와 목적어를 배치한 뒤 관형어, 부사어와 같은 수식 성분을 배치한다.

★☆☆ 하

86 有点儿　　西红柿炒饭　　他做的　　咸

관형어	주어	부사어	술어
他做的西红柿	炒饭	有点儿	咸。
주술구+的+명사	명사	부사	형용사

그가 만든 토마토 볶음밥이 조금 짜다.

해설 **술어 배치** 정도부사가 있으므로 형용사가 술어인 문장임을 알 수 있다. 형용사 咸(짜다)을 술어에 배치한다.
주어 목적어 배치 咸의 묘사의 대상으로 西红柿炒饭(토마토 볶음밥)을 주어에 배치한다. 형용사는 목적어를 가지지 않는다.
남은 어휘 배치 구조조사 的(~의)가 결합된 他做的(그가 만든)는 관형어이므로 명사 西红柿炒饭 앞에 배치하고, 정도부사 有点儿(조금)을 술어 앞에 배치하여 문장을 완성한다.

어휘 西红柿 xīhóngshì 몡 토마토　炒饭 chǎofàn 몡 볶음밥　咸 xián 혱 짜다

★★☆ 중

87 看到了　　一份符合　　招聘广告　　我　　要求的

주어	술어	보어	관형어	목적어
我	看	到了	一份符合要求的	招聘广告。
대사	동사	동사+了	수사+양사+술목구+的	명사

나는 요구에 부합하는 모집 공고를 봤다.

해설 **술어 배치** 제시어 중 동태조사 了가 붙은 看(보다)을 술어에 배치한다.
주어 목적어 배치 술어 看의 주체인 我(나)를 주어에, 대상인 招聘广告(모집 공고)를 목적어에 배치한다.
남은 어휘 배치 '수사+양사+동사' 구조인 一份符合에서 符合(부합하다)가 要求(요구)의 술어이므로 一份符合要求的로 연결한다. 여기에 구조조사 的(~의)가 결합되어 있으므로 招聘广告 앞에 배치하여 문장을 완성한다.

어휘 份 fèn 양 부 [신문·문건을 세는 단위]　符合 fúhé 통 부합하다　招聘 zhāopìn 통 모집하다, 채용하다　要求 yāoqiú 통 요구하다 몡 요구 사항　广告 guǎnggào 몡 광고

★★★ 중

88 很详细　　使用说明书　　写得　　这份打印机的

관형어	주어	술어	보어
这份打印机的使用 대사+양사+명사+的+명사	**说明书** 명사	**写** 동사	**得很详细。** 得+부사+형용사
이 프린터의 사용 설명서는 상세하게 써 있다.			

해설 **술어 배치** 제시어 중 구조조사 得가 있으므로 정도보어가 있는 문장임을 예상한다. '동사+得'인 写得를 술어에 배치한다.

주어 목적어 배치 명사 使用说明书(사용 설명서)를 술어 写(쓰다)의 주어 자리에 배치한다.

남은 어휘 배치 구조조사 的(~의)가 결합되어 있는 这份打印机的(이 프린터의)는 관형어이므로 使用说明书 앞에 배치하고, '정도부사+형용사'인 很详细(아주 상세하다)는 정도보어이므로 술어 뒤에 배치하여 문장을 완성한다.

어휘 详细 xiángxì 혱 상세하다　使用 shǐyòng 통 사용하다　说明书 shuōmíngshū 몡 설명서　份 fèn 양 부 [신문·문건을 세는 단위]　打印机 dǎyìnjī 몡 프린터

★★☆ 중

89 之间　尊重　应该　人与人　互相

주어	부사어	술어
人与人之间 명사구+명사	**应该互相** 조동사+부사	**尊重。** 동사
사람과 사람 사이에는 마땅히 서로 존중해야 한다.		

해설 **술어 배치** 제시어 중 동사 尊重(존중하다)을 술어에 배치한다.

주어 목적어 배치 술어 尊重의 주체로 人与人(사람과 사람)을 주어에 배치한다

남은 어휘 배치 남은 어휘 之间(사이)은 관계를 나타내므로 人与人 뒤에 배치한다. 일반적으로 '부사+조동사'의 어순이지만 互相(서로)은 술어와 직접 결합하므로 应该互相尊重으로 배치하여 문장을 완성한다.

Tip▶ 互相의 어휘 결합

互相理解 서로 이해하다	互相帮助 서로 돕다	互相尊重 서로 존중하다
互相支持 서로 응원하다	互相鼓励 서로 격려하다	互相信任 서로 믿다

어휘 之间 zhījiān 몡 사이, 지간　尊重 zūnzhòng 통 존중하다　应该 yīnggāi 조동 마땅히 ~해야 한다　与 yǔ 개 ~와/과　互相 hùxiāng 뷔 서로, 상호

★★☆ 중

90 真让人太　结果　失望了　这场比赛的

관형어	주어1	부사어1	술어1	목1/주2	부사어2	술어2
这场比赛的 대사+양사+명사+的	**结果** 명사	**真** 부사	**让** 동사	**人** 명사	**太** 부사	**失望了。** 동사+了
이번 경기의 결과는 정말 사람들을 많이 실망시켰다.						

해설 **술어 배치** 제시어에 동사 让(~하게 하다)이 있으므로 겸어문임을 예상한다. 让을 술어1에 배치하고 형용사 失望(실망하다)을 술어2에 배치한다.

주어 목적어 배치 명사 结果(결과)를 让의 주어에 배치한다. 让의 목적어는 人(사람)으로 이미 결합되어 있다.

남은 어휘 배치 구조조사 的(~의)가 결합되어 있는 관형어 这场比赛的(이번 경기의) 뒤에 结果를 배치하여 문장을 완성한다.

어휘 结果 jiéguǒ 몡 결과   失望 shīwàng 됭 실망하다, 낙담하다   场 chǎng 양 회, 차례 [문예, 오락, 체육 활동 등에 쓰임]   比赛 bǐsài 몡 경기, 시합

★★★ 상

91 举行   校内的   将于   音乐节大赛   下个月

관형어	주어	부사어	술어
校内的音乐节	**大赛**	**将于下个月**	**举行。**
명사+的+명사	명사	부사+시간 명사	동사

교내 음악 콘테스트는 다음 달에 장차 개최될 것이다.

해설 **술어 배치** 제시어 중 술어가 될 수 있는 동사 举行(개최하다)을 술어에 배치한다.

주어 목적어 배치 명사 音乐节大赛(음악 콘테스트)를 술어 举行의 주어에 배치한다.

남은 어휘 배치 구조조사 的(~의)가 결합되어 있는 校内的(교내의) 뒤에 音乐节大赛를 배치하고 부사어인 将于(장차) 뒤에 시기인 下个月(다음 달)를 배치하여 문장을 완성한다.

Tip▶ **부사 将于**
  • 호응 구조: [주어 + 将于 + A(시기/날짜) + B(술어)] 주어가 A에 B하다
    예 飞机**将于**15分钟后降落。 비행기는 곧 15분 후에 착륙합니다.

어휘 举行 jǔxíng 됭 개최하다, 거행하다   校内 xiàonèi 교내   将于 jiāngyú 뷔 곧, 장차   音乐节 yīnyuèjié 몡 음악제   大赛 dàsài 몡 대형 경기, 콘테스트   下个月 xià gè yuè 다음 달

★★☆ 중

92 大家   和鼓励   首先感谢   对我的   支持

부사어	술어	목적어1	관형어	목적어2
首先	**感谢**	**大家**	**对我的**	**支持和鼓励。**
부사	동사	대사	개사구(对+대사)+的	명사+접속사+명사

우선 여러분의 저에 대한 지지와 격려에 감사드립니다.

해설 **술어 배치** 제시된 단어에 首先感谢(우선 감사드립니다)가 있으므로 문장 맨 앞에 배치한다. 상용되는 감사 표현 문장임을 예상한다.

주어 목적어 배치 感谢의 주어는 말하는 사람이기 때문에 보통 생략된다. 술어 感谢의 대상이 되는 大家(여러분)를 목적어에 배치한다.

남은 어휘 배치 和鼓励(격려와)와 병렬 관계를 이루는 단어 支持(지지)를 결합시킨 뒤, 관형어인 对我的(저에 대한) 뒤에 배치하여 문장을 완성한다.

Tip▶ **시험에 자주 출제되는 감사 표현**
  • 호응 구조: [感谢 + A(감사하는 대상) + B(감사하는 내용)] A를 향해 B에 대해 감사하다
    예 很**感谢**您对我的帮助。 저에 대한 도움 정말 감사드려요.

어휘 鼓励 gǔlì 됭 격려하다   首先 shǒuxiān 뷔 가장, 먼저   感谢 gǎnxiè 됭 고맙다, 감사하다   支持 zhīchí 됭 지지하다, 응원하다

★★☆ 중

93 后悔　你现在　来不及了　已经

주어	부사어	술어
你现在后悔	**已经**	**来不及了。**
대사+시간명사+동사	부사	동사+了

너 지금 후회하기에는 이미 늦었다.

해설　**술어 배치**　제시어 중 술어가 될 수 있는 来不及了(늦었다)를 술어에 배치한다. 주술문 구조를 떠올린다.
주어 목적어 배치　술어 来不及了의 주어로 你现在(너 지금)와 后悔(후회하다)를 배치한다.
남은 어휘 배치　부사어인 已经(이미)은 의미상 어울리는 来不及 앞에 배치하여 문장을 완성한다.

어휘　后悔 hòuhuǐ 图 후회하다　来不及 láibují 图 제시간에 댈 수 없다, ~할 여유가 없다　已经 yǐjīng 图 이미, 벌써

★★☆ 중

94 比橡皮　价格　铅笔的　贵一些

관형어	주어	부사어	술어	보어
铅笔的	**价格**	**比橡皮**	**贵**	**一些。**
명사+的	명사	개사구(比+명사)	형용사	수사+양사

연필의 가격은 지우개보다 조금 더 비싸다.

해설　**술어 배치**　제시어 중 개사 比(~보다)가 있으므로 비교문임을 예상한다. 형용사 贵(비싸다)를 술어에 배치한다.
주어 목적어 배치　형용사 술어 贵는 목적어를 갖지 않으므로 주어를 찾는다. 贵一些(조금 비싸다)가 묘사하는 대상으로 价格(가격)를 주어에 배치한다.
남은 어휘 배치　개사 比 뒤에 橡皮(지우개)가 이미 개사의 목적어로 결합되어 있다. 구조조사 的(~의)가 결합된 铅笔的 (연필의) 뒤에 价格를 배치하여 문장을 완성한다.

어휘　比 bǐ 깨 ~보다　橡皮 xiàngpí 명 지우개　价格 jiàgé 명 가격　铅笔 qiānbǐ 명 연필　贵 guì 형 비싸다

★★★ 상

95 不小心把　弄　我购物时　小票　丢了

주어	부사어	把+목적어	술어	보어
我	**购物时不小心**	**把小票**	**弄**	**丢了。**
대사	동사+명사+부정부사+동사	把+명사	동사	동사+了

나는 쇼핑할 때 부주의해서 영수증을 잃어버렸다.

해설　**술어 배치**　제시어 중 개사 把(~을/를)를 보고 把자문 구조를 떠올린다. 동사 弄(하다)을 술어 자리에 배치한다.
주어 목적어 배치　시기를 나타내는 부사어와 함께 결합되어 있는 我(나)를 주어에 배치한다.
남은 어휘 배치　개사 把 뒤에 명사가 와야 하므로 小票(영수증)를 배치하고, 부사어 不小心(부주의하다)은 把 앞에 이미 결합되어 있다. 남은 어휘 丢了(잃어버렸다)를 弄의 결과보어로 배치하여 문장을 완성한다.

Tip▶ **동사 弄**

원래 쓰여야 할 동사의 구체적 설명이 불필요하거나 곤란한 경우에 그 동사를 대신해서 써서 보통 뒤에 결과보어와 자주 호응한다.

- 弄 + 결과보어: 弄丢了 잃어버렸다 弄脏了 더럽혔다 弄乱了 어수선해졌다 弄倒了 쏟았다 弄错了 잘못했다
  예 我刚才把这些材料**弄脏了**。 나는 방금 이 자료들을 더럽혔다.

어휘 小心 xiǎoxīn 혱 조심스럽다, 주의깊다 把 bǎ 게 ~을/를 弄 nòng 통 하다 购物 gòuwù 통 물품을 구입하다, 쇼핑하다 丢 diū 통 잃다

쓰기 제2부분

폴이전략 제시어의 품사와 의미를 파악한다. 사진 속 인물과 상황을 파악하여 제시어를 사용한 주술목 기본 문장을 완성한다. 사진의 배경이 되는 장소, 인물의 표정과 감정을 활용하여 부사어, 관형어, 보어 등의 수식 성분이 있는 문장을 만들 수도 있다.

★★☆ 중

96

俩(liǎ)는 명사로 '둘, 두 사람'이라는 뜻이고, 사진은 남녀 둘이 노래를 부르는 모습이다.

해설 제시어인 俩(둘)를 사용하여 '그들 둘은 노래 부르는 것을 좋아한다'라는 문장을 완성한다. 俩를 주어인 他们(그들) 뒤에 배치하고, 술어로 喜欢(좋아하다)을, 목적어로 唱歌(노래를 부르다)를 삼아 주-술-목 기본 문장 他们俩喜欢唱歌를 완성한다. 더 나아가 주어를 좀 더 자세하게 这对夫妻俩(이 부부)로 표현하고, 목적어도 자세하게 唱流行歌(유행가를 부르는 것)로 표현하는 문장을 만들 수도 있다.

Tip▶ 俩(liǎ)는 两个人(두 사람)이라는 뜻이기 때문에 뒤에 사람을 셀 때 사용하는 양사 个(gè)나 기타 양사를 붙이지 않는다.

정답 **기본** 他们**俩**喜欢唱歌。 그들 둘은 노래 부르는 것을 좋아한다.
　　확장 这对夫妻**俩**都喜欢唱歌，特别是妻子喜欢唱流行歌曲。 이 부부는 모두 노래하는 것을 좋아한다. 특히 부인은 유행가를 부르는 것을 좋아한다.

어휘 俩 liǎ 준 두 개, 두 사람 对 duì 양 짝, 쌍 [짝을 이룬 것을 세는 단위] 夫妻 fūqī 명 부부 特别 tèbié 부 특히, 아주 妻子 qīzi 명 아내 流行 liúxíng 통 유행하다 歌曲 gēqǔ 명 노래

★☆☆ 하

97

饺子(jiǎozi)는 명사로 '만두'라는 뜻이고 사진은 만두 한 접시가 놓여져 있는 모습이다.

해설 제시어인 饺子(만두)를 목적어로 하여 '나는 만두가 먹고 싶다'라는 문장을 완성한다. 吃(먹다)를 술어에 배치하고, 주어로 我(나)를 삼아 바람을 나타내는 조동사 想(~하고 싶다)을 덧붙여 주-술-목 기본 문장 我想吃饺子를 완성한다. 더 나아가

만두를 먹고 싶은 이유인 我有点儿饿了(나는 조금 배고프다)와 제안하는 표현인 怎么样(어때)을 추가한 문장을 만들 수도 있다.

정답 **기본** 我想吃**饺子**。 나는 만두가 먹고 싶다.
　　　확장 我有点儿饿了，咱们一起去吃**饺子**，怎么样？ 나 조금 배고픈데, 우리 같이 만두 먹으러 가자. 어때?

어휘 饺子 jiǎozi 몡 만두 有点儿 yǒudiǎnr 뷔 약간, 조금 饿 è 혱 배고프다

★★★ 상

98

擦(cā)는 동사로 '닦다'라는 뜻이고 사진은 남자가 수건으로 땀을 닦고 있는 모습이다.

해설 제시어인 擦(닦다)를 술어로 삼아 '그는 땀을 닦고 있다'라는 문장을 완성한다. 他(그)를 주어에 배치, 진행을 나타내는 부사 在(~하고 있다)를 추가하여 주-술 기본 문장 他在擦汗을 완성한다. 더 나아가 목적어 汗(땀)과 닦는 수단인 用毛巾(수건을 사용하다), 상황을 나타내는 运动结束后(운동을 마친 후)를 추가한 문장을 완성할 수도 있다.

정답 **기본** 他在**擦**汗。 그는 땀을 닦고 있다.
　　　확장 运动结束后，他在用毛巾**擦**汗呢。 운동을 마친 후, 그는 수건으로 땀을 닦고 있다.

어휘 擦 cā 됭 닦다 汗 hàn 몡 땀 运动 yùndòng 됭 운동하다 结束 jiéshù 됭 끝나다, 마치다 毛巾 máojīn 몡 수건

★★☆ 중

99

失望(shīwàng)은 동사로 '실망하다'라는 뜻이고 사진은 경기장에서 남자 운동선수가 고개를 떨구고 실망해하는 모습이다.

해설 제시어인 失望(실망하다)을 술어로 삼아 '보아하니 그는 아주 실망한 것 같다'라는 문장을 완성한다. 他(그)를 주어로 삼고 看起来(보아하니)를 덧붙여 주-술 기본 문장 看起来他很失望을 완성한다. 더 나아가 실망한 원인으로 没想到他们队输了(뜻밖에 그들 팀이 졌다)를 추가하고, 失望을 这让他感到很失望(이것이 그를 아주 실망하게 했다)으로 자세하게 표현한 문장을 완성할 수도 있다.

정답 **기본** 看起来他很**失望**。 보아하니 그는 매우 실망한 듯하다.
　　　확장 没想到他们队输了，这让他感到很**失望**。 뜻밖에 그들 팀이 져서 이것이 그를 아주 실망하게 했다.

어휘 看起来 kànqǐlái 됭 보아하니, 보기에 失望 shīwàng 됭 실망하다, 낙담하다 队 duì 몡 팀 输 shū 됭 지다 所以 suǒyǐ 젭 그래서 让 ràng 됭 ~하여금 ~하게 하다 感到 gǎndào 됭 느끼다

★★★ 하

100

日记(rìjì)는 명사로 '일기'라는 뜻이고 사진은 일기장이 테이블에 펼쳐져 있는 모습이다.

해설 제시어인 日记(일기)를 목적어로 삼아 '나는 매일 일기를 쓴다'라는 문장을 완성한다. 동사 写(쓰다)를 술어로 삼고 주어 我 (나)를 덧붙여 기본 문장 我每天都写日记를 완성한다. 더 나아가 写日记(일기를 쓰는 것)를 주어로 삼아 好习惯(좋은 습 관)과 美好的回忆(아름다운 추억)를 추가한 문장을 완성할 수도 있다.

정답 **기본** 我每天都写日记。 나는 매일 일기를 쓴다.
확장 写日记是个好习惯，它可以给我们留下美好的回忆。 일기를 쓰는 것은 좋은 습관이다. 이것은 우리에게 아름다운 추 억을 남겨줄 수 있다.

어휘 写 xiě 동 쓰다 日记 rìjì 명 일기 习惯 xíguàn 명 습관, 버릇 给 gěi 개 ~에게 留 liú 동 남기다 美好 měihǎo 형 아름답다, 좋다 回忆 huíyì 명 동 회상(하다), 추억(하다)

실전모의고사 1 · 51

안심Touch

듣 기

제1부분	1. ✓	2. ✗	3. ✗	4. ✓	5. ✗	6. ✓	7. ✓	8. ✓	9. ✗	10. ✗
제2부분	11. C	12. D	13. D	14. A	15. C	16. A	17. C	18. B	19. B	20. B
	21. A	22. C	23. A	24. B	25. D					
제3부분	26. A	27. B	28. D	29. A	30. C	31. B	32. A	33. B	34. C	35. D
	36. B	37. D	38. C	39. C	40. C	41. B	42. C	43. D	44. A	45. D

독 해

제1부분	46. F	47. B	48. E	49. C	50. A	51. D	52. F	53. E	54. A	55. B
제2부분	56. C - B - A	57. B - A - C	58. B - C - A	59. A - B - C	60. B - A - C
	61. C - A - B	62. A - B - C	63. C - B - A	64. B - C - A	65. C - A - B
제3부분	66. D	67. C	68. D	69. D	70. C	71. C	72. C	73. B	74. C	75. C
	76. B	77. D	78. D	79. A	80. C	81. C	82. B	83. B	84. D	85. D

쓰 기

제1부분

86. 他们之间的友谊越来越深了。

87. 夫妻之间应该互相理解。

88. 这道题的答案在这本书的最后一页上。

89. 你出门时顺便把这些食物垃圾拿出去。

90. 他女儿从7岁就开始弹钢琴了。

91. 他的这篇文章写得很精彩。

92. 这个孩子给护士寄了一封感谢信。

93. 关阿姨提前10分钟到了约好的地点。

94. 请您先去对面的办公室填一下这张申请表格。

95. 手机号码一般由11个数字组成。

제2부분

96. 桌子上有点儿乱。／桌子上太乱了，我要把桌上的东西都整理一下。

97. 飞机就要降落了。／您乘坐的航班马上就要降落了，请大家系好安全带。

98. 这两个相机没有区别。／这两个相机表面上看起来没什么区别，其实左边的功能更好。

99. 你穿这双鞋很合适。／我觉得你这双黑鞋比那双更合适，看着很漂亮。

100. 现在出发还来得及。／离开演还有一段时间，咱们来得及喝杯咖啡。

자가진단 나의 학습 취약점 & 보완점 체크하기

문제별 중요도와 난이도를 보고 자신의 학습 취약점을 파악할 수 있게 하였습니다. 정답을 확인하여 반복적으로 틀린 문제를 표시하고 어떤 부분(어휘력, 독해력, 청취력)을 보완해야 할지 진단해 봅시다.

듣기 제1부분				듣기 제3부분		
1 ☐ ★★★	중	유사 표현 듣기	26 ☐ ★★	중	화제/분야 듣기
2 ☐ ★★	하	다른 부분 찾아내기	27 ☐ ★★	하	옳은 내용 고르기
3 ☐ ★	하	다른 부분 찾아내기	28 ☐ ★★★	하	남/여 행동 듣기
4 ☐ ★★★	상	전체적인 내용 파악하기	29 ☐ ★★★	하	상태/평가 듣기
5 ☐ ★★	중	다른 부분 찾아내기	30 ☐ ★★	상	화제/분야 듣기
6 ☐ ★★	상	유사 표현 듣기	31 ☐ ★★	하	장소 듣기
7 ☐ ★	중	전체적인 내용 파악하기	32 ☐ ★	상	옳은 내용 고르기
8 ☐ ★★★	중	유사 표현 듣기	33 ☐ ★	하	사물 듣기
9 ☐ ★★★	중	다른 부분 찾아내기	34 ☐ ★★	중	장소 듣기
10 ☐ ★★★	상	다른 부분 찾아내기	35 ☐ ★	하	사물 듣기
듣기 제2부분			36 ☐ ★★	중	옳은 내용 고르기
11 ☐ ★★★	하	장소 듣기	37 ☐ ★	하	옳은 내용 고르기
12 ☐ ★★	상	이유/원인 파악하기	38 ☐ ★	하	옳은 내용 고르기
13 ☐ ★★	하	사물 듣기	39 ☐ ★	하	장소 듣기
14 ☐ ★	중	남/여 행동 듣기	40 ☐ ★★	중	특정 시기 듣기
15 ☐ ★★	하	직업/신분 듣기	41 ☐ ★★	중	세부 내용 파악하기
16 ☐ ★	하	남/여 행동 듣기	42 ☐ ★★	중	화제/분야 듣기
17 ☐ ★	중	남/여 행동 듣기	43 ☐ ★★	상	옳은 내용 고르기
18 ☐ ★	하	직업/신분 듣기	44 ☐ ★★	중	화제/분야 듣기
19 ☐ ★★	상	특정 시기 듣기	45 ☐ ★★★	상	옳은 내용 고르기
20 ☐ ★	상	이유/원인 파악하기	독해 제1부분		
21 ☐ ★★	하	남/여 행동 듣기	46 ☐ ★	하	목적어로 쓰인 명사 넣기
22 ☐ ★★	하	상태/평가 듣기	47 ☐ ★★	중	술어로 쓰인 동사 넣기
23 ☐ ★★★	하	날씨/기후 듣기	48 ☐ ★★	하	주어로 쓰인 명사 넣기
24 ☐ ★	중	남/여 행동 듣기	49 ☐ ★★	상	접속사 넣기
25 ☐ ★	하	장소 듣기	50 ☐ ★	하	목적어로 쓰인 명사 넣기

실전모의고사 2

안심Touch

51 □ ★	중	부사 넣기		79 □ ★	하	옳은 내용 고르기
52 □ ★★★	중	목적어로 쓰인 동사 넣기		80 □ ★★	중	이유/원인 파악하기
53 □ ★	하	목적어로 쓰인 명사 넣기		81 □ ★★	중	세부 내용 파악하기
54 □ ★★	중	양사 넣기		82 □ ★★★	하	세부 내용 파악하기
55 □ ★★	상	술어로 쓰인 동사 넣기		83 □ ★★★	중	세부 내용 파악하기

독해 제2부분

				84 □ ★★	중	세부 내용 파악하기
56 □ ★★	중	호칭, 대사 키워드		85 □ ★★	상	옳은 내용 고르기

쓰기 제1부분

57 □ ★★	중	대사, 접속사 키워드				
58 □ ★★★	상	상황 제시, 대사 키워드		86 □ ★★★	하	관형어, 형용사술어문
59 □ ★★	하	상황 제시, 대사 키워드		87 □ ★★	중	부사어, 동사술어문
60 □ ★★★	중	부사, 동사 키워드		88 □ ★★★	상	관형어, 在술어문
61 □ ★★	하	호칭, 대사 키워드		89 □ ★★★	상	把자문
62 □ ★★	상	상황 제시, 접속사 키워드		90 □ ★★	중	개사 从, 서술성 동사술어문
63 □ ★★	상	개사, 대사 키워드		91 □ ★★★	중	정도보어
64 □ ★★	중	상황 제시, 고정격식 키워드		92 □ ★★	중	개사 给, 동사술어문
65 □ ★	중	대사, 접속사 키워드		93 □ ★★★	중	연동문

독해 제3부분

				94 □ ★★	중	연동문
66 □ ★	하	이유/원인 파악하기		95 □ ★★	상	把자문

쓰기 제2부분

67 □ ★	하	옳은 내용 고르기				
68 □ ★★	중	이유/원인 파악하기		96 □ ★★	하	형용사 제시어 문장 만들기
69 □ ★★	중	옳은 내용 고르기		97 □ ★★★	중	동사 제시어 문장 만들기
70 □ ★★	하	세부 내용 파악하기		98 □ ★★	상	명사 제시어 문장 만들기
71 □ ★★	중	이유/원인 파악하기		99 □ ★★	중	형용사 제시어 문장 만들기
72 □ ★	하	세부 내용 파악하기		100 □ ★★★	상	동사 제시어 문장 만들기

73 □ ★★	상	옳은 내용 고르기
74 □ ★★	중	옳은 내용 고르기

점수 확인

듣기	(/45문항) X 2.2점 = _____ 점/100점	
독해	(/40문항) X 2.5점 = _____ 점/100점	
쓰기 1	(/10문항) X 5점 = _____ 점/50점	
쓰기 2	(/ 5문항) X 10점 = _____ 점/50점	

75 □ ★★★	중	옳은 내용 고르기
76 □ ★	중	옳은 내용 고르기
77 □ ★	하	옳은 내용 고르기
78 □ ★★	중	세부 내용 파악하기

총점 : _____ 점(만점 300점)

※ 주의: 위의 영역별 문항 점수는 만점을 기준으로 하여 산출한 가상 점수로 실제 HSK 성적과 계산 방식이 상이할 수 있습니다.

듣기 제1부분

[**풀이전략**] 녹음을 듣기 전에 보기의 핵심 키워드를 파악하여 녹음의 내용을 짐작한다. 녹음을 들으면서 들은 내용을 보기에 메모하고 질문에 알맞은 정답을 고른다.

★★★ 중

1

★ 那篇文章是关于减压的。　　（ ✓ ）	★ 그 글은 스트레스를 줄이는 것에 관한 글이다.
这篇文章主要介绍如何减轻工作压力的方法。对自己有信心才能给自己减压，这才是最重要的。	이 글은 어떻게 업무 스트레스를 줄이는가에 대한 방법을 주로 소개했다. 자신에게 믿음을 갖는 것이야말로 스트레스를 줄일 수 있다. 이것이 가장 중요하다.

[해설] 보기 문장의 키워드는 减压(스트레스를 줄이다)이다. 녹음의 시작 부분 这篇文章主要介绍如何减轻工作压力的方法 (이 글은 어떻게 업무 스트레스를 줄이는가에 대한 방법을 주로 소개했다)에서 보기 문장의 키워드가 언급되었다. 따라서 정답은 일치이다.

[어휘] 篇 piān 양 편 [글을 세는 단위]　文章 wénzhāng 명 글, 문장　主要 zhǔyào 형 주요한 부 주로　如何 rúhé 대 어떻게, 왜, 어떠하다　减轻 jiǎnqīng 동 경감하다, 줄이다　压力 yālì 명 스트레스　方法 fāngfǎ 명 방법　信心 xìnxīn 명 자신　重要 zhòngyào 형 중요하다

★★☆ 하

2

★ 大家一定要给他发传真。　　（ ✗ ）	★ 모두 반드시 그에게 팩스를 보내야 한다.
请大家注意！这是我的邮箱地址，明天之前把姓名和电话号码都发到我邮箱里就行。	여러분 주목해주세요! 이것은 저의 이메일 주소입니다. 내일 전에 이름과 전화번호를 제 이메일로 보내주시면 됩니다.

[해설] 보기 문장의 키워드는 发传真(팩스를 보내다)이다. 녹음에서 말하는 사람은 이메일 주소를 알려주면서 发到我邮箱里就行(제 이메일로 보내주시면 됩니다)이라고 말했다. 팩스가 아니라 이메일을 보내라고 한 것이므로 정답은 불일치이다.

Tip▶ 듣기 1부분에서 보기의 예문에 확신, 강한 어기의 부사가 등장한다면 정답이 불일치일 가능성이 높다. 어기부사가 결합된 一定要(반드시 ~해야 한다)/肯定会(틀림없이 ~할 것이다)/必须(반드시 ~해야 한다) 등의 단어가 등장하면 의심하고 들어야 한다!

[어휘] 一定 yídìng 부 반드시, 틀림없이　传真 chuánzhēn 명 팩시밀리, 팩스　注意 zhùyì 동 주의하다　邮箱 yóuxiāng 명 이메일　地址 dìzhǐ 명 주소　之前 zhīqián 명 ~이전, ~의 앞　姓名 xìngmíng 명 성명　号码 hàomǎ 명 번호　邮箱 yóuxiāng 명 우편함

★☆☆ 하

3

★ 他同学的看书速度特别慢。　　（ ✗ ）	★ 그의 친구는 책 읽는 속도가 매우 느리다.
我有个同学阅读的速度挺快的，一晚上能看一本厚厚的小说，而我一本书要看一个星期。	내 한 친구는 책을 읽는 속도가 매우 빠르다. 하룻밤에 두꺼운 소설 한 권을 다 볼 수 있다. 그러나 나는 책 한 권을 보는 데 일주일이 걸린다.

해설 보기 문장의 키워드는 看书速度(책 읽는 속도)와 慢(느리다)이다. 녹음의 시작 부분 我有个同学阅读的速度挺快的(내 한 친구는 책을 읽는 속도가 매우 빠르다)에서 친구의 책 읽는 속도가 빠르다고 했다. 따라서 정답은 불일치이다.

어휘 速度 sùdù 몡 속도 特别 tèbié 閉 특히, 아주 阅读 yuèdú 동 독서하다 挺 tǐng 閉 매우 厚 hòu 톙 두껍다 小说 xiǎoshuō 몡 소설 慢 màn 톙 느리다

★★★ 상

4

★ 找对方向挺重要的。 (✓)	★ 방향을 맞게 찾는 것이 매우 중요하다.
如果用不正确的方法来学习，恐怕会花再多的时间和力气，也得不到好成绩。生活也一样，如果方法错了，即使再努力，也很难获得成功。	만일 정확하지 않은 방법으로 공부를 한다면, 아무리 많은 시간과 힘을 들여도 좋은 성적을 얻을 수 없을 것이다. 삶도 마찬가지이다. 만일 방향이 틀렸다면, 아무리 노력한다고 해도 성공을 얻기가 어렵다.

해설 보기 문장의 키워드는 找对方向(방향을 맞게 찾다)이다. 녹음에서 如果用不正确的方法来学习(만일 정확하지 않은 방법으로 공부를 한다면), 如果方法错了(만일 방향이 틀렸다면)라고 잘못된 방향을 세웠을 경우를 설명하면서, 그로 인해 겪게 되는 일로 得不到好成绩(좋은 성적을 얻을 수 없을 것이다), 很难获得成功(성공을 얻기는 어렵다)이라고 했다. 이를 통해 정확한 방향을 찾는 것이 중요하다는 것을 말하고 있으므로 정답은 일치이다.

Tip▶ 가설을 나타내는 접속사 即使

접속사 即使는 아직 실현되지 않은 일이나 사실과 상반되는 일의 가설을 나타내며, 就算/就是과 바꿔 쓸 수 있다.

• **호응 구조: [即使A, 也B]** 설령 A하더라도 B 하다

예 **即使**又失败了，**也**没关系。 설령 또 실패하더라도 괜찮아.

어휘 方向 fāngxiàng 몡 방향 挺 tǐng 閉 매우, 아주 重要 zhòngyào 톙 중요하다 如果 rúguǒ 젭 만약 正确 zhèngquè 톙 정확하다 方法 fāngfǎ 몡 방법 恐怕 kǒngpà 閉 아마도 力气 lìqi 몡 힘 得到 dédào 동 얻다 成绩 chéngjì 몡 성적, 점수 生活 shēnghuó 몡 생활 即使A, 也B jíshǐ A, yě B 젭 설령 A하더라도 B하다 获得 huòdé 동 얻다 成功 chénggōng 몡동 성공(하다)

★★☆ 중

5

★ 他不想按要求吃药。 (✗)	★ 그는 요구대로 약을 먹고 싶어 하지 않는다.
请您一定要注意！按照医生说的要求来吃药，一天3次，每8小时一次，饭也不能少吃或不吃。	반드시 주의하십시오! 의사 선생님의 요구대로 약을 복용하세요. 하루 3번, 8시간마다 한 번씩, 식사는 적게 먹거나 안 먹어서는 안 됩니다.

해설 보기 문장의 키워드는 他不想(그는 ~하고 싶어 하지 않는다)이다. 녹음에서 주의사항을 말하면서 按照医生说的要求来吃药(의사 선생님의 요구대로 약을 복용하세요)라고 하며 의사의 요구 사항을 말하고 있다. 이에 대한 그의 생각은 언급되지 않았으므로 정답은 불일치이다.

어휘 按 àn 꺠 ~에 따라, ~에 의해 要求 yāoqiú 몡동 요구(하다) 吃药 chīyào 동 약을 먹다 一定 yídìng 閉 반드시, 틀림없이 注意 zhùyì 동 주의하다 按照 ànzhào 꺠 ~에 따라, ~에 의해 或 huò 젭 혹은

★★☆ 상

6

★ 寒假时他没回家。 (✓)	★ 겨울방학 때 그는 집에 돌아가지 않았다.
我本来打算放寒假时回家，但没想到突然接到了通知：假期学校会组织举行国际教育交流会，让我来负责翻译。	나는 원래 겨울방학 때 집으로 돌아가려고 했다. 그런데 뜻밖에 갑자기 통지를 받았다. 방학 기간에 학교에서 국제 교육 교류회가 열리는데 나에게 통역을 맡으라고 했다.

해설 보기 문장의 키워드는 寒假(겨울방학)와 没回家(집에 돌아가지 않았다)이다. 녹음에서 我本来打算放寒假时回家(나는 원래 겨울방학 때 집으로 돌아가려고 했다)라고 하며 원래의 계획이 실현되지 않았음을 언급했다. 따라서 정답은 일치이다. 本来(원래)는 기존의 생각과 계획이 실제 상황에서 달라졌을 때 사용한다.

어휘 寒假 hánjià 圆 겨울방학　本来 běnlái 囝 본래의　突然 tūrán 囝 갑자기　接 jiē 통 받다, 잇다　通知 tōngzhī 통 통지(하다)
假期 jiàqī 圆 휴가 기간　组织 zǔzhī 통 조직하다　举行 jǔxíng 통 열다, 거행하다　国际 guójì 圆 국제　教育 jiàoyù 圆 교육
负责 fùzé 통 책임지다, 맡다　翻译 fānyì 통 통역하다, 번역하다

★☆☆ 중

7
| ★ 他还没做好决定。 (✓) | ★ 그는 아직 결정하지 못했다. |
| 其实我收到了有家公司的工作邀请，他们公司给出的条件很好，工资也高了两倍。我想再考虑几天后做决定。 | 사실 나는 어떤 회사의 스카우트를 받았다. 그 회사가 제시한 조건이 아주 좋고, 월급도 두 배나 올려주기로 했다. 나는 며칠 더 고민해보고 결정하려고 한다. |

해설 보기 문장의 키워드는 还没做好决定(아직 결정하지 못했다)이다. 녹음의 마지막 부분에서 我想再考虑几天后做决定(나는 며칠 더 고민해보고 결정하려고 한다)이라고 했으므로 아직 결정에 대해 고민하려고 한다는 것을 알 수 있다. 따라서 정답은 일치이다.

어휘 决定 juédìng 통 결정하다　其实 qíshí 囝 사실은　收 shōu 통 받다　邀请 yāoqǐng 통 초청하다　条件 tiáojiàn 圆 조건　工
资 gōngzī 圆 월급　倍 bèi 窗 배, 곱절　考虑 kǎolǜ 통 고려하다

★★★ 중

8
| ★ 小赵很受同学们欢迎。 (✓) | ★ 샤오쟈오는 반친구들에게 아주 인기가 있다. |
| 小赵是个幽默的人，他不仅说话很有趣，而且平时也很喜欢帮助周围的人，所以很多同学都这么喜欢他，这点让人一点儿也不吃惊。 | 샤오쟈오는 유머러스한 사람이다. 그는 말을 재미있게 하고, 게다가 평소에 주변 사람들을 도와주는 것을 좋아한다. 그래서 많은 친구들이 이렇게 그를 좋아한다. 이것은 놀랄만한 일이 아니다. |

해설 보기 문장의 키워드는 小赵(샤오쟈오)와 受欢迎(인기가 있다)이다. 녹음에서 샤오쟈오를 소개하면서 很多同学都这么喜欢他(많은 친구들이 이렇게 그를 좋아한다)라고 했다. 많은 학생들이 그를 좋아한다고 했으므로 정답은 일치이다.

> **Tip▶ 동사 受**
> 受는 '받다'라는 뜻으로 추상적인 뜻의 목적어와 함께 쓰인다.
> 예 **受**大学生欢迎 대학생의 환영을 받다　**受**天气影响 날씨의 영향을 받다

어휘 受 shòu 통 받다　欢迎 huānyíng 통 환영하다　幽默 yōumò 圈 유머러스하다　不仅A, 而且B bùjǐn A, érqiě B 집 A일 뿐만
아니라 B하다　说话 shuōhuà 통 말하다　有趣 yǒuqù 圈 재미있다　平时 píngshí 圆 평소, 평상시　帮助 bāngzhù 통 돕다 圆
도움　周围 zhōuwéi 圆 주위　所以 suǒyǐ 집 그래서　吃惊 chījīng 圈 놀라다

★★★ 중

9
| ★ 那些方法对减肥很有帮助。 (✗) | ★ 그 방법들은 다이어트에 아주 도움이 된다. |
| 网上介绍的很多减肥方法大部分都是不太正确的，它既达不到减肥的效果，还会出现健康问题。 | 인터넷에 소개된 많은 다이어트 방법은 대부분 모두 정확한 것이 아니다. 다이어트 효과를 보지 못하고 건강 문제가 생길 수도 있다. |

해설 보기 문장의 키워드는 对减肥很有帮助(다이어트에 아주 도움이 되다)이다. 녹음의 마지막 부분에서 它既达不到减肥效果，还会出现健康问题(다이어트 효과를 보지 못하고 건강 문제가 생길 수도 있다)라고 하여 다이어트 방법들이 도움이 되지 않을 수 있음을 설명했다. 따라서 정답은 불일치이다.

어휘 方法 fāngfǎ 명 방법　减肥 jiǎnféi 통 다이어트하다　帮助 bāngzhù 통 돕다 명 도움　介绍 jièshào 통 소개하다　大部分 dàbùfen 명 대부분　正确 zhèngquè 형 정확하다　既A, 还B jì A, hái B 접 A하기도 하고 B하기도 하다　达 dá 통 도달하다, 이르다　效果 xiàoguǒ 명 효과　出现 chūxiàn 통 출현하다　健康 jiànkāng 형 건강하다

★★★ 상

10

★ 他们没赶上飞机。　　　　(✘)	★ 그들을 비행기에 타지 못했다.
我们需要提前到达机场，到了机场之后，先取登机牌，然后办理行李托运，还要逛逛免税店，所以得早点儿出发吧。	우리는 미리 공항에 도착해야 해. 공항에 도착한 뒤에 먼저 탑승권을 받고, 짐을 붙이고, 또 면세점 구경을 해야 하니까 조금 일찍 출발해야 해.

해설 보기 문장의 키워드는 没赶上飞机(비행기에 타지 못하다)이다. 녹음의 시작과 끝 부분에서 我们需要提前到达机场(우리는 미리 공항에 도착해야 해), 得早点儿出发吧(조금 일찍 출발해야 해)라고 했으므로 이들은 아직 공항에 가지 않았음을 알 수 있다. 따라서 비행기를 놓쳤다는 내용과 일치하지 않는다.

어휘 赶上 gǎnshàng 통 따라잡다, 시간에 대다　需要 xūyào 통 필요하다　提前 tíqián 통 앞당기다　到达 dàodá 통 도달하다　机场 jīchǎng 명 공항　之后 zhīhòu 명 ~뒤, 그 후　取 qǔ 통 가지다, 얻다　登机牌 dēngjīpái 명 탑승권　然后 ránhòu 접 그런 후에　办理 bànlǐ 통 처리하다　行李 xíngli 명 짐　托运 tuōyùn 통 (짐 · 화물을) 탁송하다　逛 guàng 통 거닐다　免税店 miǎnshuìdiàn 명 면세점　所以 suǒyǐ 접 그래서　得 děi 조통 ~해야 한다　出发 chūfā 통 출발하다

듣기 제2부분

[풀이전략] 녹음을 듣기 전에 보기의 핵심 키워드를 파악하여 녹음의 내용을 짐작한다. 녹음을 들으면서 들은 내용을 보기에 메모하고 질문에 알맞은 정답을 고른다.

★★★ 하

11

男：我上午要去一趟邮局，你有信要寄吗？。 女：有几封信，我给警察写了感谢信，我想向他们表示感谢。 问：男的上午会去哪儿？	남: 나 오후에 우체국에 갔다 와야 하는데. 너 편지 부칠 거 있어? 여: 몇 통 있어. 경찰 아저씨들한테 감사 편지를 썼어. 그분들에게 감사를 전하고 싶어. 질문: 남자는 오전에 어디에 가는가?
A 办公室 B 机场 **C 邮局** D 植物园	A 사무실 B 공항 **C 우체국** D 식물원

해설 보기는 모두 장소를 나타낸다. 남자가 我上午要去一趟邮局(나 오후에 우체국에 갔다 와야 해)라고 하며 편지 부칠 것이 있느냐고 여자에게 물었다. 따라서 남자가 오전에 가려고 하는 곳이 C임을 알 수 있다.

　　Tip▶ **개사 向**
　　개사 向은 방향뿐만 아니라 행동의 대상을 나타내기도 한다. 행동의 대상을 나타낼 때는 'A(주어) + 向B(행위의 대상) + 表示 + C(태도)'의 형식으로 쓰여 'A가 B에게 C를 나타내다'라는 뜻을 나타낸다

예 我**向**她表示抱歉。 나는 그녀에게 미안함을 나타낸다.

어휘 趟 tàng 영 차례, 번 [왕래하는 횟수를 나타냄]　邮局 yóujú 명 우체국　寄 jì 동 부치다　封 fēng 영 통 [편지를 세는 단위]　警察 jǐngchá 명 경찰　向 xiàng 개 ~향해서　表示 biǎoshì 동 나타내다　感谢 gǎnxiè 동 고맙다, 감사하다　办公室 bàngōngshì 명 사무실　机场 jīchǎng 명 공항　植物园 zhíwùyuán 명 식물원

★★☆ 상

12

女：你吃点儿面条去吧，经常早上饿着肚子去上班，对身体没有任何好处。 男：妈，我上班快迟到了。我喝杯牛奶就行。 问：男的为什么不吃早饭？	여: 국수 좀 먹고 가렴. 자주 아침 거르고 출근하면 건강에 아무런 좋은 점이 없어. 남: 엄마, 저 출근 늦겠어요. 우유 한 잔 마시면 돼요. 질문: 남자는 왜 아침을 먹지 않는가?
A 肚子难受 B 不怎么饿 C 睡懒觉 **D 时间来不及**	A 속이 불편해서 B 별로 배고프지 않아서 C 늦잠을 자서 **D 시간이 늦어서**

해설 보기는 몸의 상태와 상황을 나타낸다. 여자가 남자에게 아침 먹고 출근하라고 했고, 이에 남자는 我上班快迟到了(저 출근 늦겠어요)라고 했다. 따라서 남자가 아침을 먹지 않는 이유는 D임을 알 수 있다. 来不及는 '미치지 못하다, 제시간에 댈 수 없다'라는 뜻이므로 迟到(지각하다=출근 시간에 미치지 못하다)를 설명하는 말로 볼 수 있다.

어휘 经常 jīngcháng 부 자주　饿 è 형 배고프다　肚子 dùzi 명 배　对 duì 개 ~에 대해　任何 rènhé 대 어떠한　好处 hǎochu 명 장점, 좋은 점　迟到 chídào 동 늦다, 지각하다　牛奶 niúnǎi 명 우유　难受 nánshòu 형 불편하다　不怎么 bùzěnme 부 별로 ~하지 않다　睡懒觉 shuì lǎnjiào 동 늦잠을 자다　来不及 láibují 동 제시간에 댈 수 없다, ~할 여유가 없다

★★☆ 하

13

男：阿姨，窗户旁边那个座位没有人，您请坐！ 女：不用了，小伙子，你坐这吧，我下一站就下车了。 问：他们现在最可能在哪儿？	남: 아주머니, 창문 옆 그 자리가 비었어요. 앉으세요! 여: 괜찮아요, 젊은이, 여기 앉아요. 나는 다음 역에서 내려요. 질문: 그들은 지금 어디에 있는가?
A 飞机上 B 船上 C 电梯上 **D 地铁上**	A 비행기 안 B 배 안 C 엘리베이터 안 **D 지하철 안**

해설 보기는 모두 장소를 나타낸다. 남자가 여자에게 자리를 양보하고 있고, 이에 여자는 我下一站就下车了(나는 다음 역에서 내려요)라고 말했다. 따라서 이들이 있는 장소는 지하철이나 버스 안임을 예상할 수 있다. 정답은 D이다.

어휘 阿姨 āyí 명 아주머니　窗户 chuānghu 명 창문　座位 zuòwèi 명 좌석　小伙子 xiǎohuǒzi 명 젊은이　站 zhàn 명 역, 정거장　下车 xià chē 동 차에서 내리다　飞机 fēijī 명 비행기　船 chuán 명 배　电梯 diàntī 명 엘리베이터　地铁 dìtiě 명 지하철

★☆☆ 중

14

女：这几箱矿泉水实在是太重了，我一个人拿不了，你能帮我一块儿把它们搬到三楼吗？

男：当然可以，我来帮你搬。

问：女的让男的帮忙做什么？

여: 이 생수 박스 정말 너무 무거워. 나 혼자서 들 수가 없어. 너 나를 도와서 같이 이 상자들을 3층까지 옮겨줄 수 있어?

남: 당연히 가능하지. 내가 옮기는 거 도와줄게.

질문: 여자는 남자에게 무엇을 도와달라고 하는가?

A 搬东西
B 整理材料
C 擦盘子
D 收拾行李箱

A 물건을 옮기다
B 자료를 정리하다
C 쟁반을 닦다
D 캐리어를 정리하다

해설 보기는 모두 행동을 나타낸다. 여자는 생수 박스가 무겁다고 하면서 你能帮我一块儿把它们搬到三楼吗?(너 나를 도와서 같이 이 상자들을 3층까지 옮겨줄 수 있어?)라고 남자에게 도움을 요청하고 있다. 따라서 여자가 남자에게 도와달라고 한 것은 A이다.

어휘 箱 xiāng 명 상자   矿泉水 kuàngquánshuǐ 명 광천수, 생수   实在 shízài 부 확실히, 정말로   重 zhòng 형 무겁다   帮 bāng 동 돕다 명 도움   一块儿 yíkuàir 부 함께, 같이   把 bǎ 개 ~을/를   搬 bān 동 옮기다, 이사하다   楼 lóu 명 층, 계단   整理 zhěnglǐ 동 정리하다   材料 cáiliào 명 자료, 재료   擦 cā 동 닦다   盘子 pánzi 명 쟁반, 접시   收拾 shōushi 동 거두다, 정리하다   行李箱 xínglǐxiāng 명 트렁크, 여행용 캐리어

★★☆ 하

15

男：你快毕业了，说说你心中最理想的职业是什么？

女：我对法律很感兴趣，将来想成为一名律师。

问：女的以后想做什么工作？

남: 너 곧 졸업하는구나. 네 마음에 가장 이상적인 직업이 무엇인지 한번 말해봐.

여: 나는 법률에 관심이 많아서 나중에 변호사가 되고 싶어.

질문: 여자는 나중에 어떤 일을 하고 싶어 하는가?

A 导游
B 教师
C 律师
D 警察

A 가이드
B 교사
C 변호사
D 경찰

해설 보기는 모두 직업을 나타낸다. 남자에 여자에게 여자의 이상적인 직업에 대해 물었고 이에 여자는 想成为一名律师(변호사가 되고 싶어)이라고 대답했다. 따라서 여자가 나중에 변호사를 하고 싶어 한다는 것을 알 수 있다. 정답은 C이다.

Tip ▶ 직업을 나타내는 어휘

导游 dǎoyóu 명 가이드	老板 lǎobǎn 명 사장
教师 jiàoshī 명 교사	服务员 fúwùyuán 명 종업원
律师 lǜshī 명 변호사	演员 yǎnyuán 명 배우
警察 jǐngchá 명 경찰	导演 dǎoyǎn 명 감독
记者 jìzhě 명 기자	厨师 chúshī 명 요리사
医生 yīshēng 명 의사	运动员 yùndòngyuán 명 운동선수
护士 hùshi 명 간호사	科学家 kēxuéjiā 명 과학자
校长 xiàozhǎng 명 학교장	画家 huàjiā 명 화가
教授 jiàoshòu 명 교수	作家 zuòjiā 명 작가

司机 sījī 명 기사	售货员 shòuhuòyuán 명 판매원
经理 jīnglǐ 명 사장, 매니저	理发师 lǐfàshī 명 이발사

어휘 毕业 bìyè 통 졸업하다   理想 lǐxiǎng 명 이상 형 이상적이다   职业 zhíyè 명 직업   法律 fǎlǜ 명 법률   感兴趣 gǎn xìngqù 통 관심이 있다   将来 jiānglái 명 장래, 미래   成为 chéngwéi 통 ~이 되다   律师 lǜshī 명 변호사   导游 dǎoyóu 명 가이드   教师 jiàoshī 명 교사   警察 jǐngchá 명 경찰

★☆☆ 하

16

女：家里怎么突然停电了？我还没把刚写好的作业发给老师呢。	여: 집이 왜 갑자기 정전된 거야? 나 아직 방금 다 한 숙제 선생님께 보내드리지 못했는데.
男：你先别着急，过一会儿就来电了。	남: 우선 조급해하지 마. 조금 있으면 전기가 들어올 거야.
问：女的刚才在做什么？	질문: 여자는 방금 무엇을 하고 있었는가?

A 写作业	A 숙제를 하다
B 做总结	B 총결산을 하다
C 逛商店	C 상점을 돌아다니다
D 修空调	D 에어컨을 수리하다

해설 보기는 모두 행동을 나타낸다. 여자는 정전이 됐다고 하면서 我还没把刚写好的作业发给老师呢(나 아직 방금 다 한 숙제 선생님께 보내드리지 못했는데)라고 말했다. 따라서 정전이 되기 전에 여자는 숙제를 하고 있었음을 알 수 있다. 정답은 A이다.

어휘 突然 tūrán 부 갑자기   停电 tíngdiàn 통 정전되다   刚 gāng 부 방금, 막   作业 zuòyè 명 숙제   发 fā 통 보내다, 교부하다   先 xiān 부 먼저   别 bié 부 ~하지 마라   着急 zháojí 통 초조해하다, 조급해하다   一会儿 yíhuìr 명 잠시, 잠간   总结 zǒngjié 통 총괄하다, 총정리하다   逛 guàng 통 거닐다, 돌아다니다   商店 shāngdiàn 명 상점   修 xiū 수리하다   空调 kōngtiáo 명 에어컨

★☆☆ 중

17

男：这幅画儿挂在这儿，行吗？	남: 이 그림 여기에 걸면 돼?
女：离窗户太近了，再往左边移一下。	여: 창문에 너무 가까워. 왼쪽으로 조금 옮겨 줘.
问：女的建议男的怎么做？	질문: 여자는 남자에게 어떻게 하라고 하는가?

A 进一步	A 한 걸음 더 들어가다
B 向东走	B 동쪽으로 가다
C 往左移	**C 왼쪽으로 옮기다**
D 擦地上	D 바닥을 닦다

해설 보기는 모두 구체적인 행동을 나타낸다. 남자가 여자에게 그림을 거는 위치에 대해 물었고 이에 여자는 창문에 너무 가깝다고 하며 往左边移一下(왼쪽으로 조금 옮겨 줘)라고 했다. 따라서 여자가 남자에게 시키는 것은 C임을 알 수 있다.

어휘 幅 fú 양 폭 [그림을 세는 단위]   挂 guà 통 걸다   窗户 chuānghu 명 창문   近 jìn 형 가깝다   往 wǎng 개 ~향해서   移 yí 통 이동하다   步 bù 통 걷다 명 보폭, 걸음   向 xiàng 개 ~향해서   擦 cā 통 닦다   地上 dìshang 명 지면, 땅바닥

★☆☆ 하

18

女: 爸，真抱歉，又让你专门跑了一趟。	여: 아빠, 정말 죄송해요. 또 일부러 오시게 했네요.
男: 没事儿，下次千万要记得带钥匙出门啊。	남: 아니야. 다음에는 꼭 열쇠 가지고 외출하렴.
问: 男的最可能是谁？	질문: 남자는 누구인가?
A 奶奶	A 할머니
B 父亲	**B 아버지**
C 叔叔	C 삼촌
D 同事	D 동료

해설 보기는 모두 관계와 신분을 나타낸다. 여자가 남자를 爸(아빠)라고 불렀다. 따라서 남자는 여자의 아버지임을 알 수 있다. 정답은 B이다.

Tip▶ 신분/관계를 나타내는 어휘

父母 fùmǔ 圐 부모	亲戚 qīnqi 圐 친척
父亲 fùqīn 圐 부친	爷爷 yéye 圐 할아버지
母亲 mǔqīn 圐 모친	奶奶 nǎinai 圐 할머니
夫妻 fūqī 圐 부부	孙子 sūnzi 圐 손자
丈夫 zhàngfu 圐 남편	叔叔 shūshu 圐 숙부, 아저씨
妻子 qīzi 圐 아내	阿姨 āyí 圐 아주머니
子女 zǐnǚ 圐 자녀	邻居 línjū 圐 이웃
儿子 érzi 圐 아들	同事 tóngshì 圐 동료
女儿 nǚ'ér 圐 딸	同学 tóngxué 圐 학우, 학교 친구, 동창

어휘 抱歉 bàoqiàn 圄 미안해하다 专门 zhuānmén 圀 전문적이다 跑 pǎo 圄 뛰다 趟 tàng 圀 차례, 번 [왕래하는 횟수를 나타냄] 下次 xiàcì 圐 다음 번 千万 qiānwàn 圀 부디, 제발 记得 jìde 圄 기억하고 있다 钥匙 yàoshi 圐 열쇠 出门 chūmén 圄 외출하다 奶奶 nǎinai 圐 할머니 父亲 fùqīn 圐 부친 叔叔 shūshu 圐 숙부, 아저씨 同事 tóngshì 圐 동료

★★☆ 상

19

男: 听广播说飞机将于下午五点降落在机场。	남: 방송에서 비행기가 오후 5시에 공항에 착륙할 거래.
女: 还有两个多小时，正好够我看完电影。	여: 아직 두 시간이나 남았네. 딱 영화 한 편 볼 수 있겠다.
问: 现在最可能是几点？	질문: 지금은 몇 시인가?
A 10:00	A 10:00
B 15:00	**B 15:00**
C 17:00	C 17:00
D 22:00	D 22:00

해설 보기는 모두 구체적인 시간을 나타낸다. 시간에 관한 표현으로 남자가 下午五点(오후 5시)이라고 했고, 여자가 还有两个多小时(아직 두 시간이나 남았네)이라고 했다. 따라서 현재 시간으로 알맞은 것은 B이다.

어휘 广播 guǎngbō 圄 방송하다 圐 라디오·텔레비전 방송 飞机 fēijī 圐 비행기 将 jiāng 圀 곧, 장차 降落 jiàngluò 圄 착륙하다 机场 jīchǎng 圐 공항 正好 zhènghǎo 圀 마침 圀 딱맞다 够 gòu 圄 (필요한 수량이나 기준을) 충족시키다

20

女：这几天我怎么也没办法入睡，好不容易睡着了，却总是做梦。而且很容易被一点点的声音弄醒。 男：你怎么了？最近是不是压力太大了？	여: 요며칠 나 어떻게 해도 잠을 못 자. 겨우 잠이 들면, 계속 꿈을 꿔. 게다가 작은 소리에도 쉽게 잠에서 깨. 남: 너 왜 그래? 요즘 스트레스가 심한 거 아니야?
问：女的最近怎么了？	질문: 여자는 요즘 어떠한가?
A 突然长胖很多 **B 睡不好觉** C 成绩不好 D 压力很大	A 갑자기 살이 많이 쪘다 **B 잠을 잘 못 잔다** C 성적이 좋지 않다 D 스트레스가 심하다

해설 보기는 모두 인물의 상황과 상태를 나타낸다. 여자가 这几天我怎么也没办法入睡(요며칠 나 어떻게 해도 잠을 못 자)라고 말했으므로 여자가 최근 잠을 잘 못 잔다는 것을 알 수 있다. 따라서 정답은 B이다.

Tip▶ 고정 격식 '怎么 + A(동사) + 也/都 + 不/没B' 아무리 A해도 B하지 않다
例 有些人为什么**怎么**吃**都**不会胖。 어떤 사람들은 왜 아무리 먹어도 살이 안 찌는 거죠?

어휘 办法 bànfǎ 圆 방법 入睡 rùshuì 图 잠들다 好不容易 hǎoburóngyì 图 가까스로, 겨우 睡着 shuìzháo 图 잠들다 却 què 图 오히려, 도리어 总是 zǒngshì 图 늘, 항상 做梦 zuòmèng 图 꿈을 꾸다 而且 érqiě 圂 게다가 容易 róngyì 圈 쉽다. ~하기 쉽다 被 bèi 게 ~에 의해서 声音 shēngyīn 圆 소리, 의견 弄醒 nòngxǐng 图 깨우다 压力 yālì 圆 스트레스 突然 tūrán 图 갑자기 长胖 zhǎngpàng 图 살찌다 成绩 chéngjì 圆 성적

21

男：我的画儿就在这本杂志的最后一页。 女：哇！你真厉害，快让我看看。	남: 내 그림은 이 잡지의 마지막 페이지에 있어. 여: 와! 너 정말 대단하다. 빨리 보여 줘.
问：女的接下来最可能会做什么？	질문: 여자는 이어서 무엇을 할 것인가?
A 看杂志 B 借小说 C 查词典 D 寄封信	**A 잡지를 본다** B 소설을 빌린다 C 사전을 찾아본다 D 편지를 부친다

해설 보기는 모두 행동을 나타낸다. 남자가 여자에게 我的画儿就在这本杂志的最后一页(내 그림은 이 잡지의 마지막 페이지에 있어)라고 했고, 여자는 快让我看看(빨리 보여 줘)이라고 했다. 따라서 이어지는 행동으로 여자가 남자의 그림이 실려 있는 잡지를 볼 것임을 예상할 수 있다. 정답은 A이다.

어휘 杂志 zázhì 圆 잡지 最后 zuìhòu 圆 마지막, 최후의 页 yè 영 쪽, 페이지 厉害 lìhai 圈 심하다, 대단하다 借 jiè 图 빌리다, 빌려주다 查 chá 图 검사하다 词典 cídiǎn 圆 사전 寄 jì 图 전하다, 부치다 封 fēng 양 통 [편지를 세는 단위] 信 xìn 圆 편지

★★☆ 하

22

女：今天的演出真精彩，大家都辛苦了。

男：很感谢您，您的到来就是对我们最大的支持和鼓励。

问：女的觉得今天的表演怎么样？

여: 오늘 공연 정말 멋었어요. 모두 고생 많았어요.

남: 감사합니다. 당신이 와준 것이 저희에게 가장 큰 응원과 격려였어요.

질문: 여자는 오늘 공연이 어떻다고 생각하는가?

A 不够浪漫
B 很一般
C 很精彩
D 太无聊

A 덜 낭만적이다
B 아주 보통이다
C 아주 멋지다
D 너무 무료하다

해설 보기는 모두 평가를 나타낸다. 여자가 남자에게 고생 많았다고 격려하며 今天的演出真精彩(오늘 공연 정말 멋었어요)라고 했다. 따라서 여자의 오늘 공연에 대한 생각은 C이다.

어휘 辛苦 xīnkǔ 통 고생스럽다, 수고하다　演出 yǎnchū 명 통 공연(하다)　精彩 jīngcǎi 형 뛰어나다, 멋지다　感谢 gǎnxiè 통 감사하다, 고맙다　支持 zhīchí 통 견디다, 지지하다　鼓励 gǔlì 통 격려하다　够 gòu 통 (필요한 수량이나 기준을) 충족시키다　浪漫 làngmàn 형 낭만적이다　一般 yìbān 형 보통이다　无聊 wúliáo 형 무료하다, 시시하다

★★★ 하

23

男：你要搬家的那个城市气候怎么样？

女：那个城市就在南方，一年四季都像春天一样很暖和。

问：关于那个城市，可以知道什么？

남: 네가 이사 갈 그 도시는 기후가 어때?

여: 그 도시는 남쪽에 있어. 일년 사계절이 모두 봄처럼 따뜻해.

질문: 그 도시에 관하여, 무엇을 알 수 있는가?

A 非常暖和
B 经常下雨
C 比较干燥
D 偶尔刮风

A 매우 따뜻하다
B 자주 비가 내린다
C 비교적 건조하다
D 가끔 바람이 분다

해설 보기는 모두 날씨와 기후를 나타낸다. 남자가 여자에게 이사 갈 도시의 기후에 대해 물었고, 여자는 一年四季都像春天一样很暖和(일년 사계절이 모두 봄처럼 따뜻해)라고 대답했다. 따라서 그 도시에 관해 알 수 있는 것은 A이다.

Tip▶ 계절/기후를 나타내는 어휘

季节 jìjié 명 계절	暖和 nuǎnhuo 형 따뜻하다
春季 chūnjì 명 봄	热 rè 형 덥다
夏季 xiàjì 명 여름, 하계	寒冷 hánlěng 형 춥다, 한랭하다
秋季 qiūjì 명 가을, 추계	凉快 liángkuai 형 시원하다
冬季 dōngjì 명 겨울, 동계	晴 qíng 형 하늘이 맑다
四季 sìjì 명 사계절	阴 yīn 형 흐리다
气候 qìhòu 명 기후	下雨 xiàyǔ 통 비가 오다
干燥 gānzào 형 건조하다	下雪 xiàxuě 명 눈이 내리다
湿润 shīrùn 형 습윤하다	刮风 guāfēng 통 바람이 불다

★☆☆ 중

24

女: 明天我要去听张教授的试听课，他开一个关于《经济与法》的演讲，你也去听吗？ 男: 去是去，不过我恐怕会晚点儿到教室，你帮我留一下空座位。 问: 男的让女的帮他做什么？	여: 내일 나 장 교수님 수업 청강하러 갈 거야. 교수님께서 '경제와 법'에 관한 강연을 하신다는데. 너도 들으러 갈래? 남: 가긴 갈 건데. 나 아마도 조금 늦게 교실에 도착할 거 같아. 네가 나 대신 자리 좀 남겨 줘. 질문: 남자는 여자에게 무엇을 부탁했는가？
A 还书 **B 留座位** C 借铅笔 D 交作业	A 책을 반납하다 **B 자리를 남겨 두다** C 연필을 빌리다 D 숙제를 제출하다

해설 보기는 모두 행동을 나타낸다. 여자가 장 교수님 시범 수업을 들으러 간다고 했고, 이에 남자도 좀 늦을 거 같다고 하면서 你帮我留一下空座位(네가 나 대신 자리 좀 남겨 줘)라고 했다. 따라서 남자가 여자에게 부탁한 것은 B이다.

　　Tip▶ **전환을 나타내는 표현**
　　　　• 호응 구조: [A是A, 不过(就是/但是/可是)B] A하긴 하지만, B하다
　　　　　예 好看是好看，就是价格有点儿贵。 예쁘긴 한데. 가격이 조금 비싸다.

★☆☆ 하

25

男: 刚才喝葡萄汁时，我不小心把裤子弄脏了。 女: 快去卫生间擦干净，否则时间长了就洗都洗不掉了。 问: 裤子被什么弄脏了？	남: 아까 포도주스를 마실 때 실수로 바지를 더럽혔어. 여: 빨리 화장실 가서 깨끗이 닦아. 안 그러면 시간이 오래되면 씻어도 잘 안 씻길 거야. 질문: 바지는 무엇에 의해 더러워졌는가？
A 钢笔 B 可乐 C 咖啡 **D 葡萄汁**	A 만년필 B 콜라 C 커피 **D 포도주스**

해설 보기는 모두 음료를 나타낸다. 남자가 刚才喝葡萄汁时，我不小心把裤子弄脏了(아까 포도주스를 마실 때 실수로 바지를 더럽혔어)라고 했으므로 남자의 바지가 포도주스로 더러워졌음을 알 수 있다. 따라서 정답은 D이다.

[풀이전략] 녹음을 듣기 전에 보기의 핵심 키워드를 파악하여 녹음의 내용을 짐작한다. 녹음을 들으면서 들은 내용을 보기에 메모하고 질문에 알맞은 정답을 고른다.

★★☆ 중

26

男：下个月就要举行春季运动会了，你报名吗？	남: 다음 달에 봄 운동회가 곧 열리는데 너 신청할 거야?
女：当然，我想参加100米短跑比赛。	여: 당연하지. 나는 100미터 단거리 육상 경기에 참가하고 싶어.
男：你们班一共有多少人参加比赛？	남: 너희 반은 모두 몇 명이 경기에 참가해?
女：大约一半儿的人都报名了。	여: 대략 반 정도의 사람들이 벌써 신청했어.
问：他们在谈什么？	질문: 그들은 무엇을 말하고 있는가?

A 报名参赛	**A 경기 참가 신청**
B 学期计划	B 학기 계획
C 参观地点	C 참관 장소
D 网上购物	D 인터넷 쇼핑

해설 보기는 모두 명사형이므로 녹음에 그대로 언급되는지 주의해서 듣는다. 남자가 여자에게 운동회 참가 신청을 할 거냐고 물었고 이에 여자는 그렇다고 하면서 我想参加100米短跑比赛(나는 100미터 단거리 육상 경기에 참가하고 싶어)라고 했다. 또한 대화에 参加比赛(경기에 참가하다)와 报名(신청하다)이 반복적으로 언급되므로 이들이 말하는 주제는 A이다.

어휘 举行 jǔxíng 图 열다, 거행하다　春季 chūnjì 图 봄, 봄철　运动会 yùndònghuì 图 운동회　报名 bàomíng 图 신청하다　参加 cānjiā 图 참가하다　米 mǐ 図 미터(m)　短跑 duǎnpǎo 図 단거리 경주　比赛 bǐsài 図 경기　一共 yígòng 图 합계, 모두　大约 dàyuē 图 대략　参赛 cānsài 图 시합에 참가하다　学期 xuéqī 図 학기　计划 jìhuà 图 계획하다　参观 cānguān 图 참관하다　地点 dìdiǎn 図 장소, 지점　购物 gòuwù 图 물품을 구매하다

★★☆ 하

27

女：爸，我有一个好消息。	여: 아빠, 저 좋은 소식이 하나 있어요.
男：有什么事？快点儿告诉我。	남: 무슨 일인데? 어서 알려주렴.
女：上次参加面试的结果出来了，我通过面试了。	여: 지난번에 면접 봤던 거 결과가 나왔어요. 저 면접 통과했어요.
男：哇！太好了，祝贺你顺利找到了工作。	남: 와! 정말 잘됐구나. 네가 순조롭게 일자리 구하게 된 거 축하한다.
问：关于女的，可以知道什么？	질문: 여자에 관하여, 무엇을 알 수 있는가?

A 是一名护士	A 간호사이다
B 通过面试了	**B 면접에 통과했다**
C 经常戴帽子	C 자주 모자를 쓴다
D 还没结婚	D 아직 결혼하지 않았다

해설 보기는 모두 인물에 관한 설명이다. 여자가 남자에게 좋은 소식이 있다고 했고, 지난번에 봤던 면접에 대해 我通过面试了(저 면접 통과했어요)라고 했다. 따라서 여자에 관한 내용 중 옳은 것은 B이다.

어휘 消息 xiāoxi 圐 소식, 뉴스　告诉 gàosu 툉 알리다　上次 shàngcì 圐 지난번　参加 cānjiā 툉 참가하다　面试 miànshì 툉 면접 시험을 보다 圐 면접　结果 jiéguǒ 圐 결과　通过 tōngguò 툉 통과하다　祝贺 zhùhè 툉 축하하다　顺利 shùnlì 圐 순조롭다 护士 hùshi 圐 간호사　经常 jīngcháng 凰 자주　戴 dài 툉 착용하다　帽子 màozi 圐 모자　结婚 jiéhūn 툉 결혼하다

★★★ 하

28

男：你怎么咳嗽得越来越厉害了？去看病了吗？

女：没呢，昨天不像现在那么严重，没想到今天 突然变得更严重了。

男：那你快去医院看看吧。

女：好的，我一下班就去医院。

问：男的希望女的怎么做？

A 打印照片

B 弹钢琴

C 买地图

D 看医生

남: 너 왜 기침이 점점 심해져? 진찰 받으러 갔었어?

여: 아니, 어제는 지금처럼 그렇게 심하지 않았는데, 오늘 갑자기 더 심해졌어.

남: 그럼 너 빨리 병원에 가 봐.

여: 알겠어. 퇴근하자마자 병원 갔다와야지.

질문: 남자는 여자가 어떻게 하기를 원하는가?

A 사진을 출력한다

B 피아노를 친다

C 지도를 산다

D 진료를 받는다

해설 보기는 모두 행동을 나타낸다. 남자는 여자의 건강을 걱정하며 去看病了吗？(진찰 받으러 갔었어?)라고 물었고, 여자가 병원에 가지 않았다고 하자 那你快去医院看看吧(그럼 너 빨리 병원에 가 봐)라고 다시 말했다. 따라서 남자가 바라는 여 자의 행동은 D임을 알 수 있다.

Tip▶ **'병원에 가다'를 나타내는 표현**

去医院 병원에 가다	看医生 의사를 보다	看病 진료하다

어휘 咳嗽 késou 툉 기침하다　越来越 yuèláiyuè 凰 더욱더　厉害 lìhai 圐 심하다, 대단하다　看病 kànbìng 툉 진찰하다　像 xiàng 툉 ～와 같다　那么 nàme 떼 그렇게　严重 yánzhòng 圐 심각하다, 위급하다　突然 tūrán 凰 갑자기　变 biàn 툉 바뀌 다, 변하다　医院 yīyuàn 圐 병원　趟 tàng 兄 차례, 번 [왕래하는 횟수를 나타냄]　打印 dǎyìn 툉 인쇄하다　照片 zhàopiàn 圐 사진　弹钢琴 tán gāngqín 피아노를 치다　地图 dìtú 圐 지도　医生 yīshēng 圐 의사

★★★ 하

29

女：你今天怎么回来这么晚呢？

男：刚才路过一家理发店，顺便去那儿理了个 发。

女：你不说我还没注意到呢，仔细一看确实年轻 了很多。

男：我知道是你开玩笑，不过我还是感觉很好。

问：女的觉得男的现在怎么样？

A 更精神了

B 太热情了

C 很骄傲

D 很成熟

여: 오늘 왜 이렇게 늦게 왔어요?

남: 아까 미용실 지나가는 김에 거기에서 머리 잘랐어요.

여: 말 안 했으면 못 알아차릴 뻔했어요. 자세히 보니 확실히 많이 젊어진 거 같아요.

남: 농담하는 거 알지만, 그래도 기분이 좋네요.

질문: 여자는 남자가 지금 어떻다고 느끼는가?

A 더 생기가 있다

B 매우 열정적이다

C 거만하다

D 성숙하다

실전모의고사 2

해설 보기는 모두 인물에 대한 상태와 평가를 나타낸다. 남자가 미용실에 들러 머리를 잘랐다고 하자 여자는 仔细一看确实年轻了很多(자세히 보니 확실히 많이 젊어진 거 같아요)라고 말했다. 年轻了很多(많이 젊어지다)를 更精神了(생기가 있다)로 볼 수 있으므로 여자가 느끼는 견해로 알맞은 정답은 A이다.

어휘 刚才 gāngcái 📗 방금, 막 路过 lùguò 📗 거치다, 지나가다 理发店 lǐfàdiàn 📗 미용실, 이발소 理发 lǐfà 📗 이발하다 注意 zhùyì 📗 주의하다 仔细 zǐxì 📗 세심하다, 자세하다 确实 quèshí 📗 확실히, 정말로 年轻 niánqīng 📗 젊다 开玩笑 kāi wánxiào 📗 농담하다 不过 búguò 📗 그러나 感觉 gǎnjué 📗 감각 📗 느끼다 更 gèng 📗 더욱 精神 jīngshen 📗 활기차다, 생기발랄하다 热情 rèqíng 📗 열정 📗 열정적이다 骄傲 jiāo'ào 📗 자만하다 成熟 chéngshú 📗 성숙하다

★★☆ 상

30

男：我最近在做有关功夫表演的调查研究时，遇到了一些困难。
女：是吗？有一位功夫表演艺术家，他以前是我邻居，要不我给你介绍？
男：太好了，我一直很希望和专家交流中国功夫的历史和文化。
女：说不定他能对你的研究有帮助。

问：那个研究是关于什么的？

A 环保
B 民族文化
C 功夫
D 人的性格

남: 내가 요즘 무술 공연과 관련해서 연구조사를 하고 있는데, 약간의 어려움에 부딪혔어.
여: 그래? 무술 공연 예술가 한 분이 계신데, 그는 예전에 내 이웃이었어. 아니면 내가 소개시켜줄까?
남: 너무 좋지. 나 줄곧 전문가하고 중국 무술의 역사와 문화에 대해 교류하고 싶었거든.
여: 그가 네 연구에 도움이 될 수 있을지도 모르지.

질문: 그 연구는 무엇에 관한 것인가?

A 환경 보호
B 민족 문화
C 무술
D 사람의 성격

해설 보기는 모두 명사로 분야를 나타낸다. 남자는 我最近在做有关功夫表演的调查研究(내가 요즘 무술 공연과 관련해서 연구조사를 하고 있어)라고 했다. 따라서 그 연구 주제가 C임을 알 수 있다.

어휘 有关 yǒuguān 📗 관계가 있다 功夫 gōngfu 📗 무술 表演 biǎoyǎn 📗 공연하다 📗 연기, 공연 调查 diàochá 📗 조사하다 研究 yánjiū 📗 연구하다 遇到 yùdào 📗 부딪히다, 봉착하다, 만나다 困难 kùnnan 📗 곤란하다 📗 어려움 艺术家 yìshùjiā 📗 예술가 邻居 línjū 📗 이웃집 要不 yàobù 📗 그러지 않으면 介绍 jièshào 📗 소개하다 一直 yìzhí 📗 계속해서 希望 xīwàng 📗 희망하다 专家 zhuānjiā 📗 전문가 交流 jiāoliú 📗 교류하다 历史 lìshǐ 📗 역사 文化 wénhuà 📗 문화 说不定 shuōbúdìng 📗 어쩌면, 아마 帮助 bāngzhù 📗 돕다 📗 도움 环保 huánbǎo 📗 환경보호 [环境保护의 줄임말] 民族 mínzú 📗 민족 性格 xìnggé 📗 성격

★★☆ 하

31

女：师傅，火车站离这儿得多长时间？
男：大概一个小时，这段路最近在修路，比平时堵得更厉害。
女：我1点的车票，怕时间来不及了。
男：放心吧，我看一定会准时赶到。

问：对话最可能发生在哪儿？

여: 기사님, 기차역은 여기에서 얼마나 걸릴까요?
남: 대략 한 시간 걸려요. 이 길은 요즘 정비 중이라, 평소보다 심하게 막혀요.
여: 1시 표인데, 시간이 늦을까 봐 걱정이에요.
남: 안심하세요. 제가 볼 때 틀림없이 제시간에 도착할 거예요.

질문: 대화는 어디에서 발생한 것인가?

A 火车上 **B 出租车上** C 餐厅里 D 办公室里	A 기차 안 **B 택시 안** C 식당 안 D 사무실 안

해설 보기는 모두 장소를 나타낸다. 여자가 남자를 师傅(기사님)라고 불렀다. 또 대화에 路(길), 修路(길을 정비하다), 堵(막히다), 来不及(시간에 댈 수 없다), 准时赶到(제시간에 도착하다) 등의 단어가 언급됐으므로 택시기사와 택시 안에서 대화하는 상황임을 알 수 있다. 따라서 정답은 B이다.

어휘 师傅 shīfu 뗑 기사님, 스승   火车站 huǒchēzhàn 뗑 기차역   大概 dàgài 뛘 대략   段 duàn 향 동안, 구간 [시공간의 일정한 거리를 나타냄]   修路 xiūlù 됭 도로를 닦다   平时 píngshí 뗑 평소, 평상시   堵 dǔ 됭 막히다   厉害 lìhai 혱 심하다, 대단하다   车票 chēpiào 뗑 차표   怕 pà 됭 무서워하다, 걱정하다   来不及 láibují 됭 제시간에 댈 수 없다, ~할 여유가 없다   放心 fàngxīn 됭 안심하다, 마음을 놓다   一定 yídìng 뛘 반드시, 틀림없이   准时 zhǔnshí 뛘 제때에   赶到 gǎndào 됭 서둘러 도착하다   火车 huǒchē 뗑 기차   出租车 chūzūchē 뗑 택시   餐厅 cāntīng 뗑 식당   办公室 bàngōngshì 뗑 사무실

★☆☆ 상

32
男：我们已经等了小关半个小时了，连一个影也 没有。 女：他应该会来的，再给他打电话吧。 男：他到底来不来？连他的电话都关机了，我们 没办法联系上他了。 女：先别着急，我们再等会儿吧。 问：关于小关的手机，可以知道什么？	남: 우리 벌써 샤오꽌을 30분째 기다리고 있는데, 그림자조차 안 보인다. 여: 그는 분명히 올 거야. 그에게 다시 전화해보자. 남: 그는 도대체 오는 거야 안 오는 거야? 그의 전화기도 꺼져 있 어서 그에게 연락할 방법이 없어. 여: 우선 조급해하지 말고, 우리 조금만 더 기다려 보자. 질문: 샤오꽌의 핸드폰에 관하여 무엇을 알 수 있는가?
A 手机关机 B 一直占线 C 快没电了 D 换号码了	A 핸드폰이 꺼져 있다 B 계속 통화 중이다 C 곧 배터리가 나갈 것이다 D 번호를 바꿨다

해설 보기는 모두 전화와 관련된 내용이다. 보기의 키워드로 A는 关机(꺼져 있다), B는 占线(통화 중이다), C는 没电(배터리가 없다), D는 换号码(번호를 바꾸다)를 삼고 녹음을 듣는다. 남자와 여자는 샤오꽌이 오지 않는 것을 걱정하고 있고, 남자가 그에게 연락할 방법이 없다고 하며 连他的电话都关机了(그의 전화기도 꺼져 있어)라고 했다. 따라서 샤오꽌의 핸드폰에 관하여 옳은 내용은 A이다.

Tip▶ **전화 관련 표현**

打电话 dǎ diànhuà 전화를 걸다	换号码 huàn hàomǎ 번호를 바꾸다
接电话 jiē diànhuà 전화를 받다	开机 kāijī 전원을 켜다
挂电话 guà diànhuà 전화를 끊다	关机 guānjī 전원을 끄다
占线 zhànxiàn 통화 중이다	打通 dǎtōng 전화가 연결되다

어휘 连 lián 깨 ~조차도   影 yǐng 뗑 그림자   到底 dàodǐ 뛘 도대체   关机 guānjī 됭 전원을 끄다   办法 bànfǎ 뗑 방법   联系 liánxì 됭 연락하다   别 bié 뛘 ~하지 마라   着急 zháojí 됭 조급해하다   一直 yìzhí 뛘 계속해서   占线 zhànxiàn 됭 통화 중이다   号码 hàomǎ 뗑 번호

★☆☆ 하

33

女：先生，您写的收货地址没错吧？
男：对，我刚才又检查了一遍。
女：最快明天下午之前，我们会把沙发送到您家。
男：知道了，谢谢您。

问：男的购买了什么？

여: 선생님, 기입하신 배송 주소 정확하지요?
남: 맞습니다. 방금 전에 또 한번 확인했어요.
여: 빠르면 내일 오후 전까지 저희가 소파를 댁으로 배송해드릴 겁니다.
남: 알겠습니다. 감사합니다.

질문: 남자는 무엇을 샀는가?

A 打印机
B 沙发
C 词典
D 冰箱

A 프린터
B 소파
C 사전
D 냉장고

해설 보기는 모두 사물을 나타낸다. 여자와 남자는 배송에 대해 이야기하고 있고, 여자가 我们会把沙发送到您家(저희가 소파를 댁으로 배송해드릴 겁니다)라고 했다. 따라서 남자가 소파를 샀음을 알 수 있다. 정답은 B이다.

어휘 收货 shōuhuò 통 물품을 받다　地址 dìzhǐ 명 주소, 소재지　刚才 gāngcái 명 방금, 막　检查 jiǎnchá 통 점검하다, 검사하다　遍 biàn 양 회, 번 [전 과정을 말함]　至少 zhìshǎo 부 적어도, 최소한　之前 zhīqián 명 ~이전, ~의 앞　将 jiāng 부 곧, 장차　沙发 shāfā 명 소파　打印机 dǎyìnjī 명 프린터　词典 cídiǎn 명 사전　冰箱 bīngxiāng 명 냉장고

★★☆ 중

34

男：儿童节快要到了，到时候我们带儿子到哪儿去玩儿好呢？
女：我们去海洋公园怎么样？听说那儿很受小朋友欢迎。
男：好主意！不过当天会不会人太多？
女：恐怕会很多，但是如果我们不带孩子去的话，孩子一定会觉得很可惜。

问：女的建议去哪儿？

남: 곧 어린이날이야. 그때 우리 아들 데리고 어디로 놀러가는 게 좋을까?
여: 우리 해양 공원에 가는 거 어때? 듣자하니 그곳이 아이들에게 아주 인기가 있대.
남: 좋은 생각이야! 그런데 그날 사람이 너무 많지 않을까?
여: 아마도 많겠지. 그런데 만약에 아이를 데리고 가지 않으면, 아이가 분명히 아주 아쉬워할 거야.

질문: 여자는 어디에 가기를 권했는가?

A 植物园
B 动物园
C 海洋公园
D 玩具店

A 식물원
B 동물원
C 해양 공원
D 완구점

해설 보기는 모두 장소를 나타낸다. 남자는 여자에게 어린이날에 아들을 데리고 어디에 갈지 물었고, 이에 여자는 我们去海洋公园怎么样？(우리 해양 공원에 가는 거 어때?)이라고 말했다. 따라서 여자가 가길 원하는 곳은 C이다.

어휘 儿童节 értóngjié 명 어린이날　海洋公园 hǎiyáng gōngyuán 명 해양 공원　听说 tīngshuō 통 듣자하니, 들은 바로는　受 shòu 통 받다　欢迎 huānyíng 통 환영하다　主意 zhǔyi 명 의견, 방법　不过 búguò 접 그러나　当天 dāngtiān 명 그날, 그때　恐怕 kǒngpà 부 아마도　但是 dànshì 접 그러나　如果 rúguǒ 접 만약에　一定 yídìng 부 반드시, 틀림없이　觉得 juéde 동 ~라고 느끼다　可惜 kěxī 형 아쉽다, 섭섭하다　植物园 zhíwùyuán 명 식물원　动物园 dòngwùyuán 명 동물원　玩具店 wánjùdiàn 명 완구점

35

女：你昨天没来上课，有什么事吗？	여: 너 어제 수업에 안 왔는데, 무슨 일 있었어?
男：我昨天肚子疼得太厉害了，没办法上课。你能把笔记借我看看吗？	남: 나 어제 배가 너무 심하게 아파서 수업에 참여할 수 없었어. 너 필기한 거 나에게 빌려 줄 수 있어?
女：当然可以，这两个地方就是昨天的重点。	여: 당연하지. 이 두 군데가 어제 수업의 요점이야.
男：你笔记整理得真不错，我看完后马上还给你啊。	남: 너 필기 정리 정말 잘한다. 다 보고 돌려줄게.
问：男的向女的借什么？	질문: 남자는 여자에게 무엇을 빌리는가?
A 橡皮	A 지우개
B 铅笔	B 연필
C 相机	C 사진기
D 笔记	**D 필기**

해설 보기는 모두 사물을 나타낸다. 여자가 남자에게 수업에 오지 않은 이유를 물었고, 남자는 배가 아팠다고 하면서 你能把笔记借我看看吗?(너 필기한 거 나에게 빌려 줄 수 있어?)라고 물었다. 이를 통해 남자가 여자에게 빌리려는 것이 필기임을 알 수 있다. 따라서 정답은 D이다.

어휘 其实 qíshí 閉 사실은　肚子 dùzi 圐 배, 복부　疼 téng 圏 아프다　厉害 lìhai 圏 심하다, 대단하다　办法 bànfǎ 圐 방법　参加 cānjiā 居 참가하다　上课 shàngkè 居 수업하다　笔记 bǐjì 居 필기하다 閐 필기　借 jiè 居 빌리다　地方 dìfang 閐 곳, 군데　重点 zhòngdiǎn 閐 중점, 요점　整理 zhěnglǐ 居 정리하다　还 huán 居 돌려주다, 갚다　橡皮 xiàngpí 지우개　铅笔 qiānbǐ 閐 연필　相机 xiàngjī 閐 사진기

36-37

我搬来这儿已经10多年了，36其实我本来是打算暂时住几个月的，没想到我自己在这里住了很久了。后来我逐渐适应了这里的周围环境，慢慢爱上了这儿。37这儿除了周围很安静以外，附近还有个花园，到处都是花花草草，特别舒服。	나는 여기에 이사온 지 벌써 10여 년이 되었다. 36사실 원래는 잠깐 몇 달 거주하려고 했기 때문에, 내가 여기에서 이렇게 오래 살 줄은 생각하지 못했다. 그후에 나는 점차 이곳 주변 환경에 적응했고, 점점 이곳이 좋아졌다. 37주변이 조용한 것 외에도, 근처에 또 화원이 있어서 도처가 모두 꽃과 풀들이라 굉장히 쾌적하다.

어휘 搬 bān 居 옮기다, 이사하다　其实 qíshí 閉 사실은　本来 běnlái 閉 본래의　打算 dǎsuàn 居 ~할 계획이다, ~할 작정이다　暂时 zànshí 閐 잠깐, 잠시　住 zhù 居 거주하다, 숙박하다　久 jiǔ 圏 오래다　后来 hòulái 閐 그 후에, 그 다음에　逐渐 zhújiàn 閉 점차, 점점　适应 shìyìng 居 적응하다　周围 zhōuwéi 閐 주위　环境 huánjìng 閐 환경　爱上 àishang 圏 사랑하게 되다, 좋아하게 되다　除了 chúle 꿰 ~을 제외하고　安静 ānjìng 閐 조용하다　附近 fùjìn 閐 근처, 부근　到处 dàochù 閐 도처, 곳곳　花草 huācǎo 閐 화초　特别 tèbié 閉 특히, 아주　舒服 shūfu 圏 편안하다, 쾌적하다

36

他原来的想法是什么？	그의 원래 생각은 무엇인가?
A 不想再搬家了	A 다시는 이사하고 싶지 않다
B 暂时住几个月	**B 잠깐 몇 개월 거주하려고 했다**
C 继续找房子	C 계속 집을 구한다
D 没把房子卖出去	D 집을 팔지 못했다

해설 보기는 집에 관한 내용이며, 키워드로 A는 搬家(이사하다), B는 暂时住(잠깐 거주하다), C는 找房子(집을 구하다), D는 卖房子(집을 팔다)를 삼고 녹음을 듣는다. 녹음의 其实我本来是打算暂时住几个月(사실 원래는 잠깐 몇 달 거주하려고 했다)에 보기 B의 키워드가 언급되었다. 질문에서 그의 원래 생각을 물었으므로 정답은 B이다.

어휘 原来 yuánlái 📘 원래의   想法 xiǎngfǎ 📗 생각   搬家 bānjiā 📙 이사하다   继续 jìxù 📙 계속하다   房子 fángzi 📗 집   卖 mài 📙 팔다

★★☆ 하

37 关于他住的地方，可以知道什么？ | 그가 사는 곳에 관하여, 무엇을 알 수 있는가?

A 房租便宜 | A 임대료가 싸다
B 交通方便 | B 교통이 편리하다
C 周围安静 | **C 주변이 조용하다**
D 购物不便 | D 쇼핑이 불편하다

해설 보기는 모두 지역에 대한 평가를 나타낸다. 녹음에서 这儿除了周围很安静以外(주변이 조용한 것 외에도)라고 들렸으므로 그가 사는 곳에 관하여 알 수 있는 내용은 키워드가 그대로 언급된 C이다.

어휘 房租 fángzū 📗 입대료, 집세   便宜 piányi 📘 싸다, 저렴하다   交通 jiāotōng 📗 교통   方便 fāngbiàn 📘 편리하다   购物 gòuwù 📙 물품을 구입하다   不便 búbiàn 📘 불편하다

38-39

38有个人喝了很多酒，要回家的时候叫来了一辆出租车，坐上出租车之后他就对司机说："39师傅，我要去新华书店附近。"39司机一听就感到很奇怪，就回答："先生，这里就是新华书店。"没想到那个人已经准备付款了，还很兴奋地说："您的开车技术很好啊，开得真快！" | 38어떤 사람이 술을 많이 마시고, 집에 가려고 할 때 택시 한 대를 불렀다. 택시에 탄 후에 그는 택시 기사에게 말했다. "39기사님, 신화서점 근처로 가 주세요." 39택시 기사는 듣고 아주 이상하며 대답했다. "아저씨, 여기가 바로 신화서점이에요." 뜻밖에도 그 사람은 벌써 돈을 지불하려고 하며, 흥분해서 말했다. "운전 정말 잘하시네요. 정말 빨라요!"

어휘 辆 liàng 📐 대 [차량을 세는 단위]   出租车 chūzūchē 📗 택시   之后 zhīhòu 📗 그 후   司机 sījī 📗 운전기사   师傅 shīfu 📗 기사님, 스승   附近 fùjìn 📗 근처, 부근   感到 gǎndào 📙 느끼다   奇怪 qíguài 📘 이상하다   回答 huídá 📙 대답하다   准备 zhǔnbèi 📙 준비하다   付款 fùkuǎn 📙 돈을 지불하다   兴奋 xīngfèn 📘 흥분하다   开车 kāichē 📙 운전하다   技术 jìshù 📗 기술

★☆☆ 하

38 关于那个人，可以知道什么？ | 그 사람에 관하여, 무엇을 알 수 있는가?

A 喝了很多酒 | **A 술을 많이 마셨다**
B 吃了碗炒饭 | B 볶음밥을 먹었다
C 买了辆汽车 | C 차 한 대를 샀다
D 看了场电影 | D 영화를 한 차례 봤다

해설 보기는 모두 완료된 행동을 나타낸다. 보기의 키워드로 A는 喝酒(술을 마시다), B는 吃炒饭(볶음밥을 먹다), C는 买汽车(차를 사다), D는 看电影(영화를 보다)을 삼고 녹음을 듣는다. 녹음의 시작 부분에서 有个人喝了很多酒(어떤 사람이 술을 많이 마셨다)가 들렸으므로 그 사람은 술을 많이 마신 상태임을 알 수 있다. 따라서 정답은 A이다.

어휘 碗 wǎn 양 그릇 세는 단위 炒饭 chǎofàn 명 볶음밥 汽车 qìchē 명 자동차 场 chǎng 양 회, 차례 [일의 경과 · 자연현상 등의 횟수를 세는 단위]

★☆☆ 하

39 这个故事最可能发生在哪儿？   이 이야기는 어디에서 일어났는가？

A 高速公路上	A 고속도로에서
B 火车上	B 기차 안
C 出租车上	**C 택시 안**
D 小船上	D 배 안

해설 보기는 모두 장소를 나타낸다. 녹음에서 师傅(기사님)라는 호칭과 司机(운전기사)가 들렸으므로 이야기가 택시 안에서 진행되는 것임을 알 수 있다. 따라서 정답은 C이다.

어휘 高速公路 gāosù gōnglù 명 고속도로 火车 huǒchē 명 기차 船 chuán 명 배

40-41

以前，人们穿的鞋子都是不分左右的，一双鞋子两个脚都是一样的。第一双分左右脚的鞋子出现在1818年的美国，40中国第一双分左右脚的鞋子则出现在1876年的上海。很多人都认为左右不分的鞋肯定会很难穿上，其实并不是很难穿进去，41这是因为以前的鞋子比较松，穿起来很容易。

예전에, 사람이 신는 신발은 좌우 구분이 없어서 한 켤레의 두 발이 모두 똑같았다. 제일 처음 좌우로 구분되는 신발은 1818년 미국에서 등장했다. 40중국에서는 좌우로 구분되는 신발이 1876년 상해에서 처음 등장했다. 많은 사람들이 모두 좌우가 분리되지 않은 신발은 신기 어렵다고 생각했지만, 사실 그렇게 신발을 신기가 어려운 것이 아니었다. 41예전의 신발은 비교적 헐거워서 신기가 아주 쉬웠기 때문이다.

어휘 以前 yǐqián 명 과거 鞋子 xiézi 명 신발 分 fēn 동 나누다, 분리하다 左右 zuǒyòu 명 좌우, 왼쪽 오른쪽 双 shuāng 양 짝, 켤레, 쌍 脚 jiǎo 명 발 一样 yíyàng 동 같다 第一 dìyī 수 제1, 첫째, 최초 出现 chūxiàn 동 출현하다 美国 Měiguó 지명 미국 则 zé 접 오히려, 도리어 认为 rènwéi 동 생각하다, 여기다 肯定 kěndìng 부 틀림없이, 반드시 其实 qíshí 부 사실은 并 bìng 부 결코 因为 yīnwèi 접 ～때문에 松 sōng 형 느슨하다, 헐겁다 容易 róngyì 형 쉽다, ～하기 쉽다

★★☆ 중

40 中国第一双分左右脚的鞋出现在哪年？   중국 최초의 좌우로 구분되는 신발은 언제 등장했는가？

A 1818年	A 1818년
B 1867年	B 1867년
C 1876年	**C 1876년**
D 1918年	D 1918년

해설 보기가 모두 구체적인 년도를 나타낸다. 녹음에서 第一双分左右脚的鞋子(최초의 좌우로 구분되는 신발)가 언급된 부분에서 미국은 1818년이라고 했고, 중국은 出现在1876年的上海(1876년 상해에서 처음 등장했다)라고 했다. 따라서 중국에서 최초로 등장한 년도로 알맞은 정답은 C이다.

★★☆ 중

41

左右不分的鞋有什么特点？	좌우가 구분되지 않는 신발은 어떤 특징이 있는가?
A 穿着很暖和	A 신으면 따뜻하다
B 容易穿进去	**B 쉽게 신을 수 있다**
C 穿起来很难	C 신기가 어렵다
D 又软又轻	D 부드럽고 가볍다

해설 보기는 모두 몸에 걸치는 사물에 대한 평가를 나타낸다. 녹음에서 사람들이 좌우가 구분되지 않는 신발에 대해 신기 어려울 것이라고 생각한다고 했고, 이어 这是因为以前的鞋子比较松，穿起来很容易(예전의 신발은 비교적 헐거워서 신기가 아주 쉬웠기 때문이다)라며 그렇게 생각하는 이유를 설명했다. 따라서 좌우가 구분되지 않는 신발의 특징으로 알맞은 정답은 B이다.

어휘 暖和 nuǎnhuo 혱 따뜻하다　又A又B yòu A yòu B A하기도 B하기도 하다　软 ruǎn 혱 부드럽다　轻 qīng 혱 가볍다

42-43

42慢生活是一种很健康的生活态度，它深受现代人的喜爱。无论在工作上还是在生活上，这种放慢速度的态度都对提高生活质量、增加幸福感很有帮助。它并不是浪费时间，而是43提醒人们该把很多时间花在关注自己的方面。	42슬로우 라이프는 건강한 생활 태도이다. 이것은 현대인들로부터 많은 사랑을 받고 있다. 업무에서든 생활에서든 속도를 늦추는 태도는 삶의 질을 향상시키고, 행복감을 높이는 데에 도움을 준다. 이것은 결코 시간을 낭비하는 것이 아니라, 43사람들에게 많은 시간을 자신에게 집중하는 데 쓰도록 일깨워 주는 것이다.

어휘 慢生活 màn shēnghuó 슬로우 라이프　健康 jiànkāng 혱 건강하다　态度 tàidu 몡 태도　深受 shēnshòu 동 깊이 받다　喜爱 xǐ'ài 동 좋아하다, 애호하다　无论A，都B wúlùn A, dōu B 젭 A를 막론하고 B하다　放慢 fàngmàn 동 늦추다　速度 sùdù 몡 속도　提高 tígāo 동 제고하다　质量 zhìliàng 몡 질, 품질　增加 zēngjiā 동 증가하다　帮助 bāngzhù 동 돕다 몡 도움　并 bìng 閉 결코, 전혀　浪费 làngfèi 동 낭비하다　提醒 tíxǐng 동 일깨우다, 깨우치다　花 huā 동 (돈·시간 등을) 쓰다　关注 guānzhù 동 주시하다, 관심을 갖다　方面 fāngmiàn 몡 분야, 영역

★★☆ 중

42

慢生活是指什么？	슬로우 라이프는 무엇을 가리키는가?
A 文化水平	A 문화 수준
B 公司规定	B 회사 규정
C 生活态度	**C 생활 태도**
D 学习材料	D 학습 자료

해설 보기는 모두 명사로 분야를 나타낸다. 보기의 단어를 키워드로 삼고 녹음을 듣는다. 녹음의 시작 부분에서 慢生活是一种很健康的生活态度(슬로우 라이프는 건강한 생활 태도이다)라고 하여 보기 C의 단어가 언급되었다. 슬로우 라이프에 대해 건강한 생활 태도라고 했으므로 알맞은 정답은 C이다.

어휘 文化 wénhuà 몡 문화, 교양　水平 shuǐpíng 몡 수준, 레벨　规定 guīdìng 몡 규정　材料 cáiliào 몡 자료, 재료

43

慢生活提醒人们怎么做?	슬로우 라이프는 사람들이 어떻게 하기를 일깨워주는가?
A 互相尊重 B 照顾老人 C 同情别人 **D 关注自己**	A 서로 존중한다 B 노인을 돌본다 C 다른 사람을 동정한다 **D 자기 자신에게 집중한다**

해설 보기는 모두 행동을 나타낸다. 질문의 키워드 提醒人们(사람들을 일깨우다)이 언급된 부분에서 提醒人们该把很多时间 花在关注自己的方面(사람들에게 많은 시간을 자신에게 집중하는 데 쓰도록 일깨워 주는 것이다)이라고 했다. 슬로우 라 이프가 사람들로 하여금 자기 자신에게 집중하도록 일깨우는 것이라고 했으므로 정답은 D이다.

어휘 互相 hùxiāng 匣 서로 간의 尊重 zūnzhòng 통 존중하다 照顾 zhàogù 통 돌보다, 보살피다 老人 lǎorén 명 노인 同情 tóngqíng 통 동정하다 别人 biérén 때 다른 사람

44-45

现在许多小孩儿放学回家第一件事情就是玩 手机、玩电脑。44他们把太多的时间花在互联网上 了，45而很少锻炼身体，有的小孩儿甚至连要锻炼 的想法也没有。45但如果继续这样下去的话，就会 严重影响孩子的身体健康，所以父母应该重视这 个问题。

요즘 많은 아이들이 학교 끝나고 집에 돌아와서 제일 처음 하는 일 은 바로 휴대폰 가지고 놀기와 컴퓨터 가지고 놀기이다. 44그들은 너 무 많은 시간을 인터넷에 할애하면서, 45운동을 잘 하지 않는다. 어떤 아이는 심지어 운동해야 한다는 생각조차 없다. 45하지만 만일 계속 이렇게 한다면, 아이들의 신체 건강에 심각한 영향을 미치게 될 것이 다. 따라서 부모는 마땅히 이 문제를 중시해야 한다.

어휘 许多 xǔduō 형 매우 많다 放学 fàngxué 통 하교하다 第一 dìyī 주 제1, 첫째, 처음 电脑 diànnǎo 명 컴퓨터 花 huā 통 (돈·시간 등을) 쓰다 互联网 hùliánwǎng 명 인터넷 锻炼 duànliàn 통 단련하다 甚至 shènzhì 부 심지어, ~조차도 连 lián 개 ~조차도 想法 xiǎngfǎ 명 생각 但 dàn 접 그러나 如果A, 就B rúguǒ A, jiù B 접 만약 A한다면 B하다 继续 jìxù 통 계속하다 严重 yánzhòng 형 심각하다, 위급하다 影响 yǐngxiǎng 통 영향을 미치다 健康 jiànkāng 형 건강하다 所以 suǒyǐ 접 그래서 父母 fùmǔ 명 부모 应该 yīnggāi 조동 마땅히 ~해야 한다 重视 zhòngshì 통 중시하다

44

那些小孩儿在哪方面花了大量时间?	그 아이들은 어느 방면에 많은 시간을 쓰는가?
A 互联网上 B 课后复习上 C 与朋友聊天上 D 课外活动上	**A 인터넷에** B 수업 후 복습에 C 친구와의 이야기에 D 수업 외의 활동에

해설 보기는 모두 어떤 방면을 나타낸다. 녹음에서 아이들이 방과 후 핸드폰과 컴퓨터를 하는 데에 시간을 쓴다고 하면서 他们 把太多的时间花在互联网上了(그들은 너무 많은 시간을 인터넷에 할애한다)라고 했다. 따라서 아이들이 시간을 많이 쓰 는 곳이 인터넷임을 알 수 있다. 정답은 A이다.

어휘 复习 fùxí 통 복습하다 与 yǔ 개 ~와/ 과 聊天 liáotiān 통 잡담하다 课外活动 kèwài huódòng 명 특별 활동, 과외 활동

45	这段话提醒父母应该怎么做？	이 단락은 부모가 어떻게 하기를 일깨워 주는가?
	A 尊重孩子的意见 B 让孩子多读书 C 多和孩子交流 **D 让孩子多锻炼**	A 아이의 의견을 존중한다 B 아이가 독서를 많이 하게 한다 C 많이 아이와 교류한다 **D 아이가 많이 운동하게 한다**

해설 보기는 모두 아이 교육에 대해 권면하는 내용이다. 녹음에서 아이들이 인터넷에 많은 시간을 쓴다고 하면서 而很少锻炼身体(운동을 잘 하지 않는다)라고 했다. 이어 但如果继续这样下去的话，就会严重影响孩子的身体健康，所以父母应该重视这个问题(하지만 만일 계속 이렇게 한다면, 아이들의 신체 건강에 심각한 영향을 미치게 될 것이다. 따라서 부모는 마땅히 이 문제를 중시해야 한다)라고 하여 운동을 하지 않을 경우 건강 문제가 일어날 수 있다고 했으므로, 이 글이 부모에게 알려주고자 하는 것은 D이다.

어휘 尊重 zūnzhòng 통 존중하다 意见 yìjiàn 명 의견, 견해 读书 dúshū 통 독서하다, 책을 읽다 交流 jiāoliú 통 교류하다

독해 제1부분

[풀이전략] 문제 문장의 빈칸 앞뒤를 보고 어떤 문장 성분이 들어가야 하는지 확인한 뒤, 보기에서 알맞은 품사와 뜻을 가진 단어를 찾아 넣는다.

46-50

A 公里	B 差不多	C 比如	A 킬로미터	B 비슷하다	C 예를 들어
D 坚持	E 地点	F 现金	D 견지하다	E 장소	F 현금

어휘 公里 gōnglǐ 양 킬로미터(km) 差不多 chàbuduō 통 비슷하다 比如 bǐrú 접 예를 들어 坚持 jiānchí 통 견지하다 地点 dìdiǎn 명 장소, 지점 现金 xiànjīn 명 현금

46	真抱歉，现在刷卡机突然坏了，修理需要等一段时间，我们只能收（F 现金）。
	정말 죄송합니다. 지금 카드 리더기가 갑자기 고장이 나서, 수리하는 데 조금 시간이 걸립니다. (F 현금)만 받을 수 있습니다.

해설 빈칸은 [술어(收)+___]의 구조로 목적어 자리이다. 앞에 刷卡机(카드 리더기)가 언급됐으므로 결제하는 상황임을 알 수 있다. 따라서 F 现金(현금)이 들어가야 한다.

어휘 抱歉 bàoqiàn 통 미안해하다 突然 tūrán 부 갑자기 坏 huài 통 고장나다 修理 xiūlǐ 통 수리하다 需要 xūyào 통 필요하다 段 duàn 양 동안, 구간 [시공간의 일정한 거리를 나타냄] 收 shōu 통 받다

47	你不觉得这几辆汽车外观上看上去（B 差不多）吗？
	너 이 몇 대의 자동차가 외관상 보기에 (B 비슷하다)고 느껴지지 않아?

해설 빈칸은 [看上去+___]의 구조로 看上去(보기에) 이하 견해에 해당하는 내용이 들어가야 한다. 문맥상 '이 몇 대의 자동차가 외관상 보기에 ～하다고 느끼지 않아?'라는 뜻이므로 B 差不多(비슷하다)가 들어가는 것이 적합하다.

어휘 觉得 juéde 통 ～라고 느끼다   辆 liàng 양 대 [차량을 세는 단위]   汽车 qìchē 명 자동차   外观 wàiguān 명 외관   看上去 kànshàngqù 통 보아하니, 보기에

★★☆ 하

48 老师让我通知明天的集合（E 地点）换到体育馆门口了。

선생님이 나에게 내일 집합 (E 장소)가 체육관 입구로 바꼈다고 통지하래.

해설 빈칸은 [관형어(集合)+___]의 구조로 명사 자리이다. 문맥상 集合(집합)가 꾸며줄 수 있는 명사는 E 地点(장소)이다.

어휘 通知 tōngzhī 통 통지하다   集合 jíhé 통 집합하다   体育馆 tǐyùguǎn 명 체육관   门口 ménkǒu 명 입구

★★☆ 상

49 我们的地球每天都在变化，（C 比如）有些地方就是由以前的森林变成海洋的。

우리의 지구는 늘 변화하고 있다. (C 예를 들어) 어떤 곳은 예전의 숲에서 바다로 변했다.

해설 빈칸은 [문장, ___+문장]의 구조로 접속사 자리이다. 빈칸 앞에서 지구가 변한다고 했고, 뒤에서 구체적인 예시 상황을 들었다. 따라서 C 比如(예를 들어)가 들어가는 것이 적합하다.

Tip▶ 개사 由

개사 由는 '에서(부터)'라는 뜻으로 동작의 시작점이나 변화의 출처를 이끌어낼 때 사용한다.

예 墙由5米变成了7米.   벽이 5미터에서 7미터로 바꼈다.

어휘 地球 dìqiú 명 지구   变化 biànhuà 통 변화하다   地方 dìfang 명 곳, 군데, 지방   由 yóu 개 ～로부터, ～에서   森林 sēnlín 명 삼림   变成 biànchéng 통 ～으로 변하다   海洋 hǎiyáng 명 해양

★☆☆ 하

50 车子这次要跑好几千（A 公里），跑长途之前应该对车进行哪些检查？

차는 이번에 몇 천 (A 킬로미터)를 달려야 해. 장거리를 가기 전에 차에 어떤 점검을 해야 할까?

해설 빈칸은 [수사(几千)+___]의 구조로 양사 자리이다. 문장의 술어가 跑(달리다)이고, 주어가 车子(차)이므로 문맥상 A 公里(킬로미터)가 들어가는 것이 적합하다.

Tip▶ 수사를 찾으면 정답이 나오는 어휘

- 수사 + 公里(gōnglǐ 킬로미터)
- 大约(dàyuē 대략) + 수사
- 수사 + 页(yè 쪽, 페이지)
- 一共(yígòng 모두, 합계) + 수사
- 剩下(shèngxià 남다) + 수량

어휘 车子 chēzi 명 자동차, 자전거   千 qiān 주 천(1,000)   长途 chángtú 형 장거리의   之前 zhīqián 명 ～이전, ～의 앞   应该 yīnggāi 조동 마땅히 ～해야 한다   进行 jìnxíng 통 진행하다   检查 jiǎnchá 통 검사하다, 점검하다

안심Touch

A 棵	B 打扰	C 温度	A 그루	B 방해하다	C 온도
D 按时	E 空气	F 收拾	D 제때에	E 공기	F 정리하다

어휘 棵 kē 窗 그루 [나무를 세는 단위]　打扰 dǎrǎo 屠 방해하다　温度 wēndù 囤 온도　按时 ànshí 囝 제때에　空气 kōngqì 囤 공기　收拾 shōushi 屠 거두다, 정리하다

★☆☆ **중**

51
　A：快年底了，是不是公司的任务太重了？
　B：对啊，公司现在缺人，所以最近我都没能（ D 按时 ）下班。

　A: 곧 연말이야. 연말 임무가 너무 많은 거 아니야?
　B: 맞아. 지금 회사 사람도 부족해. 그래서 요즘 (D 제때) 퇴근을 못 했어.

해설 빈칸은 [___+술어(下班)]의 구조로 부사어 자리이다. 문장이 '회사에 사람이 부족해서 요즘 ~하게 퇴근을 못 했어'라는 뜻이므로 '제때'를 나타내는 D 按时(제때에)가 들어가야 한다.

Tip▶ 按时의 어휘 결합

按时起飞 제때에 이륙하다	按时完成 제때에 완성하다
按时到站 제때에 역에 도착하다	按时吃药 제때에 약을 먹다

어휘 年底 niándǐ 囤 연말　任务 rènwu 囤 임무　重 zhòng 橙 (정도가) 심하다　缺 quē 屠 결핍되다, 모자라다　所以 suǒyǐ 囹 그래서

★★★ **중**

52
　A：刚搬完家还没来得及（ F 收拾 ），房间里有点儿乱，你随便找个地方坐吧。
　B：没事，我刚巧走到这儿，就顺便过来看一下你。

　A: 막 이사를 해서 아직 (F 정리할) 시간이 없었어. 방 안이 조금 어지럽지. 너 편한 곳에 앉아.
　B: 괜찮아. 나 마침 이 길을 지나가다가 너 보러 와 본 거야.

해설 빈칸은 [술어(来得及)+___]의 구조로 목적어 자리이다. 문맥상 搬家(이사하다), 乱(어지럽다) 등의 단어가 있으므로 '정리하다'라는 뜻의 F 收拾(정리하다)가 들어가는 것이 적합하다.

어휘 刚 gāng 囝 막, 방금　搬家 bānjiā 屠 이사하다　来得及 láidejí 屠 시간적 여유가 있다, 늦지 않다　房间 fángjiān 囤 방　乱 luàn 橙 어지럽다　随便 suíbiàn 囝 마음대로, 좋을대로　巧 qiǎo 橙 공교롭다　顺便 shùnbiàn 囝 ~하는 김에

★☆☆ **하**

53
　A：这么冷的天气，你竟然还开着窗户呢？
　B：其实我想让房间换换新鲜的（ E 空气 ），窗户一直关着真不好。

　A: 이렇게 추운 날에 너 창문을 열어 두고 있어?
　B: 사실 방을 신선한 (E 공기)로 환기시키고 싶었어. 창문을 계속 닫고 있으면 정말 안 좋아.

해설 빈칸은 [관형어(新鲜的)+___]의 구조로 명사 자리이다. 문맥상 '방을 신선한 ~으로 바꾸고 싶었어'를 나타내므로 창문을 열어 환기를 시킨다는 뜻임을 알 수 있다. 따라서 E 空气(공기)가 들어가야 한다.

어휘 天气 tiānqì 圐 날씨 竟然 jìngrán 튀 뜻밖에도, 놀랍게도 窗户 chuānghu 창문 其实 qíshí 튀 사실은 房间 fángjiān 圐
방 新鲜 xīnxiān 圐 신선하다 一直 yìzhí 튀 계속해서 关 guān 튕 닫다

★★☆ 중

54
A: 你知道为什么这 (A 棵) 树右边的叶子比左边的多吗?
B: 这种植物喜欢向阳,右边的叶子离太阳更近,所以自然多点儿。

A: 너 왜 이 (A 그루) 나무의 오른쪽 잎이 왼쪽보다 많은지 알고 있어?
B: 이 식물은 양지 바른 곳을 좋아해. 오른쪽 잎이 태양에서 더 가까우니까 자연히 더 많은 거야.

해설 빈칸은 [대사(这)+___+명사(树)]의 구조로 양사 자리이다. 빈칸 뒤의 树(나무)를 세는 데 사용할 수 있는 A 棵(그루)가 들어
가야 한다.

어휘 树 shù 圐 나무 叶子 yèzi 圐 잎 种 zhǒng 圀 종류를 세는 단위 植物 zhíwù 圐 식물 向阳 xiàngyáng 튕 해를 향하다 圐
남향 太阳 tàiyáng 圐 태양, 햇빛 更 gèng 튀 더욱 所以 suǒyǐ 圙 그래서 自然 zìrán 튀 자연히, 저절로

★★☆ 상

55
A: 不好意思,我 (B 打扰) 你这么久了,我也该走了,很感谢你的帮忙。
B: 不用客气,只要有空儿就常过来。

A: 죄송해요. 제가 너무 오래 (B 방해했네요). 저도 가봐야겠어요. 도와주셔서 감사합니다.
B: 천만에요. 시간 있으면 많이 놀러 오세요.

해설 빈칸은 [주어(我)+___+목적어2(你)]의 구조로 동사 술어의 자리이다. 빈칸 앞에 不好意思(죄송해요)가 있고, 뒤에 该走了
(가봐야겠어요)가 있으므로 B 打扰(방해하다)가 들어가는 것이 적합하다.

어휘 久 jiǔ 圐 오래다 该A了 gāi A le 圂 A해야 한다 感谢 gǎnxiè 튕 고맙다, 감사하다 只要A,就B zhǐyào A, jiù B 圙 A하기
만 하면 B하다 空儿 kòngr 圐 시간

독해 **제2부분**

풀이전략 어순을 배열할 수 있는 단서(접속사, 대사, 호칭 등)를 찾는다. 눈에 보이는 단서 외에도 원인과 결과, 사건이 일어난
순서 등 논리적인 흐름을 파악하여 어순을 배열한다.

★★☆ 중

56
A 这是为了保护馆内的艺术品 → 대사 这가 있고 목적을 나타내는 是为了가 있다.
B 馆内不允许照相 → 장소 馆内와 함께 구체적인 행동이 제시되었다
C 先生,请注意,所有的游客参观艺术馆时 → 호칭 先生과 상황을 나타내는 ……时가 있다.

해설 C가 호칭으로 시작하므로 문장 맨 앞에 배치한다. C의 뒷부분이 상황을 나타내는 '……时(~할 때)'로 끝나므로, 이 상황과
내용이 연결되는 B를 뒤에 배치한다. A에 목적을 나타내는 是为了(~하기 위해서)가 있으므로 맨 뒤에 배치하여 C-B-A
로 문장을 완성한다.

문장 先生,请注意,所有的游客参观艺术馆时,馆内不允许照相,这是为了保护馆内的艺术品。 선생님. 주의해주세요.
모든 관광객은 예술관을 참관할 때. 관내에서 사진 촬영을 하실 수 없습니다. 이것은 관내의 예술품을 보호하기 위해서입니다.

Tip▶ 호칭/이름 뒤에 쉼표(,)가 있다면, 첫번째 문장이다!

보통 호칭/이름 뒤에 쉼표가 있으면, 뒤에 그 대상에게 전하려는 말이 이어진다. 따라서 호칭/이름이 있는 문장은 가장 맨 앞에 위치하는 경우가 많다.

예 **各位观众，**请按照票上的座位号入座。 관중 여러분, 표의 번호대로 착석해주십시오.

小刘，你快来吃饭吧。 샤오리우, 너 빨리 와서 밥 먹으렴.

어휘 为了 wèile 께 ~을 하기 위해서 保护 bǎohù 통 보호하다 艺术品 yìshùpǐn 명 예술품 允许 yǔnxǔ 통 허락하다, 윤허하다 照相 zhàoxiàng 통 사진을 찍다 注意 zhùyì 통 주의하다 所有 suǒyǒu 형 모든, 일체의 游客 yóukè 명 여행객, 관광객 参观 cānguān 통 참관하다 艺术馆 yìshùguǎn 명 예술관

★★☆ 중

57 A 在那儿看自己很漂亮 → 대사 那儿이 있다.

B 今天我去理发店理了一个短发 → 장소 理发店이 있다.

C 但回来在家照镜子的时候却没那么好看了 → 접속사 但이 있다.

해설 B가 주술목으로 이루어진 문장이므로 맨 앞에 배치한다. A의 那儿(그곳)이 B의 理发店(미용실)을 가리키므로 B–A로 연결한다. A의 漂亮(예뻤다)이라는 생각과 상반되게 C에서 没那么好看了(그렇게 예쁘지 않았다)라는 내용이 언급되므로 A–C로 연결한다. 따라서 B–A–C로 완성해야 한다.

문장 今天我去理发店理了一个短发，在那儿看自己很漂亮，但回来在家照镜子的时候却没那么好看了。 오늘 나는 미용실에 가서 단발로 머리를 잘랐다. 그곳에서 볼 때는 예뻤는데 집에 와서 거울을 보니 그렇게 예쁘지 않았다.

어휘 理发店 lǐfàdiàn 명 이발소 短发 duǎnfà 명 단발머리 但 dàn 접 그러나 照 zhào 통 비치다 镜子 jìngzi 명 거울 비추다 却 què 부 오히려, 도리어 好看 hǎokàn 형 예쁘다, 아름답다

★★★ 상

58 A 直接出来见面详谈 → 주어가 없다.

B 其实这件事说起来很复杂 → 상황을 설명하는 其实로 시작한다.

C 电话里却很难说明清楚，要不我们约个地方 → 전환을 나타내는 부사 却가 있고, 대사 我们이 있다.

해설 B의 其实(사실은)가 후속절에 쓰이는 부사이지만, C의 내용과 비교했을 때 B가 원인, C가 결과를 나타낸다. 따라서 B–C로 연결시킨다. C의 후반부의 约个地方(장소를 정하다)과 A의 直接出来见面详谈(직접 만나서 얘기하다)이 선후 관계로 연결되므로 C–A로 연결시킨다. 따라서 B–C–A로 연결해야 한다.

문장 其实这件事说起来很复杂，电话里却很难说明清楚，要不我们约个地方，直接出来见面详谈。 사실 이 일은 말하기가 매우 복잡해. 전화로는 정확하게 설명하기 힘드니 아니면 우리 만날 장소를 정해서, 직접 만나서 자세히 얘기하자.

어휘 直接 zhíjiē 형 직접적인 详谈 xiángtán 통 상세히 말하다 其实 qíshí 부 사실은 复杂 fùzá 형 복잡하다 却 què 부 오히려, 도리어 说明 shuōmíng 통 설명하다 清楚 qīngchu 형 분명하다, 명확하다 要不 yàobù 접 그러지 않으면 约 yuē 통 약속하다

★★☆ 하

59 A 判断翻译水平的高低时，有两种标准 → 상황을 나타내는 ……时가 있고 두 가지 기준을 언급했다.

B 首先译文读起来就会感觉很自然 → 순서를 나타내는 首先이 있다.

C 其次不该改变原文本来的意思 → 순서를 나타내는 其次가 있다.

해설 B가 首先(우선)으로 시작하고, C가 其次(그 다음으로)로 시작하므로 B–C로 연결시킨다. A에 상황을 나타내는 '……时(~할 때)'가 있고, 有两种标准(두 가지 기준)이라고 했다. 따라서 A가 말한 두 가지 기준이 B와 C이므로 A–B–C로 문장을 연결한다.

문장 判断翻译水平的高低时，有两种标准。首先译文读起来就会感觉很自然，其次不该改变原文本来的意思。번역의 수준이 높고 낮음을 판단할 때는 두 가지 기준이 있다. 우선 번역문을 읽을 때 자연스럽다고 느껴져야 하고, 그 다음으로 원문의 본래의 의미를 바꿔서는 안 된다.

어휘 判断 pànduàn 통 판단하다　翻译 fānyì 통 번역하다, 통역하다　水平 shuǐpíng 명 수준, 레벨　高低 gāodī 형 높고 낮다　标准 biāozhǔn 명 표준, 기준　首先 shǒuxiān 대 첫째, 먼저　译文 yìwén 명 번역문　感觉 gǎnjué 명 감각 통 느끼다　自然 zìrán 형 자연스럽다　其次 qícì 대 그 다음　改变 gǎibiàn 통 변하다, 고치다　原文 yuánwén 명 원문　本来 běnlái 형 본래의　意思 yìsi 명 뜻, 의미

★★★ 중

60
A 原来她和好朋友在一起时，完全相反 → 부사 原来가 있고, 끝에 동사 相反이 있다.
B 我们都以为小刘是个很喜欢安静的人 → 동사 以为가 있다.
C 性格特别活泼，最爱说话 → 주어가 없다.

해설 A는 부사 原来(원래)로 시작하므로 앞에 A와 반대되는 내용이 와야 한다. B의 술어가 以为(~인 줄 알다)이고 주술목으로 이루어져 있으므로 맨 앞에 배치하여 B–A로 연결시킨다. B–A가 '샤오리우가 조용한 사람인 줄 알았는데 친한 친구와 있을 때는 완전히 상반된다고 했으므로, 조용한 것과 상반된 내용인 C가 그 뒤에 연결돼야 한다. 따라서 B–A–C로 문장을 완성한다.

문장 我们都以为小刘是个很喜欢安静的人，原来她和好朋友在一起时，完全相反，性格特别活泼，最爱说话。우리는 모두 샤오리우가 조용한 것을 좋아하는 사람이라고 생각했다. 원래 그녀는 친한 친구와 함께 있을 때 완전히 반대가 된다. 성격이 굉장히 활발하고, 말하는 것을 가장 좋아한다.

Tip▶ **동사 以为의 단짝 구조**
'~인 줄 알다'라는 뜻인 동사 以为는 뒤에 잘못 판단한 정보가 오고, 뒷절은 其实/原来와 호응하여 올바른 정보가 온다. 따라서 동사 以为가 보이면 다른 문장에 其实/原来가 있는지 찾는다.
• 호응 구조: [以为A，其实/原来B] A인 줄 알았는데, 사실은/원래는 B였다
예 我以为他是中国人，原来他是韩国人。나는 그가 중국인인 줄 알았는데, 원래 그는 한국인이었어.

어휘 原来 yuánlái 부 원래의　完全 wánquán 부 완전히　相反 xiāngfǎn 통 상반되다　以为 yǐwéi 통 여기다　安静 ānjìng 형 조용하다　性格 xìnggé 명 성격　特别 tèbié 부 특히, 아주　活泼 huópō 형 활발하다

★★☆ 하

61
A 他接了个电话后，突然就走了 → 대사 他가 있다.
B 看上去他有了急事，来不及收拾自己的东西了 → 대사 他와 앞서 언급한 물건을 가리키는 东西가 있다.
C 笔记本电脑是6号桌那个小伙子的 → 명사 那个小伙子가 있다.

해설 A와 B에 대사 他(그)가 있는데, 이것은 C의 那个小伙子(저 젊은이)를 가리킨다. C가 주술목으로 이루어져 있으므로 맨 앞에 배치한다. A에 他接了个电话后，突然就走了(전화를 받은 후 갑자기 갔다)라는 내용이 있고, B에 看上去他有了急事(그는 급한 일이 있는 듯 보였다)이라고 했으므로 A의 행동이 일어난 다음 B의 추측하는 내용이 이어지는 것이 적합하다. 따라서 C–A–B로 연결시킨다.

문장 笔记本电脑是6号桌那个小伙子的，他接了个电话后，突然就走了，看上去他有了急事，来不及收拾自己的东西了。노트북은 6번 테이블의 저 젊은이의 것이다. 그는 전화를 받은 후, 갑자기 갔다. 그는 급한 일이 있어서 자기 물건을 챙길 겨를이 없는 듯 보였다.

어휘 接 jiē 통 받다, 접촉하다, 잇다   突然 tūrán 부 갑자기   看上去 kànshàngqù 통 보아하니   急事 jíshì 명 급한 일, 긴급한 사건   来不及 láibují 제시간에 댈 수 없다, ~할 여유가 없다   收拾 shōushi 통 거두다, 정리하다   笔记本电脑 bǐjìběn diànnǎo 명 노트북   小伙子 xiǎohuǒzi 명 젊은이

★★☆ 상

62
A 在中国，牙膏最早见于1920年左右 → 화제인 牙膏가 있다.
B 而在牙膏还没出现之前 → 전환을 나타내는 而이 있고, 之前 뒤에 문장이 이어질 것을 알 수 있다.
C 中国人以中草药和盐为工具，用它们来刷牙 → 발명 전의 상황을 설명하고 있다.

해설 A에 범위를 나타내는 단어 在中国(중국에서)가 있고, 주술목으로 이루어진 문장이므로 맨 앞에 배치한다. B에 전환을 나타내는 접속사 而(그런데)이 있다. B는 '……之前(~하기 전)'으로 끝나는 시간을 나타내는 부사어이다. A에서 치약이 처음 등장한 시기를 언급했고, B에서 치약이 등장하지 않았을 때를 제시하고 있으므로, 치약이 등장하지 않았을 때 사람들이 이를 닦았던 방법을 설명한 C가 B-C로 연결되어야 한다. 따라서 A-B-C로 문장을 완성한다.

문장 在中国，牙膏最早见于1920年左右，而在牙膏还没出现之前，中国人以中草药和盐为工具，用它们来刷牙。중국에서, 치약은 1920년쯤에 처음으로 등장했다. 치약이 등장하기 전에 중국인들은 중의 약초나 소금을 사용해서 이를 닦았다.

어휘 牙膏 yágāo 명 치약   左右 zuǒyòu 명 가량, 쯤   出现 chūxiàn 통 출현하다   之前 zhīqián ~이전, ~의 앞   中草药 zhōngcǎoyào 명 中药(중의약)와 草药(민간약)를 통틀어 일컫는 말   盐 yán 명 소금   工具 gōngjù 명 도구, 수단   刷牙 shuāyá 통 이를 닦다

★★☆ 상

63
A 这样做既有助于大家的健康，也能环保 → 앞의 상황을 가리키는 这样이 있다.
B 该校内食堂鼓励大家在食堂里用餐 → 목적을 위한 구체적인 행동이 있다.
C 为了减少餐盒和塑料袋的使用 → 목적을 나타내는 为了가 있다.

해설 A가 这样做(이렇게 하면)로 시작하므로 这样이 가리키는 행동이 앞에 와야 한다. C가 为了(~하기 위해서)로 시작하여 목적을 나타내므로 문장 맨 앞에 배치한다. C의 목적(도시락 상자와 비닐봉지의 사용을 줄이는 것)을 위한 구체적인 행동이 B이므로 C-B로 연결시킨다. B의 在食堂里用餐(식당 안에서 식사하는 것)의 행동에 대한 결과로 A에서 健康(건강), 环保(환경 보호)라고 했으므로 B-A로 연결시킨다. 따라서 C-B-A로 문장을 완성한다.

문장 为了减少餐盒和塑料袋的使用，该校内食堂鼓励大家在食堂里用餐，这样做既有助于大家的健康，也能环保。일회용 도시락 상자와 비닐봉투의 사용을 줄이기 위해서, 본 학교 식당에서는 여러분들이 식당 안에서 식사하시기를 장려합니다. 이렇게 하면 여러분 모두의 건강에 도움이 되고, 환경도 보호할 수 있습니다.

어휘 既A, 也B jì A, yě B A이기도 하고 B이기도 하다   有助于 yǒuzhùyú 통 ~에 도움이 된다   健康 jiànkāng 형 건강하다   环保 huánbǎo 명 환경보호 [环境保护의 준말]   该 gāi 대 이, 이것   食堂 shítáng 명 구내 식당   用餐 yòngcān 통 식사를 하다   鼓励 gǔlì 통 격려하다, 장려하다   为了 wèile 개 ~을 하기 위해서   减少 jiǎnshǎo 통 감소하다   餐盒 cānhé 명 일회용 도시락   塑料袋 sùliàodài 명 비닐봉지   使用 shǐyòng 통 사용하다

★★☆ 중

64
A 他的心情很快就会好起来 → 부사 就가 있다.
B 每当他遇到些困难时 → 주어 他와 상황을 나타내는 当……时가 있다.
C 都会去家附近的花园走一走，一看到五颜六色的鲜花 → 주어가 없고 조건을 나타내는 一가 있다.

해설 B에 주어 他(그)와 전제를 나타내는 '……时(~할 때)'가 있으므로 문장 맨 앞에 배치한다. C의 去家附近的花园走一走(집 근처의 화원을 걷다)가 B의 遇到些困难时(어려움을 만날 때)이라는 상황에서 반복되는 행동이므로 B-C로 연결한다.

C의 一(~하자마자)는 A의 就(곧)와 '一A就B(A하자마자 B하다)'의 고정 격식을 이루므로 C-A로 연결시킨다. 따라서 B-C-A로 문장을 완성한다.

문장 每当他遇到些困难时，都会去家附近的花园走一走，一看到五颜六色的鲜花，他的心情很快就会好起来。 그는 어려움을 만날 때마다, 집 근처의 화원을 걷는다. 다채로운 색깔의 신선한 꽃들을 보면, 그의 기분이 금방 좋아진다.

Tip▶ 조건을 나타내는 고정 격식 '一A，就B'

고정 격식으로 쓰이는 '一A，就B'는 'A하자마자 B하다'라는 뜻을 나타내며, 시간과 조건의 의미로 모두 사용할 수 있다.

예 我一到家就洗了手。 나는 집에 도착하자마자 손을 씻는다. (시간)

예 他一喝酒脸就红。 그는 술만 마시면 얼굴이 빨개진다. (조건)

어휘 心情 xīnqíng 몡 심정　遇到 yùdào 동 만나다, 봉착하다　困难 kùnnan 혭 곤란하다 몡 어려움　附近 fùjìn 몡 근처, 부근　五颜六色 wǔ yán liù sè 솅 여러 가지 빛깔, 가지각색　鲜花 xiānhuā 몡 생화

★☆☆ 중

65

A 是因为我在那儿度过了四年大学生活 → 원인이 설명되었고, 대사 那儿이 있다.

B 当时我还考虑要不要留在那儿找工作呢 → 시점을 나타내는 当时와 대사 那儿이 있다

C 我对那座美丽的城市很熟悉 → 장소 那座美丽的城市가 있다.

해설 A와 B에 장소를 가리키는 那儿(그곳)이 있고, C에 구체적인 장소 那座美丽的城市(그 아름다운 도시)가 있다. 따라서 C를 맨 앞에 배치한다. C의 很熟悉(잘 알다)에 대한 이유로 A에서 是因为(왜냐하면) 이하에 설명되어 있으므로 C-A로 연결한다. A의 四年大学生活(4년 간의 대학 생활)의 구체적인 내용이 B의 当时(그 당시) 이하에 설명되어 있으므로 A-B로 연결시킨다. 따라서 C-A-B로 문장을 완성한다.

문장 我对那座美丽的城市很熟悉，是因为我在那儿度过了四年大学生活，当时我还考虑要不要留在那儿找工作呢。 나는 그 아름다운 도시를 잘 알고 있다. 왜냐하면 나는 그곳에서 4년 간 대학 생활을 했기 때문이다. 그 당시 나는 그곳에 남아 일자리를 구할지 말지를 고민했다.

어휘 因为 yīnwèi 젭 ~때문에, 왜냐하면　度过 dùguò 동 보내다, 지내다　生活 shēnghuó 몡 동 생활(하다)　当时 dāngshí 몡 당시　考虑 kǎolǜ 동 고려하다　座 zuò 양 동, 채 [산·건축물·교량 등의 고정된 물체를 세는 단위]　美丽 měilì 혭 아름답다　城市 chéngshì 몡 도시　熟悉 shúxī 동 익히 알다, 익숙하다

독해 제3부분

풀이전략 먼저 문제의 질문과 보기를 보고 핵심 키워드를 파악한 뒤, 이 키워드를 중심으로 지문을 읽는다. 지문의 내용과 보기를 대조하여 질문에 알맞은 정답을 고른다.

★☆☆ 하

66

妈，你知道我的眼镜在哪儿吗？我可能把它忘在客厅或厨房了，我怎么也找不到眼镜了，没戴眼镜完全看不清楚。	엄마, 제 안경 어디 있는지 아세요? 제가 아마 안경을 거실이나 주방에 둔 거 같아요. 아무리 찾아도 안경 못 찾겠어요. 안경을 안 쓰면 전혀 안 보여요.
★ 他怎么了？	★ 그는 왜 그러는가?

A 腿受伤了	A 다리 부상을 당했다
B 有点儿累	B 조금 피곤하다
C 感冒了	C 감기에 걸렸다
D 看不清楚	**D 잘 안 보인다**

해설 질문에서 그의 상태를 묻고 있다. 보기의 키워드로 A는 腿(다리), B는 累(피곤하다), C는 感冒(감기), D는 看(보다)을 삼고 지문과 대조한다. 지문에서 没戴眼镜完全看不清楚(안경을 안 쓰면 전혀 안 보여요)라고 했으므로 정답은 D이다.

> **Tip▶ 고정 격식**
>
> • 호응 구조: [怎么+A+也/都+不/没+B] 아무리 A해도 B하지 않다
>   예 有些人为什么怎么吃都不会胖。 어떤 사람들은 왜 아무리 먹어도 살이 안 찌는 거죠?

어휘 眼镜 yǎnjìng 명 안경   把 bǎ 개 ~을/를   忘 wàng 동 잊다   客厅 kètīng 명 거실   或 huò 접 혹은   厨房 chúfáng 명 주방   找 zhǎo 동 찾다   戴 dài 동 착용하다   完全 wánquán 부 완전히   清楚 qīngchu 형 분명하다, 뚜렷하다   腿 tuǐ 명 다리   受伤 shòushāng 동 부상을 당하다   感冒 gǎnmào 동 감기에 걸리다

★☆☆ 하

67

请大家注意！今天的作业就是写一篇关于公共交通和城市发展的文章，谈一谈自己的看法。至少200字左右，明天上课之前交就行。	여러분 주목해주세요! 오늘 숙제는 바로 대중교통과 도시 발전에 관한 글을 쓰고 자신의 견해를 말해 보는 거예요. 최소한 200자 내외로, 내일 수업 전에 제출하면 됩니다.
★ 关于作业，可以知道什么？	★ 숙제에 관하여, 무엇을 알 수 있는가?
A 下周一之前交	A 다음 주 월요일 전에 제출한다
B 翻译成英文	B 영어로 번역한다
C 与交通有关	**C 교통과 관련되어 있다**
D 最多800字	D 최대 800자이다

해설 질문에서 숙제에 관한 옳은 내용을 묻고 있다. 보기의 키워드로 A는 下周一(월요일), B는 英文(영어), C는 交通(교통), D는 800字(800자)를 삼고 지문과 대조한다. 지문에서 今天的作业就是写一篇关于公共交通和城市发展的文章(오늘 숙제는 바로 대중교통과 도시 발전에 관한 글을 쓰는 것이다)이라고 했으므로 키워드가 언급된 C가 정답이다.

어휘 注意 zhùyì 동 주의하다   作业 zuòyè 명 숙제   篇 piān 양 편 [글을 세는 단위]   关于 guānyú 개 ~에 관해서   公共交通 gōnggòng jiāotōng 명 대중교통   城市 chéngshì 명 도시   发展 fāzhǎn 동 발전하다   文章 wénzhāng 명 글, 문장   谈 tán 동 말하다   看法 kànfǎ 명 견해, 생각   至少 zhìshǎo 부 적어도, 최소한   左右 zuǒyòu 명 가량, 쯤   上课 shàngkè 동 수업하다   之前 zhīqián 명 ~이전, ~의 앞   交 jiāo 동 제출하다   翻译 fānyì 동 번역하다   与 yǔ 개 ~와/과   有关 yǒuguān 동 관계가 있다

★★☆ 중

68

我本来不想参加这次面试，是因为这份工作只招两个人，但却有100多人参与了竞争。后来我再想想，要是不参加的话，以后一定会后悔我的选择。	나는 원래 이번 면접에 참가하고 싶지 않았다. 왜냐하면 이 일은 두 명밖에 모집하지 않는데, 100여 명이 경쟁에 참가한 것이다. 나중에 다시 생각해보니, 만약 참가하지 않으면, 훗날 내 선택에 분명히 후회할 거 같았다.
★ 他原来为什么不想参加面试？	★ 그는 원래 면접에 왜 참가하고 싶어 하지 않았는가?

A 工资不算高 B 不符合专业 C 要经常加班 **D 应聘者太多**	A 월급이 높은 편이 아니라서 B 전공에 맞지 않아서 C 자주 야근해야 해서 **D 지원자가 너무 많아서**

해설 질문에서 그가 왜 원래 면접에 참가하고 싶어 하지 않았는지 이유를 묻고 있다. 보기의 키워드로 A는 工资(월급), B는 专业(전공), C는 加班(야근하다), D는 应聘者(지원자)를 삼고 지문과 대조한다. 지문에서 是因为这份工作只招两个人, 但却有100多人参与了竞争(왜냐하면 이 일은 두 명밖에 모집하지 않는데, 100여 명이 경쟁에 참가한 것이다)이라고 했으므로 면접에 참가하지 않은 이유는 D이다.

어휘 本来 běnlái 혱 본래의, 원래의   参加 cānjiā 통 참가하다   面试 miànshì 통 면접 시험을 보다 몡 면접   因为 yīnwèi 쩹 ~때문에   招 zhāo 통 모집하다   但 dàn 쩹 그러나   却 què 뷔 오히려, 도리어   参与 cānyù 통 참여하다   竞争 jìngzhēng 통 경쟁하다   后来 hòulái 몡 그 후에, 그 다음에   要是 yàoshi 쩹 만약에   一定 yídìng 뷔 반드시, 틀림없이   后悔 hòuhuǐ 통 후회하다   选择 xuǎnzé 통 고르다 몡 선택   工资 gōngzī 몡 월급   算 suàn 통 셈에 넣다, 포함시키다   符合 fúhé 통 부합하다   专业 zhuānyè 몡 전공 혱 전문적이다   经常 jīngcháng 뷔 자주   加班 jiābān 통 초과 근무를 하다   应聘 yìngpìn 통 지원하다

★★☆ 중

69

这座观景台在这个城市很有名。它虽然白天很安静，人也不多，但是一到晚上就非常热闹。夜晚比白天更美，从这里能看到的城市风景优美极了。	이 전망대는 이 도시에서 아주 유명하다. 비록 낮에는 조용하고, 사람도 많지 않지만, 저녁이 되면 매우 시끌벅적하다. 밤이 낮보다 더 아름답고, 여기에서 보이는 도시 풍경이 매우 아름답다.
★ 那座观景台：	★ 그 전망대는?
A 门票价格便宜 B 白天更美丽 **C 晚上人更多** D 能看到长江	A 입장표 가격이 싸다 B 낮이 더욱 아름답다 **C 저녁에 사람이 더 많다** D 장강을 볼 수 있다

해설 질문에서 전망대에 관한 옳은 내용을 묻고 있다. 지문에서 一到晚上就非常热闹(저녁이 되면 매우 시끌벅적하다)라고 했으므로 그 전망대에 관해 알맞은 정답은 C이다.

어휘 座 zuò 양 동, 채 [산·건축물·교량 등의 고정된 물체를 세는 단위]   城市 chéngshì 몡 도시   有名 yǒumíng 혱 유명하다   虽然 A, 但是 B suīrán A, dànshì B 쩹 비록 A일지라도 그러나 B하다   白天 báitiān 몡 낮   安静 ānjìng 혱 조용하다   热闹 rènao 혱 번화하다   夜晚 yèwǎn 몡 밤   更 gèng 뷔 더욱   风景 fēngjǐng 몡 풍경   优美 yōuměi 혱 아름답다   门票 ménpiào 몡 입장권   价格 jiàgé 몡 가격   便宜 piányi 혱 싸다, 저렴하다   美丽 měilì 혱 아름답다   长江 Chángjiāng 지몡 장강, 양쯔강

★★☆ 하

70

无论在生活上还是在工作上，我们都会发现，有些人把迟到当成习惯，这样的人往往对自己要求不太严格。	삶에서든 업무상에서든 우리는 발견하게 된다. 어떤 사람들은 늦는 것이 습관이 되어 버렸는데 이런 사람들은 항상 자기 자신에 대한 요구가 엄격하지가 않다.
★ 经常迟到的人往往：	★ 자주 늦는 사람들은 종종?

A 会乱发脾气 B 缺少耐心 **C 不能严格要求自己** D 很容易放弃	A 함부로 성질을 부린다 B 인내심이 부족하다 **C 자기 자신에게 엄격하게 요구하지 못한다** D 쉽게 포기한다

해설 질문에서 자주 늦는 사람들은 종종 어떤지를 묻고 있다. 보기의 키워드로 A는 发脾气(성질을 부리다), B는 耐心(인내심), C는 严格要求(엄격하게 요구하다), D는 放弃(포기하다)를 삼고 지문과 대조한다. 지문에서 有些人把迟到当成习惯, 这样的人往往对自己要求不太严格(어떤 사람들은 늦는 것이 습관이 되어 버렸는데 이런 사람들은 항상 자기 자신에 대한 요구가 엄격하지가 않다)라고 했으므로 정답은 키워드가 언급된 C이다.

Tip▶ 조건 관계의 접속사 无论

无论 뒤에는 의문 형식이 오며, 뒷절에 '都, 也' 등의 부사와 함께 쓰인다.

• 호응 구조: [无论A, 都/也B] A를 막론하고 모두 B하다

예 无论吃什么都可以. 무엇을 먹든지 간에 다 괜찮다.

어휘 无论A, 都B wúlùn A, dōu B 젭 A를 막론하고 B하다 生活 shēnghuó 몡 통 생활(하다) 发现 fāxiàn 통 발견하다 把 bǎ 개 ~을/를 迟到 chídào 통 늦다, 지각하다 当成 dàngchéng 통 ~으로 여기다 习惯 xíguàn 통 습관이 되다 몡 습관 往往 wǎngwǎng 뷔 종종 要求 yāoqiú 통 요구하다 몡 요구 사항 严格 yángé 혱 엄격하다 乱 luàn 뷔 함부로 혱 어지럽다 发脾气 fā píqi 통 성질을 부리다 缺少 quēshǎo 통 부족하다 耐心 nàixīn 몡 인내심 혱 참을성이 있다 容易 róngyì 혱 쉽다, ~하기 쉽다 放弃 fàngqì 통 포기하다

★★☆ 중

71

和网球、篮球相比，羽毛球更受到人们的喜爱。首先，它运动量比较小，各个年龄段的人都适合；其次，它对场地的要求不高，而且简单易学，只要有空地就可以打。	테니스, 농구와 비교해서 배드민턴은 사람들의 사랑을 더 받는다. 우선, 배드민턴의 운동량은 비교적 적고, 각 연령대의 사람들에게 적합하다. 다음으로, 배드민턴은 장소에 대한 요구가 높지 않다. 게다가 쉽게 배우고, 빈 공간만 있으면 할 수 있다.
★ 羽毛球受欢迎的原因是什么？	★ 배드민턴이 인기 있는 원인은 무엇인가?
A 动作很复杂 B 运动量很大 **C 对场地要求低** D 很受环境影响	A 동작이 복잡하다 B 운동량이 많다 **C 장소에 대한 요구가 낮다** D 환경의 영향을 받는다

해설 질문에서 배드민턴이 왜 인기가 있는지를 묻고 있다. 보기의 키워드로 A는 动作(동작), B는 运动量(운동량), C는 场地(장소), D는 环境(환경)을 삼고 지문과 대조한다. 지문에서 它对场地的要求不高(배드민턴은 장소에 대한 요구가 높지 않다)라고 했으므로 키워드가 언급된 C가 정답이다.

Tip▶ 독해에서 자주 보이는 비교 표현

• 호응 구조: [A + 与/和/跟B + 相比, C] A는 B와 비교하여, C하다

예 汉语与英语相比, 汉语的语法比较简单. 중국어는 영어와 비교하여, 중국어 어법은 비교적 간단하다.

어휘 网球 wǎngqiú 몡 테니스 篮球 lánqiú 몡 농구 相比 xiāngbǐ 통 비교하다 羽毛球 yǔmáoqiú 몡 배드민턴 更 gèng 뷔 더욱 受 shòu 통 받다 喜爱 xǐ'ài 통 좋아하다 首先 shǒuxiān 때 첫째, 먼저 运动量 yùndòngliàng 몡 운동량 各 gè 때 각각, 각기 年龄 niánlíng 몡 연령 段 duàn 양 동안, 구간[시공간의 일정한 거리를 나타냄] 适合 shìhé 통 적합하다 其次 qícì 때 그 다음 场地 chǎngdì 몡 장소 要求 yāoqiú 통 요구하다 몡 요구 사항 而且 érqiě 젭 게다가 简单 jiǎndān 혱 간단하다 易 yì 뷔 쉽게 只要A, 就B zhǐyào A, jiù B 젭 A하기만 하면 B하다 空地 kòngdì 몡 공간 动作 dòngzuò 몡 동작 움직이다 复杂 fùzá 혱 복잡하다 低 dī 혱 낮다 环境 huánjìng 몡 환경 影响 yǐngxiǎng 통 영향을 미치다

72

在课堂上教育学生时，找到最合适的方法才是关键。如果只表扬不批评，就会让学生变得骄傲；而只批评不表扬，这也会让学生失去自信。	교실에서 학생들을 가르칠 때, 가장 알맞은 방법을 찾는 것이야말로 관건이다. 만약에 칭찬만 하고 꾸짖지 않으면 학생을 자만하게 만들고, 꾸짖기만 하고 칭찬하지 않으면, 이것도 학생들로 하여금 자신감을 잃게 만든다.
★ 这句话是对谁说的？	★ 이 글은 누구에게 말하는 것인가?
A 护士 B 导游 **C 教师** D 律师	A 간호사 B 가이드 **C 교사** D 변호사

해설 질문에서 누구에게 전달하는 글인지 묻고 있다. 보기가 모두 직업을 나타내고 지문의 在课堂上教育学生时，找到最合适的方法才是关键(교실에서 학생들을 가르칠 때, 가장 알맞은 방법을 찾는 것이야말로 관건이다)에서 教育学生(학생을 교육하다)이 언급되었다. 따라서 정답은 C이다.

어휘 课堂 kètáng 명 교실　教育 jiàoyù 통 교육하다　合适 héshì 형 알맞다, 적당하다　方法 fāngfǎ 명 방법　关键 guānjiàn 명 관건, 포인트　如果A, 就B rúguǒ A, jiù B 접 만약 A한다면 B하다　表扬 biǎoyáng 통 칭찬하다　批评 pīpíng 통 비판하다　变 biàn 통 바뀌다, 변하다　骄傲 jiāo'ào 형 오만하다　失去 shīqù 통 잃다　自信 zìxìn 명 자신감　护士 hùshi 명 간호사　导游 dǎoyóu 명 가이드　教师 jiàoshī 명 교사　律师 lǜshī 명 변호사

73

汉语里有"马到成功"，表示的是希望能把事情进行得顺利，很快地获得自己想要的成功。这个词语与很久以前的人们骑马或坐马车出行的习惯有关。在亲朋好友去做重要的事情之前，我们会祝他们"马到成功"。	중국어에는 '马到成功'이라는 말이 있다. 이것은 일을 순조롭게 진행해서 빨리 자신이 바라는 성공을 얻기를 바란다는 뜻이다. 이 단어는 오래 전 사람들이 말을 타거나 마차를 타고 외출하는 습관과 관련이 있다. 친구들이 중요한 일을 하기 전에 우리는 그들이 '马到成功' 하기를 축원한다.
★ "马到成功"的出现与什么有关？	★ '马到成功'의 출현은 무엇과 관련이 있는가?
A 工作态度 **B 出行习惯** C 付款方式 D 游戏做法	A 업무 태도 **B 외출 습관** C 지불 방식 D 게임 방법

해설 질문에서 성어 '马到成功'의 출현이 무엇과 관련이 있는지를 묻고 있다. 지문에서 이 성어의 뜻을 설명하면서 这个词语与很久以前的人们骑马或坐马车出行的习惯有关(이 단어는 오래 전 사람들이 말을 타거나 마차를 타고 외출하는 습관과 관련이 있다)이라고 했으므로 이 성어의 출현이 외출하는 습관과 관련이 있음을 알 수 있다. 따라서 정답은 B이다.

어휘 马到成功 mǎ dào chéng gōng 성 순조롭고 신속하게 승리를 쟁취하다, 일이 빨리 이루어지다　表示 biǎoshì 통 나타내다　希望 xīwàng 통 희망하다　事情 shìqing 명 일, 사건　进行 jìnxíng 통 진행하다　顺利 shùnlì 형 순조롭다　获得 huòdé 통 얻다　成功 chénggōng 명 통 성공(하다)　词语 cíyǔ 명 어휘　与 yǔ 개 ~와/과　久 jiǔ 형 오래다　以前 yǐqián 명 이전, 과거　骑马 qímǎ 통 말을 타다　或 huò 접 혹은　马车 mǎchē 명 마차　出行 chūxíng 통 외출하다　习惯 xíguàn 통 습관이 되다 명 습관　有关 yǒuguān 통 관계가 있다　亲朋好友 qīnpéng hǎoyǒu 명 친지와 친구　重要 zhòngyào 형 중요하다　之前 zhīqián 명 ~이전, ~의 앞　祝 zhù 통 축원하다　态度 tàidu 명 태도　付款 fùkuǎn 통 돈을 지불하다　方式 fāngshì 명 방식　游戏 yóuxì 명 게임, 놀이　做法 zuòfǎ 명 방법

★★☆ 중

74

成为一个优秀的演员应该懂得如何生活，是因为生活就像电视剧一样，只有能了解生活中的酸甜苦辣，才能演出真实感，演得更贴近实际情况。

우수한 배우가 되려면 어떻게 생활해야 하는지 알아야 한다. 삶은 마치 드라마와 같기 때문에 삶 속에서 희노애락을 알아야만 진실성을 연기해낼 수 있고 실제 상황에 더 가깝게 연기할 수 있다.

★ 说话人认为演员应该：

A 知识丰富
B 不怕麻烦
C 了解生活
D 懂得幽默

★ 화자는 배우는 마땅히 어떻게 해야 한다고 생각하는가?

A 지식이 풍부하다
B 귀찮은 것을 두려워하지 않다
C 삶을 이해하다
D 유머를 알다

해설 질문에서 배우에 대한 화자의 견해를 묻고 있다. 지문에서 成为一个优秀的演员应该懂得如何生活(우수한 배우가 되려면 어떻게 살아야 하는지 알아야 한다), 只有能了解生活中的酸甜苦辣(삶 속에서 희노애락를 알아야만 진실성을 연기해낼 수 있다)라고 했으므로 배우는 삶을 이해해야 한다는 생각을 했음을 알 수 있다. 따라서 정답은 C이다.

Tip▶ 조건 관계의 접속사 只有

只有 뒤의 조건이 있어야만, 호응하는 부사 才 뒤의 결과가 성립할 수 있다는 유일한 조건 관계를 나타낸다.

• 호응 구조: [只有A，才B] A해야만 비로소 B하다
    예 只有坚持到底，才能获得成功。 끝까지 꾸준히 해야지만 성공할 수 있다.

어휘 成为 chéngwéi 통 ~이 되다　优秀 yōuxiù 형 우수하다　演员 yǎnyuán 명 배우　懂得 dǒngde 통 알다　如何 rúhé 때 어떻게　生活 shēnghuó 통 생활하다 명 생활, 삶　因为 yīnwèi 접 ~때문에　像 xiàng 통 ~와 같다　电视剧 diànshìjù 명 드라마　只有A，才B zhǐyǒu A, cái B 접 A해야만 B하다　了解 liǎojiě 통 자세하게 알다　酸甜苦辣 suān tián kǔ là 성 각양각색의 맛, 산전수전　演出 yǎnchū 통 공연하다　真实感 zhēnshígǎn 명 진실감　贴近 tiējìn 통 접근하다, 근접하다　实际 shíjì 형 실제의　情况 qíngkuàng 명 상황　知识 zhīshi 명 지식　丰富 fēngfù 형 풍부하다　怕 pà 통 무서워하다, 걱정하다　麻烦 máfan 통 귀찮다, 번거롭다　幽默 yōumò 형 유머러스하다

★★★ 중

75

在我们遇到超出自己能力范围的事情时，到底应该坚持下去还是放弃呢？有时候放弃一些事情并不是坏事。我们应该勇敢地学会放弃，否则可能会浪费很多时间，白费力气。

우리가 자신의 능력의 범위를 초과하는 일을 하게 되면, 도대체 계속해 나가야 하는 것일까 아니면 포기해야 하는 것일까? 어떤 때는 일을 포기하는 것이 결코 나쁜 일은 아니다. 우리는 마땅히 과감하게 포기할 줄 알아야 한다. 그러지 않으면 많은 시간을 낭비하게 되고, 헛수고를 하게 된다.

★ 对于自己办不到的事情，我们应该：

A 找人商量
B 拒绝邀请
C 学会放弃
D 接受意见

★ 자신이 처리 못하는 일에 대하여, 우리는 마땅히 어떻게 해야 하는가?

A 상의할 사람을 찾는다
B 요청을 거절한다
C 포기할 줄 안다
D 의견을 받아들인다

해설 질문에서 자신이 처리할 수 없는 일에 대해 우리는 어떻게 해야 하는지 묻고 있다. 보기의 키워드로 A는 商量(상의하다), B는 拒绝(거절하다), C는 放弃(포기하다), D는 接受(받아들이다)를 삼고 지문과 대조한다. 지문에서 有时候放弃一些事情

并不是坏事。我们应该勇敢地学会放弃(어떤 때는 일을 포기하는 것이 결코 나쁜 일은 아니다. 우리는 마땅히 과감하게 포기할 줄 알아야 한다)라고 했으므로 정답은 C이다.

어휘 遇到 yùdào 图 (우연히) 만나다, 봉착하다   超出 chāochū 图 초과하다   能力 nénglì 명 능력   范围 fànwéi 명 범위   事情 shìqing 명 일, 사건   到底 dàodǐ 튄 도대체   坚持 jiānchí 图 견지하다   放弃 fàngqì 图 포기하다   并 bìng 튄 결코   坏事 huàishì 명 나쁜 일   勇敢 yǒnggǎn 혤 용감하다   学会 xuéhuì 图 습득하다   否则 fǒuzé 젭 그러지 않으면, 안 그러면   浪费 làngfèi 图 낭비하다   白 bái 튄 헛되이   费 fèi 图 (힘 · 기력 등을) 쓰다   力气 lìqi 명 힘   商量 shāngliang 图 상의하다   拒绝 jùjué 图 거절하다   邀请 yāoqǐng 图 초청하다   接受 jiēshòu 图 받아들이다   意见 yìjiàn 명 의견, 견해

★☆☆ 중

76

中国人常说"饭后百步走，活到九十九。"，它的意思是说在吃饭之后，走上一百步，就能活到九十九。其实从健康方面来说，这句话却并不科学，还会引起些健康的问题。饭后马上散步对身体并没有帮助。	중국인은 자주 '饭后百步走, 活到九十九'라고 말한다. 이것은 식사한 후에 백 걸음 걸으면, 99세까지 살 수 있다는 뜻이다. 사실 건강 분야에서 말하자면, 이 문장은 결코 과학적이지 않고 건강 문제를 일으킬 수도 있다. 식사 후에 바로 산책하는 것은 건강에 도움이 되지 않는다.
★ 饭后不应该做什么？	★ 식사 후에 하지 말아야 하는 것은 무엇인가?
A 洗个碗 **B 做运动** C 喝杯茶 D 擦餐桌	A 설거지하다 **B 운동하다** C 차를 마시다 D 식탁을 닦다

해설 질문에서 식사 후에 무엇을 하면 안 되는지 묻고 있다. 지문에서 중국 옛말에 '식사한 후 백 걸음 걸으면 99세까지 살 수 있다'라는 말이 있다고 했지만 마지막 부분에서 饭后马上散步对身体并没有帮助(식사 후에 바로 산책하는 것은 건강에 도움이 되지 않는다)라고 했다. 따라서 식사 후에 하지 말아야 하는 것은 B이다.

어휘 步 bù 명 걸음, 보폭   活 huó 图 살다   意思 yìsi 명 뜻, 의미   之后 zhīhòu 명 후에, 그 후   其实 qíshí 튄 사실은   健康 jiànkāng 혤 건강하다   方面 fāngmiàn 명 분야, 영역   句 jù 양 마디, 편. [말 · 글의 수를 세는 단위]   却 què 튄 오히려, 도리어   并 bìng 튄 결코   科学 kēxué 혤 과학적이다   引起 yǐnqǐ 图 야기하다   散步 sànbù 图 산책하다   帮助 bāngzhù 图 돕다 명 도움   洗碗 xǐwǎn 图 설거지하다   擦 cā 图 닦다   餐桌 cānzhuō 명 식탁

★☆☆ 하

77

暑假出去玩的人特别多，所以暑假的机票比平时大概贵了几倍。咱们去北京旅游的时间还是推迟一点儿吧。	여름방학에 놀러 가는 사람들이 매우 많아. 그래서 여름방학 때 비행기표가 평소보다 몇 배나 비싸. 우리 베이징으로 여행 가는 시기를 조금 미루자.
★ 说话人的意思是：	★ 화자의 의도는?
A 改旅游地点 B 自己开车去 C 提前买机票 **D 推迟旅游时间**	A 여행 장소를 바꾸다 B 직접 운전해서 가다 C 비행기표를 미리 구입하다 **D 여행 시기를 미루다**

해설 질문에서 화자의 의도에 대해 묻고 있다. 지문에서 여름방학 때 비행기표가 더 비싸다고 하며 咱们去北京旅游的时间还是推迟一点儿吧(우리 베이징으로 여행 가는 시기를 조금 미루자)라고 했다. 따라서 알맞은 정답은 D이다.

어휘 暑假 shǔjià 명 여름방학　特别 tèbié 부 특히, 아주　所以 suǒyǐ 접 그래서　机票 jīpiào 명 비행기표　平时 píngshí 명 평소, 평상시　大概 dàgài 부 대략　倍 bèi 양 배, 곱절　旅游 lǚyóu 동 여행하다　推迟 tuīchí 동 미루다, 연기하다　改 gǎi 동 고치다　地点 dìdiǎn 명 지점　提前 tíqián 동 앞당기다

★★☆ 중

78

我无论去哪个国家旅游，之前都会提前了解那个地方的风俗文化。一方面是我能知道到那个国家应该注意些什么，另一方面是我本身就喜欢研究不同国家的文化。	나는 어느 국가로 여행을 가든지 간에 여행 전에 미리 그 지역의 풍속 문화를 자세히 알아둔다. 한편으로는 내가 그 나라에 가서 무엇을 주의해야 하는지 알 수 있고, 다른 한편으로는 내 자신이 다른 나라의 문화를 연구하는 것을 좋아하기 때문이다.
★ 说话人出国前做什么准备?	★ 화자는 해외에 가기 전에 무엇을 준비하는가?
A 查天气情况 B 护照和签证 C 出入境规定 **D 了解别国的文化**	A 날씨 상황을 검색한다 B 여권과 비자 C 출입국 규정 **D 다른 나라 문화 이해하기**

해설　질문에서 화자가 해외에 가기 전에 무엇을 준비하는지 묻고 있다. 보기의 키워드로 A는 天气(날씨), B는 护照和签证(여권과 비자), C는 出入境规定(출입국 규정), D는 别国文化(다른 나라 문화)를 삼고 지문과 대조한다. 지문에서 我无论去哪个国家旅游, 之前都会提前了解那个地方的风俗文化(나는 어느 국가로 여행을 가든지 간에 여행 전에 미리 그 지역의 풍속 문화를 자세히 알아둔다)라고 했으므로 해외에 가기 전에 다른 나라의 문화를 이해해야 한다는 것을 알 수 있다. 따라서 정답은 D이다.

Tip▶ 병렬 관계 접속사 一方面

　　一方面은 상대되는 두 가지 방면을 병렬하여 설명할 때 사용한다. 뒷절에는 一方面 또는 另一方面을 사용한다.

　　• 호응 구조: [一方面A, 另一方面B] 한편으로는 A하고, 다른 한편으로는 B하다

　　　예 我周末不能出去玩了, 一方面是因为作业还没做完, 另一方面是因为我要照顾弟弟。　나는 주말에 나가서 놀 수 없다. 하나는 숙제를 다 하지 않았기 때문이고, 다른 하나는 동생을 돌봐야 하기 때문이다.

어휘 无论A, 都B wúlùn A, dōu B 접 A를 막론하고 B하다　国家 guójiā 명 국가　旅游 lǚyóu 동 여행하다　之前 zhīqián 명 ~이전, ~의 앞　提前 tíqián 동 앞당기다　了解 liǎojiě 동 자세하게 알다　地方 dìfang 명 곳, 군데, 지방　风俗 fēngsú 명 풍속　文化 wénhuà 명 문화　一方面A, 一方面B yìfāngmiàn A, yìfāngmiàn B 접 한편으로 A하면서 한편으로는B하다　注意 zhùyì 동 주의하다　另 lìng 대 다른　本身 běnshēn 명 그 자신　研究 yánjiū 동 연구하다　查 chá 동 검사하다　天气 tiānqì 명 날씨　情况 qíngkuàng 명 상황　护照 hùzhào 명 여권　签证 qiānzhèng 명 비자　出入境 chūrùjìng 명 출입국　规定 guīdìng 명 동 규정(하다)

★☆☆ 하

79

那个国家大剧院在我们这儿很有名。它的对面就是天安门广场，站在广场上看着对面的大剧院感觉十分浪漫，而且每天都有丰富多彩的演出。	그 국립대극장은 우리가 있는 곳에서 아주 유명하다. 대극장의 맞은편은 천안문 광장이다. 광장에 서서 맞은편의 대극장을 보면 정말 낭만적이다. 게다가 매일 다채로운 공연을 한다.
★ 关于那个国家大剧院, 可以知道什么?	★ 그 국립대극장에 관하여, 무엇을 알 수 있는가?

A 对面有广场	A 맞은편에 광장이 있다
B 周日关门	B 일요일에 문을 닫는다
C 门票有限	C 입장권에 제한이 있다
D 免费进场	D 무료로 입장한다

해설 질문에서 국립대극장에 관해 옳은 내용을 묻고 있다. 지문에서 국립대극장을 소개하며 它的对面就是天安门广场(대극장의 맞은편은 천안문 광장이다)이라고 했다. 따라서 키워드가 그대로 언급된 A가 정답이다.

어휘 国家 guójiā 명 국가   大剧院 dàjùyuàn 명 대극장   城市 chéngshì 명 도시   有名 yǒumíng 형 유명하다   对面 duìmiàn 명 맞은편   天安门 Tiān'ānmén 천안문   广场 guǎngchǎng 명 광장   站 zhàn 동 서다   十分 shífēn 부 십분, 매우   浪漫 làngmàn 형 낭만적이다   而且 érqiě 접 게다가   丰富多彩 fēng fù duō cǎi 성 풍부하고 다채롭다   演出 yǎnchū 동 공연(하다)   周日 zhōurì 명 일요일   关门 guānmén 동 문을 닫다   门票 ménpiào 명 입장권   有限 yǒuxiàn 형 유한하다, 한계가 있다   免费 miǎnfèi 동 무료로 하다   进场 jìnchǎng 동 입장하다

80-81

有些人认为猫是一种很懒的动物，80是因为猫在一天中大约有14到15小时睡觉，有的猫甚至睡20个小时以上。所以它就被称为"懒猫"。81其实猫一点儿也不懒，仔细看它就会发现：只要有点儿声响，猫的耳朵就会动。如果有人走近，它就一下子醒过来。猫不会睡得很死是为了能很快感觉到周围的情况。	어떤 사람들은 고양이는 게으른 동물이라고 생각한다. 80왜냐하면 고양이는 하루 중 대략 14시간에서 15시간 잠을 자는데, 어떤 고양이는 심지어 20시간 이상을 자기 때문이다. 그래서 고양이는 '게으른 고양이'라고 불린다. 81사실 고양이는 조금도 게으르지 않은데 자세히 보면 발견할 수 있다. 약간의 소리만 있으면 고양이의 귀는 바로 움직인다. 만일 어떤 사람이 가까이 가면, 고양이는 바로 깬다. 고양이는 빠르게 주변 상황을 감지하기 위해서 잠을 깊게 자지 않는다.

어휘 认为 rènwéi 동 생각하다, 여기다   猫 māo 명 고양이   懒 lǎn 형 게으르다   动物 dòngwù 명 동물   因为 yīnwèi 접 ~때문에, 왜냐하면   大约 dàyuē 부 대략   睡觉 shuìjiào 동 자다   甚至 shènzhì 접 심지어, ~까지도   以上 yǐshàng 명 이상   所以 suǒyǐ 접 그래서   称为 chēngwéi ~라고 부르다   其实 qíshí 부 사실은   仔细 zǐxì 형 세심하다, 자세하다   发现 fāxiàn 동 발견하다   只要A，就B zhǐyào A, jiù B 접 A하기만 하면 B하다   声响 shēngxiǎng 명 소리   耳朵 ěrduo 명 귀   如果A，就B rúguǒ A, jiù B 접 만약 A한다면 B하다   一下子 yíxiàzi 단시간에   醒 xǐng 동 잠에서 깨다   为了 wèile 개 ~을 하기 위해서   感觉 gǎnjué 명 감각   느끼다   周围 zhōuwéi 명 주위   情况 qíngkuàng 명 상황

★★☆ 중

80

★ 很多人为什么以为猫很懒？	★ 많은 사람은 왜 고양이가 게으르다고 여기는가?
A 吃完就躺着	A 밥을 먹고 누워 있다
B 平时很少活动	B 평소에 활동을 잘 안 한다
C 睡觉时间很长	**C 잠을 자는 시간이 길다**
D 喜欢在家里	D 집에 있기를 좋아한다

해설 질문에서 사람들이 왜 고양이가 게으르다고 생각하는지 이유를 묻고 있다. 보기의 키워드로 A는 躺(눕다), B는 很少活动(활동을 잘 안 한다), C는 睡觉时间(잠 자는 시간), D는 在家里(집에 있다)를 삼고 지문과 대조한다. 지문에서 사람들이 그렇게 생각하는 이유에 대해 是因为猫在一天中大约有14到15小时睡觉，有的猫甚至睡20个小时以上(왜냐하면 고양이는 하루 중 대략 14시간에서 15시간 잠을 자는데, 어떤 고양이는 심지어 20시간 이상을 자기 때문이다)이라고 했다. 따라서 정답은 C이다.

어휘 躺 tǎng 동 눕다   平时 píngshí 명 평소, 평상시   活动 huódòng 동 활동하다. 움직이다

★★☆ 중

81

★ 下列哪项是作者的看法？	★ 다음 중 저자의 견해는 무엇인가?
A 猫很活泼	A 고양이는 활발하다
B 猫很可爱	B 고양이는 귀엽다
C 猫并不懒	**C 고양이는 결코 게으르지 않다**
D 猫爱洗澡	D 고양이는 샤워를 좋아한다

해설 질문에서 고양이에 대한 화자의 견해를 묻고 있다. 보기의 키워드로 A는 活泼(활발하다), B는 可爱(귀엽다), C는 不懒(게으르지 않다), D는 爱洗澡(샤워를 좋아하다)를 삼고 지문과 대조한다. 지문에서 其实猫一点儿也不懒(사실 고양이는 조금도 게으르지 않다)이라고 했으므로 키워드가 언급된 C가 정답이다.

어휘 活泼 huópō 형 활발하다 并 bìng 부 결코 洗澡 xǐzǎo 동 목욕하다

82-83

世界各地植物叶子长得都很不相同，82这与气候条件有关。在寒冷而干燥的地方，因为空气中的水分很少，那里的植物叶子会又长又窄，有的甚至长得像针一样；83而在温暖而湿润的地方，叶子会长得既宽又厚。	세계 각지의 식물 잎들은 모두 다르게 생겼다. 82이것은 기후 조건과 관련이 있다. 춥고 건조한 지역은 공기 중의 수분이 매우 적기 때문에 그곳의 식물 잎은 길고 좁다. 어떤 것은 심지어 바늘처럼 생겼다. 83그러나 따뜻하고 습한 지역에서는 잎이 넓고 두껍다.

어휘 世界 shìjiè 명 세계 各地 gèdì 명 각지 植物 zhíwù 명 식물 叶子 yèzi 명 잎 长 zhǎng 동 자라다, 생기다 相同 xiāngtóng 동 서로 같다 与 yǔ 개 ～와/과 气候 qìhòu 명 기후 条件 tiáojiàn 명 조건 有关 yǒuguān 동 관계가 있다 寒冷 hánlěng 형 한랭하다 干燥 gānzào 형 건조하다 因为 yīnwèi 접 ～때문에, 왜냐하면 空气 kōngqì 명 공기 水分 shuǐfèn 명 수분 窄 zhǎi 형 좁다, 협소하다 甚至 shènzhì 접 심지어, ～까지도 像 xiàng 동 ～와 같다 针 zhēn 명 바늘 暖和 nuǎnhuo 형 따뜻하다 湿润 shīrùn 형 습윤하다, 축축하다 既A又B jì A yòu B 접 A하기도 하고 B하기도 하다 宽 kuān 형 넓다 厚 hòu 형 두껍다

★★★ 하

82

★ "世界各地植物叶子不同"与什么有关？	★ '세계 각지 식물잎이 다르다'는 무엇과 관련이 있는가?
A 四季变化	A 사계절의 변화
B 气候条件	**B 기후 조건**
C 道路情况	C 도로 상황
D 山的高度	D 산의 고도

해설 질문에서 세계 각지 식물잎이 다른 것이 무엇과 관련이 있는지를 묻고 있다. 지문에서 질문의 키워드가 언급된 부분 이후에 这与气候条件有关(이것은 기후 조건과 관련이 있다)이라고 했다. 따라서 정답은 B이다.

어휘 四季 sìjì 명 사계 变化 biànhuà 동 변화하다 道路 dàolù 명 도로 情况 qíngkuàng 명 상황 山 shān 명 산 高度 gāodù 명 고도

★★★ 중

83

★ 在暖和湿润的地方，植物的叶子：	★ 따뜻하고 습한 지역에서, 식물의 잎은?
A 非常细 **B 宽且厚** C 比较窄 D 像针一样	A 매우 가늘다 **B 넓고 두껍다** C 비교적 좁다 D 바늘 같다

해설 질문에서 따뜻하고 습한 지역의 식물 잎은 어떤지 묻고 있다. 보기의 키워드로 A는 细(가늘다), B는 宽且厚(넓고 두껍다), C는 窄(좁다), D는 像针一样(바늘 같다)을 삼고 지문과 대조한다. 지문에서 而在暖和而湿润的地方, 叶子会长得既宽又厚(그러나 따뜻하고 습한 지역에서는 잎이 넓고 두껍다)라고 했으므로 보기 B의 키워드가 그대로 언급됐다. 따라서 정답은 B이다.

어휘 细 xì 匘 가늘다

84-85

最近这部小说很受人们欢迎，它主要讲的是农村的小男孩儿在大城市生活成长的一个故事。书中写他在很多方面丰富多彩的经历，84小说反映了当时社会面临的问题：越来越多的年轻人不愿走出自己的世界，害怕竞争，不想长大。这位作家想告诉人们：85万事开头难，走出第一步就是成功的一半。	요즘 이 소설은 사람들에게 매우 인기가 있다. 이 책이 주로 이야기하는 것은 농촌의 남자아이가 대도시에서 생활하고 성장하는 이야기이다. 책에는 그의 다방면에서 풍부하고 다양한 경험들이 쓰여져 있다. 84소설은 당시 사회에서 직면한 문제들을 반영했는데, 점점 많은 젊은이들이 자신의 세계로 나가기를 원하지 않고, 경쟁을 두려워하고, 성장하고 싶어 하지 않는다는 것이다. 이 작가는 그들에게 알리고 싶었다. 85모든 일은 시작이 어렵다. 첫걸음을 내딛는 것이 성공의 반이다.

어휘 部 bù 匽 서적·영화를 세는 단위 受 shòu 匘 받다 欢迎 huānyíng 匘 환영하다 主要 zhǔyào 匘 주요한 匔 주로 讲 jiǎng 匘 말하다 农村 nóngcūn 匒 농촌 城市 chéngshì 匒 도시 生活 shēnghuó 匘 생활하다 匒 생활 成长 chéngzhǎng 匘 성장하다 故事 gùshi 匒 이야기 方面 fāngmiàn 匒 분야, 영역 丰富多彩 fēng fù duō cǎi 匙 풍부하고 다채롭다 多样 duōyàng 匘 다양하다 经历 jīnglì 匘 겪다 匒 경험 反映 fǎnyìng 匘 반영하다 当时 dāngshí 匒 당시 社会 shèhuì 匒 사회 面临 miànlín 匘 직면하다 世界 shìjiè 匒 세계 害怕 hàipà 匘 두려워하다, 겁내다 竞争 jìngzhēng 匘 경쟁하다 长大 zhǎngdà 匘 자라다, 성장하다 作家 zuòjiā 匒 작가 告诉 gàosu 匘 알리다 万事开头难 wànshì kāitóu nán 匛 어떤 일이든지 시작하기가 어렵다, 시작이 반이다 步 bù 匒 걸음, 보폭 成功 chénggōng 匒匘 성공(하다)

★★☆ 중

84

★ 这部小说指出了什么？	★ 이 소설은 무엇을 지적하는가?
A 花钱习惯 B 男女爱情 C 环境污染 **D 社会问题**	A 소비 습관 B 남녀의 사랑 C 환경 오염 **D 사회 문제**

해설 질문에서 이 소설이 무엇을 지적했는지 묻고 있다. 지문에서 小说反映了当时社会面临的问题(소설은 당시 사회에서 직면한 문제들을 반영했다)라고 했으므로 이 소설이 사회 문제를 지적하고 있음을 알 수 있다. 따라서 정답은 D이다.

어휘 指出 zhǐchū 匘 지적하다 花钱 huāqián 匘 쓰다, 소비하다 习惯 xíguàn 匘 습관이 되다 匒 습관 男女 nánnǚ 匒 남녀 爱情 àiqíng 匒 남녀 간의 사랑 环境 huánjìng 匒 환경 污染 wūrǎn 匘 오염시키다 匒 오염

★★☆ 상

85

★ 作家告诉我们：	★ 작가가 우리에게 알려주는 것은?
A 减少误会 B 引人同情 C 详细安排 **D 勇敢点儿**	A 오해를 줄이다 B 동정심을 이끌다 C 상세하게 계획하다 **D 좀 용감해지자**

해설 질문에서 작가가 우리에게 알려주고자 한 것이 무엇인지 묻고 있다. 지문의 마지막 부분에서 작가가 알려주고 싶은 것으로 万事开头难，走出第一步就是成功的一半(모든 일은 시작이 어렵다. 첫걸음을 내딛는 것이 성공의 반이다)이라고 했다. '첫걸음을 내딛는 것이 성공의 반'이라고 했고 앞부분에 '경쟁을 두려워한다'라는 내용이 있으므로 용감해지라는 내용임을 알 수 있다. 따라서 정답은 D이다.

어휘 减少 jiǎnshǎo 통 감소하다   误会 wùhuì 명 통 오해(하다)   引人 yǐnrén 통 사람을 인도하다   同情 tóngqíng 통 동정하다   详细 xiángxì 형 상세하다   安排 ānpái 통 안배하다   勇敢 yǒnggǎn 형 용감하다

쓰기 제1부분

풀이전략 가장 먼저 문장의 술어가 될 수 있는 단어를 찾는다. 그리고 술어와 어울리는 주어와 목적어를 배치한 뒤 관형어, 부사어와 같은 수식 성분을 배치한다.

★★★ 하

86 越来越　深了　他们　友谊　之间的

관형어	주어	부사어	술어
他们之间的 대사+명사+的	**友谊** 명사	**越来越** 부사	**深了。** 형용사+了
그들 사이의 우정은 점점 깊어졌다.			

해설 **술어 배치** 제시어 중 술어가 될 수 있는 형용사 深(깊다)을 술어에 배치한다.
주어 목적어 배치 형용사 술어 深의 묘사의 대상으로 友谊(우정)를 주어에 배치한다.
남은 어휘 배치 대사 他们(그들)은 의미가 어울리는 之间(사이) 앞에 배치하고, 구조조사 的(~의)가 결합되어 있는 之间的(사이의)는 관형어이므로 의미가 어울리는 友谊 앞에 배치하여 문장을 완성한다.

어휘 越来越 yuèláiyuè 부 더욱더   深 shēn 형 깊다   友谊 yǒuyì 명 우정   之间 zhījiān 명 사이

★★☆ 종

87 理解　夫妻　应该互相　之间

주어	부사어	술어
夫妻之间 명사+명사	**应该互相** 조동사+부사	**理解。** 동사

부부 사이에는 마땅히 서로 이해해야 한다.

해설 **술어 배치** 제시어 중 술어가 될 수 있는 理解(이해하다)를 술어에 배치한다.

주어 목적어 배치 술어 理解의 주어로 의미가 어울리는 夫妻(부부)를 배치한다.

남은 어휘 배치 之间(사이)은 관계를 나타내므로 夫妻 뒤에 배치하고, 부사어인 应该互相(마땅히 서로 ~해야 한다)은 술어 앞에 배치하여 문장을 완성한다.

어휘 理解 lǐjiě 통 이해하다　夫妻 fūqī 명 부부　应该 yīnggāi 조통 마땅히 ~해야 한다　互相 hùxiāng 분 서로, 상호　之间 zhījiān 명 사이

★★★ 상

88　的　这道题的答案　一页上　在这本书　最后

관형어	주어	술어	관형어	목적어
这道题的 대사+양사+명사+的	**答案** 명사	**在** 동사	**这本书的最后** 대사+양사+명사+的+명사	**一页上。** 수사+양사

이 문제의 답안은 이 책의 맨 마지막 페이지에 있다.

해설 **술어 배치** 제시어 중 동사 在(있다)를 술어에 배치한다.

주어 목적어 배치 술어 在의 주어로 명사 答案(답안)을 배치한다.

남은 어휘 배치 구조조사 的(~의)가 결합된 这道题的(이 문제의)는 이미 答案과 결합되어 있다. 남은 어휘 最后(마지막)와 一页(한 페이지)를 最后一页(마지막 페이지)로 결합시킨다. 这本书(이 책)와 最后一页를 구조조사 的를 이용하여 这本书的最后一项上으로 결합시켜 문장을 완성한다.

어휘 道 dào 양 문제를 세는 단위　答案 dá'àn 명 답안　页 yè 명 쪽, 페이지　最后 zuìhòu 명 최후의, 맨 마지막

★★★ 상

89　顺便把　你出门时　拿出去　这些食物垃圾

주어	부사어	把+목적어	술어	보어
你 대사	**出门时顺便** 동사+명사+부사	**把这些食物垃圾** 把+대사+양사+명사	**拿** 동사	**出去。** 동사

너 외출하는 김에 이 음식물 쓰레기를 가지고 나가 줘.

해설 **술어 배치** 제시어 중 술어가 될 수 있는 동사 拿(가지다)를 술어에 배치한다. 把(~을/를)가 있으므로 把자문임을 예상한다.

주어 목적어 배치 술어 拿의 행위의 주체로 你(너)를 주어에 배치하고, 행위의 대상으로 这些食物垃圾(이 음식물 쓰레기)를 목적어에 배치시킨다.

남은 어휘 배치 시간을 나타내는 出门时(외출할 때)과 부사 顺便(~하는 김에)은 이미 부사어 자리에 배치되어 있으므로 你出门时顺便把这些食物垃圾拿出去로 문장을 완성한다.

어휘 顺便 shùnbiàn 凰 ~하는 김에   出门 chūmén 동 외출하다   食物 shíwù 명 음식물   垃圾 lājī 명 쓰레기

★★☆ 중

90   开始   从7岁就   弹   他女儿   钢琴了

주어	부사어	술어	목적어
他女儿 대사+명사	**从7岁就** 개사구(从+수사+양사)	**开始** 동사	**弹钢琴了。** 술목구+了
그의 딸은 7살부터 피아노를 치기 시작했다.			

해설   **술어 배치** 제시어에 동사가 2개가 있다. 开始(시작하다)과 弹(연주하다) 중에서 开始가 서술성 목적어를 가지는 동사이므로 술어에 배치한다.

주어 목적어 배치 행위의 주체로 알맞은 他女儿(그의 딸)을 주어에 배치하고, 동사 弹과 의미가 어울리는 명사 钢琴(피아노)을 弹钢琴(피아노를 치다)으로 결합시켜 开始의 목적어에 배치한다.

남은 어휘 배치 '개사구+부사'인 从7岁就(7살부터)는 부사어로 술어 앞에 배치하여 문장을 완성한다.

어휘   开始 kāishǐ 동 시작되다   弹 tán 동 (악기를) 타다, 켜다, 연주하다   钢琴 gāngqín 명 피아노

★★★ 중

91   文章   他的这篇   很精彩   写得

관형어	주어	술어	보어
他的这篇 대사+的+대사+양사	**文章** 명사	**写** 동사	**得很精彩。** 得+정도부사+형용사
그가 쓴 이 글은 정말 훌륭하다.			

해설   **술어 배치** 제시어 중 구조조사 得와 결합되어 있는 写(쓰다)를 술어에 배치한다. 제시어에 형용사 精彩(훌륭하다)가 있으므로 정도보어를 떠올린다.

주어 목적어 배치 술어 写의 주어로 명사 文章(글)을 배치한다.

남은 어휘 배치 '정도부사+형용사'인 很精彩(아주 훌륭하다)는 정도보어로 写得 뒤에 배치하고, 他的这篇(그의 이)은 주어 文章을 꾸며주는 관형어로 배치하여 문장을 완성한다.

어휘   文章 wénzhāng 명 글   篇 piān 양 글을 세는 단위   精彩 jīngcǎi 형 뛰어나다, 훌륭하다

★★☆ 중

92   寄了   给护士   一封   这个孩子   感谢信

관형어	주어	부사어	술어	관형어	목적어
这个 대사+양사	**孩子** 명사	**给护士** 개사구(给+명사)	**寄了** 동사+了	**一封** 수사+양사	**感谢信。** 명사
이 아이는 간호사에게 감사편지 한 통을 썼다.					

해설 **술어 배치** 제시어 중 동태조사 了가 결합되어 있는 동사 寄(부치다)를 술어에 배치한다.

주어 목적어 배치 술어 寄의 행위의 주체로 这个孩子(이 아이)를 주어에 배치하고, 행위의 대상으로 感谢信(감사편지)을 목적어에 배치한다.

남은 어휘 배치 '수사+양사'인 一封(한 통)은 관형어로 感谢信 앞에 배치하고, '개사+명사'인 给护士(간호사에게)은 부사어로 술어 앞에 배치하여 문장을 완성한다.

어휘 寄 jì 통 부치다 护士 hùshi 명 간호사 封 fēng 양 통 [편지를 세는 단위] 感谢信 gǎnxièxìn 명 감사편지

★★★ 중

93 约好的地点 提前10分钟 关阿姨 到了

주어	술어1	목적어1	술어2	관형어	목적어2
关阿姨 명사+명사	提前 동사	10分钟 수사+양사	到了 동사+了	约好的 술보구+的	地点。 명사

꽌 아주머니는 10분 전에 미리 약속 장소에 도착했다.

해설 **술어 배치** 제시어에 동사가 2개가 있으므로 연동문을 떠올린다. 동사 提前(앞당기다)과 到(도착하다) 중에서 동작의 순서대로 提前을 술어1에, 到를 술어2에 배치한다.

주어 목적어 배치 술어1 提前의 목적어는 이미 그 뒤에 결합되어 있다. 술어2 到와 의미가 어울리는 约好的地点(약속 장소)을 목적어2에 배치하고, 행위의 주체자로 关阿姨(꽌 아주머니)를 주어에 배치하여 문장을 완성한다.

Tip▶ **동사가 여러 개인 경우 동태조사 了가 힌트가 될 수 있다!**

연동문, 겸어문에서 동사가 2개 이상 출현할 때는 동태조사 了가 결합된 동사가 마지막 술어이다.

예 他借钱买了一支铅笔。 그는 돈을 빌려서 연필 한 자루를 샀다.

어휘 约 yuē 통 약속하다 地点 dìdiǎn 명 지점 提前 tíqián 통 앞당기다 阿姨 āyí 명 아주머니

★★☆ 중

94 填一下 申请表格 请您先去 这张 对面的办公室

请	주1	부사어1	술어1	관형어	목적어1	술어2	보어	관형어	목적어2
请 동사	您 대사	先 부사	去 동사	对面的 명사+的	办公室 명사	填 동사	一下 동량사	这张申请 대사+양사+명사	表格。 명사

우선 맞은편의 사무실에 가서 이 신청표를 작성해주세요.

해설 **술어 배치** 제시어에 请(~해주세요)이 있으므로 请자 청유문임을 예상한다. 동사 去(가다)와 填(작성하다) 중에서 시간 순서에 따라 去를 술어1에, 填을 술어2에 배치하여 去填(가서 작성하다)을 완성한다.

주어 목적어 배치 请의 목적어이자, 술어1의 주어로 您(귀하)이 이미 배치되어 있다. 去의 목적어로 对面的办公室(맞은편의 사무실)를 배치한다. 술어2 填의 목적어로 의미가 어울리는 申请表格(신청표)를 배치한다.

남은 어휘 배치 '대사+양사'인 这张(이)은 관형어이므로 의미가 어울리는 申请表格 앞에 배치하고, 동량보어 一下(좀 ~하다)는 이미 填 뒤에 배치되어 있으므로 请您先去对面的办公室填一下这张申请表格로 문장을 완성한다.

어휘 填 tián 통 채우다 申请 shēnqǐng 통 신청하다 表格 biǎogé 명 표, 양식 对面 duìmiàn 명 맞은 편 办公室 bàngōngshì 명 사무실

★★☆ 상

95	组成	11个数字	手机号码	一般由

관형어	주어	부사어	술어
手机 명사	**号码** 명사	**一般由11个数字** 부사+개사구(由+수사+양사+명사)	**组成。** 동사

핸드폰 번호는 일반적으로 11개의 숫자로 구성된다.

해설 **술어 배치** 제시어 중 술어가 될 수 있는 동사 组成(구성하다)을 술어에 배치한다. 개사 由(~이/가)가 있으므로 'A가 B로 구성되다'라는 뜻인 'A(완성품)+由B(구성요소)+组成'의 형식을 떠올린다.

주어 목적어 배치 술어 组成의 주어로 완성품인 手机号码(핸드폰 번호)를 배치하고, 개사 由의 뒤에는 구성요소로서 11个数字(11개의 숫자)를 배치한다.

남은 어휘 배치 부사 一般(일반적으로)은 부사어 자리에 위치하는데 이미 개사 由 앞에 배치되어 있으므로 手机号码一般由11个数字组成으로 문장을 완성한다.

어휘 组成 zǔchéng 图 구성하다   数字 shùzì 명 숫자   号码 hàomǎ 명 번호   一般 yìbān 혱 일반적이다   由 yóu 개 ~이/가 [동작의 주체를 나타냄]

쓰기 제2부분

[풀이전략] 제시어의 품사와 의미를 파악한다. 사진 속 인물과 상황을 파악하여 제시어를 사용한 주술목 기본 문장을 완성한다. 사진의 배경이 되는 장소, 인물의 표정과 감정을 활용하여 부사어, 관형어, 보어 등의 수식 성분이 있는 문장을 만들 수도 있다.

★★☆ 하

96

乱(luàn)는 형용사로 '어지럽다'라는 뜻이고 사진은 방 안의 책상 위에 자료와 물건들이 어수선하게 있는 모습이다.

해설 제시어인 乱(어지럽다)을 술어로 삼아, '책상 위가 좀 어지럽다'라는 문장을 만든다. 주어로 桌子上(책상 위)을 삼고, 정도부사 有点儿(좀)을 추가하여 기본 문장 桌子上有点儿乱을 완성한다. 더 나아가 책상을 정리하라고 제안하는 문장으로 把桌上的东西整理一下(책상 위의 물건을 정리하다)를 추가하여 완성할 수도 있다.

정답 **기본** 桌子上有点儿乱。 책상 위가 좀 어지럽다.
확장 桌子上太乱了，我要把桌上的东西都整理一下。 책상 위가 너무 어수선해. 책상 위의 물건을 다 정리해야겠다.

어휘 桌子 zhuōzi 명 테이블, 책상   乱 luàn 혱 어지럽다, 어수선하다   整理 zhěnglǐ 통 정리하다

97

降落(jiàngluò)는 동사로 '착륙하다'라는 뜻이고 사진은 비행기가 착륙하는 모습이다.

해설 제시어인 降落(착륙하다)를 술어로 삼아 '비행기가 곧 착륙할 것이다'라는 문장을 완성한다. 주어로 飞机(비행기)를 배치하고, 임박한 미래를 나타내는 '就要……了(곧 ～할 것이다)'를 사용하여 기본 문장 飞机就要降落了를 완성한다. 더 나아가 飞机 대신 航班(항공편)을 사용하고, 请大家系好安全带(안전벨트를 매 주세요)라고 당부하는 내용을 추가한 문장을 완성할 수도 있다.

정답 **기본** 飞机就要**降落**了。 비행기가 곧 착륙할 것이다.
확장 您乘坐的航班马上就要**降落**了，请大家系好安全带。 탑승하고 계신 항공편이 곧 착륙하니 안전벨트를 매 주세요.

어휘 飞机 fēijī 몡 비행기 降落 jiàngluò 동 착륙하다 乘坐 chéngzuò 동 타다, 탑승하다 航班 hángbān 몡 (비행기나 배의) 운항편, 항공편 系 jì 동 매다, 묶다 安全带 ānquándài 몡 안전벨트

★★☆ 상

98

区别(qūbié)는 명사로 '차이, 구분'이라는 뜻이고, 사진은 유사해 보이는 사진기가 있는 모습이다.

해설 제시어인 区别(차이)를 목적어로 삼아 '이 두 개의 사진기는 차이가 없다'라는 문장을 완성한다. 주어로 这两个相机(이 두 개의 사진기)를 삼고, 술어로 没有(없다)를 덧붙여 주—술—목 기본 문장 这两个相机没有区别를 완성한다. 더 나아가 表面山看起来(표면적으로 보기에)라고 꾸며주는 말을 추가하고, 그 밖의 내용 左边的功能更好(왼쪽 것의 기능이 더 좋다)를 추가한 문장을 완성할 수도 있다.

정답 **기본** 这两个相机没有**区别**。 이 두 개의 사진기는 차이가 없다.
확장 这两个相机表面上看起来没什么**区别**，其实左边的功能更好。 이 두 개의 사진기는 표면적으로는 차이가 없어 보이지만, 사실은 왼쪽 것의 기능이 더 좋습니다.

어휘 相机 xiàngjī 몡 사진기 区别 qūbié 몡 구별, 차이 表面 biǎomiàn 몡 표면 其实 qíshí 부 사실은 功能 gōngnéng 몡 기능

★★☆ 중

99

合适(héshì)는 형용사로 '알맞다, 적당하다'라는 뜻이고 사진은 여자가 구두를 신고 있는 모습이다.

해설 제시어인 合适(알맞다)를 술어로 삼아 '너 이 신발 신으니까 아주 잘 어울린다'라는 문장을 완성한다. 주어로 你(너)를 삼고, 정도부사 很(아주)을 덧붙여 주—술 기본 문장 你穿这双鞋很合适를 완성한다. 더 나아가 비교문을 만들어 比(~보다)를 추가하고, 내 생각을 나타내는 觉得(~라고 생각하다)를 추가한 문장을 완성할 수도 있다.

정답 **기본** 你穿这双鞋很**合适**。 너 이 신발 신으니까 아주 잘 어울린다.
확장 我觉得你穿这双黑鞋比那双更**合适**，看着很漂亮。 나는 네가 이 검은 신발을 신는 것이 저 신발보다 더 어울린다고 생각해. 아주 예뻐보여.

어휘 双 shuāng 양 짝, 켤레　鞋 xié 명 신발　觉得 juéde 동 ~라고 생각하다　比 bǐ 개 ~보다　更 gèng 부 더욱　合适 héshì 형 알맞다, 적당하다

★★★ 상

100

来得及(láidejí)는 동사로 '늦지 않다'라는 뜻이고 사진은 손목에 찬 시계를 보고 있는 모습이다.

해설 제시어인 来得及(늦지 않다)를 술어로 삼아 '지금 출발해도 아직 늦지 않아'라는 문장을 완성한다. 주어로 现在出发(지금 출발하다)를 삼고 부사 还(아직)를 덧붙여 주—술 기본 문장 现在出发还来得及를 완성한다. 더 나아가 구체적인 시간을 나타내는 상황 설명 离开演还有一段时间(공연 시작까지 아직 시간이 있다)과 喝咖啡(커피를 마시다)를 추가한 문장을 완성할 수도 있다.

정답 **기본** 现在出发还**来得及**。 지금 출발해도 늦지 않아.
확장 离开演还有一段时间，咱们**来得及**喝杯咖啡。 공연 시작까지는 아직 시간이 있어. 우리 커피 한 잔 마실 시간 되겠다.

어휘 出发 chūfā 동 출발하다　来得及 láidejí 동 늦지 않다, ~할 시간적 여유가 있다　离 lí 개 ~로부터　开演 kāiyǎn 동 공연을 시작하다　段 duàn 양 동안, 구간 [시공간의 일정한 거리를 나타냄]

듣 기

제1부분									
1. ✓	2. ✗	3. ✓	4. ✗	5. ✓	6. ✗	7. ✓	8. ✓	9. ✗	10. ✗

제2부분									
11. B	12. C	13. D	14. D	15. A	16. C	17. B	18. C	19. C	20. C
21. A	22. B	23. D	24. B	25. A					

제3부분									
26. B	27. C	28. D	29. C	30. B	31. C	32. A	33. D	34. B	35. C
36. B	37. D	38. C	39. C	40. D	41. B	42. C	43. B	44. B	45. B

독 해

제1부분									
46. A	47. C	48. B	49. E	50. F	51. D	52. E	53. B	54. A	55. F

제2부분				
56. B - A - C	57. C - A - B	58. B - C - A	59. B - A - C	60. C - A - B
61. A - C - B	62. B - A - C	63. C - B - A	64. A - C - B	65. B - C - A

제3부분									
66. A	67. D	68. B	69. C	70. A	71. A	72. C	73. B	74. B	75. D
76. D	77. A	78. C	79. D	80. A	81. A	82. B	83. D	84. A	85. B

쓰 기

제1부분

86. 这段时间的道路情况越来越复杂了。

87. 成为一名作家是他从小到大的理想。

88. 森林内禁止用火。

89. 他不得不改变了原本的旅游计划。

90. 不要总是把这种植物放在阴凉的地方。

91. 我妻子出生在一座美丽的海边小城。

92. 很多观众都感动得哭了起来。

93. 帮助穷人不是为了得到别人的表扬。

94. 和周丽聊天让我感到很开心。

95. 他被这里的环境吸引住了。

제2부분

96. 这个孩子看起来很开心。 / 奶奶想给孙子一个惊喜，买了他一直想要的礼物，他一定会感到很开心吧。

97. 叔叔家后面有一棵树。 / 叔叔家后面有一棵树，我经常去那棵树下休息，这让我感觉很舒服。

98. 这场功夫表演很不错。 / 这场功夫表演很受外国人欢迎，我也打算下周去看一看。

99. 他正在倒水呢。 / 他刚才倒水的时候，不小心把水洒在裤子上了。

100. 他戴着太阳镜。 / 听说今天阳光很厉害，你还是戴太阳镜出去吧。

자가진단 | 나의 학습 취약점 & 보완점 체크하기

문제별 중요도와 난이도를 보고 자신의 학습 취약점을 파악할 수 있게 하였습니다. 정답을 확인하여 반복적으로 틀린 문제를 표시하고 어떤 부분(어휘력, 독해력, 청취력)을 보완해야 할지 진단해 봅시다.

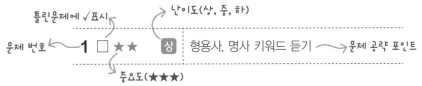

틀린문제에 √표시
난이도(상, 중, 하)
문제 번호 ← 1 □ ★★ [상] 형용사, 명사 키워드 듣기 → 문제 공략 포인트
중요도(★★★)

듣기 제1부분				듣기 제3부분			
1 □ ★★	중	전체적인 내용 파악하기		26 □ ★	하	이유/원인 파악하기
2 □ ★★	하	다른 부분 찾아내기		27 □ ★★	중	이유/원인 파악하기
3 □ ★★	상	전체적인 내용 파악하기		28 □ ★	하	화제/분야 듣기
4 □ ★	상	다른 부분 찾아내기		29 □ ★★	상	옳은 내용 고르기
5 □ ★	중	유사 표현 듣기		30 □ ★	하	남/여 행동 듣기
6 □ ★★	하	다른 부분 찾아내기		31 □ ★★★	상	남/여 행동 듣기
7 □ ★★★	하	유사 표현 듣기		32 □ ★★	중	장소 듣기
8 □ ★★★	상	전체적인 내용 파악하기		33 □ ★★	중	남/여 행동 듣기
9 □ ★★	중	같은 부분 찾아내기		34 □ ★	하	사물 듣기
10 □ ★★★	하	다른 부분 찾아내기		35 □ ★★	상	옳은 내용 고르기
듣기 제2부분				36 □ ★	하	사물 듣기
11 □ ★	하	장소 듣기		37 □ ★★	하	태도/감정 듣기
12 □ ★	중	세부 내용 파악하기		38 □ ★★★	상	옳은 내용 고르기
13 □ ★★	중	장소 듣기		39 □ ★★	상	사물 듣기
14 □ ★★	중	남/여 행동 듣기		40 □ ★★	중	세부 내용 파악하기
15 □ ★	하	사물 듣기		41 □ ★★	중	옳은 내용 고르기
16 □ ★	상	옳은 내용 고르기		42 □ ★★	중	세부 내용 파악하기
17 □ ★★★	하	옳은 내용 고르기		43 □ ★★	중	옳은 내용 고르기
18 □ ★★★	중	날씨/기후 듣기		44 □ ★★	상	세부 내용 파악하기
19 □ ★★★	하	남/여 행동 듣기		45 □ ★★★	상	세부 내용 파악하기
20 □ ★	하	이유/원인 파악하기		**독해 제1부분**		
21 □ ★	하	이유/원인 파악하기		46 □ ★★★	중	관형어로 쓰인 동사 넣기
22 □ ★★	상	옳은 내용 고르기		47 □ ★★	중	주어로 쓰인 명사 넣기
23 □ ★★	중	옳은 내용 고르기		48 □ ★	중	주어로 쓰인 명사 넣기
24 □ ★★	하	남/여 행동 듣기		49 □ ★★★	상	술어로 쓰인 동사 넣기
25 □ ★	하	사물 듣기		50 □ ★★	상	부사 넣기

51 □ ★★	중	술어로 쓰인 동사 넣기		79 □ ★★	중	옳은 내용 고르기
52 □ ★★	상	목적어로 쓰인 동사 넣기		80 □ ★★	상	옳은 내용 고르기
53 □ ★	하	관형어로 쓰인 명사 넣기		81 □ ★★	중	옳은 내용 고르기
54 □ ★★	상	부사어로 쓰인 형용사 넣기		82 □ ★★	중	세부 내용 파악하기
55 □ ★★	중	술어로 쓰인 동사 넣기		83 □ ★★	상	옳은 내용 고르기

독해 제2부분

84 □ ★★	중	옳은 내용 고르기
56 □ ★★	중	개사 키워드		85 □ ★★	상	옳은 내용 고르기

쓰기 제1부분

57 □ ★★★	하	호칭, 접속사 키워드

58 □ ★★	중	시간 관련, 대사, 접속사 키워드		86 □ ★★	하	관형어, 형용사술어문
59 □ ★	상	주어, 대사 키워드		87 □ ★★★	상	술목구, 是자문
60 □ ★★	하	대사, 개사 키워드		88 □ ★★★	중	동사술어문
61 □ ★★	하	호칭, 시간 관련, 접속사 키워드		89 □ ★	하	부사어, 동사술어문
62 □ ★★★	하	호칭, 시간 관련, 부사 키워드		90 □ ★★★	중	把자문
63 □ ★★	하	상황 제시, 접속사 키워드		91 □ ★★	중	관형어, 동사술어문
64 □ ★★	하	상황 제시, 접속사 키워드		92 □ ★★	상	정도보어
65 □ ★	하	상황 제시, 접속사 키워드		93 □ ★★★	상	개사为了/是자문

독해 제3부분

94 □ ★★★	중	겸어문
66 □ ★	하	세부 내용 파악하기		95 □ ★★★	중	被자문

쓰기 제2부분

67 □ ★	중	이유/원인 파악하기

68 □ ★★	하	옳은 내용 고르기		96 □ ★	하	형용사 제시어 문장 만들기
69 □ ★★	하	옳은 내용 고르기		97 □ ★★	중	양사 제시어 문장 만들기
70 □ ★★★	중	옳은 내용 고르기		98 □ ★	상	명사 제시어 문장 만들기
71 □ ★★	중	옳은 내용 고르기		99 □ ★★	중	동사 제시어 문장 만들기
72 □ ★★	중	옳은 내용 고르기		100 □ ★★★	중	동사 제시어 문장 만들기

73 □ ★★	중	세부 내용 파악하기

점수 확인

74 □ ★	하	옳은 내용 고르기

듣기	(/45문항) X 2.2점 = _____ 점/100점
독해	(/40문항) X 2.5점 = _____ 점/100점
쓰기 1	(/10문항) X 5점 = _____ 점/50점
쓰기 2	(/ 5문항) X 10점 = _____ 점/50점
총점 : _____ 점(만점 300점)		

75 □ ★★	중	옳은 내용 고르기
76 □ ★	하	세부 내용 파악하기
77 □ ★	하	옳은 내용 고르기
78 □ ★	하	세부 내용 파악하기

※ 주의: 위의 영역별 문항 점수는 만점을 기준으로 하여 산출한 가상 점수로 실제 HSK 성적과 계산 방식이 상이할 수 있습니다.

듣기 **제1부분**

[풀이전략] 녹음을 듣기 전에 보기의 핵심 키워드를 분석하여 녹음의 내용을 예상한다. 녹음을 들으면서 보기의 내용과 일치하는지 일치하지 않는지를 판단한다.

★★☆ 중

1

★ 他在给大家介绍新同事。 (✓)	★ 그는 모두에게 새로운 동료를 소개하고 있다.
请大家用热烈的掌声欢迎我们的新同事小张！公司组织的广告活动将由他来安排管理。	여러분 열렬한 박수로 우리의 새로운 동료 샤오장을 환영해주십시오! 회사에서 기획한 광고 이벤트를 그가 안배하고 관리할 것입니다.

해설 보기 문장의 키워드는 介绍新同事(새로운 동료를 소개하다)이다. 녹음의 시작 부분에서 请大家用热烈的掌声欢迎我们的新同事小张！(여러분 열렬한 박수로 우리의 새로운 동료 샤오장을 환영해주십시오!)이라고 했으므로 새로운 동료 샤오장을 소개하는 멘트임을 알 수 있다. 따라서 정답은 일치이다.

　　Tip▶ **개사 由**
　　　　개사 由 는 동작의 주체를 이끌어낼 때 쓰인다.
　　　　　• **호응 구조: [A(주관하는 일) + 由B(동작의 주체자) + 술어]** A는 B가 ~하다
　　　　　예) **这次招聘会由他来负责。** 이번 채용회는 그가 책임진다.

어휘 介绍 jièshào 통 소개하다　新 xīn 형 새롭다　同事 tóngshì 명 동료　热烈 rèliè 형 열렬하다　掌声 zhǎngshēng 명 박수 소리　欢迎 huānyíng 통 환영하다　公司 gōngsī 명 회사　组织 zǔzhī 통 조직하다　广告 guǎnggào 명 광고　活动 huódòng 명 행사, 이벤트　将 jiāng 부 곧, 장차　由 yóu 개 ~이/가 [동작의 주체를 나타냄]　安排 ānpái 통 안배하다　管理 guǎnlǐ 통 관리하다

★★☆ 하

2

★ 那个大使馆在海边。 (✗)	★ 그 대사관은 바닷가에 있다.
这座图书馆在我们城市很有名，是因为它就在海边，除了风景很美丽以外，图书也很多，可以免费看书，所以来这儿的游客都喜欢去里面看看。	이 도서관은 우리 도시에서 유명하다. 바닷가에 있기 때문이다. 풍경이 아름다울 뿐만 아니라, 책도 많고, 무료로 들어가서 책을 볼 수 있다. 그래서 이곳에 오는 여행객들은 안에 가서 보는 것을 좋아한다.

해설 보기 문장의 키워드는 大使馆(대사관)과 在海边(해변에 있다)이다. 녹음에서 这座图书馆在我们城市很有名，是因为它就在海边(이 도서관은 우리 도시에서 유명하다. 바닷가에 있기 때문이다)이라고 했으므로 바닷가에 있는 것은 대사관이 아니라 도서관임을 알 수 있다. 따라서 정답은 불일치이다.

어휘 大使馆 dàshǐguǎn 명 대사관　海边 hǎibian 명 해변, 해안가　座 zuò 양 동, 채 [산·건축물·교량 등의 고정된 물체를 세는 단위]　图书馆 túshūguǎn 명 도서관　城市 chéngshì 명 도시　有名 yǒumíng 형 유명하다　因为 yīnwèi 접 ~때문에, 왜냐하면　除了 chúle 개 ~을 제외하고　风景 fēngjǐng 명 풍경　美丽 měilì 형 아름답다　图书 túshū 명 도서　免费 miǎnfèi 통 무료로 하다　游客 yóukè 명 여행객

★★☆ 상

3

★ 出错时先弄清楚到底错在哪儿。（ ✓ ）	★ 실수를 했을 때는 우선 도대체 잘못이 어디에 있는지를 분명히 알아야 한다.
即使错了也没关系，但是你一定要找到出错的原因，只有这样才能保证下次不再出现同样的错误。	설령 실수를 했어도 괜찮다. 하지만 당신은 반드시 실수한 원인을 찾아야 한다. 그래야만 다음번에 더 이상 똑같은 실수를 하지 않게 된다.

해설 보기 문장의 키워드는 弄清楚(분명히 알다)와 错在哪儿(잘못이 어디에 있는지)이다. 녹음에서 但是你一定要找到出错的原因(하지만 당신은 반드시 실수한 원인을 찾아야 한다)이라고 하여 실수의 원인을 찾는 것이 중요하다고 언급했다. 따라서 정답은 일치이다.

Tip▶ 가설을 나타내는 접속사 即使

접속사 即使는 아직 실현되지 않은 일이나 사실과 상반되는 일의 가설을 나타내며, 就算/就是과 바꿔 쓸 수 있다.
• 호응 구조: [即使A, 也B] 설령 A더라도 B 하다
예 即使又失败了，也没关系。 설령 또 실패하더라도 괜찮아.

어휘 出错 chūcuò 통 실수 · 잘못을 하다　先 xiān 분 먼저, 우선　弄 nòng 통 하다　清楚 qīngchu 형 분명하다, 명확하다　到底 dàodǐ 분 도대체　错 cuò 형 틀리다　即使A, 也B jíshǐ A, yě B 접 설령 A하더라도 B하다　但是 dànshì 접 그러나　一定 yídìng 분 반드시, 틀림없이　找 zhǎo 통 찾다　原因 yuányīn 명 원인　只有A, 才B zhǐyǒu A, cái B 접 A해야만 B하다　保证 bǎozhèng 통 보증하다, 보장하다　同样 tóngyàng 형 같다, 마찬가지다　错误 cuòwù 명 실수, 잘못

★☆☆ 상

4

★ 春雨过后会快速降温。　（ ✗ ）	★ 봄비가 내린 후에 빠르게 기온이 떨어진다.
俗话说"一场春雨，一场暖。一场秋雨，一场寒。"就是说每场春雨之后天气会逐渐变暖，相反，秋雨之后会很快地降温。	속담에서 말하기를 '一场春雨，一场暖。一场秋雨，一场寒。'이라고 했다. 그러니까 매번 봄비가 내린 후에는 날씨가 점차 따뜻해지고, 반대로 가을비가 내린 후에는 빠르게 기온이 떨어진다는 것이다.

해설 보기 문장의 키워드는 春雨过后(봄비가 내린 후)와 降温(기온이 떨어지다)이다. 녹음에서 每场春雨之后天气会逐渐变暖(매번 봄비가 내린 후에는 날씨가 점차 따뜻해진다)이라고 했으므로 봄비가 내린 후 기온이 올라간다는 것임을 알 수 있다. 따라서 정답은 불일치이다.

어휘 春雨 chūnyǔ 명 봄비　快速 kuàisù 형 신속하다　降温 jiàngwēn 통 온도가 내려가다　俗话 súhuà 명 속담　暖 nuǎn 형 따뜻하다　秋雨 qiūyǔ 명 가을비　寒 hán 형 춥다　场 cháng 양 회, 차례 [일의 경과 · 자연현상 등의 횟수를 세는 단위]　之后 zhīhòu 명 ~뒤, 그 후　天气 tiānqì 명 날씨　逐渐 zhújiàn 분 점점, 점차　变 biàn 통 바뀌다, 변하다　相反 xiāngfǎn 통 상반되다

★☆☆ 중

5

★ 那辆车一共有六个座位。　（ ✓ ）	★ 그 차는 전부 6개의 좌석이 있다.
这辆车的外观很特别，它的样子既好看，车身也长，里面最多能坐下六个人，很适合家用。	이 차의 외관은 아주 특별하다. 모양은 예쁘고, 차 몸체도 길다. 안에는 최대 6명이 앉을 수 있어서 가족용으로 적합하다.

해설 보기 문장의 키워드는 有六个座位(6개의 좌석이 있다)이다. 녹음에서 차를 묘사하면서 里面最多能坐下六个人(안에는 최대 6명이 앉을 수 있다)이라고 하여 최대 6명이 앉을 수 있다고 했다. 따라서 정답은 일치이다.

辆 liàng 영 대 [차량을 세는 단위]　一共 yígòng 분 모두, 전부　座位 zuòwèi 명 좌석, 자리　外观 wàiguān 명 외관　特别 tèbié 형 특별하다　样子 yàngzi 명 모양　既A, 又B jì A yòu B A하기도 하고 B하기도 하다　好看 hǎokàn 형 예쁘다　车身 chēshēn 명 차량의 차체　长 cháng 형 길다　里面 lǐmiàn 안, 내부　适合 shìhé 통 적합하다, 알맞다　家用 jiāyòng 형 가정용의

★★☆ 하

6

★ 那本杂志每周出一本。 　　　（ ✗ ）	★ 그 잡지는 매주 한 권씩 출간된다.
这份杂志主要介绍关于科学技术方面的内容，写得很精彩。每个月出一本，每本售价15元，值得一买。	이 잡지는 주로 과학 기술 분야에 관해 소개하고 내용도 아주 훌륭하다. 매달 한 권씩 출간되고, 한 권에 15위안에 판매된다. 살 만한 가치가 있다.

해설　보기 문장의 키워드는 每周出一本(매주 한 권씩 출간하다)이다. 녹음에서 이 잡지에 대해 每个月出一本(매달 한 권씩 출간된다)이라고 했으므로 매주가 아니라 매달 한 권씩 출간하는 것임을 알 수 있다. 따라서 정답은 불일치이다.

어휘　杂志 zázhì 명 잡지　每周 měizhōu 명 매주　主要 zhǔyào 형 주요한 분 주로　介绍 jièshào 통 소개하다　关于 guānyú 개 ~에 관해서　科学 kēxué 명 과학　技术 jìshù 명 기술　方面 fāngmiàn 명 분야, 영역　内容 nèiróng 명 내용　精彩 jīngcǎi 형 뛰어나다　售价 shòujià 명 판매가　值得 zhídé 통 ~할 만한 가치가 있다

★★★ 하

7

★ 周兰从小就学钢琴了。 　　　（ ✓ ）	★ 주란은 어려서부터 피아노를 배웠다.
刚才弹钢琴的这位表演者是小刘的同学周兰。她从7岁就开始学钢琴了，钢琴弹得真好啊。	방금 피아노를 친 이 연주가는 샤오리우의 친구 주란이다. 그녀는 7살부터 피아노를 치기 시작했는데 피아노를 정말 잘 친다.

해설　보기 문장의 키워드는 从小(어려서부터)와 学钢琴(피아노를 배우다)이다. 녹음에서 她从7岁就开始学钢琴了(그녀는 7살부터 피아노를 치기 시작했다)라고 했으므로 일치하는 내용이다.

　　Tip▶ **개사 从**

　　从은 시작하는 기점 앞에 쓰는 개사이다. 보통 동사 开始과 함께 사용한다.
　　• **호응 구조: [A(주어) ＋ 从 ＋ B(기점) ＋ 开始 ＋ C]** A는 B부터 C하기 시작하다
　　예 他从这个月开始学汉语了。 그는 이번 달부터 중국어를 배우기 시작했다.

어휘　从小 cóngxiǎo 분 어려서부터　钢琴 gāngqín 명 피아노　刚才 gāngcái 명 방금, 막　弹钢琴 tán gāngqín 통 피아노를 치다　位 wèi 양 분, 명 [존댓말]　表演者 biǎoyǎnzhě 명 공연자, 연기자　同学 tóngxué 명 학우, 학교 친구, 동창　从 cóng 개 ~로부터　岁 suì 양 세, 살 [나이를 세는 단위]　开始 kāishǐ 통 시작되다

★★★ 상

8

★ 打折活动还没开始。 　　　（ ✓ ）	★ 할인 행사는 아직 시작되지 않았다.
为感谢过去一年里新老顾客对我们的支持和喜爱，本店将在下周举办所有商品都打五折的活动。	지난 1년간 신규 고객과 단골 고객의 저희에 대한 지지와 사랑에 감사하기 위해서, 저희 가게는 다음 주에 모든 상품을 50%로 할인하는 행사를 열 것입니다.

해설　보기 문장의 키워드는 打折(할인하다)와 还没开始(아직 시작되지 않았다)이다. 녹음에서 本店将在下周举办所有商品都打五折的活动(저희 가게는 다음 주에 모든 상품을 50%로 할인하는 행사를 열 것입니다)이라고 하여 다음 주에 할인 행사를 열 것이라고 했으므로 정답은 일치이다.

Tip▶ 자신을 가리키는 本

本은 '(상대방에 대하여) 자기 쪽의'라는 뜻의 형용사로 명사 앞에 사용한다.

📖 本校 본교   本店 본점   本人 본인

어휘 打折 dǎzhé 통 할인하다   活动 huódòng 명 행사, 이벤트   开始 kāishǐ 통 시작되다   为 wèi 개 ~을 위해서   感谢 gǎnxiè 통 고맙다, 감사하다   过去 guòqù 명 과거   顾客 gùkè 명 고객   支持 zhīchí 통 지지하다   喜爱 xǐ'ài 통 좋아하다   将 jiāng 부 곧, 장차   举办 jǔbàn 통 열다, 거행하다   所有 suǒyǒu 형 모든, 일체의   商品 shāngpǐn 명 상품

★★☆ 중

9

★ 飞机就要降落了。　　　　　（ ✗ ）

★ 비행기가 곧 착륙한다.

尊敬的旅客朋友们请注意。开往天津的航班马上就要起飞了，请乘坐此次航班的旅客速到22号登机口。

존경하는 여행객 여러분 주목해주세요. 톈진으로 가는 항공편이 곧 이륙합니다. 이번 항공편에 탑승하는 여행객들은 빨리 22번 탑승 게이트로 와주십시오.

해설 보기 문장의 키워드는 飞机(비행기)와 降落(착륙하다)이다. 녹음에서 开往天津的航班马上就要起飞了(톈진으로 가는 항공편이 곧 이륙합니다)라고 했으므로 비행기가 착륙이 아니라 이륙할 것임을 알 수 있다. 따라서 정답은 불일치이다.

Tip▶ 임박을 나타내는 '就要A了'

'就要A了'는 '곧 A할 것이다'라는 뜻의 고정 격식으로 임박하여 발생할 일을 나타낸다.

📖 飞机就要起飞了。 비행기가 곧 이륙할 것이다.

어휘 飞机 fēijī 명 비행기   降落 jiàngluò 통 착륙하다   尊敬 zūnjìng 통 존경하다   旅客 lǚkè 명 여행객   注意 zhùyì 통 주의하다   开往 kāiwǎng 통 (차, 비행기, 배 따위가) ~을 향하여 가다   天津 Tiānjīn 지명 톈진   航班 hángbān 명 (비행기나 배의) 운항편, 항공편   马上 mǎshàng 부 곧   起飞 qǐfēi 통 이륙하다   乘坐 chéngzuò 통 탑승하다, 타다   此次 cǐcì 명 이번, 금번   速 sù 형 빠르다, 신속하다   号 hào 명 번호   登机口 dēngjīkǒu 명 탑승 게이트

★★★ 하

10

★ 他是一个经验很丰富的警察。　　　（ ✗ ）

★ 그는 경험이 풍부한 경찰이다.

我是今天北京长城游的导游，出发之前我要提醒一下大家，为了保证大家的安全，请别随便乱跑。

저는 오늘 베이징 만리장성 투어의 가이드입니다. 출발 전에 여러분께 알려드립니다. 여러분의 안전을 보장하기 위해, 함부로 뛰어 다니지 마십시오.

해설 보기 문장의 키워드는 他(그)와 警察(경찰)이다. 녹음의 시작 부분에서 我是今天北京长城游的导游(저는 오늘 베이징 만리장성 투어의 가이드입니다)라고 했으므로 말하는 사람이 경찰이 아니라 가이드임을 알 수 있다. 따라서 정답은 불일치이다.

Tip▶ 듣기 1부분에서 보기의 예문이 판단형일 경우에는 정답이 불일치일 가능성이 높다. 따라서 주어와 목적어를 주의깊게 듣는다.

어휘 经验 jīngyàn 명 경험   丰富 fēngfù 형 풍부하다   警察 jǐngchá 명 경찰   北京 Běijīng 지명 베이징, 북경   长城 Chángchéng 지명 만리장성   游 yóu 통 여행하다   导游 dǎoyóu 명 가이드   出发 chūfā 통 출발하다   之前 zhīqián 명 ~이전, ~의 앞   提醒 tíxǐng 통 일깨우다, 깨우치다   为了 wèile 개 ~을 하기 위해서   保证 bǎozhèng 통 보장하다, 보증하다   安全 ānquán 명 안전   别 bié 부 ~하지 마라   随便 suíbiàn 통 마음대로 하다   乱 luàn 부 함부로, 제멋대로 형 어지럽다   跑 pǎo 통 뛰다

풀이전략 녹음을 듣기 전에 보기의 핵심 키워드를 파악하여 녹음의 내용을 짐작한다. 녹음을 들으면서 들은 내용을 보기에 메모하고 질문에 알맞은 정답을 고른다.

★☆☆ 하

11

男：请问一下，这封信要寄到北京，我买哪种邮票好呢？ 女：寄往省外的普通信件需要1.2元的邮票。 问：他们现在最可能在哪儿？	남: 실례합니다. 이 편지를 베이징에 부치려고 하는데요. 어떤 우표를 사야 할까요? 여: 성밖의 지역으로 부치는 일반 서신은 1.2위안짜리 우표가 필요합니다. 질문: 그들은 지금 어디에 있는가?
A 教室 **B 邮局** C 植物园 D 海洋馆	A 교실 **B 우체국** C 식물원 D 해양관

해설 보기는 모두 장소를 나타낸다. 남자의 말 这封信要寄到北京，我买哪种邮票好呢？(이 편지를 베이징에 부치려고 하는데요. 어떤 우표를 사야 할까요?)에 寄信(편지를 부치다)과 邮票(우표)가 들렸다. 따라서 이들이 있는 장소는 B이다.

어휘 封 fēng 양 통 [편지를 세는 단위]　信 xìn 명 편지, 서신　寄 jì 통 부치다　北京 Běijīng 지명 베이징, 북경　种 zhǒng 양 종류를 세는 단위　邮票 yóupiào 명 우표　普通 pǔtōng 형 보통이다　信件 xìnjiàn 명 우편물　需要 xūyào 통 필요하다　教室 jiàoshì 명 교실　邮局 yóujú 명 우체국　植物园 zhíwùyuán 명 식물원　海洋馆 hǎiyángguǎn 명 수족관, 해양관

★☆☆ 중

12

女：你看，这份材料一共要打印五份，怎么都少了最后一页？ 男：真抱歉，我马上去打印剩下的最后一页。 问：女的发现了什么？	여: 여기 좀 보세요. 이 자료 전부 5부를 인쇄해야 하는데, 왜 마지막 한 페이지가 모자란 건가요? 남: 정말 죄송합니다. 제가 바로 남은 마지막 페이지를 인쇄하러 갈게요. 질문: 여자는 무엇을 알게 됐는가?
A 钥匙丢了 B 擦不干净 **C 材料缺页** D 填错表格	A 열쇠를 잃어버렸다 B 깨끗하게 닦이지 않는다 **C 자료의 페이지가 모자란다** D 양식에 잘못 기입했다

해설 보기는 모두 상황과 행동을 나타낸다. 여자가 남자에게 怎么都少了最后一页？(왜 마지막 한 페이지가 모자란 건가요?)라고 물었다. 따라서 여자가 알게 된 사실은 인쇄 페이지 중 마지막 페이지가 모자란 것이므로 정답은 C이다.

어휘 材料 cáiliào 명 재료　一共 yígòng 부 전부, 합계　打印 dǎyìn 통 인쇄하다　最后 zuìhòu 명 마지막, 최후의　页 yè 명 쪽, 장, 면　抱歉 bàoqiàn 통 미안해하다　马上 mǎshàng 부 곧, 바로　剩下 shèngxià 통 남다　钥匙 yàoshi 명 열쇠　丢 diū 통 잃다　擦 cā 통 닦다　干净 gānjìng 형 깨끗하다　缺 quē 통 결핍되다, 모자라다　填 tián 통 기입하다

★ ★ ☆ 　중

13

男：祝你们白头偕老！这是我自己画的画儿，希望你们都能满意。

女：谢谢你的祝福，我要把它挂在客厅里，这样一进门就能看到。

问：女的打算把画儿挂在哪儿？

A 教室里
B 厨房里
C 办公室里
D 客厅里

남: 백년해로하기를 바래! 이건 내가 그린 그림이야. 너희들 마음에 들면 좋겠다.

여: 축복해줘서 고마워. 나는 이 그림을 거실에 걸어 둘 거야. 집에 들어오면 바로 볼 수 있게.

질문: 여자는 그림을 어디에 걸려고 하는가?

A 교실 안
B 주방 안
C 사무실 안
D 거실 안

| 해설 | 보기는 모두 장소를 나타낸다. 남자가 여자에게 그림 선물을 했고, 이에 여자는 我要把它挂在客厅里(나는 이 그림을 거실에 걸어 둘 거야)라고 말했다. 따라서 여자가 그림을 걸어 두려고 하는 장소는 D이다. |

TIP▶ 결혼 관련 단어

| 结婚 결혼하다 | 求婚 청혼하다 | 吃喜糖 국수를 먹다(=결혼하다) | 成家 (남자가) 결혼하다 |

| 어휘 | 祝 zhù 동 기원하다, 축원하다　白头偕老 bái tóu xié lǎo 성 부부가 화락하게 함께 늙다　自己 zìjǐ 대 자기, 자신　画 huà 동 그리다　画儿 huàr 명 그림　希望 xīwàng 동 희망하다　满意 mǎnyì 형 만족하다　感谢 gǎnxiè 동 감사하다, 고맙다　祝福 zhùfú 동 축복하다　挂 guà 동 걸다　客厅 kètīng 명 객실　教室 jiàoshì 명 교실　厨房 chúfáng 명 주방　办公室 bàngōngshì 명 사무실 |

★ ★ ☆ 　중

14

女：王老师的电话怎么一直在占线，是不是把他的手机号码记错了？还是他换号了？

男：怎么可能，那我重新发给你。

问：男的接下来会做什么？

A 寄感谢信
B 发电子邮件
C 发传真
D 发送手机号码

여: 왕 선생님의 전화가 왜 계속 통화 중일까? 핸드폰 번호 잘못 기억하는 거 아니야? 아니면 번호를 바꾸셨나?

남: 그럴 리가. 내가 다시 번호를 보내줄게.

질문: 남자는 이어서 무엇을 할 것인가?

A 감사 편지를 부친다
B 이메일을 보낸다
C 팩스를 보낸다
D 핸드폰 번호를 보낸다

| 해설 | 보기가 모두 행동을 나타내고 무엇을 보낸다는 내용이다. 여자가 남자에게 왕 선생님의 번호가 바뀌었는지 물었고, 남자는 그럴 리 없다고 하면서 那我重新发给你(내가 다시 번호를 보내줄게)라고 했다. 따라서 남자가 이어서 할 행동은 D이다. |

| 어휘 | 教师 jiàoshī 명 교사　电话 diànhuà 명 전화기　怎么 zěnme 대 어떻게, 왜　一直 yìzhí 부 곧장, 계속해서　占线 zhànxiàn 동 통화 중이다　手机 shǒujī 명 핸드폰　号码 hàomǎ 명 번호　记错 jìcuò 동 잘못 기억하다　换 huàn 동 교환하다, 바꾸다　重新 chóngxīn 부 다시, 새로이　发 fā 동 보내다, 교부하다　寄 jì 동 부치다　感谢信 gǎnxièxìn 명 감사 편지　电子邮件 diànzǐ yóujiàn 명 이메일　传真 chuánzhēn 명 팩시밀리, 팩스 |

15

男：你看见我的钥匙了吗？钥匙突然不见了。 女：你怎么总是很粗心，你看看是不是还挂在门上呢。 问：男的丢了什么东西？	남: 너 내 열쇠 봤어? 열쇠가 갑자기 안 보이네. 여: 너는 왜 늘 덤벙거리니? 아직 문에 꽂혀 있는 거 아닌지 봐봐. 질문: 남자는 무슨 물건을 잃어버렸는가?
A 钥匙 B 衬衫 C 礼物 D 铅笔	**A 열쇠** B 셔츠 C 선물 D 연필

해설 보기는 모두 사물을 나타낸다. 남자가 你看见我的钥匙了吗？钥匙突然不见了(너 내 열쇠 봤어? 열쇠가 갑자기 안 보이네)라며 열쇠를 봤느냐고 물었고 이에 여자는 문에 꽂혀 있는지 보라고 했다. 남자가 잃어버린 물건은 A이다.

어휘 钥匙 yàoshi 뎽 열쇠　突然 tūrán 뭰 갑자기　怎么 zěnme 덴 어떻게, 왜　总是 zǒngshì 뭰 늘, 항상　粗心 cūxīn 혱 세심하지 못하다, 조심성이 없다　挂 guà 뙹 걸다　衬衫 chènshān 뎽 와이셔츠　礼物 lǐwù 뎽 선물, 증정품　铅笔 qiānbǐ 뎽 연필

16

女：我给你读一个笑话，这个笑话真的太有意思了，你一定也会笑得肚子疼。 男：要是你讲之前不提醒我，效果会更不错的。 问：男的是什么意思？	여: 내가 재미있는 이야기 하나 읽어줄게. 이 얘기는 진짜 재미있어. 너도 분명히 배 아플 정도로 웃을 거야. 남: 만일 네가 말하기 전에 나에게 알려주지 않았다면, 효과가 더 괜찮았을 거야. 질문: 남자는 무슨 뜻인가?
A 继续努力 B 懂得放弃 **C 不要提醒** D 不用着急	A 계속 노력해라 B 포기할 줄 알아야 한다 **C 미리 알려주지 마라** D 조급해할 필요 없다

해설 보기에 공통적으로 不要(~하지 마라), 不用(~할 필요가 없다)이 있으므로 해야 할 일을 주의해서 듣는다. 여자가 재미있는 이야기를 해주겠다고 했고, 이에 남자는 要是你讲之前不提醒我，效果会更不错的(만일 네가 말하기 전에 나에게 알려주지 않았다면, 효과가 더 괜찮았을 거야)라고 말하며 그런 말은 알려주지 않는 게 효과가 더 좋았을 거라고 했다. 따라서 남자의 뜻으로 알맞은 것은 C이다.

어휘 读 dú 뙹 소리 내어 읽다, 낭독하다　笑话 xiàohua 뎽 우스운 이야기　有意思 yǒuyìsi 혱 재미있다　一定 yídìng 뭰 반드시, 틀림없이　笑 xiào 뙹 웃다　肚子 dùzi 뎽 배　疼 téng 혱 아프다　要是 yàoshi 뎝 만약에　讲 jiǎng 뙹 말하다　之前 zhīqián 뎽 ~이전, ~의 앞　提醒 tíxǐng 뙹 일깨우다, 깨우치다　效果 xiàoguǒ 뎽 효과　更 gèng 뭰 더욱　不错 búcuò 혱 좋다　继续 jìxù 뙹 계속하다　努力 nǔlì 뙹 노력하다　懂得 dǒngde 뙹 알다　放弃 fàngqì 뙹 포기하다　不用 búyòng 뙹 ~할 필요가 없다　着急 zháojí 뙹 조급해하다

★★★ 하

17

男: 小李，我想为昨天的事向你道歉，其实当时
　　我太激动了，你能理解我吗？
女: 当然，我早就原谅你了，你也不是故意的。

问: 根据对话，下列哪个正确？

A 男的高兴极了
B 男的在道歉
C 女的要打招呼
D 他们在吵架

남: 샤오리. 나 어제 일로 너에게 사과하고 싶어. 사실은 그때 내가
　너무 흥분했어. 날 이해해줄 수 있어?
여: 당연하지. 진작에 용서했어. 너도 고의가 아니었잖아.

질문: 대화를 근거로, 다음 중 옳은 것은?

A 남자는 매우 기쁘다
B 남자는 사과하고 있다
C 여자가 인사하려고 한다
D 그들은 다투고 있다

해설 보기가 모두 상태와 행동을 나타낸다. 남자가 여자에게 我想为昨天的事向你道歉(나 어제 일로 너에게 사과하고 싶어)이
라고 하며 사과하고 있다. 이에 여자는 용서했다고 했으므로 옳은 내용이 B임을 알 수 있다.

어휘 为 wèi 깨 ~때문에, ~위해서　向 xiàng 깨 ~을 향해　道歉 dàoqiàn 동 사과하다　其实 qíshí 부 사실은　当时 dāngshí 명
그 당시　激动 jīdòng 동 격하게 움직이다　理解 lǐjiě 동 알다　早就 zǎojiù 부 진작에, 일찍이　原谅 yuánliàng 동 용서하다,
양해하다　故意 gùyì 부 고의로, 일부러　高兴 gāoxìng 형 기쁘다　极了 jíle 형용사 뒤에 위치하여 정도가 높음을 나타냄　打
招呼 dǎ zhāohu 동 인사하다　吵架 chǎojià 동 말다툼하다

★★★ 중

18

女: 哇！这儿的景色真优美啊，空气也新鲜。
男: 是啊，公园里到处都开满了五颜六色的鲜
　　花，这里的风景真是吸引人啊。

问: 他们觉得那儿怎么样？

A 秋季凉快
B 经常下雨
C 风景美丽
D 空气干燥

여: 와! 여기 풍경이 정말 아름답다. 공기도 신선해.
남: 그러게. 공원 곳곳에 가지각색의 꽃이 가득 피었어. 여기 풍경
　정말 사람들을 매료시킨다.

질문: 그들은 이곳을 어떻게 생각하는가?

A 가을이 시원하다
B 자주 비가 내린다
C 풍경이 아름답다
D 공기가 건조하다

해설 보기는 모두 지역에 대한 특징을 나타낸다. 여자가 감탄하면서 景色真优美啊(풍경이 정말 아름답다)라고 했다. 따라서 그
들의 이곳에 관한 견해로 알맞은 것은 C이다.

어휘 景色 jǐngsè 명 풍경　优美 yōuměi 형 아름답다　空气 kōngqì 명 공기　新鲜 xīnxiān 형 신선하다　公园 gōngyuán 명 공원
到处 dàochù 명 도처, 곳곳　开 kāi 명 피다, 열다　满 mǎn 형 가득하다　五颜六色 wǔ yán liù sè 성 여러 가지 빛깔, 가지각
색　鲜花 xiānhuā 명 생화, 꽃　风景 fēngjǐng 명 풍경　吸引 xīyǐn 동 매료시키다　秋季 qiūjì 명 가을철　凉快 liángkuai 형
시원하다　经常 jīngcháng 부 자주　下雨 xiàyǔ 동 비가 오다　美丽 měilì 형 아름답다　干燥 gānzào 형 건조하다

★★★ 하

19

男：您好，我要取十万块钱，需要身份证吗？ 女：先生，现在不管是存款还是取款，超过一万元都要出示身份证。	남: 안녕하세요. 저는 10만 위안을 인출하려고 합니다. 신분증이 필요한가요? 여: 선생님. 지금 저금을 하든 출금을 하든 1만 위안이 넘으면 신분증을 제시하셔야 합니다.
问：男的想做什么？	질문: 남자는 무엇을 하려고 하는가?
A 找零钱 B 存钱 **C 取现金** D 办信用卡	A 잔돈을 거슬러주다 B 저금을 하다 **C 현금을 인출하다** D 신용카드를 만든다

해설 보기는 모두 행동을 나타내고 은행 관련 내용이다. 남자가 여자에게 我要取十万块钱(저는 10만 위안을 인출하려고 합니다)이라고 하면서 신분증이 필요하느냐고 물었다. 따라서 남자가 하려고 하는 것이 C임을 알 수 있다.

Tip▶ **돈에 관한 표현**

花钱 huāqián 통 돈을 쓰다	付款 fùkuǎn 통 돈을 지불하다 (= 付钱)
赚钱 zhuànqián 통 돈을 벌다	浪费 làngfèi 통 낭비하다
存款 cúnkuǎn 통 저금하다 (= 存钱)	节约 jiéyuē 통 절약하다
取款 qǔkuǎn 통 돈을 찾다, 인출하다 (= 取钱)	汇款 huìkuǎn 통 송금하다

어휘 取 qǔ 통 가지다, 얻다   万 wàn 주 만(10,000)   需要 xūyào 통 필요하다   身份证 shēnfènzhèng 명 신분증   不管A, 都B bùguǎn A, dōu B 접 A에 관계없이 모두 B하다   存款 cúnkuǎn 통 저금하다   取款 qǔkuǎn 통 돈을 찾다   超过 chāoguò 통 초과하다   出示 chūshì 통 제시하다   找 zhǎo 통 거슬러 주다, 찾다   零钱 língqián 명 잔돈, 푼돈   现金 xiànjīn 명 현금   办 bàn 통 처리하다   信用卡 xìnyòngkǎ 명 신용카드

★☆☆ 하

20

女：你读了好几年法律，不当律师不是太可惜了吗？ 男：你说的也对，不过我想做我真正感兴趣的事。	여: 너는 몇 년간 법률을 공부했는데, 변호사를 안 하면 너무 아쉽지 않아? 남: 네 말도 맞아. 하지만 나는 내가 진정으로 관심 있는 일을 하고 싶어.
问：女的为什么觉得男的可惜？	질문: 여자는 왜 남자가 안타깝다고 생각하는가?
A 不想参赛 B 不去旅行 **C 不愿当律师** D 不去参观长城	A 경기에 참가하고 싶지 않아서 B 여행을 가지 않아서 **C 변호사가 되기를 원하지 않아서** D 만리장성에 가지 않아서

해설 보기는 행동을 나타낸다. 여자가 남자에게 不当律师不是太可惜了吗？(변호사를 안 하면 너무 아쉽지 않아?)라고 묻는 것을 통해 남자가 변호사를 하고 싶어 하지 않음을 알 수 있다. 따라서 여자가 남자를 안타깝다고 생각하는 이유는 C이다.

어휘 读 dú 통 공부하다   法律 fǎlù 명 법률   当 dāng 통 ~이 되다   律师 lùshī 명 변호사   可惜 kěxī 형 아쉽다, 아깝다, 섭섭하다   不过 búguò 접 그러나   真正 zhēnzhèng 형 진정한   感兴趣 gǎn xìngqù 통 관심을 갖다   参赛 cānsài 통 시합에 참가하다   旅行 lǚxíng 통 여행하다   愿 yuàn 통 원하다, 바라다   参观 cānguān 통 참관하다   长城 Chángchéng 지명 만리장성

21

男：看起来你今天心情很好，是不是有什么好事？	남: 너 오늘 기분이 좋아 보인다. 무슨 좋은 일 있어?
女：是啊，今天生意比平时好多了，一天就卖出了9台冰箱。	여: 그래. 오늘 장사가 평소보다 잘되었거든. 하루에 냉장고를 9대나 팔았어.
问：女的为什么很开心？	질문: 여자는 왜 기분이 좋은가?
A 生意变好了	A 장사가 잘됐다
B 成绩提高了	B 성적이 향상됐다
C 快生孩子了	C 곧 아이를 낳는다
D 找到工作了	D 일자리를 찾았다

해설 보기는 모두 변화를 나타낸다. 남자가 여자에게 무슨 좋은 일이 있느냐고 물었고, 이에 여자는 今天生意比平时好多了 (오늘 장사가 평소보다 잘되었거든)라고 대답했다. 따라서 여자가 기분이 좋은 이유는 A이다.

어휘 看起来 kànqǐlái 보아하니, 보기에　心情 xīnqíng 몡 마음, 기분　生意 shēngyi 몡 장사, 사업　平时 píngshí 몡 평소, 평상시　卖 mài 통 팔다　台 tái 양 대 [가전제품을 세는 단위]　冰箱 bīngxiāng 몡 냉장고　开心 kāixīn 헹 기쁘다　变 biàn 통 바뀌다, 변하다　成绩 chéngjì 몡 성적　提高 tígāo 통 향상시키다, 제고하다　生 shēng 통 낳다　孩子 háizi 몡 아이, 자녀　找 zhǎo 통 찾다, 거슬러 주다　工作 gōngzuò 통 일하다 몡 일자리

22

女：按照原来的计划，这些任务这周之前就应该完成好。	여: 원래의 계획대로, 이 임무는 이번 주 안에 완성해야 합니다.
男：对啊，没想到这些任务做起来却很困难。下周也恐怕会做不完。	남: 맞아요. 뜻밖에도 이 임무를 하자니 너무 힘들어요. 다음 주에도 아마 다 못 끝낼 거 같아요.
问：根据对话，可以知道什么？	질문: 대화를 근거로, 무엇을 알 수 있는가?
A 弄丢了地图	A 지도를 잃어버렸다
B 任务没完成	B 임무는 완성되지 않았다
C 路上堵车了	C 길이 막혔다
D 洗衣机坏了	D 세탁기가 고장났다

해설 보기는 모두 행동을 나타낸다. 보기의 키워드로 A는 地图(지도), B는 任务(임무), C는 堵车(차가 막히다), D는 洗衣机(세탁기)를 삼고 녹음을 듣는다. 여자가 这些任务这周之前就应该完成好(이 임무는 이번 주 안에 완성해야 합니다)라고 한 말을 통해 임무가 아직 완성되지 않았음을 알 수 있다. 따라서 대화를 통해 알 수 있는 내용은 B이다.

　Tip▶ 개사 按照

　　　개사 按照는 '규정, 규칙, 계획, 조건, 순서' 등의 기준에 따라서 행동함을 나타낸다.
　　　• 호응 구조: [按照 + 2음절 명사(条件/规定/顺序/情况) + 동사 술어]
　　　　예 按照公司规定处理一下. 회사 규정에 따라서 처리하겠습니다.

어휘 按照 ànzhào 깨 ~에 따라, ~에 의해　原来 yuánlái 헹 원래의, 고유의　计划 jìhuà 통 계획하다　任务 rènwu 몡 임무　之前 zhīqián ~이전, ~의 앞　应该 yīnggāi 조통 마땅히 ~해야 한다　完成 wánchéng 통 완성하다　却 què 뿐 오히려, 도리어　困难 kùnnan 헹 곤란하다 몡 어려움　恐怕 kǒngpà 뿐 아마도　弄 nòng 통 하다　丢 diū 통 잃다　地图 dìtú 몡 지도　路上 lùshang 몡 길 위, 도중　堵车 dǔchē 통 교통이 꽉 막히다　洗衣机 xǐyījī 몡 세탁기　坏 huài 통 고장나다

★★☆ 중

23

| 男：今天正是情人节，要去电影院的人恐怕会很多，咱们改天去怎么样？
女：不行，无论什么时候去，人都会很多，我们还是今天去电影院吧。

问：女的是什么意思？

A 哪儿都不去
B 换个地方
C 改天再去
D 今天就去 | 남: 오늘은 마침 발렌타인 데이인데, 영화관에 가려는 사람이 아마도 아주 많을 거야. 우리 다른 날 가는 게 어떨까？
여: 안 돼. 언제 가든지 사람은 많아. 우리 그냥 오늘 영화관에 가자.

질문: 여자는 무슨 뜻인가？

A 어디든 안 간다
B 장소를 바꾼다
C 다른 날 다시 간다
D 오늘 바로 간다 |

해설 보기에 모두 去(가다)가 공통적으로 있으므로 어디에 가는지와 언제 가는지를 주의해서 듣는다. 남자가 발렌타인 데이이므로 영화관에 다른 날 가자고 했고, 이에 여자는 不行(안 돼)이라고 하며 我们还是今天去电影院吧(우리 그냥 오늘 영화관에 가자)라고 했다. 따라서 여자의 뜻으로 알맞은 것은 D이다.

Tip▶ 조건 관계를 나타내는 접속사 无论

无论은 '~에도 불구하고, ~에 관계없이'라는 뜻을 나타내며, 无论 뒤에는 의문 형태의 절이 온다. 후반절에는 보통 都/也 등의 부사와 함께 쓰인다.

· 호응 구조: [无论A(의문 형태), 都/也B] A를 막론하고 B하다

예 无论吃什么，都可以。 무엇을 먹든지 다 괜찮다.

어휘 情人节 qíngrénjié 발렌타인 데이 电影院 diànyǐngyuàn 몡 영화관 恐怕 kǒngpà 児 아마도 改天 gǎitiān 몡 후일, 다른 날 无论A，都B wúlùn A, dōu B 젭 A를 막론하고 B하다 所以 suǒyǐ 젭 그래서 换 huàn 동 교환하다 바꾸다 地方 dìfang 몡 지방, 곳, 군데

★★☆ 하

24

| 女：你一运动就感到这么累，看来平时太缺少锻炼了，以后要经常运动运动啊。
男：好啊，其实我偶尔会出来打羽毛球，但打完之后全身都酸疼，我决定从今天开始坚持锻炼。

问：女的建议男的怎么做？

A 早睡早起
B 经常锻炼
C 提前出发
D 收拾行李 | 여: 너 운동하면 바로 이렇게 피곤함을 느끼는데, 보니까 평소 운동 부족이야. 앞으로 자주 운동 좀 해.
남: 좋아. 사실 나 가끔 나와서 배드민턴을 치는데, 치고 난 후에 온몸이 쑤셔. 오늘부터 꾸준히 운동하기로 결정했어.

질문: 여자는 남자에게 어떻게 하라고 권하는가？

A 아침에 일찍 자고 일찍 일어난다
B 자주 운동한다
C 미리 출발한다
D 짐을 정리한다 |

해설 보기는 모두 행동을 나타낸다. 여자는 남자에게 피곤해하는 것이 운동 부족 때문이라고 하며 以后要经常运动运动啊(앞으로 자주 운동 좀 해)라고 말했다. 이에 남자가 그렇게 하겠다고 했으므로, 여자가 남자에게 권한 것은 B이다.

Tip▶ 조건을 나타내는 고정 격식 '一A，就B'

고정 격식으로 쓰이는 '一A，就B'는 'A하자마자 B하다'라는 뜻을 나타내며, 시간과 조건의 의미로 모두 사용할 수 있다.

예 我一到家**就**洗了手。 나는 집에 도착하자마자 손을 씻었다. (시간)

예 他一喝酒脸**就**红。 그는 술만 마시면 얼굴이 빨개진다. (조건)

어휘 运动 yùndòng 통 운동하다 명 운동 感到 gǎndào 통 느끼다 这么 zhème 대 이러한 累 lèi 형 피곤하다 看来 kànlái 보아하니 平时 píngshí 명 평소, 평상시 缺少 quēshǎo 통 부족하다, 모자라다 锻炼 duànliàn 통 단련하다 经常 jīngcháng 부 자주 其实 qíshí 부 사실은 偶尔 ǒu'ěr 부 가끔 羽毛球 yǔmáoqiú 명 배드민턴 但 dàn 접 그러나 之后 zhīhòu 명 ~뒤, 그 후 全身 quánshēn 명 전신, 온몸 酸疼 suānténg 형 시큰시큰 쑤시고 아프다 决定 juédìng 통 결정하다 从 cóng 개 ~로 부터 开始 kāishǐ 통 시작되다 坚持 jiānchí 통 견지하다 提前 tíqián 통 앞당기다 收拾 shōushi 통 치우다, 정리하다 行李 xíngli 명 여행짐, 캐리어

★☆☆ 하

25

男：您是光临本店的第一万名顾客。为了祝贺您，我们准备了这个蛋糕。	남: 저희 가게에 오신 1만 명째 고객이십니다. 당신을 축하하기 위해, 저희가 이 케이크를 준비했어요.
女：是吗？太感谢您了。	여: 그래요? 너무 감사합니다.
问：女的收到了什么礼物？	질문: 여자는 무슨 선물을 받았는가?
A **蛋糕**	A **케이크**
B 雨伞	B 우산
C 袜子	C 양말
D 帽子	D 모자

해설 보기는 모두 사물을 나타낸다. 남자는 여자에게 1만 명째 고객이라고 했고, 我们准备了这个蛋糕(저희가 이 케이크를 준비했어요)라고 하며 케이크를 줬다. 따라서 여자가 받은 선물은 A이다.

어휘 光临 guānglín 통 왕림하다 [존댓말] 本 běn 대 (상대방에 대하여) 자기 쪽의 第一 dìyī 주 제1, 최초 万 wàn 주 만(10,000) 顾客 gùkè 명 고객 为了 wèile 개 ~을 하기 위해서 祝贺 zhùhè 통 축하하다 准备 zhǔnbèi 통 준비하다 蛋糕 dàngāo 명 케이크 感谢 gǎnxiè 통 감사하다, 고맙다 袜子 wàzi 명 양말

듣기 제3부분

[풀이전략] 녹음을 듣기 전에 보기의 핵심 키워드를 파악하여 녹음의 내용을 짐작한다. 녹음을 들으면서 들은 내용을 보기에 메모하고 질문에 알맞은 정답을 고른다.

★☆☆ 하

26

男：你的腿怎么了？走路看起来不对劲儿。	남: 너 다리 어떻게 된 거야? 걷는 게 조금 이상한 거 같은데.
女：嗯，我脚有点儿疼，咱们休息会儿吧。	여: 응. 나 발이 좀 아파. 우리 잠시 쉬자.
男：要不要去医院？你先在这儿坐下来。	남: 병원에 가야 되는 거 아니야? 너 우선 여기에 앉아 봐.
女：好。	여: 알겠어.
问：女的怎么了？	질문: 여자는 왜 그러는가?
A 胳膊受伤了	A 팔을 다쳤다
B **脚有些疼**	B **발이 좀 아프다**
C 肚子难受	C 속이 불편하다
D 头有点疼	D 머리가 좀 아프다

보기는 모두 신체가 아픈 증상들이다. 남자가 여자에게 다리가 왜 그런지 물었고, 여자는 我脚有点儿疼(나 발이 좀 아파)이라고 했다. 따라서 여자의 상황에 대한 설명으로 알맞은 것은 B이다.

Tip▶ 유의어 难受 vs 难过
- 难受: 사람의 육체적 · 정신적인 면에서 참기 어렵고 마음에 견디기 어려운 것을 가리킨다. 육체적인 면에서는 몸이 좋지 않아 고통스러워 불편하다는 의미가 있다.
- 难过: 사람의 마음 상태에 비중을 두어 마음이 괴롭고, 울적한 마음이 쉽게 사라지지 않는 것을 나타낸다. 동사로도 쓰이며 힘들게 살아가는 것을 의미한다.

어휘 腿 tuǐ 명 다리   走路 zǒulù 통 걷다   看起来 kànqǐlái 보아하니, 보기에   对劲儿 duìjìnr 통 정상적이다   脚 jiǎo 명 발   疼 téng 형 아프다   休息 xiūxi 통 휴식하다   医院 yīyuàn 명 병원   先 xiān 부 먼저, 앞서   胳膊 gēbo 명 팔   受伤 shòushāng 통 부상을 당하다   肚子 dùzi 명 배   难受 nánshòu 형 (육체적, 정신적으로) 불편하다, 견딜 수 없다   头 tóu 명 머리

★★☆ 중

27

| 女: 这场电影马上就要开始了，现在出发也已经来不及了。
男: 那我们看下一场怎么样？
女: 好吧！只能这样了。
男: 我们先找个地方一边喝杯茶一边聊天儿吧。

问: 男的为什么建议看下一场电影？

A 走错路了
B 堵得太厉害
C 快来不及了
D 电影票卖光了 | 여: 이 영화가 곧 시작할텐데, 지금 출발하면 이미 늦었어.
남: 그럼 다음 영화를 보는 게 어때?
여: 그러자! 그렇게 할 수밖에 없겠어.
남: 우리 먼저 어디 가서 차 마시면서 수다 떨자.

질문: 남자는 왜 다음 영화를 보라고 하는가?

A 길을 잘못 갔다
B 차가 심하게 막힌다
C 시간적 여유가 없다
D 영화표가 다 팔렸다 |

해설 보기는 모두 상황을 나타낸다. 여자는 남자에게 영화가 곧 시작한다고 하며 现在出发也已经来不及了(지금 출발하면 이미 늦었어)라고 했고, 이어 남자는 다음 영화를 보자고 했다. 따라서 남자가 다음 영화를 보자고 권한 이유가 C임을 알 수 있다.

Tip▶ 고정 격식 '一边A, 一边B' A하면서, B하다
一边은 두 가지 동작이 동시에 진행되는 것을 나타내며, '一'는 생략할 수 있다.
예 我很喜欢一边看杂志一边喝咖啡。 나는 잡지를 보면서 커피를 마시는 것을 좋아한다.

어휘 场 chǎng 양 회, 차례 [문예 · 오락 · 체육 활동 등에 쓰임]   马上 mǎshàng 부 바로, 곧   开始 kāishǐ 통 시작하다, 시작되다   出发 chūfā 통 출발하다   已经 yǐjīng 부 벌써, 이미   来不及 láibují 통 제시간에 댈 수 없다, ~할 여유가 없다   只 zhǐ 부 다만, 단지   先 xiān 부 먼저, 우선   找 zhǎo 통 찾다, 거슬러 주다   地方 dìfang 명 곳, 군데, 지방   聊天儿 liáotiānr 통 잡담하다, 한담하다   走 zǒu 통 걷다, 가다   错 cuò 형 틀리다   路 lù 명 길, 노정   堵 dǔ 통 막다, 막히다   厉害 lìhai 형 심하다, 대단하다   电影票 diànyǐngpiào 명 영화표   卖光 màiguāng 통 매진되다, 다 팔리다

★☆☆ 하

28

| 男: 学校组织下个月举办一场晚会。我们班出什么节目呢？
女: 表演唱歌和跳舞吧。
男: 每次都出一样的节目很无聊。要不我们表演一段京剧怎么样？
女: 好主意！正好我们班里有几个同学会唱京剧呢。 | 남: 학교에서 다음 달에 파티를 기획한대. 우리 반은 어떤 프로그램을 할까?
여: 노래하고 춤을 추자.
남: 매번 똑같은 프로그램만 하니까 너무 지루해. 아니면 우리 경극의 한 부분을 공연하는 게 어때?
여: 좋은 생각이야! 마침 우리 반에 경극 노래를 할 줄 아는 친구들이 몇 명 있잖아. |

问：男的最后建议表演什么节目？	질문: 남자는 마지막에 어떤 프로그램을 하자고 건의했는가?
A 弹钢琴 B 童话故事 C 唱歌跳舞 **D 表演京剧**	A 피아노 연주 B 동화 이야기 C 노래와 춤 **D 경극 공연**

해설 보기는 모두 공연의 종류를 나타낸다. 남자가 여자에게 다음 달 파티에 어떤 프로그램을 할지 물었고, 여자는 노래하고 춤을 추자고 했다. 하지만 남자는 다시 要不我们表演一段京剧怎么样？(아니면 우리 경극의 한 부분을 공연하는 게 어때?)이라고 제안했다. 따라서 마지막에 함께 하자고 건의한 프로그램으로 알맞은 정답은 D이다.

어휘 学校 xuéxiào 몡 학교　组织 zǔzhī 동 조직하다, 기획하다　举办 jǔbàn 동 거행하다　场 chǎng 양 회, 차례 [문예·오락·체육 활동 등에 쓰임]　晚会 wǎnhuì 몡 파티　班 bān 몡 반　节目 jiémù 몡 프로그램　表演 biǎoyǎn 동 공연하다　跳舞 tiàowǔ 동 춤을 추다　次 cì 양 번, 회　一样 yíyàng 형 같다　无聊 wúliáo 형 무료하다　要不 yàobù 접 그러지 않으면　段 duàn 양 동안, 구간 [시공간의 일정한 거리를 나타냄]　京剧 jīngjù 몡 경극　主意 zhǔyi 몡 생각, 의견　正好 zhènghǎo 분 때마침, 공교롭게도　同学 tóngxué 몡 학우, 학교 친구, 동창　弹钢琴 tán gāngqín 동 피아노를 치다　童话 tónghuà 몡 동화　故事 gùshi 몡 고사, 이야기

★★☆ 상

29

女：这次同学聚会我想穿这条绿色的裙子去参 　　加，你看怎么样？ 男：很合身，绿色很适合你。毕业后你也经常和 　　同学联系吗？ 女：不，毕业后我们好久没联系了。 男：你现在的样子和毕业那时差不多，他们一看 　　就会认出你的。	여: 이번 동창회에 초록색 치마를 입고 가고 싶은데, 네가 보기에는 　　어때? 남: 잘 어울려. 초록색이 너에게 잘 어울려. 졸업 후에 너도 동창들 　　과 자주 연락했어? 여: 아니, 졸업 후에 우리는 오랫동안 연락을 못했어. 남: 너 지금 모습은 졸업할 때와 비슷해. 그들은 보자마자 너인 줄 　　알아볼 거야.
问：关于女的，可以知道什么？	질문: 여자에 관하여, 무엇을 알 수 있는가?
A 比以前胖了 **B 变化不太多** C 就要结婚了 D 是一名教授	A 예전보다 살쪘다 **B 변화가 많지 않다** C 곧 결혼한다 D 교수이다

해설 보기는 모두 인물에 대한 설명이다. 여자와 남자는 동창회에 관한 이야기를 하고 있고, 남자는 여자에게 你现在的样子和毕业那时差不多(너 지금 모습은 졸업할 때와 비슷해)라고 말했다. 따라서 여자에 관하여 알 수 있는 내용은 B이다.

어휘 次 cì 양 회, 차례　同学 tóngxué 몡 학우, 학교 친구, 동창　聚会 jùhuì 몡 모임, 집회 동 모이다　穿 chuān 동 입다　条 tiáo 양 개 [생활용품·도구와 관련된 것을 세는 단위]　绿色 lǜsè 몡 녹색　裙子 qúnzi 몡 치마　参加 cānjiā 동 참가하다　合身 héshēn 형 (의복이) 몸에 맞다　适合 shìhé 동 알맞다, 적합하다　毕业 bìyè 동 졸업하다　经常 jīngcháng 분 자주　联系 liánxì 동 연락하다　好久 hǎojiǔ 형 (시간이) 오래다　样子 yàngzi 몡 모습, 상황　那时 nàshí 몡 그 때　差不多 chàbuduō 형 비슷하다　认出 rènchū 동 알아채다　以前 yǐqián 몡 예전, 이전　胖 pàng 형 뚱뚱하다, 살지다　变化 biànhuà 동 변화하다　结婚 jiéhūn 동 결혼하다　教授 jiàoshòu 몡 교수

★☆☆ 하

30

男：请问一下，您知道长江饭店在哪儿吗？ 女：以前那家店就在这条街上，但是几年前搬走了。 男：是吗？那么搬到哪儿了呢？ 女：不太清楚，你可以上网查一下，很快就能查到地址。 问：女的建议男的怎么做？	남: 실례합니다. 장강 음식점이 어디에 있는지 아세요? 여: 예전에 그 음식점이 이 길에 있었는데, 몇 년 전에 이사를 갔어요. 남: 그래요? 그럼 어디로 이사갔나요? 여: 잘 몰라요. 인터넷으로 검색해보세요. 금방 주소를 찾을 수 있을 거예요. 질문: 여자는 남자가 어떻게 하기를 권하는가?
A 向别人问路 **B 上网查地址** C 自己找办法 D 重新看地图	A 다른 사람에게 길 묻기 **B 인터넷에서 길 찾기** C 직접 방법을 찾기 D 다시 지도를 보기

해설 보기는 모두 목적지를 찾는 방법이다. 남자가 여자에게 장강 음식점의 위치를 물었고, 여자는 你可以上网查一下, 很快就能查到地址(인터넷으로 검색해보세요. 금방 주소를 찾을 수 있을 거예요)이라고 대답했다. 따라서 여자가 남자에게 권한 방법은 B임을 알 수 있다.

어휘 长江 Chángjiāng 지명 창장, 장강, 양쯔강　饭店 fàndiàn 명 음식점, 호텔　以前 yǐqián 명 이전, 과거　家 jiā 양 가게를 세는 단위　条 tiáo 양 (길·강 등) 가늘고 긴 것을 세는 단위　街 jiē 명 거리　但是 dànshì 접 그러나　搬 bān 통 옮기다, 이사하다　清楚 qīngchu 통 알다 형 분명하다　上网 shàngwǎng 통 인터넷에 접속하다　查 chá 통 찾다, 검사하다　地址 dìzhǐ 명 주소, 소재지　向 xiàng 개 ~향해서　别人 biérén 대 다른 사람　问路 wènlù 통 길을 묻다　自己 zìjǐ 대 자기, 자신　找 zhǎo 통 찾다, 거슬러 주다　办法 bànfǎ 명 방법　重新 chóngxīn 부 다시, 재차　地图 dìtú 명 지도

★★★ 상

31

女：快过来尝尝，这是我第一次做的烤鸭，好吃吗？ 男：味道还不错，没想到你竟然有手艺啊，不过我建议多放点儿盐。 女：我故意少放盐的，这样不就更健康了吗？ 男：你说得对，其实我平时爱吃咸的。以后该改改这个习惯了。 问：男的决定以后怎么做？	여: 빨리 와서 맛 봐봐. 이것은 내가 처음으로 만든 오리구이야. 맛있지? 남: 맛이 그런대로 괜찮다. 뜻밖에 너 솜씨가 좋구나. 그런데 소금을 조금 더 많이 넣었으면 해. 여: 내가 일부러 소금을 조금 넣었어. 이렇게 하면 더 건강하지 않아? 남: 네 말이 맞아. 사실 나 평소에 짠것을 먹는 걸 좋아해서, 앞으로 이 습관을 고쳐야겠어. 질문: 남자는 이후에 어떻게 하기로 했는가?
A 多做运动 B 多吃甜食 **C 少吃盐** D 少吸烟	A 많이 운동한다 B 단것을 많이 먹는다 **C 소금을 덜 먹는다** D 담배를 덜 피운다

해설 보기는 모두 구체적인 행동을 나타낸다. 보기의 키워드로 A는 运动(운동하다), B는 甜食(단것), C는 盐(소금), D는 抽烟(담배를 피우다)을 삼고 녹음을 듣는다. 여자와 남자는 오리구이에 대해 이야기를 하고 있고, 남자는 소금을 더 넣으면 좋겠다고 하면서 其实我平时爱吃咸。以后该改改这个习惯了(사실 나 평소에 짠것을 먹는 걸 좋아해서, 앞으로 이 습관을 고쳐야겠어)라고 했다. 따라서 남자가 앞으로 하려고 하는 행동은 C임을 알 수 있다.

어휘 尝 cháng 图 맛보다   第一次 dìyīcì 图 맨 처음, 제1차   烤鸭 kǎoyā 图 오리구이   好吃 hǎochī 图 맛있다   味道 wèidao 图 맛
不错 búcuò 图 좋다   竟然 jìngrán 图 뜻밖에도   手艺 shǒuyì 图 솜씨, 손재간   不过 búguò 图 그러나   建议 jiànyì 图 건의
하다, 제의하다   放 fàng 图 넣다, 놓다   盐 yán 图 소금   故意 gùyì 图 일부러, 고의로   更 gèng 图 더욱   健康 jiànkāng 图
건강하다   其实 qíshí 图 사실은   平时 píngshí 图 평소   咸 xián 图 짜다   以后 yǐhòu 图 앞으로, 이후에   该 gāi 图 ~해야
한다   改 gǎi 图 고치다, 바로잡다   习惯 xíguàn 图 습관 图 습관이 되다   运动 yùndòng 图 운동   甜食 tiánshí 图 단맛의 식
품   吸烟 xīyān 图 담배를 피우다

★★☆ 중

32
男：不好意思，能不能让我先取一下票？我要乘
　　坐的那趟火车马上就要停止检票了。
女：好的，那你先取票吧。
男：真感谢您的谅解。
女：但以后你应该提前来排队取票。

问：对话最可能发生在哪儿？

A 火车站
B 机场
C 车站
D 加油站

남: 죄송한데, 제가 먼저 표를 뽑을 수 있을까요? 제가 타야 하는
　　기차가 곧 검표를 하거든요.
여: 알겠어요. 그럼 먼저 티켓을 뽑으세요.
남: 양해해주셔서 정말 감사해요.
여: 그렇지만 앞으로는 일찍 오셔서 표를 뽑고 줄을 서야 합니다.

질문: 대화는 어디에서 발생하는가?

A 기차역
B 공항
C 정류장
D 주유소

해설 보기는 모두 장소를 나타낸다. 남자는 여자에게 먼저 표를 뽑을 수 있느냐고 양해를 구하며 我要乘坐的那趟火车马上就
要停止检票了(제가 타야 하는 기차가 곧 검표를 하거든요)라고 말했다. 남자의 말에 火车(기차)가 들렸으므로 대화가 발
생한 장소는 기차역임을 알 수 있다. 정답은 A이다.

어휘 不好意思 bùhǎoyìsi 죄송하다, 유감이다   先 xiān 图 먼저, 우선   乘坐 chéngzuò 图 타다   趟 tàng 图 차례, 번 [왕래하는 횟수
를 나타냄]   火车 huǒchē 图 기차   马上 mǎshàng 图 곧, 바로   停止 tíngzhǐ 图 멈추다, 정지하다   检票 jiǎnpiào 图 검표하
다   感谢 gǎnxiè 图 감사하다, 고맙다   谅解 liàngjiě 图 양해하다   但 dàn 图 그러나   以后 yǐhòu 图 이후   应该 yīnggāi 图
마땅히 ~해야 한다   提前 tíqián 图 앞당기다   排队 páiduì 图 줄을 서다   火车站 huǒchēzhàn 图 기차역   机场 jīchǎng 图
공항   车站 chēzhàn 图 정류장   加油站 jiāyóuzhàn 图 주유소

★★☆ 중

33
女：喂？老王，你能帮我请个假吗？今天我不能
　　去上班了。
男：怎么回事？到底发生了什么事情？
女：我女儿从昨晚就开始发烧了，比较严重，我
　　想带她去看病。
男：知道了，那你赶紧去医院吧。

问：女的打电话做什么？

A 通知成绩
B 问价格
C 告诉结果
D 请假

여: 여보세요? 라오왕, 너 나 대신 휴가 좀 신청해줄 수 있어? 오늘
　　나 출근할 수가 없어.
남: 무슨 일이야? 도대체 무슨 일이 생긴 건데?
여: 내 딸이 어제 저녁부터 열이 나서, 조금 위중해. 딸을 데리고 진
　　료받으러 가고 싶어.
남: 알겠어. 그럼 너 어서 병원에 가 봐.

질문: 여자는 무엇을 하려 전화했는가?

A 성적을 알려주려고
B 가격을 문의하려고
C 결과를 알려주려고
D 휴가를 내려고

해설 보기는 모두 행동을 나타낸다. 여자가 你能帮我请个假吗?(너 나 대신 휴가 좀 신청해줄 수 있어?)라고 하며 출근할 수 없다고 말했으므로 여자가 전화한 이유가 휴가를 내기 위함임을 알 수 있다. 정답은 D이다.

어휘 喂 wèi 갭 여보세요　帮 bāng 통 돕다　请假 qǐngjià 통 신청하다　怎么回事 zěnmehuíshì 어떻게 된 거야?　到底 dàodǐ 부 도대체　发生 fāshēng 통 발생하다　事情 shìqing 명 일, 사건　女儿 nǚ'ér 명 딸　从 cóng 개 ~로부터　昨晚 zuówǎn 명 어제 저녁　开始 kāishǐ 통 시작하다. 시작되다　发烧 fāshāo 통 열이 나다　比较 bǐjiào 부 비교적　严重 yánzhòng 형 위급하다. 심각하다　带 dài 통 데리다. 가지다　看病 kànbìng 통 진찰을(치료를) 받다　赶紧 gǎnjǐn 부 서둘러　医院 yīyuàn 명 병원　通知 tōngzhī 통 통지하다　成绩 chéngjì 명 성적, 점수　价格 jiàgé 명 가격　告诉 gàosu 통 알리다　结果 jiéguǒ 명 결과

★☆☆ 하

34

男：天真热啊，我有点口渴，咱们去对面买喝的怎么样？	남: 날이 정말 덥다. 나 좀 목마른데, 우리 건너편에 마실 거 사러 가는 거 어때?
女：好的，正好我也很渴。	여: 좋아. 마침 나도 목말랐어.
男：我要买瓶矿泉水，你想喝什么饮料？	남: 나는 생수 한 병 살 건데, 너는 무슨 음료 마실래?
女：那我来果汁吧，要葡萄味儿的。	여: 그럼 나는 과일주스로 할게. 포도맛 마실래.
问：女的想喝什么？	질문: 여자는 무엇을 마시고 싶어 하는가?
A 拿铁 **B 果汁** C 矿泉水 D 汽水	A 라떼 **B 과일주스** C 생수 D 사이다

해설 보기는 모두 음료를 나타낸다. 남자는 더워하며 마실 것을 사러 가자고 했고, 여자는 그러자고 하며 那我来果汁吧(그럼 나는 과일주스로 할게)라고 했다. 따라서 여자가 마시고 싶어 하는 것은 B이다.

어휘 天 tiān 명 기후, 날씨　热 rè 형 덥다　口渴 kǒukě 형 목마르다　对面 duìmiàn 명 맞은편　正好 zhènghǎo 부 때마침, 공교롭게도　渴 kě 형 목마르다　瓶 píng 양 병 [병을 세는 단위]　矿泉水 kuàngquánshuǐ 명 광천수, 생수　饮料 yǐnliào 명 음료　果汁 guǒzhī 명 과일주스　葡萄 pútáo 명 포도　味儿 wèir 명 맛　拿铁 nátiě 명 라떼　汽水 qìshuǐ 명 사이다

★★☆ 상

35

女：小伙子，你们这儿有旧杂志吗？	여: 젊은이, 여기 낡은 잡지를 팔아요?
男：有是有，不过今天都卖出去了，你要是想买，明天再来一趟吧。	남: 있긴 있어요. 그런데 오늘은 모두 팔렸어요. 사려면 내일 다시 와 주세요.
女：是吗？这本旧小说怎么卖？	여: 그래요? 이 오래된 소설은 어떻게 팔아요?
男：除了左边的厚书以外，剩下的都是五元一本。	남: 왼쪽의 두꺼운 책을 제외하고 다른 것들은 모두 5위안이에요.
问：根据对话，下列哪个正确？	질문: 대화를 근거로, 다음 중 옳은 것은?
A 女的要旧报纸 B 男的在找零钱 **C 旧杂志卖光了** D 剩下的杂志很多	A 여자는 낡은 신문을 원한다 B 남자는 잔돈을 거슬러 주고 있다 **C 낡은 잡지가 다 팔렸다** D 남은 잡지가 많다

보기의 키워드로 A는 旧报纸(낡은 신문), B는 零钱(잔돈), C는 旧杂志(낡은 잡지), D는 剩下的杂志(남은 잡지)를 삼고 녹음을 듣는다. 여자가 旧杂志(낡은 잡지)를 파느냐고 물었고, 이에 남자는 원래 팔지만 今天都卖出去了(오늘은 모두 팔렸어요)라고 대답했다. 따라서 대화를 근거로 옳은 내용은 C임을 알 수 있다.

Tip▶ **전환을 나타내는 구조**

• **호응 구조: [A是A, 不过(就是/但是/可是)]** A하긴 한데, 그런데 B하다

예 好看**是**好看, **就是**价格有点儿贵。 예쁘긴 한데, 가격이 조금 비싸다.

어휘 小伙子 xiǎohuǒzi 몡 젊은이　旧 jiù 혱 낡다　杂志 zázhì 몡 잡지　要是 yàoshi 젭 만약에　趟 tàng 얭 차례, 번 [왕래하는 횟수를 나타냄]　本 běn 얭 권　怎么 zěnme 떼 어떻게, 왜　卖 mài 동 팔다　除了 chúle 꺠 ~을 제외하고　厚 hòu 혱 두껍다　剩下 shèngxià 동 남다　报纸 bàozhǐ 몡 신문　找 zhǎo 동 거슬러 주다　零钱 língqián 몡 잔돈, 푼돈

36-37

有一天，我陪奶奶逛帽子店，36她在那儿试戴一顶帽子后觉得很满意，就要买，售货员对她说："您真有眼光，这是一款我们店里很受欢迎的帽子。您戴上它看上去比实际年龄年轻了十岁。"37奶奶一听那句话就突然不高兴了，然后把那顶帽子放到原来的地方，并对他说："我才不会买一个一取下来就会让我老十岁的帽子。"	어느 날, 나는 할머니를 모시고 모자 가게에 쇼핑을 갔다. 36할머니께서는 그곳에서 모자 하나를 써 보고는 아주 마음에 들어서 사려고 하셨다. 판매원은 그녀에게 말했다. "정말 안목이 있으시네요. 이것은 우리 가게에서 가장 인기 있는 모자예요. 쓰시면 실제 나이보다 10살은 어려보이실 거예요." 37할머니께서는 그 말을 듣자마자 갑자기 기분이 안 좋아지셨다. 그리고 나서 그 모자를 원래 있던 곳에 두고 그에게 말씀하셨다. "나는 한번 쓰면 10살이나 늙어 보이게 하는 모자를 사지 않겠네."

어휘 陪 péi 동 모시다, 동반하다　奶奶 nǎinai 몡 할머니　逛 guàng 동 거닐다　帽子 màozi 몡 모자　店 diàn 몡 상점, 가게　顶 dǐng 얭 꼭대기가 있는 물건 세는 단위　觉得 juéde 동 ~라고 느끼다　满意 mǎnyì 혱 만족하다　售货员 shòuhuòyuán 몡 판매원　眼光 yǎnguāng 몡 안목, 시선　款 kuǎn 얭 종류·스타일·유형을 세는 단위　受 shòu 동 받다　欢迎 huānyíng 동 환영하다　戴 dài 동 착용하다　看上去 kànshàngqù 동 보아하니　实际 shíjì 혱 실제의　年龄 niánlíng 몡 연령　年轻 niánqīng 혱 젊다　岁 suì 얭 세, 살[나이를 세는 단위]　句 jù 얭 마디 [말·글의 수를 세는 단위]　突然 tūrán 뷔 갑자기　高兴 gāoxìng 혱 기쁘다　然后 ránhòu 젭 그런 후에　原来 yuánlái 혱 원래의, 고유의　地方 dìfang 몡 곳, 군데, 지방　并 bìng 젭 그리고, 또　取 qǔ 동 가지다, 얻다　老 lǎo 혱 늙다

★☆☆ 하

36 奶奶本来想买什么？　　할머니는 원래 무엇을 사려고 했는가?

A 毛衣	A 스웨터
B 帽子	**B 모자**
C 雨伞	C 우산
D 眼镜	D 안경

보기는 모두 사물을 나타낸다. 화자는 할머니를 모시고 모자 가게에 갔다고 하면서 她在那儿试戴一顶帽子后觉得很满意，就要买(할머니께서는 그곳에서 모자 하나를 써 보고는 아주 마음에 들어서 사려고 하셨다)라고 했다. 이를 통해 할머니가 모자가 마음에 들어서 사려고 하셨음을 알 수 있다. 따라서 정답은 B이다.

어휘 毛衣 máoyī 몡 스웨터　雨伞 yǔsǎn 몡 우산　眼镜 yǎnjìng 몡 안경

★★☆ 하

37 听了售货员的话后，奶奶变得怎么样？ | 판매원의 말을 들은 후에 할머니는 어떻게 변했는가?

A 很伤心
B 挺兴奋的
C 十分无聊
D 不太开心

A 상심하다
B 매우 흥분하다
C 매우 무료하다
D 즐겁지 않다

해설 보기는 모두 감정을 나타낸다. 감정 어휘를 키워드로 삼아 녹음을 듣는다. 녹음에서 판매원의 이야기를 듣자마자 할머니에 대해 奶奶一听那句话就突然不高兴了(할머니께서는 그 말을 듣자마자 갑자기 기분이 안 좋아지셨다)라고 표현했다. 开心은 高兴과 같은 뜻이므로 판매원의 말을 들은 후 기분이 안 좋아지셨음을 알 수 있다. 따라서 정답은 D이다.

어휘 伤心 shāngxīn 통 상심하다　挺 tǐng 분 매우　兴奋 xīngfèn 형 흥분하다　十分 shífēn 분 매우　无聊 wúliáo 형 무료하다, 시시하다　开心 kāixīn 형 기쁘다

38-39

位于中国西南的云南省一年四季如春，降雨量较大，所以那里的气候又暖和又湿润，即使冬天也不会特别冷。经常去云南的人会发现：³⁸那儿一年四季都开满五颜六色的鲜花。这种鲜花不仅能吸引着很多游客前往，³⁹还能让云南人以鲜花为原料做出各种各样的小吃。尤其是鲜花饼最有名。

중국 서남에 위치한 윈난성은 1년 사계절이 봄 같다. 강수량이 비교적 많아서 그곳의 기후는 따뜻하고 습하다. 설령 겨울이라고 할지라도 춥지 않다. 자주 윈난에 가는 사람은 발견하게 된다. ³⁸그곳에는 일년 사계절 모두 다채로운 꽃들이 가득 피어 있다. 이런 생화는 많은 관광객들을 매료시킬 뿐만 아니라, ³⁹윈난 사람들로 하여금 이것을 원료로 해서 다양한 간식을 만들게 했다. 특히나 시엔화빙이 가장 유명하다.

어휘 位于 wèiyú 통 ~에 위치하다　西南 Xīnán 지명 중국 시난 지역 [쓰촨(四川)성·윈난(雲南)성·구이저우(貴州)성·티베트(西藏) 등이 포함됨]　云南省 Yúnnánshěng 지명 윈난성, 운남성　四季 sìjì 명 사계절　降雨量 jiàngyǔliàng 명 강우량　较 jiào 분 비교적　所以 suǒyǐ 접 그래서　气候 qìhòu 명 기후　暖和 nuǎnhuo 형 따뜻하다　湿润 shīrùn 형 습윤하다, 축축하다　即使 A, 也B jíshǐ A, yě B 접 설령 A하더라도 B하다　冬天 dōngtiān 명 겨울　特别 tèbié 분 특히, 아주　冷 lěng 형 춥다　经常 jīngcháng 분 자주　发现 fāxiàn 통 발견하다　开 kāi 통 피다, 열다　满 mǎn 형 가득하다　五颜六色 wǔ yán liù sè 성 여러 가지 빛깔, 가지각색　鲜花 xiānhuā 명 생화　种 zhǒng 양 종류를 세는 단위　不仅 bùjǐn 접 ~일 뿐만 아니라　吸引 xīyǐn 매료시키다　游客 yóukè 명 여행객　前往 qiánwǎng 통 앞으로 가다　原料 yuánliào 명 원료　各种各样 gè zhǒng gè yàng 성 각양각색　小吃 xiǎochī 명 스낵, 간단한 음식　尤其 yóuqí 분 특히, 더욱이　饼 bǐng 명 (굽거나 지지거나 쪄서 만든) 둥글넓적한 밀가루 음식　最 zuì 분 가장, 최고　有名 yǒumíng 형 유명하다

★★★ 상

38 关于云南省，可以知道什么？ | 운남성에 관하여, 무엇을 알 수 있는가？

A 少数民族很多
B 寒冷且干燥
C 四季都开鲜花
D 很少下雪

A 소수 민족이 많다
B 춥고 건조하다
C 사계절 모두 생화가 핀다
D 눈이 잘 안 내린다

해설 보기는 모두 지역의 특징을 나타낸다. 보기의 키워드로 A는 少数民族(소수 민족), B는 寒冷(춥다)과 干燥(건조하다), C는 鲜花(생화), D는 很少下雪(눈이 잘 안 내리다)를 삼고 녹음을 듣는다. 녹음에서는 중국의 운남성을 소개하며 那儿一年四季都开满五颜六色的鲜花(그곳에는 일년 사계절 모두 다채로운 꽃들이 가득 피어 있다)라고 했다. 따라서 운남성에 관하여 알 수 있는 내용은 키워드가 언급된 C이다.

少数民族 shǎoshùmínzú 몡 소수민족　寒冷 hánlěng 톙 한랭하다, 몹시 춥다　且 qiě 젭 게다가　干燥 gānzào 톙 건조하다　下雪 xiàxuě 통 눈이 내리다

★★☆ 상

39 根据这段话，鲜花可用来做什么？

이 글을 근거로, 생화로 무엇을 만들 수 있는가?

A 面条	A 국수
B 饺子	B 음료
C 小吃	**C 간식**
D 蛋糕	D 케이크

해설　보기는 모두 먹거리와 관련된 사물이다. 녹음에서 운남의 생화를 소개하며 관광객을 매료시키는 역할 외에도 还能让云南人以鲜花为原料做出各种各样的小吃(운남 사람들로 하여금 이것을 원료로 해서 다양한 간식을 만들게 하였다)이라고 하여 생화의 역할을 설명하였다. 따라서 생화로 만들 수 있는 것은 C임을 알 수 있다.

어휘　面条 miàntiáo 몡 국수　饺子 jiǎozi 몡 만두　蛋糕 dàngāo 몡 케이크

40-41

一个人从大学毕业出来，一般情况下，没有什么工作经验，对社会的了解也不深，有的甚至是零经验。所以⁴⁰他们找工作的时候，不该只关注赚钱多少或者是否符合专业，而是⁴⁰应该考虑发展机会有多大、这份工作是否适合自己。因此，⁴¹最好先试着工作一段时间，积累一定的经验之后，然后再做决定也不迟。	한 사람이 대학을 졸업한 후에 일반적인 상황에서는 업무 경험이 없고 사회에 대한 이해도 깊지 않다. 어떤 학생은 심지어 경험이 제로이다. 그래서 ⁴⁰그들은 일자리를 구할 때, 돈을 얼마나 버는지 혹은 전공에 부합하지 여부만 신경 써서는 안 되고, ⁴⁰발전 기회가 얼마나 있는지, 이 일이 자기에게 적합한지를 고민해야 한다. 그러므로 ⁴¹가장 바람직한 것은 먼저 일정 시간 동안 일을 해보고, 어느 정도의 경험이 쌓인 후에 결정해도 늦지 않다.

어휘　大学 dàxué 몡 대학　毕业 bìyè 통 졸업하다　一般 yìbān 톙 보통이다, 일반적이다　情况 qíngkuàng 몡 상황　工作 gōngzuò 통 일하다 몡 일, 업무　经验 jīngyàn 몡 경험　社会 shèhuì 몡 사회　了解 liǎojiě 통 자세하게 알다　深 shēn 톙 깊다　有的 yǒude 떼 어떤 사람, 어떤 것　甚至 shènzhì 젭 심지어, ~까지도　零 líng 囝 영(0)　所以 suǒyǐ 젭 그래서　找 zhǎo 통 찾다　该 gāi 조통 ~해야 한다　关注 guānzhù 통 주시하다, 관심을 갖다　赚钱 zhuànqián 통 돈을 벌다, 이윤을 남기다　或者 huòzhě 젭 혹은, 아니면　是否 shìfǒu 囝 ~인지 아닌지　符合 fúhé 통 부합하다　专业 zhuānyè 몡 전공 톙 전문적인　应该 yīnggāi 조통 마땅히 ~해야 한다　考虑 kǎolǜ 통 고려하다　发展 fāzhǎn 통 발전하다　机会 jīhuì 몡 기회　适合 shìhé 통 적합하다　自己 zìjǐ 떼 자기, 자신　因此 yīncǐ 젭 그러므로, 이로 인하여　最好 zuìhǎo 囝 가장 바람직한 것은, ~하는 게 제일 좋다　先 xiān 囝 우선, 먼저　试着 shìzhe 통 시험 삼아 해보다　段 duàn 얭 동안, 구간 [시공간의 일정한 거리를 나타냄]　积累 jīlěi 통 쌓이다, 축적되다　一定 yídìng 톙 어느 정도의, 상당한　之后 zhīhòu 몡 ~뒤, 그 후　然后 ránhòu 젭 그런 후에　决定 juédìng 통 결정하다　迟 chí 톙 느리다, 늦다

★★☆ 중

40 说话人认为毕业生找工作时，应该更关注什么？

화자는 졸업생이 일자리를 구할 때, 무엇을 더욱 중요시 해야 한다고 생각하는가?

A 公司文化	A 회사 문화
B 符合专业	B 전공에 부합하는지
C 收入高低	C 수입 정도
D 发展机会	**D 발전 기회**

보기는 모두 명사형으로 회사에 관한 내용이다. 질문의 키워드 他们找工作的时候(그들이 일자리를 구할 때)가 언급된 부분에서 应该考虑发展机会有多大、这份工作是否适合自己(발전 기회가 얼마나 있는지, 이 일이 자기에게 적합한지를 고민해야 한다)라고 하며 중요시해야 하는 점을 말했다. 따라서 녹음에 그대로 키워드가 언급된 D가 정답이다.

公司 gōngsī 명 회사   文化 wénhuà 명 문화   收入 shōurù 명 수입   高低 gāodī 명 고저, 고하, 정도

★★☆ 중

41
这段话主要谈的是什么？	이 단락에서 주로 말하는 것은 무엇인가?
A 怎样减轻压力 **B 怎样选择工作** C 怎样减少污染 D 怎样养成习惯	A 어떻게 스트레스를 줄이는가 **B 어떻게 직업을 선택하는가** C 어떻게 오염을 줄이는가 D 어떻게 습관을 기르는가

보기는 모두 방법을 나타낸다. 보기의 키워드로 A는 减轻压力(스트레스 줄이기), B는 选择工作(직업 선택), C는 减少污染(오염 줄이기), D는 习惯(습관)을 삼고 녹음을 듣는다. 녹음에서 工作(일하다, 업무)가 반복적으로 나오고, 마지막 부분에서 最好先试着工作一段时间, 积累一定的经验之后, 然后再做决定也不迟(가장 바람직한 것은 먼저 일정 시간 동안 일을 해보고, 일정 수준의 경험이 쌓인 후에 결정해도 늦지 않는다)이라고 하여 직업 선택의 바른 태도를 설명하고 있다. 따라서 이 단락에서 주로 말하는 것은 B이다.

怎样 zěnyàng 때 어떻게, 어떠하냐   减轻 jiǎnqīng 통 경감시키다   压力 yālì 명 스트레스   减少 jiǎnshǎo 통 감소하다   污染 wūrǎn 명 오염   养成 yǎngchéng 통 양성하다, 기르다   习惯 xíguàn 명 습관

42-43

不少人都认为当护士是件很简单的事情，只是 42打针、送药、检查病人的体温等。43其实这些工作并不那么轻松，一不小心就很容易会出错，他们不仅要以责任感来照顾病人，做事也要十分仔细。另外，他们要通过经常和病人交流来关注病人的情况。	많은 사람들이 모두 간호사가 되는 것은 간단한 일이라고 생각한다. 42주사를 놓고, 약을 주고, 환자의 체온을 재는 등의 업무만 안다. 43사실 이러한 업무는 그렇게 쉬운 것이 아니다. 조심하지 않으면 쉽게 실수할 수 있다. 그들은 책임감을 가지고 환자를 돌보고, 일하는 것도 매우 꼼꼼해야 한다. 그 밖에 그들은 환자와 자주 교류해서 환자의 상태에 신경 써야 한다.

认为 rènwéi 통 생각하다, 여기다   当 dāng 통 ~가 되다   护士 hùshi 명 간호사   件 jiàn 양 건, 벌 [일·옷을 세는 단위]   简单 jiǎndān 형 간단하다   事情 shìqing 명 일, 사건   只是 zhǐshì 부 단지, 다만   打针 dǎzhēn 통 주사를 놓다   检查 jiǎnchá 통 검사하다   病人 bìngrén 명 환자   体温 tǐwēn 명 체온   其实 qíshí 부 사실은   工作 gōngzuò 통 일하다 명 일, 업무   并 bìng 부 결코   轻松 qīngsōng 형 수월하다, 쉽다   小心 xiǎoxīn 통 조심하다   容易 róngyì 형 쉽다, ~하기 쉽다   出错 chūcuò 통 착오가 발생하다, 실수하다   不仅 bùjǐn 접 ~일 뿐만 아니라   以 yǐ 개 ~으로, ~을 가지고   责任感 zérèngǎn 명 책임감   照顾 zhàogù 통 고려하다, 돌보다   十分 shífēn 부 매우   仔细 zǐxì 형 세심하다   另外 lìngwài 접 그 밖에   通过 tōngguò 개 ~을 통해서   经常 jīngcháng 부 자주   交流 jiāoliú 통 교류하다   关注 guānzhù 통 주시하다, 관심을 갖다   情况 qíngkuàng 명 상황

★★☆ 중

42
下列哪个是护士的工作内容？	다음 중 어느 것이 간호사의 업무 내용인가？
A 教书 B 看病 **C 打针** D 开药方	A 가르치는 것 B 진료하는 것 **C 주사를 놓는 것** D 약 처방을 하는 것

해설 보기는 모두 행동을 나타낸다. 녹음에서 간호사의 업무에 대해 打针、送药、检查病人的体温等(주사를 놓고, 약을 주고, 환자의 체온을 재는 등의 업무)이라고 했다. 따라서 간호사의 업무 내용으로 알맞은 정답은 C이다.

어휘 教书 jiāoshū 图 학생을 가르치다   看病 kànbìng 图 진찰하다   药方 yàofāng 图 처방전

★★☆ 중

43

根据这段话，下列哪个正确？	이 글에 근거하여 다음 중 옳은 것은?
A 记者要及时报道 **B 护士并不轻松** C 成为医生很难 D 警察要有责任感	A 기자는 적시에 보도해야 한다 **B 간호사는 결코 쉽지 않다** C 의사가 되는 것은 힘들다 D 경찰은 책임감이 있어야 한다

해설 보기는 각 직업의 특징을 나타낸다. 보기의 키워드로 A는 记者(기자), B는 护士(간호사), C는 医生(의사), D는 警察(경찰)를 삼고 녹음을 듣는다. 녹음은 간호사라는 직업에 관한 소개로 간호사 업무에 대한 중요성을 설명하며 其实这些工作并不那么轻松(사실 이러한 업무는 그렇게 쉬운 것이 아니다)이라고 말했다. 따라서 옳은 내용은 B이다.

어휘 记者 jìzhě 图 기자   及时 jíshí 图 시기적절하다   报道 bàodào 图 보도하다   成为 chéngwéi 图 ~이 되다   医生 yīshēng 图 의사   难 nán 图 어렵다   警察 jǐngchá 图 경찰   责任感 zérèngǎn 图 책임감

44-45

很久以前，有个叫公明仪的音乐家，他琴弹得很厉害，所以深受人们喜爱。有一天，天气很好，他在河边散步时，看到有一头牛在草地上吃草，就开始对着牛弹好听的歌，但是44牛在那里怎么都不看他，仍然继续低头吃草，最后牛就走开了。公明仪说："我真是对牛弹琴啊！"后来，45人们就用这个故事来比喻听不懂别人说的话，无法进行交流。	아주 오래 전에, 공명의라는 음악가가 있었는데, 그는 거문고를 아주 잘 쳐서 사람들의 많은 사랑을 받았다. 어느 날, 날씨가 아주 좋아서 그는 강가에서 산책을 하다가 소 한 마리가 풀밭에서 풀을 먹는 것을 보고는 소에게 아름다운 곡을 들려주기 시작했다. 그런데 44소는 그곳에서 그를 보지도 않았고, 여전히 계속해서 고개를 숙이고 풀을 먹고는 결국 가버렸다. 공명의는 말했다. "내가 진짜 소에게 연주를 했구나!" 훗날 45사람들은 이 이야기를 가지고 다른 사람의 말을 이해하지 못하면 교류할 방법이 없다는 것을 비유했다.

어휘 久 jiǔ 图 오래다   以前 yǐqián 图 과거   音乐家 yīnyuèjiā 图 음악가   琴 qín 图 금 [악기류]   弹 tán 图 (악기를) 타다, 켜다, 연주하다   厉害 lìhai 图 심하다, 대단하다   所以 suǒyǐ 图 그래서   深受 shēnshòu 图 깊이 받다   喜爱 xǐ'ài 图 좋아하다   天气 tiānqì 图 날씨   河边 hébiān 图 강변   散步 sànbù 图 산보하다   头 tóu 图 마리 [가축을 세는 단위]   牛 niú 图 소   草地 cǎodì 图 초원, 풀밭   草 cǎo 图 풀   开始 kāishǐ 图 시작되다   对 duì 图 대하다   好听 hǎotīng 图 듣기 좋다   歌 gē 图 노래   但是 dànshì 图 그러나   仍然 réngrán 图 변함없이   继续 jìxù 图 계속하다   低头 dītóu 图 머리를 숙이다   最后 zuìhòu 图 마지막, 맨 끝   走开 zǒukāi 图 떠나다, 피하다   后来 hòulái 图 그 후에, 그 다음에   故事 gùshi 图 이야기   说明 shuōmíng 图 설명하다   比喻 bǐyù 图 비유하다   别人 biérén 图 다른 사람   无法 wúfǎ 图 ~할 방법이 없다   交流 jiāoliú 图 교류하다

★★☆ 상

44

牛听到琴声后，做了什么？	소는 거문고 소리를 들은 후에 무엇을 했는가?
A 被吸引了 **B 走开了** C 流了眼泪 D 很激动	A 매료되었다 **B 가버렸다** C 눈물을 흘렸다 D 감격했다

해설 보기는 행동과 감정을 나타낸다. 녹음에서 공명의는 소에게 거문고를 연주해주었고, 이에 소는 牛在那里怎么都不看他, 仍然继续低头吃草, 最后牛就走开了(소는 그곳에서 그를 보지도 않았고, 여전히 계속해서 고개를 숙이고 풀을 먹고는 결국 가버렸다)라고 했다. 따라서 보기 중 소의 반응에 해당하는 것은 B이다.

어휘 吸引 xīyǐn 圐 매료시키다, 흡인하다   流 liú 圐 흐르다   眼泪 yǎnlèi 몡 눈물   激动 jīdòng 圐 감격하다

★★★ 상

45

"对牛弹琴" 表示什么意思?	'对牛弹琴'는 무슨 의미인가?
A 受到尊重 **B 很难交流** C 指出缺点 D 容易改变	A 존중받다 **B 교류하기 힘들다** C 결점을 지적하다 D 쉽게 바꾼다

해설 보기는 모두 상태를 나타낸다. 보기의 키워드로 A는 尊重(존중하다), B는 交流(교류하다), C는 缺点(결점), D는 改变(바꾸다)을 삼고 녹음을 듣는다. 질문의 키워드가 언급된 부분에서 人们就用这个故事来比喻听不懂别人说的话, 无法进行交流(사람들은 이 이야기를 가지고 다른 사람의 말을 이해하지 못하면 교류할 방법이 없다는 것을 비유했다)라고 부연 설명을 했다. 소에게 거문고를 연주해주었다는 이야기가 의사소통이 되지 않는다는 뜻이므로 알맞은 정답은 B이다.

어휘 受到 shòudào 圐 받다   尊重 zūnzhòng 圐 존중하다   指出 zhǐchū 圐 지적하다, 밝히다   缺点 quēdiǎn 몡 결점   容易 róngyì 혱 쉽다, ～하기 쉽다   改变 gǎibiàn 圐 변하다

독해 제1부분

[풀이전략] 문제 문장의 빈칸 앞뒤를 보고 어떤 문장 성분이 들어가야 하는지 확인한 뒤, 보기에서 알맞은 품사와 뜻을 가진 단어를 찾아 넣는다.

46-50

A 积累	B 看法	C 地址	A 쌓다	B 생각	C 주소
D 坚持	E 弄	F 专门	D 견지하다	E 하다	F 특별히

어휘 积累 jīlěi 圐 쌓이다, 축적하다   看法 kànfǎ 몡 견해, 생각   地址 dìzhǐ 몡 주소, 소재지   坚持 jiānchí 圐 견지하다   弄 nòng 圐 하다   专门 zhuānmén 붐 일부러, 특별히 혱 전문적이다

★★★ 중

46 知识和能力是可以慢慢(A 积累)起来的。

지식과 능력은 천천히 (A 쌓을) 수 있는 것이다.

해설 빈칸은 [부사어(慢慢)+___+보어(起来)]의 구조로 동사 술어 자리이다. 주어인 知识和能力(지식과 능력)와 함께 쓸 수 있는 A 积累(쌓다)가 들어가야 한다.

실전모의고사 3 · 127

积累经验 경험을 쌓다	积累现金 현금을 축적하다
积累知识 지식을 쌓다	技术积累 기술이 쌓이다
积累感情 감정을 쌓다	积累财富 재산을 쌓다

어휘 知识 zhīshi 명 지식 能力 nénglì 명 능력

★★☆ 중

47 请您再检查一下您的收货（ C 地址 ）是不是正确。

귀하께서 물품을 받으실 (C 주소)가 정확한지 다시 한번 확인해주세요.

해설 빈칸은 [관형어(收货)+___]의 구조로 명사 자리이다. 빈칸 앞의 收货(물품을 받다)와 함께 쓰일 수 있는 C 地址(주소)가 들어가는 것이 적합하다.

어휘 检查 jiǎnchá 동 검사하다, 점검하다 收货 shōuhuò 동 물품을 받다 正确 zhèngquè 형 정확하다

★☆☆ 중

48 放心吧，我叔叔在这个方面很有经验，我先问问他的（ B 看法 ）怎么样？

안심해. 우리 삼촌이 이 방면에 경험이 많아. 내가 우선 그의 (B 생각)이 어떤지 물어볼까?

해설 빈칸은 [관형어(他的)+___]의 구조로 명사 자리이다. 빈칸 뒤의 怎么样(어떠하다)이 서술할 수 있는 A 看法(생각)가 들어가야 한다.

어휘 放心 fàngxīn 동 안심하다, 마음을 놓다 叔叔 shūshu 명 숙부, 아저씨 方面 fāngmiàn 명 분야, 영역 经验 jīngyàn 명 경험 先 xiān 부 우선, 먼저 问 wèn 동 묻다 怎么样 zěnmeyàng 대 어떠하다

★★★ 상

49 你在关冰箱门时，用力过大的话，我看冰箱很快就会被你（ E 弄 ）坏了。

너 냉장고 문을 닫을 때 너무 많은 힘을 쓰면. 내가 보기에 곧 네가 냉장고를 망가지게 (E 하겠어).

해설 빈칸은 [被+주어(你)+___+보어(坏)+了]의 구조로 동사 술어 자리이다. 앞에서 냉장고 문을 조심히 닫으라고 했고, 빈칸의 문장이 '곧 너 때문에 냉장고가 망가지게 ~될 것이다'를 나타내므로 E 弄(하다)이 들어가는 것이 적합하다.

어휘 关 guān 동 닫다 冰箱 bīngxiāng 명 냉장고 用力 yònglì 동 힘을 내다 过大 guòdà 형 너무 크다, 과도하다 被 bèi 개 ~에 의해서 坏 huài 동 고장나다, 상하다

★★☆ 상

50 你快过来尝一尝，这些绿茶叶是我（ F 专门 ）从四川省买过来的。

너 빨리 와서 맛 봐봐. 이 녹차잎은 내가 (F 특별히) 쓰촨성에서 사온 거야.

해설 빈칸은 [주어(我)+___+부사어(从四川省)+술어(买)+보어(过来)]의 구조로 부사어 자리이다. 문맥상 '이 녹차잎은 내가 ~하게 쓰촨성에서 사온 거야'를 나타내므로 보기 중 '특별히'라는 뜻을 나타내는 F 专门(특별히)이 들어가는 것이 적합하다.

어휘 尝 cháng 동 맛보다 绿茶 lǜchá 명 녹차 叶 yè 명 잎 从 cóng 개 ~로부터 四川省 Sìchuānshěng 지명 쓰촨성, 사천성 买 mǎi 동 사다

51-55

A 直接	B 入口	C 温度	A 바로	B 입구	C 온도
D 估计	E 提醒	F 收拾	D 짐작하다	E 알림	F 정리하다

어휘 直接 zhíjiē 혱 직접적인, 바로　入口 rùkǒu 몡 입구　温度 wēndù 몡 온도　估计 gūjì 통 추정하다, 짐작하다　提醒 tíxǐng 통
일깨우다, 깨우치다　收拾 shōushi 통 정리하다, 거두다

★★☆ 중

51
A: 天突然变阴了，你帮我去把挂在外边的衣服收回来吧。
B: 好的，（ D 估计 ）快要下雨了。

A: 하늘이 갑자기 흐려졌어. 너 나 대신 가서 밖에 걸린 옷들 걷어 줘.
B: 알겠어. 곧 비가 올 것으로 (D 짐작돼).

해설 빈칸은 [___+부사어(快要)+술어(下雨)+了]의 구조인데, 빈칸 뒤가 장차 일어날 일을 나타낸다. 따라서 추측을 나타내며 서
술성 목적어를 취할 수 있는 D 估计(짐작하다)가 들어가야 한다.

Tip▶ 임박한 일을 나타내는 고정 격식
'就要/将要/要/快要/快A了'는 '곧 A할 것이다'라는 뜻으로 곧 임박하여 발생할 일을 나타낸다.
예 飞机**就要**起飞了。 비행기가 곧 이륙할 거야.

어휘 天 tiān 몡 하늘　突然 tūrán 휑 갑자기　变 biàn 통 바뀌다, 변하다　阴 yīn 혱 흐리다　帮 bāng 통 돕다　把 bǎ 개 ~을 /를
挂 guà 통 걸다, 걸리다　外边 wàibian 몡 밖　衣服 yīfu 몡 옷　收 shōu 통 받다, 거두다　快要 kuàiyào 부 곧, 머지않아　下
雨 xiàyǔ 통 비가 오다

★★☆ 상

52
A: 你收到银行的短信（ E 提醒 ）了没有？我怎么没收到短信呢？
B: 7月份的工资上周五已经发了啊，我上周就收到了。

A: 너 은행 문자 (E 알림) 받았어? 나는 왜 문자메시지를 못 받았지?
B: 7월달 월급 지난주 금요일에 나왔잖아. 난 지난주에 받았어.

해설 빈칸은 [술어(收到)+관형어(银行的短信+___)]의 구조로 목적어 자리이다. 문맥상 '은행 문자 ~을 받았어?'라는 뜻이므로
短信(문자메시지)이 꾸며줄 수 있는 E 提醒(알림)이 들어가는 것이 적합하다.

어휘 收 shōu 통 받다　银行 yínháng 몡 은행　短信 duǎnxìn 몡 문자메시지　怎么 zěnme 대 어떻게, 왜　工资 gōngzī 몡 월급
已经 yǐjing 부 이미, 벌써　发 fā 통 보내다, 교부하다

★☆☆ 하

53
A: 很抱歉，我可能会晚到，还有一站，稍等一会儿。
B: 知道了，电影票已经取好了，我在影院（ B 入口 ）处等你，慢慢来。

A: 미안해. 내가 또 늦었네. 한 정거장 남았어. 조금만 기다려.
B: 알겠어. 영화표 이미 뽑아 놨어. 영화관 (B 입구)에서 기다릴게. 천천히 와.

해설 빈칸은 [개사(在)+관형어(影院)+___+명사(处)]의 구조로 관형어 자리이다. 문맥상 影院(영화관)와 处(곳)가 장소를 나타내
므로, 장소를 가리키는 B 入口(입구)가 들어가는 것이 적합하다.

어휘 抱歉 bàoqiàn 통 미안해하다   晚 wǎn 형 늦다   站 zhàn 명 역, 정거장   稍 shāo 부 조금, 약간   知道 zhīdào 통 알다   电影票 diànyǐngpiào 명 영화표   已经 yǐjīng 부 벌써, 이미   取 qǔ 통 가지다, 얻다   影院 yǐngyuàn 명 극장, 영화관   处 chù 명 곳, 장소   等 děng 통 기다리다

★★☆ 상

54

A: 去了一趟售楼处之后，他们怎么总是给我打电话呀？真烦人！

B: 我也有过那样的经验，当时真让人受不了，我（A 直接）把手机号码换了。

A: 분양 사무실에 다녀온 후로 왜 계속 나한테 전화가 오는 걸까? 정말 성가시다!

B: 나도 그런 경험이 있어. 그 당시 진짜 견딜 수가 없어서 (A 바로) 핸드폰 번호 바꿨잖아.

해설 빈칸은 [주어(我)+___+把+의미상 목적어(手机号码)+술어(换)+了]의 구조로 부사어 자리이다. A가 분양 사무실에서 계속 전화가 온다고 했고, B도 맞장구를 치며 受不了(견딜 수 없다)라고 했으므로 핸드폰 번호를 '바로' 바꿨다고 말하는 것이 적합하다. 따라서 A 直接(바로)가 들어가야 한다.

어휘 趟 tàng 양 차례, 번 [왕래하는 횟수를 나타냄]   售楼处 shòulóuchù 분양 사무실   之后 zhīhòu 명 ~뒤, 그 후   怎么 zěnme 대 어떻게, 왜   总是 zǒngshì 부 늘, 항상   打电话 dǎ diànhuà 통 전화를 걸다   烦人 fánrén 통 귀찮게 하다 형 성가시다   经验 jīngyàn 명 경험   当时 dāngshí 명 그 당시   受不了 shòubuliǎo 견딜 수 없다   号码 hàomǎ 명 번호   换 huàn 통 교환하다

★★☆ 중

55

A: 客人就要到了，菜准备得怎么样了？

B: 你先把餐桌（F 收拾）一下，我的西红柿鸡蛋汤做得差不多了。

A: 손님 곧 도착하는데 음식 준비는 어떻게 돼 가요?

B: 우선 식탁을 (F 정리해)주세요. 토마토 계란국 거의 다 됐어요.

해설 빈칸은 [把+의미상 목적어(餐桌)+___+보어(一下)]의 구조로 동사 술어 자리이다. 빈칸 앞에 餐桌(식탁)가 있으므로 '식탁을 정리하다'라는 뜻이 되도록 F 收拾(정리하다)가 들어가야 한다.

어휘 客人 kèrén 명 손님   就要 jiùyào 부 곧, 머지않아   到 dào 통 도착하다   菜 cài 명 음식   准备 zhǔnbèi 통 준비하다   先 xiān 부 우선, 먼저   餐桌 cānzhuō 명 식탁   把 bǎ 개 ~을/를   西红柿 xīhóngshì 명 토마토   鸡蛋 jīdàn 명 계란   汤 tāng 명 탕, 국   差不多 chàbuduō 형 (정도·시간·거리 등이) 비슷하다 부 거의

독해 **제2부분**

[풀이전략] 어순을 배열할 수 있는 단서(접속사, 대사, 호칭 등)를 찾는다. 눈에 보이는 단서 외에도 원인과 결과, 사건이 일어난 순서 등 논리적인 흐름을 파악하여 어순을 배열한다.

★★☆ 중

56

A 我们店会进行自动抽奖活动 → 주어가 있고, 구체적인 행위 抽奖이 있다.

B 为了向到来的各位顾客表示感谢 → 목적을 이끄는 개사 为了가 있고 주어가 없다.

C 每位获奖者会得到现金大奖和大礼包 → 행사의 구체적인 내용이 언급되었다.

해설 | A가 주술목으로 이루어진 문장이고, B가 为了(~하기 위해서)로 시작하여 목적을 나타낸다. A가 B의 목적을 위한 구체적인 행동을 나타내므로 B-A로 연결시킨다. A의 抽奖活动(추첨 행사)에 대한 구체적인 내용이 C에 得到现金大奖和大礼包(현금과 경품을 받다)로 제시되었으므로 A-C로 연결시킨다. 따라서 B-A-C로 문장을 완성한다.

문장 | 为了向到来的各位顾客表示感谢，我们店会进行自动抽奖活动，每位获奖者会得到现金大奖和大礼包。방문해 주신 모든 고객님들께 감사를 표하기 위해. 저희 가게는 자동 경품 추첨 행사를 진행할 겁니다. 모든 당첨자는 현금과 경품을 받게 됩니다.

Tip▶ 개사 向

개사 向은 向东(동쪽으로)과 같이 동작의 방향을 나타낼 뿐만 아니라 向她(그녀에게)와 같이 행동의 대상을 나타내기도 한다.

• 호응 구조: [주어 + 向 + 행동의 대상 + 추상동사(求婚/道歉/问好/表示)] 누가 ~에게 ~하다
예 我要向她告白。 나는 그녀에게 고백할 거야.

어휘 | 店 diàn 명 상점, 가게 进行 jìnxíng 동 진행하다 自动 zìdòng 형 자동적인 抽奖 chōujiǎng 동 추첨하다, 당첨자를 뽑다 活动 huódòng 명 행사, 활동 为了 wèile 개 ~을 하기 위해서 向 xiàng 개 ~을 향해서 到来 dàolái 동 도착하다, 도래하다 各 gè 대 각각, 각기 位 wèi 양 분 [존댓말] 顾客 gùkè 명 고객 表示 biǎoshì 동 나타내다 感谢 gǎnxiè 동 감사하다, 고맙다 获奖者 huòjiǎngzhě 명 수상자 得到 dédào 동 얻다 现金 xiànjīn 명 현금 奖 jiǎng 명 상 礼包 lǐbāo 명 선물 꾸러미

★★★ 하

57
A 但她一切都是为你好，希望你能顺利通过面试 → 접속사 但이 있고, 대사 她가 있다.
B 并实现自己的理想 → 뒷절에 쓰이는 접속사 并이 있다.
C 你姐姐说话确实有点儿直接 → 호칭 你姐姐가 있다.

해설 | A에 접속사 但(하지만)과 대사 她(그녀)가 있고, B에 접속사 并(그리고)이 있으므로 A와 B는 후속절에 쓰인다. C가 주술목으로 이루어져 있고 주어가 你姐姐(네 누나)이므로 문장 맨 앞에 배치한다. C의 有点儿直接(좀 직설적이다)에 대해 A에서 但她一切都是为你好(하지만 그녀는 모두 다 네가 잘되기 위해서)라고 했으므로 전환 관계로 연결된다. C-A로 연결시킨다. A의 顺利通过面试(순조롭게 면접을 통과하다)과 B의 实现自己的理想(자신의 꿈을 이루다)이 비슷한 내용으로 연결되므로 A-B로 연결시킨다. 따라서 C-A-B로 문장을 완성한다.

문장 | 你姐姐说话确实有点儿直接，但她一切都是为你好，希望你能顺利通过面试，并实现自己的理想。네 누나가 말이 좀 직설적이긴 하지만. 그녀는 모두 다 네가 잘 되기 위해서 네가 순조롭게 면접을 통과하고 자기의 꿈을 이룰 수 있기를 바라고 있어.

어휘 | 但 dàn 접 그러나 一切 yíqiè 명 일체, 모든 것 为 wèi 개 ~을 위해 希望 xīwàng 동 희망하다 顺利 shùnlì 형 순조롭다 通过 tōngguò 동 통과하다 面试 miànshì 동 면접시험을 보다 명 면접시험 并 bìng 접 그리고, 또 实现 shíxiàn 동 실현하다 自己 zìjǐ 대 자기, 자신 理想 lǐxiǎng 명 이상, 꿈 说话 shuōhuà 동 말하다 确实 quèshí 부 확실히 直接 zhíjiē 형 직접적인, 직설적인

★★☆ 중

58
A 后来就不像以前那么热闹了 → 시간 명사 后来가 있고, 주어가 없다.
B 以前楼下有一家羊肉店生意很好，每天都要排很长的队 → 시간 명사 以前이 있고, 주어가 있다.
C 但去年那家店搬到别的城市了 → 접속사 但, 시간 명사 去年, 대사가 결합된 那家店이 있다.

해설 | A에 부사 后来(그 후에)가 있고, C에 접속사 但(그런데)이 있으므로 둘 다 문장 앞에 쓸 수 없다. B에 시간 명사 以前(예전에)이 있고 주어가 있으므로 문장 맨 앞에 배치한다. A의 不像以前那么热闹了(예전처럼 북적이지 않게 되다)라는 상황이 일어난 배경으로 C에서 搬到别的城市了(다른 도시로 옮겨 갔다)라고 설명했다. 따라서 B-C-A로 연결한다. 세 문장에 사용된 시간을 나타내는 단어를 보고, B의 以前(예전), C의 去年(작년), A의 后来(그 후) 순서로 연결할 수도 있다.

문장 | 以前楼下有一家羊肉店生意很好，每天都要排很长的队，但去年那家店搬到别的城市了，后来就不像以前那么热闹了。예전에 아래 층에 양고기 가게가 있었는데 장사가 잘 돼서, 매일 긴 줄이 있었다. 그런데 작년에 그 가게가 다른 도시로 옮겨 갔고, 그 후 그곳은 예전처럼 북적이지 않게 되었다. .

안심Touch

Tip▶ 시간 순서를 나타내는 단어를 주목하자!
중국어 문장은 과거에서 현재의 순서로 문장을 서술하기 때문에 제시된 문장에서 시간과 관련된 어휘가 있다면 주목해서 보자!

• 호응 구조: 去年① – 今年② | 出生① – 9岁② – 现在③ | 过去① – 现在② – 将来③

예 我儿子长得很快，去年我给他穿的衣服，今年就穿不上了。 아들이 빨리 자란다. 작년에 그에게 입혔던 옷이 올해는 못 입게 되었다.

어휘 后来 hòulái 몡 그 후에, 그 다음에　像 xiàng 통 ~와 같다　以前 yǐqián 몡 과거, 예전　热闹 rènao 혱 번화하다, 왁자지껄하다　楼下 lóuxià 몡 아래층　家 jiā 집·가게를 세는 단위　羊肉 yángròu 몡 양고기　店 diàn 몡 상점　生意 shēngyi 몡 장사, 사업　排队 páiduì 통 줄을 서다　但 dàn 젭 그러나　去年 qùnián 몡 작년　搬 bān 통 옮기다, 이사하다　别的 biéde 몡 다른 것　城市 chéngshì 몡 도시

★☆☆ 상

59
A 有两种方法：提供更高的奖金和降低参赛条件 → 주어가 없는 술목구로 시작한다.
B 怎样才能让更多的人参加这场羽毛球比赛 → 有의 주제가 언급되었다.
C 请大家商量一下，这两种方法中哪种更适合、更有效 → 대사 这两种方法가 있다.

해설 A에 有两种方法(두 가지 방법이 있다)가 있고 C에 이것을 가리키는 这两种方法(이 두 가지 방법)가 있으므로 A–C로 연결시킨다. B에서 怎样才能让更多的人参加这场羽毛球比赛(어떻게 더 많은 사람들이 이번 배드민턴 경기에 참가할 수 있게 할지)라고 방법에 대해 질문하고 있으므로 B가 문장 맨 앞에 와야 한다. 따라서 B–A–C로 연결한다.

문장 怎样才能让更多的人参加这场羽毛球比赛，有两种方法：提供更高的奖金和降低参赛条件，请大家商量一下，这两种方法中哪种更适合、更有效。 어떻게 더 많은 사람들이 이번 배드민턴 경기에 참가하게 하는가에는 두 가지 방법이 있어요. 더 높은 상금을 제공하는 것과 경기 참가 조건을 낮추는 거예요. 모두들 이 두 가지 방법 중 어떤 것이 더 적합하고 더 효과적일지 상의해봅시다.

어휘 种 zhǒng 양 종류를 세는 단위　方法 fāngfǎ 몡 방법　提供 tígōng 통 제공하다　更 gèng 튀 더욱　奖金 jiǎngjīn 몡 상금　降低 jiàngdī 통 내려가다　参赛 cānsài 통 시합에 참가하다　条件 tiáojiàn 몡 조건　怎样 zěnyàng 떼 어떻게, 어떠하냐　参加 cānjiā 통 참가하다　羽毛球 yǔmáoqiú 몡 배드민턴　比赛 bǐsài 몡 경기　商量 shāngliang 통 상의하다　适合 shìhé 통 적합하다　有效 yǒuxiào 혱 유용하다, 효과가 있다

★★☆ 하

60
A 它很受年轻人欢迎，在短短一个月的时间里 → 대사 它가 있다. 범위를 나타내는 在……里가 있다.
B 就卖出去了10万多本 → 주어가 없다. 책을 가리키는 양사 本이 있다.
C 那部小说是位著名的作家写的 → 주어 那部小说가 있다.

해설 A에 대사 它(그것)가 있으므로 앞에 구체적인 대상이 와야 하고 '在……里(~에)'로 끝나므로 뒤에 문장이 이어져야 한다. B는 주어가 없고, 판매한 책의 수량이 있다. C가 주술목으로 이루어져 있으므로 문장 맨 앞에 배치한다. C가 그 소설에 대해 著名的作家写的(유명한 작가가 쓴)라고 설명했고, A가 부연 설명으로 很受年轻人欢迎(매우 인기가 있다)이라고 했으므로 C–A로 연결한다. A의 시간을 나타내는 '在……里(~에)'가 B의 배경이 되므로 A–B로 연결한다. 따라서 C–A–B로 문장을 완성한다.

문장 那部小说是位著名的作家写的，它很受年轻人欢迎，在短短一个月的时间里，就卖出去了10万多本。 그 소설은 유명한 작가가 쓴 것으로 젊은이들에게 매우 인기가 있다. 한 달이라는 짧은 시간에 10여만 권이 팔렸다.

어휘 受 shòu 통 받다　年轻人 niánqīngrén 몡 젊은이　欢迎 huānyíng 통 환영하다　短 duǎn 혱 짧다　万 wàn 주 만(10,000)　部 bù 양 서적·영화를 세는 단위　位 wèi 양 분 [존댓말]　著名 zhùmíng 혱 저명하다, 유명하다　作家 zuòjiā 몡 작가

★★☆ 하

61
A 我叔叔从小就对中国各地的文化很感兴趣 → 주어 我叔叔가 있고, 시간관련 从小가 있다.
B 因此他对这方面的知识非常了解 → 결과를 이끄는 접속사 因此가 있고, 대사 他와 这方面이 있다.
C 大学毕业后继续读研究生时，阅读了大量的专业书 → 주어가 없고, 시간관련 大学毕业后가 있다.

해설 B는 후속절에 쓰이는 접속사 因此(그래서)가 있고, C는 주어가 없는 문장이다. A에 주어 我叔叔(나의 삼촌)가 있으므로 문장 맨 앞에 배치한다. C에 阅读了大量的专业书(전공 서적을 많이 읽었다)라는 행동이 나왔고, B에서 他对这方面的知识非常了解(이 방면의 지식에 대해 깊이 있게 알고 있다)라고 결과를 제시했으므로 C-B로 연결한다. 따라서 정답은 A-C-B이다.

문장 我叔叔从小就对中国各地的文化很感兴趣，大学毕业后继续读研究生时，阅读了大量的专业书，因此他对这方面的知识非常了解。 나의 삼촌은 어려서부터 중국 각지 문화에 관심이 있었다. 대학 졸업 후에도 대학원에 들어가서 계속 공부를 했고, 전공 서적을 많이 읽었다. 그래서 그는 이 분야의 지식에 대해 깊이 있게 알고 있다.

어휘 叔叔 shūshu 몡 숙부, 아저씨　各地 gèdì 몡 각지　文化 wénhuà 몡 문화　感兴趣 gǎn xìngqù 동 관심을 갖다　因此 yīncǐ 젭 그래서　方面 fāngmiàn 몡 분야, 영역　知识 zhīshi 몡 지식　了解 liǎojiě 동 자세하게 알다　大学 dàxué 몡 대학　毕业 bìyè 동 졸업하다　继续 jìxù 동 계속하다　阅读 yuèdú 동 열독하다, 읽다　研究生 yánjiūshēng 몡 대학원생　大量 dàliàng 혱 대량의　专业 zhuānyè 몡 전공

★★★ 하

62
A 但是今天他却陪我去了一家新开的家具城 → 접속사 但是와 시간 명사가 있고, 대사 他가 있다.
B 我丈夫本来不爱逛街 → 호칭이 있다.
C 我们从早上9点开始一直逛到晚上，最后也没买到喜欢的沙发 → 주어가 있고, 시간 관련 단어가 있다.

해설 A는 但是(하지만)로 시작하고 대사 他(그)가 있으므로 앞에 문장이 와야 한다. B에 주어 我丈夫(내 남편)가 있으므로 A의 앞에 배치한다. B-A에서 '남편과 가구 상가에 갔다'라는 내용이 나오고, C에서 가구 상가에서 있던 일로 从早上9点开始一直逛到晚上，最后也没买到喜欢的沙发(9시부터 저녁까지 돌아다녔지만 마음에 드는 소파를 사지 못했다)라고 했으므로 C는 A 뒤에 와야 한다. 따라서 B-A-C로 문장을 완성한다.

문장 我丈夫本来不爱逛街，但是今天他却陪我去了一家新开的家具城，我们从早上9点开始一直逛到晚上，最后也没买到喜欢的沙发。 내 남편은 원래 쇼핑하는 것을 좋아하지 않지만, 오늘 그는 나를 데리고 새로 생긴 가구 상가에 갔다. 아침 9시부터 저녁까지 돌아다녔는데도 마음에 드는 소파를 사지 못했다.

어휘 但是 dànshì 젭 그러나　今天 jīntiān 몡 오늘　却 què 뷔 오히려, 도리어　陪 péi 동 모시다, 동행하다　家具城 jiājùchéng 가구 상가　丈夫 zhàngfu 몡 남편　本来 běnlái 혱 본래의　逛街 guàngjiē 동 거리를 구경하며 돌아다니다　买 mǎi 동 사다　沙发 shāfā 몡 소파　早上 zǎoshang 몡 아침　开始 kāishǐ 동 시작하다, 시작되다　晚上 wǎnshang 몡 저녁, 밤

★★☆ 하

63
A 就无法保证学生的安全，同时也不方便管理 → 주어가 없고, 부사 就가 있다.
B 如果在校外租房 → 가설을 이끄는 접속사 如果가 있다.
C 很多学校鼓励学生在校内住宿 → 주어와 주제가 있다.

해설 B에 접속사 如果(만일)가 있고, A에 부사 就(곧)가 있다. B의 在校外租房(학교 밖에 거주하다)이라고 가정하는 내용에 대해 A에서 无法保证学生的安全(학생의 안전을 보장할 수 없다)이라고 결과를 제시하고 있으므로 B-A로 연결시킨다. C는 주어 很多学校(많은 학교)가 있고 보편적인 상황을 말하고 있으므로 문장 맨 앞에 배치한다. 따라서 C-B-A로 문장을 완성한다.

문장 很多学校鼓励学生在校内住宿，如果在校外租房，就无法保证学生的安全，同时也不方便管理。많은 학교에서 학생이 교내에 거주하기를 장려한다. 만일 학교 밖에서 집을 빌려 거주한다면, 학생의 안전을 보장할 수 없고, 학생 관리도 편리하지 않기 때문이다.

어휘 保证 bǎozhèng 통 보장하다   学生 xuésheng 명 학생   安全 ānquán 형 안전하다 명 안전   同时 tóngshí 접 동시에, 또한   方便 fāngbiàn 형 편리하다   管理 guǎnlǐ 통 관리하다   如果A，就B rúguǒ A, jiù B 접 만약 A한다면 B하다   校外 xiàowài 명 교외   租房 zūfáng 통 집을 세내다   住 zhù 통 거주하다, 살다   学校 xuéxiào 명 학교   鼓励 gǔlì 통 격려하다   住宿 zhùsù 통 묵다, 숙박하다

★★☆ 하

64
A 平时很少锻炼的人，力气不算很大 → 주어가 있고 원인이 있다.
B 就会感觉到全身都又酸又疼，这是很正常的 → 주어가 없고 부사 就가 있다.
C 所以在突然抬起很重的东西时 → 결과를 이끄는 접속사 所以가 있고, 상황을 나타내는 在……时가 있다.

해설 B는 주어가 없고, 부사 就(곧)가 있으며, C는 후속절에 쓰이는 접속사 所以(그래서)가 있다. A에 주어 平时很少锻炼的人(평소 운동을 잘 안 하는 사람들)이 있으므로 문장 맨 앞에 배치한다. C의 상황 在突然抬起很重的东西时(갑자기 무거운 물건을 들 때)에서 B라는 결과 会感觉到全身都又酸又疼(온몸이 결리고 아픈 것을 느낀다)이 일어나는 것이므로 C-B로 연결한다. 따라서 A-C-B로 연결해야 한다.

문장 平时很少锻炼的人，力气不算很大，所以在突然抬起很重的东西时，就会感觉到全身都又酸又疼，这是很正常的。평소 운동을 잘 안 하는 사람들은 힘이 세지 않기 때문에 갑자기 무거운 물건을 들 때, 온몸이 결리고 아픈 것을 느끼게 되는데 이 것은 아주 정상이다.

어휘 平时 píngshí 명 평소, 평상시   锻炼 duànliàn 통 단련하다   力气 lìqi 명 힘, 기력   算 suàn 통 셈치다   感觉 gǎnjué 명 감각 통 느끼다   全身 quánshēn 명 온몸, 전신   又A又B yòu A yòu B A하기도 하고 B하기도 하다   酸 suān 형 (몸이) 시큰하다, 노곤하다   疼 téng 형 아프다   正常 zhèngcháng 형 정상적이다   所以 suǒyǐ 접 그래서   突然 tūrán 부 갑자기   抬 tái 통 들어 올리다   重 zhòng 형 무겁다   东西 dōngxi 명 물건

★☆☆ 하

65
A 但是却一下子想不起来究竟是谁唱的 → 전환 접속사 但是가 있고 주어가 없다.
B 这首歌听起来非常熟悉 → 주어가 있다.
C 而且我还记得第一次听到它的感觉 → 주어 我가 있고, 접속사 而且가 있다.

해설 A가 후속절에 쓰이는 접속사 但是(하지만)로 시작하고 주어가 없다. C에는 부연 설명에 쓰이는 접속사 而且(게다가)가 있다. B에 주어 这首歌(이 노래)가 있으므로 문장 맨 앞에 배치한다. B의 非常熟悉(매우 익숙해)에 이어 C의 记得第一次听到它的感觉(처음 그것을 들었을 때의 느낌이 기억나)가 이 노래에 대한 부연 설명이므로 B-C로 연결한다. A의 전환을 나타내는 但是(하지만) 이하에 一下子想不起来究竟是谁唱的(도대체 누가 부른 건지 갑자기 생각이 나질 않아)라는 내용이 C와 상반되므로 C-A로 연결한다. 따라서 B-C-A로 문장을 완성한다.

문장 这首歌听起来非常熟悉，而且我还记得第一次听到它的感觉，但是却一下子想不起来究竟是谁唱的。이 노래를 들어보니까 매우 익숙해. 게다가 나는 처음 이 곡을 들었을 때의 느낌이 아직 기억나. 그런데 도대체 누가 이 노래를 부른 건지 갑자기 생각이 나질 않아.

어휘 但是 dànshì 접 그러나   却 què 부 오히려, 도리어   一下子 yíxiàzi 단시간에, 갑자기   想 xiǎng 통 생각하다   究竟 jiūjìng 부 도대체   唱 chàng 통 노래하다   首 shǒu 양 수 [노래·시를 세는 단위]   歌 gē 명 노래   熟悉 shúxī 통 익숙하다, 잘 알다   而且 érqiě 접 게다가   记得 jìde 통 기억하고 있다   第一次 dìyīcì 명 제1차, 최초, 맨 처음   感觉 gǎnjué 명 감각 통 느끼다

[풀이전략] 먼저 문제의 질문과 보기를 보고 핵심 키워드를 파악한 뒤, 이 키워드를 중심으로 지문을 읽는다. 지문의 내용과 보기를 대조하여 질문에 알맞은 정답을 고른다.

★☆☆ 하

66

到底什么是真正的"学"呢？很多人都认为"教"是最有效的"学"，只有自己先完全理解，才能教得更好、更正确。在这个过程中也能加深自己的印象。

도대체 무엇이 진정한 '학습'일까? 많은 사람들이 '가르치는 것'이 가장 효과적인 '학습'이라고 여긴다. 자기가 먼저 완전히 이해해야만 더 잘, 더 정확하게 가르칠 수 있다. 이 과정에서 자신의 인상을 더 깊게 할 수 있다.

★ 最有效的学习方法是什么？

A 教别人
B 课前预习
C 进行研究
D 认真复习

★ 가장 효과적인 학습 방법은 무엇인가?

A 다른 사람을 가르친다
B 수업 전에 예습한다
C 연구한다
D 성실하게 복습한다

해설 질문에서 가장 효과적인 학습 방법이 무엇인지 묻고 있다. 지문에서 很多人都认为"教"是最有效的"学"(많은 사람들이 '가르치는 것'이 가장 효과적인 '학습'이라고 여긴다)라고 하여 가르치는 것이 효과적인 학습 방법이라고 말했다. 따라서 정답은 A이다.

어휘 到底 dàodǐ 閉 도대체   真正 zhēnzhèng 蕑 진정한   认为 rènwéi 图 생각하다. 여기다   教 jiāo 图 가르치다   最 zuì 閉 가장, 최고   有效 yǒuxiào 蕑 유용하다, 효과가 있다   只有 A, 才 B zhǐyǒu A, cái B 젭 A해야만 B하다   自己 zìjǐ 倨 자기, 자신   先 xiān 閉 먼저, 앞서   完全 wánquán 閉 완전히   理解 lǐjiě 图 이해하다, 알다   更 gèng 閉 더욱   正确 zhèngquè 蕑 정확하다   过程 guòchéng 嗋 과정   加深 jiāshēn 图 깊어지다   印象 yìnxiàng 嗋 인상   别人 biérén 倨 다른 사람   预习 yùxí 图 예습하다   进行 jìnxíng 图 진행하다   研究 yánjiū 图 연구하다   认真 rènzhēn 蕑 성실하다, 착실하다   复习 fùxí 嗋 복습하다

★☆☆ 중

67

各位家长请注意，由于台风影响，本校为了保证全校师生的安全，决定从明天起停止到校上课，进行线上教学。所以请家长在家提前准备好。

학부모 여러분 주목해주십시오. 태풍의 영향으로, 본교는 교사와 학생들의 안전을 위해, 내일부터 학교로 등교하는 것을 멈추고, 원격 수업을 진행하기로 결정했습니다. 학부모님께서는 미리 준비를 잘 해주시길 바랍니다.

★ 学校为什么停课？

A 学校在修建
B 举行国际比赛
C 快过新年了
D 天气原因

★ 학교는 왜 휴강을 하는가？

A 학교가 공사 중이라서
B 국제 경기가 열려서
C 곧 새해라서
D 날씨의 원인으로

해설 질문에서 학교가 왜 휴강을 하는지를 묻고 있다. 보기의 키워드로 A는 修建(공사하다), B는 国际比赛(국제 경기), C는 新年(새해), D는 天气(날씨)를 삼고 지문과 대조한다. 지문에서 由于台风影响(태풍의 영향으로)이라고 했고 태풍은 날씨이므로, 학교가 휴강한 이유는 D이다.

어휘 各位 gèwèi **명** 여러분　家长 jiāzhǎng **명** 학부모　注意 zhùyì **동** 주의하다　由于 yóuyú **접** ~때문에　台风 táifēng **명** 태풍　影响 yǐngxiǎng **명** **동** 영향(을 미치다)　为了 wèile **개** ~을 하기 위해서　保证 bǎozhèng **동** 보장하다　全校 quánxiào **명** 전교　师生 shīshēng **명** 교사와 학생　安全 ānquán **명** 안전 **형** 안전하다　决定 juédìng **동** 결정하다　停止 tíngzhǐ **동** 멈추다　上课 shàngkè **동** 수업하다　进行 jìnxíng **동** 진행하다　教学 jiāoxué **명** 교육　所以 suǒyǐ **접** 그래서　提前 tíqián **동** 앞당기다　准备 zhǔnbèi **동** 준비하다　修建 xiūjiàn **동** 시공하다　举行 jǔxíng **동** 거행하다　国际 guójì **명** 국제　比赛 bǐsài **명** 경기　新年 xīnnián **명** 신년　天气 tiānqì **명** 날씨　原因 yuányīn **명** 원인

★★☆ 하

68

安排自己的时间和工作内容是一种增强幸福感的方法之一，这种方法会让人们变得更积极、更主动。	자신의 시간과 업무 내용을 계획하는 것은 행복감을 늘리는 방법 중의 하나이다. 이런 방법은 사람들을 더욱 적극적이고 자발적으로 변하게 한다.
★ 安排自己的时间和工作内容的人们会：	★ 자신의 시간과 업무 내용을 계획하는 사람은 어떠한가?
A 十分无聊 **B 很积极** C 比较成熟 D 太马虎	A 매우 무료하다 **B 아주 적극적이다** C 비교적 성실하다 D 너무 조심성이 없다

해설 질문에서 자신의 시간과 업무 내용을 계획하는 사람이 어떠한지 묻고 있다. 지문에서 이렇게 계획하는 것이 这种方法会让人们变得更积极、更主动(이런 방법은 사람들을 더욱 적극적이고 자발적으로 변하게 한다)이라고 했으므로 정답은 키워드가 그대로 언급된 B이다.

　　Tip▶ **조사 之**

　　5급에서 자주 출제되는 조사 之는 구조조사 的와 같은 역할을 한다. 수식어와 피수식어 사이에 놓여 수식이나 종속 관계를 나타낸다. 之一가 보인다면 무조건 끝에 배치한다.

　　　　• **호응 구조: [A是B之一]** A는 B 중의 하나이다

　　　　　　예 坚持是成功者的共同特点之一。　끈기는 성공한 사람의 공통 특징 중 하나이다.

어휘 安排 ānpái **동** 안배하다　自己 zìjǐ **대** 자기, 자신　工作 gōngzuò **동** 일하다 **명** 업무　内容 nèiróng **명** 내용　种 zhǒng **양** 종류를 세는 단위　增强 zēngqiáng **동** 증강하다　方法 fāngfǎ **명** 방법　之一 zhīyī ~중의 하나　变 biàn **동** 바뀌다, 변하다　更 gèng **부** 더욱　积极 jījí **형** 긍정적인, 적극적이다　主动 zhǔdòng **형** 자발적인, 주동적인　十分 shífēn **부** 십분, 매우　无聊 wúliáo **형** 무료하다, 시시하다　比较 bǐjiào **부** 비교적　成熟 chéngshú **형** 성숙하다　马虎 mǎhu **형** 소홀하다, 데면데면하다

★★☆ 하

69

这种茶叶在我们城市很有名。它的质量特别好，原来的价格比较贵。但因去年卖剩下了，而且存放时间已经超过了三四个月，所以现在打8折。	이 찻잎은 저희 도시에서 아주 유명합니다. 품질도 특히 좋아서 원래 가격이 다소 비쌉니다. 하지만 작년에 팔고 남았고, 보관한 시간이 이미 3~4개월이 넘었기 때문에 현재 20% 할인합니다.
★ 这种茶叶：	★ 이 찻잎은?
A 取自高山 B 对身体好 **C 正在打折** D 比平时贵	A 고산에서 가져왔다 B 몸에 좋다 **C 할인 중이다** D 평소보다 비싸다

해설 질문에서 이 찻잎 대한 옳은 내용을 묻고 있다. 보기의 키워드로 A는 高山(고산), B는 对身体好(몸에 좋다), C는 打折(할인하다), D는 贵(비싸다)를 삼고 지문과 대조한다. 지문에서 찻잎이 원래 비쌌지만 보관 기간이 어느 정도 됐다고 하며 所以现在打8折(현재 20% 할인합니다)라고 했다. 따라서 이 찻잎에 대한 옳은 내용은 C이다.

어휘 茶叶 cháyè 명 찻잎　城市 chéngshì 명 도시　有名 yǒumíng 형 유명하다　质量 zhìliàng 명 질, 품질　特别 tèbié 부 특히, 아주　所以 suǒyǐ 접 그래서　原来 yuánlái 형 고유의　价格 jiàgé 명 가격　比较 bǐjiào 부 비교적　贵 guì 형 비싸다　但 dàn 접 그러나　去年 qùnián 명 작년　卖 mài 동 팔다　剩 shèng 동 남다　而且 érqiě 접 게다가　存放 cúnfàng 동 보관해 두다, 놓아 두다　已经 yǐjīng 부 이미, 벌써　超过 chāoguò 동 초과하다, 넘다　打折 dǎzhé 동 할인하다　取自 qǔzì 동 ~에서 얻다　高山 gāoshān 명 고산, 높은 산　身体 shēntǐ 명 몸, 건강　正在 zhèngzài 부 지금 ~하고 있다　平时 píngshí 명 평소

★★★ 중

70　保护环境是我们每个人的共同责任。环保的方法并不在远处，而是在离我们很近的地方。比如说不浪费水电、少使用空调、多乘坐公交车和地铁等。所以我们应该从小事做起。

환경을 보호하는 것은 우리 모두의 공동 책임이다. 환경을 보호하는 방법은 결코 먼 곳에 있는 것이 아니라 우리로부터 아주 가까운 곳에 있다. 예를 들어, 수도 전기를 낭비하지 않고, 에어컨 사용을 줄이고, 대중교통을 많이 이용하는 것 등이다. 그러므로 우리는 작은 일부터 시작해야 한다.

★ 要保护环境，我们应该：

A 节约用电
B 偶尔开空调
C 多用塑料袋
D 经常开车

★ 환경을 보호하려면 우리는 마땅히 무엇을 해야 하는가?

A 전기를 절약한다
B 가끔 에어컨을 켠다
C 비닐봉투를 많이 쓴다
D 자주 운전한다

해설 질문에서 환경보호를 하려면 우리가 무엇을 해야 하는지 묻고 있다. 지문에서 환경을 보호하는 방법이 먼 데에 있지 않다고 하면서 구체적인 예를 들어 不浪费水电(수도 전기를 낭비하지 않는다)이라고 했다. 따라서 정답은 A이다.

어휘 保护 bǎohù 동 보호하다　环境 huánjìng 명 환경　共同 gòngtóng 형 공동의 부 함께, 같이　责任 zérèn 명 책임　环保 huánbǎo 환경보호 [环境保护의 준말]　方法 fāngfǎ 명 방법　并 bìng 부 결코, 전혀　远处 yuǎnchù 명 먼 곳　离 lí 부 ~로부터　近 jìn 형 가깝다　地方 dìfang 명 곳, 군데, 지방　比如 bǐrú 접 예를 들어　浪费 làngfèi 동 낭비하다　水电 shuǐdiàn 명 수도와 전기　使用 shǐyòng 동 사용하다　空调 kōngtiáo 명 에어컨　乘坐 chéngzuò 동 타다　公交车 gōngjiāochē 명 버스　地铁 dìtiě 명 지하철　所以 suǒyǐ 접 그래서　应该 yīnggāi 조동 마땅히 ~해야 한다　节约 jiéyuē 동 절약하다　偶尔 ǒu'ěr 부 가끔, 때때로　塑料袋 sùliàodài 명 비닐봉지　经常 jīngcháng 부 자주　开车 kāichē 동 운전하다

★★☆ 중

71　中国有句话说得好："兴趣是最好的老师。"就是说我们在选择专业时，要考虑清楚自己的兴趣，这才是最关键。如果选择自己不喜欢的专业，即使上了大学，也很难学好，这样也许会失去大学生活的快乐。

중국에는 좋은 말이 하나 있다. "흥미는 가장 좋은 선생님이다." 그러니까 우리가 전공을 선택할 때, 자신의 흥미를 분명하게 고려해야 하는데, 이것이 가장 중요하다는 말이다. 만일 자신이 좋아하지 않는 전공을 선택한다면, 설령 대학에 다니더라도 공부를 잘하기 어렵다. 이렇게 되면 아마도 대학 생활의 즐거움을 잃게 될 것이다.

★ 在选择专业时，应该考虑：

★ 전공을 선택할 때, 마땅히 무엇을 고려해야 하는가?

안심Touch

A 自己的兴趣	A 자신의 흥미
B 父母的意见	B 부모의 의견
C 是否符合分数	C 점수에 맞는지의 여부
D 是否热门专业	D 인기있는 전공인지의 여부

해설 질문에서 전공을 선택할 때 무엇을 고려해야 하는지 묻고 있다. 지문에서 질문의 키워드가 언급된 부분에서 我们在选择专业时，要考虑清楚自己的兴趣，这才是最关键(우리가 전공을 선택할 때, 자신의 흥미를 분명하게 고려해야 하는데, 이것이 가장 중요하다)이라고 했다. 따라서 자신의 흥미를 고려해야 한다는 것을 알 수 있다. 정답은 A이다.

Tip▶ 가설을 나타내는 접속사 即使

접속사 即使는 아직 실현되지 않은 일이나 사실과 상반되는 일의 가설을 나타내며, 就算/就是과 바꿔 쓸 수 있다.

- **호응 구조: [即使A, 也B]** 설령 A하더라도 B 하다

예 即使又失败了，也没关系。 설령 또 실패하더라도 괜찮아.

어휘 兴趣 xìngqù 몡 흥미, 취미　选择 xuǎnzé 동 선택하다　专业 zhuānyè 몡 전공　考虑 kǎolǜ 동 고려하다　清楚 qīngchu 혱 분명하다, 명확하다　自己 zìjǐ 때 자기, 자신　最 zuì 뭐 가장, 최고　关键 guānjiàn 몡 관건, 포인트　如果 rúguǒ 젭 만약에　即使A, 也B jíshǐ A, yě B 설령 A하더라도 B하다　大学 dàxué 몡 대학　也许 yěxǔ 뭐 아마도, 어쩌면　失去 shīqù 동 잃다　生活 shēnghuó 몡 생활(하다)　快乐 kuàilè 혱 즐겁다　父母 fùmǔ 몡 부모　意见 yìjiàn 몡 의견, 견해　是否 shìfǒu 뭐 ~인지 아닌지　符合 fúhé 동 부합하다　分数 fēnshù 몡 점수　热门 rèmén 몡 인기 있는 것, 유행하는 것

★★☆ 중

72

有些客人以为宾馆房间里的饮料是免费提供的，不太了解这个规定。其实那种饮料是收费的。所以我建议为了减少这种误会，我们要注意观察宾馆是否在饮料旁边写清楚饮料的价格，宾馆也应该写清楚饮料的价格。	일부 손님들은 호텔 객실 안의 음료가 무료로 제공되는 것이라고 생각하는데 이 규정을 잘 모르는 것이다. 사실 그 음료는 유료이다. 그러므로 나는 이런 오해를 줄이기 위해서 건의한다. 우리는 호텔에서 음료 옆에 음료 가격이 쓰여 있는지를 주의깊게 살펴봐야 하고, 호텔도 음료의 가격을 정확하게 써야 한다.
★ 他建议宾馆怎么做？	★ 그는 호텔이 어떻게 하기를 권하는가?
A 提供优质服务	A 양질의 서비스를 제공한다
B 提高网速	B 인터넷 속도를 높인다
C 写明价格	**C 가격을 정확하게 쓴다**
D 降低早餐费	D 조식 가격을 낮춘다

해설 질문에서 그는 호텔에 어떤 건의를 하고 있는지 묻고 있다. 지문에서 호텔 객실 내의 음료가 유료라고 하면서 宾馆也应该写清楚饮料的价格(호텔도 음료의 가격을 정확하게 써야 한다)라고 했다. 그가 호텔도 음료의 가격을 정확하게 써야 한다고 했으므로 정답은 C이다.

Tip▶ 동사 以为의 단짝 구조

'~인 줄 알다'라는 뜻인 동사 以为는 뒤에 잘못 판단한 정보가 오고, 뒷절은 其实/原来와 호응하여 올바른 정보가 온다.

- **호응 구조: [以为A, 其实/原来B]** A인 줄 알았는데, 사실은/원래는 B였다

예 我以为他是中国人，原来他是韩国人。 나는 그가 중국인인 줄 알았는데, 원래 그는 한국인이었어.

어휘 客人 kèrén 몡 손님　以为 yǐwéi 동 여기다　宾馆 bīnguǎn 몡 호텔　房间 fángjiān 몡 방, 객실　饮料 yǐnliào 몡 음료　免费 miǎnfèi 동 무료로 하다　提供 tígōng 동 제공하다　了解 liǎojiě 동 자세하게 알다　规定 guīdìng 동 규정(하다)　其实 qíshí 뭐 사실은　种 zhǒng 양 종류를 세는 단위　收费 shōufèi 동 비용을 받다　所以 suǒyǐ 젭 그러므로　建议 jiànyì 동 건의하다, 제의하다　为了 wèile 개 ~을 하기 위해서　减少 jiǎnshǎo 동 감소하다　误会 wùhuì 동 오해(하다)　注意 zhùyì 동 주의하다　观察 guānchá 동 관찰하다　是否 shìfǒu 뭐 ~인지 아닌지　清楚 qīngchu 혱 분명하다　价格 jiàgé 몡 가격　优质 yōuzhì 혱

질이 우수하다, 양질의   服务 fúwù 몡 서비스   提高 tígāo 통 향상시키다   网速 wǎngsù 몡 인터넷 속도   降低 jiàngdī 통 내려가다, 낮추다   早餐 zǎocān 몡 조식   费 fèi 몡 비용

★★☆ 중

73

无论是去约会还是参加面试，很多人都爱打扮。在打扮自己时，我们应该注意符合自己的年龄，只有适合自己的年龄、自然而舒服的打扮才能让自己看起来更美丽，会给人留下很好的印象。

데이트를 가든지 면접에 참여하든지 많은 사람들이 꾸미기를 좋아한다. 자신을 꾸밀 때 우리는 마땅히 자신의 나이에 맞는지 주의해야 한다. 자기의 나이에 어울리고, 자연스럽고 편안한 치장이 자신을 더욱 아름답게 보이게 하고, 좋은 인상을 남기게 한다.

★ 什么样的打扮容易给人留下好印象？

★ 어떤 치장이 사람들에게 좋은 인상을 남기는가？

A 流行的
B 自然的
C 成熟的
D 干净的

A 유행하는 것
B 자연스러운 것
C 성숙한 것
D 깔끔한 것

해설 질문에서 어떤 치장이 사람들에게 좋은 인상을 남기는지에 대해 묻고 있다. 지문에서 화자는 자신의 나이에 맞게 꾸며야 한다고 하면서 只有适合自己的年龄、自然而舒服的打扮才能让自己看起来更美丽，会给人留下很好的印象(자기의 나이에 어울리고, 자연스럽고 편안한 치장이 자신을 더욱 아름답게 보이게 하고, 좋은 인상을 남기게 한다)이라고 했다. 따라서 정답은 B이다.

Tip▶ **4급에 보이는 5급 표현 'A而B'**

접속사 而는 앞뒤에 유사한 의미의 형용사를 두 개를 나열할 때 쓴다. 접속사 而且와 고정 격식 '又A又B'로 바꿔 쓸 수 있다.
　• **호응 구조: [A而B]** A하기도 하고 B하다
　예 这里的气候温暖而湿润。 여기 기후는 따뜻하고 습윤하다.

어휘 无论A, 都B wúlùn A, dōu B 젭 A를 막론하고 B하다   约会 yuēhuì 통 만날 약속을 하다 몡 데이트   参加 cānjiā 통 참가하다, 참석하다   面试 miànshì 통 면접 시험을 보다 몡 면접   打扮 dǎban 통 꾸미다, 치장하다   自己 zìjǐ 대 자기, 자신   应该 yīnggāi 조동 마땅히 ～해야 한다   注意 zhùyì 통 주의하다   符合 fúhé 통 부합하다   年龄 niánlíng 몡 연령   只有A, 才B zhǐyǒu A, cái B 젭 A해야만 B하다   适合 shìhé 통 적합하다, 알맞다   自然 zìrán 혱 자연스럽게   舒服 shūfu 혱 편안하다   看起来 kànqǐlái 보아하니, 보기에   更 gèng 뷔 더욱   美丽 měilì 혱 아름답다   留下 liúxià 통 남기다   印象 yìnxiàng 몡 인상   流行 liúxíng 통 유행하다   成熟 chéngshú 혱 성숙하다   干净 gānjìng 혱 깨끗하다

★☆☆ 하

74

这种植物是我们农村随处可见的，一般我们把它叫成"车前草"。我经常用它来做汤，除了味道很不错，对身体也很有好处。

이런 식물은 우리 농촌 어디서나 볼 수 있는 것으로, 보통 우리는 이것을 '질경이'라고 부른다. 나는 이것을 사용해서 자주 국을 만드는데, 맛이 좋을 뿐만 아니라, 몸에도 좋은 점이 아주 많다.

★ "车前草"：

★ '질경이'는？

A 喜欢向阳
B 可以做汤
C 可以入药
D 四季开花

A 남향을 좋아한다
B 국을 만들 수 있다
C 약재로 쓸 수 있다
D 사계절 내내 꽃이 핀다

안심Touch

해설 질문에서 '질경이'에 대한 옳은 내용을 묻고 있다. 보기의 키워드로 A는 向阳(남향), B는 做汤(국을 만들다), C는 入药(약에 넣다), D는 四季(사계절)를 삼고 지문과 대조한다. 지문에서 질경이에 대해 我经常用它来做汤(나는 이것을 사용해서 자주 국을 만든다)이라고 했으므로 정답은 B이다.

어휘 种 zhǒng 양 종류를 세는 단위 植物 zhíwù 명 식물 农村 nóngcūn 명 농촌 随处 suíchù 어디서나, 도처에 一般 yìbān 형 보통이다, 일반적이다 车前草 chēqiáncǎo 명 질경이, 차전초 经常 jīngcháng 부 자주 汤 tāng 명 국, 탕 除了 chúle 개 ~을 제외하고 味道 wèidao 명 맛 不错 búcuò 형 좋다 身体 shēntǐ 명 몸, 건강 好处 hǎochu 명 좋은 점, 장점 向阳 xiàngyáng 동 해를 향하다 入药 rùyào 동 약재로 쓰다 四季 sìjì 명 사계절 开花 kāihuā 동 꽃이 피다

★★☆ 중

75

决定成功的并不是能力的高下，重要的是态度。有些人总是把事情做到"差不多"就感到满意，这些人往往和成功无缘。想要让自己变得更优秀，一定要严格要求自己、坚持到底。

성공을 결정짓는 것은 결코 능력의 고하가 아니며, 중요한 것은 태도이다. 일부 사람들은 일을 '얼추 비슷하게' 해놓고 만족을 느낀다. 이런 사람들은 종종 성공과 인연이 없다. 자신을 더욱 우수하게 만들고 싶다면, 반드시 자신에게 엄격하게 요구해야 하고, 끝까지 견지해야 한다.

★ 让自己变得更优秀，必须：

A 丰富科学知识
B 提高工作能力
C 养成好习惯
D 严格要求自己

★ 자신을 더욱 우수하게 만들려면 반드시 무엇을 해야 하는가?

A 과학 지식을 풍부하게 한다
B 업무 능력을 향상시킨다
C 좋은 습관을 기른다
D 자신에게 엄격하게 요구한다

해설 질문에서 자신을 더욱 우수하게 만들려면 반드시 무엇을 해야 하는지를 묻고 있다. 보기의 키워드로 A는 科学知识(과학 지식), B는 工作能力(업무 능력), C는 好习惯(좋은 습관), D는 严格要求(엄격한 요구)를 삼고 지문과 대조한다. 질문의 키워드가 언급된 부분에서 想要让自己变得更优秀，一定要严格要求自己、坚持到底(자신을 더욱 우수하게 만들고 싶다면, 반드시 자신에게 엄격하게 요구해야 하고, 끝까지 견지해야 한다)라고 했으므로 정답은 D이다.

어휘 决定 juédìng 동 결정하다 成功 chénggōng 명 동 성공(하다) 并 bìng 부 결코, 전혀 能力 nénglì 명 능력 高下 gāoxià 명 고하, 우열 重要 zhòngyào 형 중요하다 态度 tàidu 명 태도 总是 zǒngshì 부 늘, 항상 事情 shìqing 명 일, 사건 差不多 chàbuduō 형 비슷하다 부 거의 感到 gǎndào 동 느끼다 满意 mǎnyì 동 만족하다 往往 wǎngwǎng 부 종종 无缘 wúyuán 동 인연이 없다 自己 zìjǐ 대 자기, 자신 变 biàn 동 바뀌다, 변하다 更 gèng 부 더욱 优秀 yōuxiù 형 우수하다 一定 yídìng 부 반드시, 틀림없이 严格 yángé 형 엄격하다 要求 yāoqiú 동 요구하다 坚持 jiānchí 동 견지하다 到底 dàodǐ 동 끝까지 ~하다 丰富 fēngfù 동 풍부하게 하다 科学 kēxué 명 과학 知识 zhīshi 명 지식 提高 tígāo 동 향상시키다 养成 yǎngchéng 동 양성하다, 기르다 习惯 xíguàn 동 습관이 되다 명 습관

★☆☆ 하

76

提到北京菜，大家都会想起烤鸭吧。那么，现在就让我们一起去探访北京最有名的烤鸭老店，先去那儿的厨房了解一下怎样做烤鸭，然后尝尝美味的烤鸭。

베이징 음식을 말하면, 모두들 오리구이를 떠올리실 거예요. 그럼 우리 같이 베이징에서 가장 유명한 오리구이 맛집을 탐방하러 갑시다. 우선 그곳의 주방에 가서 어떻게 오리구이를 만드는지 살펴본 후, 맛있는 오리구이를 시식해보겠습니다.

★ 他们接下来会做什么？

A 打包后回家
B 马上离开餐厅
C 先点几种饮料
D 看烤鸭怎么做

★ 그들은 이어서 무엇을 할 것인가?

A 포장해서 집에 간다
B 바로 음식점을 떠난다
C 우선 음료 몇 가지를 주문한다
D 오리구이를 어떻게 만드는지 본다

질문에서 그들이 이어서 어떤 행동을 하는지를 묻고 있다. 지문에서 베이징에서 유명한 오리구이 맛집 탐방을 간다고 하면서 先去那儿的厨房了解一下怎样做烤鸭(우선 그곳의 주방에 가서 어떻게 오리구이를 만드는지 살펴본다)라고 했다. 따라서 이들이 이어서 할 행동은 D이다.

提 tí 圖 언급하다, 말하다　北京 Běijīng 재명 베이징, 북경　菜 cài 圓 음식　想起 xiǎngqǐ 圖 생각해내다　烤鸭 kǎoyā 圓 오리구이　那么 nàme 쩹 그러면, 그렇다면　探访 tànfǎng 圖 방문하다, 탐방하다　最 zuì 團 가장, 최고　有名 yǒumíng 圍 유명하다　老店 lǎodiàn 圓 오래된 점포　先 xiān 團 우선, 먼저　厨房 chúfáng 圓 주방　了解 liǎojiě 圖 자세하게 알다　怎样 zěnyàng 때 어떻게, 어떠하냐　然后 ránhòu 쩹 그런 후에　尝 cháng 圖 맛보다　美味 měiwèi 圓 좋은 맛　接 jiē 圖 잇다　打包 dǎbāo 圖 포장하다　马上 mǎshàng 團 곧, 바로　离开 líkāi 圖 떠나다　餐厅 cāntīng 圓 음식점, 식당　点 diǎn 圖 주문하다　种 zhǒng 鄧 종류를 세는 단위　饮料 yǐnliào 圓 음료

★☆☆ 하

77　这种新材料，与过去使用的材料相比，虽然质量差不多，但价格却比过去的更低。因此它深受各大公司喜爱。

이 신재료는, 과거에 사용하던 재료와 비교하여, 비록 품질은 비슷하지만 가격은 오히려 과거보다 더 낮아졌다. 그래서 여러 회사의 사랑을 받는다.

★ 这种新材料：

A 很便宜
B 更优质
C 无污染
D 还需研究

★ 이 신재료는?

A 아주 저렴하다
B 더욱 품질이 좋다
C 친환경적이다
D 아직 연구가 필요하다

질문에서 신재료에 대한 옳은 내용을 묻고 있다. 지문에서 신재료에 대해 품질은 비슷하지만 价格却比过去的更低(가격은 오히려 과거보다 더 낮아졌다)라고 했다. 따라서 정답은 A이다.

种 zhǒng 鄧 종류를 세는 단위　新 xīn 圍 새롭다　材料 cáiliào 圓 재료　与 yǔ 끼 ~와/과　过去 guòqù 圓 과거　使用 shǐyòng 圖 사용하다　相比 xiāngbǐ 圖 비교하다　虽然A, 但是B suīrán A, dànshì B 쩹 비록 A일지라도 그러나 B하다　质量 zhìliàng 圓 질, 품질　差不多 chàbuduō 圍 (정도·시간·거리 따위에서) 거의 비슷하다　但 dàn 쩹 그러나　价格 jiàgé 圓 가격　却 què 團 오히려, 도리어　更 gèng 團 더욱　低 dī 圍 낮다　因此 yīncǐ 쩹 그래서, 그러므로　深受 shēnshòu 圖 깊이 받다　公司 gōngsī 圓 회사　喜爱 xǐ'ài 圖 좋아하다　便宜 piányi 圍 값이 싸다　优质 yōuzhì 圍 질이 우수하다　污染 wūrǎn 圖 오염시키다 圓 오염　需 xū 圖 필요하다　研究 yánjiū 圖 연구하다

★☆☆ 하

78　有一天，在机场的洗手间里，我不小心把护照和登机牌忘在了那儿，还好被负责打扫卫生的阿姨看到了，否则我没法及时登机，恐怕会错过航班。

어느 날, 공항 화장실에서 나는 실수로 여권과 탑승권을 그곳에 깜빡하고 놓고 있었다. 다행히도 청소 아주머니가 발견하셨다. 그러지 않았다면 나는 제때에 탑승하지 못했고, 아마도 항공편을 놓쳤을 것이다.

★ 说话人把登机牌丢在哪儿了？

A 登机口
B 免税店
C 卫生间
D 取行李处

★ 화자는 탑승권을 어디에서 잃어버렸는가?

A 탑승 게이트
B 면세점
C 화장실
D 수화물을 찾는 곳

질문에서 화자가 탑승권을 잃어버린 장소를 묻고 있다. 질문의 키워드 登机牌(탑승권)가 언급된 부분에서 在机场的洗手间里，我不小心把护照和登机牌忘了那儿(공항 화장실에서 나는 실수로 여권과 탑승권을 그곳에 깜빡하고 놓고 왔다)이라고 했으므로 탑승권을 잃어버린 장소는 C이다.

Tip▶ 후속절에 쓰이는 접속사 否则

접속사 否则는 후속절의 맨 앞에 쓰여 앞의 조건이 실현되지 않을 경우, 뒤의 상황이 발생한다는 것을 나타낸다.

• 호응 구조: [A, 否则B] A해야 한다. 그러지 않으면 B한다

예 我们早点儿出发吧，否则恐怕会赶不上了。 우리 조금 일찍 출발하자. 그러지 않으면 차를 놓칠 거야.

어휘 机场 jīchǎng 몡 공항　洗手间 xǐshǒujiān 몡 화장실　小心 xiǎoxīn 통 조심하다　护照 hùzhào 몡 여권　登机牌 dēngjīpái 몡 탑승권　忘 wàng 통 잊다　负责 fùzé 통 책임지다　打扫 dǎsǎo 통 청소하다　卫生 wèishēng 혱 위생적이다 몡 위생　阿姨 āyí 몡 아주머니　否则 fǒuzé 젭 그러지 않으면, 안 그러면　及时 jíshí 혱 시기적절하다　登机 dēngjī 통 비행기에 탑승하다　恐怕 kǒngpà 빈 아마도　错过 cuòguò 통 놓치다　航班 hángbān 몡 (비행기나 배의) 운항편, 항공편　登机口 dēngjīkǒu 몡 탑승 게이트　免税店 miǎnshuìdiàn 몡 면세점　卫生间 wèishēngjiān 몡 화장실　取 qǔ 통 가지다, 얻다　行李 xíngli 몡 수화물, 여행짐　处 chù 몡 곳, 장소

★★☆ 중

79

无论做什么事，选对方向很重要。如果走向错的方向，就会离目的地越来越远，这样做会浪费很多时间。因此，如果没有正确的方向，自己再怎么做出努力都是无用的。

어떤 일을 하든지 방향을 맞게 선택하는 것이 중요하다. 만일 잘못된 방향으로 간다면, 목적지로부터 점점 멀어지고, 많은 시간을 낭비할 것이다. 그러므로, 만일 정확한 방향이 없다면, 자신이 어떤 노력을 기울여도 모두 소용이 없는 것이 된다.

★ 这段话告诉我们：

A 该重视过程
B 要有责任心
C 要求要严格
D 要选对方向

★ 이 글은 우리에게 무엇을 알려주는가?

A 과정을 중시해야 한다
B 책임감을 가져야 한다
C 요구 사항이 엄격해야 한다
D 방향을 맞게 선택해야 한다

해설 질문에서 이 글의 교훈을 묻고 있다. 지문의 시작 부분에서 无论做什么事，选对方向很重要(어떤 일을 하든지 방향을 맞게 선택하는 것이 중요하다)라고 했고 이어서 잘못된 방향으로 갈 경우의 폐단을 설명하고 있으므로 정답은 D이다.

어휘 无论 wúlùn 젭 ~을 막론하고, ~든지　选 xuǎn 통 고르다, 선택하다　方向 fāngxiàng 몡 방향　重要 zhòngyào 혱 중요하다　如果A，就B rúguǒ A, jiù B 젭 만약 A한다면 B하다　走向 zǒuxiàng 통 ~로 향해 나아가다　错 cuò 혱 틀리다　离 lí 게 ~로부터　目的地 mùdìdì 몡 목적지　越来越 yuèláiyuè 빈 더욱더　远 yuǎn 혱 멀다　浪费 làngfèi 통 낭비하다　因此 yīncǐ 젭 이로 인하여　正确 zhèngquè 혱 정확하다　努力 nǔlì 통 노력하다　无用 wúyòng 혱 쓸데없다, 소용없다　该 gāi 조통 ~해야 한다　重视 zhòngshì 통 중시하다　过程 guòchéng 몡 과정　责任心 zérènxīn 몡 책임감　要求 yāoqiú 몡 요구 사항 통 요구하다　严格 yángé 혱 엄격하다 통 엄격히 하다

80-81

有些人认为鸟是一种很笨的动物，80其实它并不笨，反而非常聪明。鸟一般在吃的东西时，会把吃的东西放在别的鸟不知道的地方，81有时还会换地方放。有别的鸟在的话，通过做一些假动作来骗它们，总之，鸟在放吃的东西时很重视安全。

일부 사람들은 새가 멍청한 동물이라고 생각한다. 80 사실 새는 전혀 멍청하지 않고, 오히려 매우 똑똑하다. 새는 일반적으로 먹을 것을 옮길 때, 음식을 다른 새가 모르는 곳에 둔다. 81어떤 때에는 장소를 바꾸기도 한다. 만일 다른 새가 있다면, 가짜 동작으로 그들을 속이기도 한다. 요컨대, 새는 먹을 것을 둘 때 안전을 매우 중시한다.

★★☆ 상

80

★ 说话人认为鸟怎么样?	★ 화자는 새가 어떻다고 생각하는가?
A 很聪明 B 缺少信心 C 很骄傲 D 有责任感	A 아주 똑똑하다 B 자신감이 부족하다 C 아주 자만하다 D 책임감이 있다

해설 질문에서 화자의 새에 대한 견해를 묻고 있다. 지문의 시작 부분에서 有些人(어떤 사람들)의 새에 대한 견해를 언급하고 이어 其实(사실은) 이후에 새에 대한 화자의 견해를 它并不笨, 反而非常聪明(사실 새는 전혀 멍청하지 않고, 오히려 매우 똑똑하다)이라고 언급했다. 따라서 정답은 A이다.

★★☆ 중

81

★ 鸟在放吃的东西时，会怎么样?	★ 새가 음식을 둘 때, 어떻게 하는가?
A 换地方放 B 放树叶下面 C 放在树上 D 扔进河边	A 장소를 바꿔서 둔다 B 나뭇잎 아래 둔다 C 나무 위에 둔다 D 강가에 던진다

해설 질문에서 새가 음식을 둘 때 어떻게 하는지 묻고 있다. 지문에서 새가 음식을 옮길 때의 특징을 설명하면서 有时还会换地方放(어떤 때에는 장소를 바꾸기도 한다)이라고 했다. 따라서 키워드가 그대로 언급된 A가 정답이다.

82-83

所有的子女都希望自己的父母老了以后，能在家里很舒服地生活，不用那么辛苦地工作。实际上，82老人害怕孤独，喜欢热闹。所以，我们应该多鼓励他们参加一些简单的社会活动，83这样才能让他们感到自己仍然是一个在家庭和社会里被需要的人。对他们来说，这种"被需要"的感觉就是幸福。	모든 자녀는 자신의 부모가 연로한 후에 힘들게 일하지 않고, 집에서 편안하게 생활하기를 바란다. 실제로 82노인들은 외로움을 두려워하고, 시끌벅적한 것을 좋아한다. 그래서 우리는 그들이 간단한 사회 활동에 참여하도록 많이 장려해야 한다. 83이렇게 해야 그들 스스로가 아직 가정과 사회에서 필요로 하는 사람이라는 것을 느끼게 할 수 있다. 그들에게 있어서 이런 '필요로 하다'라는 느낌이 바로 행복이다.

gūdú 혱 고독하다   热闹 rènao 혱 번화하다, 북적이다   所以 suǒyǐ 젭 그래서   应该 yīnggāi 조롱 마땅히 ∼해야 한다   鼓励
gǔlì 롱 격려하다, 장려하다   参加 cānjiā 롱 참가하다   简单 jiǎndān 혱 간단하다   社会 shèhuì 몡 사회   活动 huódòng 몡
활동 롱 움직이다   感到 gǎndào 롱 느끼다   仍然 réngrán 믜 변함없이, 여전히   家庭 jiātíng 몡 가정   被 bèi 게 ∼에 의해
需要 xūyào 롱 필요하다   种 zhǒng 앵 종류를 세는 단위   感觉 gǎnjué 몡 감각 롱 느끼다   幸福 xìngfú 혱 행복하다 몡 행복

★★☆ 종

82

★ 老人更喜欢什么？	★ 노인은 무엇을 하는 것을 더욱 좋아하는가?
A 离开孩子生活 **B 非常热闹** C 陪孙子玩 D 到处旅游	A 아이와 떨어져서 생활하는 것 **B 매우 시끌벅적한 것** C 손자와 놀아주는 것 D 여기저기 여행하는 것

해설 질문에서 노인이 무엇을 하는 것을 더 좋아하는지를 묻고 있다. 보기의 키워드로 A는 离开孩子(아이와 떨어지다), B는 热
闹(시끌벅적하다), C는 陪孙子玩(손자와 놀다), D는 旅游(여행하다)를 삼고 지문과 대조한다. 지문에서 老人害怕孤独，
喜欢热闹(노인들은 외로움을 두려워하고, 시끌벅적한 것을 좋아한다)라고 했으므로 노인들이 시끌벅적한 것을 좋아함을
알 수 있다. 따라서 키워드가 언급된 B가 정답이다.

어휘 离开 líkāi 롱 떠나다   孩子 háizi 몡 아이, 자녀   陪 péi 롱 모시다   孙子 sūnzi 몡 손자   玩 wán 롱 놀다   到处 dàochù 몡
도처, 곳곳   旅游 lǚyóu 롱 여행하다

★★☆ 상

83

★ 关于老人，哪个正确？	★ 노인에 관하여 옳은 내용은?
A 不愿意辛苦 B 爱住在郊区 C 喜欢城市生活 **D 需要被重视**	A 고생하는 것을 원하지 않는다 B 교외 지역에서 살기를 좋아한다 C 도시 생활을 좋아한다 **D 중시되어야 한다**

해설 질문에서 노인에 대해 옳은 내용을 묻고 있다. 지문에서 노인들을 간단한 사회활동에 참여하게 해야 한다고 하면서 这样
才能让他们感到自己仍然是一个在家庭和社会里被需要的人(이렇게 해야 그들 스스로가 아직 가정과 사회에서 필
요로 하는 사람이라는 것을 느끼게 할 수 있다)이라고 했다. 노인이 가정과 사회에서 필요로 하는 사람이라는 것을 느끼게
해줘야 한다는 내용이므로 정답은 D이다.

어휘 愿意 yuànyì 롱 바라다, 희망하다   爱 ài 롱 좋아하다, 사랑하다   住 zhù 롱 멈추다, 숙박하다   郊区 jiāoqū 몡 (도시의) 변두리,
교외 지역   城市 chéngshì 몡 도시   重视 zhòngshì 롱 중시하다

84-85

　　管理钱是一件很多人都比较重视的事情，但
是84现在许多年轻人都有些乱花钱的习惯，他们特
别 "敢" 花钱。比如衣服得穿最流行的、手机必
须是最新的、护肤要最贵的等。他们每个月赚多
少花多少。85我建议一定要根据自己的实际经济情
况来花钱，否则也许会给以后的生活带来很大的
经济上的烦恼。

　　돈을 관리하는 것은 많은 사람들이 모두 비교적 중시하는 일이다.
그러나 84오늘날 많은 사람들이 돈을 함부로 쓰는 습관을 가지고 있
다. 그들은 특히 '대담하게' 돈을 쓴다. 예를 들어 옷은 제일 유행하는
것을 입어야 하고, 핸드폰은 반드시 최신형이여야 하고, 피부 관리는
가장 비싼 것으로 하는 것 등이다. 그들은 매월 버는 대로 쓴다. 85나
는 반드시 자신의 실제 경제 상황을 바탕으로 소비하기를 권한다. 그
러지 않는다면 앞으로의 삶에 어쩌면 많은 경제적인 고민을 가져올
것이다.

어휘 管理 guǎnlǐ 통 관리하다　件 jiàn 양 건, 벌 [일·옷을 세는 단위]　比较 bǐjiào 부 비교적　重视 zhòngshì 통 중시하다　事情 shìqing 명 일, 사건　但是 dànshì 접 그러나　许多 xǔduō 형 매우 많다　年轻人 niánqīngrén 명 젊은이　乱 luàn 부 함부로, 제멋대로　花钱 huāqián 통 돈을 쓰다　习惯 xíguàn 명 습관 통 습관이 되다　特别 tèbié 부 특히, 아주　敢 gǎn 부 감히, 대담하게　比如 bǐrú 접 예를 들어　衣服 yīfu 명 옷　穿 chuān 통 입다　最 zuì 부 가장, 최고　流行 liúxíng 통 유행하다　必须 bìxū 부 반드시 ~해야 한다　新 xīn 형 새롭다　护肤 hùfū 통 피부를 보호하다　贵 guì 형 비싸다　赚 zhuàn 통 돈을 벌다　建议 jiànyì 통 건의하다, 제의하다　一定 yídìng 형 반드시, 틀림없이　根据 gēnjù 개 ~에 근거하여　自己 zìjǐ 대 자기, 자신　实际 shíjì 형 실제의　经济 jīngjì 명 경제　情况 qíngkuàng 명 상황　否则 fǒuzé 접 그러지 않으면, 안 그러면　也许 yěxǔ 부 아마도, 어쩌면　生活 shēnghuó 명 통 생활(하다)　带来 dàilái 통 가져오다　经济 jīngjì 명 경제　烦恼 fánnǎo 통 번뇌하다

★★☆ 중

84　★ 说话人觉得有些年轻人怎么样?　　★ 화자는 일부 젊은이들이 어떻다고 생각하는가?

A 乱花钱　　　　　　　　　　A 함부로 돈을 쓴다
B 有钱就存钱　　　　　　　　B 돈이 생기면 저금한다
C 很会管理钱　　　　　　　　C 돈 관리를 잘한다
D 不工作想赚钱　　　　　　　D 일을 안 하고 돈을 벌고 싶어 한다

해설 질문에서 화자의 일부 젊은이들에 대한 견해를 묻고 있다. 보기의 키워드로 A는 乱花钱(함부로 돈을 쓰다), B는 存钱(저금하다), C는 管理钱(돈을 관리하다), D는 不工作(일하지 않다)를 삼고 지문과 대조한다. 지문에서 现在许多年轻人都有些乱花钱的习惯(오늘날 많은 사람들이 돈을 함부로 쓰는 습관을 가지고 있다)이라고 했으므로 키워드가 그대로 언급된 A가 정답이다.

어휘 存钱 cúnqián 통 저금하다

★★☆ 상

85　★ 花钱时，我们应该考虑:　　★ 소비할 때, 우리가 고려해야 하는 것은?

A 是否需要　　　　　　　　　A 필요 여부
B 经济能力　　　　　　　　　B 경제적 능력
C 质量好坏　　　　　　　　　C 품질의 좋고 나쁨
D 东西价格　　　　　　　　　D 물건 가격

해설 질문에서 소비할 때 고려해야 할 것에 대해 묻고 있다. 지문에서 젊은이들이 버는 대로 쓴다고 지적하면서 我建议一定要根据自己的实际经济情况来花钱(나는 반드시 자신의 실제 경제 상황을 바탕으로 소비하기를 권한다)이라고 했다. 실제 경제 상황에 맞게 돈을 쓰라고 했으므로 정답은 B이다.

어휘 是否 shìfǒu 부 ~인지 아닌지　需要 xūyào 통 필요하다　能力 nénglì 명 능력　质量 zhìliàng 명 질, 품질　好坏 hǎohuài 명 좋고 나쁨　东西 dōngxi 명 물건　价格 jiàgé 명 가격

쓰기 제1부분

[풀이전략] 가장 먼저 문장의 술어가 될 수 있는 단어를 찾는다. 그리고 술어와 어울리는 주어와 목적어를 배치한 뒤 관형어, 부사어와 같은 수식 성분을 배치한다.

★★☆ 하

86 越来越　这段时间的　复杂了　道路情况

관형어	주어	부사어	술어
这段时间的道路 대사+양사+명사+的+명사	情况 명사	越来越 부사	复杂了。 형용사+了

이 시간대의 도로 상황은 점점 복잡해진다.

해설 **술어 배치** 제시어 중 어기조사 了가 결합되어 있는 형용사 复杂(복잡하다)를 술어에 배치한다.
주어 목적어 배치 형용사는 목적어를 가지지 않으므로 주어를 배치한다. 술어 复杂의 묘사의 대상이 될 수 있는 道路情况(도로 상황)을 주어에 배치한다.
남은 어휘 배치 구조조사 的가 결합된 这段时间的(이 시간의)는 의미가 어울리는 道路情况 앞에 관형어로 배치하고, 정도부사 越来越(점점)는 부사어로 复杂 앞에 배치하여 문장을 완성한다.

어휘 越来越 yuèláiyuè 부 더욱더, 점점　段 duàn 양 동안, 구간 [시 · 공간의 일정한 거리를 나타냄]　复杂 fùzá 형 복잡하다　道路 dàolù 명 도로　情况 qíngkuàng 명 상황

★★★ 상

87 理想　到大的　作家　成为一名　是他从小

주어	술어	관형어	목적어
成为一名作家 술목구	是 동사	他从小到大的 대사+개사구(从형+到형)+的	理想。 동사

작가가 되는 것은 그의 어릴 때부터 클 때까지의 꿈이다.

해설 **술어 배치** 제시어 중 동사 是(~이다)를 술어에 배치한다.
주어 목적어 배치 술어 是는 'A是B(A는 B이다)'를 이룬다. 먼저 동사 成为(~가 되다)의 목적어로 作家(작가)를 결합시킨 뒤 成为一名作家(작가가 되다)를 주어에 배치하고, 이와 상응하는 목적어로 어울리는 理想(꿈)을 목적어에 배치한다.
남은 어휘 배치 是 뒤에 결합된 他从小(그의 어릴 때부터)는 '从A到B(A에서 B까지)'의 형식이 되도록 뒤에 到大的(클 때까지의)를 배치하고, 이것을 다시 목적어인 理想 앞에 관형어로 배치하여 문장을 완성한다.

어휘 理想 lǐxiǎng 명 이상, 꿈　作家 zuòjiā 명 작가　成为 chéngwéi 동 ~으로 되다　从小 cóngxiǎo 부 어릴 때부터

88 禁止　森林　用火　内

주어	술어	목적어
森林内	**禁止**	**用火。**
명사+방위사	동사	술목구

숲 안에서는 불 사용을 금지한다.

해설 **술어 배치** 제시어 중 술어가 될 수 있는 동사 禁止(금지하다)를 술어에 배치한다.

주어 목적어 배치 술어 禁止의 주어로 명사 森林(숲)을 배치하고, 금지하는 내용인 用火(불을 사용하다)를 목적어에 배치한다.

남은 어휘 배치 内(안)는 장소를 나타내는 단어 뒤에 쓰이므로 森林 뒤에 배치하여 문장을 완성한다.

어휘 禁止 jìnzhǐ 통 금지하다　森林 sēnlín 명 삼림, 숲　火 huǒ 명 불　内 nèi 명 안

★☆☆ 하

89 原本的　他不得不　旅游计划　改变了

주어	부사어	술어	관형어	목적어
他	**不得不**	**改变了**	**原本的旅游**	**计划。**
대사	부사	동사+了	부사+的+동사	명사

그는 어쩔 수 없이 원래의 여행 계획을 바꿨다.

해설 **술어 배치** 제시어 중 동태조사 了가 결합된 改变(바꾸다)을 술어에 배치한다.

주어 목적어 배치 술어 改变의 행위의 주체로 他(그)를 주어에 배치하고, 행위의 대상으로 旅游计划(여행 계획)를 목적어에 배치한다.

남은 어휘 배치 구조조사 的가 결합된 原本的(원래의)는 관형어로 旅游计划 앞에 배치하고, 부사 不得不(어쩔 수 없이)는 이미 부사어 자리에 위치하고 있으므로 他不得不改变了原本的旅游计划로 문장을 완성한다.

어휘 原本 yuánběn 부 원래, 본래　不得不 bùdébù 부 어쩔 수 없이　旅游 lǚyóu 통 여행하다　计划 jìhuà 통 계획하다 명 계획　改变 gǎibiàn 통 바꾸다, 변하다

★★★ 중

90 阴凉的地方　放在　这种植物　不要总是　把

부사어	把+목적어	술어	보어
不要总是	**把这种植物**	**放**	**在阴凉的地方。**
부정부사+조동사+부사	把+대사+수사+명사	동사	개사구(在+형용사+的+명사)

이 식물을 늘 그늘진 곳에 두지 마세요.

해설 **술어 배치** 제시어 중 把(~을/를)가 있으므로 把자문임을 예상한다. 보어 在(~에)가 결합되어 있는 동사 放(두다)을 술어에 배치한다.

주어 목적어 배치 술어 放의 행위의 대상으로 这种植物(이 식물)를 把의 목적어에 배치한다. 제시어에 放의 행위의 주체가 되는 단어가 없으므로 주어를 생략한다.

남은 어휘 배치 把자문의 술어는 기타 성분과 함께 쓰이므로 보어 在 뒤에 장소를 나타내는 阴凉的地方(그늘진 곳)을 배치하고, 부사어 不要总是(늘 ~하지 마라)는 把 앞에 배치하여 문장을 완성한다.

어휘 阴凉 yīnliáng 웹 그늘지고 서늘하다   地方 dìfang 명 곳, 군데, 지방   放 fàng 동 두다, 놓다   种 zhǒng 양 종류를 세는 단위
植物 zhíwù 명 식물   不要 bùyào 동 ~하지 마라   总是 zǒngshì 부 늘, 항상   把 bǎ 개 ~을/를

★★☆ 중

91 一座   出生在   海边小城   我妻子   美丽的

관형어	주어	술어	보어
我	**妻子**	**出生**	**在一座美丽的海边小城。**
대사	명사	동사	개사구(在+수사+양사+형용사+的+명사+명사)

| 내 아내는 아름다운 바닷가 작은 도시에서 태어났다. |

해설 **술어 배치** 제시어 중 보어 在(~에)가 결합되어 있는 동사 出生(태어나다)을 술어에 배치한다.

주어 목적어 배치 술어 出生의 행위의 주체로 我妻子(내 아내)를 주어에 배치한다.

남은 어휘 배치 '수사+양사'인 一座(한)와 구조조사 的가 결합된 美丽的(아름다운)는 관형어의 어순에 따라 一座美丽的(한 아름다운)로 배치하고, 이것은 관형어이므로 海边小城(바닷가 작은 도시) 앞에 배치한다. '술어+보어'인 出生在 뒤에 장소를 나타내는 一座美丽的海边小城을 배치하여 문장을 완성한다.

어휘 座 zuò 양 동, 채 [산·건축물·교량 등의 고정된 물체를 세는 단위]   出生 chūshēng 동 출생하다   海边 hǎibiān 명 해변, 해안
妻子 qīzi 명 아내   美丽 měilì 웹 아름답다

★★☆ 상

92 哭了起来   都   得   感动   很多观众

관형어	주어	부사어	술어	보어
很多	**观众**	**都**	**感动**	**得哭了起来。**
정도부사+형용사	명사	부사	동사	得+술보구

| 많은 관중들이 모두 울 정도로 감동했다. |

해설 **술어 배치** 제시어 중 술어가 될 수 있는 동사 感动(감동하다)을 술어에 배치한다. 得가 있으므로 정도보어가 있는 문장임을 알 수 있다.

주어 목적어 배치 술어 感动의 행위의 주체로 很多观众(많은 관중)을 주어에 배치한다.

남은 어휘 배치 哭了起来(울기 시작하다)는 정도보어로 술어 感动 뒤에 得와 함께 得哭了起来로 배치하고, 부사 都(모두)는 부사어로 술어 앞에 배치하여 문장을 완성한다.

어휘 哭 kū 동 울다   感动 gǎndòng 동 감동하다   观众 guānzhòng 명 관중

93 穷人　　表扬　　不是为了　　帮助　　得到别人的

주어	부사어	술어	목적어
帮助穷人 술목구	**不** 부정부사	**是** 동사	**为了得到别人的表扬。** 개사구(为了+동사+대사+的+명사)

가난한 사람을 돕는 것은 다른 사람의 칭찬을 얻기 위함이 아니다.

해설 **술어 배치** 제시어 중 동사 是(~이다)를 술어에 배치하고 是자문의 구조 'A是B(A는 B이다)'를 떠올린다.
주어 목적어 배치 是자문의 주어와 목적어를 배치해야 하는데, 술어 是 뒤에 목적을 나타내는 개사 为了가 있다. 따라서 의미가 어울리는 得到别人的(다른 사람의 ~을 얻다)와 帮助(도움)를 得到别人的帮助로 결합하여 为了 뒤에 배치시킨다. 그리고 이러한 목적의 행동이 되도록 帮助와 穷人(가난한 사람)을 술목 관계로 결합시켜 주어에 배치한다.

어휘 穷人 qióngrén 圐 가난뱅이　表扬 biǎoyáng 튕 칭찬하다　为了 wèile 꺤 ~을 하기 위하여　帮助 bāngzhù 튕 돕다 圐 도움　得到 dédào 튕 얻다　别人 biérén 뗻 다른 사람

94 很开心　　和周丽　　让我　　聊天　　感到

주어1	술어1	목1/주2	술어2	목적어2
和周丽聊天 개사구(和+명사)+동사	**让** 동사	**我** 대사	**感到** 동사	**很开心。** 정도부사+형용사

주려와 이야기를 나누는 것은 나를 즐겁게 한다.

해설 **술어 배치** 제시어 중 동사 让(~하게 하다)이 있으므로 겸어문임을 예상하고 술어1에 배치한다. 또 다른 동사 感到(느끼다)는 술어2에 배치한다.
주어 목적어 배치 술어 让은 'A让B……(A가 B를 ~하게 하다)'의 구조를 이루는데 술어1 让의 목적어이자 술어2 感到의 주어인 我(나)는 이미 제시되어 있다. 술어1 让의 주어로 聊天을 배치하고, 술어2 感到의 목적어로 很开心(아주 즐겁다)을 배치한다.
남은 어휘 배치 聊天의 앞에 부사어로 和周丽(주려와)를 배치하여 문장을 완성한다.

어휘 开心 kāixīn 혱 기쁘다. 즐겁다　让 ràng 튕 ~하게 하다　聊天 liáotiān 튕 한담하다. 수다 떨다　感到 gǎndào 튕 느끼다

95 环境　　被　　吸引住了　　他　　这里的

주어(행위를 받는 대상)	被+행위의 주체	술어	보어
他 대사	**被这里的环境** 개사구(被+대사+的+명사)	**吸引** 동사	**住了。** 동사+了

그는 이곳의 환경에 매료되었다.

해설   **술어 배치** 제시어 중 被(~에 의해)가 있으므로 被자문임을 예상한다. 보어가 결합되어 있는 동사 吸引(매료시키다)을 술어에 배치한다.

        주어 목적어 배치 被자문의 어순 'A(행위를 받는 대상)+被B(행위의 주체)+행동'에 따라 술어 吸引의 행위의 주체로 环境(환경)을 被 뒤에 배치하고, 행위를 받은 대상인 他(그)를 주어에 배치한다.

        남은 어휘 배치 구조조사 的(~의)가 결합된 这里的(이곳의)는 관형어로 주어 环境 앞에 배치하여 문장을 완성한다.

어휘 环境 huánjìng 명 환경   被 bèi 개 ~에 의해   吸引 xīyǐn 통 흡인하다, 매료시키다   住 zhù 통 살다, 거주하다

쓰기 제2부분

풀이전략 제시어의 품사와 의미를 파악한다. 사진 속 인물과 상황을 파악하여 제시어를 사용한 주술목 기본 문장을 완성한다. 사진의 배경이 되는 장소, 인물의 표정과 감정을 활용하여 부사어, 관형어, 보어 등의 수식 성분이 있는 문장을 만들 수도 있다.

★☆☆ 하

96

开心(kāixīn)는 형용사로 '즐겁다, 기쁘다'라는 뜻이고 사진은 아이가 선물을 뜯어보며 즐거워 하는 모습이다.

해설 제시어인 开心(즐겁다)을 술어로 삼아 '이 아이는 즐거워 보인다'라는 문장을 완성한다. 주어로 这个孩子(이 아이)를 배치하고, 看起来(보아하니)를 부사어에 배치하여 기본 문장 这个孩子看起来很开心을 완성한다. 더 나아가 아이가 기뻐하는 이유로 '할머니가 아이에게 선물을 줬다'라는 내용을 추가한 문장을 완성할 수도 있다.

정답 **기본** 这个孩子看起来很**开心**。이 아이는 즐거워 보인다.

        확장 奶奶想给孙子一个惊喜，买了他一直想要的礼物，他一定会感到很**开心**吧。할머니가 아이에게 서프라이즈를 해주고 싶어서, 아이가 계속 갖고 싶어 하는 선물을 샀다. 아이는 분명 기뻐할 것이다.

어휘 孩子 háizi 명 아이, 자녀   看起来 kànqǐlái 보아하니, 보기에   开心 kāixīn 형 즐겁다, 기쁘다   奶奶 nǎinai 명 할머니   孙子 sūnzi 명 손자   惊喜 jīngxǐ 통 놀라고도 기쁘다   买 mǎi 통 사다   一直 yìzhí 부 계속해서   礼物 lǐwù 명 선물   一定 yídìng 부 반드시, 틀림없이   感到 gǎndào 통 느끼다

★★☆ 중

97

棵(kē)는 양사로 '그루'라는 뜻이고, 사진은 공원에 나무가 한 그루 있는 모습이다.

해설 제시어인 양사 棵(그루)를 이용하여 '삼촌집 뒤쪽에 나무 한 그루가 있다'라는 문장을 완성한다. 叔叔家后面(삼촌집 뒤쪽)을 주어에 배치하고, 有(있다)를 술어로 삼고, 树(나무)를 목적어로 하여 주-술-목 기본 문장 叔叔家后面有一棵树를 완성한다. 더 나아가 '그 나무가 있는 곳에 가서 쉬면 마음이 편안하다'라는 내용을 추가한 문장을 완성할 수도 있다.

정답 **기본** 叔叔家后面有一**棵**树。 삼촌집 뒤쪽에 나무 한 그루가 있다.

　　　확장 叔叔家后面有一**棵**树，我经常去那棵树下休息，这让我感觉很舒服。 삼촌집 뒤쪽에 나무 한 그루가 있다. 나는 자주 그 나무가 있는 곳에 가서 쉬는 데 이것이 나를 편안하게 만든다.

어휘 叔叔 shūshu 명 삼촌, 아저씨　棵 kē 양 그루 [나무를 세는 단위]　树 shù 명 나무　经常 jīngcháng 부 자주　休息 xiūxi 통 휴식하다　感觉 gǎnjué 통 느끼다　舒服 shūfu 형 편안하다

★☆☆ 상

98

功夫(gōngfu)는 명사로 '무술'이라는 뜻이고 사진은 남자가 중국전통의상을 입고 무술을 하고 있는 모습이다.

해설 제시어인 功夫(무술)를 주어로 삼아 '이 무술 공연은 매우 멋있다'라는 문장을 완성한다. 주어로 这场功夫表演(이 무술 공연)을 삼고, 술어로 不错(잘하다)를 배치하여 주-술 기본 문장 这场功夫表演很不错를 완성한다. 더 나아가 不错 대신 受中国人欢迎(중국인들에게 인기가 있다)을 사용하고, 구체적인 계획 打算下周去看一看(다음 주에 보러 갈 계획이다)을 추가한 문장을 완성할 수도 있다.

정답 **기본** 这场**功夫**表演很不错。 이 무술 공연은 매우 멋있다.

　　　확장 这场**功夫**表演很受外国人欢迎，我也打算下周去看一看。 이 무술 공연은 중국인들에게 인기가 있다. 나도 다음 주에 보러 갈 계획이다.

어휘 场 chǎng 양 회, 차례 [문예·오락·체육 활동 등에 쓰임]　功夫 gōngfu 명 무술, 노력　表演 biǎoyǎn 명 통 공연(하다)　不错 búcuò 형 좋다, 잘하다　受 shòu 통 받다　欢迎 huānyíng 통 환영하다　打算 dǎsuàn 통 ~할 계획이다, ~할 작정이다　下周 xiàzhōu 명 다음 주

★★☆ 중

99

倒(dào)는 동사로 '따르다'라는 뜻이고 사진은 남자가 주전자의 물을 컵에 따르고 있는 모습이다.

해설 제시어인 倒(따르다)를 술어로 삼아 '그는 물을 따르고 있다'라는 문장을 완성한다. 他(그)를 주어로 삼고, 水(물)를 목적어로 삼고, 진행을 나타내는 부사 正在(~하고 있다)를 덧붙여 주-술-목 기본 문장 他正在倒水呢를 완성한다. 더 나아가 실수로 물을 바지에 쏟았다는 내용으로 不小心把水洒在裤子上(실수로 물을 바지에 쏟았다)을 추가한 문장을 완성할 수도 있다.

정답 **기본** 他正在**倒**水呢。 그는 물을 따르고 있다.

　　　확장 他刚才**倒**水的时候，不小心把水洒在裤子上了。 그는 아까 물을 따를 때, 실수로 물을 바지에 쏟았다.

어휘 正在 zhèngzài 부 지금 ~하고 있다　倒 dào 통 따르다, 붓다, 쏟다　刚才 gāngcái 명 아까, 막　小心 xiǎoxīn 통 조심하다　把 bǎ 개 ~을/를　洒 sǎ 통 뿌리다, 흩뜨리다　裤子 kùzi 명 바지

★★★ 중

100

戴(dài)는 동사로 '착용하다. 쓰다'라는 뜻이고 사진은 남자가 선글라스를 쓰고 서있는 모습이다.

해설 제시어인 戴(쓰다)를 술어로 삼아 '그는 선글라스를 쓰고 있다'라는 문장을 완성한다. 他(그)를 주어로 삼고, 太阳镜(선글라스)을 목적어로 삼고, 착용 후 쓰고 있는 상태를 나타내도록 동태조사 着(~한 채로 있다)를 덧붙인 주-술-목 기본 문장 他戴着太阳镜을 완성한다. 더 나아가 선글라스를 써야 하는 이유로 听说今天阳光很厉害(듣자하니 오늘 햇빛이 강하다고 한다)를 추가한 문장을 완성할 수도 있다.

정답 **기본** 他**戴**着太阳镜。 그는 선글라스를 쓰고 있다.
확장 听说今天阳光很厉害，你还是**戴**太阳镜出去吧。 듣자하니 오늘 햇빛이 강하다고 하는데, 선글라스 끼고 나가렴.

어휘 戴 dài 통 착용하다, 끼다　太阳镜 tàiyángjìng 명 선글라스　听说 tīngshuō 통 듣자하니, 들은 바로는　阳光 yángguāng 명 햇빛　厉害 lìhai 형 심하다, 대단하다

듣기

제1부분	1. ✘	2. ✔	3. ✔	4. ✔	5. ✘	6. ✔	7. ✔	8. ✘	9. ✘	10. ✘
제2부분	11. D	12. A	13. D	14. B	15. A	16. C	17. B	18. A	19. D	20. B
	21. B	22. C	23. A	24. C	25. D					
제3부분	26. A	27. C	28. B	29. C	30. A	31. C	32. A	33. C	34. D	35. A
	36. B	37. C	38. B	39. B	40. D	41. C	42. A	43. A	44. B	45. C

독해

제1부분	46. B	47. C	48. F	49. A	50. E	51. E	52. B	53. F	54. A	55. D
제2부분	56. C - A - B	57. B - C - A	58. B - C - A	59. A - C - B	60. B - C - A					
	61. C - A - B	62. B - C - A	63. C - B - A	64. B - A - C	65. B - A - C					
제3부분	66. C	67. C	68. C	69. A	70. A	71. D	72. B	73. B	74. D	75. B
	76. D	77. B	78. A	79. B	80. C	81. D	82. C	83. B	84. A	85. B

쓰기

제1부분

86. 找对方向特别重要。

87. 妹妹已经接受了他的邀请。

88. 所有的旅客都被这里的风景吸引了。

89. 发脾气并不能解决任何问题。

90. 顾客的数量比以前增加了好几倍。

91. 他从来没看过这么精彩的京剧表演。

92. 你快把脱下来的上衣挂在这儿。

93. 每天坚持跑5公里对身体有什么好处。

94. 难道你不应该向哥哥道歉吗？

95. 学外语时一定要有耐心。

제2부분

96. 这是谁的钥匙呢？／我突然想起把钥匙忘在洗手间里了，可是如果不在那儿，怎么办？

97. 这个小孩子穿的衣服有点儿脏。／孩子把衣服弄脏是一件很正常的事情，你看多么可爱啊！

98. 这场比赛谁赢了？／他们终于赢了这场比赛，观众都站起来为他们鼓掌。

99. 他看起来很兴奋。／他接到了面试通过的通知，兴奋得跳了起来。

100. 他正在收拾行李。／我明天就要去旅行了，正在收拾行李，希望明天是个好天气。

자가진단을 뜯어서 사용할 수 있습니다.

자가진단 나의 학습 취약점 & 보완점 체크하기

문제별 중요도와 난이도를 보고 자신의 학습 취약점을 파악할 수 있게 하였습니다. 정답을 확인하여 반복적으로 틀린 문제를 표시하고 어떤 부분(어휘력, 독해력, 청취력)을 보완해야 할지 진단해 봅시다.

듣기 제1부분				듣기 제3부분			
1 □ ★★	중	전체적인 내용 파악하기		26 □ ★★	중	옳은 내용 고르기	
2 □ ★★	하	유사 표현 듣기		27 □ ★★	상	옳은 내용 고르기	
3 □ ★★★	상	전체적인 내용 파악하기		28 □ ★★	중	상태/평가 듣기	
4 □ ★★★	상	유사 표현 듣기		29 □ ★	하	태도/감정 듣기	
5 □ ★	중	다른 부분 찾아내기		30 □ ★★	중	이유/원인 파악하기	
6 □ ★★	하	전체적인 내용 파악하기		31 □ ★★★	중	상태/평가 듣기	
7 □ ★★	상	같은 부분 찾아내기		32 □ ★★	하	장소 듣기	
8 □ ★	상	전체적인 내용 파악하기		33 □ ★	중	세부 내용 파악하기	
9 □ ★★★	하	다른 부분 찾아내기		34 □ ★	하	세부 내용 파악하기	
10 □ ★★★	중	다른 부분 찾아내기		35 □ ★	하	남/여 행동 듣기	
듣기 제2부분				36 □ ★★	중	세부 내용 파악하기	
11 □ ★	하	직업/신분 듣기		37 □ ★★	중	옳은 내용 고르기	
12 □ ★	하	이유/원인 파악하기		38 □ ★	중	직업/신분 듣기	
13 □ ★	하	옳은 내용 고르기		39 □ ★★★	상	옳은 내용 고르기	
14 □ ★★★	중	상태/평가 듣기		40 □ ★★	상	세부 내용 파악하기	
15 □ ★★	하	남/여 행동 듣기		41 □ ★★	중	옳은 내용 고르기	
16 □ ★★	중	남/여 행동 듣기		42 □ ★★	중	이유/원인 파악하기	
17 □ ★	하	장소 듣기		43 □ ★	하	옳은 내용 고르기	
18 □ ★★★	하	남/여 행동 듣기		44 □ ★★	상	세부 내용 파악하기	
19 □ ★★	하	상태/평가 듣기		45 □ ★★★	상	옳은 내용 고르기	
20 □ ★★	중	특정 시기 듣기		독해 제1부분			
21 □ ★	하	화제/분야 듣기		46 □ ★★	중	술어로 쓰인 동사 넣기	
22 □ ★	하	옳은 내용 고르기		47 □ ★	중	접속사 넣기	
23 □ ★	하	사물 듣기		48 □ ★★	하	양사 넣기	
24 □ ★★★	하	장소 듣기		49 □ ★★★	상	부사 넣기	
25 □ ★	중	옳은 내용 고르기		50 □ ★★	중	목적어로 쓰인 명사 넣기	

실전모의고사 4 • 155

실전모의고사 4

안심Touch

51 □ ★★★ 중	부사어로 쓰인 명사 넣기	79 □ ★★ 중	세부 내용 파악하기
52 □ ★★ 중	술어로 쓰인 동사 넣기	80 □ ★ 하	세부 내용 파악하기
53 □ ★ 하	목적어로 쓰인 명사 넣기	81 □ ★★★ 중	옳은 내용 고르기
54 □ ★★ 중	보어로 쓰인 형용사 넣기	82 □ ★ 하	세부 내용 파악하기
55 □ ★ 하	접속사 넣기	83 □ ★★ 중	옳은 내용 고르기

독해 제2부분		84 □ ★★ 중	세부 내용 파악하기
56 □ ★★ 하	큰따옴표, 대사, 부사 키워드	85 □ ★★ 중	옳은 내용 고르기
57 □ ★★★ 중	상황 제시, 대사, 접속사 키워드	**쓰기 제1부분**	
58 □ ★★ 상	호칭, 개사 키워드	86 □ ★ 하	형용사술어문
59 □ ★★ 중	접속사 키워드	87 □ ★ 하	관형어, 동사술어문
60 □ ★★ 하	접속사, 부사 키워드	88 □ ★★★ 상	被자문
61 □ ★ 하	부사, 접속사 키워드	89 □ ★★★ 중	부사어, 동사술어문
62 □ ★★ 중	접속사, 대사 키워드	90 □ ★★★ 중	비교문
63 □ ★★ 중	대사 키워드	91 □ ★★ 중	부사어, 동사술어문
64 □ ★★ 중	지명 제시, 접속사 키워드	92 □ ★★★ 중	把자문
65 □ ★★★ 상	시간 관련 명사, 대사 키워드	93 □ ★★★ 상	개사 对, 동사술어문

독해 제3부분		94 □ ★★★ 상	부사어, 동사술어문
66 □ ★★★ 중	옳은 내용 고르기	95 □ ★★ 중	有자문
67 □ ★★ 상	옳은 내용 고르기	**쓰기 제2부분**	
68 □ ★★ 하	옳은 내용 고르기	96 □ ★★ 하	명사 제시어 문장 만들기
69 □ ★★★ 하	옳은 내용 고르기	97 □ ★★★ 중	형용사 제시어 문장 만들기
70 □ ★★★ 하	옳은 내용 고르기	98 □ ★★ 상	동사 제시어 문장 만들기
71 □ ★ 상	옳은 내용 고르기	99 □ ★★ 중	형용사 제시어 문장 만들기
72 □ ★★ 상	세부 내용 파악하기	100 □ ★★ 중	동사 제시어 문장 만들기
73 □ ★ 하	세부 내용 파악하기		

74 □ ★★ 중	세부 내용 파악하기
75 □ ★ 하	옳은 내용 고르기
76 □ ★★★ 중	옳은 내용 고르기
77 □ ★★ 중	이유/원인 파악하기
78 □ ★★ 상	세부 내용 파악하기

점수 확인

듣기	(/45문항) X 2.2점 = _____ 점/100점
독해	(/40문항) X 2.5점 = _____ 점/100점
쓰기 1	(/10문항) X 5점 = _____ 점/50점
쓰기 2	(/ 5문항) X 10점 = _____ 점/50점

총점 : _____ 점(만점 300점)

※ 주의: 위의 영역별 문항 점수는 만점을 기준으로 하여 산출한 가상 점수로 실제 HSK 성적과 계산 방식이 상이할 수 있습니다.

듣기 제1부분

풀이전략 녹음을 듣기 전에 보기의 핵심 키워드를 분석하여 녹음의 내용을 예상한다. 녹음을 들으면서 보기의 내용과 일치하는지 일치하지 않는지를 판단한다.

★★☆ 중

1

★ 夏天洗冷水澡更凉快。 (✘)	★ 여름에 차가운 물로 샤워하면 더 시원하다.
很多人以为夏天用冷水洗澡会更凉快，其实，这并不是正确的。洗热水澡更容易能起到帮人降温的作用。同样，夏天喝热水也对解渴很有帮助。	많은 사람들이 여름에 차가운 물로 샤워하면 더 시원하다고 생각하는데, 사실 이것은 정확한 것이 아니다. 따뜻한 물로 샤워하는 것이 더 쉽게 온도를 낮추는 작용을 할 수 있다. 마찬가지로 여름에 따뜻한 물을 마시는 것도 갈증을 해소하는 데 도움이 된다.

해설 보기 문장의 키워드는 夏天(여름), 洗冷水澡(차가운 물로 샤워하다), 更凉快(더 시원하다)이다. 녹음에서 很多人以为夏天用冷水洗澡会更凉快，其实，这并不是正确的(많은 사람들이 여름에 차가운 물로 샤워하면 더 시원하다고 생각하는데, 사실 이것은 정확한 것이 아니다)라고 했으므로 차가운 물 샤워가 더 시원한 것이라고 생각하는 게 잘못됐음을 알 수 있다. 따라서 정답은 불일치이다.

어휘 夏天 xiàtiān 몡 여름   洗澡 xǐzǎo 통 목욕하다   冷水 lěngshuǐ 몡 냉수   凉快 liángkuai 혱 시원하다   以为 yǐwéi 통 여기다   更 gèng 위 더욱   其实 qíshí 위 사실은   并 bìng 위 결코, 전혀   正确 zhèngquè 혱 정확하다   容易 róngyì 혱 쉽다, ~하기 쉽다   帮 bāng 통 돕다   降温 jiàngwēn 통 온도를 내다   作用 zuòyòng 몡 작용   同样 tóngyàng 젭 마찬가지로 혱 서로 같다   热水 rèshuǐ 몡 더운 물   解渴 jiěkě 통 갈증을 풀다   帮助 bāngzhù 통 돕다 몡 도움

★★☆ 하

2

★ 这次旅行他玩得很开心。 (✓)	★ 이번 여행에서 그는 즐겁게 놀았다.
这次国外旅游尽管花了很多钱，但是我不仅认识到了几个跟我兴趣相同的好朋友，还遇到了不少新鲜事。这次旅行让我大开眼界，玩儿得很愉快。	이번 해외 여행에서 비록 돈을 많이 썼지만, 나와 같은 취미가 있는 좋은 친구들을 알게 되었고, 많은 새로운 일을 경험했다. 이번 여행은 나의 시야를 넓게 해주었고, 아주 재미있었다.

해설 보기 문장의 키워드는 旅行(여행)과 开心(즐겁다)이다. 녹음에서 이번 해외 여행에 대해 좋았던 점을 설명하면서 玩儿得很愉快(아주 재미있었다)라고 했다. 따라서 정답은 일치이다.

어휘 旅行 lǚxíng 통 여행하다   开心 kāixīn 혱 기쁘다   国外 guówài 몡 국외, 해외   旅游 lǚyóu 통 여행하다   尽管A，但是B jǐnguǎn A, dànshì B 젭 비록 A에도 불구하고 그러나 B하다   花钱 huāqián 통 돈을 쓰다   不仅 bùjǐn 젭 ~일 뿐만 아니라   认识 rènshi 통 알다, 인식하다   兴趣 xìngqù 몡 흥미   相同 xiāngtóng 통 서로 같다   遇到 yùdào 통 만나다   新鲜 xīnxiān 혱 신선하다   事 shì 몡 일   大开眼界 dà kāi yǎn jiè 솅 견문을 크게 넓히다   玩 wán 통 놀다   愉快 yúkuài 혱 기쁘다

3 ★ 遇到问题时要冷静下来。　　（✓）

★ 문제를 만났을 때 침착해야 한다.

在工作中，每个人都会遇到过一些无法解决的问题。这时该如何处理比较好呢？在向别人求助之前，我们必须先让自己冷静下来，然后主动想办法。

일을 하면서, 모든 사람들은 해결할 수 없는 문제를 만난 적이 있을 것이다. 이때 어떻게 처리하는 것이 좋을까? 다른 사람에게 도움을 구하기 전에, 우리는 반드시 먼저 자기 자신을 침착하게 하고, 그런 다음 자발적으로 방법을 찾아야 한다.

해설 보기 문장의 키워드는 遇到问题(문제를 만나다)와 冷静(침착하다)이다. 녹음에서 해결할 수 없는 문제를 만났을 때를 설명하며 我们必须先让自己冷静下来(우리는 반드시 먼저 자기 자신을 침착하게 해야 한다)라고 했다. 따라서 정답은 일치이다.

Tip▶ 방향보어 下来 파생 용법

4급에서 자주 쓰이는 방향보어 下来는 '내려오다'라는 뜻 외에도 파생적 의미를 나타낸다.
① 동적인 것에서 정적인 것으로 변함 예 教室里突然安静下来了。 교실 안이 갑자기 조용해졌다.
② 분리를 나타냄 예 你赶快把脏袜子脱下来。 너 어서 더러운 양말을 벗으렴.

어휘 遇到 yùdào 图 만나다, 봉착하다　问题 wèntí 图 문제　冷静 lěngjìng 图 침착하다　工作 gōngzuò 图 일하다　无法 wúfǎ 图 ~할 방법이 없다　解决 jiějué 图 해결하다　如何 rúhé 图 어떻게, 왜, 어떠하다　处理 chǔlǐ 图 처리하다　向 xiàng 团 ~로, ~을 향해　别人 biérén 图 다른 사람　求助 qiúzhù 图 도움을 청하다　之前 zhīqián 图 ~이전, ~의 앞　必须 bìxū 图 반드시 ~해야 한다　先 xiān 图 우선, 먼저　自己 zìjǐ 图 자기, 자신　然后 ránhòu 图 그런 후에　主动 zhǔdòng 图 자발적인, 주동적인　想 xiǎng 图 생각하다　办法 bànfǎ 图 방법

4 ★ 森林对保护环境很有好处。　　（✓）

★ 숲은 환경 보호에 좋은 점이 많다.

森林有助于环境保护。由于森林里的植物不仅能留住很多水分，使空气变得更新鲜、更湿润，还会影响地球温度的高低。

숲은 환경 보호에 도움이 된다. 왜냐하면 숲속의 식물은 많은 수분을 남겨둘 수 있어서 공기를 더욱 신선하고 습윤하게 할 수 있고, 또 지구 온도의 높고 낮음에 영향을 미칠 수 있기 때문이다.

해설 보기 문장의 키워드는 森林(숲)과 对保护环境很有好处(환경 보호에 좋은 점이 많다)이다. 녹음에서 森林有助于环境保护(숲은 환경 보호에 도움이 된다)라고 했으므로 숲이 환경 보호에 도움이 된다는 것을 알 수 있다. 따라서 정답은 일치이다.

어휘 森林 sēnlín 图 삼림, 숲　保护 bǎohù 图 보호하다　环境 huánjìng 图 환경　好处 hǎochu 图 장점, 좋은 점　有助于 yǒuzhùyú 图 ~에 도움이 된다　由于 yóuyú 团 ~때문에　植物 zhíwù 图 식물　不仅 bùjǐn 团 ~일 뿐만 아니라　留住 liúzhù 图 붙잡아 두다　水分 shuǐfèn 图 수분　使 shǐ 图 ~하게 하다, ~시키다　空气 kōngqì 图 공기　变 biàn 图 바뀌다, 변하다　更 gèng 图 더욱　新鲜 xīnxiān 图 신선하다　湿润 shīrùn 图 습윤하다, 축축하다　影响 yǐngxiǎng 图 영향을 주다　地球 dìqiú 图 지구　温度 wēndù 图 온도

5 ★ 这篇小说只受国内读者欢迎。　（✗）

★ 이 소설은 국내 독자에게만 인기가 있다.

那篇爱情小说语言幽默、内容丰富，写得很精彩。它除了在中国很受欢迎以外，还受到国外读者的喜爱。而且还将被拍成电影。

그 로맨스 소설은 언어가 유머러스하고, 내용이 풍부하며 아주 잘 썼다. 그래서 중국에서 인기가 있었을 뿐만 아니라 해외 독자들의 사랑도 받았다. 게다가 또 곧 영화로도 촬영될 것이다.

해설 보기 문장의 키워드는 只受国内读者欢迎(국내 독자에게만 인기가 있다)이다. 녹음에서 它除了在中国很受欢迎以外, 还受到国外读者喜爱(중국에서 인기가 있었을 뿐만 아니라 해외 독자들의 사랑도 받았다)라고 하여 국내뿐만 아니라 해외에서 사랑을 받았다고 했으므로 정답은 불일치이다.

Tip▶ ① '受'는 '받다'라는 뜻으로 추상적인 뜻의 목적어와 함께 쓰인다.
　　　예 受大学生欢迎 대학생의 환영을 받다　　受天气影响 날씨의 영향을 받다

　　② 듣기 1부분에서 보기 문장에 범위, 빈도, 확신 등 강한 어기를 나타내는 부사가 등장한다면 정답이 불일치일 가능성이 높다.
　　　• 어기 부사의 예: 只(다만, 단지), 全(전부의), 总是(늘, 항상), 偶尔(이따금씩), 一定(반드시), 肯定(틀림없이), 必须(반드시 ~해야 한다)

어휘 篇 piān 양 글을 세는 단위　只 zhǐ 부 다만, 단지　受 shòu 동 받다　国内 guónèi 명 국내　读者 dúzhě 명 독자　欢迎 huānyíng 동 환영하다　爱情 àiqíng 명 애정, 사랑　语言 yǔyán 명 언어　幽默 yōumò 형 유머러스하다　内容 nèiróng 명 내용　丰富 fēngfù 형 풍부하다　精彩 jīngcǎi 형 뛰어나다, 훌륭하다　所以 suǒyǐ 접 그래서　除了 chúle 개 ~을 제외하고　国外 guówài 명 국외　喜爱 xǐ'ài 동 좋아하다　而且 érqiě 접 게다가　将 jiāng 부 곧, 장차　被 bèi 개 ~에 의해서　拍 pāi 동 촬영하다

★★☆ 하

6

★ 他在对大家表示感谢。　　　　（✓）

很感谢大家对我的支持和鼓励，没有你们的帮助和关心，我就不可能获得今天这么好的成果。

★ 그는 사람들에게 감사 인사를 하고 있다.

저를 지지하고 격려해주신 여러분께 감사드립니다. 여러분의 도움과 관심이 없었다면, 저는 지금 이렇게 좋은 성과를 얻지 못했을 겁니다.

해설 보기 문장의 키워드는 表示感谢(감사 인사를 하다)이다. 녹음에서 很感谢大家对我的支持和鼓励(저를 지지하고 격려해주신 여러분께 감사드립니다)라고 했으므로 감사 인사를 하고 있음을 알 수 있다. 따라서 정답은 일치이다.

어휘 在 zài 부 마침 ~하고 있다　表示 biǎoshì 동 나타내다　感谢 gǎnxiè 동 감사하다, 고맙다　支持 zhīchí 동 지지하다　鼓励 gǔlì 동 격려하다　帮助 bāngzhù 동 돕다 명 도움　关心 guānxīn 동 관심을 갖다　可能 kěnéng 부 아마도　获得 huòdé 동 얻다　成果 chéngguǒ 명 성과

★★☆ 상

7

★ 写日记有很多好处。　　　　（✓）

他有一个写日记的习惯，把每天发生的事情都写在日记里，这种习惯既能让自己记住过去做了什么，又可以给我们留下许多美好的回忆。我们应该向他学习。

★ 일기를 쓰는 것은 좋은 점이 많이 있다.

그는 일기를 쓰는 습관이 있다. 매일 일어난 일들을 일기에 쓰는 이런 습관은 자신이 과거에 무엇을 했는지 기억할 수 있게 하고, 또 우리에게 많은 아름다운 추억을 남겨준다. 우리는 그에게 본받아야 한다.

해설 보기 문장의 키워드는 写日记(일기를 쓰다)와 有好处(좋은 점이 있다)이다. 녹음에서 일기를 쓰는 습관에 대해 既能让自己记住过去做了什么，又可以给我们留下许多美好的回忆(자신이 과거에 무엇을 했는지 기억할 수 있게 하고, 또 우리에게 많은 아름다운 추억을 남겨준다)라고 했다. 일기의 좋은 점에 대해 설명하고 있으므로 정답은 일치이다.

어휘 写 xiě 동 (글씨를) 쓰다　日记 rìjì 명 일기　好处 hǎochu 명 좋은 점, 장점　习惯 xíguàn 동 습관이 되다　把 bǎ 개 ~을/를　发生 fāshēng 동 발생하다　事情 shìqing 명 일, 사건　种 zhǒng 양 종류를 세는 단위　既A又B jì A yòu B A하기도 하고 B하기도 하다　自己 zìjǐ 대 자기, 자신　记住 jìzhù 동 확실히 기억하다　过去 guòqù 명 과거　留下 liúxià 동 남기다　许多 xǔduō 형 매우 많다　美好 měihǎo 형 아름답다　回忆 huíyì 동 회상하다, 추억하다 명 추억　应该 yīnggāi 조동 마땅히 ~해야 한다　向 xiàng 개 ~를 향해서　学习 xuéxí 동 학습하다

★☆☆ 상

8

★ 她做菜经验很丰富。 (✘)	★ 그녀는 요리 경험이 아주 풍부하다.
我是个刚开始学做菜的新手，每次做的菜不是太咸了，就是太淡了。朋友建议我平时先多练习，然后再逐渐寻找感觉，这样慢慢就好了。	나는 막 요리를 배우기 시작한 초보이다. 매번 만든 음식이 너무 짜거나, 너무 싱겁다. 친구는 나에게 평소에 우선 많이 연습한 후에 점차 감각을 찾으면 천천히 좋아질 거라고 했다.

[해설] 보기 문장의 키워드는 做菜经验(요리 경험)과 丰富(풍부하다)이다. 녹음의 我是个刚开始学做菜的新手(나는 막 요리를 배우기 시작한 초보이다)에 新手(초보)가 들렸으므로 말하는 사람이 요리 경험이 많지 않음을 알 수 있다. 따라서 정답은 불일치이다.

Tip▶ 비슷한 모양의 고정 격식
① 不是A，就是B　A가 아니면, B이다 (둘 중의 하나이다)
예 他们不是中国人，就是韩国人。 그들은 중국인이 아니면 한국인이다.
② 不是A，而是B　A가 아니라, B이다
예 他们不是中国人，而是韩国人。 그들은 중국인이 아니라 한국인이다.

[어휘] 做菜 zuòcài 图 요리를 하다　经验 jīngyàn 圆 경험　丰富 fēngfù 圈 풍부하다　刚 gāng 图 막, 방금　开始 kāishǐ 图 시작되다　学 xué 图 배우다　新手 xīnshǒu 圆 초보자, 풋내기　咸 xián 圈 짜다　淡 dàn 圈 싱겁다, 약하다　建议 jiànyì 图 건의하다, 제기하다　平时 píngshí 圆 평소　先 xiān 图 우선, 먼저　练习 liànxí 图 연습하다　然后 ránhòu 圈 그런 후에　逐渐 zhújiàn 图 점차, 점점　寻找 xúnzhǎo 图 찾다　感觉 gǎnjué 圆 감각 图 느끼다

★★★ 하

9

★ 小王经常迟到。 (✘)	★ 샤오왕은 자주 지각한다.
小王是一个有责任心的人，他上课从来不迟到。但是今天竟然还没来学校，到现在也没接电话，究竟发生了什么事情？	샤오왕은 책임감이 있는 사람인데, 그는 등교할 때 지금까지 지각한 적이 없었다. 그런데 오늘 뜻밖에 학교에 오지 않았고, 지금까지도 전화를 받지 않는데, 도대체 무슨 일이 일어난 것일까?

[해설] 보기 문장의 키워드는 经常迟到(자주 지각하다)이다. 녹음에서 샤오왕에 대해 이야기하면서 他上课从来不迟到(그는 등교할 때 지금까지 지각한 적이 없었다)라고 했다. 샤오왕이 지각한 적이 없었다고 했으므로 정답은 불일치이다.

[어휘] 经常 jīngcháng 图 자주　迟到 chídào 图 지각하다　责任心 zérènxīn 圆 책임감　上课 shàngkè 图 수업하다　从来 cónglái 图 지금까지　但是 dànshì 圈 그러나　竟然 jìngrán 图 뜻밖에도　学校 xuéxiào 圆 학교　现在 xiànzài 圆 지금, 현재　接 jiē 图 받다, 잇다　电话 diànhuà 圆 전화　究竟 jiūjìng 图 도대체　发生 fāshēng 图 발생하다　事情 shìqing 圆 일, 사건

★★★ 중

10

★ 本次航班能按时起飞。 (✘)	★ 이 항공편은 제시간에 이륙할 수 있다.
乘坐开往上海H312航班的各位乘客请注意，由于外面突然下起了大雨，飞机恐怕不能按时起飞了，不得不推迟1个小时，希望大家理解。	상해로 가는 H312 항공편을 탑승하시는 승객 여러분 주목해주십시오. 갑자기 비가 많이 내리기 때문에, 비행기가 제시간에 이륙할 수 없어서, 부득이하게 1시간 연기되었습니다. 여러분의 양해 부탁드립니다.

[해설] 보기 문장의 키워드는 能按时起飞(제시간에 이륙할 수 있다)이다. 녹음에서 비가 많이 내린다고 하면서 飞机恐怕不能按时起飞了(비행기가 제시간에 이륙할 수 없습니다)라고 했다. 항공편이 연착되어 양해를 구하는 안내 방송이므로 정답은 불일치이다.

按时起飞 제때 이륙하다	各位乘客 승객 여러분
将要降落了 곧 착륙하다	弄丢了护照 여권을 잃어버리다
取行李处 수화물 찾는 곳	办签证 비자를 만들다
没赶上飞机 비행기를 타지 못했다	拿登机牌 탑승권을 챙기다
错过航班 항공편을 놓치다	安检 보안검색하다
乘坐航班 항공편에 탑승하다	登机口 탑승 게이트

어휘 航班 hángbān 몡 (비행기나 배의) 운항편, 항공편 按时 ànshí 틘 제때에 起飞 qǐfēi 동 이륙하다 乘坐 chéngzuò 동 타다 开往 kāiwǎng 동 (비행기·차·배 등이) ~을 향하여 출발하다 各位 gèwèi 몡 여러분 乘客 chéngkè 몡 승객 注意 zhùyì 동 주의하다 由于 yóuyú 젭 ~때문에 突然 tūrán 틘 갑자기 下雨 xiàyǔ 동 비가 오다 飞机 fēijī 몡 비행기 恐怕 kǒngpà 틘 아마도 不得不 bùdébù 틘 어쩔 수 없이 推迟 tuīchí 동 미루다, 연기하다 希望 xīwàng 동 희망하다 理解 lǐjiě 동 알다

듣기 제2부분

풀이전략 녹음을 듣기 전에 보기의 핵심 키워드를 파악하여 녹음의 내용을 짐작한다. 녹음을 들으면서 들은 내용을 보기에 메모하고 질문에 알맞은 정답을 고른다.

★☆☆ 하

11

男: 这个沙发的样子特别好看，多少钱？	남: 이 소파 스타일 정말 예쁘네요. 얼마예요?
女: 正好我们店刚开始十周年庆打折活动，打完折后就是三千元。	여: 저희 가게가 마침 10주년 축하 할인 행사를 시작했어요. 할인해서 3천 위안입니다.
问: 女的最可能是做什么的？	질문: 여자는 어떤 일을 하는가?
A 警察 B 邮递员 C 导游 **D 售货员**	A 경찰 B 집배원 C 가이드 **D 판매원**

해설 보기는 모두 직업을 나타낸다. 남자는 소파가 예쁘다며 가격을 물었고, 이에 여자는 正好我们店刚开始十周年庆打折活动(저희 가게가 마침 10주년 축하 할인 행사를 시작했어요)이라고 하며 가격을 알려줬다. 따라서 여자가 하는 일은 D이다.

Tip▶ **직업을 나타내는 어휘**

导游 dǎoyóu 몡 가이드	老板 lǎobǎn 몡 사장
教师 jiàoshī 몡 교사	服务员 fúwùyuán 몡 종업원
律师 lǜshī 몡 변호사	演员 yǎnyuán 몡 배우
警察 jǐngchá 몡 경찰	导演 dǎoyǎn 몡 감독
记者 jìzhě 몡 기자	厨师 chúshī 몡 요리사
医生 yīshēng 몡 의사	运动员 yùndòngyuán 몡 운동선수
护士 hùshi 몡 간호사	科学家 kēxuéjiā 몡 과학자
校长 xiàozhǎng 몡 학교장	画家 huàjiā 몡 화가
教授 jiàoshòu 몡 교수	作家 zuòjiā 몡 작가
司机 sījī 몡 기사	售货员 shòuhuòyuán 몡 판매원
经理 jīnglǐ 몡 사장, 매니저	理发师 lǐfàshī 몡 이발사

어휘 沙发 shāfā 몡 소파　样子 yàngzi 몡 모양　特别 tèbié 뷔 특히, 아주　好看 hǎokàn 혱 아름답다, 예쁘다　正好 zhènghǎo 뷔 마침, 때마침　店 diàn 몡 상점, 가게　刚 gāng 뷔 막, 방금　开始 kāishǐ 됭 시작되다　周年 zhōunián 몡 주년　庆 qìng 됭 경축하다　打折 dǎzhé 됭 할인하다　活动 huódòng 몡 행사, 이벤트　千 qiān 주 천(1,000)　元 yuán 양 위안 [중국 화폐 단위]　警察 jǐngchá 몡 경찰　邮递员 yóudìyuán 몡 우편 집배원　导游 dǎoyóu 몡 가이드

★☆☆ 하

12

女：喂，麦克，你正在干什么？ 男：我在网上查洗衣机呢，我们家的洗衣机用了很久了，想换一台新的。 问：男的为什么想换洗衣机了？	여: 여보세요? 마이크, 너 지금 뭐 하고 있어? 남: 나 인터넷에서 세탁기를 찾아보고 있었어. 우리 집 세탁기가 사용한 지 오래돼서 새것으로 바꾸고 싶거든. 질문: 남자는 왜 세탁기를 바꾸고 싶어 하는가?
A 太旧了 B 声音很吵 C 突然停了 D 很费电	A 너무 낡았다 B 소리가 시끄럽다 C 갑자기 멈췄다 D 전력을 많이 소비한다

해설 보기는 모두 사물의 상태를 나타낸다. 여자는 남자에게 뭐 하고 있느냐고 물었고, 남자는 세탁기를 찾아보고 있다며 我们家的洗衣机用了很久了(우리 집 세탁기가 사용한 지 오래됐다)라고 이유를 설명했다. 따라서 남자가 세탁기를 바꾸고 싶어 하는 이유로 알맞은 정답은 A임을 알 수 있다.

어휘 喂 wéi 감 여보세요　正在 zhèngzài 뷔 지금 ~하고 있다　干 gàn 됭 하다　查 chá 됭 조사하다, 찾다　洗衣机 xǐyījī 몡 세탁기　久 jiǔ 혱 오래다　换 huàn 됭 교환하다, 바꾸다　台 tái 양 대 [가전제품을 세는 단위]　新 xīn 혱 새롭다　旧 jiù 혱 낡다　声音 shēngyīn 몡 소리　吵 chǎo 혱 시끄럽다　突然 tūrán 뷔 갑자기　停 tíng 됭 멈추다, 정지하다　费电 fèidiàn 됭 전력을 쓰다

★☆☆ 하

13

男：小刘，今天阳光真好啊，很适合出去散步。 女：行，这几天一直下大雨，今天才出太阳，不去散散步很可惜。 问：女的是什么意思？	남: 샤오리우, 오늘 햇빛이 정말 좋은데, 산책하러 나가기 딱 좋다. 여: 그래. 요며칠 계속 비가 많이 내렸는데, 오늘은 해가 떴어. 산책하러 안 가면 너무 아쉽지. 질문: 여자는 무슨 의미인가?
A 想去旅行 B 天有点儿阴 C 气温很低 **D 出去散步**	A 여행 가고 싶다 B 날이 조금 흐리다 C 기온이 낮다 **D 산책하러 나간다**

해설 보기의 키워드로 A는 旅行(여행하다), B는 阴(흐리다), C는 气温低(기온이 낮다), D는 散步(산책하다)를 삼고 녹음을 듣는다. 남자가 햇빛이 좋다고 하며 很适合出去散步(산책하러 나가기 딱 좋다)라고 말했고, 이에 여자는 行(그래), 不去散散步很可惜(산책하러 안 가면 너무 아쉽지)라고 말했다. 보기 D의 키워드가 언급됐으며, 여자가 남자의 말에 동의하고 있으므로 정답은 D이다.

어휘 阳光 yángguāng 몡 햇빛　适合 shìhé 됭 알맞다, 적합하다　散步 sànbù 됭 산책하다　行 xíng 혱 좋다　一直 yìzhí 뷔 계속해서　下雨 xiàyǔ 됭 비가 오다　太阳 tàiyáng 몡 태양　可惜 kěxī 혱 아쉽다, 섭섭하다　旅行 lǚxíng 됭 여행하다　天 tiān 몡 하늘, 날　阴 yīn 혱 흐리다　气温 qìwēn 몡 기온　低 dī 혱 낮다

14

女：今天买的蛋糕糖放多了，稍微有点儿甜。 男：是吗？我觉得还不够甜，如果再多放点儿糖 　　就更好吃了。 问：男的是什么意思？	여: 오늘 산 케이크에 설탕이 많이 들어갔어. 조금 달다. 남: 그래? 나는 덜 단 거 같아. 만일 설탕을 조금만 더 넣으면 더 맛 　　있을 텐데. 질문: 남자는 무슨 뜻인가?
A 有点儿辣 **B 不太甜** C 特别酸 D 非常咸	A 조금 맵다 **B 별로 달지 않다** C 유달리 시다 D 매우 짜다

해설 보기는 맛에 대한 평가를 나타낸다. 여자가 케이크가 달다고 했고, 이에 남자는 我觉得还不够甜(나는 덜 단 거 같아)이라고 하며 설탕을 더 넣으면 좋겠다고 했다. 따라서 남자의 말의 뜻으로 알맞은 것은 B이다.

Tip▶ 맛을 나타내는 어휘

酸 suān 형 시다	咸 xián 형 짜다
甜 tián 형 달다	淡 dàn 형 싱겁다
苦 kǔ 형 쓰다	油腻 yóunì 형 기름지다
辣 là 형 맵다	

어휘 蛋糕 dàngāo 명 케이크　糖 táng 명 설탕, 사탕　放 fàng 동 놓다, 넣다　稍微 shāowēi 부 조금, 약간　甜 tián 형 달다　觉得 juéde 동 ～라고 느끼다　够 gòu 동 (일정한 정도·수준에) 이르다, 도달하다　如果A，就B rúguǒ A, jiù B 접 만약 A한다면 B하다　更 gèng 부 더욱　好吃 hǎochī 형 맛있다

15

男：你还有半年就要大学毕业了，将来有什么计 　　划？ 女：我已经申请了奖学金，毕业之后打算继续读 　　硕士。 问：女的毕业后准备做什么？	남: 너 반 년 있으면 곧 대학 졸업이구나. 장래에 어떤 계획이 있어? 여: 나는 이미 장학금을 신청했어. 졸업 후에 계속 석사를 공부하려 　　고 해. 질문: 여자는 졸업 후에 무엇을 하려고 하는가?
A 读硕士 B 做生意 C 进入社会 D 举行婚礼	**A 석사 과정을 밟는다** B 사업을 한다 C 사회에 들어간다 D 결혼식을 올린다

해설 보기는 모두 행동을 나타낸다. 남자가 여자에게 졸업 후 장래 계획에 대해 물었고, 이에 여자는 毕业之后打算继续读硕士(졸업 후에 계속 석사를 공부하려고 해)이라고 말했다. 따라서 여자가 졸업 후 하려는 행동으로 알맞은 정답은 A이다.

어휘 大学 dàxué 명 대학　毕业 bìyè 동 졸업하다　将来 jiānglái 명 장래　计划 jìhuà 동 계획하다　已经 yǐjīng 부 이미, 벌써　申请 shēnqǐng 동 신청하다　奖学金 jiǎngxuéjīn 명 장학금　之后 zhīhòu 명 ～뒤, 그 후　打算 dǎsuàn 동 ～할 계획이다, ～할 작정이다　继续 jìxù 동 계속하다　生意 shēngyi 명 장사, 사업　进入 jìnrù 동 들다　社会 shèhuì 명 사회　举行 jǔxíng 동 열다, 거행하다　婚礼 hūnlǐ 명 결혼식

16

女：今天你怎么了，脸色真不好，是不是感冒了？ 男：不是，昨晚我可能吃错东西了，肚子到现在一直都不舒服，我要去看医生。	여: 오늘 너 무슨 일이야? 안색이 정말 안 좋아. 감기에 걸렸어? 남: 아니야. 어젯밤에 음식을 잘못 먹었어. 배가 지금까지 계속 불편해서 병원에 가 보려고.
问：男的要做什么？	질문: 남자는 무엇을 하려고 하는가?
A 先躺会儿 B 吃药 **C 去医院** D 回家休息	A 우선 잠시 눕는다 B 약을 먹는다 **C 병원에 간다** D 집에 가서 쉰다

해설 보기는 모두 행동을 나타낸다. 여자가 남자에게 안색이 안 좋다고 했고, 이에 남자는 배가 불편하다고 하며 我要去看医生 (병원에 가 보려고 해)이라고 했다. 따라서 남자가 하려고 하는 행동은 C임을 알 수 있다.

Tip▶ '병원 가다'의 유사 표현

去医院 병원에 가다	看医生 의사를 보다	看病 진료하다

어휘 脸色 liǎnsè 몡 안색　感冒 gǎnmào 동 감기에 걸리다　昨晚 zuówǎn 몡 어제 저녁　可能 kěnéng 뷔 아마도　错 cuò 혱 틀리다　东西 dōngxi 음식　肚子 dùzi 배, 복부　现在 xiànzài 몡 지금, 현재　一直 yìzhí 뷔 계속해서　舒服 shūfu 혱 편안하다　医生 yīshēng 몡 의사　先 xiān 뷔 우선, 먼저　躺 tǎng 동 눕다　吃药 chīyào 동 약을 먹다　医院 yīyuàn 몡 병원　回家 huíjiā 동 집으로 돌아가다　休息 xiūxi 동 휴식하다

17

男：先生，这是您的房卡，请拿好。 女：谢谢，能帮我把行李拿到我的房间去吗？	남: 선생님, 여기 객실 키입니다. 잘 받으세요. 여: 고마워요. 저 대신 짐을 제 방까지 가져다주실 수 있나요?
问：他们可能在什么地方？	질문: 그들은 어디에 있는가?
A 高速公路上 **B 宾馆** C 售票处 D 邮局	A 고속도로 **B 호텔** C 매표소 D 우체국

해설 보기는 모두 장소를 나타낸다. 남자가 这是您的房卡(여기 객실 키입니다)라고 하며 객실 키를 전달했고 여자가 짐을 방까지 가져다줄 수 있는지 물었으므로 그들이 있는 장소로 알맞은 곳은 B이다.

Tip▶ 장소를 나타내는 어휘

邮局 yóujú 몡 우체국	公园 gōngyuán 몡 공원
教室 jiàoshì 몡 교실	火车站 huǒchēzhàn 몡 기차역
学校 xuéxiào 몡 학교	地铁站 dìtiězhàn 몡 지하철역
校园 xiàoyuán 몡 캠퍼스	机场 jīchǎng 몡 공항
宾馆 bīnguǎn 몡 호텔	车站 chēzhàn 몡 정류장
酒店 jiǔdiàn 몡 호텔	加油站 jiāyóuzhàn 몡 주유소
饭店 fàndiàn 몡 호텔, 식당	售票处 shòupiàochù 몡 매표소
餐厅 cāntīng 몡 식당	入口处 rùkǒuchù 몡 입구

动물园 dòngwùyuán 몡 동물원　　　　　书店 shūdiàn 몡 서점

어휘 房卡 fángkǎ 몡 카드 키, 객실 열쇠　拿 ná 동 쥐다, 잡다　帮 bāng 동 돕다　把 bǎ 개 ~을/를　行李 xíngli 몡 짐　房间 fángjiān 몡 방　高速公路 gāosù gōnglù 몡 고속도로　宾馆 bīnguǎn 몡 호텔　售票处 shòupiàochù 몡 매표소　邮局 yóujú 몡 우체국

★★★ 하

18

女：我们快要放寒假了，你有什么计划？	여: 우리 곧 겨울방학이야. 너 무슨 계획이 있어?
男：我打算从下个月开始学打网球，其实我从小对网球很有兴趣。	남: 나는 다음 달부터 테니스를 배울 계획이야. 사실 나 어릴 때부터 테니스에 관심이 있었거든.
问：男的寒假打算做什么？	질문: 남자는 겨울방학에 무엇을 할 계획인가?
A 学网球	A 테니스를 배운다
B 弹钢琴	B 피아노를 친다
C 游泳	C 수영을 한다
D 练开车	D 운전 연습을 한다

해설 보기는 모두 취미를 나타낸다. 여자가 남자에게 방학 계획에 대해 물었고, 남자는 我打算从下个月开始学打网球(나는 다음 달부터 테니스를 배울 계획이야)라고 대답했다. 따라서 남자가 겨울방학에 할 것은 A임을 알 수 있다.

Tip▶ 학교 관련 표현

提前放假 일찍 방학하다	提高成绩 성적을 향상시키다
寒假 겨울방학	课前预习 수업 전에 예습하다
暑假 여름방학	课后复习 수업 후에 복습하다
上下学 등하교하다	借书 책을 빌리다
下个学期 다음 학기	还书 책을 반납하다
读书 공부하다	考试 시험을 보다
读硕士 석사 과정을 밟다	数学题的答案 수학 문제의 답안
读博士 박사 과정을 밟다	增加一门科学课 과학 수업을 한 과목 늘리다

어휘 寒假 hánjià 몡 겨울방학　计划 jìhuà 몡 계획 동 계획하다　打算 dǎsuàn 동 ~할 계획이다, ~할 작정이다　下个月 xià ge yuè 몡 다음 달　开始 kāishǐ 동 시작하다　网球 wǎngqiú 몡 테니스　其实 qíshí 퇴 사실은　兴趣 xìngqù 몡 흥미　弹钢琴 tán gāngqín 동 피아노를 치다　游泳 yóuyǒng 동 수영하다　练 liàn 동 연습하다　开车 kāichē 동 운전하다

★★☆ 하

19

男：你觉得新来的那个小伙子怎么样？	남: 새로 온 그 젊은이를 어떻게 생각하세요?
女：他虽然缺少工作经验，但态度却很积极，学东西的速度也很快，总的来说很不错。	여: 그는 비록 업무 경험이 부족하지만, 태도는 오히려 아주 적극적이에요. 배우는 속도도 빠르고, 전체적으로 좋습니다.
问：女的觉得那个小伙子怎么样？	질문: 여자는 그 젊은이가 어떻다고 생각하는가?
A 专业符合	A 전공이 맞다
B 经验丰富	B 경험이 많다
C 缺少信心	C 자신감이 부족하다
D 态度积极	D 태도가 적극적이다

해설 보기는 모두 사람에 대한 평가를 나타낸다. 남자가 여자에게 새로 온 젊은이에 대한 견해를 물었고, 이에 여자는 态度却很积极(태도는 오히려 아주 적극적이에요)라고 말했다. 따라서 여자의 견해로 알맞은 것은 D이다.

어휘 觉得 juéde 图 ~라고 느끼다   新来 xīnlái 图 새로 오다   小伙子 xiǎohuǒzi 图 젊은이   虽然A, 但B suīrán A, dàn B 집 비록 A일지라도 그러나 B하다   缺少 quēshǎo 图 부족하다   工作 gōngzuò 图 일하다 图 업무   经验 jīngyàn 图 경험   态度 tàidu 图 태도   却 què 图 오히려, 도리어   积极 jījí 图 긍정적이다, 적극적이다   学 xué 图 배우다   东西 dōngxi 图 (도리·지식·예술 등의) 추상적인 것   速度 sùdù 图 속도   快 kuài 图 빠르다   总的来说 zǒng de lái shuō 전체적으로 말하면   不错 búcuò 图 괜찮다   专业 zhuānyè 图 전공 图 전문적인   符合 fúhé 图 부합하다   丰富 fēngfù 图 풍부하다, 많다   信心 xìnxīn 图 자신

★★☆ 중

20

女：咱们明天上午10点出发也来得及吗？ 男：明天正好是节假日，高速公路上堵车也许会很厉害，所以咱们提前一个小时出发，怎么样？ 问：他们最可能几点出发？	여: 우리 내일 오전 10시에 출발해도 시간 여유가 있을까? 남: 내일 때마침 연휴라서, 고속도로 교통 체증이 아마도 심할 거야. 그러니까 우리 한 시간 일찍 출발하는 게 어떨까? 질문: 그들은 몇 시에 출발하는가?
A 8点 **B 9点** C 10点 D 11点	A 8시 **B 9시** C 10시 D 11시

해설 보기는 모두 특정 시간을 나타낸다. 여자가 남자에게 咱们明天上午10点出发也来得及吗？(우리 내일 오전 10시에 출발해도 시간 여유가 있을까?)라고 했고, 이에 남자는 咱们提前一个小时出发，怎么样？(우리 한 시간 일찍 출발하는 게 어떨까?)이라고 했다. 이 대화를 종합해보면 이들이 출발하는 시간이 B임을 알 수 있다.

어휘 出发 chūfā 图 출발하다   来得及 láidejí 图 늦지 않다, ~할 시간적 여유가 있다   正好 zhènghǎo 图 때마침   节假日 jiéjiàrì 图 명절과 휴일   高速公路 gāosù gōnglù 图 고속도로   堵车 dǔchē 图 교통이 꽉 막히다 图 교통 체증   也许 yěxǔ 图 아마도, 어쩌면   厉害 lìhai 图 심하다, 대단하다   所以 suǒyǐ 집 그래서   提前 tíqián 图 앞당기다

★☆☆ 하

21

男：这个学期专业课实在是太多了。 女：我也是，除了三门选修课以外，其他都是专业基础课了。 问：他们在谈什么？	남: 이번 학기에 전공 수업이 정말 너무 많아. 여: 나도 그래. 선택 수업 세 과목 외에 모두 전공 기초 과목이야. 질문: 그들은 무엇을 말하고 있는가?
A 毕业条件 **B 专业课** C 奖学金 D 课外活动	A 졸업 조건 **B 전공 수업** C 장학금 D 특별 활동

해설 보기는 모두 학교 생활에 관한 어휘들이다. 남자는 这个学期专业课实在是太多了(이번 학기에 전공 수업이 정말 너무 많아)라고 했고, 여자는 我也是(나도 그래)이라며 전공 수업이 많다는 말에 동의하고 있다. 따라서 이들이 말하고 있는 것이 B임을 알 수 있다.

Tip▶ 개사 除了

'~을 제외하고'를 나타내는 개사 除了는 문맥에 따라 除了 뒤의 대상을 제외시키거나 포함시킨다. 뒷절에 부사 也/
还/都 등과 호응하여 쓰인다.

① '除了A(제외하는 대상), B(나머지 대상)都/也' A를 제외하고 B가 어떠하다

예 他除了汉语以外，别的语言都不会说。 그는 중국어를 제외하고 다른 언어는 다 못 한다.

② '除了A(포함하는 대상), 也/还B(나머지 대상)' A 외에 B도 어떠하다

예 他除了汉语以外，还会说日语。 그는 중국어를 제외하고도, 또 일본어를 할 줄 안다.

어휘 学期 xuéqī 명 학기　专业课 zhuānyèkè 명 전공 수업　实在 shízài 부 확실히, 정말　除了 chúle 개 ~을 제외하고　门 mén 양 가지, 과목 [학문·언어를 세는 단위]　选修课 xuǎnxiūkè 명 선택 과목　以外 yǐwài 명 이외, 이상　其他 qítā 명 기타, 그 외 基础课 jīchǔkè 명 기초 수업　毕业 bìyè 명 졸업　条件 tiáojiàn 명 조건　奖学金 jiǎngxuéjīn 명 장학금　课外活动 kèwàihuódòng 명 특별 활동, 과외 활동

★☆☆ 하

22

女：下班时我打了好几次，可是家里的电话一直在占线，怎么回事？	여: 퇴근할 때 내가 여러 번 전화했는데, 집에 전화가 계속 통화 중이었어요. 무슨 일이에요?
男：那个时候，我在收拾厨房呢，刚才才发现电话没放好呢。	남: 그때 나 주방 정리하고 있었어요. 방금 전화가 잘못 놓여진 것을 발견했어요.
问：关于电话，哪个正确？	질문: 전화기에 관하여 옳은 것은?
A 电话打通了	A 전화가 연결되었다
B 电话坏了	B 전화기가 고장났다
C 电话没放好	**C 전화기를 잘못 놓았다**
D 电话没声音	D 전화기에 소리가 안들린다

해설 보기는 모두 전화기의 상태에 관한 내용이다. 여자가 남자에게 집에 전화가 통화 중이었다고 했고, 이에 남자는 刚才才发现电话没放好呢(방금 전화가 잘못 놓여진 것을 발견했어요)라고 대답했다. 따라서 전화기에 관해 옳은 것은 C이다.

Tip▶ 전화 관련 표현

打电话 dǎ diànhuà 전화를 걸다	换号码 huàn hàomǎ 번호를 바꾸다
接电话 jiē diànhuà 전화를 받다	开机 kāijī 전원을 켜다
挂电话 guà diànhuà 전화를 끊다	关机 guānjī 전원을 끄다
占线 zhànxiàn 통화 중이다	

어휘 可是 kěshì 접 그러나　电话 diànhuà 명 전화기, 전화　一直 yìzhí 부 계속해서　占线 zhànxiàn 동 통화 중이다　怎么回事 zěnmehuíshì 어떻게 된 거야?　收拾 shōushi 동 정리하다, 거두다　厨房 chúfáng 명 주방　刚才 gāngcái 명 아까, 방금　发现 fāxiàn 동 발견하다　放 fàng 동 놓다　打通 dǎtōng 동 (전화가) 연결되다　坏 huài 동 고장나다　声音 shēngyīn 명 소리

★☆☆ 하

23

男：小刘，你能不能借我复印一下科学课的笔记？	남: 샤오리우, 과학 수업 필기 복사하려고 하는데 빌려줄 수 있어?
女：当然可以，昨天老师所讲的重点内容都在最后的一页上。	여: 당연하지. 어제 선생님이 강의하신 중요한 내용은 마지막 페이지에 있어.
问：男的要向女的借什么？	질문: 남자는 여자에게 무엇을 빌리려고 하는가?

A 笔记 B 皮鞋 C 帽子 D 现金	A 필기 B 가죽 구두 C 모자 D 현금

해설 보기는 모두 사물을 나타낸다. 남자가 여자에게 你能不能借我复印一下科学课笔记?(과학 수업 필기 복사하려고 하는데 빌려줄 수 있어?)라며 수업 필기를 빌려줄 수 있느냐고 물었다. 따라서 남자가 여자에게 필기 노트를 빌리려고 한다는 것을 알 수 있다. 정답은 A이다.

어휘 上课 shàngkè 통 수업하다   借 jiè 통 빌리다, 빌려주다   复印 fùyìn 통 복사하다   笔记 bǐjì 명 필기   当然 dāngrán 형 당연하다   讲 jiǎng 통 말하다   重点 zhòngdiǎn 명 중점   内容 nèiróng 명 내용   最后 zuìhòu 명 마지막, 최후의   页 yè 명 쪽, 페이지   皮鞋 píxié 가죽 구두   帽子 màozi 명 모자   现金 xiànjīn 명 현금

★★★ 하

24

| 女：冰箱里的果汁够不够？我现在要去趟超市，
　　要不要顺便再买几瓶？
男：晚上至少有10多个客人来，我估计应该不够
　　喝，还是再买点儿吧。

问：女的要去哪儿？ | 여: 냉장고의 과일 주스 충분해? 나 지금 마트에 갈 건데, 가는 김에 몇 병 살까?
남: 저녁에 최소한 십여 명의 손님이 올 거야. 내 생각엔 모자랄 거 같아. 아무래도 조금 더 사오는 게 낫겠어.

질문: 여자는 어디에 가려고 하는가? |
| A 理发店
B 大使馆
C 超市
D 动物园 | A 이발소
B 대사관
C 마트
D 동물원 |

해설 보기는 모두 장소를 나타낸다. 여자가 남자에게 我现在要去趟超市(나 지금 마트에 갈 거야)이라고 한 말을 통해 마트에 가려고 함을 알 수 있다. 따라서 여자가 가려는 장소는 C이다.

어휘 冰箱 bīngxiāng 명 냉장고   果汁 guǒzhī 명 과일즙, 과일 주스   够 gòu 형 충분하다, 넉넉하다   趟 tàng 양 차례, 번 [왕래하는 횟수를 나타냄]   超市 chāoshì 명 슈퍼마켓, 마트   瓶 píng 양 병을 세는 단위   至少 zhìshǎo 부 적어도, 최소한   客人 kèrén 명 손님   估计 gūjì 통 짐작하다, 예측하다   应该 yīnggāi 조동 마땅히 ~해야 한다   过来 guòlái 통 오다   理发店 lǐfàdiàn 명 이발소   大使馆 dàshǐguǎn 명 대사관   动物园 dòngwùyuán 명 동물원

★☆☆ 중

25

| 男：老王，这是你的小孙女吗？长得真像你女
　　儿，结婚了吗？
女：还没有，她准备明年结婚。

问：关于老王的孙女，哪个正确？ | 남: 라오왕, 이쪽이 손녀예요? 따님을 정말 닮았네요. 결혼했어요?
여: 아직이요. 내년에 결혼하려고 해요.

질문: 라오왕의 손녀에 관하여, 옳은 것은? |
| A 是一名护士
B 快生孩子了
C 已经毕业了
D 快要结婚了 | A 간호사이다
B 곧 출산한다
C 이미 졸업했다
D 곧 결혼한다 |

보기는 모두 인물에 관한 내용이다. 남자가 여자에게 손녀가 결혼했느냐고 물었고 이에 여자는 她准备明年结婚(내년에 결혼하려고 해요)이라고 대답했다. 따라서 라오왕의 손녀에 관해 옳은 내용은 D이다.

Tip▶ 长의 형용사/동사 용법

① cháng 형용사: 길다 **예** 这条街道很**长**。 이 길은 아주 길다.

② zhǎng 동사: 자라다, 생장하다 **예** 她**长**得很像爸爸。 그녀는 아빠를 많이 닮았다.

어휘 孙女 sūnnǚ **명** 손녀   长 zhǎng **동** 자라다, 생장하다   像 xiàng **동** ~와 같다, 닮다   女儿 nǚ'ér **명** 딸   结婚 jiéhūn **동** 결혼하다   准备 zhǔnbèi **동** 준비하다   明年 míngnián **명** 내년   护士 hùshi **명** 간호사   生 shēng **동** 낳다   孩子 háizi **명** 아이   已经 yǐjīng **부** 이미, 벌써   毕业 bìyè **동** 졸업하다

듣기 제3부분

풀이전략 녹음을 듣기 전에 보기의 핵심 키워드를 파악하여 녹음의 내용을 짐작한다. 녹음을 들으면서 들은 내용을 보기에 메모하고 질문에 알맞은 정답을 고른다.

★★☆ 중

26

男：听说我们公司对面新开了一家羊肉店，你去过吗？ 女：是啊，那家做的羊肉很嫩，除了羊肉外，包子和鸡蛋汤也很好吃。 男：那价格一定是很高吧？ 女：不，价格也不算很贵，下周咱们一起去吧。 问：根据对话，那家羊肉店：	남: 듣자하니 우리 회사 맞은편에 새로 양고기 집이 오픈했다던데, 너 가본 적 있어? 여: 응, 그 집 양고기 부드러워. 양고기 외에 찐빵이랑 계란탕도 맛있어. 남: 그럼 가격은 분명히 비싸겠다? 여: 아니야. 가격도 그렇게 비싼 편이 아니야. 다음 주에 같이 가자. 질문: 대화를 근거로, 그 양고기집은?
A 味道很香 B 价格很贵 C 顾客不多 D 服务一般	A 맛이 좋다 B 가격이 비싸다 C 고객이 많지 않다 D 서비스가 보통이다

해설 보기는 모두 음식점에 대한 평가를 나타낸다. 여자의 말 那家做的羊肉很嫩，除了羊肉外，包子和鸡蛋汤也很好吃(그 집 양고기 부드러워. 양고기 외에 찐빵이랑 계란탕도 맛있어), 价格也不算很贵(가격도 그렇게 비싼 편이 아니야)를 통해 양고기 집의 특징을 알 수 있다. 양고기가 부드럽고 찐빵과 계란탕이 맛있다고 했으므로 정답은 A이다.

어휘 听说 tīngshuō **동** 듣자하니, 들은 바로는   公司 gōngsī **명** 회사   对面 duìmiàn **명** 맞은편   家 jiā **양** 집·가게를 세는 단위   羊肉 yángròu **명** 양고기   店 diàn **명** 상점, 가게   嫩 nèn **형** 부드럽다, 연하다   除了 chúle **개** ~을 제외하고   包子 bāozi **명** (소가 든) 만두, 찐빵   鸡蛋 jīdàn **명** 계란   汤 tāng **명** 국, 탕   好吃 hǎochī **형** 맛있다   价格 jiàgé **명** 가격   一定 yídìng **부** 반드시, 틀림없이   算 suàn **동** 간주하다, 치다, ~인 셈이다   贵 guì **형** 비싸다   味道 wèidao **명** 맛   香 xiāng **형** 맛이 좋다, 향기롭다   顾客 gùkè **명** 고객   服务 fúwù **명** 서비스   一般 yìbān **형** 보통이다

★★☆ 상

27

女：你帮我看看这个网址是不是错的？我怎么试 　　了几遍都打不开。 男：你把网址发给我吧，我来试试。 女：你那儿打得开吗？ 男：嗯，网页打开的速度也很快，你再试一下。 问：根据对话，哪个正确？	여: 너 이 웹 사이트 주소가 틀린 건지 좀 봐줄래? 내가 아무리 열 　　려고 해도 안 열려. 남: 웹 사이트 주소 보내줘 봐. 내가 해볼게. 여: 너 있는 데서는 열려? 남: 응. 인터넷 홈페이지 열리는 속도도 빨라. 너 다시 한번 해봐. 질문: 대화를 근거로, 옳은 것은?
A 电脑出问题 B 网速很慢 **C 网址正确** D 电脑突然停了	A 컴퓨터에 문제가 생겼다 B 인터넷 속도가 느리다 **C 웹 사이트 주소가 정확하다** D 컴퓨터가 갑자기 멈췄다

해설　보기는 모두 컴퓨터와 관련된 어휘들이다. 여자가 남자에게 웹 사이트 주소가 맞는지 봐달라고 했고, 남자는 자신의 자리에
　　　서는 열린다고 했다. 따라서 대화에 근거하여 옳은 것은 C이다.

Tip▶ 인터넷 관련 어휘

互联网　hùliánwǎng 명 인터넷	网友　wǎngyǒu 명 네티즌
网络　wǎngluò 명 네트워크, 웹	网速　wǎngsù 명 인터넷 서버 속도
网站　wǎngzhàn 명 웹 사이트	上网　shàngwǎng 동 인터넷에 접속하다
网页　wǎngyè 명 인터넷 홈페이지	查　chá 동 조사하다, 검사하다
网址　wǎngzhǐ 명 웹 사이트 주소	

어휘　帮 bāng 동 돕다　网址 wǎngzhǐ 명 웹 사이트 주소　错 cuò 형 틀리다　试 shì 동 시험보다　遍 biàn 양 회, 번 [전 과정을 말
　　　함]　打开 dǎkāi 동 열다　发 fā 동 보내다, 교부하다　行 xíng 형 좋다, ～해도 좋다　网页 wǎngyè 명 인터넷 홈페이지　速度
　　　sùdù 명 속도　快 kuài 형 빠르다　电脑 diànnǎo 명 컴퓨터　问题 wèntí 명 문제　网速 wǎngsù 동 인터넷 속도　慢 màn 형
　　　느리다　正确 zhèngquè 형 정확하다　突然 tūrán 부 갑자기　停 tíng 동 멈추다, 정지하다

★★☆ 중

28

男：丽丽，你找到合适的房子了吗？ 女：已经租好了。那儿不仅离地铁站挺近的，而 　　且购物也很方便，环境很不错。 男：那太好了，估计房租很贵吧。 女：贵是贵，不过我对这个房子很满意。 问：女的觉得那个房子怎么样？	남: 리리, 너 적합한 방 구했어? 여: 이미 빌렸어. 그곳은 지하철역에서 아주 가깝고, 쇼핑도 편리하 　　고, 환경이 아주 좋아. 남: 그거 잘됐다. 임대료가 비싸지? 여: 비싸긴 한데 난 이 집이 아주 마음에 들어. 질문: 여자는 그 집을 어떻게 생각하는가?
A 地点不好 **B 环境很好** C 购物不便 D 房租便宜	A 위치가 좋지 않다 **B 환경이 좋다** C 쇼핑이 불편하다 D 임대료가 저렴하다

해설　보기는 모두 지역에 대한 평가를 나타낸다. 남자가 여자에게 방을 구했느냐고 물었고, 이에 여자는 방을 빌렸는데 那儿不
　　　仅离地铁站挺近的, 而且购物也很方便, 环境很不错(그곳은 지하철역에서 아주 가깝고, 쇼핑도 편리하고, 환경이 아

주 좋아)라고 했다. 따라서 여자의 견해로 알맞은 정답은 B이다.

Tip▶ **전환을 나타내는 구조**
- 호응 구조: [A是A, 不过(就是/但是/可是)] A하긴 한데, 그런데 B하다
  - 예 好看是好看, 就是价格有点儿贵。 예쁘긴 한데, 가격이 조금 비싸다.

어휘 找 zhǎo 통 찾다   合适 héshì 형 알맞다, 적당하다   房子 fángzi 명 집   已经 yǐjīng 부 이미, 벌써   租 zū 통 임대하다, 세놓다, 빌리다   不仅A, 而且B bùjǐn A, érqiě B 접 A일 뿐만 아니라 B하다   地铁站 dìtiězhàn 명 지하철역   挺 tǐng 부 매우   近 jìn 형 가깝다   购物 gòuwù 통 물품을 구입하다, 쇼핑하다   方便 fāngbiàn 형 편리하다   环境 huánjìng 명 환경   不错 búcuò 형 좋다   估计 gūjì 통 예측하다, 추측하다   房租 fángzū 명 집세, 임대료   贵 guì 형 비싸다   不过 búguò 접 그러나   满意 mǎnyì 형 만족하다   地点 dìdiǎn 명 위치, 지점   不便 búbiàn 형 불편하다   便宜 piányi 형 싸다, 저렴하다

★☆☆ 하

29

女: 关律师, 下礼拜天有时间吗?	여: 꽌 변호사님, 다음 주 일요일에 시간 있으세요?
男: 有啊, 有什么事情吗?	남: 있어요. 무슨 일 있으세요?
女: 那天我们公司要举办一场舞会, 我们经理想邀请您和您太太来参加。	여: 그날 우리 회사에서 무도회를 여는데, 저희 사장님께서 당신과 당신 부인을 초대하셨어요.
男: 好的, 下周见。	남: 좋아요, 다음 주에 봬요.
问: 男的是什么态度?	질문: 남자는 어떤 태도인가?
A 批评	A 비판
B 拒绝	B 거절
C 同意	**C 동의**
D 鼓励	D 격려

해설 보기는 모두 태도를 나타낸다. 여자가 남자에게 다음 주 일요일에 시간이 있느냐고 물으며 무도회 초대를 하고 있다. 남자는 이에 대해 好的, 下周见(좋아요. 다음 주에 봬요)이라고 말했다. 따라서 남자의 태도로 알맞은 것은 C이다.

Tip▶ **태도 관련 어휘**

同意 tóngyì 통 동의하다		关心 guānxīn 통 관심을 갖다	
反对 fǎnduì 통 반대하다		得意 déyì 통 의기양양하다	
拒绝 jùjué 통 거절하다		勇敢 yǒnggǎn 통 용감하다	
接受 jiēshòu 통 받아들이다		害怕 hàipà 통 겁내다	
支持 zhīchí 통 지지하다		怀疑 huáiyí 통 의심하다	
鼓励 gǔlì 통 격려하다		讨厌 tǎoyàn 통 싫어하다	
表扬 biǎoyáng 통 칭찬하다		冷静 lěngjìng 통 침착하다	
批评 pīpíng 통 비판하다		满意 mǎnyì 형 만족하다	
吃惊 chījīng 통 놀라다		礼貌 lǐmào 형 예의바르다	
羡慕 xiànmù 통 흠모하다		失望 shīwàng 통 낙담하다	
相信 xiāngxìn 통 믿다		马虎 mǎhu 통 데면데면하다, 적당히 하다	
信任 xìnrèn 통 신임하다		积极 jījí 형 긍정적이다, 적극적이다	
尊重 zūnzhòng 통 존중하다		后悔 hòuhuǐ 통 후회하다	

어휘 律师 lǜshī 명 변호사   礼拜天 lǐbàitiān 명 일요일   时间 shíjiān 명 시간   事情 shìqing 명 일, 사건   公司 gōngsī 명 회사   举办 jǔbàn 통 열다, 거행하다   舞会 wǔhuì 명 무도회   经理 jīnglǐ 명 사장, 매니저   邀请 yāoqǐng 통 초청하다   太太 tàitai 명 부인   参加 cānjiā 통 참가하다, 참석하다   批评 pīpíng 통 비판하다, 비난하다   拒绝 jùjué 통 거절하다   同意 tóngyì 통 동의하다   鼓励 gǔlì 통 격려하다

★★☆ 중

30

男：很抱歉，周六我不能陪你去郊外玩了。	남: 너무 미안해. 토요일에 나 너랑 교외로 놀러 가지 못할 거 같아.
女：为什么呢？难道经理又让你加班吗？	여: 왜? 설마 사장님이 또 너한테 야근하래?
男：不是，我刚接到通知，那天我得去北京出差，没办法去了。	남: 아니. 막 통보 받았는데 그날 베이징으로 출장을 가야 해서 갈 수가 없어.
女：知道了，那么我们改天去吧。	여: 알겠어. 그럼 우리 다른 날 가자.
问：男的为什么不能去郊外了？	질문: 남자는 왜 교외에 못 가는가?
A 去出差	A 출장을 간다
B 去旅行	B 여행 간다
C 要搬家	C 이사해야 한다
D 看医生	D 진료를 받아야 한다

해설 보기는 모두 행동을 나타낸다. 보기의 키워드로 A는 出差(출장), B는 旅行(여행하다), C는 搬家(이사하다), D는 看医生(진료를 받다)을 삼고 녹음을 듣는다. 남자는 여자에게 사과하며 교외로 놀러 가지 못한다고 했고, 那天我得去北京出差(그날 베이징으로 출장을 가야 해서 갈 수가 없어)라고 했다. 따라서 남자가 교외에 못 가는 이유로 알맞은 정답은 A이다.

어휘 抱歉 bàoqiàn 통 미안해하다   陪 péi 통 모시다, 동반하다   郊外 jiāowài 명 교외   玩 wán 통 놀다   难道 nándào 부 설마 ~하겠는가?   经理 jīnglǐ 명 사장, 매니저   又 yòu 부 또   加班 jiābān 통 초과 근무를 하다   刚 gāng 부 막, 방금   接 jiē 통 받다   通知 tōngzhī 명 통지(하다)   得 děi 조동 ~해야 한다   北京 Běijīng 지명 베이징, 북경   出差 chūchāi 통 출장을 가다   办法 bànfǎ 명 방법   知道 zhīdào 알다   那么 nàme 접 그러면, 그렇다면   改天 gǎitiān 명 후일, 딴 날   旅行 lǚxíng 통 여행하다   搬家 bānjiā 통 이사하다   医生 yīshēng 명 의사

★★★ 중

31

女：暑假快要到了，你怎么安排？	여: 곧 여름방학인데 너 어떻게 계획했어?
男：我准备跟家人一起去西安玩几天。	남: 나는 가족들과 함께 시안으로 가서 며칠 놀 거야.
女：哇！真羡慕你能去西安旅游，其实我一次也没过那儿，西安有什么好玩的吗？	여: 왜! 너 시안으로 여행하고 너무 부럽다. 사실 나는 한 번도 그곳에 가 본 적이 없어. 시안에는 어떤 재미있는 게 있어?
男：那儿的风景很美丽，空气也很新鲜，还有很多名胜古迹。	남: 그곳의 풍경이 아주 아름다워. 공기도 신선하고, 또 많은 명승고적이 있어.
问：男的觉得西安怎么样？	질문: 남자는 시안이 어떻다고 생각하는가?
A 美味很多	A 맛있는 음식이 아주 많다
B 污染严重	B 오염이 심하다
C 景色优美	C 경치가 아름답다
D 交通方便	D 교통이 편리하다

해설 보기는 모두 지역에 대한 평가를 나타낸다. 남자는 방학 때 가족들과 시안에 가서 놀 거라고 하면서 那儿的风景很美丽(그곳의 풍경이 아주 아름다워)라고 말했다. 따라서 남자의 시안에 대한 견해로 알맞은 것은 C이다.

Tip▶ '풍경이 아름답다'의 유사 표현

风景美丽 fēngjǐng měilì	景色优美 jǐngsè yōuměi

어휘 暑假 shǔjià 명 여름방학　到 dào 통 (시간·기간·날짜가) 되다　安排 ānpái 통 안배하다　准备 zhǔnbèi 통 준비하다　家人 jiārén 명 식구, 가족　西安 Xī'ān 지명 시안, 서안　玩 wán 통 놀다　哇 wā 갑 아! 왜! [뜻밖의 놀람을 나타냄]　羡慕 xiànmù 통 부러워하다　旅游 lǚyóu 통 여행하다　其实 qíshí 부 사실은　次 cì 명 번, 회 [동작을 세는 단위]　风景 fēngjǐng 명 풍경　美丽 měilì 형 아름답다　空气 kōngqì 명 공기　新鲜 xīnxiān 형 신선하다　名胜古迹 míngshèng gǔjì 명 명승고적　美味 měiwèi 명 맛있는 음식　污染 wūrǎn 통 오염시키다 명 오염　严重 yánzhòng 형 심각하다　景色 jǐngsè 명 풍경　优美 yōuměi 형 아름답다, 우미하다　交通 jiāotōng 명 교통　方便 fāngbiàn 형 편리하다

★★☆ 하

32

男：女士，不好意思，机场内不允许吸烟。	남: 여사님, 죄송하지만 공항 안에서는 흡연이 금지되어 있어요.
女：那这里有没有吸烟室？	여: 그럼 여기에는 흡연실이 없나요?
男：有，请一直往前走，就在五号登机口的附近有一个可以抽烟的地方。	남: 있어요. 앞으로 계속 쭉 가시다가 5번 탑승 게이트 근처에 흡연할 수 있는 곳이 한 군데가 있어요.
女：谢谢。	여: 고맙습니다.
问：根据对话，他们最可能在哪儿？	질문: 대화를 근거로, 그들은 어디에 있는가?

A 机场
B 火车站
C 植物园
D 大使馆

A 공항
B 기차역
C 식물원
D 대사관

해설 보기는 모두 장소를 나타낸다. 남자는 여자에게 机场内不允许吸烟(공항 안에서는 흡연이 금지되어 있어요)이라고 말했고, 이어지는 말에 登机口(탑승 게이트)가 언급되었다. 따라서 대화에 근거하여 그들이 있는 장소는 공항임을 알 수 있다. 정답은 A이다.

어휘 女士 nǚshì 명 여사　不好意思 bùhǎoyìsi 미안하다, 유감이다　机场 jīchǎng 명 공항　内 nèi 명 안　允许 yǔnxǔ 통 허락하다, 윤허하다　吸烟 xīyān 통 담배를 피다　里面 lǐmiàn 명 안　吸烟室 xīyānshì 명 흡연실　一直 yìzhí 부 계속해서　往 wǎng 개 ~을 향해서　前 qián 명 앞　号 hào 명 번, 호　登机口 dēngjīkǒu 명 탑승 게이트　附近 fùjìn 명 부근, 근처　抽烟 chōuyān 통 흡연하다　地方 dìfang 명 곳, 군데, 지방　火车站 huǒchēzhàn 명 기차역　植物园 zhíwùyuán 명 식물원　大使馆 dàshǐguǎn 명 대사관

★☆☆ 중

33

女：师傅，从这里到首都宾馆大概得多长时间？	여: 기사님, 여기에서 수도 호텔로 가는 데 대략 얼마나 걸릴까요?
男：平时不堵车30分钟就能到。	남: 평소에 차가 막히지 않으면 30분이면 갈 수 있어요.
女：现在3点半，4点左右能到吧？	여: 지금 3시 반인데, 4시 정도에 도착할 수 있을까요?
男：这会儿路上恐怕堵得很厉害，至少得50分钟。	남: 지금 도로는 아마도 차가 심하게 막혀서 적어도 50분은 걸릴 거예요.
问：现在去首都宾馆需要多长时间？	질문: 지금 수도 호텔로 가려면 얼마나 걸리는가?

A 15分钟
B 30分钟
C 50分钟
D 一个多小时

A 15분
B 30분
C 50분
D 1시간 넘게

해설 보기는 모두 시간을 나타낸다. 녹음에서 여자가 남자에게 이동 시간에 대해 물었고 남자는 30분이라고 대답했다. 하지만 남자는 차가 막힐 가능성에 대비해 这会儿……至少得50分钟(지금…… 적어도 50분은 걸릴 거예요)이라고 했다. 따라서 지금 수도 호텔에 가는 데 걸리는 시간으로 알맞은 정답은 C이다.

어휘 师傅 shīfu 圆 기사님, 사부   首都 shǒudū 圆 수도   宾馆 bīnguǎn 圆 호텔   大概 dàgài 囝 대략   得 děi 圄 (시간·금전 등이) 걸리다   平时 píngshí 圆 평소, 평상시   堵车 dǔchē 圄 교통이 꽉 막히다   到 dào 圄 도착하다   左右 zuǒyòu 圆 가량, 쯤   这会儿 zhèhuìr 圆 이 때, 지금   路上 lùshang 圆 길 위   恐怕 kǒngpà 囝 아마도   厉害 lìhai 圈 심하다, 대단하다   至少 zhìshǎo 囝 적어도, 최소한

★☆☆ 하

34

男：今天你面试表现得怎么样？	남: 오늘 너 면접 어땠어?
女：我觉得整体还可以，刚开始稍微有点儿紧张，后来慢慢就好起来了。	여: 전체적으로 괜찮았다고 생각해. 막 시작할 때는 조금 긴장했는데, 나중에 괜찮아졌어.
男：太好了，结果什么时候出来呢？	남: 잘됐다. 결과는 언제 나오는데?
女：最晚一个星期之后他们会直接发邮件通知我。	여: 늦어도 일주일 후에 그들이 직접 메일로 알려줄 거야.
问：女的通过什么接通知？	질문: 여자는 무엇을 통해서 통보를 받는가?
A 打电话	A 전화로
B 寄信	B 우편으로
C 发传真	C 팩스로
D 发邮件	**D 이메일로**

해설 보기는 모두 연락 방법을 나타낸다. 남자는 여자에게 면접 결과가 언제 나오느냐고 물었고, 이에 여자는 最晚一个星期之后他们会直接发邮件通知我(늦어도 일주일 후에 그들이 직접 메일로 알려줄 거야)라고 대답했다. 따라서 여자가 면접 결과를 통보 받는 방법으로 알맞은 것은 D이다.

Tip▶ '보내다'를 나타내는 동사 비교

送 sòng	'보내다'라는 뜻을 가진 가장 기본적인 동사이며, 이외에도 '선물하다', '배웅하다'라는 뜻이 있다. 예 送礼物 선물을 보내다 送朋友 친구를 배웅하다
发 fā	인터넷 등의 통신 기기로 보내질 때 사용한다. 예 发电子邮件 이메일을 보내다 发传真 팩스를 보내다
寄 jì	우편으로 보내질 때 사용한다. 예 寄信 편지를 부치다 寄包裹 소포를 부치다

어휘 面试 miànshì 圄 면접 시험을 보다 圆 면접   表现 biǎoxiàn 圄 표현하다   觉得 juéde 圄 ~라고 느끼다   整体 zhěngtǐ 圆 전부   可以 kěyǐ 圈 좋다, 괜찮다   刚 gāng 囝 막, 방금   开始 kāishǐ 圄 시작되다   稍微 shāowēi 囝 조금   紧张 jǐnzhāng 圈 긴장하다   后来 hòulái 圆 그 후에, 그 다음에   结果 jiéguǒ 圆 결과   出来 chūlai 圄 나오다   最 zuì 囝 가장, 최고   晚 wǎn 圈 늦다   之后 zhīhòu 圆 ~뒤, 그 후   直接 zhíjiē 圈 직접적인   邮件 yóujiàn 圆 우편물, 이메일   通知 tōngzhī 圆圄 통지(하다)   打电话 dǎ diànhuà 圄 전화를 걸다   寄信 jìxìn 圄 편지를 부치다   传真 chuánzhēn 圆 팩스

35

女：实在是太累了，咱们在这儿休息会儿。 男：只爬了三十分钟，你就爬不动了。 女：其实我平时不怎么运动，运动量太少。 男：看来你太缺少锻炼，以后我们常常出来锻炼吧。 问：他们最可能在做什么？	여: 정말 너무 피곤해. 우리 여기에서 잠깐 쉬자. 남: 겨우 30분밖에 안 올라갔는데 너 못 올라가는구나. 여: 사실 나 평소에 별로 운동 안 해. 운동량이 너무 적어. 남: 보아하니 너 너무 운동 부족이야. 나중에 우리 자주 나와서 운동하자. 질문: 그들은 무엇을 하고 있는가?
A 爬山 B 打网球 C 收拾厨房 D 排队买票	**A 등산한다** B 테니스를 친다 C 주방을 정리한다 D 줄서서 표를 산다

해설 보기는 모두 행동을 나타낸다. 여자가 피곤하다고 하며 잠깐 쉬자고 했고, 이에 남자가 只爬了三十分钟(겨우 30분밖에 안 올라갔다)이라고 했다. 爬(오르다)는 '등산한다'는 뜻이므로 알맞은 정답은 A이다.

어휘 实在 shízài 📖 확실히, 정말 累 lèi 📖 피곤하다 休息 xiūxi 📖 휴식하다 只 zhǐ 📖 단지, 겨우 爬 pá 📖 기다, 기어오르다 力气 lìqi 📖 힘, 기력 其实 qíshí 📖 사실은 平时 píngshí 📖 평소, 평상시 不怎么 bùzěnme 📖 별로 ~하지 않다 运动 yùndòng 📖 운동하다 运动量 yùndòngliàng 📖 운동량 少 shǎo 📖 적다 看来 kànlái 📖 보아하니 缺少 quēshǎo 📖 부족하다, 모자라다 锻炼 duànliàn 📖 단련하다 常常 chángcháng 📖 자주 爬山 páshān 등산하다 网球 wǎngqiú 📖 테니스 收拾 shōushi 📖 정리하다, 거두다 厨房 chúfáng 📖 주방 排队 páiduì 📖 줄을 서다 票 piào 📖 표

36-37

37人们在选择职业的时候，最重视什么？是工资高低、是否有奖金还是前途是否光明？对我来说，36钱不是第一位，兴趣才是最重要的。做自己喜欢做的事，即使再辛苦也不会觉得很累，而做自己不想做的事，即使再简单也会觉得很累。只要这样，我们就能每天轻松愉快地工作。	37사람들은 직업을 선택할 때, 무엇을 가장 중요시할까? 월급의 많고 적음, 보너스가 있는지 여부, 아니면 미래가 밝은지 밝지 않은지일까? 나에게 있어서, 36돈이 1순위가 아니고 흥미가 가장 중요하다. 자신이 좋아하는 일을 하면 설령 아무리 힘들다고 해도 피곤하지 않지만, 자신이 하기 싫은 일을 하면, 설령 아무리 간단하다고 해도 피곤함을 느낀다. 이렇게 해야만 우리는 매일 유쾌하게 일할 수 있다.

어휘 选择 xuǎnzé 📖 고르다, 선택하다 职业 zhíyè 📖 직업 最 zuì 📖 가장, 최고 重视 zhòngshì 📖 중시하다 工资 gōngzī 📖 월급 高低 gāodī 📖 정도 📖 높고 낮다 是否 shìfǒu 📖 ~인지 아닌지 奖金 jiǎngjīn 📖 보너스, 상금 前途 qiántú 📖 전도, 전망 光明 guāngmíng 📖 밝게 빛나다 钱 qián 📖 돈 兴趣 xìngqù 📖 흥미 重要 zhòngyào 📖 중요하다 即使A，也B jíshǐ A, yě B 📖 설령 A하더라도 B하다 辛苦 xīnkǔ 📖 고생스럽다, 수고하다 觉得 juéde 📖 ~라고 느끼다 累 lèi 📖 힘들다, 지치다 简单 jiǎndān 📖 간단하다 只要A，就B zhǐyào A, jiù B 📖 A하기만 하면 B하다 轻松 qīngsōng 📖 수월하다, 홀가분하다 愉快 yúkuài 📖 기쁘다, 유쾌하다 工作 gōngzuò 📖 일하다

36

根据这段话，他最看重什么？	이 글을 근거로, 그는 무엇을 가장 중요시하는가?
A 奖金 **B 兴趣** C 工资 D 休假	A 보너스 **B 흥미** C 월급 D 휴가

해설 보기는 모두 업무와 관련된 명사형 단어이다. 녹음은 시작 부분에서 직업을 선택할 때 무엇을 사람들이 중시하는지 물었고, 이에 대해 화자는 钱不是第一位，兴趣才是最重要的(돈은 1순위가 아니고 흥미가 가장 중요하다)라고 말했다. 따라서 알맞은 정답은 B이다.

어휘 奖金 jiǎngjīn 圀 보너스, 상금　兴趣 xìngqù 圀 흥미　工资 gōngzī 圀 월급　休假 xiūjià 圀 휴가

★★☆ 중

37

这段话主要讲什么？	이 글이 주로 말하고자 하는 것은 무엇인가?
A 存钱的重要性 B 讨论的作用 **C 选择职业的标准** D 减肥的效果	A 저금의 중요성 B 토론의 역할 **C 직업 선택의 기준** D 다이어트의 효과

해설 보기는 모두 명사형이며 주제를 나타낸다. 질문에서 이 글의 중심 내용을 묻고 있다. 녹음의 시작 부분에서 화자는 人们在选择职业的时候，最重视什么？(사람들은 직업을 선택할 때, 무엇을 가장 중요시할까?)라고 질문을 던졌으므로 직업 선택의 기준에 대해 이야기하는 글임을 알 수 있다. 따라서 정답은 C이다.

어휘 存钱 cúnqián 圄 저금하다　重要性 zhòngyàoxìng 圀 중요성　讨论 tǎolùn 圄 토론하다　作用 zuòyòng 圀 작용　标准 biāozhǔn 圀 기준, 표준　减肥 jiǎnféi 다이어트 하다　效果 xiàoguǒ 圀 효과

38-39

³⁸不少人常问我怎样才能让外语水平提高得更快。³⁹我认为只要掌握了正确方法，学好一门外语并不是很难的。首先，多和外国朋友交流。其次，要养成好习惯，在遇到不认识的词语时，先查词典，然后写在笔记本上。另外，有时间就拿出来多阅读。只有这样慢慢积累，才能获得很大的进步。	³⁸많은 사람들이 자주 나에게 어떻게 외국어 실력을 빠르게 향상시킬 수 있었는지를 묻는다. ³⁹나는 정확한 방법을 파악하기만 하면 외국어를 마스터하는 것이 결코 어렵지 않다고 생각한다. 우선, 외국인 친구와 많이 교류를 한다. 그 다음에 좋은 습관을 길러야 한다. 모르는 단어가 있으면, 먼저 사전을 찾고 그리고 나서 노트에 쓴다. 그 밖에도, 시간이 날 때마다 꺼내서 많이 읽는다. 이렇게 천천히 쌓아야만 많은 발전을 얻을 수 있다.

어휘 外语 wàiyǔ 圀 외국어　水平 shuǐpíng 圀 수준　提高 tígāo 圄 제고하다, 향상시키다　认为 rènwéi 圄 생각하다, 여기다　只要 zhǐyào 젭 ~하기만 하면　掌握 zhǎngwò 圄 숙달하다, 파악하다　正确 zhèngquè 웹 정확하다　方法 fāngfǎ 圀 방법　门 mén 圀 가지, 과목 [학문·기술 등을 세는 단위]　并 bìng 띈 결코, 전혀　难 nán 웹 어렵다, 힘들다　首先 shǒuxiān 때 첫째, 먼저　交流 jiāoliú 圄 교류하다　其次 qícì 때 그 다음　养成 yǎngchéng 圄 양성하다, 기르다　习惯 xíguàn 圀 습관　遇到 yùdào 圄 만나다, 마주하다　认识 rènshi 圄 알다, 인식하다　词语 cíyǔ 圀 어휘　先 xiān 띈 앞서, 먼저　查 chá 圄 조사하다, 검사하다　词典 cídiǎn 圀 사전　然后 ránhòu 젭 그런 후에　笔记本 bǐjìběn 圀 노트　另外 lìngwài 젭 그 밖에　拿 ná 圄 들다, 쥐다, 잡다　阅读 yuèdú 圄 열독하다　只有A，才B zhǐyǒu A, cái B 젭 A해야만 B하다　积累 jīlěi 圄 쌓이다　获得 huòdé 圄 얻다　进步 jìnbù 圄 진보하다 圀 발전

★☆☆ 중

38

说话人最可能是什么人？	화자는 어떤 사람인가?
A 记者 **B 留学生** C 警察 D 护士	A 기자 **B 유학생** C 경찰 D 간호사

보기는 모두 직업을 나타낸다. 지문에서 화자가 不少人常问我怎样才能让外语水平提高得更快(많은 사람들이 자주 나에게 어떻게 외국어 실력을 빠르게 향상시킬 수 있었는지를 묻는다)라고 했으므로 외국어를 배우는 학생임을 알 수 있다. 따라서 화자의 직업으로 알맞은 정답은 B이다.

어휘 记者 jìzhě 뗑 기자   警察 jǐngchá 뗑 경찰   护士 hùshi 뗑 간호사

★★★ 상

39

根据这段话，说话人主要告诉我们什么？	이 글을 근거로, 화자는 우리에게 주로 무엇을 말하려고 하는가?
A 要有怀疑精神 **B 学好外语并不难** C 懂得节约用水 D 做事不能马虎	A 의구심을 가져야 한다 **B 외국어를 마스터하는 것은 결코 어렵지 않다** C 물 절약을 할 줄 알아야 한다 D 일을 할 때 대충해서는 안 된다

해설 보기는 교훈과 중심 내용을 나타낸다. 녹음에서 사람들이 자신에게 외국어 학습 비결을 묻는다고 하면서 我认为只要掌握了正确方法，学好一门外语并不是很难的(나는 정확한 방법을 파악하기만 하면 외국어를 마스터하는 것이 결코 어렵지 않다고 생각한다)라고 하며 자신의 견해를 말했다. 따라서 화자가 말하고자 하는 바는 B이다.

어휘 怀疑 huáiyí 통 의심하다   精神 jīngshén 뗑 정신   懂得 dǒngde 통 알다   节约 jiéyuē 통 절약하다   马虎 mǎhu 혱 대강하다, 적당히 하다

40-41

| 随着互联网的发展，网上交流确实比以前方便多了。比如说很多人吃个饭、喝个咖啡、和朋友见个面都要照下来，发在自己的社交网络上等。对于这些现象，有的人觉得这是件好事，40是因为通过互联网，我们可以及时了解亲戚朋友的信息；而有的人认为这并不合适，是因为这样做会使你的信息变得不安全。所以41我建议最好不要把地点和机票等关键信息发上去。 | 인터넷이 발전함에 따라. 인터넷에서의 교류는 예전보다 많이 편리해졌다. 예를 들어 많은 사람들이 밥을 먹고, 커피를 마시고, 친구와 만나서 사진을 찍고 자신의 SNS에 올린다. 이런 현상에 대해 어떤 사람은 이것이 좋은 일이라고 생각한다. 40왜냐하면 인터넷을 통해서, 우리는 실시간으로 친구의 소식을 알 수 있다. 어떤 사람은 이것은 그다지 적합하지 않다고 생각한다. 왜냐하면 이렇게 하는 것이 당신의 정보를 안전하지 않게 만들기 때문이다. 그래서 41나는 장소나 비행기표 등의 중요한 정보는 되도록 올리지 않기를 권한다. |

어휘 随着 suízhe 囲 ～함에 따라서   互联网 hùliánwǎng 뗑 인터넷   发展 fāzhǎn 뗑 발전   交流 jiāoliú 통 교류하다   确实 quèshí 囝 확실히   以前 yǐqián 뗑 예전, 과거   方便 fāngbiàn 혱 편리하다   比如 bǐrú 젭 예를 들어   见面 jiànmiàn 통 만나다   照 zhào 통 (사진을) 찍다   发 fā 통 보내다, 교부하다   自己 zìjǐ 때 자기, 자신   社交 shèjiāo 뗑 사교   网络 wǎngluò 뗑 네트워크, 웹   现象 xiànxiàng 뗑 현상   觉得 juéde 통 ～라고 느끼다   件 jiàn 뗑 건, 벌 [일·옷을 세는 단위]   因为 yīnwèi 젭 ～때문에, 왜냐하면   通过 tōngguò 囲 ～을 통해서   及时 jíshí 혱 시기적절하다   了解 liǎojiě 통 자세하게 알다   亲戚 qīnqi 뗑 친척   信息 xìnxī 뗑 소식, 정보   认为 rènwéi 통 생각하다, 여기다   并 bìng 囝 결코, 전혀   合适 héshì 혱 알맞다, 적당하다   使 shǐ 통 ～하게 하다, ～시키다   变 biàn 통 바뀌다, 변하다   安全 ānquán 혱 안전하다   所以 suǒyǐ 젭 그래서   建议 jiànyì 통 건의하다, 제의하다   最好 zuìhǎo 囝 가장 바람직한 것은, ～하는 게 제일 좋다   地点 dìdiǎn 뗑 지점   机票 jīpiào 뗑 비행기표   关键 guānjiàn 뗑 관건, 포인트

★★☆ 상

40

在网上发照片有什么好处？	인터넷에 사진을 올리는 것은 어떤 장점이 있는가?
A 丰富经验 B 增加信心 C 减少麻烦 **D 方便交流**	A 경험을 풍부하게 한다 B 자신감을 증가시킨다 C 번거로움을 줄인다 **D 교류를 풍부하게 한다**

해설 보기는 좋은 점을 나타낸다. 녹음에서 인터넷에 사진을 올리는 것이 좋은 일이라고 하며 是因为通过互联网，我们可以及时了解亲戚朋友的信息(왜냐하면 인터넷을 통해서, 우리는 실시간으로 친구의 소식을 알 수 있다)라고 설명했다. 따라서 이것이 가진 장점으로 알맞은 정답은 D이다.

어휘 丰富 fēngfù 图 풍부하게 하다　经验 jīngyàn 图 경험　增加 zēngjiā 图 증가하다　信心 xìnxīn 图 자신　减少 jiǎnshǎo 图 감소하다　麻烦 máfan 图 귀찮다 图 번거로움

★★☆ 중

41

说话人提出了什么建议？	화자는 어떤 건의를 했는가?
A 及时发照片 B 上网查信息 **C 别发关键信息** D 别玩电子游戏	A 즉시 사진을 올린다 B 인터넷으로 정보를 찾아본다 **C 중요 정보는 올리지 마라** D 컴퓨터 게임을 하지 마라

해설 보기는 인터넷, 컴퓨터와 관련된 어휘들이다. 녹음에서 인터넷에 사진을 올리는 것의 단점을 언급하며 我建议最好不要把地点和机票等关键信息发上去(나는 장소나 비행기표 등의 중요한 정보는 되도록 올리지 않기를 권한다)라고 당부하고 있다. 따라서 화자의 건의로 알맞은 것은 C이다.

어휘 上网 shàngwǎng 图 인터넷에 접속하다　别 bié 图 ~하지 마라　玩 wán 图 놀다　电子游戏 diànzǐ yóuxì 图 컴퓨터 게임

42-43

有些人经常把"随便"挂在嘴边，就是说42自己不愿意选择，又让别人拿主意。其实，对他们来说，做出决定是一个很麻烦的过程。但这不是尊重别人，而是给别人带来一些麻烦的做法。正确的做法是43每个人都至少给出自己的意见，然后共同商量一起决定。	일부 사람들은 '마음대로'를 자주 입에 달고 산다. 바로 42스스로 선택하는 것을 원하지 않고, 다른 사람이 결정하게 하는 것이다. 사실 그들에게 있어서, 결정을 하는 것은 매우 귀찮은 과정이다. 그러나 이것은 다른 사람을 존중하는 것이 아니라 다른 사람에게 번거로움을 가져다 주는 일이다. 정확한 방법은 43모든 사람들이 최소한 자신의 의견을 말하고, 함께 상의해서 결정하는 것이다.

어휘 经常 jīngcháng 图 자주　随便 suíbiàn 图 마음대로　挂 guà 图 걸다　嘴边 zuǐbiān 图 입가　自己 zìjǐ 团 자기, 자신　愿意 yuànyì 图 ~하기를 바라다, 희망하다　选择 xuǎnzé 图 고르다, 선택하다　又 yòu 图 또　让 ràng 图 ~하게 하다　别人 biérén 团 다른 사람　拿 ná 图 가지다, 쥐다, 잡다　主意 zhǔyi 图 의견, 생각　其实 qíshí 图 사실은　决定 juédìng 图 결정하다　麻烦 máfan 图 귀찮다 图 번거로움　过程 guòchéng 图 과정　但 dàn 웹 그러나　尊重 zūnzhòng 图 존중하다　带来 dàilái 图 가져오다　做法 zuòfǎ 图 방법　正确 zhèngquè 图 정확하다　至少 zhìshǎo 图 적어도, 최소한　意见 yìjiàn 图 의견, 견해　然后 ránhòu 웹 그런 후에　共同 gòngtóng 图 함께, 다함께　商量 shāngliang 图 상의하다

42 为什么有的人爱说“随便”？ | 왜 어떤 사람들은 '마음대로'라고 말하기를 좋아하는가?

A 想听别人意见	A 다른 사람의 의견을 듣고 싶어서
B 对人热情	B 사람들에게 친절해서
C 不想拿主意	**C 의견을 내고 싶지 않아서**
D 真的没想法	D 진짜 생각이 없어서

해설 보기의 키워드로 A는 别人意见(다른 사람의 의견), B는 热情(친절하다), C는 拿主意(의견을 내다), D는 没想法(의견이 없다)를 삼고 녹음을 듣는다. 녹음의 시작 부분에서 사람들이 '마음대로'라고 말하기를 좋아한다고 하면서 自己不愿意选择，又让别人拿主意(스스로 선택하는 것을 원하지 않고, 다른 사람이 결정하게 하는 것이다)라고 했다. 사람들이 선택하길 원하지 않아서 다른 사람이 의견을 내도록 한다고 했으므로 정답은 C이다.

어휘 热情 rèqíng 혱 열정적이다 몡 열정　想法 xiǎngfǎ 몡 생각, 의견

★☆☆ 하

43 当你和别人要决定一件事时，最好怎么做？ | 당신과 다른 사람이 어떤 일을 결정해야 할 때, 어떻게 하는 것이 가장 좋은가?

A 一起商量	**A 함께 상의한다**
B 推迟决定	B 결정을 미룬다
C 一个人判断	C 한 사람이 판단한다
D 让别人决定	D 다른 사람이 결정하게 한다

해설 보기는 모두 행동을 나타내며, 키워드로 A는 商量(상의하다), B는 推迟(미루다), C는 一个人(한 사람), D는 别人(다른 사람)을 삼고 녹음을 듣는다. 녹음의 마지막 부분에서 결정을 하는 데 있어서 가장 정확한 방법에 대해 每个人都至少给出自己的意见，然后共同商量一起决定(모든 사람들이 최소한 자신의 의견을 말하고, 함께 상의해서 결정하는 것이다)이라고 했다. 따라서 알맞은 정답은 A이다.

어휘 推迟 tuīchí 통 뒤로 미루다, 연기하다　判断 pànduàn 통 판단하다

44-45

中国有句话叫“天外有天，人外有人”，44它的意思是说你的能力再强，在世上也还有比你能力更强的人。无论你在哪个方面是第一，都不代表你在每个方面都第一，你再好，再优秀，总有比你更好，更优秀的人，45所以要虚心，不要骄傲。千万别以为自己很厉害。 | 중국에서는 '뛰는 놈 위에 나는 놈이 있다'라는 말이 있었다. 44이것이 의미하는 것은 당신의 능력이 아무리 강해도 세상에는 당신의 능력보다 더 강한 사람이 있다는 것이다. 당신이 어떤 분야에서 최고의 자리에 있든지, 당신이 모든 분야에서 최고라는 것을 의미하지 않는다. 당신이 아무리 뛰어나고 우수할지라도 늘 당신보다 뛰어나고 우수한 사람이 있다. 45그러므로 겸손하고 자만하지 말아야 한다. 절대 자신이 아주 대단하다고 여기지 말아야 한다.

어휘 句 jù 영 마디 [말·글의 수를 세는 단위]　天外有天，人外有人 tiān wài yǒu tiān, rén wài yǒu rén 속담 뛰는 놈 위에 나는 놈 있다　意思 yìsi 몡 의미, 뜻　能力 nénglì 몡 능력　强 qiáng 혱 강하다　世界 shìjiè 몡 세계　无论A，都B wúlùn A, dōu B 젭 A를 막론하고 B하다　方面 fāngmiàn 몡 분야, 영역　第一 dìyī 쥐 제1, 최고　代表 dàibiǎo 통 대표하다　所以 suǒyǐ 젭 그래서　自己 zìjǐ 때 자기, 자신　优秀 yōuxiù 혱 우수하다, 아주 뛰어나다　骄傲 jiāo'ào 혱 오만하다, 자만하다　千万 qiānwàn 倁 부디, 제발　别 bié 倁 ~하지 마라　以为 yǐwéi 통 여기다

안심Touch

★★☆ 상

44

"天外有天"中的"天"指的是什么?	'하늘 밖에 하늘이 있다'에서의 '하늘'은 무엇을 가리키는가?
A 父母 **B 世上** C 理想 D 太阳	A 부모 **B 세상** C 이상 D 태양

해설 보기는 모두 명사이므로 녹음에 그대로 언급되는지 주의해서 듣는다. 녹음에서 옛말을 소개하며 그 뜻을 它的意思是说你的能力再强，在世上也还有比你能力更强的人(이것이 의미하는 것은 당신의 능력이 아무리 강해도 세상에는 당신의 능력보다 더 강한 사람이 있다는 것이다)이라고 설명했다. 따라서 天이 세상을 가리킴을 알 수 있다. 정답은 B이다.

어휘 父母 fùmǔ 몡 부모 世上 shìshàng 몡 세상 理想 lǐxiǎng 몡 이상 太阳 tàiyáng 몡 태양, 햇빛

★★★ 상

45

这段话主要想告诉我们什么?	이 글은 주로 우리에게 무엇을 말하려고 하는가?
A 多与人交流 B 一定要有耐心 **C 不要骄傲** D 输赢不重要	A 사람들과 많이 교류하라 B 반드시 인내심을 가져야 한다 **C 자만하지 마라** D 이기고 지는 것은 중요하지 않다

해설 보기는 교훈과 중심 내용을 나타낸다. 녹음은 '뛰는 놈 위에 나는 놈이 있다'라는 옛말을 소개하며 자신의 견해를 所以要虚心，不要骄傲。千万别以为自己很厉害(그러므로 겸손하고 자만하지 말아야 한다. 절대 자기 자신이 아주 대단하다고 여기지 말아야 한다)라고 언급했다. 따라서 이 글이 말하고자 하는 바는 C이다.

어휘 与 yǔ 깨 ~와/과 交流 jiāoliú 툉 교류하다 一定 yídìng 뮈 반드시, 틀림없이 耐心 nàixīn 몡 인내심 혱 참을성이 있다 输 shū 툉 지다 赢 yíng 툉 이기다 重要 zhòngyào 혱 중요하다

독해 제1부분

[풀이전략] 문제 문장의 빈칸 앞뒤를 보고 어떤 문장 성분이 들어가야 하는지 확인한 뒤, 보기에서 알맞은 품사와 뜻을 가진 단어를 찾아 넣는다.

46-50

A 往往	B 抱歉	C 既然	A 종종	B 죄송하다	C 기왕에
D 坚持	E 技术	F 篇	D 견지하다	E 기술	F 편

어휘 往往 wǎngwǎng 뮈 종종 抱歉 bàoqiàn 툉 미안하다, 죄송하다 既然 jìrán 젭 기왕에 坚持 jiānchí 툉 견지하다, 지속하다 技术 jìshù 몡 기술 篇 piān 양 편 [글을 세는 단위]

★★☆ 중

46

很（B 抱歉），您的包不能带进店内，您可以把它放在存包的地方。

정말 (B 죄송하지만), 귀하의 가방은 매장 안에 가지고 들어오실 수 없습니다. 가방은 보관소에 보관하실 수 있습니다.

해설 빈칸은 [정도부사(很)+___]의 구조로 형용사 또는 감정을 나타내는 동사의 자리이다. 문맥상 빈칸 뒷절이 가방을 매장 안에 가지고 들어갈 수 없다는 내용이므로 앞절은 사과하는 문장이 와야 한다. 따라서 B 抱歉(죄송하다)이 들어가는 것이 적합하다.

어휘 包 bāo 명 가방　带 dài 동 가지다, 데리다　进 jìn 동 (안으로) 들다　店 diàn 명 상점, 가게　内 nèi 명 안　放 fàng 동 두다, 넣다　地方 dìfang 명 곳, 군데, 지방

★☆☆ 중

47

（C 既然）改变不了环境，那你就要学会改变你自己。

(C 기왕에) 환경을 바꿀 수 없다면, 그러면 너는 네 자신을 바꿀 줄 알아야 한다.

해설 빈칸은 [___+문장, 就+문장]의 구조이므로 부사 就(~하면)와 호응하는 접속사가 들어가야 한다. 문맥상 앞절이 '환경을 바꿀 수 없다'를 나타내고 뒷절이 '그러면 네 자신을 바꿀 줄 알아야 한다'이므로, 기정 사실을 나타내는 C 既然(기왕에)이 들어가는 것이 적합하다.

Tip▶ 추론을 나타내는 접속사 既然

　既然은 기정 사실이나 기정 사실로 간주할 수 있다는 것을 나타낸다. 뒷절에는 접속사 那么 또는 부사 就를 사용하여 추론한 결과를 제시한다.

　• **호응 구조: [既然A，那么/就B]** 기왕에 A된 바에야, 그러면 B하다

　　예 你**既然**说做, 那么**就**做吧。 네가 기왕에 한다고 한 이상, 그러면 해보렴.

어휘 改变 gǎibiàn 동 고치다　A不了 A bùliǎo (동사나 형용사 뒤에 붙어) ~할 수 없다　环境 huánjìng 명 환경　学会 xuéhuì 동 습득하다　自己 zìjǐ 대 자기, 자신

★★☆ 하

48

这（F 篇）小说是一位著名的作家新出的，内容十分精彩。

이 (F 편) 소설은 유명한 작가가 새롭게 쓴 거예요. 내용이 정말 훌륭해요.

해설 빈칸은 [대사(这)+___+명사(小说)]의 구조로 양사 자리이다. 빈칸 뒤의 小说(소설)를 세는 단위인 F 篇(편)이 들어가야 한다.

Tip▶ 빈출 명량사

　• 棵 kē 그루, 포기 [식물을 세는 단위]　我家有一**棵**苹果树。　우리집에 사과 나무 한 그루 있다.

　• 部 bù 편 [소설/영화를 세는 단위]　这**部**电影很有意思。　이 영화는 재미있다.

　• 份 fèn 부 [자료를 세는 단위]　我要复印这**份**材料。　나는 이 자료를 복사하려고 한다.

　• 座 zuò 좌, 동 [산/건축물/도시 등 크고 고정된 물체를 세는 단위]　这**座**山很高。　이 산은 높다.

어휘 小说 xiǎoshuō 명 소설　位 wèi 양 분 [존댓말]　著名 zhùmíng 형 저명하다, 유명하다　作家 zuòjiā 명 작가　新 xīn 형 새롭다　写 xiě 동 (글씨를) 쓰다　十分 shífēn 부 십분, 매우　精彩 jīngcǎi 형 뛰어나다

★★★ 상

49 成功的人（A 往往）能坚持到底，并不容易放弃。

성공한 사람들은 (A 종종) 끝까지 인내할 수 있어서 결코 쉽게 포기하지 않는다.

해설 빈칸은 [관형어(成功的)+주어(人)+___+부사어(能)+술어(坚持)+보어(到底)]의 구조로 부사어 자리이다. 빈칸 뒤가 能坚持到底(끝까지 인내할 수 있다)이므로 문맥상 '성공한 사람들은 종종 끝까지 인내할 수 있다'라는 뜻이 되도록 A 往往(종종)이 들어가는 것이 적합하다.

어휘 成功 chénggōng 통 성공하다 坚持 jiānchí 통 견지하다 到底 dàodǐ 통 끝까지 ~하다 并 bìng 튀 결코, 전혀 容易 róngyì 형 쉽다, ~하기 쉽다 放弃 fàngqì 통 포기하다

★★☆ 중

50 随着网络（E 技术）的发展，互联网极大地影响着我们的生活。

네트워크 (E 기술)이 발전함에 따라, 인터넷은 우리의 삶에 엄청난 영향을 미치고 있다.

해설 빈칸은 [개사(随着)+관형어(网络)+___+的+명사(发展)]의 구조로 관형어 자리이다. 빈칸 앞의 网络(네트워크)가 꾸며줄 수 있는 것은 E 技术(기술)이다.

어휘 随着 suízhe 개 ~함에 따라서 网络 wǎngluò 명 네트워크 发展 fāzhǎn 명 통 발전(하다) 互联网 hùliánwǎng 명 인터넷 极大 jídà 튀 극대하게, 최대한도로 影响 yǐngxiǎng 통 영향을 주다 生活 shēnghuó 명 생활, 삶

51-55

| A 正式 | B 擦 | C 温度 | A 정식의 | B 닦다 | C 온도 |
| D 但是 | E 沙发 | F 登机牌 | D 하지만 | E 소파 | F 탑승권 |

어휘 正式 zhèngshì 형 정식의 擦 cā 통 닦다 温度 wēndù 명 온도 但是 dànshì 접 하지만 沙发 shāfā 명 소파 登机牌 dēngjīpái 명 탑승권

★★★ 중

51 A：你过来帮我把（E 沙发）抬到窗户那儿，这样看着很舒服。
B：知道了，我马上就去。

A: 너 와서 (E 소파)를 창문쪽으로 운반하게 도와 줘. 이렇게 하면 보기에 좋아.
B: 알겠어. 내가 바로 갈게.

해설 빈칸은 [把+___+술어(抬)+보어(到)+목적어(窗户那儿)]의 구조로 개사 把의 목적어 자리이다. 빈칸 문장의 술어 抬(운반하다)와 함께 쓸 수 있는 명사는 E 沙发(소파)이다.

어휘 帮 bāng 통 돕다 抬 tái 통 들어 올리다, 함께 운반하다 窗户 chuānghu 명 창문 舒服 shūfu 형 편안하다 知道 zhīdào 통 알다 马上 mǎshàng 튀 바로, 곧

★★☆ 중

52

A: 刚才（B 擦）家具时，我不小心把花瓶打碎了，还没来得及收拾。

B: 你又不是故意的，你没受伤就行了。

A: 아까 가구를 (B 닦을) 때, 내가 실수로 꽃병을 깼는데, 정리할 겨를이 없었어.

B: 너도 고의가 아니였잖아. 네가 안 다쳤으면 됐어.

해설 빈칸은 [부사어(刚才)+___+목적어(家具)]의 구조로 동사 술어 자리이다. 목적어 家具(가구)와 함께 쓸 수 있는 동사 B 擦 (닦다)가 들어가야 한다.

어휘 刚才 gāngcái 명 방금, 아까　家具 jiājù 명 가구　小心 xiǎoxīn 동 조심하다　打碎 dǎsuì 동 부수다　来得及 láidejí 동 늦지 않다, ~할 시간적 여유가 있다　收拾 shōushi 동 정리하다, 거두다　故意 gùyì 형 고의로, 일부러　受伤 shòushāng 동 다치다, 부상당하다　行 xíng 형 괜찮다, 좋다

★☆☆ 하

53

A: 现在我要过安检了，你们也快回去吧。

B: 你拿好护照和（F 登机牌），一下飞机就联系我们。

A: 지금 보안검색하러 가야 하니까 너희도 어서 돌아가.

B: 너 여권과 (F 탑승권) 잘 챙기고, 비행기에서 내리면 우리에게 연락해.

해설 빈칸은 [주어(你)+술어(拿)+보어(好)+목적어{명사(护照)+和+___}]의 구조로 목적어 자리이다. 빈칸 앞에 접속사 和(와/과) 가 있어 护照(여권)와 병렬 관계를 이루므로 공항과 관련된 사물인 F 登机牌(탑승권)가 들어가야 한다.

Tip▶ 고정 격식 '一A, 就B'

고정 격식으로 쓰이는 '一A, 就B'는 'A하자마자 B하다'라는 뜻을 나타내며, 시간과 조건의 의미로 모두 사용할 수 있다.

예 我一到家就洗了手。　나는 집에 도착하자마자 손을 씻었다. (시간)

예 他一喝酒脸就红。　그는 술만 마시면 얼굴이 빨개진다. (조건)

어휘 安检 ānjiǎn 동 (보안·안전을 위해) 검사하다　回去 huíqù 동 되돌아가다　拿 ná 동 가지다, 쥐다, 잡다　护照 hùzhào 명 여권　飞机 fēijī 명 비행기　联系 liánxì 동 연락하다

★★☆ 중

54

A: 你今天怎么打扮得这么（A 正式）？看起来很有精神。

B: 其实我今天第一次去面试，紧张得很。

A: 너 오늘 왜 이렇게 (A 정식으로) 차려입었어? 아주 근사해 보여.

B: 사실 나 오늘 처음 면접을 보러 가거든. 너무 긴장 돼.

해설 빈칸은 [술어(打扮)+得+보어{대사(这么)+___}]의 구조로 형용사 자리이다. 빈칸 문장의 술어가 打扮(치장하다)이고, B의 대화에 面试(면접을 보다)가 있으므로 문맥상 A 正式(정식의)가 들어가는 것이 적합하다.

Tip▶ 정도보어 得很

得很은 형용사 뒤에 쓰여 '몹시, 아주, 상당히'라는 정도의 뜻을 나타낸다.

· 호응 구조: [주어+형용사 술어+得很]

예 这件事重要得很。　이 일은 대단히 중요하다.

어휘 打扮 dǎban 图 화장하다, 단장하다   这么 zhème 때 이렇게   看起来 kànqǐlái 보아하니, 보기에   精神 jīngshen 图 활기차다, 생기발랄하다   其实 qíshí 團 사실은   第一次 dìyīcì 图 처음, 제1차   面试 miànshì 图 면접 시험을 보다 图 면접   紧张 jǐnzhāng 图 긴장하다

★☆☆ 하

55
A: 你看我穿这件蓝色的衬衫怎么样？好看吗？
B: 好看是好看，（D 但是）我觉得白色的那件更适合你。

A: 네 생각에 나 이 파란색 셔츠 입으면 어떨 거 같아? 예뻐?
B: 예쁘긴 한데, (D 하지만) 나는 저 흰색 옷이 너한테 더 어울린다고 생각해.

해설 빈칸은 [문장, ___+문장]의 구조로 문장을 연결해주는 접속사 자리이다. 앞절은 '예쁘긴 한데'이고, 뒷절은 '나는 저 흰색 옷이 어울린다고 생각해'라는 상반된 내용이 전개되므로 D 但是(하지만)가 들어가는 것이 적합하다.

어휘 穿 chuān 图 입다   件 jiàn 양 건, 벌 [일·옷을 세는 단위]   蓝色 lánsè 图 파란색   衬衫 chènshān 图 와이셔츠   好看 hǎokàn 图 예쁘다   觉得 juéde 图 ～라고 느끼다   白色 báisè 图 흰색   更 gèng 團 더욱   适合 shìhé 图 알맞다, 적합하다

독해 제2부분

[풀이전략] 어순을 배열할 수 있는 단서(접속사, 대사, 호칭 등)를 찾는다. 눈에 보이는 단서 외에도 원인과 결과, 사건이 일어난 순서 등 논리적인 흐름을 파악하여 어순을 배열한다.

★★☆ 하

56
A 它的意思是指对某一事情的开始、发展、结果都不知道 → 대사 它가 있다.
B 也用这句话来比喻对实际情况了解太少 → 부사 也가 있다.
C 汉语里有句话叫"一问三不知" → 큰따옴표가 있다.

해설 A에 대사 它(그)가 있으므로 앞에 구체적인 대상이 와야 한다. B는 주어가 없고, 부사 也(역시)로 시작한다. C가 큰따옴표에 인용문이 제시되었으므로 문장 맨 앞에 배치한다. A가 它的意思是指(그 뜻은 ～을 가리킨다)이라고 뜻을 설명하므로 C–A로 연결한다. B의 比喻对实际情况了解太少(실제 상황에 대한 이해가 적음을 비유한다)라는 내용이 A의 내용에 대한 부연 설명이므로 A–B로 연결한다. 따라서 C–A–B로 문장을 완성한다.

문장 汉语里有句话叫"一问三不知"，它的意思是指对某一事情的开始、发展、结果都不知道，也用这句话来比喻对实际情况了解太少。 중국어에는 '한 번 물으면 세 번 모른다고 하다'라는 말이 있다. 그 뜻은 어떤 일의 시작, 발전, 결과 모두 모른다는 것으로, 이 말을 가지고 실제 상황에 대한 이해가 적음을 비유한다.

Tip▶ 제시된 문장에 큰따옴표 " "가 있다면, 첫번째 문장이다!
중국어에서는 사자성어, 속담, 명언 등의 인용문을 글의 도입부에 제시하여 전하려는 주제를 먼저 드러낸다. 이때 인용문에는 큰따옴표를 사용한다. 따라서 큰따옴표가 있는 문장이 있으면 첫 문장에 배치하도록 한다.
예 汉语里有句话说"三岁定八十"。 중국어에는 '세 살 버릇이 여든까지 간다'라는 말이 있다.

어휘 意思 yìsi 图 뜻, 의미   指 zhǐ 图 가리키다   某 mǒu 때 어느, 모   事情 shìqing 图 일, 사건   开始 kāishǐ 图 시작되다   发展 fāzhǎn 图 발전하다   结果 jiéguǒ 图 결과   知道 zhīdào 图 알다   句 jù 양 마디 [말·글의 수를 세는 단위]   比喻 bǐyù 图 비유하다   实际 shíjì 图 실제의   情况 qíngkuàng 图 상황   了解 liǎojiě 图 자세하게 알다   汉语 Hànyǔ 图 중국어   一问三不知 yí wèn sān bù zhī 속당 한 번 물으면 세 번 모른다고 하다, 절대 모르는 체하다

57
　A 但住了一段时间后，逐渐适应了这里的气候 → 전환을 나타내는 접속사 但이 있고, 주어가 없다.
　B 我刚搬到北方时 → 시기를 나타내는 ……时이 있다.
　C 总觉得这里的空气太干燥了 → 주어가 없고, 대사 这里가 있다.

해설　A에 전환을 나타내는 접속사 但(그러나)이 있고 주어가 없다. C는 주어가 없고 대사 这里(이곳)가 있다. B는 주어 我(나)가 있고, '……时(~할 때)'가 있어 시간적 상황을 나타내므로 문장 맨 앞에 배치한다. C의 这里的空气太干燥了(이곳의 공기가 너무 건조하다)에 대해 A에서 逐渐适应了这里的气候(점차 이곳의 기후에 적응했다)라고 하여 전환 관계로 연결되므로 C-A가 된다. 따라서 정답은 B-C-A이다.

문장　我刚搬到北方时, 总觉得这里的空气太干燥了, 但住了一段时间后, 逐渐适应了这里的气候。 내가 막 북쪽으로 이사왔을 때, 늘 이곳의 공기가 너무 건조하다고 여겼다. 그러나 어느 정도 거주한 후에 점차 이곳의 기후에 적응했다.

어휘　但 dàn 圙 그러나　住 zhù 圄 거주하다, 살다　段 duàn 휑 동안, 구간 [시공간의 일정한 거리를 나타냄]　逐渐 zhújiàn 휑 점점　适应 shìyìng 圄 적응하다　气候 qìhòu 圀 기후　刚 gāng 휑 막, 방금　搬 bān 圄 이사하다, 옮기다　北方 běifāng 圀 북방　总 zǒng 휑 늘, 항상　觉得 juéde 圄 ~라고 느끼다　空气 kōngqì 圀 공기　干燥 gānzào 휑 건조하다

58
　A 园区内禁止吸烟，请您理解，谢谢 → 행동이 있고, 마무리 인사가 있다.
　B 各位游客朋友们，大家好！欢迎来到景色宜人的北海公园 → 호칭과 인사말이 있다.
　C 为了保证您和他人的安全 → 주어가 없고, 목적을 나타내는 为了가 있다.

해설　A가 谢谢(감사합니다)로 끝나므로 문장 맨 뒤에 배치한다. B가 호칭 各位游客朋友们(관광객 여러분)으로 시작하고, 인사말 大家好(여러분 안녕하세요)가 있으므로 문장 맨 앞에 배치한다. A의 园区内禁止吸烟(공원 내에서는 흡연을 금지합니다)이라고 금지를 당부하는 말 앞에 C의 为了(~하기 위해서)로 시작하는 목적이 오는 것이 적합하므로 C-A로 연결한다. 따라서 정답은 B-C-A이다.

문장　各位游客朋友们，大家好！欢迎来到景色宜人的北海公园，为了保证您和他人的安全，园区内禁止吸烟，请您理解，谢谢。 관광객 여러분, 안녕하세요! 경치가 매력적인 북해 공원에 오신 것을 환영합니다. 여러분의 안전을 보장하기 위해, 공원 내에서는 흡연을 금지하고 있습니다. 여러분의 양해를 부탁드립니다. 감사합니다.

어휘　园区 yuánqū 圀 구역, 단지　内 nèi 圀 안　禁止 jìnzhǐ 圄 금지하다　吸烟 xīyān 圄 담배를 피다　理解 lǐjiě 圄 알다, 이해하다　各位 gèwèi 圀 여러분　游客 yóukè 圀 여행객, 관광객　欢迎 huānyíng 圄 환영하다　景色 jǐngsè 풍경　宜人 yírén 圄 마음에 들다　北海公园 Běihǎi gōngyuán 짓몡 북해 공원 [베이징(北京)시에 있는 AAAA등급의 관광지]　为了 wèile 깨 ~을 하기 위하여　保证 bǎozhèng 圄 보장하다　他人 tārén 圀 타인　安全 ānquán 휑 안전하다 圀 안전

59
　A 时间是无价的，即使一个人钱再多 → 접속사 即使가 있다.
　B 但时间过去了就永远不能再来了 → 뒷절에 쓰이는 접속사 但이 있다.
　C 也买不到它，钱花光了可以再赚 → 부사 也가 있다.

해설　B는 후속절에 쓰이는 접속사 但(하지만)으로 시작하고, C는 주어가 없으며 부사 也(역시)로 시작한다. A의 时间是无价的(시간은 가치를 매길 수 없다)가 보편적인 내용이므로 문장 맨 앞에 배치한다. A의 뒷절에 쓰인 접속사 即使(설령 ~하더라도)는 C의 부사 也와 '即使A, 也B(설령 A하더라고 B하다)'의 호응 관계를 이루므로 A-C로 연결한다. B의 时间过去了就永远不能再来了(시간은 지나가면 영원히 다시 오지 않는다)의 내용이 C와 대조되므로 C-B로 연결시킨다. 따라서 A-C-B로 문장을 완성한다.

실전모의고사 4

문장 时间是无价的，即使一个人钱再多，也买不到它，钱花光了可以再赚，但时间过去了就永远不能再来了。시간은 가치를 매길 수 없다. 설령 사람이 돈이 아무리 많다고 해도 살 수 없다. 돈은 다 쓰면 다시 벌 수 있지만, 시간은 지나가면 영원히 다시 오지 않는다.

Tip▶ 가설을 나타내는 접속사 即使

접속사 即使는 아직 실현되지 않은 일이나 사실과 상반되는 일의 가설을 나타내며, 就算/就是과 바꿔 쓸 수 있다.

• 호응 구조: [即使A，也B] 설령 A하더라도 B 하다

예 即使又失败了，也没关系。 설령 또 실패하더라도 괜찮아.

어휘 时间 shíjiān 몡 시간   无价 wújià 혱 값을 헤아릴 수 없다, 가치를 매길 수 없다   即使A，也B jíshǐ A, yě B 젭 설령 A하더라도 B하다   但 dàn 젭 그러나   过去 guòqù 동 지나가다   永远 yǒngyuǎn 뵘 영원히, 언제나   花 huā 동 (돈·시간을) 쓰다   光 guāng 혱 아무것도 없이 텅 비다   赚 zhuàn 동 돈을 벌다

★★☆ 하

60
A 否则你会手忙脚乱，也很难成功 → 접속사 否则가 있다.
B 不管你做什么事情 → 접속사 不管가 있다.
C 都要提前计划好，事先有正确的方向 → 부사 都가 있다.

해설 A는 후속절에 쓰이는 접속사 否则(그러지 않으면)로 시작한다. B의 접속사 不管(~에 관계없이)은 C의 부사 都(모두)와 '不管A, 都B(A에 관계없이 모두 B하다)'의 호응 관계를 이루므로 B-C로 연결한다. C의 事先有正确的方向(사전에 정확한 방향이 있다)이 이루어지지 않을 경우 A의 会手忙脚乱(허둥지둥하게 된다)이라는 부정적인 결과가 생기는 것이므로 C-A로 연결한다. 따라서 B-C-A로 문장을 완성한다.

문장 不管你做什么事情，都要提前计划好，事先有正确的方向，否则你会手忙脚乱，也很难成功。당신이 무슨 일을 하든지 미리 계획을 잘 세워서 사전에 정확한 방향이 있어야 한다. 그러지 않으면 당신은 허둥지둥하게 되고 성공하기 어렵게 된다.

어휘 否则 fǒuzé 젭 그러지 않으면, 안 그러면   手忙脚乱 shǒu máng jiǎo luàn 솅 몹시 바빠서 이리 뛰고 저리 뛰다   难 nán 혱 어렵다   成功 chénggōng 동 성공하다   不管A，都B bùguǎn A, dōu B 젭 A에 관계없이 모두 B하다   事情 shìqíng 몡 일, 사건   提前 tíqián 동 앞당기다   计划 jìhuà 동 계획하다   事先 shìxiān 몡 사전에, 미리   正确 zhèngquè 혱 정확하다   方向 fāngxiàng 몡 방향

★☆☆ 하

61
A 然后到第一个路口向右走大约50多米 → 동작의 선후를 나타내는 접속사 然后가 있다.
B 就能看到您说的那家儿童书店了 → 주어가 없고 부사 就가 있다.
C 您先从前面这个天桥上过去 → 주어가 있고, 동작의 선후를 나타내는 부사 先이 있다.

해설 A는 동작의 선후 관계를 나타내는 접속사 然后(그리고 나서)가 있다. B는 주어가 없고 부사 就(~하면)로 시작한다. C는 주어 您(귀하)이 있고 부사 先(먼저)으로 시작하므로 C를 문장 맨 앞에 배치한다. A가 然后로 시작하므로 '先A, 然后B(우선 A하고, 그 다음에 B하다)'의 호응 관계가 되도록 C-A로 연결시킨다. A의 到第一个路口向右走大约50多米(첫 번째 사거리에서 우회전해서 50여 미터를 간다)라는 조건에 대해 B의 能看到您说的那家儿童书店(당신이 말한 그 아동 서점을 볼 수 있다)이 결과로 연결되므로 A-B로 연결시킨다. 따라서 C-A-B로 문장을 완성한다.

문장 您先从前面这个天桥上过去，然后到第一个路口向右走大约50多米，就能看到您说的那家儿童书店了。먼저 앞쪽의 이 육교를 건너서 맞은편으로 가세요. 그런 다음에 첫 번째 사거리에서 우회전해서 50여 미터를 가면, 바로 당신이 말한 그 아동 서점을 볼 수 있을 거예요.

Tip▶ 동작의 선후 관계를 나타내는 표현

부사 先은 앞절에, 접속사 然后는 뒷절에 사용하여 동작의 선후 관계를 나타낼 수 있다.

• 호응 구조: [先A，然后B] 우선 A하고, 그리고 나서 B 하다

예 先洗个手，然后吃晚饭。 우선 손을 씻고, 그 다음에 저녁 먹으렴.

★★☆ 중

62
A 这才是他能保持健康的关键 → 대사 这와 他가 있다.
B 我父亲不管天冷还是天热 → 접속사 不管이 있고, 호칭이 있다.
C 每天早上都坚持跑3公里 → 부사 都가 있다.

해설 A에 대사 这(이것)와 他(그)가 있으므로 앞에 구체적인 대상이 와야 한다. B가 접속사 不管(~에 관계없이)으로 시작하고 주어 我父亲(나의 아버지)이 있으므로 문장 맨 앞에 배치한다. B의 不管과 C의 부사 都(모두)가 '不管A, 都B(A에 관계없이 모두 B하다)'의 호응 관계를 이루므로 B-C로 연결한다. C의 행동 每天早上都坚持跑3公里(매일 아침 꾸준히 3킬로미터를 달린다)를 A의 这(이것)가 가리키며 설명하고 있으므로 C-A로 연결한다. 따라서 B-C-A로 문장을 완성한다.

문장 我父亲不管天冷还是天热，每天早上都坚持跑3公里，这才是他能保持健康的关键。나의 아버지는 춥든지 덥든지 관계없이, 매일 아침 꾸준히 3킬로미터를 달리신다. 이것이야말로 그가 건강을 유지하는 비결이다.

Tip▶ **조건관계의 접속사 不管**
不管 뒤에는 의문 형식이 오며, 뒷절에 '都, 也' 등의 부사와 함께 쓰인다.
· **호응 구조: [不管A, 都/也B]** A에 관계없이 모두 B하다
예 不管怎么做，结果都一样。 어떻게 하든지 간에 결과는 다 똑같다.

★★☆ 중

63
A 它非常值得一看 → 대사 它가 있다.
B 作者在书中介绍了国内各省各地的特产和美食 → 주어가 있다.
C 这本书是一名导游写的 → 책의 저자를 소개했다.

해설 C가 这本书(이 책)로 시작하므로 문장 맨 앞에 배치한다. B의 作者(저자)가 C의 导游(가이드)를 지칭하므로 C-B로 연결한다. A의 대사 它(그것)가 这本书를 가리키므로 C-B-A로 연결하여 문장을 완성한다.

문장 这本书是一名导游写的，作者在书中介绍了国内各省各地的特产和美食，它非常值得一看。이 책은 가이드가 쓴 책으로 저자는 책에서 국내 각 지역의 특산품과 음식을 소개했다. 매우 볼 만하다.

★★☆ 중

64
A 来到杭州，如果错过这几条小吃街 → 접속사 如果가 있다.
B 那条小吃街是杭州三大美食街之一，许多人都说 → 주어가 있고, 说로 끝난다.
C 就不能说自己来过杭州 → 부사 就가 있다.

해설 A에 접속사 如果(만일)가 있고, C에 부사 就(~하면)가 있으므로 '如果A, 就B(만약 A한다면 B하다)'의 호응 관계가 되도록 A-C로 연결시킨다. B는 주어 那条小吃街(그 먹자골목)가 있고 보편적인 내용이 등장하므로 문장 맨 앞에 배치한다. 许多人都说(많은 사람들이 모두 말한다)로 끝나므로 说 뒤에 문장이 와야 한다. 따라서 B-A-C로 연결시킨다.

那条小吃街是杭州三大美食街之一，许多人都说，来到杭州，如果错过这几条小吃街，就不能说自己来过杭州。그 먹자골목은 항저우의 3대 미식 거리 중 하나로, 많은 사람들이 모두 항저우에 왔는데 만일 이 먹자골목을 지나친다면, 항저우에 왔다고 말할 수 없는 거라고 말한다.

어휘 杭州 Hángzhōu **지명** 항저우 如果A, 就B rúguǒ A, jiù B **접** 만약 A한다면 B하다 错过 cuòguò **통** 놓치다 条 tiáo **양** (강·길 등의) 가늘고 긴 것을 세는 단위 美食 měishí **명** 맛있는 음식 街 jiē **명** 거리 之一 zhīyī **명** ~중의 하나 许多 xǔduō **형** 매우 많다 自己 zìjǐ **대** 자기, 자신

★★★ 상

65 A 现在飞往该省所有的航班 → 시간 명사 现在와 대사 该가 있고, 술어가 없다.
B 由于昨晚8时四川省突然下起了大雨 → 시간을 나타내는 昨晚이 있고, 원인이 있다.
C 都推迟1小时起飞，请大家理解 → 推迟의 주어가 없다.

해설 A에 시간 명사 现在(지금)가 있고, 대사가 결합된 该省(이 성)이 있으며, 술어가 없으므로 뒤에 술어가 필요하다. B에 시간 명사 昨晚(어젯밤)이 있고 주어 四川省(쓰촨성)이 있으므로 문장 맨 앞에 배치한다. C의 推迟(연기하다)가 A의 航班(항공편)의 술어가 되므로 A–C로 연결한다. 따라서 B–A–C로 문장을 완성한다.

문장 由于昨晚8时四川省突然下起了大雨，现在飞往该省所有的航班，都推迟1小时起飞，请大家理解。어젯밤 저녁 8시에 쓰촨성에서 갑자기 비가 많이 내려서, 지금 이 성으로 가는 모든 항공편은 부득이하게 한 시간 연착되었습니다. 여러분들의 양해 부탁드립니다.

Tip▶ **조동사/대사 该의 용법**
① 조동사: ~해야 한다 **예** 我现在该回家了。 나는 지금 집에 가려고 한다.
② 대사: 이, 그, 저 **예** 该药效果不错。 이 약의 효과가 괜찮다.

어휘 飞往 fēiwǎng **통** 비행기로 ~로 가다(향하다) 该 gāi **대** 이, 그, 저 省 shěng **명** 성 [중국의 최상급 지방 행정 단위] 所有 suǒyǒu **형** 모든, 전부의 航班 hángbān **명** (비행기나 배의) 운항편, 항공편 由于 yóuyú **접** 왜냐하면 四川省 Sìchuānshěng **지명** 쓰촨성, 사천성 突然 tūrán **부** 갑자기 下雨 xiàyǔ **통** 비가 오다 推迟 tuīchí **통** 뒤로 미루다, 연기하다 起飞 qǐfēi **통** 이륙하다 理解 lǐjiě **통** 알다, 이해하다

독해 제3부분

[풀이전략] 먼저 문제의 질문과 보기를 보고 핵심 키워드를 파악한 뒤, 이 키워드를 중심으로 지문을 읽는다. 지문의 내용과 보기를 대조하여 질문에 알맞은 정답을 고른다.

★★★ 중

66

最近《饮食与历史》这个节目很受欢迎。不仅使观众看到了许多中华美味，而且还能从中学到做菜的方法，非常值得一看。	최근 「음식과 역사」라는 프로그램이 인기가 있다. 관중들에게 중국의 많은 맛있는 음식을 보게 할 뿐만 아니라 그 안에서 조리 방법도 배울 수 있어 매우 볼 만한 가치가 있다.
★《饮食与历史》这个节目：	★「음식과 역사」라는 프로그램은?
A 不值得看	A 볼 가치가 없다
B 广告太多	B 광고가 너무 많다
C 特别精彩	**C 매우 훌륭하다**
D 主要介绍经济	D 주로 경제를 소개한다

해설 질문에서 「음식과 역사」라는 프로그램에 대한 옳은 내용을 묻고 있다. 지문에서 이 프로그램에 대해 最近《饮食与历史》这个节目很受欢迎(최근 「음식과 역사」라는 프로그램이 인기가 있다), 非常值得一看(매우 볼 만한 가치가 있다)이라고 했으므로 프로그램이 재미있는 내용임을 알 수 있다. 따라서 정답은 C이다.

어휘 最近 zuìjìn 몡 최근, 요즘 饮食 yǐnshí 몡 음식 与 yǔ 께 ~와/과 历史 lìshǐ 몡 역사 节目 jiémù 몡 프로그램 受 shòu 동 받다 欢迎 huānyíng 동 환영하다 不仅A, 而且B bùjǐn A, érqiě B 젭 A일 뿐만 아니라 B하다 观众 guānzhòng 몡 관중 许多 xǔduō 혱 매우 많다 中华 Zhōnghuá 몡 중국의 옛 이름 美味 měiwèi 몡 맛있는 음식 做菜 zuòcài 동 요리를 하다 方法 fāngfǎ 몡 방법 值得 zhídé 동 ~할 만한 가치가 있다 广告 guǎnggào 몡 광고 特别 tèbié 분 특히, 아주 精彩 jīngcǎi 혱 뛰어나다, 훌륭하다 主要 zhǔyào 혱 주요한 분 주로 介绍 jièshào 동 소개하다 经济 jīngjì 몡 경제

★★☆ 상

67　在自助餐厅里，如果你只坐在你的座位等别人拿东西给你，那么你连一点东西都吃不到。只有站起来主动去拿，你才能吃到你想吃的。同样，我们在生活中什么都不做也就什么也得不到。

뷔페에서 만일 당신이 자리에 앉아서 다른 사람이 음식을 가져 오기만을 기다린다면, 당신은 음식을 조금도 먹지 못할 것이다. 일어나서 주동적으로 가서 가져와야 당신이 먹고 싶은 것을 먹을 수 있다. 마찬가지로 우리는 삶에서 아무 것도 하지 않으면 아무 것도 얻을 수 없다.

★ 在生活中，我们应该：

A 回忆过去
B 重视过程
C 自己多努力
D 总结原因

★ 삶에서 우리는 마땅히 어떻게 해야 하는가?

A 과거를 회상한다
B 과정을 중시한다
C 자신이 많이 노력한다
D 원인을 총정리한다

해설 질문에서 삶에서 우리가 어떻게 해야 하는지를 묻고 있다. 지문은 기다리기만 하는 것과 주동적으로 행동하는 것을 비교하면서 我们在生活中什么都不做也就什么也得不到(우리는 삶에서 아무 것도 하지 않으면 아무 것도 얻을 수 없다)라고 했다. 따라서 스스로 많이 노력해야 한다는 주장임을 알 수 있다. 정답은 C이다.

Tip▶ 개사 连

개사 连은 '~조차도'라는 뜻으로, 부사 也/都와 호응하여 단어나 구를 강조할 때 쓴다.

• 호응 구조: [주어 + 连 + 강조할 단어/구 + 也/都 + 동사 술어]

　 예 他连一句对不起都没说就离开了。 그는 미안하다는 말도 없이 가버렸다.

어휘 自助餐厅 zìzhù cāntīng 몡 뷔페 如果A, 那么B rúguǒ A, nàme B 젭 만약 A한다면 그러면 B하다 只 zhǐ 분 다만, 단지 座位 zuòwèi 몡 좌석, 자리 等 děng 동 기다리다 别人 biérén 데 다른 사람 拿 ná 동 가지다, 쥐다, 잡다 东西 dōngxi 몡 음식, 물건 那么 nàme 젭 그러면, 그렇다면 连 lián 께 ~조차도 只有A, 才B zhǐyǒu A, cái B 젭 A해야만 B하다 站 zhàn 동 서다, 일어서다 主动 zhǔdòng 혱 자발적인, 주동적인 同样 tóngyàng 젭 마찬가지로 生活 shēnghuó 동 생활하다 得到 dédào 동 얻다 回忆 huíyì 동 회상하다, 추억하다 过去 guòqù 몡 과거 重视 zhòngshì 동 중시하다 过程 guòchéng 몡 과정 努力 nǔlì 동 노력하다 总结 zǒngjié 동 총괄하다, 총정리하다 原因 yuányīn 몡 원인

★★☆ 하

68　山东省烟台市被称为"苹果之都"。那儿的苹果很有名，因该省的气候条件较适合种苹果，所以苹果很大、味道特甜、颜色也好看，这吸引着成千上万的游客前来购买。

산동성 연태시는 '사과의 도시'라고 불린다. 그곳의 사과는 아주 유명하다. 그 성의 기후 조건이 사과를 재배하기에 알맞기 때문에, 사과가 크고, 맛이 매우 달고, 색깔도 예쁘다. 이 점이 많은 관광객들이 와서 구매하도록 이끈다.

★ 关于烟台，可以知道：

★ 연태에 관하여, 알 수 있는 것은?

A 气候湿润	A 기후가 습윤하다
B 很少下雨	B 비가 잘 안 내린다
C 苹果很有名	**C 사과가 유명하다**
D 到处是草地	D 곳곳이 초원이다

해설 질문에서 연태시 대한 옳은 내용을 묻고 있다. 보기의 키워드로 A는 湿润(습윤하다), B는 很少下雨(비가 잘 안 내리다), C는 苹果(사과), D는 草地(초원)를 삼고 지문과 대조한다. 지문에서 연태시가 '사과의 도시'라고 불리운다고 하면서 那儿的苹果很有名(그곳의 사과는 아주 유명하다)이라고 했다. 따라서 정답은 C이다.

어휘 山东省 Shāndōngshěng 지명 산둥성, 산동성　烟台市 Yāntáishì 지명 엔타이시, 연태시　被 bèi 개 ~에 의해서　称为 chēngwéi 동 ~라고 불리우다　苹果 píngguǒ 명 사과　之 zhī 조 ~의 [수식어와 피수식어 사이에 놓여 的와 같은 작용을 함]　都 dū 명 도시, 고향 [어떤 특산물로 유명해진 도시]　有名 yǒumíng 형 유명하다　因 yīn 접 ~때문에　该 gāi 대 이, 저, 그　省 shěng 명 성 [중국의 최상급 지방 행정 단위]　气候 qìhòu 명 기후　条件 tiáojiàn 명 조건　较 jiào 부 비교적　适合 shìhé 동 알맞다, 적합하다　种 zhòng 동 (씨를) 뿌리다, 경작하다　所以 suǒyǐ 접 그래서　味道 wèidao 명 맛　特 tè 부 특히　甜 tián 형 달다　颜色 yánsè 명 색깔　好看 hǎokàn 형 예쁘다, 아름답다　吸引 xīyǐn 동 흡인하다, 매료시키다　成千上万 chéng qiān shàng wàn 성 수천수만, 대단히 많은 수를 나타냄　游客 yóukè 명 여행객, 관광객　前来 qiánlái 동 이쪽으로 오다　购买 gòumǎi 동 사다　湿润 shīrùn 형 습윤하다, 축축하다　下雨 xiàyǔ 동 비가 오다　到处 dàochù 명 도처, 곳곳에　草地 cǎodì 명 초원, 풀밭

★★★ 하

69　　许多人常说"以后还有机会"，但这句话并不一定是真的。因为估计将来会发生什么事情是很难的，谁也猜不到的。所以机会来了，我们就应该主动去试一试，千万别错过机会。

　　많은 사람들은 자주 "또 기회가 있을 거야"라는 말을 자주한다. 하지만 이 말은 결코 꼭 진짜가 아니다. 왜냐하면 미래에 어떤 일이 발생할지 예측하기가 어렵기 때문에, 누구도 예측할 수 없다. 그래서 기회가 왔다면, 우리는 주동적으로 가서 시도해봐야 한다. 부디 기회를 놓치지 마라.

★ 根据这段话，我们应该：	★ 이 글에 근거하여, 우리는 마땅히 무엇을 해야 하는가?
A 别错过机会	**A 기회를 놓치지 마라**
B 学会拒绝	B 거절할 줄 알아야 한다
C 别随便借钱	C 함부로 돈을 빌리지 마라
D 要有耐心	D 인내심을 가져야 한다

해설 질문에서 우리가 해야 할 행동을 묻고 있다. 지문에서는 机会(기회)가 자주 언급되면서 마지막 부분에서 千万别错过机会(부디 기회를 놓치지 마라)라고 했다. 따라서 우리가 마땅히 해야 할 것은 A이다.

어휘 许多 xǔduō 형 매우 많다　常 cháng 부 늘, 자주　以后 yǐhòu 명 이후　机会 jīhuì 명 기회　但 dàn 접 그러나　句 jù 양 마디 [말·글을 세는 단위]　并 bìng 부 결코, 전혀　一定 yídìng 부 반드시, 틀림없이　真 zhēn 형 진실이다, 진짜이다　因为 yīnwèi 접 ~때문에, 왜냐하면　估计 gūjì 동 추측하다　将来 jiānglái 명 장래, 미래　发生 fāshēng 동 발생하다　事情 shìqing 명 일, 사건　难 nán 형 어렵다　猜 cāi 동 추측하다　所以 suǒyǐ 접 그래서　应该 yīnggāi 조동 마땅히 ~해야 한다　主动 zhǔdòng 형 자발적인, 주동적인　试 shì 동 시도해 보다　千万 qiānwàn 부 부디, 제발　别 bié 부 ~하지 마라　错过 cuòguò 동 놓치다　学会 xuéhuì 동 습득하다　拒绝 jùjué 동 거절하다　随便 suíbiàn 부 마음대로　借钱 jièqián 동 돈을 빌리다　耐心 nàixīn 명 인내심 형 참을성이 있다

★★★ 하

70

世界卫生组织把每年4月7日定为"世界无烟日"，这是为了鼓励大家尽量少吸烟。吸烟不但对自己身体伤害很大，还会给周围人的健康带来不好的影响。

세계보건기구(WHO)는 매년 4월 7일을 '세계 금연의 날'로 정했다. 이것은 모두가 가급적 담배를 피우지 않도록 장려하기 위함이다. 흡연은 자신의 건강에 해로울 뿐만 아니라, 주변 사람의 건강에도 안 좋은 영향을 가져온다.

★ 根据这段话，我们应该：

★ 이 글에 근거하여, 우리는 마땅히 무엇을 해야 하는가?

A 少抽烟
B 保证安全
C 保护环境
D 提出意见

A 담배를 적게 피운다
B 안전을 보장한다
C 환경을 보호한다
D 의견을 낸다

해설 질문에서 우리가 무엇을 해야 하는지 묻고 있다. 지문은 '세계 금연의 날'을 소개하며 这是为了鼓励大家尽量少吸烟(이것은 모두가 가급적 담배를 피우지 않도록 장려하기 위함이다)이라고 했다. 이어 흡연의 해로운 점을 언급했으므로 정답은 A이다.

Tip▶ 조직/기구 이름
- 유엔(UN, 국제 연합) 联合国 Liánhéguó
- 세계 보건 기구(W.H.O.) 世界卫生组织 Shìjiè Wèishēng Zǔzhī
- 유네스코(UNESCO) 联合国教科文组织 Liánhéguó Jiào kē wén Zǔzhī

어휘 世界卫生组织 Shìjiè Wèishēng Zǔzhī 圈 세계 보건 기구(WHO)　世界无烟日 Shìjiè Wúyānrì 圈 세계 금연의 날　为了 wèile 团 ～을 하기 위해서　鼓励 gǔlì 통 장려하다, 격려하다　尽量 jǐnliàng 튄 가능한 한, 가급적, 되도록　吸烟 xīyān 통 담배를 피우다　不但 búdàn 젭 ～뿐만 아니라　自己 zìjǐ 대 자기, 자신　伤害 shānghài 통 상하게 하다　周围 zhōuwéi 圈 주위, 주변　健康 jiànkāng 혱 건강하다　带来 dàilái 통 가져오다　影响 yǐngxiǎng 통 영향을 주다 圈 영향　保证 bǎozhèng 통 보장하다, 확실히 책임지다　安全 ānquán 圈 안전 혱 안전하다　保护 bǎohù 통 보호하다　环境 huánjìng 圈 환경　提出 tíchū 통 꺼내다, 제기하다　意见 yìjiàn 圈 의견, 견해

★☆☆ 상

71

杭州市位于中国浙江省北部。它已有两千二百多年的历史了，既是浙江省的政治、文化和经济中心，也是著名的旅游城市。

항저우시는 중국 절강성 북부에 위치한다. 2,200여 년의 역사를 가지고 있으며 절강성의 정치, 문화와 경제의 중심지이고, 유명한 관광 도시이다.

★ 根据这段话，杭州市：

★ 이 글에 근거하여, 항저우시는?

A 是一座小城市
B 有很多美味
C 历史很短
D 是旅游城市

A 소도시이다
B 맛있는 음식이 많다
C 역사가 짧다
D 관광 도시이다

해설 질문에서 항저우시에 대한 옳은 내용을 묻고 있다. 보기의 키워드로 A는 小城市(소도시), B는 美味(맛있는 음식), C는 历史(역사), D는 旅游城市(관광 도시)를 삼고 지문과 대조한다. 지문에서 항저우시에 대해 既是浙江省的政治、文化和经济中心(절강성의 정치, 문화와 경제의 중심지이다)이라고 했으므로 정답은 D이다.

어휘 杭州市 Hángzhōushì 지명 항저우, 항주　位于 wèiyú 통 ～에 위치하다　浙江省 Zhèjiāngshěng 지명 저장성, 절강성　北部 běibù 圈 북부　已 yǐ 튄 이미, 벌써　千 qiān 주 천(1,000)　百 bǎi 주 백(100)　历史 lìshǐ 圈 역사　既A 也B jì A yě B A 하기

실전모의고사 4

안심Touch

도 하고 B하기도 하다　政治 zhèngzhì 몡 정치　文化 wénhuà 몡 문화　经济 jīngjì 몡 경제　中心 zhōngxīn 몡 중심, 센터　著名 zhùmíng 혱 유명하다, 저명하다　旅游 lǚyóu 동 여행하다　城市 chéngshì 몡 도시　座 zuò 양 동, 채 [산·건축물·교량 등의 고정된 물체를 세는 단위]　美味 měiwèi 몡 맛있는 음식　短 duǎn 혱 짧다

★★☆ 상

72

有些人在别人求你做很难做到或者没时间去做的事时，总是很难拒绝他们的请求，担心会影响双方之间的感情。实际上，真正的友谊不会因你的一次拒绝而受到任何影响。	일부 사람들은 다른 사람들이 하기 힘든 일이나 할 시간이 없는 일을 부탁할 때, 늘 그들의 부탁을 거절하기 어려워하고, 양측 사이의 감정에 영향을 미칠까 봐 걱정한다. 사실, 진정한 우정은 당신의 거절 한 번으로 어떠한 영향도 받지 않는다.
★ 不会拒绝朋友的人会害怕：	★ 친구를 거절할 줄 모르는 사람들이 두려워하는 것은?
A 经历失败 **B 影响友谊** C 引起污染 D 遇到危险	A 실패를 겪을까 봐 **B 우정에 영향을 미칠까 봐** C 오염을 야기할까 봐 D 위험한 일을 겪을까 봐

해설　질문에서 친구를 거절하기 어려워하는 사람들이 두려워하는 것이 무엇인지를 묻고 있다. 지문에서 일부 사람들이 부탁을 거절하기 어려워한다고 하면서 担心会影响双方之间的感情(양측 사이의 감정에 영향을 미칠까 봐 걱정한다)이라고 했다. 따라서 정답은 B이다.

Tip▶ 인과 관계를 나타내는 '因A(원인)而B(결과)' A때문에 B하다
'因A而B'는 'A때문에 B하다'라는 뜻으로 '因为A, 所以B'와 같은 뜻이다.
예 他们俩因共同的爱好而走在了一起.　그들 둘은 취미가 비슷하여 함께 다닌다.

어휘　别人 biérén 대 다른 사람　求 qiú 동 부탁하다, 요구하다　难 nán 혱 ~하기 어렵다　或者 huòzhě 접 혹은　时间 shíjiān 몡 시간　总是 zǒngshì 부 늘, 항상　拒绝 jùjué 동 거절하다　请求 qǐngqiú 동 부탁하다, 요청하다　担心 dānxīn 동 걱정하다　影响 yǐngxiǎng 동 영향을 주다　双方 shuāngfāng 몡 쌍방　之间 zhījiān 몡 사이, 지간　感情 gǎnqíng 몡 감정　实际上 shíjìshang 부 사실상, 실질적으로　真正 zhēnzhèng 혱 진정한　友谊 yǒuyì 몡 우정　因 yīn 젠 ~때문에　次 cì 양 회, 번 [동작을 세는 단위]　受到 shòudào 동 받다　任何 rènhé 대 어떠한　经历 jīnglì 몡 (몸소) 겪다 몡 경험　失败 shībài 동 실패하다 몡 패배　引起 yǐnqǐ 동 야기하다　污染 wūrǎn 몡 오염 동 오염시키다　遇到 yùdào 동 만나다, 봉착하다　危险 wēixiǎn 혱 위험하다 몡 위험

★☆☆ 하

73

汽车的天窗起到很大的作用。每当上车时，我们应该先打开天窗，这是为了给车内换到新鲜而干净的空气，并且对减少车内的污染很有帮助。	자동차의 선루프는 큰 역할을 한다. 매번 차에 탈 때마다 우리는 우선 선루프를 열어야 한다. 이것은 차내에 신선하고 깨끗한 공기로 환기시켜주기 위함이다. 게다가 차내의 오염을 줄이는 데에도 도움이 된다.
★ 这段话主要谈的是什么？	★ 이 글은 주로 무엇을 말하는가?
A 研究的目的 **B 天窗的作用** C 汽车的好处 D 科技的发展	A 연구의 목적 **B 선루프의 역할** C 자동차의 장점 D 과학 기술의 발전

해설 질문에서 이 글의 중심 내용을 묻고 있다. 지문의 시작 부분에서 汽车的天窗起到很大的作用(자동차의 선루프는 큰 역할을 한다)이라고 하며 선루프을 열어 환기하는 것의 중요성을 말하고 있다. 따라서 이 글의 중심 내용은 B이다.

Tip▶ 4급에 보이는 5급 표현 而

접속사 而은 앞뒤로 유사한 의미의 형용사 두 개를 나열할 때 쓰이며, 접속사 而且에 상당하다.

• 호응 구조: [A而B] A하기도 하고 B하다

예 这里的气候温暖而湿润。 여기 기후는 따뜻하고 습윤하다.

어휘 汽车 qìchē 명 자동차　天窗 tiānchuāng 명 선루프　起到 qǐdào 통 (역할을) 하다　作用 zuòyòng 명 작용, 역할　上车 shàngchē 통 (차에) 타다　应该 yīnggāi 조동 마땅히 ~해야 한다　先 xiān 부 우선, 먼저　打开 dǎkāi 열다　为了 wèile 개 ~을 하기 위해서　内 nèi 명 안　换 huàn 통 바꾸다　新鲜 xīnxiān 형 신선하다　干净 gānjìng 형 깨끗하다　空气 kōngqì 명 공기　并且 bìngqiě 접 게다가　减少 jiǎnshǎo 통 줄이다, 감소하다　污染 wūrǎn 명 오염 통 오염시키다　帮助 bāngzhù 통 돕다 명 도움　研究 yánjiū 통 연구하다　目的 mùdì 명 목적　好处 hǎochu 명 장점, 좋은 점　科技 kējì 명 과학 기술　发展 fāzhǎn 명 발전

★★☆ 중

74
我们应该为美好的明天准备些什么呢? 我们要把所有的热情与汗水都用在职场上, 并将今天的工作做到最好。这才是最理想的准备。	우리는 멋진 내일을 위해서 무엇을 준비해야 하는가? 우리는 모든 열정과 노력을 직장에 쓰고, 오늘의 업무를 최상으로 해내야 한다. 이것이야말로 가장 이상적인 준비이다.
★ 怎样才能为明天做好准备:	★ 어떻게 해야만 내일을 위해 잘 준비할 수 있는가?
A 要有信心	A 자신감을 가져야 한다
B 到时候准备	B 그때 가서 준비한다
C 提前计划好	C 미리 계획을 잘 짠다
D 今天努力工作	**D 오늘 열심히 일한다**

해설 질문에서 더 나은 내일을 위해 어떻게 해야 하는지 묻고 있다. 지문에서 将今天的工作做到最好(오늘의 업무를 최상으로 해내야 한다)라고 했으므로 정답은 D이다.

Tip▶ 부사/개사 将

① 부사: 곧, 장차　예 他们将扩大招聘范围。 그들은 곧 채용 범위를 확대할 것이다.

② 개사: ~을/를(=把)　예 请将这些材料整理一下。 이 자료들을 정리해주세요.

어휘 应该 yīnggāi 조동 마땅히 ~해야 한다　为 wèi 개 ~을 위해　美好 měihǎo 형 아름답다, 좋다　准备 zhǔnbèi 통 준비하다　把 bǎ 개 ~을/를　所有 suǒyǒu 형 모든, 일체의　热情 rèqíng 명 열정　与 yǔ 개 ~와/과　汗水 hànshuǐ 명 땀, 힘든 일　职场 zhíchǎng 명 직장, 일터　并 bìng 접 그리고　工作 gōngzuò 통 일하다 명 업무, 작업　最好 zuìhǎo 형 가장 좋다　才 cái 부 ~이야말로 [주어를 강조함]　理想 lǐxiǎng 형 이상적이다 명 이상　信心 xìnxīn 명 자신감　提前 tíqián 통 앞당기다　计划 jìhuà 통 계획하다　努力 nǔlì 통 노력하다

★☆☆ 하

75
这种小镜子很适合我们随身带着使用, 尤其是年轻女孩子。镜子太大随身带着很不方便, 可是它既好看又轻便, 因此很适合作为小礼物送给女孩子。	이런 작은 거울은 우리가 휴대해서 사용하기에 알맞다. 특히 젊은 여자아이에게 그렇다. 왜냐하면 거울이 너무 크면 휴대하기 불편하기 때문이다. 그러나 이것은 예쁘고 가볍기 때문에 여자아이에게 줄 작은 선물로 적합하다.
★ 根据这段话, 小镜子:	★ 이 글에 근거하여, 작은 거울은?

안심Touch

A 不太有用	A 그다지 유용하지 않다
B 带着方便	**B 휴대가 편리하다**
C 不好使用	C 사용하기 쉽지 않다
D 价格便宜	D 가격이 저렴하다

해설 질문에서 작은 거울에 대한 옳은 내용을 묻고 있다. 지문의 시작 부분에서 这种小镜子很适合我们随身带着使用(이런 작은 거울은 우리가 휴대해서 사용하기에 알맞다)이라고 했다. 따라서 키워드가 그대로 언급된 B가 정답이다.

어휘 种 zhǒng 양 종류, 가지   镜子 jìngzi 명 거울   适合 shìhé 통 알맞다. 적합하다   随身 suíshēn 형 몸에 지니다. 휴대하다   带 dài 통 가지다. 데리다   使用 shǐyòng 통 사용하다   尤其 yóuqí 부 더욱이, 특히   年轻 niánqīng 형 젊다   女孩子 nǚháizi 명 여자아이   所以 suǒyǐ 접 그래서, 그러므로   方便 fāngbiàn 형 편리하다   可是 kěshì 접 그러나   既A又B jì A yòu B A하기도 하고 B하기도 하다   好看 hǎokàn 형 아름답다. 예쁘다   轻便 qīngbiàn 형 (무게와 크기가 작아) 간편하다   作为 zuòwéi 통 ~로 여기다. 삼다   礼物 lǐwù 명 선물   送给 sònggěi 통 선물하다   有用 yǒuyòng 형 쓸모가 있다   价格 jiàgé 명 가격   便宜 piányi 형 값이 싸다

★★★ 중

76

我们都认为小王是一个很害羞的人，是因为他从不爱说话，甚至说了一句话脸就红。但是随着年龄的增长，他也逐渐变了，没想到他毕业后竟然成为了一名优秀的演员，这真让人很吃惊。	우리는 샤오왕이 수줍음이 많은 사람이라고 생각한다. 왜냐하면 그는 지금까지 말하는 것을 좋아하지 않았고, 심지어 말 한 마디를 하면 얼굴이 바로 붉어졌다. 그러나 나이가 들면서 그도 점차 변했다. 뜻밖에 그는 졸업 후에 우수한 배우가 되었고, 이것이 사람들을 놀라게 했다.
★ 根据这段话，可以知道他:	★ 이 글에 근거하여, 그에 대해 알 수 있는 것은?
A 很讲信用	A 신용을 중시한다
B 赚了不少钱	B 많은 돈을 벌었다
C 变得成熟	C 성숙하게 변했다
D 当了演员	**D 배우가 되었다**

해설 질문에서 그에 대한 옳은 내용을 묻고 있다. 보기의 키워드로 A는 信用(신용), B는 不少钱(많은 돈), C는 成熟(성숙하다), D는 演员(배우)을 삼고 지문과 대조한다. 지문에서 没想到他毕业后竟然成为了一名优秀的演员(뜻밖에 그는 졸업 후에 우수한 배우가 되었다)이라고 했으므로 그가 배우가 되었음을 알 수 있다. 따라서 정답은 D이다.

어휘 认为 rènwéi 통 생각하다. 여기다   害羞 hàixiū 통 부끄러워하다. 수줍어하다   因为 yīnwèi 접 ~때문에, 왜냐하면   从不 cóngbù 부 여태까지 ~한 적이 없다   说话 shuōhuà 통 말하다. 한담하다   甚至 shènzhì 접 심지어, ~까지도   句 jù 양 마디 [글·말을 세는 단위]   脸红 liǎnhóng 통 얼굴이 빨개지다   但是 dànshì 접 그러나   随着 suízhe 개 ~함에 따라서   年龄 niánlíng 명 연령   增长 zēngzhǎng 통 증가하다   逐渐 zhújiàn 부 점점   变 biàn 통 바뀌다. 변하다   毕业 bìyè 통 졸업하다   竟然 jìngrán 부 뜻밖에도   成为 chéngwéi 통 ~이 되다   名 míng 양 명 [사람을 세는 단위]   优秀 yōuxiù 형 우수하다. 아주 뛰어나다   演员 yǎnyuán 명 배우   让 ràng 통 ~하게 하다   吃惊 chījīng 통 놀라다   讲 jiǎng 통 중시하다. 말하다   信用 xìnyòng 명 신용   赚钱 zhuànqián 통 이윤을 남기다. 돈을 벌다   成熟 chéngshú 통 성숙하다   当 dāng 통 ~가 되다

77

有的孩子用大哭或发脾气来表达自己需要什么，这时父母不能他们要什么就给什么。我们应该重视这个问题，否则就不会让孩子主动想办法解决问题，容易养成乱发脾气的坏习惯。	어떤 아이는 크게 울거나 성질을 부려서 자신이 무엇이 필요한지를 표현한다. 이때 부모는 아이들이 원하는 대로 바로 줘서는 안 된다. 우리는 이 문제를 중시해야 하는데, 안 그러면 아이들이 문제를 해결하려고 자발적으로 방법을 생각하지 않고, 쉽게 함부로 성질을 부리는 나쁜 습관을 갖게 될 것이다.
★ 孩子发脾气的主要原因:	★ 아이가 성질 부리는 주된 원인은?
A 受到批评	A 혼나서
B 表达需要	**B 필요한 것을 표현하려고**
C 想引起关注	C 관심을 끌고 싶어서
D 想得到爱情	D 사랑 받고 싶어서

해설 질문에서 아이가 성질을 부리는 원인을 묻고 있다. 지문의 시작 부분에서 有的孩子用大哭或发脾气来表达自己需要什么(어떤 아이는 크게 울거나 성질을 부려서 자신이 무엇이 필요한지를 표현한다)라고 했다. 아이는 자신이 필요한 것을 울거나 성질을 부려서 표현한다고 했으므로 정답은 B이다.

어휘 孩子 háizi 명 아동, 아이　哭 kū 동 울다　或 huò 접 혹은, 아니면　脾气 píqi 명 성격, 성깔　表达 biǎodá 동 (생각·감정을) 표현하다　自己 zìjǐ 대 자기, 자신　需要 xūyào 동 필요하다　父母 fùmǔ 명 부모　应该 yīnggāi 조동 마땅히 ~해야 한다　重视 zhòngshì 동 중시하다　问题 wèntí 명 문제　否则 fǒuzé 접 그러지 않으면, 안 그러면　让 ràng 동 ~하게 하다　主动 zhǔdòng 형 자발적인, 주동적인　想 xiǎng 동 생각하다　办法 bànfǎ 명 방법　解决 jiějué 동 해결하다　容易 róngyì 형 쉽다, ~하기 쉽다　养成 yǎngchéng 동 양성하다　乱 luàn 형 함부로, 제멋대로　坏 huài 형 나쁘다　习惯 xíguàn 명 습관　受到 shòudào 동 받다　批评 pīpíng 동 비판하다 명 비난　引起 yǐnqǐ 동 야기하다, 끌다　关注 guānzhù 동 주시하다, 관심을 갖다　得到 dédào 동 얻다　爱情 àiqíng 명 사랑

78

很多年轻人都以现在流行的样式为标准去购物来打扮自己。但在我看来，不管什么，真正适合自己才是最重要的，不能过于追求时尚。	많은 젊은이들은 현재 유행하는 스타일을 기준으로 삼아 쇼핑하고 자신을 꾸민다. 그러나 내가 보기에는, 무엇이든지 진정으로 자신에게 어울리는 것이야말로 가장 중요하다. 너무 지나치게 유행을 쫓아서는 안 된다.
★ 年轻人该穿什么样的衣服:	★ 젊은이들은 어떤 옷을 입어야 하는가?
A 适合自己的	**A 자신에게 어울리는 것**
B 价格贵的	B 가격이 비싼 것
C 实用的	C 실용적인 것
D 流行的	D 유행하는 것

해설 질문에서 젊은이들은 어떤 옷을 입어야 하는지 묻고 있다. 지문에서 젊은이들이 유행을 기준으로 자신을 꾸민다고 하면서 不管什么，真正适合自己才是最重要的(무엇이든지 진정으로 자신에게 어울리는 것이야말로 가장 중요하다)라고 자신의 견해를 언급했다. 자신에게 어울리는 것이 가장 중요하다고 했으므로 정답은 A이다.

Tip▶ 고정 격식 '以A为B' A를 B로 삼다(여기다)
　　　예 以考试为目的。 시험을 목적으로 하다.

年轻人 niánqīngrén 몡 젊은이   流行 liúxíng 톙 유행하다   样式 yàngshì 몡 형식   标准 biāozhǔn 몡 기준, 표준   购物 gòuwù 동 물품을 구입하다, 쇼핑하다   打扮 dǎban 동 치장하다, 꾸미다   自己 zìjǐ 때 자기, 자신   但 dàn 젭 그러나   不管 bùguǎn 젭 ~을 막론하고   真正 zhēnzhèng 톙 진정한   适合 shìhé 동 알맞다, 적합하다   最 zuì 뷔 가장, 최고   重要 zhòngyào 톙 중요하다   过于 guòyú 뷔 지나치게, 너무   追求 zhuīqiú 동 추구하다   时尚 shíshàng 몡 당시의 풍조, 시대적 풍모   价格 jiàgé 몡 가격   贵 guì 톙 비싸다   实用 shíyòng 톙 실용적이다

★★☆ 중

79

网球爱好者都会选择比较厚的网球专用袜子。这是为什么呢？首先，进行移动速度很快的比赛时，厚的网球袜能保护好脚。其次，它能有效吸汗。	테니스 마니아는 모두 비교적 두꺼운 테니스용 양말을 선택한다. 이것은 왜일까? 우선, 움직이는 속도가 빠른 경기를 진행할 때, 두꺼운 테니스 양말은 발을 보호한다. 그 다음으로, 이것은 땀을 효과적으로 흡수한다.
★ 厚网球袜对什么有帮助： A 降低气温 **B 容易吸汗** C 提高成绩 D 管理心情	★ 두꺼운 테니스 양말은 무엇에 도움이 되는가? A 기온을 낮춘다 **B 땀 흡수가 용이하다** C 성적을 향상시킨다 D 마음을 관리한다

해설 질문에서 두꺼운 테니스 양말이 무엇에 도움이 되는지를 묻고 있다. 보기의 키워드로 A는 降低气温(기온을 낮추다), B는 吸汗(땀 흡수), C는 提高成绩(성적 향상), D는 管理心情(마음 관리)을 삼고 지문과 대조한다. 지문에서 테니스 양말을 신는 이유를 설명하며 它能有效吸汗(이것은 땀을 효과적으로 흡수한다)이라고 했다. 따라서 정답은 B이다.

어휘 网球 wǎngqiú 몡 테니스   爱好者 àihàozhě 몡 마니아, 애호가   选择 xuǎnzé 동 고르다, 선택하다   比较 bǐjiào 뷔 비교적   厚 hòu 톙 두껍다   专用 zhuānyòng 동 전용하다   袜子 wàzi 몡 양말   首先 shǒuxiān 때 첫째, 먼저   进行 jìnxíng 동 진행하다   移动 yídòng 동 이동하다, 옮기다   速度 sùdù 몡 속도   快 kuài 톙 빠르다   比赛 bǐsài 몡 경기, 시합   保护 bǎohù 동 보호하다   脚 jiǎo 몡 발   其次 qícì 때 그 다음   有效 yǒuxiào 톙 효과적이다   降低 jiàngdī 동 낮추다, 내려가다   气温 qìwēn 몡 기온   容易 róngyì 톙 쉽다, ~하기 쉽다   提高 tígāo 동 향상시키다, 제고하다   成绩 chéngjì 몡 성적   管理 guǎnlǐ 동 관리하다   心情 xīnqíng 몡 마음, 심정

80-81

现代人都有一些或多或少的压力。那么81人们可以通过做什么减轻压力呢？80对于很多女性来说，逛街是一种放松心情的好方法。她们在买到自己想买的东西的时候，可以让她们暂时忘掉一些烦恼。	현대인들은 모두 많든 적든 스트레스를 가지고 있다. 그렇다면 81 사람들은 무엇을 하는 것으로 스트레스를 줄일 수 있을까? 80많은 여성들에게 있어서, 아이쇼핑은 마음을 풀어주는 좋은 방법이다. 그녀들은 자신이 사고 싶은 물건을 샀을 때, 잠시나마 걱정거리를 잊게 된다.

어휘 现代 xiàndài 몡 현대   或 huò 젭 혹은, 아니면   压力 yālì 몡 스트레스   那么 nàme 젭 그러면, 그렇다면   通过 tōngguò 개 ~을 통해   减轻 jiǎnqīng 동 경감하다   女性 nǚxìng 몡 여성   逛街 guàngjiē 동 걸으면서 구경하다, 아이쇼핑하다   种 zhǒng 양 종류를 세는 단위   放松 fàngsōng 동 느슨하게 하다, 늦추다   心情 xīnqíng 몡 마음, 심정   方法 fāngfǎ 몡 방법   买 mǎi 동 사다   东西 dōngxi 몡 물건   让 ràng 동 ~하게 하다   暂时 zànshí 몡 잠깐, 잠시   忘掉 wàngdiào 동 잊어버리다   烦恼 fánnǎo 동 번뇌하다 몡 번뇌, 걱정

80

很多女性通过什么减压?	★ 많은 여성들은 무엇을 통해 스트레스를 줄이는가?
A 聊天 B 睡觉 **C 购物** D 锻炼	A 수다를 떤다 B 잠을 잔다 **C 쇼핑한다** D 운동한다

해설 질문에서 여성들이 무엇으로 스트레스를 줄이는지를 묻고 있다. 지문에서 对于很多女性来说, 逛街是一种放松心情的好方法(많은 여성들에게 있어서, 아이쇼핑은 마음을 풀어주는 좋은 방법이다)라고 했고 逛街는 아이쇼핑을 한다는 뜻이므로 정답은 C이다.

어휘 聊天 liáotiān 图 한담하다, 수다떨다   睡觉 shuìjiào 图 (잠을) 자다   购物 gòuwù 图 물품을 구입하다, 쇼핑하다   锻炼 duànliàn 图 단련하다

81

这段话主要讲什么?	★ 이 글은 주로 무엇을 이야기하는가?
A 怎样增进友谊 B 介绍旅游景点 C 怎样获得成功 **D 介绍减压方法**	A 어떻게 우정을 증진시키는가 B 여행 명소 소개 C 어떻게 성공을 얻는가 **D 스트레스를 줄이는 방법 소개**

해설 질문에서 이 글의 중심 내용을 묻고 있다. 보기의 키워드로 A는 增进友谊(우정을 증진시키다), B는 旅游景点(여행 명소), C는 成功(성공), D는 减压(스트레스를 줄이다)를 삼고 지문과 대조한다. 지문에서 人们可以通过做什么减轻压力呢? (사람들은 무엇을 하는 것으로 스트레스를 줄일 수 있을까?)라는 질문이 제시되었다. 일반적으로 질문을 던지며 글의 중심 내용을 서술하므로 정답은 D이다.

어휘 怎样 zěnyàng 때 어떻게, 어떠하냐   增进 zēngjìn 图 증진하다   友谊 yǒuyì 펭 우정   介绍 jièshào 图 소개하다   旅游 lǚyóu 图 여행하다   景点 jǐngdiǎn 펭 명소, 경치가 좋은 곳   获得 huòdé 图 획득하다, 얻다   成功 chénggōng 펭图 성공(하다)

82-83

幽默是一门艺术，也是一种让人羡慕的能力，有这种能力的人，82即使是再无聊的经历，从他们的嘴里说出来也会变得有趣，甚至让人笑得肚子疼。懂得幽默的人不管在什么地方，都会给别人带去快乐，所以周围的人都愿意多和他们交流。83这才是值得我们好好学习的一种生活态度。

유머는 기술이자 사람들이 부러워하는 능력이다. 이런 능력이 있는 사람은 82설령 아무리 재미없는 경험이라도, 그들이 말하면 재미있게 변하고 심지어 사람들을 배가 아프도록 웃게 만든다. 유머를 아는 사람들은 어디에 있든지 다른 사람들에게 즐거움을 가져다준다. 그래서 주변 사람들은 그들과 많이 교류하기를 바란다. 83이것이야말로 우리가 배울 만한 생활 태도이다.

어휘 幽默 yōumò 펭 유머 형 유머러스하다   门 mén 양 가지, 과목 [학문·기술 등을 세는 단위]   艺术 yìshù 펭 예술   种 zhǒng 양 종류를 세는 단위   让 ràng 图 ~하게 하다   羡慕 xiànmù 图 부러워하다, 흠모하다   能力 nénglì 펭 능력   即使A, 也B jíshǐ A, yě B 쩹 설령 A하더라도 B하다   无聊 wúliáo 형 시시하다, 무료하다   经历 jīnglì 图 (몸소) 겪다 펭 경험   嘴 zuǐ 펭 입의 통칭   变 biàn 图 바뀌다, 변하다   甚至 shènzhì 쩹 심지어, ~까지도   笑 xiào 图 웃다   肚子 dùzi 펭 배, 복부   疼 téng 형 아프다   懂得 dǒngde 图 알다   不管A, 都B bùguǎn A, dōu B 쩹 A에 관계없이 모두 B하다   地方 dìfang 펭 곳, 군데, 지방   别人 biérén 때 다른 사람   快乐 kuàilè 형 즐겁다   所以 suǒyǐ 쩹 그래서   周围 zhōuwéi 펭 주위   愿意 yuànyì 图 ~하기를 바라다   交流 jiāoliú 图 교류하다   值得 zhídé 图 ~할 만한 가치가 있다   学习 xuéxí 图 학습하다   生活 shēnghuó 图 생활하다   态度 tàidu 펭 태도

★☆☆ 하

82

★ 根据这段话，幽默会让人感到：	★ 이 글을 근거로, 유머는 사람들에게 어떤 감정을 느끼게 하는가?
A 烦恼 B 伤心 **C 开心** D 轻松	A 번뇌 B 상심 **C 즐거움** D 홀가분함

해설 질문에서 유머가 사람들에게 어떤 감정을 느끼게 하는지를 묻고 있다. 지문에서 유머가 있는 사람들에 대해 即使是再无聊的经历，从他们的嘴里说出来也会变得有趣，甚至让人笑得肚子疼(설령 아무리 재미없는 경험이라도, 그들이 말하면 재미있게 변하고 심지어 사람들을 배가 아프도록 웃게 만든다)이라고 했다. 유머있는 말이 재미있게 만든다고 했으므로 정답은 C이다.

어휘 烦恼 fánnǎo 통 번뇌하다, 걱정하다 伤心 shāngxīn 통 상심하다 开心 kāixīn 형 기쁘다, 즐겁다 轻松 qīngsōng 형 수월하다, 홀가분하다

★★☆ 중

83

★ 这段话主要讲什么？	★ 이 글은 주로 무엇을 말하고 있는가?
A 合适最重要 **B 懂得幽默** C 要有礼貌 D 学会原谅	A 적당함이 가장 중요하다 **B 유머를 알아야 한다** C 예의범절이 있어야 한다 D 용서할 줄 알아야 한다

해설 질문에서 이 글이 우리에게 말하고자 하는 것을 묻고 있다. 지문의 마지막 부분에서 这才是值得我们好好学习的一种生活态度(이것이야말로 우리가 배울 만한 생활 태도이다)라고 했으므로 이 글이 말하고자 하는 것이 유머를 알아야 한다는 것임을 알 수 있다. 따라서 정답은 B이다.

어휘 合适 héshì 형 알맞다, 적당하다 最 zuì 부 가장, 최고 重要 zhòngyào 형 중요하다 礼貌 lǐmào 명 예의범절 学会 xuéhuì 통 습득하다 原谅 yuánliàng 통 양해하다, 용서하다

84-85

汉语里有句话："友谊第一，比赛第二。"它的意思是[85]在比赛中输赢不是最重要的，[84]目的在于增进友谊。没有人会永远输，也没有人会一直赢。所以只要努力做了，不管输还是赢都同样很精彩。	중국어에는 '우정이 첫 번째이고, 경기는 두 번째이다.'라는 말이 있다. 이것이 의미하는 것은 [85]경기에서는 이기고 지는 것이 가장 중요한 것이 아니라, [84]우정을 증진시키는 데에 목적이 있다는 것이다. 영원히 지는 사람이 없고, 또 계속 이기는 사람도 없다. 그래서 열심히 했다면, 지든 이기든 똑같이 훌륭하다.

어휘 汉语 Hànyǔ 명 중국어 句 jù 양 마디 [말·글을 세는 단위] 友谊 yǒuyì 명 우정 第一 dìyī 수 제1, 최초 比赛 bǐsài 명 경기, 시합 第二 dì'èr 수 제2, 다음 意思 yìsi 명 의미, 뜻 输 shū 통 지다 赢 yíng 통 이기다 最 zuì 부 가장, 최고 重要 zhòngyào 형 중요하다 目的 mùdì 명 목적 在于 zàiyú 통 ~에 있다 增进 zēngjìn 통 증진하다 永远 yǒngyuǎn 부 영원히 一直 yìzhí 부 계속해서 所以 suǒyǐ 접 그래서 只要 zhǐyào 접 ~하기만 하면 努力 nǔlì 통 노력하다 不管A, 都B bùguǎn A, dōu B 접 A에 관계없이 모두 B하다 同样 tóngyàng 형 같다, 마찬가지다 精彩 jīngcǎi 형 뛰어나다

84

★ 根据这段话，比赛的目的是：	★ 이 글에 근거하여, 경기의 목적은?
A 增进友谊	**A 우정을 증진시킨다**
B 提高竞争力	B 경쟁력을 높인다
C 拉近距离	C 거리감을 좁힌다
D 增加收入	D 수입을 증가시킨다

해설 질문에서 경기의 목적을 묻고 있다. 보기의 키워드로 A는 友谊(우정), B는 竞争力(경쟁력), C는 距离(거리감), D는 收入(수입)를 삼고 지문과 대조한다. 지문에서 目的在于增进友谊(우정을 증진시키는 데에 목적이 있다)라고 했으므로 경기의 목적이 우정을 증진시키기 위함임을 알 수 있다. 따라서 정답은 A이다.

어휘 提高 tígāo 图 제고하다, 향상시키다　竞争力 jìngzhēnglì 图 경쟁력　拉近 lājìn 图 가까이 끌어당기다　距离 jùlí 图 거리　增加 zēngjiā 图 증가하다　收入 shōurù 图 수입

85

★ 这段话主要讲什么？	★ 이 글은 주로 무엇을 말하고 있는가?
A 鼓励孩子阅读	A 아이들의 독서를 장려한다
B 输赢并不重要	**B 이기고 지는 건 중요하지 않다**
C 健康才是关键	C 건강이야말로 관건이다
D 接受别人批评	D 다른 사람의 비판을 받아들일 줄 알아야 한다

해설 질문에서 이 글의 중심 내용을 묻고 있다. 보기의 키워드로 A는 阅读(독서), B는 输赢(이기고 지는 것), C는 健康(건강), D는 批评(비판)을 삼고 지문과 대조한다. 지문에서 在比赛中输赢不是最重要的(경기에서는 이기고 지는 것이 가장 중요한 것이 아니다)라고 했으므로 정답은 B이다.

어휘 鼓励 gǔlì 图 장려하다, 격려하다　孩子 háizi 图 아동, 아이　阅读 yuèdú 图 열독하다　并 bìng 图 결코, 전혀　健康 jiànkāng 图 건강　关键 guānjiàn 图 관건, 포인트　接受 jiēshòu 图 받아들이다　别人 biérén 图 다른 사람　批评 pīpíng 图 비판하다, 비난하다

[풀이전략] 가장 먼저 문장의 술어가 될 수 있는 단어를 찾는다. 그리고 술어와 어울리는 주어와 목적어를 배치한 뒤 관형어, 부사어와 같은 수식 성분을 배치한다.

★☆☆ 하

86 方向   特别   找对   重要

주어	부사어	술어
找对方向	**特别**	**重要。**
술목구	정도부사	형용사
방향을 잘 찾는 것이 매우 중요하다.		

[해설] **술어 배치** 제시어 중 술어가 될 수 있는 형용사 重要(중요하다)를 술어에 배치한다.
주어 목적어 배치 형용사는 목적어를 가지지 않으므로 주어를 찾는다. 술어 重要의 묘사의 대상이 될 수 있는 方向(방향)을 주어에 배치한다.
남은 어휘 배치 정도부사 特别(특히)는 부사어로 형용사 重要 앞에 배치하고, 找对(잘 찾다)와 方向(방향)은 술목 구조로 결합시켜 문장을 완성한다.

    Tip▶ 유의어 비교 **重要 vs 重视**
      • 重要: 형용사이므로 목적어를 갖지 않는다. 예 孩子的想法十分**重要**。 아이의 생각이 매우 중요하다.
      • 重视: 동사이므로 목적어를 갖는다. 예 父母应该**重视**孩子的想法。 부모는 아이의 의견을 중시해야 한다.

[어휘] 方向 fāngxiàng 몡 방향   特别 tèbié 뷔 특히, 아주   找 zhǎo 동 찾다   重要 zhòngyào 형 중요하다

★☆☆ 하

87 妹妹已经   邀请   他的   接受了

주어	부사어	술어	관형어	목적어
妹妹	**已经**	**接受了**	**他的**	**邀请。**
명사	부사	동사+了	대사+的	명사
여동생은 이미 그의 초대를 받아들였다.				

[해설] **술어 배치** 제시어 중 동태조사 了가 결합된 동사 接受(받아들이다)를 술어에 배치한다.
주어 목적어 배치 술어 接受의 행위의 대상으로 邀请(초대)을 목적어에 배치하고, 接受의 주체로 妹妹(여동생)를 주어에 배치한다.
남은 어휘 배치 구조조사 的가 결합되어 있는 他的(그의)는 관형어이므로 의미가 어울리는 邀请 앞에 배치하여 문장을 완성한다.

[어휘] 妹妹 mèimei 몡 여동생   已经 yǐjīng 뷔 벌써, 이미   邀请 yāoqǐng 동 초청하다 몡 초대   接受 jiēshòu 동 받아들이다

★★★ 상

88 旅客都　吸引了　被　所有的　这里的风景

관형어	주어 (행위를 받는 대상)	부사어	被+행위의 주체	술어
所有的 형용사+的	**旅客** 명사	**都** 부사	**被这里的风景** 개사구(被+대사+的+명사)	**吸引了。** 동사+了
모든 여행객은 이곳의 풍경에 매료되었다.				

해설　**술어 배치**　제시어 중 동태조사 了가 결합되어 있는 吸引(매료시키다)을 술어에 배치한다. 被(~에 의해)가 있으므로 被자문의 구조를 떠올린다.
　　　주어 목적어 배치　被자문의 어순 'A(행위를 받는 대상)+被B(행위의 주체)+행동'에 따라 술어 吸引의 행위의 주체로 这里的风景(이곳의 풍경)을 被 뒤에 배치하고, 행위를 받은 대상인 旅客(여행객)는 주어에 배치한다.
　　　남은 어휘 배치　구조조사 的(~의)가 결합되어 있는 所有的(모든)는 관형어이므로 의미가 어울리는 旅客 앞에 배치하여 문장을 완성한다.

어휘　旅客 lǚkè 몡 여행객　吸引 xīyǐn 동 흡인하다, 매료시키다　被 bèi 개 ~에 의해서　所有 suǒyǒu 형 모든, 일체의　风景 fēngjǐng 몡 풍경

★★★ 중

89 并　解决　不能　发脾气　任何问题

주어	부사어	술어	관형어	목적어
发脾气 술목구	**并不能** 부사+부정부사+조동사	**解决** 동사	**任何** 대사	**问题。** 명사
성질을 부리는 것은 어떠한 문제도 결코 해결할 수 없다.				

해설　**술어 배치**　제시어 중 동사 解决(해결하다)를 술어에 배치한다.
　　　주어 목적어 배치　술어 解决의 목적어로 의미가 어울리는 任何问题(어떠한 문제)를 배치하고, 주어로 发脾气(성질을 부리다)를 배치한다.
　　　남은 어휘 배치　부사 并(결코) 뒤에는 부정을 나타내는 단어가 오므로 不能(~할 수 없다)을 배치하고, 이것을 다시 술어 앞에 배치하여 문장을 완성한다.

　　Tip▶ **부사/접속사 并**
　　　　① 부사 并은 '결코, 전혀'라는 뜻으로 뒤에 반드시 부정형을 수반한다.
　　　　　예 有一些压力并不是坏事。 약간의 스트레스가 있는 것은 결코 나쁜 일은 아니다.
　　　　② 접속사 并은 '그리고'라는 뜻으로 단어, 구, 단문을 연결한다.
　　　　　예 他先找到原因，并解决问题。 그는 먼저 원인을 찾고 문제를 해결한다.

어휘　并 bìng 뮈 결코, 전혀　解决 jiějué 동 해결하다　发脾气 fā píqi 동 성질을 부리다　任何 rènhé 때 어떠한　问题 wèntí 몡 문제

실전모의고사 4

★★★ 중

90 好几倍　比以前　顾客的　增加了　数量

관형어	주어	부사어	술어	목적어
顾客的	**数量**	**比以前**	**增加了**	**好几倍。**
명사+的	명사	개사구(比+명사)	동사+了	부사+수사+양사

고객의 수가 예전보다 몇 배나 증가했다.

해설 **술어 배치** 제시어 중 술어가 될 수 있는 동사 增加(증가하다)를 술어에 배치한다. 比가 있으므로 비교문임을 예상한다.
　　주어 목적어 배치 술어 增加의 주어로 数量(수)을 배치하고, 목적어로 구체적인 수량을 나타내는 好几倍(몇 배)를 배치한다.
　　남은 어휘 배치 개사 比(~보다) 뒤에는 비교의 대상인 以前(예전)이 이미 결합되어 있다. 구조조사 的(~의)가 결합되어 있는 顾客的(고객의)는 관형어이므로 数量 앞에 배치하여 문장을 완성한다.

어휘 倍 bèi 양 배, 곱절　比 bǐ 개 ~보다　以前 yǐqián 명 과거　顾客 gùkè 명 고객　增加 zēngjiā 동 증가하다　数量 shùliàng 명 수량

★★☆ 중

91 从来　京剧表演　没看过　他　这么精彩的

주어	부사어	술어	관형어	목적어
他	**从来没**	**看过**	**这么精彩的京剧**	**表演。**
대사	부사+부정부사	동사+过	대사+형용사+的+명사	명사

그는 지금까지 이렇게 훌륭한 경극 공연을 본 적이 없다.

해설 **술어 배치** 제시어 중 동태조사 过(~한 적이 있다)와 부정부사 没(안/못)가 결합된 看(보다)을 술어에 배치한다.
　　주어 목적어 배치 술어 看의 행동의 주체로 他(그)를 주어에 배치하고, 행위의 대상으로 京剧表演(경극 공연)을 목적어에 배치한다.
　　남은 어휘 배치 부사 从来(지금까지) 뒤에는 부정형이 오므로 没看过(본 적이 없다) 앞에 배치하고, 구조조사 的(~의)가 결합된 这么精彩的(이렇게 훌륭한)는 京剧表演 앞에 관형어로 배치하여 문장을 완성한다.

　　Tip▶ **부사 从来**
　　　　부사 从来는 '지금까지'라는 뜻을 나타내며 뒤에 반드시 부정형(不/没)을 수반한다.
　　　　예 他**从来**不说假话.　그는 지금껏 거짓말을 하지 않았다.

어휘 从来 cónglái 부 지금까지　京剧 jīngjù 명 경극　表演 biǎoyǎn 명 공연　这么 zhème 대 이런　精彩 jīngcǎi 형 뛰어나다, 훌륭하다

★★★ 중

92 你快　脱下来的　挂在这儿　把　上衣

주어	부사어	把+목적어	술어	보어
你	**快**	**把脱下来的上衣**	**挂**	**在这儿。**
대사	부사	개사구(把+술보구+的+명사)	동사	개사+대사

해설 **술어 배치** 제시어 중 보어가 결합되어 있는 동사 挂(걸다)를 술어에 배치한다. 把(~을/를)가 있으므로 把자문임을 예상한다.
주어 목적어 배치 술어 挂의 행위의 주체로 你(너)를 주어에 배치하고, 행위의 대상으로 上衣(상의)를 把 뒤에 목적어로 배치시킨다.
남은 어휘 배치 구조조사 的(~의)가 결합된 脱下来的(벗은)는 上衣 앞에 관형어로 배치하고, 보어 在这儿(여기에)는 이미 술어 뒤에 결합되어 있으므로 你快把拖下来的上衣挂在这儿로 문장을 완성한다.

어휘 快 kuài 凰 빨리 脱 tuō 图 벗다 挂 guà 图 걸다 上衣 shàngyī 图 상의

★★★ 상

93 对身体   每天坚持   有什么   跑5公里   好处

주어	부사어	술어	관형어	목적어
每天坚持跑5公里 시간명사+동사+술목구	**对身体** 개사(对+명사)	**有** 동사	**什么** 대사	**好处?** 명사

매일 5킬로미터를 꾸준히 달리는 것은 몸에 어떤 좋은 점이 있는가?

해설 **술어 배치** 제시어 중 술어가 될 수 있는 동사 有(있다)를 술어에 배치한다.
주어 목적어 배치 술어 有의 목적어로 好处(좋은 점)를 배치하고, 주어로 跑5公里(5킬로미터)를 배치한다.
남은 어휘 배치 개사구 对身体(몸에)는 부사어이므로 술어 有 앞에 배치하고, '시간 명사+동사'인 每天坚持(매일 꾸준하다)는 跑5公里의 술어에 배치하여 每天坚持跑5公里(매일 5킬로미터를 꾸준히 달리다)로 결합시켜 문장을 완성한다.

어휘 对 duì 깨 ~에 대해 身体 shēntǐ 图 몸, 건강 每天 měitiān 图 매일 坚持 jiānchí 图 견지하다 跑 pǎo 图 달리다 公里 gōnglǐ 諹 킬로미터(km) 好处 hǎochu 图 장점, 좋은 점

★★★ 상

94 不应该   哥哥   难道你   道歉吗   向

부사어	주어	부사어	술어
难道 부사	**你** 대사	**不应该向哥哥** 부사+조동사+개사구(向+명사)	**道歉吗?** 동사+了+吗

형에게 사과해야 하는 거 아니에요?

해설 **술어 배치** 제시어 중 동태조사 了가 결합된 동사 道歉(사과하다)을 술어에 배치한다. 难道(설마 ~하겠는가)와 어기조사 吗(~입니까?)가 있으므로 반문하는 의문문임을 예상한다.
주어 목적어 배치 술어 道歉의 행위의 주체로 你(너)를 주어에 배치한다. 道歉은 목적어를 가지지 않는다.
남은 어휘 배치 개사 向(~을 향해)은 행위의 대상과 쓰이므로 哥哥(형) 앞에 배치하고, '부사+조동사'인 不应该(~해서는 안 된다)는 개사구 向哥哥(형에게) 앞에 배치하여 문장을 완성한다. 难道不应该(~해야 하는 것이 아닌가)는 반문의 어기를 강조한다.

Tip▶ **개사 向**

개사 向은 행동이 향하는 대상 앞에 사용한다.

• **호응 구조: [A + 向 + B(행동의 대상) + 추상동사(求婚/道歉/问好/表示)]** A가 B에게 ~하다
  예 我要向她告白。 나는 그녀에게 고백할 거야.

어휘 难道 nándào 图 설마 ～하겠는가? 道歉 dàoqiàn 图 사과하다 向 xiàng 团 ～을 향해

★★☆ 중

95	耐心	有	学外语时	一定要

주어	부사어	술어	목적어
学外语时 술목구+时	**一定要** 부사+조동사	**有** 동사	**耐心。** 명사

외국어를 배울 때는 반드시 인내심이 있어야 한다.

해설 **술어 배치** 제시어 중 동사 有(있다)를 술어에 배치한다.
주어 목적어 배치 사람이나 장소를 나타내는 단어가 없으므로 술어 有의 주어로 시기를 나타내는 学外语时(외국어를 배울 때)를 주어에 배치하고, 목적어로 耐心(인내심)을 배치한다.
남은 어휘 배치 '부사+조동사'인 一定要(반드시 ～해야 한다)는 술어 앞에 부사어로 배치하여 문장을 완성한다.

어휘 耐心 nàixīn 图 인내심 图 참을성이 있다 外语 wàiyǔ 图 외국어 一定 yídìng 图 반드시, 틀림없이

쓰기 제2부분

풀이전략 제시어의 품사와 의미를 파악한다. 사진 속 인물과 상황을 파악하여 제시어를 사용한 주술목 기본 문장을 완성한다. 사진의 배경이 되는 장소, 인물의 표정과 감정을 활용하여 부사어, 관형어, 보어 등의 수식 성분이 있는 문장을 만들 수도 있다.

★★☆ 하

96

钥匙(yàoshi)는 명사로 '열쇠'라는 뜻이고 사진은 사람이 열쇠를 들고 있는 모습이다.

해설 제시어인 钥匙(열쇠)를 목적어로 삼아 '이것은 누구의 열쇠인가요?'라는 문장을 완성한다. 这(이것)를 주어로 삼고, 是(～이다)를 술어로 삼고, 소유를 나타내도록 관형어 谁的(누구의)를 추가하여 주-술-목 기본 문장 这是谁的钥匙呢?를 완성한다. 더 나아가 열쇠를 잃어버린 상황으로 把钥匙忘在洗手间了(열쇠를 화장실에 두었다)와 걱정하는 표현 可是如果不在那儿，怎么办?(만일 그곳에 없으면 어떡하지?)을 사용한 문장을 완성할 수도 있다.

정답 **기본** 这是谁的**钥匙**呢？ 이것은 누구의 열쇠인가요?
확장 我突然想起把**钥匙**忘在洗手间里了，可是如果不在那儿，怎么办？ 나는 갑자기 열쇠를 화장실에 두고 온 것이 생각났어. 만일 그곳에 없으면 어떡하지?

어휘 钥匙 yàoshi 图 열쇠 突然 tūrán 图 갑자기 想 xiǎng 图 생각하다 把 bǎ 团 ～을/를 忘 wàng 图 잊다 洗手间 xǐshǒujiān 图 화장실 如果 rúguǒ 图 만약에

★★★ 중

97

脏(zāng)는 형용사로 '더럽다'라는 뜻이고 사진은 어린아이가 더럽혀진 옷을 입고 있는 모습이다.

해설 제시어인 脏(더럽다)을 술어로 삼아 '이 아이가 입은 옷이 조금 더럽다'라는 문장을 완성한다. 这个小孩子穿的衣服(이 아이가 입은 옷)를 주어로 삼고, 정도부사 有点儿(조금)을 덧붙여 주-술 기본 문장 这个小孩子穿的衣服有点儿脏을 완성한다. 더 나아가 아이가 옷을 더럽히는 것이 정상적인 일이라는 내용으로 孩子把衣服弄脏是一件很正常的事情(아이가 옷을 더럽히는 것은 정상적인 일이다)을 사용한 문장을 완성할 수도 있다.

정답 **기본** 这个小孩子穿的衣服有点儿**脏**。 이 아이가 입은 옷이 조금 더럽다.
확장 孩子把衣服弄**脏**是一件很正常的事情，你看多么可爱啊！ 아이가 옷을 더럽히는 것은 정상적인 일이야. 얼마나 사랑스럽니!

어휘 小孩子 xiǎoháizi 圆 아이　穿 chuān 圄 입다　衣服 yīfu 圆 옷　脏 zāng 圈 더럽다 圄 더럽히다　把 bǎ 게 ~을/를　弄脏 nòngzāng 圄 더럽히다　件 jiàn 圀 건, 벌 [일·옷을 세는 단위]　正常 zhèngcháng 圈 정상적인　事情 shìqing 圆 일, 사건　多 么 duōme 囝 얼마나　可爱 kě'ài 圈 귀엽다, 사랑스럽다

★★☆ 상

98

赢(yíng)는 동사로 '이기다'라는 뜻이고 사진은 경기장에서 관중들과 선수들이 박수를 치고 있는 모습이다.

해설 제시어인 赢(이기다)을 술어로 삼아 '이번 경기에서 누가 이겼어?'라는 문장을 완성한다. 这场比赛(이번 경기)를 주어로 삼고 谁赢了(누가 이겼어?)를 술어로 하는 주술술어문 这场比赛谁赢了？를 완성한다. 더 나아가 경기에서 이겨서 관중들이 박수를 쳤다는 내용으로 观众都站起来为他们鼓掌(관중들은 일어나서 그들에게 박수를 쳤다)을 사용한 문장을 완성할 수도 있다.

정답 **기본** 这场比赛谁**赢**了？ 이번 경기에서 누가 이겼어?
확장 他们终于**赢**了这场比赛，观众都站起来为他们鼓掌。 그들은 결국 이번 경기에서 이겼다. 관중들은 일어나서 그들에게 박수를 쳤다.

어휘 场 chǎng 圀 회, 차례 [경기·공연을 세는 단위]　比赛 bǐsài 圆 경기, 시합　赢 yíng 圄 이기다　终于 zhōngyú 囝 결국, 마침내　观众 guānzhòng 圆 관중　站 zhàn 圄 일어서다　为 wèi 게 ~을 위해　鼓掌 gǔzhǎng 圄 박수치다

★★☆ 중

99

兴奋(xīngfèn)은 형용사로 '흥분하다, 감격하다'라는 뜻이고 사진은 남자가 주먹을 불끈 쥐고 굉장히 흥분한 모습이다.

해설 제시어인 兴奋(흥분하다)을 술어로 삼아 '그는 흥분한 것처럼 보인다'라는 문장을 완성한다. 他(그)를 주어로 삼고, '보아하니'라는 뜻인 看起来를 부사어에 배치하여 주—술 기본 문장 他看起来很兴奋을 완성한다. 더 나아가 감격한 이유로 他接到了面试通过的通知(그는 면접이 통과했다는 통보를 받았다)를 추가하고, 감격한 정도를 표현한 兴奋得跳了起来(뛸듯이 감격했다)를 사용한 문장을 완성할 수도 있다.

정답 **기본** 他看起来很兴奋。 그는 흥분한 것처럼 보인다.
　　 확장 他接到了面试通过的通知，兴奋得跳了起来。 그는 면접이 통과했다는 통보를 받아서 뛸듯이 감격했다.

어휘 看起来 kànqǐlái 보아하니, 보기에　兴奋 xīngfèn 형 흥분하다, 감격하다　接到 jiēdào 통 받다　面试 miànshì 통 면접 시험을 보다 명 면접　通过 tōngguò 통 통과하다　通知 tōngzhī 명 통 통지(하다)　跳 tiào 통 뛰다

★★☆ 중

100

收拾(shōushi)는 동사로 '정리하다'라는 뜻이고 사진은 남자가 여행짐을 정리하는 모습이다.

해설 제시어인 收拾(정리하다)를 술어로 삼아 '그는 짐을 정리하고 있다'라는 문장을 완성한다. 他(그)를 주어로 삼고, 行李(짐)를 목적어로 삼고, 진행을 나타내는 부사 正在(~하고 있다)를 덧붙여 주—술—목 기본 문장 他正在收拾行李를 완성한다. 더 나아가 짐을 정리하는 이유로 我明天就要去旅行了(나는 내일 곧 여행을 떠난다)와 날씨에 대한 바람 希望明天天气好(내일 날씨가 좋았으면 좋겠다)를 추가한 문장을 완성할 수도 있다.

정답 **기본** 他正在收拾行李。 그는 짐을 정리하고 있다.
　　 확장 我明天就要去旅行了，正在收拾行李，希望明天是个好天气。 나는 내일 곧 여행을 떠나서, 트렁크를 정리하고 있다. 내일 날씨가 좋았으면 좋겠다.

어휘 正在 zhèngzài 부 지금 ~하고 있다　收拾 shōushi 통 거두다, 정리하다　行李 xíngli 명 짐　旅行 lǚxíng 통 여행하다　行李 xíngli 명 여행짐　希望 xīwàng 통 희망하다　天气 tiānqì 명 날씨

듣기

제1부분	1. ✘	2. ✔	3. ✘	4. ✔	5. ✔	6. ✘	7. ✘	8. ✘	9. ✔	10. ✔
제2부분	11. B	12. B	13. C	14. D	15. B	16. B	17. B	18. D	19. C	20. A
	21. C	22. B	23. C	24. B	25. A					
제3부분	26. C	27. A	28. D	29. A	30. D	31. A	32. C	33. A	34. C	35. C
	36. B	37. D	38. C	39. A	40. B	41. A	42. D	43. A	44. B	45. C

독해

제1부분	46. F	47. C	48. B	49. A	50. E	51. B	52. F	53. A	54. D	55. E
제2부분	56. B - C - A	57. C - A - B	58. C - B - A	59. B - C - A	60. B - A - C
	61. C - A - B	62. C - B - A	63. C - A - B	64. B - C - A	65. C - A - B
제3부분	66. D	67. A	68. D	69. D	70. A	71. C	72. D	73. C	74. B	75. C
	76. D	77. B	78. B	79. B	80. A	81. C	82. A	83. B	84. D	85. B

쓰기

제1부분

86. 这座城市的空气污染很严重。

87. 千万别往这个汤里放太多盐。

88. 祝贺你获得了科学竞赛的大奖。

89. 你快将这个情况简单地说明一下。

90. 很多发明往往都是从生活中发现的。

91. 请按照表中的姓名顺序重新排列一下。

92. 我们距离高速公路入口只有一公里。

93. 你认为究竟什么是真正的幸福？

94. 台下的观众们都为那位获奖者鼓掌起来。

95. 面试时交谈态度很重要。

제2부분

96. 今天的比赛非常精彩。／看完这场精彩的比赛，我们都激动得哭了起来。

97. 垃圾桶哪儿都有。／请把空瓶扔进垃圾桶里，给垃圾找个合适的家，谢谢你们的配合。

98. 这本书非常厚。／这本书虽然很厚，但是内容十分有趣，我可能要用一天的时间才能看完。

99. 孩子画的画儿挂在那儿，怎么样？／我看把这幅画挂在大门那儿最好，这样出门时就能看到它。

100. 他怎么突然咳嗽，感冒了吗？／他怎么突然咳嗽得这么厉害，脸色也不好，你让他赶紧回家休息。

자가진단 · 나의 학습 취약점 & 보완점 체크하기

문제별 중요도와 난이도를 보고 자신의 학습 취약점을 파악할 수 있게 하였습니다. 정답을 확인하여 반복적으로 틀린 문제를 표시하고 어떤 부분(어휘력, 독해력, 청취력)을 보완해야 할지 진단해 봅시다.

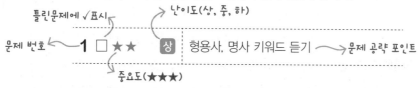

듣기 제1부분			듣기 제3부분		
1 □ ★★	중	다른 부분 찾아내기	26 □ ★★	중	남/여 행동 듣기
2 □ ★★★	중	같은 부분 찾아내기	27 □ ★	하	화제/분야 듣기
3 □ ★★	하	다른 부분 찾아내기	28 □ ★★	하	사물 듣기
4 □ ★★★	하	같은 부분 찾아내기	29 □ ★★	하	옳은 내용 고르기
5 □ ★★	중	유사 표현 듣기	30 □ ★★	중	날씨/기후 듣기
6 □ ★★★	중	다른 부분 찾아내기	31 □ ★★	중	화제/분야 듣기
7 □ ★	하	다른 부분 찾아내기	32 □ ★	하	남/여 행동 듣기
8 □ ★★	중	다른 부분 찾아내기	33 □ ★★	상	옳은 내용 고르기
9 □ ★★	상	전체적인 내용 파악하기	34 □ ★★	중	옳은 내용 고르기
10 □ ★★	상	전체적인 내용 파악하기	35 □ ★★	중	옳은 내용 고르기
듣기 제2부분			36 □ ★★	중	남/여 행동 듣기
11 □ ★	하	옳은 내용 고르기	37 □ ★	하	옳은 내용 고르기
12 □ ★	중	태도/감정 듣기	38 □ ★★★	하	세부 내용 파악하기
13 □ ★★	중	세부 내용 파악하기	39 □ ★★★	하	옳은 내용 고르기
14 □ ★	하	직업/신분 듣기	40 □ ★★	상	옳은 내용 고르기
15 □ ★	하	남/여 행동 듣기	41 □ ★★	중	옳은 내용 고르기
16 □ ★	하	장소 듣기	42 □ ★★	중	이유/원인 파악하기
17 □ ★★★	중	남/여 행동 듣기	43 □ ★★	중	옳은 내용 고르기
18 □ ★★	하	옳은 내용 고르기	44 □ ★★	중	세부 내용 파악하기
19 □ ★	하	사물 듣기	45 □ ★★★	중	화제/분야 듣기
20 □ ★	중	옳은 내용 고르기	독해 제1부분		
21 □ ★★	중	남/여 행동 듣기	46 □ ★★	중	목적어로 쓰인 명사 넣기
22 □ ★★	중	남/여 행동 듣기	47 □ ★★	중	목적어로 쓰인 부사 넣기
23 □ ★★★	하	남/여 행동 듣기	48 □ ★★	중	부사 넣기
24 □ ★★★	중	옳은 내용 고르기	49 □ ★★	상	부사어로 쓰인 명사 넣기
25 □ ★	상	상태/평가 듣기	50 □ ★★★	중	술어로 쓰인 동사 넣기

51 □ ★★	중	관형어로 쓰인 형용사 넣기		79 □ ★★	상	옳은 내용 고르기
52 □ ★★	하	술어로 쓰인 형용사 넣기		80 □ ★★	중	세부 내용 파악하기
53 □ ★★	상	술어로 쓰인 동사 넣기		81 □ ★	상	옳은 내용 고르기
54 □ ★★	중	목적어로 쓰인 명사 넣기		82 □ ★★★	상	옳은 내용 고르기
55 □ ★★★	상			83 □ ★★★	상	옳은 내용 고르기

독해 제2부분

				84 □ ★★	중	세부 내용 파악하기
56 □ ★★	중	시간 관련 명사, 부사 키워드		85 □ ★	하	세부 내용 파악하기

쓰기 제1부분

57 □ ★★	하	접속사, 대사 키워드				
58 □ ★★	중	시간 관련 명사, 대사 키워드		86 □ ★★	중	관형어, 형용사술어문
59 □ ★★	중	호칭, 동작의 선후 관련 키워드		87 □ ★★★	상	부사어, 개사 往, 동사술어문
60 □ ★	하	대사 키워드		88 □ ★★	중	겸어문
61 □ ★★★	상	호칭, 시간 관련, 대사 키워드		89 □ ★★★	상	把자문
62 □ ★★	중	큰따옴표, 접속사 키워드		90 □ ★★★	중	개사 从, 是자문
63 □ ★★	중	호칭, 개사 키워드		91 □ ★★★	중	개사 按照, 동사술어문
64 □ ★★	하	규정 제시, 접속사 키워드		92 □ ★★★	상	부사어, 동사술어문
65 □ ★★	하	상황 제시, 대사 키워드		93 □ ★★	중	서술성 동사술어, 부사, 是자문

독해 제3부분

				94 □ ★★★	상	개사 为, 동사술어문
66 □ ★	하	옳은 내용 고르기		95 □ ★★	중	부사어, 형용사술어문

쓰기 제2부분

67 □ ★★	중	옳은 내용 고르기				
68 □ ★★	중	옳은 내용 고르기		96 □ ★★	중	형용사 제시어 문장 만들기
69 □ ★★	중	옳은 내용 고르기		97 □ ★★	중	명사 제시어 문장 만들기
70 □ ★★	상	옳은 내용 고르기		98 □ ★	하	형용사 제시어 문장 만들기
71 □ ★★	상	옳은 내용 고르기		99 □ ★★★	상	동사 제시어 문장 만들기
72 □ ★★	상	세부 내용 파악하기		100 □ ★★★	중	동사 제시어 문장 만들기

점수 확인

73 □ ★★★	중	옳은 내용 고르기	
74 □ ★	하	옳은 내용 고르기	듣기　(　/45문항) X 2.2점 = _____ 점/100점
75 □ ★	하	옳은 내용 고르기	독해　(　/40문항) X 2.5점 = _____ 점/100점
76 □ ★★	상	옳은 내용 고르기	쓰기 1　(　/10문항) X 　5점 = _____ 점/50점
77 □ ★★	하	세부 내용 파악하기	쓰기 2　(　/ 5문항) X 10점 = _____ 점/50점
78 □ ★	중	옳은 내용 고르기	총점 : _____ 점(만점 300점)

※ 주의: 위의 영역별 문항 점수는 만점을 기준으로 하여 산출한 가상 점수로 실제 HSK 성적과 계산 방식이 상이할 수 있습니다.

듣기 제1부분

풀이전략 녹음을 듣기 전에 보기의 핵심 키워드를 분석하여 녹음의 내용을 예상한다. 녹음을 들으면서 보기의 내용과 일치하는지 일치하지 않는지를 판단한다.

★★☆ 중

1

★ 他是个做事很急的人。 (✘)

★ 그는 일을 조급하게 하는 사람이다.

小刘**不管**做什么事情，都会保持冷静，是个做事不急、遇事不乱的人。这点就是他最大的优点。

샤오리우는 어떤 일을 하든지 침착함을 유지한다. 그는 일을 급하게 하지 않고, 일을 무질서하게 하지 않는 사람이다. 이 점이 바로 그의 가장 큰 장점이다.

해설 보기 문장의 키워드는 做事很急(일을 조급하게 하다)이다. 녹음에서 샤오리우에 대해 설명하면서 是个做事不急、遇事不乱的人(일을 급하게 하지 않고, 일을 무질서하게 하지 않는 사람이다)이라고 했다. 일을 급하게 하지 않는 사람이라는 내용이므로 정답은 불일치이다.

어휘 急 jí 통 조급하게 하다, 초초해하다 急 jí 형 급하다 不管A, 都B bùguǎn A, dōu B 접 A에 관계없이 모두 B하다 事情 shìqing 명 일, 사건 保持 bǎochí 통 유지하다 遇事 yùshì 통 일이 생기다 乱 luàn 통 어지럽히다, 혼란시키다 最 zuì 부 가장, 최고 优点 yōudiǎn 명 장점

★★★ 중

2

★ 他顺利通过了面试。 (✓)

★ 그는 순조롭게 면접을 통과했다.

奶奶，我有一个好消息告诉你，我终于被那家杂志社录取了，他们让我从下周开始正式上班，真没想到我这么顺利地找到了一份很好的工作。

할머니, 좋은 소식이 있어요. 저 마침내 그 잡지사에 채용되었어요. 다음 주부터 정식으로 출근하래요. 정말 이렇게 순조롭게 좋은 일자리를 구할 줄은 생각도 못 했어요.

해설 보기 문장의 키워드는 通过了面试(면접을 통과하다)이다. 녹음에서 他们让我从下周开始正式上班(다음 주부터 정식으로 출근하래요)이라고 했으므로 면접을 통과하여 다음 주에 정식 출근을 한다는 것을 알 수 있다. 따라서 정답은 일치이다.

어휘 顺利 shùnlì 형 순조롭다 通过 tōngguò 통 통과하다 面试 miànshì 통 면접 시험을 보다 명 면접 奶奶 nǎinai 명 할머니 消息 xiāoxi 명 소식, 뉴스 告诉 gàosu 통 알리다, 말하다 终于 zhōngyú 부 마침내, 결국 家 jiā 양 가게·점포 세는 단위 杂志社 zázhìshè 명 잡지사 录取 lùqǔ 통 채용하다 让 ràng 통 ～하게 하다 开始 kāishǐ 통 시작되다 正式 zhèngshì 형 정식의 这么 zhème 대 이렇게 顺利 shùnlì 형 순조롭다 找 zhǎo 통 찾다 工作 gōngzuò 명 업무, 일자리

★★☆ 하

3

★ 中国共有55个民族。 (✘)

★ 중국은 전부 55개의 민족이 있다.

中国是一个多民族的国家，一共有56个民族，每个民族都有自己的特点和不同文化。其中55个是少数民族，一个是汉族，但汉族人口最多。

중국은 다민족 국가이다. 전부 56개의 민족이 있고, 모든 민족이 자신만의 특징과 문화가 있다. 그중 55개는 소수 민족이고, 하나는 한족인데, 한족의 인구가 가장 많다.

해설 보기 문장의 키워드는 中国(중국)와 有55个民族(55개 민족이 있다)이다. 녹음에서 一共有56个民族(전부 56개의 민족이 있다)라고 했으므로 숫자가 일치하지 않는다. 따라서 정답은 불일치이다.

Tip▶ 듣기 1부분에서 보기의 예문에 숫자, 장소, 시간 등의 구체적인 키워드가 등장한다면 정답이 불일치일 가능성이 높다. 예를 들어 개수(55个), 날짜(8月8号), 시간(7点), 구체적인 방향(学校前面) 등이 등장하면 의심하고 들어야 한다!

어휘 共 gòng 🅱 전부, 합계   民族 mínzú 🅝 민족   多 duō 🅐 많다   国家 guójiā 🅝 국가   一共 yígòng 🅱 전부, 합계   自己 zìjǐ 🅟 자기, 자신   特点 tèdiǎn 🅝 특징   不同 bùtóng 🅐 같지 않다   文化 wénhuà 🅝 문화   其中 qízhōng 🅟 그 중에, 그 안에   少数民族 shǎoshù mínzú 🅝 소수 민족   汉族 Hànzú 🅝 한족   但 dàn 🅒 그러나   人口 rénkǒu 🅝 인구   却 què 🅱 오히려, 도리어   最 zuì 🅱 가장, 최고

★★★ 하

4   ★ 他对这儿的环境很熟悉。   (✓)   ★ 그는 이곳 환경에 대해 익숙하다.

我来云南都快三年了，我尽管不是出生在这里的，也不是住了很久，但却对这里的环境有种熟悉的感觉，而且已经适应了这里的气候。

나는 윈난에 온 지 벌써 곧 3년이 되어간다. 나는 비록 이곳에서 태어나지 않았고, 오래 살지 않았지만, 이곳의 환경에 익숙한 느낌이 든다. 게다가 이미 이곳의 기후에 적응했다.

해설 보기 문장의 키워드는 这儿(이곳)과 很熟悉(익숙하다)이다. 녹음에서 对这里的环境有种熟悉的感觉(이곳의 환경에 익숙한 느낌이 든다)라고 했으므로 익숙해한다는 것을 알 수 있다. 따라서 정답은 일치이다.

Tip▶ 전환 관계의 접속사 尽管
尽管은 '비록 ~에도 불구하고'라는 뜻으로, 뒤에는 항상 전환되는 내용을 이끄는 접속사 但是나 부사 却와 호응하여 쓰인다. 접속사 虽然과 비슷한 뜻을 나타낸다.
· **호응 구조: [尽管A, 但是/却B]** 비록 A에도 불구하고 그러나 B하다
  예 尽管是冬天, 但天气却很暖和。 겨울이지만 날씨가 따뜻하다.

어휘 熟悉 shúxī 🅐 익숙하다 🅥 분명하게 이해하다   云南 Yúnnán 🅟🅟 윈난, 운남   尽管A, 但B jǐnguǎn A, dàn B 🅒 비록 A에도 불구하고 그러나 B하다   出生 chūshēng 🅥 출생하다, 태어나다   住 zhù 🅥 멈추다, 숙박하다   久 jiǔ 🅐 오래다   却 què 🅱 오히려, 도리어   环境 huánjìng 🅝 환경   种 zhǒng 🅠 종류를 세는 단위   感觉 gǎnjué 🅝 감각 🅥 느끼다   而且 érqiě 🅒 게다가   已经 yǐjīng 🅱 이미, 벌써   适应 shìyìng 🅥 적응하다   气候 qìhòu 🅝 기후

★★☆ 중

5   ★ 认真学习的态度值得我们学习。 (✓)   ★ 열심히 공부하는 태도는 우리가 배울 만하다.

他刚学汉语的时候，连简单的一句话都不会说，但是经过一年的努力，他的汉语有了很大的进步。现在讲得比以前好多了，他这种认真学习的态度值得大家学习。

그는 중국어를 막 배우기 시작했을 때, 간단한 한 마디조차도 말할 수 없었다. 하지만 1년간 노력해서, 그의 중국어는 많은 발전이 있었다. 지금은 예전보다 말을 잘해서, 그의 이러한 열심히 공부하는 태도는 모두가 배울 만하다.

해설 보기 문장의 키워드는 认真学习的态度(열심히 공부하는 태도)와 值得学习(배울 만하다)이다. 녹음에서 마지막 부분에서 他这种认真学习的态度值得大家学习(그의 이러한 열심히 공부하는 태도는 모두가 배울 만하다)라고 했으므로 그의 열심히 공부하는 태도를 본받아야 한다는 것임을 알 수 있다. 따라서 정답은 일치이다.

어휘 认真 rènzhēn 🅐 착실하다 성실하다   态度 tàidu 🅝 태도   值得 zhídé 🅥 ~할 만한 가치가 있다   学习 xuéxí 🅥 학습하다   刚 gāng 🅱 막, 방금   学 xué 🅥 배우다   汉语 Hànyǔ 🅝 중국어   连 lián 🅘 ~조차도   简单 jiǎndān 🅐 간단하다   句 jù 🅠 마디 [말·글의 수를 세는 단위]   但是 dànshì 🅒 그러나   经过 jīngguò 🅥 (장소·시간·동작 등을) 경과하다, 거치다   进步 jìnbù 🅥 진보하다 🅝 발전   现在 xiànzài 🅝 지금, 현재   讲 jiǎng 🅥 말하다   以前 yǐqián 🅝 예전.

★★★ 중

6 ★ 这次招聘会还没开始。　　（ ✗ ）

★ 이번 채용회는 아직 시작하지 않았다.

这次招聘会还有两天就结束了。虽然应聘者很多，但是并没有合适的人。不是不符合我们的要求，就是缺少工作经验。

이번 채용회는 2일이 있으면 끝난다. 비록 지원자가 아주 많았지만 적당한 사람이 없었다. 우리의 요구 조건에 맞지 않거나 업무 경험이 부족했다.

해설 보기 문장의 키워드는 招聘会(채용회)와 还没开始(아직 시작하지 않았다)이다. 녹음의 시작 부분에서 这次招聘会还有两天就结束了(이번 채용회는 2일이 있으면 끝난다)라고 했으므로 채용회는 이미 진행 중임을 알 수 있다. 따라서 정답은 불일치이다.

Tip▶ 비슷한 모양의 고정 격식
　① 不是A，就是B　A가 아니면, B이다 (둘 중의 하나이다)
　　예 他们不是中国人，就是韩国人。　그들은 중국인이 아니면 한국인이다.
　② 不是A，而是B　A가 아니라, B이다
　　예 他们不是中国人，而是韩国人。　그들은 중국인이 아니라 한국인이다.

어휘 招聘会 zhāopìnhuì 명 채용 박람회　开始 kāishǐ 동 시작되다　结束 jiéshù 동 끝나다, 마치다　虽然A，但是B suīrán A, dànshì B 접 비록 A일지라도 그러나 B하다　并 bìng 부 전혀, 결코　合适 héshì 형 알맞다, 적당하다　符合 fúhé 동 부합하다　要求 yāoqiú 명·동 요구(하다)　缺少 quēshǎo 동 부족하다　工作 gōngzuò 동 일하다 명 업무　经验 jīngyàn 명 경험

★☆☆ 하

7 ★ 他打算送一件衣服。　　（ ✗ ）

★ 그는 옷 한 벌을 선물할 계획이다.

我姐姐下周就要生孩了。我从来没给婴幼儿买过礼物，不知道该送什么好。这时，有个朋友帮我出了一个主意，送一双小孩子的鞋子。

우리 누나는 다음 주에 곧 아이를 출산한다. 나는 지금까지 영유아 선물을 사본 적이 없어서, 무엇을 선물해야 할지 모른다. 이때, 내 친구 하나가 나 대신 아이디어를 내줬다. 바로 아이 신발을 한 컬레 선물하는 것이다.

해설 보기 문장의 키워드는 送衣服(옷을 선물하다)이다. 녹음에서 아이 선물에 대한 고민을 이야기하면서 送一双小孩子的鞋子(아이 신발을 한 컬레 선물하는 것이다)라고 했다. 신발이 아니라 옷을 선물한다고 했으므로 정답은 불일치이다.

어휘 打算 dǎsuàn 동 ~할 작정이다, 계획하다　送 sòng 동 선물하다, 보내다, 배웅하다　件 jiàn 양 건, 벌 [일·옷을 세는 단위]　衣服 yīfu 명 옷　姐姐 jiějie 명 누나, 언니　从来 cónglái 부 지금까지　买 mǎi 명 사다　婴幼儿 yīngyòu'ér 명 '婴儿(영아)'와 '幼儿(유아)'　礼物 lǐwù 명 선물　知道 zhīdào 동 알다　朋友 péngyou 명 친구　帮 bāng 동 돕다　拿主意 ná zhǔyi (일을 처리하는 방법이나) 생각을 정하다　双 shuāng 양 짝, 컬레, 쌍　小孩子 xiǎoháizi 명 아이　鞋子 xiézi 명 신발

★★☆ 중

8 ★ 飞机就要降落了。　　（ ✗ ）

★ 비행기는 곧 착륙할 것이다.

各位旅客请注意，前方到站北京西站，请下车的旅客提前整理好自己的行李，做好下车准备，祝您旅途愉快！

승객 여러분, 주목해주세요. 이번 역은 베이징서역입니다. 내리실 승객은 자신의 짐을 미리 정리해주시고, 내릴 준비를 해주시길 바랍니다. 즐거운 여행 되십시오!

해설 보기 문장의 키워드는 飞机(비행기)와 降落(착륙하다)이다. 녹음에서 前方到站北京西站(이번 역은 베이징서역입니다)이라고 했고, 또 做好下车准备(내릴 준비를 해주시길 바랍니다)라고 했으므로 비행기 안이 아니라 기차 안의 상황임을 알 수 있다. 따라서 정답은 불일치이다.

실전모의고사 5

Tip▶ 임박을 나타내는 '就要A了'

'就要A了'는 '곧 A할 것이다'라는 뜻의 고정 격식으로 임박하여 발생할 일을 나타낸다.

예 飞机**就要**起飞**了**。 비행기가 곧 이륙할 것이다.

어휘 飞机 fēijī 명 비행기 降落 jiàngluò 동 착륙하다 各位 gèwèi 명 여러분 旅客 lǚkè 명 여행객, 관광객 注意 zhùyì 동 주의하다 前方 qiánfāng 명 앞, 앞쪽 到 dào 동 도착하다 站 zhàn 명 역, 정거장 提前 tíqián 동 앞당기다 整理 zhěnglǐ 동 정리하다 自己 zìjǐ 대 자기, 자신 行李 xíngli 명 여행짐 下车 xià chē 동 하차하다 准备 zhǔnbèi 동 준비하다 祝 zhù 동 축원하다 旅途 lǚtú 명 여정, 여행 愉快 yúkuài 형 유쾌하다

★★☆ 상

9

★ 书店邀请了著名的作者。 （ ✓ ）	★ 서점은 유명한 저자를 초청했다.
我们书店组织了很多有名的作家与读者互相交流的活动，这是为了鼓励人们养成阅读的好习惯，而且还能提高我们店的知名度。到现在为止，已经有100多个人报名了。	우리 서점은 많은 유명한 작가들과 독자들이 서로 교류하는 행사를 기획했다. 이것은 사람들이 독서를 하는 좋은 습관을 기르도록 장려하기 위함이다. 게다가 우리 서점의 지명도를 높일 수 있다. 지금까지 이미 100여 명이 신청했다.

해설 보기 문장의 키워드는 邀请了(초청했다)와 著名的作者(유명한 저자)이다. 녹음에서 我们书店组织了很多有名的作家与读者互相交流的活动(우리 서점은 많은 유명한 작가들과 독자들이 서로 교류하는 행사를 기획했다)이라고 했으므로 유명한 작가를 초청했음을 알 수 있다. 따라서 정답은 일치이다.

어휘 书店 shūdiàn 명 서점 邀请 yāoqǐng 동 초청하다 著名 zhùmíng 형 저명하다, 유명하다 作者 zuòzhě 명 저자, 지은이 组织 zǔzhī 동 조직하다, 기획하다 有名 yǒumíng 형 유명하다 作家 zuòjiā 명 작가 与 yǔ 개 ~와/과 读者 dúzhě 명 독자 互相 hùxiāng 부 서로, 상호 간의 交流 jiāoliú 동 교류하다 活动 huódòng 명 행사, 이벤트 为了 wèile 개 ~을 하기 위해서 鼓励 gǔlì 동 장려하다, 격려하다 养成 yǎngchéng 동 양성하다 阅读 yuèdú 동 독서하다, 열독하다 习惯 xíguàn 명 습관 동 습관이 되다 而且 érqiě 접 게다가 提高 tígāo 동 제고하다, 향상시키다 知名度 zhīmíngdù 명 지명도 为止 wéizhǐ 동 ~을 끝으로 하다 已经 yǐjīng 부 이미, 벌써 报名 bàomíng 동 신청하다

★★☆ 상

10

★ 失败往往是成功的基础。 （ ✓ ）	★ 실패는 늘 성공의 기초이다.
人们常说"失败是成功之母"。意思是说失败是成功的起点，也是成功的基础。因此，从那些失败中，我们可以发现自己的缺点和错误，并找办法解决问题。没有经过无数次的失败，是不可能获得成功的。	사람들은 자주 '실패는 성공의 어머니이다'라고 말한다. 이것은 실패는 성공의 출발점이고 또 성공의 기초라는 의미이다. 그래서, 그 실패에서 우리는 자신의 단점과 실수를 발견하고, 문제를 해결할 방법을 찾을 수 있다. 무수히 많은 실패가 없으면, 성공을 얻을 수 없다.

해설 보기 문장의 키워드는 失败(실패)와 成功的基础(성공의 기초)이다. 녹음에서 失败是成功的起点，也是成功的基础(실패는 성공의 출발점이고 또 성공의 기초이다)라고 하여 보기의 키워드가 그대로 언급되었다. 따라서 정답은 일치이다.

어휘 失败 shībài 동 실패하다 往往 wǎngwǎng 부 종종, 왕왕 成功 chénggōng 명 동 성공(하다) 基础 jīchǔ 명 토대, 기초 之 zhī 조 ~의 [수식어와 피수식어 사이에 놓여 的와 같은 작용을 함] 母 mǔ 명 어머니 意思 yìsi 명 의미, 뜻 起点 qǐdiǎn 명 기점, 출발점 因此 yīncǐ 접 그러므로 发现 fāxiàn 동 발견하다 自己 zìjǐ 대 자기, 자신 缺点 quēdiǎn 명 결점, 단점 错误 cuòwù 명 실수, 잘못 并 bìng 접 그리고 找 zhǎo 동 찾다 办法 bànfǎ 명 방법 解决 jiějué 동 해결하다 问题 wèntí 명 문제 经过 jīngguò 동 지나다, 거치다 无数 wúshù 형 무수하다 获得 huòdé 동 얻다

[**풀이전략**] 녹음을 듣기 전에 보기의 핵심 키워드를 파악하여 녹음의 내용을 짐작한다. 녹음을 들으면서 들은 내용을 보기에 메모하고 질문에 알맞은 정답을 고른다.

★☆☆ 하

11

男：没想到这场功夫表演这么无聊，不够精彩。 女：是啊，看完后观众们都对今天的表演非常失望。 问：关于今天的表演，可以知道什么？	남: 이번 무술 공연이 이렇게나 시시할 줄 몰랐어. 별로였어. 여: 그러니까. 다 보고 나서 관중들이 모두 오늘 공연에 매우 실망했어. 질문: 오늘 공연에 관하여, 알 수 있는 것은?
A 非常精彩 **B 十分无聊** C 值得观看 D 内容有趣	A 매우 훌륭하다 **B 매우 무료하다** C 볼 만하다 D 내용이 재미있다

[해설] 보기는 모두 상태를 나타낸다. 남자가 没想到这场功夫表演这么无聊(이번 무술 공연이 이렇게나 시시할 줄 몰랐어)라고 했고, 이에 여자도 맞장구를 쳤다. 따라서 오늘 공연에 관한 내용으로 알맞은 정답은 B이다.

[어휘] 场 chǎng 窗 회, 차례 [문예·오락·체육 활동 등에 쓰임] 功夫 gōngfu 圐 무술 表演 biǎoyǎn 圐 圐 공연(하다) 无聊 wúliáo 圐 시시하다, 무료하다 够 gòu 圐 (일정한 정도·기준·수준에) 이르다, 도달하다 精彩 jīngcǎi 圐 뛰어나다, 훌륭하다 观众 guānzhòng 圐 관중 失望 shīwàng 圐 낙담하다, 실망하다 值得 zhídé 圐 ~할 만한 가치가 있다 观看 guānkàn 圐 관람하다, 보다 内容 nèiróng 圐 내용 有趣 yǒuqù 圐 재미있다

★☆☆ 중

12

女：哇，你羽毛球打得真棒！平时经常练习吗？ 男：当然，一个星期练习两次，哪天有空你也跟我一块儿去打吧。 问：女的是什么语气？	여: 와, 너 배드민턴 정말 잘 친다! 평소에 자주 연습해? 남: 당연하지. 일주일에 2번 연습해. 언제 한번 너도 나와 함께 치러 가자. 질문: 여자는 어떤 말투인가?
A 害羞 **B 吃惊** C 伤心 D 失望	A 수줍음 **B 놀람** C 상심 D 실망

[해설] 보기는 모두 감정과 태도를 나타낸다. 여자의 첫 마디가 哇(와)이고, 이어 你羽毛球打得真棒！(너 배드민턴 정말 잘 친다!)이라고 하며 남자의 배드민턴 실력을 칭찬했다. 따라서 여자의 말투로 알맞은 것은 B이다.

Tip▶ 감정/기분을 나타내는 어휘

开心 kāixīn 圐 기쁘다	难过 nánguò 圐 괴롭다, 슬프다
高兴 gāoxìng 圐 기쁘다	烦恼 fánnǎo 圐 번뇌하다
快乐 kuàilè 圐 즐겁다	兴奋 xīngfèn 圐 흥분하다
幸福 xìngfú 圐 행복하다	失望 shīwàng 圐 실망하다, 낙담하다

激动 jīdòng 图 감격하다, 감동하다   后悔 hòuhuǐ 图 후회하다
感动 gǎndòng 图 감동하다   着急 zháojí 혱 조급해하다
伤心 shāngxīn 图 상심하다

어휘 哇 wā 캅 아! 왜 어머! [뜻밖의 놀람을 나타낼 때 단독으로 쓰이는 감탄사] 羽毛球 yǔmáoqiú 圀 배드민턴 棒 bàng 혱 뛰어나다, 훌륭하다 平时 píngshí 圀 평소 经常 jīngcháng 閉 자주 练习 liànxí 图 연습하다 当然 dāngrán 혱 당연하다 空闲 kòng 圀 틈, 짬, 겨를 一块儿 yíkuàir 閉 같이, 함께 害羞 hàixiū 혱 수줍어하다, 부끄러워하다 吃惊 chījīng 图 놀라다 伤心 shāngxīn 图 상심하다 失望 shīwàng 图 실망하다, 낙담하다

★★☆ 중

13
男：明天上午至少有20个人参加会议，看样子这个会议室的座位不够。
女：放心吧，这里最多能坐下30个人。

问：根据对话，男的担心什么？

A 没人参加
B 提前结束
C 座位不够
D 推迟开会

남: 내일 오전에 최소 20명이 회의에 참석하는데, 보니까 이 회의실은 자리가 부족하다.
여: 안심해. 이곳은 최대 30명이 앉을 수 있어.

질문: 대화를 근거로, 남자는 무엇을 걱정하는가?

A 참석하는 사람이 없을까 봐
B 일찍 끝날까 봐
C 자리가 부족할까 봐
D 회의가 연기될까 봐

해설 보기는 모두 회의와 관련된 상황을 나타낸다. 남자가 看样子这个会议室的座位不够(보니까 이 회의실은 자리가 부족하다)라고 한 말을 통해 자리가 부족해서 걱정하고 있는 것을 알 수 있다. 따라서 정답은 C이다.

Tip▶ '보아하니'를 나타내는 표현

看起来 kànqǐlái	看来 kànlái	看上去 kànshàngqù	看样子 kànyàngzi

어휘 至少 zhìshǎo 閉 적어도, 최소한 参加 cānjiā 图 참가하다 会议 huìyì 圀 회의 看样子 kànyàngzi 보아하니 会议室 huìyìshì 圀 회의실 座位 zuòwèi 圀 좌석, 자리 够 gòu 혱 충분하다, 넉넉하다 放心 fàngxīn 图 안심하다, 마음을 놓다 坐下 zuòxià 图 앉다 提前 tíqián 图 앞당기다 结束 jiéshù 图 끝나다, 마치다 推迟 tuīchí 图 뒤로 미루다, 연기하다 开会 kāihuì 图 회의를 열다

★☆☆ 하

14
女：师傅，我去北京森林公园，您好像走错路了吧？
男：没有，这会儿前面经常会堵车，所以我才换走另外一条路。

问：男的最可能是做什么的？

A 律师
B 机长
C 演员
D 司机

여: 기사님, 베이징 삼림 공원에 가는데, 아무래도 길을 잘못 가시는 거 같아요.
남: 아닙니다. 이 시간대에 앞쪽은 자주 차가 막혀요. 그래서 다른 길로 가는 겁니다.

질문: 남자는 어떤 일을 하는가?

A 변호사
B 기장
C 배우
D 운전기사

보기는 모두 직업을 나타낸다. 여자가 남자를 师傅(기사님)라고 불렀고, 남자의 말에 堵车(차가 막히다)가 들렸다. 따라서 남자의 직업으로 알맞은 정답은 D임을 알 수 있다.

어휘 师傅 shīfu 명 기사님, 스승   森林 sēnlín 명 삼림   公园 gōngyuán 명 공원   好像 hǎoxiàng 부 마치 ~와/과 같다   走 zǒu 동 가다, 걷다   错 cuò 형 틀리다   路 lù 명 길, 노정   这会儿 zhèhuìr 명 이때   经常 jīngcháng 부 자주   出现 chūxiàn 동 출현하다, 나타나다   堵车 dǔchē 동 교통이 꽉 막히다   所以 suǒyǐ 접 그래서   换 huàn 동 바꾸다, 교환하다   另外 lìngwài 대 다른, 그 밖에   条 tiáo 양 강·길 등의 가늘고 긴 것을 세는 단위   律师 lǜshī 명 변호사   机长 jīzhǎng 명 기장   演员 yǎnyuán 명 배우   司机 sījī 명 운전기사

★☆☆ 하

15

男: 小白, 现在都九点了, 你还弹钢琴呢, 这样
　　会影响邻居休息的。
女: 知道了, 爸, 那我明天再练习吧。

问: 女的最可能在做什么?

A 还在洗碗
B 在弹钢琴
C 上口语课
D 吃酸辣面

남: 샤오바이. 지금 벌써 9시인데. 너 아직도 피아노 치고 있구나.
　　이러면 이웃집 쉬는 데 영향을 줄 수 있어.
여: 알겠어요. 아빠, 내일 다시 연습할게요.

질문: 여자는 지금 무엇을 하고 있는가?

A 아직 설거지를 하고 있다
B 피아노를 치고 있다
C 회화 수업을 한다
D 쑤안라미엔을 먹는다

해설 보기는 모두 상황과 행동을 나타낸다. 보기의 키워드로 보기 A는 洗碗(설거지를 하다), B는 钢琴(피아노), C는 口语课(회화 수업), D는 酸辣面(쑤안라미엔)을 삼고 녹음을 듣는다. 남자가 여자에게 시간이 늦었다고 하면서 你还弹钢琴呢(너 아직도 피아노 치고 있구나)라고 했다. 따라서 여자가 하고 있는 일은 B이다.

어휘 弹钢琴 tán gāngqín 피아노를 치다   影响 yǐngxiǎng 동 영향을 주다   邻居 línjū 명 이웃집   休息 xiūxi 동 휴식하다   知道 zhīdào 동 알다   练习 liànxí 동 연습하다   洗碗 xǐwǎn 동 설거지하다   口语 kǒuyǔ 명 회화   课 kè 명 수업   酸辣面 suānlàmiàn 쑤안라미엔

★☆☆ 하

16

女: 张大夫, 我最近这几天牙疼得很厉害, 真让
　　我受不了。
男: 那我先给你检查一下吧。

问: 对话发生在什么地方?

A 办公室
B 医院
C 电影院
D 教室

여: 장 선생님. 저 요즘 며칠 동안 이가 너무 심하게 아팠어요. 정말
　　견딜 수가 없었어요.
남: 우선 제가 좀 검사해볼게요.

질문: 대화는 어디에서 발생하는가?

A 사무실
B 병원
C 영화관
D 교실

해설 보기는 모두 장소를 나타낸다. 여자가 남자를 张大夫(장 선생님)라고 불렀고, 여자와 남자의 대화에서 牙疼(이가 아프다), 检查(검사하다)가 들렸다. 따라서 대화가 일어난 장소로 알맞은 것은 B이다.

어휘 大夫 dàifu 명 의사   最近 zuìjìn 명 최근, 요즘   牙 yá 명 이   疼 téng 형 아프다   厉害 lìhai 형 심하다, 대단하다   让 ràng 동 ~하게 하다   受不了 shòubuliǎo 동 견딜 수 없다, 참을 수 없다   先 xiān 부 우선, 먼저   检查 jiǎnchá 동 검사하다   办公室 bàngōngshì 명 사무실   医院 yīyuàn 명 병원   电影院 diànyǐngyuàn 명 영화관   教室 jiàoshì 명 교실

★★★ 중

17

男：丽丽，既然你知道自己做错了，那么你该主动向他道个歉。

女：知道了，我也希望能得到他的原谅。

问：男的希望女的做什么？

A 写一封信
B 主动道歉
C 只说抱歉
D 送小礼物

남: 리리, 네가 잘못했다는 거 알았으면, 그에게 먼저 사과하렴.

여: 알겠어요. 저도 그가 용서해주길 바라요.

질문: 남자는 여자가 어떻게 하기를 바라는가?

A 편지 한 통을 쓴다
B 자발적으로 사과한다
C 미안하다고만 말한다
D 작은 선물을 준다

해설 보기는 모두 행동을 나타낸다. 남자는 여자에게 你该主动向他道个歉(그에게 먼저 사과하렴)이라고 말했다. 보기 B의 키워드가 그대로 언급되었다. 따라서 남자가 여자에게 바라는 행동은 B임을 알 수 있다.

어휘 既然A, 那么B jìrán A, nàme B 집 기왕 A된 이상 그러면 B하다　知道 zhīdào 동 알다　自己 zìjǐ 대 자기, 자신　错 cuò 형 틀리다　该 gāi 조동 ~해야 한다　主动 zhǔdòng 형 자발적인, 주동적인　向 xiàng 개 ~로 향해　道歉 dàoqiàn 동 사과하다　希望 xīwàng 동 희망하다　得到 dédào 동 얻다　原谅 yuánliàng 동 양해하다, 용서하다　写 xiě 동 (글씨를) 쓰다　封 fēng 양 통 [편지를 세는 단위]　信 xìn 명 편지　只 zhǐ 부 오직, 다만　抱歉 bàoqiàn 동 미안해하다　送 sòng 동 보내다, 배웅하다, 선물하다　礼物 lǐwù 명 선물

★★☆ 하

18

女：你们兄弟俩之间看起来感情很好啊。

男：对啊，哥哥和我只差一岁，他是我最好的朋友。

问：关于男的和他哥哥，可以知道什么？

A 有些误会
B 偶尔联系
C 很少吵架
D 感情很好

여: 너희 형제 사이의 감정이 좋아 보여.

남: 맞아. 형이랑 나는 한 살밖에 차이가 나지 않아. 그는 내 제일 친한 친구야.

질문: 남자와 그의 형에 관하여, 알 수 있는 것은?

A 오해가 약간 있다
B 가끔 연락한다
C 잘 다투지 않는다
D 감정이 좋다

해설 보기는 모두 인간 관계에 관한 상황을 나타낸다. 여자가 남자에게 你们兄弟俩之间看起来感情很好啊(너희 형제 사이의 감정이 좋아 보여)라고 했고, 남자는 그렇다고 했다. 따라서 남자와 그의 형에 관해 알 수 있는 것은 D이다.

어휘 兄弟 xiōngdì 명 형제　俩 liǎ 두 사람　之间 zhījiān 명 사이, 지간　看起来 kànqǐlái 보아하니, 보기에　感情 gǎnqíng 명 감정　只 zhǐ 부 다만, 단지　差 chà 동 부족하다, 모자라다　岁 suì 양 세, 살 [나이를 세는 단위]　最 zuì 부 가장, 최고　误会 wùhuì 명 동 오해(하다)　偶尔 ǒu'ěr 부 때때로, 가끔　联系 liánxì 동 연락하다　吵架 chǎojià 동 말다툼하다

★☆☆ 하

19

男：这么冷的天气，我们去吃一碗酸辣面吧。

女：好的，这一碗吃下去全身马上暖和起来。

남: 이렇게 쌀쌀한 날씨니까 우리 쑤안라미엔 먹으러 가자.

여: 좋아. 이 한 그릇을 먹으면 온 몸이 따뜻해질 거야.

问：他们要吃什么？	질문: 그들은 무엇을 먹으려고 하는가?
A 麻辣烫 B 炒饭 **C 酸辣面** D 烤鸭	A 마라탕 B 볶음밥 **C 쑤안라미엔** D 오리구이

해설 보기가 모두 음식명을 나타낸다. 남자가 여자에게 我们去吃一碗酸辣面吧(우리 쑤안라미엔 먹으러 가자)라고 말했다. 여자가 이에 동의했으므로 이들이 먹으려는 음식은 C이다.

Tip▶ 暖和의 형용사/동사 용법
① 형용사: 따뜻하다 예 今天比昨天更**暖和**。 오늘이 어제보다 더 따뜻하다.
② 동사: 따뜻하게 하다, 녹이다, 데우다 예 喝杯热茶让身体**暖和**一下。 따뜻한 차 한잔 마셔서 몸을 녹이세요.

어휘 这么 zhème 떼 이렇게　冷 lěng 혱 춥다　天气 tiānqì 명 날씨　碗 wǎn 양 그릇·사발 등을 세는 단위　酸辣面 suānlàmiàn 쑤안라미엔　让 ràng 동 ~하게 하다　全身 quánshēn 명 전신, 온몸　暖和 nuǎnhuo 혱 따뜻하다 동 따뜻하게 하다, 녹이다　麻辣烫 málàtàng 명 마라탕　炒饭 chǎofàn 명 볶음밥　烤鸭 kǎoyā 명 오리구이

★☆☆ 중

20
女：这次我们选的宾馆非常好，早餐挺不错，客 　　房卫生也很干净。 男：对，我对他们提供的服务很满意。	여: 이번에 우리가 선택한 호텔 정말 괜찮다. 조식이 아주 좋고, 객실 위생도 아주 깨끗해. 남: 맞아. 나는 호텔에서 제공하는 서비스가 마음에 들어.
问：男的是什么意思？	질문: 남자는 무슨 뜻인가?
A 服务不错 B 卫生不好 C 餐具很脏 D 客房很小	**A 서비스가 좋다** B 위생이 좋지 않다 C 식기가 지저분하다 D 객실이 작다

해설 보기는 모두 호텔 서비스와 관련된 어휘이다. 여자가 호텔의 좋은 점을 이야기했고, 이에 남자도 동의하며 我对他们提供的服务很满意(나는 호텔에서 제공하는 서비스가 마음에 들어)라고 했다. 남자가 호텔의 서비스에 만족한다고 했으므로 남자의 견해로 알맞은 것은 A이다.

어휘 选 xuǎn 동 고르다, 선택하다　宾馆 bīnguǎn 명 호텔　早餐 zǎocān 명 조식, 아침밥　挺 tǐng 부 매우, 아주　不错 búcuò 혱 좋다　客房 kèfáng 명 객실　卫生 wèishēng 혱 위생적이다 명 위생　干净 gānjìng 혱 깨끗하다　提供 tígōng 동 제공하다　服务 fúwù 명 동 서비스(하다)　满意 mǎnyì 혱 만족하다　餐具 cānjù 명 식기　脏 zāng 혱 더럽다

★★☆ 중

21
男：来，让我们共同举杯，为她的成功干杯！ 女：谢谢你们，多亏你们的帮助，才让我顺利完 　　成了这个任务。	남: 자, 우리 같이 잔을 들고, 그녀의 성공을 위해 건배하자! 여: 고마워. 너희의 도움 덕분에 순조롭게 이 임무를 완성하게 됐어.
问：他们正在做什么？	질문: 그들은 무엇을 하고 있는가?

A 讨论	A 토론을 한다
B 唱京剧	B 경극을 부른다
C 喝酒	**C 술을 마신다**
D 修房子	D 집을 수리한다

해설 보기는 모두 행동을 나타낸다. 남자가 来, 让我们共同举杯, 为她的成功干杯！(자, 우리 같이 잔을 들고, 그녀의 성공을 위해 건배하자!)라고 말했다. 따라서 이들이 하고 있는 일로 알맞은 정답은 C임을 알 수 있다.

어휘 让 ràng 图 ~하게 하다 共同 gòngtóng 图 같이, 함께 图 공동의 成功 chénggōng 图 图 성공(하다) 干杯 gānbēi 图 건배하다 多亏 duōkuī 은혜를 입다, 덕분이다 帮助 bāngzhù 图 돕다 图 도움 顺利 shùnlì 图 순조롭다 完成 wánchéng 图 완성하다 任务 rènwu 图 임무 讨论 tǎolùn 图 토론하다 唱 chàng 图 노래하다 京剧 jīngjù 图 경극 喝酒 hējiǔ 图 술을 마시다 修 xiū 图 수리하다 房子 fángzi 图 집

★★☆ 중

22
女：你快来看看你的房间，衣服被你扔得到处都是。	여: 빨리 네 방 좀 보렴. 옷가지들이 질서 없이 흩어져 있어.
男：知道了，妈，我马上把衣服收拾一下。	남: 알겠어요. 엄마. 제가 바로 옷 정리할게요.
问：女的让男的做什么？	질문: 여자는 남자에게 무엇을 시켰는가?

A 修理空调	A 에어컨을 수리하다
B 收拾衣服	**B 옷을 정리하다**
C 照照片	C 사진을 찍다
D 选择餐具	D 식기를 고르다

해설 보기는 모두 행동을 나타낸다. 여자가 남자에게 옷이 정리되어 있지 않다고 말했고, 이에 남자는 我马上把衣服收拾一下 (제가 바로 옷 정리할게요)라고 대답했다. 따라서 여자가 남자에게 시킨 것으로 알맞은 것은 B이다.

어휘 房间 fángjiān 图 방 衣服 yīfu 图 옷 被 bèi 团 ~에 의해 扔 rēng 图 던지다, 버리다 到处 dàochù 图 도처, 곳곳 知道 zhīdào 图 알다 马上 mǎshàng 图 곧, 바로 收拾 shōushi 图 거두다, 정리하다 修理 xiūlǐ 图 수리하다 空调 kōngtiáo 图 에어컨 照 zhào 图 촬영하다, (사진을) 찍다 照片 zhàopiàn 图 사진 选择 xuǎnzé 图 고르다, 선택하다 餐具 cānjù 图 식기

★★★ 하

23
男：寒假快到了，你有什么计划？	남: 곧 겨울방학인데. 너 어떤 계획이 있어?
女：我打算陪家人一起去丽江玩一周，还想去丽江古城逛逛。	여: 나는 가족과 함께 리장으로 일주일간 놀러갈 거야. 또 리장 고성을 구경하고 싶어.
问：女的寒假打算做什么？	질문: 여자는 겨울방학에 무엇을 할 계획인가?

A 留在学校	A 학교에 남는다
B 回老家	B 고향집에 간다
C 去旅游	**C 여행 간다**
D 写小说	D 소설을 쓴다

해설 보기는 모두 행동을 나타낸다. 남자가 여자에게 방학 계획에 대해 물었고, 여자는 我打算陪家人一起去丽江玩一周(나는 가족과 함께 리장으로 일주일간 놀러갈 거야)라고 대답했다. 따라서 여자가 겨울방학에 할 것은 C임을 알 수 있다.

성(省)	云南 Yúnnán 윈난성, 운남성 四川 Sìchuān 쓰촨성, 사천성 广东 Guǎngdōng 광둥성, 광동성
	山东 Shāndōng 산둥성, 산동성 山西 Shānxī 산시성, 산서성 浙江 Zhèjiāng 저장성, 절강성
도시(市)	北京 Běijīng 베이징, 북경 上海 Shànghǎi 상하이, 상해 重庆 Chóngqìng 충칭, 중경
	西安 Xī'ān 시안, 서안 海南 Hǎinán 하이난, 해남 内蒙古 Nèi Měnggǔ 네이멍구, 내몽골
명소(景点)	颐和园 Yíhéyuán 이허위안, 이화원 天安门 Tiān'ānmén 톈안먼, 천안문
	长白山 Chángbáishān 창바이샨, 백두산 香山 Xiāngshān 향산 黄山 Huángshān 황산

어휘 寒假 hánjià 몡 겨울방학   到 dào 동 도달하다   计划 jìhuà 동 계획하다   打算 dǎsuàn 동 ~할 계획이다, ~할 작정이다   陪 péi 동 모시다, 동행하다   家人 jiārén 몡 식구, 가족   一起 yìqǐ 뷔 같이, 함께   玩 wán 동 놀다   古城 gǔchéng 몡 고도(古都), 오래된 도시   逛 guàng 동 거닐다   留 liú 동 머무르다, 남다   学校 xuéxiào 몡 학교   老家 lǎojiā 몡 고향(집)   旅游 lǚyóu 동 여행하다   写 xiě 동 (글씨를) 쓰다   小说 xiǎoshuō 몡 소설

★★★ 중

24

女：今年的招聘会由谁来负责好，我看小张挺合适，你觉得呢？	여: 올해의 채용회는 누가 맡는 게 좋을까. 나는 샤오장이 아주 적합해 보이는데 네 생각은 어때?
男：好主意，他做事很认真，从来不马虎，经验也很丰富。	남: 좋은 생각이야. 그는 일을 아주 착실하게 하고, 지금까지 대충 한 적이 없어. 경험도 아주 풍부해.
问：关于小张，可以知道什么？	질문: 샤오장에 관하여, 무엇을 알 수 있는가?
A 总是粗心	A 늘 조심성이 없다
B 做事认真	**B 일을 착실하게 한다**
C 从不骄傲	C 지금껏 자만하지 않았다
D 积极主动	D 적극적이고 주동적이다

해설 보기는 모두 인물의 성격을 나타낸다. 여자가 남자에게 샤오장을 추천하며 채용회를 맡기자고 했고, 남자는 동의하며 他做事很认真(그는 일을 아주 착실하게 한다)이라고 했다. 따라서 샤오장에 관해 알 수 있는 것은 키워드가 녹음에 그대로 언급된 B이다.

Tip▶ 개사 由

개사 由 는 동작의 주체를 이끌어낼 때 쓰인다.
• 호응 구조: [A(주관하는 일) + 由B(동작의 주체자) + 술어] A는 B가 ~하다
예 这次招聘会由他来负责. 이번 채용회는 그가 책임진다.

어휘 招聘会 zhāopìnhuì 몡 채용 박람회   由 yóu 개 ~이/가 [동작의 주체를 나타냄]   负责 fùzé 동 책임지다, 맡다   挺 tǐng 뷔 아주, 매우   合适 héshì 혱 적당하다, 알맞다   觉得 juéde 동 ~라고 느끼다   主意 zhǔyi 몡 의견, 생각   认真 rènzhēn 혱 진지하다, 착실하다   从来 cónglái 뷔 지금까지   马虎 mǎhu 혱 대충하다, 적당히 하다   经验 jīngyàn 몡 경험   丰富 fēngfù 혱 풍부하다   总是 zǒngshì 뷔 늘, 항상   粗心 cūxīn 혱 세심하지 못하다, 부주의하다   骄傲 jiāo'ào 혱 오만하다, 자만하다   积极 jījí 혱 긍정적이다, 적극적이다   主动 zhǔdòng 혱 자발적인, 주동적인

★☆☆ 상

25

| 男：我的钱包又不见了，妈，你看见了吗？ | 남: 제 지갑이 또 안 보여요. 엄마, 혹시 보셨어요? |
| 女：是不是放在昨天穿的裤子里了，你怎么总是丢三落四的呢？再找找吧。 | 여: 어제 입은 바지에 있는 거 아니야? 너는 왜 늘 건망증이 심해? 다시 한번 찾아 봐. |

안심Touch

问：根据对话，男的是什么样的人？	질문: 대화를 근거로, 남자는 어떤 사람인가?
A 很粗心	A 부주의하다
B 很仔细	B 꼼꼼하다
C 很骄傲	C 거만하다
D 很幽默	D 익살맞다

해설 보기는 모두 사람의 성격을 나타낸다. 남자는 여자에게 자신의 지갑을 봤느냐고 물었고, 이에 여자는 바지에 있는 거 아니냐고 하며 你怎么总是丢三落四的呢？(너는 왜 늘 건망증이 심해?)라고 말했다. 여자의 말을 통해 남자가 부주의한 성격임을 알 수 있다. 따라서 정답은 A이다.

Tip▶ 사람의 성격을 나타내는 어휘

活泼 huópō 톙 활발하다	细心 xìxīn 톙 세심하다, 꼼꼼하다
积极 jījí 톙 적극적이다	害羞 hàixiū 통 부끄러워하다, 수줍어하다
热情 rèqíng 톙 열정적이다, 친절하다	幽默 yōumò 톙 유머러스하다
勇敢 yǒnggǎn 톙 용감하다	成熟 chéngshú 톙 성숙하다
冷静 lěngjìng 톙 침착하다	认真 rènzhēn 톙 착실하다, 진지하다
浪漫 làngmàn 톙 낭만적이다	努力 nǔlì 통 노력하다
直接 zhíjiē 톙 직설적이다, 직접적이다	快乐 kuàilè 톙 즐겁다
马虎 mǎhu 톙 적당히 하다, 대충하다	着急 zháojí 통 조급해하다
粗心 cūxīn 톙 세심하지 못하다, 부주의하다	

어휘 钱包 qiánbāo 명 지갑 又 yòu 뷰 또 放 fàng 통 놓다, 두다 穿 chuān 통 입다 裤子 kùzi 명 바지 怎么 zěnme 대 어떻게, 왜 总是 zǒngshì 뷰 늘, 항상 丢三落四 diū sān là sì 셩 잘 빠뜨리다, 건망증이 심하다 找 zhǎo 통 찾다 粗心 cūxīn 톙 세심하지 못하다, 부주의하다 仔细 zǐxì 톙 세심하다, 꼼꼼하다 骄傲 jiāo'ào 톙 오만하다, 자만하다 幽默 yōumò 톙 유머러스하다

듣기 제3부분

[풀이전략] 녹음을 듣기 전에 보기의 핵심 키워드를 파악하여 녹음의 내용을 짐작한다. 녹음을 들으면서 들은 내용을 보기에 메모하고 질문에 알맞은 정답을 고른다.

★★☆ 중

26

男：你压力大的时候，一般做什么呢？	남: 너 스트레스 심할 때, 보통 무엇을 해?
女：我平时通过打扫卫生来减压。	여: 나는 평소에 청소하는 것을 통해서 스트레스를 풀어.
男：我真不理解，累了一天，怎么不休息会儿呢？	남: 진짜 이해 못 하겠어. 하루 종일 열심히 일하고, 어떻게 잠시 쉬지를 않아?
女：下班回家后无论有多么晚，我都会花时间打扫房间，房间越干净，我的压力越少。	여: 퇴근 후에 아무리 늦어도 나는 시간을 내서 방 청소를 해. 방이 깨끗할수록 스트레스가 적어지거든.
问：女的通过什么来减轻压力？	질문: 여자는 무엇을 통해 스트레스를 푸는가?

A 擦盘子	A 접시를 닦는다
B 出去散步	B 나가서 산책한다
C 打扫卫生	**C 청소한다**
D 吃辣的	D 매운 것을 먹는다

해설 보기는 모두 행동을 나타낸다. 남자가 여자에게 스트레스가 심할 때 무엇을 하느냐고 물었고, 이에 여자는 我平时通过打扫卫生来减压(나는 평소에 청소하는 것을 통해서 스트레스를 풀어)라고 대답했다. 따라서 여자가 스트레스를 푸는 방법으로 알맞은 것은 C이다.

어휘 压力 yālì 몡 스트레스   一般 yìbān 톙 보통이다, 일반적이다   平时 píngshí 몡 평소, 평상시   通过 tōngguò 께 ~을 통해서   打扫 dǎsǎo 통 청소하다   卫生 wèishēng 톙 몡 위생(적이다)   减压 jiǎnyā 스트레스를 줄이다   理解 lǐjiě 통 알다, 이해하다   累 lèi 통 열심히 일하다 톙 피곤하다   休息 xiūxi 통 휴식하다   回家 huíjiā 통 집으로 돌아가다   无论A, 都B wúlùn A, dōu B 젭 A를 막론하고 B하다   多么 duōme 閉 얼마나   晚 wǎn 톙 늦다   花 huā 통 (돈·시간을) 쓰다   时间 shíjiān 몡 시간   房间 fángjiān 몡 방   越 A 越 B yuè A yuè B A할수록 B하다   干净 gānjìng 톙 깨끗하다   擦 cā 통 닦다   盘子 pánzi 몡 쟁반, 큰 접시   散步 sànbù 통 산책하다   辣 là 톙 맵다

★☆☆ 하

27

女：你弟弟年龄这么小，没想到乒乓球打得这么棒。	여: 네 남동생 나이가 이렇게 어린데, 탁구를 이렇게 잘 칠 줄 몰랐어.
男：不要看我弟还很小，他想成为一名专业乒乓球运动员。	남: 내 남동생 아직 어리게만 보지 마. 걔는 프로 탁구 운동선수가 되고 싶어 해.
女：是吗？太厉害了。	여: 그래? 정말 대단하다.
男：而且在去年学校的运动会上他赢了好几场呢。	남: 게다가 작년에 학교 운동회에서 그는 여러 번 이겼어.
问：他们在谈论什么运动？	질문: 그들은 어떤 운동에 대해 말하고 있는가?

A 乒乓球	**A 탁구**
B 网球	B 테니스
C 羽毛球	C 배드민턴
D 篮球	D 농구

해설 보기는 모두 운동을 나타낸다. 여자가 남자에게 没想到乒乓球打得这么棒(탁구를 이렇게 잘 칠 줄 몰랐어)이라고 했고, 이에 남자는 他想成为一名专业乒乓球运动员(걔는 프로 탁구 운동선수가 되고 싶어 해)이라고 대답했다. 대화에 공통적으로 乒乓球(탁구)가 들렸으므로 이들이 말하고 있는 운동은 A임을 알 수 있다.

Tip▶ 운동 관련 어휘

足球 zúqiú 몡 축구	棒球 bàngqiú 몡 야구
篮球 lánqiú 몡 농구	游泳 yóuyǒng 몡 수영
网球 wǎngqiú 몡 테니스	滑雪 huáxuě 몡 스키
羽毛球 yǔmáoqiú 몡 배드민턴	慢跑 mànpǎo 몡 조깅
乒乓球 pīngpāngqiú 몡 탁구	普拉提 pǔlātí 몡 필라테스
高尔夫球 gāo'ěrfūqiú 몡 골프	瑜伽 yújiā 몡 요가

어휘 弟弟 dìdi 몡 남동생   年龄 niánlíng 몡 연령, 나이   这么 zhème 댸 이렇게   小 xiǎo 톙 (나이가) 어리다   乒乓球 pīngpāngqiú 몡 탁구   棒 bàng 톙 훌륭하다, 뛰어나다   成为 chéngwéi ~이 되다   专业 zhuānyè 몡 전문, 전공   运动员 yùndòngyuán 몡 운동선수   厉害 lìhai 톙 심하다, 대단하다   而且 érqiě 젭 게다가   去年 qùnián 몡 작년   学校 xuéxiào 몡 학교   运动会

yùndònghuì 명 운동회   赢 yíng 동 이기다   场 chǎng 양 회, 차례 [문예, 오락, 체육 활동 등에 쓰임]   网球 wǎngqiú 명 테니스
羽毛球 yǔmáoqiú 명 배드민턴   篮球 lánqiú 명 농구

★★☆ 하

28

男：听说上周关阿姨生儿子了，我们送什么礼物
　　好呢？
女：我们送给她一双虎头鞋，怎么样？
男：这个主意不错！希望宝宝健康平安。
女：我觉得她一定会很喜欢的。

问：他们最可能送什么礼物？

A 宝宝帽子
B 小玩具
C 儿童衣服
D 虎头鞋

남: 듣자하니 지난주에 꽌 아주머니가 아들을 낳으셨대. 우리 어떤
　　선물을 하는 게 좋을까?
여: 우리 그녀에게 호랑이 신발을 선물하는 게 어때?
남: 그거 좋은 생각이다! 아이가 건강하고 평안하게 자라면 좋겠다.
여: 그녀가 분명 좋아할 거라고 생각해.

질문: 그들은 어떤 선물을 하려고 하는가?

A 아기 모자
B 작은 장난감
C 아이 옷
D 호랑이 신발

해설 보기는 모두 아이 용품을 나타낸다. 남자가 꽌 아주머니의 아들 선물에 대해 물었고, 이에 여자는 我们送给她一双虎头
鞋，怎么样？(우리 그녀에게 호랑이 신발을 선물하는 게 어때?)이라고 대답했다. 따라서 키워드가 그대로 언급된 D가 정
답이다.

Tip▶ 호랑이 신발이란?

남자아이가 신는 신발의 신코 부분에 호랑이 무늬나 형상을 만들어 놓은 아동 신발을 말한다. 중
국에서는 아이가 이것을 신으면 액막이를 하고 용감해진다고 믿는 전통문화가 있다.

어휘 听说 tīngshuō 듣자하니, 들은 바로는   阿姨 āyí 명 아주머니   生 shēng 동 낳다   儿子 érzi 명 아들   送 sòng 동 선물하다
礼物 lǐwù 명 선물   双 shuāng 양 짝, 켤레, 쌍   虎头鞋 hǔtóuxié 명 호랑이 신발   主意 zhǔyi 명 의견, 생각   不错 búcuò 형
좋다   希望 xīwàng 동 희망하다   宝宝 bǎobǎo 명 아가, 귀염둥이 [아기에 대한 애칭]   健康 jiànkāng 형 건강하다   平安
píng'ān 형 평안하다   觉得 juéde 동 ～라고 느끼다   一定 yídìng 부 반드시, 틀림없이   喜欢 xǐhuan 동 좋아하다   帽子
màozi 명 모자   玩具 wánjù 명 장난감   儿童 értóng 명 아동   衣服 yīfu 명 옷

★★☆ 하

29

女：小刘，听说你是从山东省来的？你们那儿什
　　么最有名？
男：对，山东的苹果在全国最有名，又甜又大。
女：你在外地工作，如果你想吃家乡的苹果时怎
　　么办？
男：想吃的话就让妈妈给我寄一箱。

问：关于山东的苹果，可以知道什么？

A 特别贵
B 非常甜
C 无污染
D 比较酸

여: 샤오리우, 너 산동성에서 왔다며? 그곳에는 뭐가 가장 유명해?
남: 맞아. 산동의 사과는 전국에서 가장 유명해. 달고 커.
여: 너는 타지에서 일하고 있는데, 만일 고향 사과가 먹고 싶을 때
　　는 어떻게 해?
남: 먹고 싶어지면 어머니한테 한 상자 부쳐달라고 해.

질문: 산동의 사과에 관하여, 무엇을 알 수 있는가?

A 매우 비싸다
B 매우 달다
C 친환경적이다
D 비교적 시다

해설 보기는 맛에 관한 표현이며 키워드로 A는 贵(비싸다), B는 甜(달다), C는 污染(오염되다), D는 酸(시다)을 삼고 녹음을 듣는다. 여자가 남자에게 산동성의 유명한 것을 물었고, 이에 남자는 산동 사과를 소개하며 又甜又大(달고 커)라고 말했다. 따라서 산동 사과에 관해 알 수 있는 것은 B이다.

어휘 听说 tīngshuō 图 듣자하니, 들은 바로는 山东省 Shāndōngshěng 지명 산둥성, 산동성 有名 yǒumíng 휑 유명하다 苹果 píngguǒ 똉 사과 全国 quánguó 똉 전국 最 zuì 뛴 가장, 최고 又A又B yòu A yòu B A 하기도 하고 B하기도 하다 甜 tián 휑 달다 外地 wàidì 똉 외지, 타지 工作 gōngzuò 图 일하다 如果 rúguǒ 쩹 만약에 家乡 jiāxiāng 똉 고향 寄 jì 图 부치다 箱 xiāng 향 박스, 상자 [상자를 세는 단위] 特别 tèbié 뛴 특별히, 유달리 贵 guì 휑 비싸다 无 wú 图 없다, ~하지 않다 污染 wūrǎn 图 오염되다 比较 bǐjiào 뛴 비교적 酸 suān 휑 시다

★★☆ 중

30

男：最近天气变得凉快多了，要不我们去郊游怎么样？

女：等女儿期中考试结束后再去吧。

男：好的，考完后我们带她去好好放松一下。

女：她也肯定会很高兴的。

问：根据对话，最近天气怎么样？

A 白天暖和
B 仍然寒冷
C 偶尔下雨
D 凉快多了

남：최근 날씨가 많이 시원해졌어. 아니면 우리 교외로 소풍 갈까?

여：딸의 중간고사가 끝나면 가자.

남：좋아, 시험 끝나고 딸 데리고 가서 기분 전환시켜 주자.

여：딸도 분명 기뻐할 거야.

질문：대화를 근거로, 최근 날씨는 어떤가?

A 낮에 따뜻하다
B 여전히 춥다
C 가끔 비가 내린다
D 많이 시원해졌다

해설 보기는 모두 날씨를 나타낸다. 보기의 키워드로 A는 暖和(따뜻하다), B는 寒冷(춥다), C는 下雨(비가 내리다), D는 凉快(시원하다)를 삼고 녹음을 듣는다. 남자가 最近天气变得凉快多了(최근 날씨가 많이 시원해졌어)라고 하며 교외에 소풍을 가자고 했다. 질문에서 최근 날씨가 어떤지 물었으므로 정답은 키워드가 그대로 언급된 D이다.

어휘 最近 zuìjìn 똉 최근, 요즘 天气 tiānqì 똉 날씨 变 biàn 图 바뀌다, 변하다 凉快 liángkuai 휑 시원하다 要不 yàobù 쩹 그러지 않으면 郊游 jiāoyóu 图 교외로 소풍가다 等 děng 图 (~할 때까지) 기다리다 女儿 nǚ'ér 똉 딸 期中考试 qīzhōng kǎoshì 중간고사 结束 jiéshù 끝나다, 마치다 带 dài 图 데리다, 지니다 放松 fàngsōng 图 늦추다, 느슨하게 하다 肯定 kěndìng 뛴 반드시, 틀림없이 高兴 gāoxìng 휑 기쁘다 白天 báitiān 똉 낮 暖和 nuǎnhuo 휑 따뜻하다 仍然 réngrán 뛴 변함없이, 여전히 寒冷 hánlěng 휑 한랭하다, 춥다 偶尔 ǒu'ěr 뛴 이따금씩, 가끔 下雨 xiàyǔ 图 비가 오다

★★☆ 중

31

女：请问一下，两个大人和一个小孩子，门票一共多少钱？

男：100块钱一张，但65岁以上的老人和不满14岁的儿童都免票。

女：我的孩子读高中1年级，可以打折吗？

男：有学生证可以半价。

问：女的想知道什么？

여：실례합니다. 성인 두 명과 어린아이 한 명인데, 입장권이 모두 얼마인가요？

남：한 장에 100위안입니다. 65세 이상의 노인과 14세가 안 된 아동은 무료 입장이에요.

여：우리 아이가 고등학교 1학년인데, 할인이 되나요？

남：학생증이 있으면 반값이에요.

질문：여자는 무엇을 알고 싶어 하는가？

A 门票价格 B 表演目的 C 橡皮数量 D 报名人数	**A 입장권 가격** B 공연 목적 C 지우개 수량 D 신청한 인원수

해설 보기는 명사형으로 주제를 나타낸다. 여자가 门票一共多少钱？(입장권이 모두 얼마인가요?)이라고 남자에게 물었고, 남자는 표 가격을 설명해주었다. 따라서 여자가 알고 싶어 하는 것은 A이다.

어휘 大人 dàren 명 성인, 어른 孩子 háizi 명 아동, 아이 门票 ménpiào 명 입장권 一共 yígòng 부 합계, 모두 张 zhāng 양 장 [종이를 세는 단위] 但 dàn 접 그러나 岁 suì 양 세, 살 [나이를 세는 단위] 以上 yǐshàng 명 이상 老人 lǎorén 명 노인 满 mǎn 통 정한 기한이 다 되다, 일정한 한도에 이르다 儿童 értóng 명 아동 免票 miǎnpiào 통 (입장·승차할 때) 표가 필요 없다, 무료이다 读 dú 통 공부하다 高中 gāozhōng 명 고등학교 年级 niánjí 명 학년 打折 dǎzhé 통 할인하다 学生证 xuéshēngzhèng 명 학생증 半价 bànjià 명 반값 价格 jiàgé 명 가격 表演 biǎoyǎn 통 공연하다 명 공연 目的 mùdì 명 목적 橡皮 xiàngpí 명 지우개 数量 shùliàng 명 수량 报名 bàomíng 통 신청하다 人数 rénshù 명 사람 수

★☆☆ 하

32

男：妈，我突然想吃西红柿鸡蛋面呢。 女：行，我给你做，不过家里好像没有面条了。 男：那我们现在去超市买吧。 女：好的，顺便再买点儿牙膏和牙刷。 问：他们接下来会做什么？	남: 엄마, 저 갑자기 토마토 계란면이 먹고 싶어요. 여: 그래. 내가 해줄게. 그런데 집에 국수가 없는 거 같아. 남: 그럼 우리 지금 마트에 가서 사요. 여: 좋아. 가는 김에 치약이랑 칫솔도 좀 사야겠어. 질문: 그들은 이어서 무엇을 하려고 하는가?
A 听广播 B 收看电视 **C 去逛超市** D 打扫厨房	A 라디오를 듣는다 B 텔레비전을 시청한다 **C 마트에 간다** D 주방을 청소한다

해설 보기는 모두 행동을 나타낸다. 남자가 여자에게 토마토 계란면이 먹고 싶다고 하면서 那我们现在去超市买吧(그럼 우리 지금 마트에 가서 사요)라고 말했다. 여자가 이에 好的(좋아)라고 동의했으므로, 이들이 이어서 할 행동은 C이다.

어휘 突然 tūrán 부 갑자기 西红柿 xīhóngshì 명 토마토 鸡蛋 jīdàn 명 계란 面 miàn 명 면, 국수 不过 búguò 접 그러나 好像 hǎoxiàng 부 마치 ~같다 面条 miàntiáo 명 국수 超市 chāoshì 명 마트 牙膏 yágāo 명 치약 牙刷 yáshuā 명 칫솔 广播 guǎngbō 명 라디오 방송 통 방송하다 收看 shōukàn 통 시청하다 电视 diànshì 명 텔레비전 逛 guàng 통 한가롭게 거닐다 打扫 dǎsǎo 통 청소하다 厨房 chúfáng 명 주방

★★☆ 상

33

女：亲爱的，我穿哪种颜色的衬衫适合？黑的还 　　是蓝的？ 男：这两件都很好看，你要去哪儿？ 女：明天公司组织聚餐活动，所有的职员都必须 　　参加。 男：还是穿黑色的吧，看着更正式点儿。 问：关于女的，可以知道什么？	여: 자기야, 나 어떤 색깔의 블라우스를 입는 게 어울려? 검은색 아 　　니면 파란색? 남: 둘 다 예뻐. 어디에 가려고? 여: 내일 회사에서 회식이 있는데, 모든 직원들이 참석해야 하거든. 남: 아무래도 검은색이 낫겠다. 훨씬 단정해 보여. 질문: 여자에 관하여, 무엇을 알 수 있는가?

A 参加聚餐	A 회식에 참석한다
B 表演节目	B 프로그램을 공연한다
C 研究经济	C 경제를 연구한다
D 组织开会	D 회의를 기획한다

해설 보기는 모두 행동을 나타낸다. 여자는 블라우스를 고르고 있고 남자가 어디에 가느냐고 물었다. 이에 여자가 明天公司组织聚餐活动, 所有的职员都必须参加(내일 회사에서 회식이 있는데, 모든 직원들이 참석해야 하거든)라고 했으므로 여자에 관해 알 수 있는 것은 A이다.

Tip▶ **선택/제안을 나타내는 还是**

还是는 '아직도, 여전히'라는 뜻 외에도, 앞에 어떠한 상황 아래 비교를 통해 가장 좋은 것으로 선택하거나 제안할 때 쓰인다.

• 호응 구조: [고려되는 상황, 还是 + A(제안/선택) + 吧/好] (상황), 그냥 A하는 게 낫다/좋다

예 现在路上会堵车, 还是我们坐地铁去好。 지금 차가 막히니까 그냥 우리 지하철 타고 가는 게 좋겠어.

어휘 亲爱 qīn'ài 통 친애하다　穿 chuān 통 입다　种 zhǒng 양 종류를 세는 단위　颜色 yánsè 명 색　衬衫 chènshān 명 블라우스, 셔츠　适合 shìhé 통 적합하다, 알맞다　黑 hēi 형 검다　蓝 lán 형 남색의　件 jiàn 양 건, 벌 [일·옷을 세는 단위]　好看 hǎokàn 형 예쁘다　公司 gōngsī 명 회사　组织 zǔzhī 통 조직하다, 기획하다　聚餐 jùcān 통 회식하다　活动 huódòng 명 행사, 이벤트　所有 suǒyǒu 형 일체의, 모든　职员 zhíyuán 명 직원　必须 bìxū 부 반드시 ~해야 한다　参加 cānjiā 통 참가하다　黑色 hēisè 명 검은색　更 gèng 부 더욱　正式 zhèngshì 형 정식의　表演 biǎoyǎn 통 공연하다　节目 jiémù 명 프로그램　研究 yánjiū 통 연구하다　经济 jīngjì 명 경제　开会 kāihuì 통 회의를 열다

★★☆ 중

34		
男：祝贺你正式成为了一名电影导演。		남: 정식으로 영화감독이 되신 거 축하드립니다.
女：很感谢你们，因为你们在我身边，我的第一部电影才能完成。		여: 정말 감사합니다. 여러분들이 곁에 있었기 때문에, 제 첫 영화가 완성될 수 있었습니다.
男：哪里哪里，这都是你自己辛苦努力的结果。		남: 아닙니다. 이건 모두 스스로 고생하고 노력한 결과입니다.
女：来，大家都干杯！		여: 자, 모두 건배하시죠!
问：女的是什么意思？		질문: 여자는 무슨 의미인가?
A 反对看法		A 견해에 반대한다
B 尊重意见		B 의견을 존중한다
C 表示感谢		**C 감사를 표시한다**
D 指出错误		D 잘못을 지적한다

해설 보기는 모두 태도를 나타낸다. 보기의 키워드로 A는 反对(반대하다), B는 尊重(존중하다), C는 感谢(감사하다), D는 指出(지적하다)를 삼고 녹음을 듣는다. 남자가 여자에게 축하 인사를 했고, 이에 여자가 很感谢你们(정말 감사합니다)이라고 말했다. 따라서 여자의 태도로 알맞은 것은 키워드가 그대로 언급된 C이다.

어휘 祝贺 zhùhè 통 축하하다　正式 zhèngshì 형 정식의　成为 chéngwéi 통 ~이 되다　导演 dǎoyǎn 명 감독 통 연출하다　感谢 gǎnxiè 통 감사하다, 고맙다　因为 yīnwèi 접 ~때문에, 왜냐하면　身边 shēnbiān 명 곁, 신변, 몸　第一 dìyī 수 제1, 최초　部 bù 양 편, 부 [영화·소설을 세는 단위]　完成 wánchéng 통 완성하다　自己 zìjǐ 대 자기, 자신　辛苦 xīnkǔ 형 고생스럽다　努力 nǔlì 통 노력하다　结果 jiéguǒ 명 결과　干杯 gānbēi 통 건배하다　反对 fǎnduì 통 반대하다　看法 kànfǎ 명 견해, 의견　尊重 zūnzhòng 통 존중하다　意见 yìjiàn 명 의견, 견해　表示 biǎoshì 통 나타내다, 의미하다　指出 zhǐchū 통 지적하다, 밝히다　错误 cuòwù 명 실수, 잘못

★★☆ 중

35

女：你怎么现在才来啊，电影已经开始了。 男：怎么了？我是准时来的，我们不是说好8点 　　20在电影院入口处见面的吗？ 女：你看，现在都8点40分钟了。 男：啊！我的手表好像是没电了，走得很慢。 问：根据对话，哪个正确？	여: 너 왜 지금에서야 오는 거야. 영화 벌써 시작했어. 남: 왜 그래? 나 제시간에 왔는데, 우리 8시 20분에 영화관 입구에 　　서 만나기로 한 거 아니었어? 여: 너 봐봐. 지금 8시 40분이잖아. 남: 아! 내 손목시계가 배터리가 다 됐나 봐. 느리게 가네. 질문: 대화를 근거로 옳은 것은?
A 手表弄丢了 B 手表停了 **C 手表走慢了** D 手表突然坏了	A 손목시계를 잃어버렸다 B 손목시계가 멈췄다 **C 손목시계가 느리게 간다** D 손목시계가 갑자기 고장났다

해설 보기는 모두 손목시계에 관한 내용이다. 키워드로 A는 丢(잃어버리다), B는 停(멈추다), C는 走慢(느리게 가다), D는 坏(고장나다)를 삼고 녹음을 듣는다. 여자가 남자에게 왜 늦게 왔느냐고 했고 이에 남자는 약속 시간을 얘기하면서 자신의 손목시계에 대해 我的手表好像是没电了，走得很慢(내 손목시계가 배터리가 다 됐나 봐. 느리게 가네)이라고 했다. 따라서 대화에 근거하여 옳은 내용은 C이다.

어휘 怎么 zěnme 때 어떻게, 어찌하여　才 cái 및 ~에야 비로소, 이제서야　已经 yǐjīng 및 벌써, 이미　开始 kāishǐ 됭 시작하다　准时 zhǔnshí 및 정시에, 제때에　电影院 diànyǐngyuàn 똉 영화관　入口 rùkǒu 똉 입구　处 chù 똉 곳, 장소　见面 jiànmiàn 됭 만나다　手表 shǒubiǎo 똉 손목시계　好像 hǎoxiàng 및 마치 ~와 같다　没电 méi diàn 배터리가 없다, 전기가 나가다　慢 màn 훵 느리다　弄 nòng 됭 하다, 행하다　丢 diū 됭 잃다　停 tíng 됭 멈추다, 정지하다　突然 tūrán 및 갑자기　坏 huài 됭 고장나다, 상하다

36-37

³⁶有一个妈妈正在教育自己的儿子。妈妈说："宝贝儿，你一定要好好记住，养成好习惯挺重要的，所以别把今天能完成的事情留到明天。"儿子一听到妈妈的话就很高兴地说："知道了，妈，那快把早上吃剩下的巧克力饼干拿出来，³⁷我现在就吃掉它。"	³⁶한 어머니가 자기 아들을 교육하고 있었다. 어머니가 말했다. "아이야. 잘 기억하렴. 좋은 습관을 기르는 것은 매우 중요하단다. 오늘 완성할 수 있는 일을 내일로 미루지 말거라." 아들은 어머니의 말을 듣자마자 신이 나서 말했다. "알겠어요. 엄마. 그럼 빨리 아침에 먹고 남은 초콜릿 과자 꺼내주세요. ³⁷저 지금 먹을게요."

어휘 正在 zhèngzài 및 지금 ~하고 있다　教育 jiàoyù 됭 교육하다 똉 교육　自己 zìjǐ 때 자기, 자신　儿子 érzi 똉 아들　宝贝儿 bǎobèir 똉 귀염둥이 [아이나 사랑하는 사람에 대한 애칭]　一定 yídìng 및 반드시, 틀림없이　记住 jìzhu 됭 확실히 기억해두다　养成 yǎngchéng 됭 양성하다, 기르다　习惯 xíguàn 똉 습관 됭 습관이 되다　挺 tǐng 및 아주, 매우　重要 zhòngyào 훵 중요하다　所以 suǒyǐ 젭 그래서　别 bié 및 ~하지 마라　完成 wánchéng 됭 완성하다　事情 shìqing 똉 일, 사건　留 liú 됭 남다, 머무르다　高兴 gāoxìng 훵 기쁘다　知道 zhīdào 됭 알다　剩下 shèngxià 됭 남다　巧克力 qiǎokèlì 똉 초콜릿　饼干 bǐnggān 똉 과자, 비스켓　吃掉 chīdiào 됭 다 먹어버리다

★★☆ 중

36

那位母亲在做什么?	그 어머니는 무엇을 하고 있는가?
A 批评孩子	A 아이를 혼낸다
B 教育孩子	**B 아이를 교육한다**
C 陪孩子玩	C 아이와 놀아준다
D 与孩子逛街	D 아이와 쇼핑을 간다

해설 보기는 모두 아이에게 취하는 행동을 나타낸다. 녹음에서 有一个妈妈正在教育自己的儿子(한 어머니가 자기 아들을 교육하고 있었다)라고 하며 어머니가 아이에게 좋은 습관에 대해 가르치는 내용이 나오므로 어머니가 하고 있는 행동은 B이다.

어휘 批评 pīpíng 동 비판하다   陪 péi 동 모시다   玩 wán 동 놀다   与 yǔ 개 ~와/과   逛街 guàngjiē 명 길거리를 구경하며 돌아다니다. 아이쇼핑을 하다

★☆☆ 하

37

关于儿子,下列哪个正确?	아들에 관하여, 다음 중 옳은 것은?
A 从不听话	A 말을 듣지 않는다
B 不爱说话	B 말하는 것을 좋아하지 않는다
C 好学数学	C 수학 공부를 좋아한다
D 想吃饼干	**D 과자를 먹고 싶어 한다**

해설 보기는 모두 인물에 관한 설명이다. 아들은 할일을 내일로 미루지 말라는 엄마의 말에 초콜릿 과자를 꺼내달라고 하면서 我现在就吃掉它(저 지금 먹을게요)라고 말했다. 따라서 아들이 과자를 먹고 싶어 한다는 것을 알 수 있다. 정답은 D이다.

어휘 从不 cóngbù 부 지금까지 ~하지 않다   听话 tīnghuà 동 말을 듣다   说话 shuōhuà 동 말하다   好学 hàoxué 동 배우기 좋아하다   数学 shùxué 명 수학

38-39

研究证明,39颜色会给人的心情带来很大的影响,比如说,38红色会使人变得更热情,更有活力;绿色会让人感到舒服,尤其是眼睛能得到休息;另外,看到蓝色容易会使人冷静下来。总的来说,不同的颜色会引起不同的感情变化。

연구에서 39색깔이 사람의 기분에 큰 영향을 미친다고 밝혔다. 예를 들어, 38빨간색은 사람을 더욱 열정적으로 변하게 하고, 더 활력있게 만들어준다. 초록색은 사람으로 하여금 편안함을 느끼게 하는데 특히 눈이 쉴 수 있게 한다. 그 밖에, 파란색은 쉽게 사람을 침착하게 만든다. 전체적으로 말하면, 색깔마다 다른 감정 변화를 일으킨다.

어휘 研究 yánjiū 동 연구하다   证明 zhèngmíng 동 증명하다   颜色 yánsè 명 색깔   心情 xīnqíng 명 심정   带来 dàilái 동 가져오다   影响 yǐngxiǎng 동 영향을 미치다 명 영향   比如 bǐrú 접 예를 들어   红色 hóngsè 명 빨간색   使 shǐ 동 ~하게 하다, ~시키다   变 biàn 동 바뀌다, 변하다   更 gèng 부 더욱   热情 rèqíng 명 열정 형 열정적이다   活力 huólì 명 활력   绿色 lùsè 명 녹색   让 ràng 동 ~하게 하다   感到 gǎndào 동 느끼다   舒服 shūfu 형 편안하다   尤其 yóuqí 부 더욱이   眼睛 yǎnjing 명 눈   得到 dédào 동 얻다   休息 xiūxi 동 휴식하다   另外 lìngwài 접 그 밖의   容易 róngyì 형 쉽다, ~하기 쉽다   冷静 lěngjìng 동 침착하다   总的来说 zǒngdeláishuō 전체적으로 말하면, 전반적으로 말하면   不同 bùtóng 형 같지 않다   引起 yǐnqǐ 동 야기하다, 끌다   感情 gǎnqíng 명 감정   变化 biànhuà 명 변화

★★★ 하

38

根据这段话，红色会让人感到什么？	이 글을 근거로, 빨간색은 무엇을 느끼게 하는가?
A 舒服 **B 热情** C 难过 D 失望	A 편안함 **B 열정** C 슬픔 D 실망

해설 보기는 모두 감정을 나타낸다. 녹음의 红色会使人变得更热情, 更有活力(빨간색은 사람을 더욱 열정적으로 변하게 하고, 더 활력있게 만들어준다)에서 보기 B가 언급되었다. 빨간색이 사람을 더 열정적이고 활력있게 한다고 했으므로 정답은 B이다.

어휘 难过 nánguò 형 괴롭다, 슬프다　失望 shīwàng 통 실망하다, 낙담하다

★★★ 하

39

这段话主要讲什么？	이 글은 주로 무엇을 이야기하는가？
A 颜色的作用 B 介绍各地美食 C 了解少数民族 D 存钱的重要性	**A 색깔의 역할** B 각지의 맛있는 음식을 소개하다 C 소수 민족을 이해하다 D 저축의 중요성

해설 보기의 키워드로 A는 颜色(색깔), B는 各地美食(각지의 맛있는 음식), C는 少数民族(소수 민족), D는 存钱(저축)을 삼고 녹음을 듣는다. 녹음의 시작 부분에서 颜色会给人的心情带来很大的影响(색깔이 사람의 기분에 큰 영향을 미친다)이라고 했고 이어 다양한 색깔의 다양한 역할을 말하고 있으므로 정답은 A이다.

어휘 介绍 jièshào 통 소개하다　各地 gèdì 명 각지　美食 měishí 명 맛있는 음식　了解 liǎojiě 통 자세하게 알다　少数民族 shǎoshùmínzú 명 소수 민족　存钱 cúnqián 통 저금하다　重要性 zhòngyàoxìng 명 중요성

40-41

41我们每个人都一定要学会管理自己的时间。先做好计划表，然后按计划表来行动，这就是管理时间的第一步。那么我们在做计划表时要注意什么呢：首先，要先把最重要的事情放在前面，其次，要写清楚完成的时间，按照顺序一步一步做。40只有这样，我们才不会浪费一分一秒的时间。	41우리 모두 반드시 자신의 시간을 관리할 줄 알아야 한다. 우선 계획표를 잘 만든 다음에 계획표에 따라 행동한다. 이것이 시간을 관리하는 첫걸음이다. 그렇다면 우리는 계획표를 만들 때 무엇에 주의해야 할까? 우선, 먼저 가장 중요한 일을 앞에 두고 실천해야 한다. 그 다음으로, 완성할 시간을 정확하게 쓰고, 순서에 따라 한 단계 한 단계 실행한다. 40이렇게 해야만 우리는 1분 1초의 시간을 낭비하지 않게 된다.

어휘 一定 yídìng 부 반드시, 틀림없이　学会 xuéhuì 통 습득하다, 배워서 할 수 있다　管理 guǎnlǐ 통 관리하다　自己 zìjǐ 대 자기, 자신　时间 shíjiān 명 시간　先 xiān 부 우선, 먼저　计划表 jìhuàbiǎo 명 계획표　然后 ránhòu 접 그런 다음에　按 àn 개 ~에 따라서　行动 xíngdòng 통 행동하다　那么 nàme 접 그러면, 그렇다면　注意 zhùyì 통 주의하다　首先 shǒuxiān 대 첫째, 먼저　最 zuì 부 가장, 최고　重要 zhòngyào 형 중요하다　事情 shìqing 명 일, 사건　放 fàng 통 놓다, 두다　其次 qícì 대 그 다음　写 xiě 통 (글씨를) 쓰다　清楚 qīngchu 형 분명하다, 뚜렷하다　完成 wánchéng 통 완성하다　按照 ànzhào 개 ~에 따라, ~에 의해　顺序 shùnxù 명 순서　一步 yíbù 명 한 걸음, 한 단계　只有A, 才B zhǐyǒu A, cái B 접 A해야만 B하다　浪费 làngfèi 통 낭비하다　分 fēn 양 (시간의) 분　秒 miǎo 양 (시간의) 초

40 根据这段话，不做好计划表时我们会？	이 글을 근거로, 계획표를 잘 짜지 않으면 우리는 어떻게 되는가?
A 赶不上变化	A 변화를 따라가지 못한다
B 恐怕浪费时间	**B 아마 시간을 낭비하게 될 것이다**
C 无法保证安全	C 안전을 보장할 수 없다
D 只好推迟比赛	D 경기를 어쩔 수 없이 미루게 된다

해설 보기의 키워드로 A는 变化(변화), B는 浪费时间(시간 낭비), C는 保证安全(안전 보장), D는 推迟比赛(경기를 미루다)를 삼고 녹음을 듣는다. 녹음은 시간 관리에 관한 내용으로 마지막 부분에서 只有这样, 我们才不会浪费一分一秒的时间 (이렇게 해야만 우리는 1분 1초의 시간을 낭비하지 않게 된다)이라고 했다. 따라서 계획표를 잘 짜지 않으면 시간을 낭비하게 된다는 내용이므로 B가 정답이다.

어휘 赶上 gǎnshàng 통 따라잡다　变化 biànhuà 명 변화　恐怕 kǒngpà 부 아마도　无法 wúfǎ 통 ~할 방법이 없다　保证 bǎozhèng 통 보장하다, 보증하다　安全 ānquán 명 안전　只好 zhǐhǎo 부 부득이하게　推迟 tuīchí 통 연기하다, 뒤로 미루다　比赛 bǐsài 명 경기, 시합

41 这段话主要谈的是什么？	이 글은 주로 무엇을 말하고 있는가?
A 管理时间	**A 시간 관리**
B 选择专业	B 전공 선택
C 重视过程	C 과정을 중시함
D 方向重要	D 방향이 중요함

해설 보기는 모두 주제를 나타낸다. 녹음의 시작 부분에서 我们每个人都一定要学会管理自己的时间(우리 모두 반드시 자신의 시간을 관리할 줄 알아야 한다)이라고 했다. 이 글의 중심 내용으로 올바른 것은 키워드가 그대로 언급된 A이다.

어휘 选择 xuǎnzé 통 고르다, 선택하다　专业 zhuānyè 명 전공, 전문　重视 zhòngshì 통 중시하다　过程 guòchéng 명 과정　方向 fāngxiàng 명 방향　重要 zhòngyào 형 중요하다

42-43

很多年轻人都一上班就感到很累。这是为什么呢？主要的原因不是工作压力太大，也不是任务太重，而是 42因为他们晚上睡得太晚，有的人甚至连四个小时都睡不足。长时间晚睡早起对身体没有任何好处。因此，43最好养成按时休息、按时睡觉的好习惯。

많은 젊은 사람들이 출근을 하자마자 피로감을 느낀다. 이것은 왜일까? 주된 원인은 업무 스트레스가 너무 심해서가 아니고, 임무가 너무 막중해서도 아니라, 42그들이 저녁에 너무 늦게 잠을 자기 때문이다. 어떤 사람은 심지어 4시간 조차도 잠을 충분히 자지 못한다. 장기간 늦게 자고 일찍 일어나면 몸에 아무런 좋은 점이 없다. 그래서, 43가장 바람직한 것은 제때 휴식하고 제때 잠을 자는 좋은 습관을 기르는 것이다.

어휘 年轻人 niánqīngrén 명 젊은이　感到 gǎndào 통 느끼다　累 lèi 형 피곤하다, 지치다　主要 zhǔyào 형 주요한 부 주로　原因 yuányīn 명 원인　工作 gōngzuò 명 일하다 명 업무　压力 yālì 명 스트레스　任务 rènwu 명 임무　重 zhòng 형 (정도가) 심하다　不是A, 而是B búshì A, érshì B 젭 A가 아니라 B이다　因为 yīnwèi 젭 ~때문에, 왜냐하면　睡 shuì 통 (잠을) 자다　晚 wǎn 형 늦다　甚至 shènzhì 젭 심지어, ~까지도　连 lián 개 ~조차도　足 zú 형 충분하다　身体 shēntǐ 명 몸, 건강　任何 rènhé 대 어떠한　好处 hǎochu 명 장점, 좋은 점　因此 yīncǐ 젭 이로 인하여　最好 zuìhǎo 부 가장 바람직한 것은, ~하는 게 제일 좋다　养成 yǎngchéng 통 양성하다, 기르다　按时 ànshí 부 제때에　休息 xiūxi 통 휴식하다　睡觉 shuìjiào 통 (잠을) 자다　习惯 xíguàn 명 습관

★★☆ 중

42 那些年轻人为什么觉得上班很累？ | 그 젊은 사람들은 왜 출근해서 피곤함을 느끼는가?

A 总睡懒觉	A 늘 늦잠을 자서
B 压力很大	B 스트레스가 심해서
C 工作量很多	C 업무량이 많아서
D 睡得太晚	**D 잠을 너무 늦게 자서**

해설 보기는 잠에 관한 내용이다. 보기의 키워드로 A는 懒觉(늦잠), B는 压力(스트레스), C는 工作量(업무량), D는 睡得晚(늦게 자다)을 삼고 녹음을 듣는다. 녹음의 시작 부분에서 젊은 사람들이 출근하자마자 피로감을 느끼는 이유를 물었고, 이에 因为他们晚上睡得太晚(그들이 저녁에 너무 늦게 잠을 자기 때문이다)이라고 말했다. 따라서 알맞은 정답은 D이다.

어휘 总 zǒng 🄫 늘, 항상 睡懒觉 shuì lǎnjiào 🄳 늦잠을 자다 工作量 gōngzuòliàng 🄜 업무량, 작업량

★★☆ 중

43 这段话提醒年轻人应该怎么做？ | 이 글은 젊은 사람들이 어떻게 하기를 일깨워주는가?

A 要按时睡觉	**A 제때 잠을 자야 한다**
B 该及时体检	B 제때 건강 검진을 받아야 한다
C 要坚持锻炼	C 꾸준하게 단련해야 한다
D 该找到爱好	D 취미를 찾아야 한다

해설 보기에 공통적으로 要(~해야 한다) 该(~해야 한다)가 있으므로 교훈적인 내용을 주의해서 듣는다. 글의 마지막 부분에서 因此(그래서) 뒷부분에 最好养成按时休息、按时睡觉的好习惯(가장 바람직한 것은 제때 휴식하고 제때 잠을 자는 좋은 습관을 기르는 것이다)이라고 했으므로 정답은 A이다.

어휘 该 gāi 🄪 ~해야 한다 及时 jíshí 🄫 제때에 体检 tǐjiǎn 🄳 신체 검사하다 坚持 jiānchí 🄳 견지하다, 지속하다 锻炼 duànliàn 🄳 단련하다 找 zhǎo 🄳 찾다 爱好 àihào 🄜 취미

44-45

⁴⁵每个人都有自己的减压方法。⁴⁴我一般通过运动和音乐来减轻压力。当我压力大时，穿上运动鞋跑几公里后，感觉所有的烦恼和压力好像都随着汗水流出身体了；或者会戴耳机听音乐，听音乐会让我的心里安静下来。只要这样，就能保持对工作的热情。	⁴⁵모든 사람들은 다 자신만의 스트레스를 줄이는 방법을 가지고 있다. ⁴⁴나는 보통 운동과 음악을 통해 스트레스를 줄인다. 스트레스가 심할 때, 운동화를 신고 몇 킬로미터를 달리고 나면, 모든 고민과 스트레스가 마치 땀과 함께 몸 밖으로 나오는 것만 같다. 또는 이어폰을 끼고 음악을 듣는다. 음악을 듣는 것은 나의 기분을 안정시켜준다. 이렇게 하면 일에 대한 열정을 유지할 수 있다.

어휘 自己 zìjǐ 🄪 자기, 자신 减压 jiǎnyā 🄳 스트레스를 경감시키다 方法 fāngfǎ 🄜 방법 一般 yìbān 🄧 보통이다, 일반적이다 通过 tōngguò 🄐 ~을 통해서 运动 yùndòng 🄳 운동하다 音乐 yīnyuè 🄜 음악 减轻 jiǎnqīng 🄳 경감시키다 压力 yālì 🄜 스트레스 穿 chuān 🄳 입다, 신다 运动鞋 yùndòngxié 🄜 운동화 跑 pǎo 🄳 뛰다 公里 gōnglǐ 🄜 킬로미터(km) 感觉 gǎnjué 🄜 감각 🄳 느끼다 所有 suǒyǒu 🄧 모든, 일체의 烦恼 fánnǎo 🄳 번뇌하다, 걱정하다 好像 hǎoxiàng 🄳 마치 ~같다 随 suí 🄳 따르다 汗水 hànshuǐ 🄜 땀 流出 liúchū 🄳 흘리다 身体 shēntǐ 🄜 몸, 건강 或者 huòzhě 🄐 ~이던가 아니면 ~이다 戴 dài 🄳 착용하다 耳机 ěrjī 🄜 이어폰 心理 xīnlǐ 🄜 심리, 기분 安静 ānjìng 🄧 조용하다 只要A, 就B zhǐyào A, jiù B 🄐 A하기만 하면 B하다 保持 bǎochí 🄳 유지하다 工作 gōngzuò 🄳 일하다 🄜 업무 热情 rèqíng 🄜 열정

44

说话人有工作压力时，会怎么办？	화자는 업무 스트레스가 있을 때, 어떻게 하는가?
A 吃甜食 **B 听音乐** C 吸烟 D 逛街	A 단것을 먹는다 **B 음악을 듣는다** C 담배를 피운다 D 아이쇼핑을 한다

해설 보기는 모두 행동을 나타낸다. 녹음의 시작 부분에서 我一般通过运动和音乐来减轻压力(나는 보통 운동과 음악을 통해 스트레스를 줄인다)라고 했고 이어 운동과 음악이 어떻게 스트레스를 줄여주는지 설명했다. 따라서 화자가 스트레스가 있을 때 하는 행동은 B이다.

어휘 甜食 tiánshí 명 단맛의 식품 吸烟 xīyān 동 담배를 피우다 逛街 guàngjiē 동 거리를 구경하며 돌아다니다, 아이쇼핑을 하다

★★★ 중

45

这段话主要谈的是什么？	이 단락이 주로 말하고자 하는 것은 무엇인가?
A 交通工具 B 生活态度 **C 减压方式** D 交流目的	A 교통 수단 B 생활 태도 **C 스트레스 줄이는 방식** D 교류 목적

해설 보기는 모두 주제를 나타낸다. 녹음에서 每个人都有自己的减压方法(모든 사람들은 다 자신만의 스트레스를 줄이는 방법을 가지고 있다)라고 하며 뒷부분에 스트레스를 푸는 방법을 설명하고 있으므로 정답은 C이다.

어휘 交通 jiāotōng 명 교통 工具 gōngjù 명 도구, 수단 生活 shēnghuó 명 생활 态度 tàidu 명 태도 交流 jiāoliú 동 교류하다 目的 mùdì 명 목적

독해 제1부분

[풀이전략] 문제 문장의 빈칸 앞뒤를 보고 어떤 문장 성분이 들어가야 하는지 확인한 뒤, 보기에서 알맞은 품사와 뜻을 가진 단어를 찾아 넣는다.

46-50

A 后悔	B 至少	C 故意	A 후회하다	B 적어도	C 고의로
D 坚持	E 适应	F 年龄	D 견지하다	E 적응하다	F 나이

어휘 后悔 hòuhuǐ 동 후회하다 至少 zhìshǎo 부 적어도, 최소한 故意 gùyì 부 고의로, 일부러 坚持 jiānchí 동 견지하다, 지속하다 适应 shìyìng 동 적응하다 年龄 niánlíng 명 연령, 나이

★★☆ 중

46 现在有些人看起来比实际(F 年龄)小很多。

요즘 어떤 사람들은 실제 (F 나이)보다 많이 어려보인다.

해설 빈칸은 [개사구{개사(比)+관형어(实际)+___}+술어(小)+보어(很多)]의 구조로 개사의 목적어 자리이다. 문장이 '어떤 사람들은 실제 ~보다 많이 어려보인다'라는 뜻이므로 F 年龄(나이)이 들어가는 것이 적합하다.

어휘 看起来 kànqǐlái 보아하니, 보기에   小 xiǎo 혱 (나이가) 어리다

★★☆ 중

47 他又不是(C 故意)的，我希望你们能互相理解。

그도 (C 고의)가 아니었어. 나는 너희가 서로 이해하길 바래.

해설 빈칸은 [부사어(不)+술어(是)+___+的]의 구조로 목적어 자리이다. 뒷절에 互相理解(서로 이해하다)가 있으므로 인간 관계를 조율해주는 상황으로 보아 C 故意(고의로)가 들어가는 것이 적합하다.

어휘 希望 xīwàng 통 희망하다   互相 hùxiāng 뷔 서로, 상호 간의   理解 lǐjiě 통 이해하다, 알다

★★☆ 중

48 在这么热的夏天，我们一天(B 至少)喝1,500毫升左右的水。

이렇게 무더운 여름에 우리는 하루에 (B 적어도)1,500 밀리리터 가량의 물을 마신다.

해설 빈칸은 [주어(我们)+부사어(一天)+___+술어(喝)+관형어(1,500毫升左右)+목적어(水)]의 구조로 부사어 자리이다. 빈칸 뒤에 구체적인 수량이 있으므로 B 至少(적어도)가 들어가야 한다.

어휘 这么 zhème 혱 이렇게, 이러한   热 rè 혱 덥다   喝 hē 통 마시다   毫升 háoshēng 양 밀리리터(ml)   左右 zuǒyòu 몡 가량, 쯤

★★☆ 상

49 多保重身体，否则等到身体出现了问题，再(A 后悔)也来不及了。

건강을 챙겨라. 그러지 않으면 몸에 문제가 생긴 다음에 (A 후회)해도 손쓸 틈이 없게 된다.

해설 빈칸은 [再+___+也+술어(来不及)+了]의 구조로 강조를 나타내는 고정 격식이다. 따라서 빈칸은 동사/형용사 술어가 들어가야 한다. 앞절에서 '건강을 챙겨라'라고 했고, 이어 '그러지 않으면 몸에 문제가 생긴다'라고 했다. 빈칸 뒤에 来不及(손쓸 틈이 없다)가 있으므로 A 后悔(후회하다)가 들어가는 것이 적합하다.

어휘 保重 bǎozhòng 통 건강에 주의하다, 몸보신하다 [남에게 건강에 주의하기를 바란다는 말로 쓰임]   身体 shēntǐ 몡 몸, 건강   否则 fǒuzé 젭 그러지 않으면, 안 그러면   等 děng 통 (~할 때까지) 기다리다   出现 chūxiàn 통 출현하다   问题 wèntí 몡 문제   来不及 láibují 통 제시간에 댈 수 없다, 손쓸 틈이 없다

50

麦克逐渐（E 适应）了亚洲的饮食文化。

마이크는 점점 아시아의 음식 문화에 (E 적응했다).

해설 빈칸은 [주어(麦克)+부사어(逐渐)+___+了+관형어(亚洲的饮食)+목적어(文化)]의 구조로 동사 술어 자리이다. 목적어 文化(문화)와 호응하는 동사로 E 适应(적응하다)이 들어가야 한다.

TIP▶ **适应의 어휘 결합**

适应气候 shìyìng qìhòu 기후에 적응하다 　　适应环境 shìyìng huánjìng 환경에 적응하다
适应别人 shìyìng biérén 다른 사람에게 적응하다 　适应社会 shìyìng shèhuì 사회에 적응하다
适应工作 shìyìng gōngzuò 업무에 적응하다 　适应生活 shìyìng shēnghuó 생활에 적응하다

어휘 逐渐 zhújiàn 뛰 점점, 점차　亚洲 Yàzhōu 지명 아시아　饮食 yǐnshí 명 음식　文化 wénhuà 명 문화

51-55

| A 来得及 | B 流利 | C 温度 | A 시간 여유가 있다 | B 유창하다 | C 온도 |
| D 信心 | E 到底 | F 丰富 | D 자신감 | E 도대체 | F 풍부하다 |

어휘 来得及 láidejí 동 늦지 않다, ~할 시간적 여유가 있다　流利 liúlì 형 유창하다　温度 wēndù 명 온도　信心 xìnxīn 명 자신감
到底 dàodǐ 뛰 도대체　丰富 fēngfù 형 풍부하다

51

A: 我很羡慕小王能说一口（B 流利）的普通话。
B: 羡慕什么，你也从现在起认真学习汉语吧。

A: 나는 샤오왕이 (B 유창하게) 현대 중국어를 구사할 수 있는 게 너무 부러워.

B: 부럽긴 뭘. 너도 지금부터 열심히 중국어 공부해.

해설 빈칸은 [술어(说)+관형어(一口)+___+的+목적어(普通话)]의 구조로 관형어 자리이다. 목적어인 普通话(현대 중국어)를 꾸며줄 수 있는 형용사 B 流利(유창하다)가 들어가는 것이 적합하다.

어휘 羡慕 xiànmù 동 흠모하다, 부러워하다　普通话 pǔtōnghuà 명 현대 중국어의 표준어　从 cóng 개 ~부터　现在 xiànzài 명 지금, 현재　认真 rènzhēn 동 성실하다, 착실하다　学习 xuéxí 동 학습하다　汉语 Hànyǔ 명 중국어

52

A: 你为什么经常吃西红柿呢？有那么好吃吗？
B: 听说西红柿里的营养很（F 丰富），常吃西红柿对身体很好。

A: 너 왜 자주 토마토를 먹어? 그렇게 맛있어?

B: 듣자하니 토마토 안의 영양이 아주 (F 풍부하대), 그래서 자주 토마토를 먹으면 몸에 좋아.

해설 빈칸은 [관형어(西红柿里)+的+주어(营养)+부사어(很)+___]의 구조로 형용사 술어 자리이다. 주어인 营养(영양)을 묘사하는 단어로 형용사인 F 丰富(풍부하다)가 들어가야 한다.

어휘 经常 jīngcháng 🖣 자주   西红柿 xīhóngshì 🖲 토마토   好吃 hǎochī 🖲 맛있다   听说 tīngshuō 🖲 듣자하니, 들은 바로는   营养 yíngyǎng 🖲 영양   对 duì 🖼 ~에 대해   身体 shēntǐ 🖲 몸, 건강

★★☆ 상

53   A: 都7点了，我们恐怕会迟到一会儿，怎么办？
　　　B: 不用着急，功夫表演还有半个小时才开始呢，还 (A 来得及)。

A: 벌써 7시다. 우리 아마도 조금 늦을 거 같은데 어떡하지？
B: 조급해할 필요 없어. 무술 공연은 30분이나 있어야 시작해. 아직 (A 시간 여유가 있어).

해설 빈칸은 [부사어(还)+___]의 구조로 동사 술어 자리이다. 앞절에서 '무술 공연이 30분이나 있어야 시작해'라고 했으므로 아직 시간 여유가 있다는 뜻이 되도록 A 来得及(시간 여유가 있다)가 들어가야 한다.

어휘 恐怕 kǒngpà 🖣 아마도   迟到 chídào 🖲 늦다, 지각하다   一会儿 yíhuìr 🖲 잠시 동안, 짧은 시간   不用 búyòng 🖲 ~할 필요 없다   着急 zháojí 🖲 조급해하다, 초초하다   功夫 gōngfu 🖲 시간   表演 biǎoyǎn 🖲🖲 공연(하다)   才 cái 🖣 ~에야 비로소, 이제서야   开始 kāishǐ 🖲 시작하다

★★☆ 중

54   A: 我明天要去参加一个面试，有点儿紧张。
　　　B: 别紧张，你要对自己有(D 信心)，相信自己能得到好结果。

A: 나는 내일 면접보러 가는데, 좀 긴장된다.
B: 긴장하지 마. 너는 스스로에게 (D 자신감)을 가져야 해. 자기 자신을 믿으면 좋은 결과를 얻을 수 있어.

해설 빈칸은 [부사어(对自己)+술어(有)+___]의 구조로 목적어 자리이다. 문맥상 '너는 스스로에게 ~가 있어야 한다'라는 뜻이고, 뒷절에 相信自己(자기 자신을 믿다)가 있으므로, D 信心(자신감)이 들어가야 한다.

어휘 参加 cānjiā 🖲 참가하다   面试 miànshì 🖲 면접 시험을 보다 🖲 면접   有点儿 yǒudiǎnr 🖣 조금, 약간   别 bié 🖣 ~하지 마라   紧张 jǐnzhāng 🖲 긴장하다   自己 zìjǐ 🖽 자기, 자신   相信 xiāngxìn 🖲 믿다   得到 dédào 🖲 얻다   结果 jiéguǒ 🖲 결과

★★★ 상

55   A: 这儿(E 到底)发生了什么事情？怎么这么乱啊！
　　　B: 不好意思，我的小狗刚才把垃圾桶打翻了。

A: 여기 (E 도대체) 무슨 일이 발생했던 거야? 왜 이렇게 어지럽혀 있어!
B: 미안해. 내 강아지가 아까 쓰레기통을 엎었어.

해설 빈칸은 [주어(这儿)+___+술어(发生)+了+관형어(什么)+목적어(事情)]의 구조로 부사어 자리이다. 빈칸 문장이 무슨 일이 발생했느냐는 뜻으로 질문하고 있으므로 문맥상 E 到底(도대체)가 들어가야 한다.

Tip▶ **부사 到底**
부사 到底는 '도대체'라는 뜻으로 뒤에 의문 형태를 취한다. 따라서 부사 到底가 등장한다면 뒷부분에 의문 형태가 있는지 확인한다! 유사한 표현으로 究竟이 있다.
　　🖫 现在都8点了，他**到底**几点来？지금 벌써 8시가 넘었는데, 그는 도대체 몇 시에 오는 거니?

어휘 发生 fāshēng 🖲 발생하다   事情 shìqing 🖲 일, 사건   怎么 zěnme 🖽 어떻게, 왜   这么 zhème 🖽 이렇게   乱 luàn 🖲 어지럽히다 🖲 무질서하다   刚才 gāngcái 🖲 방금, 아까   把 bǎ 🖼 ~을/를   垃圾桶 lājītǒng 🖲 쓰레기통   打翻 dǎfān 🖲 뒤집어 엎다(놓다)

[풀이전략] 어순을 배열할 수 있는 단서(접속사, 대사, 호칭 등)를 찾는다. 눈에 보이는 단서 외에도 원인과 결과, 사건이 일어난 순서 등 논리적인 흐름을 파악하여 어순을 배열한다.

★★☆ 중

56
A 今晚只好要加班了 → 주어가 없고, 시간 명사가 있다.
B 我本来打算今天上午把这个任务完成好的 → 부사 本来가 있고, 시간 명사가 있다.
C 现在都下午5点了，估计到下班之前都没办法弄好 → 시간 명사가 있고, 주어가 없다.

해설 A에 시간 명사 今晚(오늘 저녁)이 있고 주어가 없다. B에 시간 명사 今天上午(오늘 오전)가 있고 주어 我(나)가 있다. C에 시간을 나타내는 现在(지금)와 下午5点(오후 5시)이 있고 주어가 없다. 따라서 B를 문장 맨 앞에 배치한다. B의 원래 계획인 今天上午把这个任务完成好的(오늘 오전에 이 임무를 완성한다)에 대해 C에서 估计到下班之前都没办法弄好(퇴근 전까지 다 완성할 수 없을 거 같다)라고 예상하고 있으므로 B-C로 연결한다. 그리고 C에 대한 대안으로 A가 연결되는 것이 적합하다. 정답은 B-C-A이다.

문장 我本来打算今天上午把这个任务完成好的，现在都下午5点了，估计到下班之前都没办法弄好，今晚只好要加班了。 나는 원래 오늘 오전에 이 임무를 완성하려고 했는데, 지금 벌써 오후 5시인데, 퇴근 전까지 다 완성할 수 없을 거 같아. 오늘 저녁에 어쩔 수 없이 야근해야겠다.

어휘 只好 zhǐhǎo 🔟 부득이하게   加班 jiābān 🔟 초과 근무를 하다   本来 běnlái 🔟 본래의, 원래의   打算 dǎsuàn 🔟 ~할 계획이다, ~할 작정이다   上午 shàngwǔ 🔟 오전   任务 rènwu 🔟 임무   完成 wánchéng 🔟 완성하다   现在 xiànzài 🔟 지금, 현재   下午 xiàwǔ 🔟 오후   估计 gūjì 🔟 추측하다   之前 zhīqián 🔟 ~이전, ~의 앞   办法 bànfǎ 🔟 방법   弄 nòng 🔟 하다

★★☆ 하

57
A 然后用剩下的钱来交房租、水电费等 → 주어가 없고, 뒷절에 오는 접속사 然后가 있다.
B 这样他们很快就能买得起房子了 → 앞의 행동을 가리키는 대사 这样이 있다.
C 这对夫妻每个月把工资的大部分都存起来 → 주어가 있다.

해설 A는 주어가 없고 후속절에 쓰이는 접속사 然后(그리고 나서)로 시작한다. B는 앞의 행동을 가리키는 대사 这样(이렇게)으로 시작한다. C에 주어 这对夫妻(이 부부)가 있으므로 문장 맨 앞에 배치한다. C의 행동 把工资的大部分都存起来(월급의 대부분을 저금했다)에 이어 A의 행동 用剩下的钱来交房租、水电费等(남은 돈으로 집세, 수도세, 전기세 등을 낸다)이 이어지는 것이 적합하므로 C-A로 연결한다. B의 能买得起房子了(집을 살 수 있다)가 C와 A의 행동에 대한 결과이므로 C-A-B로 연결한다.

문장 这对夫妻每个月把工资的大部分都存起来，然后用剩下的钱来交房租、水电费等，这样他们很快就能买得起房子了。 이 부부는 매월 월급의 대부분을 저금한 다음, 남은 돈으로 집세, 수도세, 전기세 등을 낸다. 이렇게 해서 그들은 곧 집을 살 수 있게 되었다.

어휘 然后 ránhòu 🔟 그런 후에, 그리고 나서   剩下 shèngxià 🔟 남다   交 jiāo 🔟 제출하다, 내다   房租 fángzū 🔟 집세   水电费 shuǐdiànfèi 🔟 전력 및 수도료   能够 nénggòu 🔟 ~할 수 있다   套 tào 🔟 벌, 조   房子 fángzi 🔟 집   对 duì 🔟 짝, 쌍 [짝을 이룬 것을 세는 단위]   夫妻 fūqī 🔟 부부   把 bǎ 🔟 ~을/를   工资 gōngzī 🔟 월급   大部分 dàbùfen 🔟 대부분   存 cún 🔟 저축하다

실전모의고사 5

★★☆ 중

58　A 回家时妹妹都不想离开那儿了，现在**仍然很兴奋** → 대사 那儿이 있고, 시기와 주어가 있다.
　　B 看到了很多从来没见过的动物 → 주어가 없다.
　　C 昨天正好是儿童节，妈妈带我和妹妹去参观动物园 → 시간 명사가 있고, 주어가 있다.

해설 A에 대사 那儿(그곳)이 있고, 시간을 나타내는 回家时(집에 돌아갈 때)로 시작한다. B는 주어가 없다. C는 이야기가 발생한 시기가 제시되었고, 주어 妈妈(어머니)가 있으므로 문장 맨 앞에 배치한다. 시간 순서상 B의 看到了很多从来没见过的动物(지금껏 본 적이 없는 많은 동물들을 보고) 이후에 A의 妹妹都不想离开那儿了(여동생은 그곳을 떠나기 싫어했다)이 일어나는 것이므로 B-A로 연결시킨다. 따라서 정답은 C-B-A이다.

문장 昨天正好是儿童节，妈妈带我和妹妹去参观动物园，看到了很多从来没见过的动物，回家时妹妹都不想离开那儿了，现在仍然很兴奋。 어제 마침 어린이날이라 어머니는 나와 여동생을 데리고 동물원에 가셨다. 지금껏 본 적이 없는 많은 동물들을 보자, 집에 돌아갈 때 여동생은 그곳을 떠나기 싫어했다. 지금도 그녀는 여전히 흥분해 있다.

어휘 回家 huíjiā 통 집으로 돌아가다　妹妹 mèimei 명 여동생　离开 líkāi 통 떠나다　仍然 réngrán 튀 변함없이, 여전히　兴奋 xīngfèn 휑 흥분하다, 감격하다　从来 cónglái 튀 지금까지　动物 dòngwù 명 동물　正好 zhènghǎo 튀 때마침　儿童节 értóngjié 명 어린이날　带 dài 통 데리다, 가지다　动物园 dòngwùyuán 명 동물원　参观 cānguān 통 참관하다

★★☆ 중

59　A 参观中**请大家跟紧我**，不要走丢了，谢谢 → 주어가 없고, 마무리 인사 谢谢가 있다.
　　B 各位旅客请注意，你们到入口处排队，我先去售票处**买票回来** → 안내 대상이 언급되었고, 주어와 선동작이 있다.
　　C 拿到票后，我会带大家进去开始参观 → 후동작이 있다.

해설 A는 谢谢(감사합니다)로 끝나므로 문장 맨 뒤에 배치한다. B의 各位旅客请注意(여행객 여러분, 주목해주세요)가 안내말의 도입부이므로 문장 맨 앞에 배치한다. B의 买票(표를 사다)라는 행동 뒤에 C의 拿到票后(표를 받으신 뒤)가 연결되므로 B-C로 연결한다. C의 행동 进去开始参观(들어가서 참관을 시작하다) 뒤에 A의 请大家跟紧我(모두 저를 잘 따라오세요)라는 요청이 이어지는 것이 자연스러우므로 C-A로 연결한다. 따라서 정답은 B-C-A이다.

문장 各位旅客请注意，你们到入口处排队，我先去售票处买票回来，拿到票后，我会带大家进去开始参观，参观中请大家跟紧我，不要走丢了，谢谢。 여행객 여러분, 주목해주세요. 여러분께서 입구에서 줄을 서시면, 제가 먼저 매표소에 가서 표를 사올 겁니다. 표를 받으시면 제가 여러분을 모시고 참관을 시작할 거예요. 참관하시면서 모두 저를 잘 따라오시고, 놓치지 마세요. 감사합니다.

어휘 参观 cānguān 통 참관하다　跟 gēn 통 따라가다　紧 jǐn 휑 팽팽하다, 매우 가깝다　走 zǒu 통 가다, 걷다　丢 diū 통 잃다　各位 gèwèi 명 여러분　旅客 lǚkè 명 여행객, 관광객　注意 zhùyì 통 주의하다　排队 páiduì 통 줄을 서다　先 xiān 튀 먼저, 우선　售票处 shòupiàochù 명 매표소　买 mǎi 통 사다　票 piào 명 표　拿 ná 통 가지다　带 dài 통 데리다, 가지다　进去 jìnqù 통 들어가다　开始 kāishǐ 통 시작하다

★☆☆ 하

60　A 你最好**把它放在窗户边**，让它多见太阳 → 대사 它가 있다.
　　B 这种宽叶喜欢有阳光的地方 → 주어가 있다.
　　C 这样做才能长得更快、叶子的颜色也会变得更绿 → 앞의 행동을 가리키는 这样과 대사 它가 있다.

해설 A에 대사 它(그것)가 있으므로 앞에 구체적인 대상이 와야 한다. C에 행동을 가리키는 대사 这样(이렇게)이 있다. B에 주어 这种宽叶(이런 넓은 잎)가 있고 보편적인 내용이므로 문장 맨 앞에 배치한다. B의 내용에 대해 A에서 把它放在窗户边(그것을 창가에 둔다)이라고 제안하고 있으므로 B-A로 연결된다. B와 A의 행동에 대해 C에서 才能长得更快、叶子的颜色也会变得更绿(더 빨리 자라고 잎의 색깔도 더욱 파래집니다)라고 결과를 제시했으므로 정답은 B-A-C이다.

문장 这种宽叶喜欢有阳光的地方，你最好把它放在窗户边，让它多见太阳，这样做才能长得更快、叶子的颜色也会变得更绿。 이런 넓은 잎은 햇볕이 드는 곳을 좋아해요. 이것을 창가에 두고, 햇빛을 많이 보게 해주는 것이 좋아요. 이렇게 하면 더 빨리 자라고, 잎의 색깔도 더욱 파래집니다.

어휘 最好 zuìhǎo 图 가장 바람직한 것은, ~하는 게 제일 좋다 把 bǎ 개 ~을/를 放 fàng 통 두다, 놓다 窗户 chuānghu 명 창문 边 biān 명 가장자리 让 ràng 통 ~하게 하다 太阳 tàiyáng 명 태양, 햇빛 种 zhǒng 양 종류를 세는 단위 喜欢 xǐhuan 통 좋아하다 阳光 yángguāng 명 햇빛 地方 dìfang 명 곳, 군데, 지방 才 cái 图 ~에야 비로소, 이제서야 长 zhǎng 통 자라다, 생장하다 更 gèng 图 더욱 快 kuài 형 빠르다 叶子 yèzi 명 잎 颜色 yánsè 명 색깔 绿 lǜ 형 푸르다

★★★ 상

61
A 一看见护士就哭，她怎么都没想到 → 看见의 주어가 없고, 대사 她가 있다.
B 我长大后竟然会成为一名护士 → 시기 长大后가 있다.
C 妈妈说我小的时候特别害怕去医院打针 → 인용을 나타내는 말과 시기 小的时候가 있다.

해설 A에 주어가 없고, 대사 她(그녀)가 있다. B에 시기를 나타내는 长大后(자란 후에)가 있다. C는 인용을 나타내는 妈妈说(어머니는 말씀하셨다)로 시작하므로 문장 맨 앞에 배치한다. C에서 害怕去医院打针(병원에 가서 주사 맞기를 무서워했다)이라고 했고 이에 대한 구체적인 상황으로 A에서 一看见护士就哭(간호사를 보자마자 울었다)라고 했으므로 C-A로 연결한다. A에서 没想到(생각하지 못하다)라고 했고, B에서 부사 竟然(뜻밖에도)을 사용하여 생각하지 못한 일 成为一名护士(간호사가 되다)가 제시되었으므로 A-B로 연결한다. 따라서 정답은 C-A-B이다.

문장 妈妈说我小的时候特别害怕去医院打针，一看见护士就哭，她怎么都没想到，我长大后竟然会成为一名护士。 어머니는 내가 어렸을 때 병원에 가서 주사 맞기를 매우 무서워해서 간호사를 보자마자 울었다고 하셨다. 그래서 어머니는 내가 자라서 간호사 될 줄 몰랐다고 하셨다.

Tip▶ 시간 관련 단어가 등장하면, 과거에서 현재 순으로 연결됨을 주목하자!
중국어는 문장을 서술할 때, 과거-현재-미래 순으로 이야기를 풀어나간다. 만약 제시된 문장에서 시제 관련 키워드들이 등장하면, 그 핵심 힌트를 놓치지 말자!
예 她出生在一个小农村，自从9岁那年搬到这座城市，她就一直住在这儿。
그녀는 작은 농촌에서 태어났는데, 9살이 되던 해에 이 도시로 이사 와서, 지금까지 계속 여기에서 살고 있다.

어휘 看见 kànjiàn 통 보다 护士 hùshi 명 간호사 哭 kū 통 울다 长大 zhǎngdà 통 자라다, 성장하다 竟然 jìngrán 图 뜻밖에도 成为 chéngwéi 통 ~이 되다 小 xiǎo 형 (나이가) 어리다 特别 tèbié 图 특별히, 유달리 害怕 hàipà 통 겁내다, 두려워하다 医院 yīyuàn 명 병원 打针 dǎzhēn 통 주사를 놓다(맞다)

★★☆ 중

62
A 因此孩子小时候的教育很重要 → 결과를 이끄는 접속사 因此가 있다.
B 意思是一个人从3岁就可以推测到80岁的性格 → 뜻을 설명하는 어휘가 있다.
C 中国有 "三岁定八十" 的说法 → 큰따옴표로 제시된 어휘가 있다.

해설 A에 후속절에 쓰여 결과를 이끄는 접속사 因此(그래서)가 있다. B는 뜻을 설명할 때 사용하는 意思是(뜻은 ~이다)로 시작한다. C에 큰따옴표로 제시된 인용문이 있으므로 문장 맨 앞에 배치한다. C의 인용문의 뜻을 설명하는 것으로 B가 연결된다. C-B로 연결한다. C와 B의 내용에 대한 결과 또는 견해로 A가 맨 뒤에 위치하는 것이 적합하다. 따라서 정답은 C-B-A이다.

문장 中国有"三岁定八十"的说法，意思是一个人从3岁就可以推测到80岁的性格，因此孩子小时候的教育很重要。 중국에는 '세 살 버릇이 여든까지 간다'라는 표현이 있다. 그 뜻은 한 사람의 3살 때 80세의 성격을 추측할 수 있다는 것이다. 그래서 아이 교육은 일찍 시작하는 것이 좋다.

Tip▶ 제시된 문장에 큰따옴표 " "가 있다면, 첫번째 문장이다!
중국어에서는 사자성어, 속담, 명언 등의 인용문을 글의 도입부에 제시하여 전하려는 주제를 먼저 드러낸다. 이때 인

실전모의고사 5

용문에는 큰따옴표를 사용한다. 따라서 큰따옴표가 있는 문장이 있으면 첫 문장에 배치하도록 한다.

예 汉语里有句话"三岁定八十"。 중국어에는 '세 살 버릇이 여든까지 간다'라는 말이 있다.

어휘 因此 yīncǐ 젭 그래서, 그러므로　孩子 háizi 뎽 아이, 자녀　教育 jiàoyù 뎽 됭 교육(하다)　重要 zhòngyào 톙 중요하다　意思 yìsi 뎽 뜻, 의미　推测 tuīcè 됭 추측하다, 헤아리다　岁 suì 얭 세, 살 [나이를 세는 단위]　性格 xìnggé 뎽 성격　说法 shuōfǎ 뎽 표현, 논법

★★☆ 중

63　A 平时刷牙的时候把盐加在牙膏或者牙刷上 → 소개하는 내용이다.
　　B 这样做对牙变白很有好处 → 앞의 행동을 가리키는 这样가 있다.
　　C 很多网站上都介绍 → 介绍 뒤에 소개하는 내용이 와야 한다.

해설 B가 상태를 가리키는 대사 这样(이렇게)으로 시작하므로 앞에 구체적인 행동이 필요하다. C가 동사 介绍(소개하다)로 끝나므로 뒤에 소개하는 내용이 와야 한다. A가 平时刷牙的时候(평소 양치질을 할 때)라고 상황을 제시하며 소개하는 내용이 나오므로 C–A로 연결한다. B의 这样做(이렇게 하는 것)가 A의 행동을 가리키고 그 이후 내용이 A에 대한 결과를 나타내므로 A–B로 연결한다. 따라서 정답은 C–A–B 이다.

문장 很多网站上都介绍, 平时刷牙的时候把盐加在牙膏或者牙刷上, 这样做对牙变白很有好处。많은 사이트에서 평소 양치질을 할 때 소금을 치약이나 칫솔 위에 더하면, 치아 미백에 좋다고 소개했다.

어휘 平时 píngshí 뎽 평소, 평상시　刷牙 shuāyá 됭 이를 닦다　盐 yán 뎽 소금　加 jiā 됭 더하다, 보태다　牙膏 yágāo 뎽 치약　或者 huòzhě 젭 혹은, 아니면　牙 yá 뎽 이　变 biàn 됭 바뀌다, 변하다　白 bái 톙 하얗다　好处 hǎochu 뎽 좋은 점, 장점　网站 wǎngzhàn 뎽 웹 사이트　介绍 jièshào 됭 소개하다

★★☆ 하

64　A 就按照超出部分每一公斤的标准加收费用 → 부사 就가 있다.
　　B 按照规定, 一个人最多可免费带20公斤行李 → 기본규정을 소개하고 있다.
　　C 如果您的行李箱超过20公斤的话 → 접속사 如果가 있고, 앞서 언급된 20公斤이 있다.

해설 C에 접속사 如果(만약)가 있고, A에 부사 就(~하면)가 있으므로 '如果A, 就B(만약에 A한다면, B 하다)'의 호응 관계가 되도록 C–A로 연결한다. B에서 一个人最多可免费带20公斤行李(한 사람이 최대 20킬로그램의 수화물을 무료로 휴대할 수 있습니다)라고 하여 규정을 설명하고 있고, C에서 超过20公斤的话(20킬로그램을 초과할 경우)라고 이 규정 외의 상황을 가정하고 있으므로 B–C로 연결해야 한다. 따라서 정답은 B–C–A이다.

문장 按照规定, 一个人最多可免费带20公斤行李, 如果您的行李箱超过20公斤的话, 就按照超出部分每一公斤的标准加收费用。규정에 따라 한 사람이 최대 20킬로그램의 수화물을 무료로 휴대할 수 있습니다. 만일 귀하의 수화물이 20킬로그램을 초과할 경우 초과한 부분의 매 킬로그램당 추가 비용을 받습니다.

Tip▶ 가설을 나타내는 접속사 如果
如果는 '만약에'라는 뜻으로, 부사 就와 자주 호응한다. 如果 대신 要是를 쓰거나, 앞절 끝부분에 的话를 붙일 수도 있다.
　• 호응 구조: [如果/要是A(的话), 就B] 만약에 A한다면, B하다
　　예 如果你有什么困难, 就来找我。 만일 어떤 어려움이 생긴다면, 나를 찾아오렴.

어휘 按照 ànzhào 꺠 ~에 의해서　超出 chāochū 됭 초과하다　部分 bùfen 뎽 부분　公斤 gōngjīn 얭 킬로그램(kg)　标准 biāozhǔn 뎽 기준, 표준　费用 fèiyòng 뎽 비용　规定 guīdìng 뎽 됭 규정(하다)　免费 miǎnfèi 됭 무료이다　带 dài 됭 가지다, 데리다　行李 xíngli 뎽 짐　如果A, 就B rúguǒ A, jiù B 젭 만약 A한다면 B하다　行李箱 xínglǐxiāng 뎽 (여행용) 트렁크　超过 chāoguò 됭 초과하다

★★☆ 하

65
A 一边抱着西瓜吃，一边看电影 → 주어가 없다.
B 这才是最让人感到幸福的事 → 대사 这가 있다.
C 夏天快要到了，在家里开空调 → 상황을 설명하고 있다.

해설 A는 주어가 없고, B는 대사 这(이것)로 시작하므로 앞에 구체적인 내용이 와야 한다. C가 夏天快要到了(곧 여름이다)라고 상황을 제시하고 있으므로 문장 맨 앞에 배치한다. C의 부사어 在家里(집에서)가 A의 행동에 대한 배경이 되므로 C–A로 연결한다. B의 这가 C와 A를 가리키며 이로 인한 견해를 나타내므로 B를 맨 뒤에 배치한다. 따라서 정답은 C–A–B이다.

문장 夏天快要到了，在家里开空调，一边抱着西瓜吃，一边看电影，这才是最让人感到幸福的事。곧 여름이다. 집에서 에어컨을 켜고, 수박을 껴안고 먹으며 영화를 보는 것이야말로 사람으로 하여금 가장 행복을 느끼게 하는 일이다.

Tip▶ **고정 격식 '一边A, 一边B'** A하면서, B하다
一边은 두 가지 동작이 동시에 진행되는 것을 나타내며, '一'는 생략할 수 있다.
예 我很喜欢**一边**看杂志**一边**喝咖啡。 나는 잡지를 보면서 커피를 마시는 것을 좋아한다.

어휘 抱 bào 통 안다, 껴안다　西瓜 xīguā 명 수박　才 cái 부 ～이야말로 [주어를 강조함]　最 zuì 부 가장, 최고　让 ràng 통 ～하게 하다　感到 gǎndào 통 느끼다　幸福 xìngfú 형 행복하다　事 shì 명 일　夏天 xiàtiān 명 여름　快要 kuàiyào 부 곧 ～하다　到 dào 통 도달하다, (시간·기간·날짜가) 되다　开 kāi 통 켜다, 열다　空调 kōngtiáo 명 에어컨

독해 **제3부분**

풀이전략 먼저 문제의 질문과 보기를 보고 핵심 키워드를 파악한 뒤, 이 키워드를 중심으로 지문을 읽는다. 지문의 내용과 보기를 대조하여 질문에 알맞은 정답을 고른다.

★☆☆ 하

66

以前，我妻子是一名专业羽毛球运动员，还得了多次国内外大赛的第一名，她在羽毛球界很有名。现在在一所大学教孩子们打羽毛球，她上课幽默风趣，深受学生们的欢迎。

예전에 나의 부인은 프로 배드민턴 운동선수였다. 국내외 큰 경기에서 일등을 여러 차례 했었다. 그녀는 배드민턴계에서 매우 유명하다. 지금은 대학교에서 아이들을 가르치고 있는데, 그녀의 강의가 재미있어서 학생들에게 큰 사랑을 받는다.

★ 根据这段话，他妻子：

A 喜欢去爬山
B 没工作经验
C 是一名演员
D 当过运动员

★ 이 글에 근거하여, 그의 부인은?

A 등산하는 것을 좋아한다
B 업무 경험이 없다
C 배우이다
D 운동선수를 한 적이 있다

해설 질문에서 그의 부인에 대한 옳은 내용을 묻고 있다. 보기의 키워드로 A는 爬山(등산), B는 工作经验(업무 경험), C는 演员(배우), D는 运动员(운동선수)을 삼고 지문과 대조한다. 지문에서 以前，我妻子是一名专业羽毛球运动员(예전에 나의 부인은 프로 배드민턴 운동선수였다)이라고 했으므로 그의 부인이 배드민턴 운동선수였음을 알 수 있다. 따라서 정답은 D이다.

어휘 以前 yǐqián 명 과거　妻子 qīzi 명 아내, 부인　专业 zhuānyè 형 전문의 명 전문, 전공　名 míng 양 사람을 세는 단위　羽毛球 yǔmáoqiú 명 배드민턴　运动员 yùndòngyuán 명 운동선수　得 dé 통 얻다　次 cì 양 번, 차례　大赛 dàsài 명 대형 경기　第一名 dìyīmíng 명 일등, 제1위　有名 yǒumíng 형 유명하다　所 suǒ 양 학교를 세는 단위　大学 dàxué 명 대학교　教 jiāo

圄 가르치다, 전수하다　幽默 yōumò 圏 유머러스하다　风趣 fēngqù 圏 (말·글 따위가) 재미있다　深受 shēnshòu 圄 깊이 받다　欢迎 huānyíng 圄 환영하다　爬山 páshān 圄 등산하다　工作 gōngzuò 圄 일하다 圀 업무　经验 jīngyàn 圀 경험　演员 yǎnyuán 圀 배우　当 dāng 圄 ~가 되다

★★☆ 중

67

"凉茶"很受广东人欢迎。其实，它是一种以中药来做成的饮料，并不是茶。尽管味道较苦，但对身体有一定的好处，尤其热着喝效果更好。

'냉차'는 광동 사람들에게 매우 사랑을 받는다. 사실, 이것은 한약재를 가지고 만든 음료로 차가 아니다. 비록 맛이 좀 쓰지만 몸에 꽤 좋다. 특히 따뜻하게 마시면 효과가 더 좋다.

★ 凉茶:

A 味道很苦
B 是一种茶
C 是水果做的
D 有减肥的作用

★ 냉차는?

A 맛이 쓰다
B 일종의 차다
C 과일로 만들었다
D 다이어트 작용을 한다

해설 질문에서 냉차에 대한 설명으로 옳은 내용을 묻고 있다. 보기의 키워드로 A는 苦(쓰다), B는 茶(차), C는 水果(과일), D는 减肥(다이어트)를 삼고 지문과 대조한다. 지문에서 냉차에 대해 味道较苦(맛이 좀 쓰다)라고 했으므로 정답은 A이다.

Tip▶ **전환 관계의 접속사 尽管**
尽管은 '비록 ~에도 불구하고'라는 뜻으로, 뒤에는 항상 전환되는 내용을 이끄는 접속사 但是나 부사 却와 호응하여 쓰인다. 접속사 虽然과 비슷한 뜻을 나타낸다.
· 호응 구조: [尽管A, 但是/却B] 비록 A에도 불구하고 그러나 B하다
᠓ 尽管是冬天，但天气却很暖和。 비록 겨울이지만 날씨는 매우 따뜻하다.

어휘 凉茶 liángchá 圀 냉차 [중국의 탕약 종류]　受 shòu 圄 받다　广东 Guǎngdōng 圂 광동성, 광동성　欢迎 huānyíng 圄 환영하다　其实 qíshí 圄 사실은　种 zhǒng 圀 종류를 세는 단위　以 yǐ 圀 ~으로, ~을 가지고　中药 zhōngyào 圀 중국 의약, 한약　饮料 yǐnliào 圀 음료　并 bìng 圄 결코, 전혀　茶 chá 圀 차　尽管A, 但B jǐnguǎn A, dàn B 圂 비록 A에도 불구하고 그러나 B하다　味道 wèidao 圀 맛　较 jiào 圄 비교적　苦 kǔ 圏 (맛이) 쓰다　身体 shēntǐ 圀 몸, 건강　一定 yídìng 圏 어느 정도의, 상당한, 꽤　好处 hǎochu 圀 장점　尤其 yóuqí 圄 특히, 더욱　热 rè 圄 가열하다, 데우다　效果 xiàoguǒ 圀 효과　更 gèng 圄 더욱　水果 shuǐguǒ 圀 과일　减肥 jiǎnféi 圄 다이어트를 하다　作用 zuòyòng 圀 작용

★★☆ 중

68

有些人还认为自己做错了道个歉，说一句抱歉就行了。其实原谅一个人很容易，但是重新信任别人却是很困难的。所以我们在向别人道歉时应该让人感到你真心的歉意。

일부 사람들은 자기가 잘못해서 사과를 할 때 미안하다고 말 한 마디만 하면 된다고 생각한다. 사실 용서하는 것은 쉬운 일이지만 다른 사람을 다시 믿는 것은 오히려 어려운 일이다. 그래서 우리는 다른 사람에게 사과할 때 당신의 진심어린 사과의 마음을 느낄 수 있도록 해야 한다.

★ 根据这段话，道歉时:

A 不用紧张
B 只说抱歉
C 不要太晚
D 需要真心

★ 이 글에 근거하여, 사과를 할 때는?

A 긴장할 필요가 없다
B 미안하다고만 말해라
C 너무 늦게 하지 마라
D 진심이 필요하다

해설 질문에서 사과를 할 때 어떻게 해야 하는지를 묻고 있다. 지문에서 올바른 사과에 대해 설명하면서 我们在向别人道歉时应该让人感到你真心的歉意(우리는 다른 사람에게 사과할 때 당신의 진심어린 사과의 마음을 느낄 수 있도록 해야 한다)라고 했다. 따라서 D가 정답이다.

어휘 认为 rènwéi 통 생각하다, 여기다　自己 zìjǐ 대 자기, 자신　错 cuò 형 틀리다　道歉 dàoqiàn 통 사과하다　句 jù 양 마디 [말·글의 수를 세는 단위]　抱歉 bàoqiàn 통 미안하다　其实 qíshí 부 사실은　原谅 yuánliàng 통 용서하다, 양해하다　容易 róngyì 형 쉽다, ～하기 쉽다　但是 dànshì 접 그러나　重新 chóngxīn 부 다시, 재차　信任 xìnrèn 통 신임하다　别人 biérén 명 다른 사람　却 què 부 오히려, 도리어　困难 kùnnan 통 곤란하다, 힘들다　所以 suǒyǐ 접 그래서　向 xiàng 개 ～로, ～을 향하여　应该 yīnggāi 조동 마땅히 ～해야 한다　让 ràng 통 ～하게 하다　感到 gǎndào 통 느끼다　真心 zhēnxīn 명 진심　歉意 qiànyì 명 미안한 마음　不用 búyòng 통 ～할 필요 없다　紧张 jǐnzhāng 형 긴장하다　只 zhǐ 부 다만, 단지　晚 wǎn 형 늦다　需要 xūyào 통 필요하다

★★☆ 중

69
许多人都忙了一周, 等到周末就喜欢睡懒觉, 有的人甚至一睡就是大半天。但是医生提醒我们睡太久却对身体不太好, 睡懒觉也许还会引起头疼。他们建议每天睡七八个小时就足够了。

많은 사람들이 일주일 동안 바쁘게 일하고, 주말이 되길 기다렸다가 늦잠 자는 것을 좋아한다. 어떤 사람들은 심지어 잠만 자면 반나절이다. 그러나 의사는 우리에게 잠을 너무 오래 자면 오히려 몸에 좋지 않고, 지나친 수면은 어쩌면 두통을 일으킬 수도 있다고 말한다. 그들은 매일 7~8시간 자면 충분하다고 권한다.

★ 根据这段话, 睡觉时间太长会:

A 解决烦恼
B 减轻压力
C 增加信心
D 影响健康

★ 이 글에 근거하여, 수면 시간이 너무 길면?

A 고민이 해결된다
B 스트레스를 줄여준다
C 자신감이 증가한다
D 건강에 영향을 미친다

해설 질문에서 수면 시간이 너무 길면 어떻게 되는지 묻고 있다. 지문에서 医生提醒我们睡太久却对身体不太好(의사는 우리에게 잠을 너무 오래 자면 오히려 몸에 좋지 않다고 했다)라고 했으므로 잠을 너무 많이 자면 건강에 좋지 않다는 것을 알 수 있다. 따라서 정답은 D이다.

Tip▶ 고정 격식 '一A, 就B'
고정 격식으로 쓰이는 '一A, 就B'는 'A하자마자 B하다'라는 뜻을 나타내며, 시간과 조건의 의미로 사용할 수 있다.
예 我一到家就洗了手。 나는 집에 도착하자마자 손을 씻었다. (시간)
예 他一喝酒脸就红。 그는 술만 마시면 얼굴이 빨개진다. (조건)

어휘 许多 xǔduō 형 매우 많다　忙 máng 통 서둘러 하다, 바쁘게 하다　等 děng 통 ～할 때까지 기다리다　周末 zhōumò 명 주말　睡懒觉 shuì lǎnjiào 통 늦잠을 자다　甚至 shènzhì 접 심지어, ～까지도　半天 bàntiān 명 한나절, 한참 동안　但是 dànshì 접 그러나　医生 yīshēng 명 의사　提醒 tíxǐng 통 일깨우다, 깨우치다　久 jiǔ 형 오래다　却 què 부 오히려, 도리어　身体 shēntǐ 명 몸, 건강　够 gòu 형 충분하다, 넉넉하다　也许 yěxǔ 부 어쩌면, 아마도　引起 yǐnqǐ 통 야기하다, 끌다　头疼 tóuténg 통 머리가 아프다　建议 jiànyì 통 건의하다, 제의하다　最好 zuìhǎo 부 가장 바람직한 것은, ～하는 게 제일 좋다　解决 jiějué 통 해결하다　烦恼 fánnǎo 통 번뇌하다, 고민하다　减轻 jiǎnqīng 통 경감시키다　压力 yālì 명 스트레스　增加 zēngjiā 통 증가하다　信心 xìnxīn 명 자신감　影响 yǐngxiǎng 통 영향을 주다　健康 jiànkāng 형 건강하다

70

快乐的人就像太阳，无论照到哪里，哪里都明亮；而伤心的人就像乌云，不管去到哪里都有雨滴和哭声。只有态度积极主动的人，才能找到快乐的生活，相反，总是伤心难过的人会给人带来烦恼。	즐거운 사람들은 태양과 같이 밝다. 어디를 가든지 햇빛과 웃음소리가 있다. 슬픈 사람들은 구름과 같이 어둡다. 어디를 가든지 비와 울음소리가 따라다닌다. 태도가 적극적이고 주동적인 사람만이 즐거운 삶을 찾을 수 있다. 반대로, 늘 상심하고 슬픈 사람들은 사람들에게 번뇌를 가져다 줄 것이다.
★ 这段话告诉我们什么？	★ 이 글은 우리에게 무엇을 알려주는가?
A 做人要积极 B 要适应环境 C 要找回信心 D 要信任别人	**A 사람은 적극적이어야 한다** B 환경에 적응해야 한다 C 자신감을 되찾아야 한다 D 다른 사람을 믿어야 한다

해설 질문에서 이 글의 교훈을 묻고 있다. 보기의 키워드로 A는 积极(적극적이다), B는 适应环境(환경에 적응하다), C는 找回信心(자신감을 되찾다), D는 信任别人(다른 사람을 믿다)을 삼고 지문과 대조한다. 지문에서 즐거운 사람의 장점을 말하면서 只有态度积极主动的人，才能找到快乐的生活(태도가 적극적이고 주동적인 사람만이 즐거운 삶을 찾을 수 있다)라고 했다. 따라서 정답은 A이다.

Tip▶ 조건 관계의 접속사 无论
无论 뒤에는 의문 형식이 오며, 뒷절에 '都, 也' 등의 부사와 함께 쓰인다.
• **호응 구조: [无论/不管/不论A，都/也B]** A에 관계없이 모두 B하다
예 无论吃什么**都**可以。 무엇을 먹든지 다 괜찮다.

어휘 快乐 kuàilè 형 즐겁다 像 xiàng 동 ~와 같다 太阳 tàiyáng 명 태양, 햇빛 无论A，都B wúlùn A, dōu B 접 A에도 막론하고 B하다 照 zhào 동 비치다 비추다 明亮 míngliàng 형 (빛이) 밝다, 환하다 伤心 shāngxīn 동 상심하다 乌云 wūyún 명 검은 구름 不管A，都B bùguǎn A, dōu B 접 A에 관계없이 모두 B하다 雨滴 yǔdī 명 빗방울 只有A，才B zhǐyǒu A, cái B 접 A해야만 B하다 态度 tàidu 명 태도 积极 jījí 형 긍정적이다, 적극적이다 主动 zhǔdòng 동 자발적인, 주동적인 找 zhǎo 동 찾다 生活 shēnghuó 명 생활 相反 xiāngfǎn 동 상반되다 总是 zǒngshì 부 늘, 항상 难过 nánguò 형 슬프다, 괴롭다 带来 dàilái 동 가져오다 烦恼 fánnǎo 동 번뇌하다, 걱정하다 适应 shìyìng 동 적응하다 环境 huánjìng 명 환경 找回 zhǎohuí 동 되찾다 信心 xìnxīn 명 자신감 信任 xìnrèn 동 신임하다 别人 biérén 대 다른 사람

71

从20世纪起，环境污染越来越严重了，其中主要原因是由大量的塑料垃圾引起的。甚至在世界上最深的海洋中也发现了塑料垃圾。研究者指出，将来在我们历史里，塑料会成为我们发现最多的东西。	20세기부터 시작해서, 환경 오염은 점점 심각해지고 있다. 그중 주된 원인은 대량의 플라스틱 쓰레기로 인한 것이다. 심지어 세계의 가장 깊은 바닷 속에서도 플라스틱 쓰레기가 발견되었다. 연구원은 미래의 우리 역사에서, 플라스틱이 우리가 가장 많이 발견하는 물건이 될 것이라고 지적했다.
★ 这段话主要想告诉我们什么？	★ 이 글은 주로 우리에게 무엇을 알려주려고 하는가?
A 别破坏森林 B 要节约用水 **C 塑料垃圾太多** D 不要浪费时间	A 숲을 파괴하지 마라 B 물을 절약해야 한다 **C 플라스틱 쓰레기가 너무 많다** D 시간을 낭비하지 마라

해설 질문에서 이 글의 중심 내용을 묻고 있다. 보기의 키워드로 A는 破坏森林(숲 파괴), B는 节约用水(물 절약), C는 塑料垃圾(플라스틱 쓰레기), D는 浪费时间(시간 낭비)를 삼고 지문과 대조한다. 지문은 환경 오염을 언급하며 플라스틱 쓰레기가 너무 많다고 했고 연구원의 말을 将来在我们历史里, 塑料会成为我们发现最多的东西(미래의 우리 역사에서, 플라스틱이 우리가 가장 많이 발견하는 물건이 될 것이다)라고 인용했다. 따라서 이 글의 중심 내용은 C이다.

어휘 世纪 shìjì 명 세기   环境 huánjìng 명 환경   污染 wūrǎn 명 통 오염(시키다)   越来越 yuèláiyuè 부 더욱더, 갈수록   严重 yánzhòng 형 심각하다   其中 qízhōng 대 그 중에, 그 안에   主要 zhǔyào 형 주요한 부 주로   原因 yuányīn 명 원인   由 yóu 개 ~로 인해, ~로 말미암아 [원인 혹은 방식을 나타냄]   大量 dàliàng 형 대량의   塑料 sùliào 명 플라스틱(plastic)   垃圾 lājī 명 쓰레기   引起 yǐnqǐ 통 야기하다, 끌다   甚至 shènzhì 접 심지어, ~까지도   世界 shìjiè 명 세계   最 zuì 부 가장, 최고   深 shēn 형 깊다   海洋 hǎiyáng 명 해양   发现 fāxiàn 통 발견하다   指出 zhǐchū 통 밝히다, 지적하다   将来 jiānglái 명 장래, 미래   历史 lìshǐ 명 역사   成为 chéngwéi 통 ~이 되다   东西 dōngxi 명 물건   别 bié 부 ~하지 마라   破坏 pòhuài 통 파괴하다   森林 sēnlín 명 삼림, 숲   节约 jiéyuē 통 절약하다   浪费 làngfèi 통 낭비하다

★★☆ 상

72

与人交流时，有些人往往"口不对心"。就是说有人习惯嘴上说"没关系"，"不用担心我"等，但是他们却愿意得到你的支持和鼓励。如果你看不出他们的心里话，就会让他们感到很失望。	사람들과 교류할 때, 어떤 사람들은 항상 '말과 생각이 다르다'. "괜찮아", "내 걱정은 할 수 없어"라고 습관적으로 말하는 사람이 있다. 그러나 그들은 오히려 당신의 지지와 격려를 받고 싶어 한다. 만일 당신이 그들의 마음속 말을 알아채지 못한다면, 그들로 하여금 실망을 느끼게 할 것이다.
★ "口不对心"的意思最可能是：	★ '口不对心'의 의미는 무엇인가?
A 做事很马虎 B 长期坚持 C 说话很直接 **D 说的和想的不同**	A 일을 대충하다 B 오랜 기간 꾸준히 하다 C 말이 직설적이다 **D 말과 생각이 같지 않다**

해설 질문에서 단어의 의미를 묻고 있다. 지문에서 따옴표 안의 단어 이후에 就是说有人习惯嘴上说"没关系"，"不用担心我"等，但是他们却愿意得到你的支持和鼓励("괜찮아", "내 걱정은 할 거 없어"라고 습관적으로 말하는 사람이 있다. 그러나 그들은 오히려 당신의 지지와 격려를 받고 싶어 한다)라고 하면서 부연 설명을 했다. 표면적인 말과 내면적인 생각이 서로 다르다는 뜻이므로 정답은 D이다.

어휘 与 yǔ 개 ~와/과   交流 jiāoliú 통 교류하다   往往 wǎngwǎng 부 늘, 항상   口不对心 kǒu bù duì xīn 성 말하는 것과 속마음이 다르다   习惯 xíguàn 통 습관이 되다   嘴 zuǐ 명 입의 통칭   不用 búyòng 통 ~할 필요 없다   担心 dānxīn 통 걱정하다   但是 dànshì 접 그러나   却 què 부 오히려, 도리어   愿意 yuànyì 통 원하다, 바라다   得到 dédào 통 얻다   支持 zhīchí 통 지지하다   鼓励 gǔlì 통 격려하다   如果A，就B rúguǒ A, jiù B 접 만약 A한다면 B하다   看不出 kànbuchū 통 보고 알아낼 수 없다   心里话 xīnlihuà 명 마음속의 말   感到 gǎndào 통 느끼다   失望 shīwàng 통 실망하다, 낙담하다   马虎 mǎhu 형 소홀히 하다, 적당히 하다   长期 chángqī 명 장기, 긴 시간   坚持 jiānchí 통 견지하다   说话 shuōhuà 통 말하다   直接 zhíjiē 형 직접적인, 직설적인

★★★ 중

73

语言是人们交流的工具之一。除了语言以外，人们还可以通过什么来表达自己的想法呢？第一，幼儿一般用哭来表达自己需要什么。第二，有些人以音乐来表达自己的感情，有时，音乐更容易让人理解。第三，用手或身体的动作来表达想法。	언어는 사람들이 교류하는 도구 중 하나이다. 언어 이외에, 사람들은 무엇을 통해서 자신의 생각을 전달할 수 있을까? 첫째, 유아는 보통 울음을 통해 자신이 무엇을 필요로 하는지 전달한다. 둘째, 일부 사람들은 음악을 통해 자신의 감정을 표현한다. 어떤 때는 음악이 사람을 더욱 쉽게 이해시킬 수 있다. 셋째, 손이나 신체 동작을 사용해서 생각을 표현한다.

★ 根据这段话，音乐表达的感情：	★ 이 글에 근거하여, 음악으로 표현한 감정은?
A 很难理解	A 이해시키기 어렵다
B 印象更深	B 인상이 더욱 깊다
C 易让人听懂	**C 사람들이 쉽게 이해한다**
D 无法接受	D 받아들일 수 없다

해설 질문에서 음악으로 표현한 감정이 어떠한지를 묻고 있다. 지문에서 언어 외에 생각을 전달하는 방법을 소개하면서 有些人以音乐来表达自己的感情，有时，音乐更容易让人理解(일부 사람들은 음악을 통해 자신의 감정을 표현한다. 어떤 때는 음악이 사람을 더욱 쉽게 이해시킬 수 있다)라고 했다. 음악이 감정을 잘 표현해서 다른 사람을 이해시킨다고 했으므로 정답은 C이다.

어휘 语言 yǔyán 몡 언어　交流 jiāoliú 통 교류하다　工具 gōngjù 몡 도구, 수단　之一 zhīyī 몡 ～중의 하나　除了 chúle 깨 ～을 제외하고　通过 tōngguò 깨 ～을 통해　表达 biǎodá 통 표현하다, 전달하다　自己 zìjǐ 때 자기, 자신　想法 xiǎngfǎ 몡 방법　第一 dìyī 쥐 제1, 첫째　幼儿 yòu'ér 몡 유아　一般 yìbān 휑 보통이다, 일반적이다　哭 kū 통 울다　需要 xūyào 통 필요하다　第二 dì'èr 쥐 둘째, 제2　以 yǐ 깨 ～으로, ～을 가지고　音乐 yīnyuè 몡 음악　感情 gǎnqíng 몡 감정　更 gèng 뛰 더욱　容易 róngyì 휑 쉽다, ～하기 쉽다　让 ràng 통 ～하게 하다　理解 lǐjiě 통 이해하다　第三 dìsān 쥐 셋째, 제3　或 huò 젭 혹은, 아니면　身体 shēntǐ 몡 몸, 신체　动作 dòngzuò 몡 동작　难 nán 휑 어렵다　印象 yìnxiàng 몡 인상　深 shēn 휑 깊다　易 yì 휑 쉽다, 용이하다　听懂 tīngdǒng 통 알아듣다　无法 wúfǎ 통 ～할 방법이 없다　接受 jiēshòu 통 받아들이다

★☆☆ 하

74	很多年轻人都愿意去大城市工作。虽然大城市有工作机会多、工资高、工作环境不错等好处，但也有竞争压力大、工作量多等坏处。而小城市就业机会较少、工资较低，但工作量却不多，压力不大、生活比较轻松。	많은 젊은 사람들이 대도시로 일하러 가기를 원한다. 비록 대도시는 취업 기회가 많고, 월급이 높고, 업무 환경이 괜찮다는 장점이 있지만, 그러나 경쟁 스트레스가 심하고, 업무량이 많은 단점도 있다. 소도시는 취업 기회가 비교적 적고, 월급이 적지만 업무량이 오히려 많지 않고, 스트레스도 크지 않으며, 생활이 비교적 편하다.

★ 根据这段话，大城市：	★ 이 글에 근거하여, 대도시는?
A 工作量不多	A 업무량이 많지 않다
B 工作压力大	**B 업무 스트레스가 심하다**
C 工资比较低	C 월급이 비교적 적다
D 招聘机会少	D 채용 기회가 적다

해설 질문에서 대도시에 관한 옳은 내용을 묻고 있다. 지문에서 대도시의 장점을 설명했고, 이어 단점에 대해 有竞争压力大、工作量多等坏处(경쟁 스트레스가 심하고, 업무량이 많은 단점도 있다)라고 했다. 경쟁 스트레스가 심하고 업무량이 많다고 했으므로 정답은 B이다.

어휘 年轻人 niánqīngrén 몡 젊은이　愿意 yuànyì 통 원하다, 바라다　大城市 dàchéngshì 몡 대도시　工作 gōngzuò 통 일하다 몡 업무　虽然A, 但是B suīrán A, dànshì B 젭 비록 A일지라도 그러나 B하다　机会 jīhuì 몡 기회　工资 gōngzī 몡 월급　环境 huánjìng 몡 환경　不错 búcuò 휑 좋다　等 děng 조 등 [열거가 끝남을 표시함]　好处 hǎochu 몡 장점, 좋은 점　竞争 jìngzhēng 통 경쟁하다 몡 경쟁　压力 yālì 몡 스트레스　工作量 gōngzuòliàng 몡 업무량　坏处 huàichu 몡 나쁜 점　就业 jiùyè 통 취업하다, 취직하다　较 jiào 뛰 비교적　低 dī 휑 낮다　却 què 뛰 오히려, 도리어　生活 shēnghuó 통 생활하다 몡 생활　比较 bǐjiào 뛰 비교적　轻松 qīngsōng 휑 수월하다, 홀가분하다　招聘 zhāopìn 통 모집하다, 채용하다

★☆☆ 하

75

重庆市的地理条件很特别，有很多山，交通也很复杂。所以人们把它称为"山城"。如果第一次去重庆市旅游，没有不会迷路的人。

충칭시의 지리 조건은 매우 특별하다. 산이 많고, 교통도 아주 복잡하다. 그래서 사람들은 이곳을 '산간도시'라고 부른다. 만일 충칭시에 처음 여행간다면, 길을 잃지 않는 사람이 없을 것이다.

★ 根据这段话，重庆：

A 河流很多
B 绿茶有名
C 交通复杂
D 气候湿润

★ 이 글에 근거하여, 충칭시는?

A 강이 많다
B 녹차가 유명하다
C 교통이 복잡하다
D 기후가 습하다

해설 질문에서 충칭시에 대한 옳은 내용을 묻고 있다. 보기의 키워드로 A는 河流(강), B는 绿茶(녹차), C는 交通(교통), D는 气候(기후)을 삼고 지문과 대조한다. 지문에서 충칭시가 지리 조건이 특별하다고 하면서 有很多山, 交通也很复杂(산이 많고, 교통도 매우 복잡하다)라고 했다. 따라서 충칭시에 관한 옳은 내용은 C이다.

어휘 重庆市 Chóngqìngshì 지명 충칭시, 중경시   地理 dìlǐ 명 지리   条件 tiáojiàn 명 조건   特别 tèbié 형 특별하다   山 shān 명 산   交通 jiāotōng 명 교통   复杂 fùzá 형 복잡하다   所以 suǒyǐ 접 그래서   把 bǎ 개 ~을/를   称为 chēngwéi 동 ~라고 부르다   山城 shānchéng 명 산간 도시   如果 rúguǒ 접 만약에   第一次 dìyīcì 제1차, 최초, 맨 처음   旅游 lǚyóu 동 여행하다   迷路 mílù 동 길을 잃다   河流 héliú 명 강   绿茶 lǜchá 명 녹차   有名 yǒumíng 형 유명하다   气候 qìhòu 명 기후   湿润 shīrùn 형 습윤하다, 축축하다

★★☆ 상

76

有人说"机会只留给准备好的人"，这句话尽管不是假的，但光有准备也是不够的，机会不是等来的，而是你自己主动去找的，当机会到来临时，千万别错过。

어떤 사람들은 '기회는 준비된 사람에게만 온다'라고 말한다. 이 말은 비록 거짓은 아니지만, 준비만으로는 부족하다. 기회는 기다리는 것이 아니라, 자기가 주동적으로 찾는 것이다. 그래서 기회가 왔을 때, 부디 기회를 놓치지 마라.

★ 根据这段话，我们应该：

A 多与别人交流
B 认真考虑将来
C 丰富工作经历
D 自己去找机会

★ 이 글에 근거하여, 우리는 마땅히 무엇을 해야 하는가?

A 사람들과 많이 교류한다
B 진지하게 미래를 고민한다
C 업무 경험을 풍부하게 한다
D 스스로 기회를 찾는다

해설 질문에서 우리가 해야 하는 일이 무엇인지에 대해 묻고 있다. 보기의 키워드로 A는 交流(교류하다), B는 考虑将来(미래를 고민하다), C는 工作经历(업무 경험), D는 找机会(기회를 찾다)를 삼고 지문과 대조한다. 지문에서 기회를 잡는 것이 준비만으로는 부족하다고 하면서 机会不是等来的, 而是你自己主动去找的(기회는 기다리는 것이 아니라, 자기가 주동적으로 찾는 것이다)라고 했다. 기회를 주동적으로 찾으라고 했으므로 정답은 D이다.

Tip ▶ 독해 3부분에서 주제를 언급할 때 자주 쓰는 구조
 · 호응 구조: [不是A, 而是B] A가 아니라, B이다
   예 他们**不是**中国人, **而是**韩国人. 그들은 중국인이 아니라 한국인이다.

어휘 机会 jīhuì 명 기회   只 zhǐ 부 다만, 단지   留 liú 동 남다, 남기다   准备 zhǔnbèi 동 준비하다   句 jù 양 마디 [말·글의 수를 세는 단위]   尽管A, 但B jǐnguǎn A, dàn B 접 비록 A에도 불구하고 그러나 B하다   假 jiǎ 형 거짓의   光 guāng 부 다만, 단지   够 gòu 형 충분하다   等 děng 동 기다리다   自己 zìjǐ 대 자기, 자신   主动 zhǔdòng 형 자발적인, 주동적인   找 zhǎo 동 찾다

来临 láilín 통 이르다, 도래하다 　千万 qiānwàn 분 부디, 제발 　别 bié 분 ~하지 마라 　错过 cuòguò 통 놓치다 　与 yǔ 개 ~
와/과 　别人 biérén 때 다른 사람 　交流 jiāoliú 통 교류하다 　认真 rènzhēn 형 진지하다, 착실하다 　考虑 kǎolǜ 통 고려하다,
생각하다 　将来 jiānglái 명 미래, 장래 　丰富 fēngfù 통 풍부하게 하다 　工作 gōngzuò 통 일하다 명 업무 　经历 jīnglì 명 경험
통 몸소 겪다

★★☆ 하

77

这家公司在专门制造筷子的公司中很有名。与其他公司相比，他们以优质多样的材料来做成筷子，颜色和质量都很不错。因此，不少人都把它作为礼物送给家人或亲友。	이 회사는 젓가락을 전문적으로 제조하는 회사 중에서 유명하다. 다른 회사와 비교했을 때, 그들은 양질의 다양한 재료를 가지고 젓가락을 만들고, 색깔과 품질도 아주 좋다. 그래서, 많은 사람들이 젓가락을 선물로 해서 가족이나 친지들에게 선물한다.
★ 这家公司制造的筷子有什么特点？	★ 이 회사에서 만든 젓가락은 어떤 특징이 있는가?
A 非常轻 **B 质量很好** C 价格不贵 D 只有黑色	A 매우 가볍다 **B 품질이 좋다** C 가격이 비싸지 않다 D 검은색만 있다

해설 질문에서 이 회사에서 만든 젓가락은 어떤 특징이 있는지에 대해 묻고 있다. 보기의 키워드로 A는 轻(가볍다), B는 质量(품질), C는 价格(가격), D는 黑色(검은색)를 삼고 지문과 대조한다. 지문에서 이 회사에서 만든 젓가락에 대해 颜色和质量都很不错(색깔과 품질도 아주 좋다)라고 했다. 따라서 정답은 B이다.

어휘 家 jiā 양 가게·점포를 세는 단위 　公司 gōngsī 명 회사 　专门 zhuānmén 형 전문적이다 　制造 zhìzào 통 제조하다 　筷子 kuàizi 명 젓가락 　有名 yǒumíng 형 유명하다 　与 yǔ 개 ~와/과 　其他 qítā 명 기타 　相比 xiāngbǐ 통 비교하다 　以 yǐ 개 ~으로, ~을 가지고 　优质 yōuzhì 명 양질, 우수한 품질 　多样 duōyàng 형 다양하다 　材料 cáiliào 명 재료 　颜色 yánsè 명 색 　质量 zhìliàng 명 질, 품질 　不错 búcuò 형 좋다 　因此 yīncǐ 접 이로 인하여 　作为 zuòwéi 통 삼다, 여기다 　礼物 lǐwù 명 선물 　送 sòng 통 선물하다 　家人 jiārén 명 가족, 식구 　或 huò 접 혹은, 아니면 　亲友 qīnyǒu 명 친척과 친구 　轻 qīng 형 가볍다 　价格 jiàgé 명 가격 　贵 guì 형 비싸다 　只 zhǐ 분 다만, 단지 　黑色 hēisè 명 검은색

★☆☆ 중

78

这款巧克力有两种口味，一种是含70%可可的，一种是含85%可可的，爱吃黑巧克力的，一定不能错过，配上咖啡和奶茶更好吃。	이 초콜릿은 두 가지 맛이 있다. 하나는 코코아가 70% 함유된 것이고, 하나는 코코아가 85% 함유된 것이다. 다크초콜릿을 좋아하는 사람은 반드시 놓쳐서는 안 된다. 커피나 밀크티와 함께 먹으면 더욱 맛있다.
★ 根据这段话，那款巧克力：	★ 이 글에 근거하여, 그 초콜릿은?
A 冷静下来 **B 味道很好** C 代表甜食 D 增加体重	A 침착하게 한다 **B 맛이 좋다** C 단맛을 대표한다 D 체중을 늘게 한다

해설 질문에서 초콜릿에 대한 옳은 내용을 묻고 있다. 지문에서 이 초콜릿에 대해 爱吃黑巧克力的，一定不能错过，配上咖啡和奶茶更好吃(다크초콜릿을 좋아하는 사람은 반드시 놓쳐서는 안 된다. 커피나 밀크티와 함께 먹으면 더욱 맛있다)고 했으므로 맛이 좋다는 것을 알 수 있다. 따라서 정답은 B이다.

어휘 款 kuǎn 양 종류·스타일·유형을 세는 단위 　巧克力 qiǎokèlì 명 초콜릿 　种 zhǒng 양 종류를 세는 단위 　口味 kǒuwèi 명 맛,

구미, 기호　含 hán 통 함유하다　可可 kěkě 명 코코아　黑巧克力 hēiqiǎokèlì 명 다크 초콜릿　一定 yídìng 부 반드시, 틀림없이　错过 cuòguò 통 놓치다　配 pèi 통 ~에 어울리다　咖啡 kāfēi 명 커피　奶茶 nǎichá 명 밀크 티　更 gèng 부 더욱　好吃 hǎochī 형 맛있다　味道 wèidao 명 맛　代表 dàibiǎo 통 대표하다　甜食 tiánshí 명 단맛의 식품　增加 zēngjiā 통 증가하다　体重 tǐzhòng 명 체중

★★☆ 상

79

很多人认为"一分钱一分货"，这句话的意思是商品的价钱与质量的好坏有关。在一般情况下，材料的质量越高，商品的质量越优秀，价格也较高；材料的质量越低，商品的质量越差，价格越便宜。	많은 사람들이 '제 값을 한다'라고 생각한다. 이 말의 의미는 상품의 가격은 품질이 좋고 나쁨과 관련이 있다는 것이다. 일반적인 상황에서, 재료의 품질이 좋을수록 상품의 품질이 우수하고, 가격도 비교적 높다. 재료의 품질이 낮을수록, 상품 품질이 나쁘고, 가격도 싸다.
★ 根据这段话，便宜的东西：	★ 이 글에 근거하여, 값싼 물건은?
A 很快卖出去 **B 质量没保证** C 不值得购买 D 能吸引顾客	A 빠르게 팔린다 **B 품질이 보장되지 않는다** C 구입할 만한 가치가 없다 D 고객을 매료시킬 수 있다

해설 질문에서 값싼 물건에 대한 옳은 내용을 묻고 있다. 지문에서 품질이 좋을수록 가격도 높다고 하면서 材料的质量越低, 商品的质量越差, 价格越便宜(재료의 품질이 낮을수록, 상품 품질이 나쁘고, 가격도 싸다)라고 했다. 따라서 값싼 물건은 품질이 보장되지 않음을 알 수 있다. 정답은 B이다.

어휘 认为 rènwéi 통 생각하다, 여기다　一分钱一分货 yì fēn qián yì fēn huò 속담 품질(가격)에 따라 가격(품질)이 다르다. 물건에는 제값이 있기 마련이다　句 jù 양 마디 [말·글의 수를 세는 단위]　意思 yìsi 명 뜻, 의미　商品 shāngpǐn 명 상품　价钱 jiàqian 명 값　与 yǔ 개 ~와/과　质量 zhìliàng 명 질, 품질　好坏 hǎohuài 명 좋고 나쁨　有关 yǒuguān 통 관계가 있다　一般 yìbān 형 보통이다, 일반적이다　情况 qíngkuàng 명 상황　材料 cáiliào 명 재료　越A 越 B yuè A yuè B 할수록 B하다　优秀 yōuxiù 형 우수하다　较 jiào 부 비교적　低 dī 형 낮다　差 chà 형 나쁘다, 표준에 못 미치다　便宜 piányi 형 (값이) 싸다　卖 mài 통 팔다　保证 bǎozhèng 통 보증하다　值得 zhídé 통 ~할 만한 가치가 있다　购买 gòumǎi 통 구입하다　吸引 xīyǐn 통 매료시키다, 끌어당기다　顾客 gùkè 명 고객

80-81

一般情况下，⁸⁰对不太熟悉的人，人们往往会根据外界条件或者周围的人对他的看法来判断他是个什么样的人。但实际上，这种方式并不是正确的。⁸¹如果要想真正了解一个人，千万别光听别人怎么说，应该亲自多与他交流，只有这样才能真正认识这个人。	일반적인 상황에서, ⁸⁰잘 모르는 사람에게, 우리는 종종 외부 조건이나 주변 사람의 그에 대한 견해를 토대로 그가 어떤 사람이라고 판단한다. 하지만 사실상, 이런 방식은 결코 정확한 것이 아니다. ⁸¹만일 진정으로 누군가를 알고 싶다면, 부디 다른 사람이 어떻게 말하는지만 듣지 말고, 직접 그 사람과 많이 교류해야 한다. 이렇게 해야만 그 사람을 진정으로 알 수 있다.

어휘 一般 yìbān 형 일반적이다, 보통이다　情况 qíngkuàng 명 상황　熟悉 shúxī 형 익숙하다 통 분명하게 이해하다　往往 wǎngwǎng 부 종종　根据 gēnjù 개 ~에 근거하여　外界 wàijiè 명 외부　条件 tiáojiàn 명 조건　或者 huòzhě 접 혹은, 아니면　周围 zhōuwéi 명 주변, 주위　看法 kànfǎ 명 견해　判断 pànduàn 통 판단하다　但 dàn 접 그러나　实际上 shíjishang 부 사실상, 실제로　种 zhǒng 양 종류를 세는 단위　方式 fāngshì 명 방식　并 bìng 부 결코, 전혀　正确 zhèngquè 형 정확하다　如果 rúguǒ 접 만약에　真正 zhēnzhèng 형 진정한　了解 liǎojiě 통 자세히 알다　千万 qiānwàn 부 부디, 제발　别 bié 부 ~하지 마라　光 guāng 부 오직, 다만　别人 biérén 대 다른 사람　应该 yīnggāi 조동 마땅히 ~해야 한다　亲自 qīnzì 부 직접적인　与 yǔ 개 ~와/과　交流 jiāoliú 통 교류하다　只有A, 才B zhǐyǒu A, cái B 접 A해야만 B하다　认识 rènshi 통 인식하다, 알다

★★☆ 중

80

★ 对不熟悉的人，我们往往根据什么来做出判断？	★ 모르는 사람에 대해, 우리는 종종 어떤 것을 근거로 판단하는가?
A 别人的看法 B 自己的感觉 C 第一印象 D 他人的经验	A 다른 사람의 견해 B 자신의 감각 C 첫인상 D 타인의 경험

해설 질문에서 모르는 사람에 대해 무엇을 근거로 판단하는지를 묻고 있다. 지문에서 对不太熟悉的人，人们往往会根据外界条件或者周围人对他的看法来判断他是个什么样的人(잘 모르는 사람에게, 우리는 종종 외부 조건이나 주변 사람의 그에 대한 견해를 토대로 그가 어떤 사람이라고 판단한다)이라고 모르는 사람에 대한 판단 기준을 언급했다. 외부 조건이나 주위 사람의 견해로 판단한다고 했으므로 정답은 A이다.

어휘 自己 zìjǐ 때 자기, 자신   感觉 gǎnjué 명 감각 통 느끼다   第一印象 dì yī yìnxiàng 첫 인상   他人 tārén 명 타인   经验 jīngyàn 명 경험

★☆☆ 상

81

★ 真正了解一个人，我们应该:	★ 진정으로 사람을 알려면, 우리는 무엇을 해야 하는가?
A 只看外表 B 相信印象 C 光听别人的话 D 多与他交流	A 겉모습만 본다 B 인상을 믿는다 C 다른 사람의 말만 듣는다 D 그와 많이 교류한다

해설 질문에서 진정으로 사람을 알려면, 우리는 무엇을 해야 하는지를 묻고 있다. 지문에서 如果要想真正了解一个人，千万别光听别人怎么说，应该亲自多与他交流(만일 진정으로 누군가를 알고 싶다면, 부디 다른 사람이 어떻게 말하는지만 듣지 말고, 직접 그 사람과 많이 교류해야 한다)라고 하여 다른 사람의 견해가 아니라 그 사람과 직접 많이 교류하라고 했으므로 정답은 D이다.

어휘 只 zhǐ 閉 다만, 단지   外表 wàibiǎo 명 겉모습   相信 xiāngxìn 통 믿다   印象 yìnxiàng 명 인상

82-83

| 人们常说: "冬天到了，春天还会远吗？"，这句浪漫的话是一位著名的诗人留下来的。它的意思就是说在人生的过程中，我们可能会遇到各种各样的困难，那时，83千万不要随便放弃希望，也别怀疑自己。82所有的失败与困难都只是暂时的，它们会随着时间而逐渐没有了，把这些失败和困难作为下一次成功的基础，明天会有新的太阳迎接我们。 | 사람들은 자주 "겨울이 왔으니, 봄은 여전히 먼 것인가?"라는 말을 한다. 이 낭만적인 말은 유명한 시인이 남긴 것이다. 이것의 의미는 인생의 과정에서, 우리가 각양각색의 어려움을 겪게 되는데, 그때 83부디 함부로 희망을 포기하지 말고, 자신을 의심하지 말아야 한다는 것이다. 82모든 실패와 어려움은 잠깐 뿐이기 때문에, 이것들은 시간이 지남에 따라 점차 없어질 것이다. 이러한 실패와 어려움을 다음 성공의 기초로 삼아야 내일 새로운 태양이 우리를 맞아줄 것이다. |

어휘 冬天 dōngtiān 명 겨울   春天 chūntiān 명 봄   远 yuǎn 형 멀다   句 jù 양 마디 [말·글의 수를 세는 단위]   浪漫 làngmàn 형 낭만적이다   位 wèi 양 분 [존댓말]   著名 zhùmíng 형 저명하다, 유명하다   诗人 shīrén 명 시인   留 liú 통 남기다   意思 yìsi 명 뜻, 의미   人生 rénshēng 명 인생   过程 guòchéng 명 과정   遇到 yùdào 통 (우연히) 만나다, 봉착하다   各种各样 gè zhǒng gè yàng 성 각양각색, 여러 종류 困难 kùnnan 형 곤란하다 명 어려움 千万 qiānwàn 부 부디, 제발 随便 suíbiàn 동 마음대로 하다 放弃 fàngqì 동 포기하다 希望 xīwàng 동 희망하다 명 희망 别 bié 부 ~하지 마라 怀疑 huáiyí 동 의심하다 自己 zìjǐ 대 자기, 자신 所有 suǒyǒu 형 모든, 전부의 失败 shībài 명 동 실패(하다) 与 yǔ 개 ~와/과 只 zhǐ 부 단지, 다만 暂时 zànshí 명 잠시, 잠깐 随着 suízhe 개 ~함에 따라서 逐渐 zhújiàn 부 점차, 점점 作为 zuòwéi 동 ~로 삼다, 여기다 成功 chénggōng 명 동 성공(하다) 基础 jīchǔ 명 토대, 기초 太阳 tàiyáng 명 태양 迎接 yíngjiē 동 맞이하다, 영접하다

★★★ 상

82

★ 根据这段话，困难和失败？	★ 이 글을 근거로, 어려움과 실패는?
A 只是暂时的	A 잠깐일 뿐이다
B 仍然留着	B 여전히 남아있다
C 主动想办法	C 주동적으로 방법을 생각한다
D 无法解决	D 해결할 방법이 없다

해설 질문에서 어려움과 실패에 대한 옳은 내용을 묻고 있다. 지문에서 困难和失败(어려움과 실패)가 언급된 부분에서 所有的失败与困难都只是暂时的(모든 실패와 어려움은 잠깐 뿐이기 때문에)라고 했다. 따라서 정답은 A이다.

어휘 仍然 réngrán 부 변함없이, 여전히 主动 zhǔdòng 부 자발적인, 주동적인 办法 bànfǎ 명 방법 无法 wúfǎ 동 ~할 방법이 없다 解决 jiějué 동 해결하다

★★★ 상

83

★ 这段话主要讲什么？	★ 이 글은 무엇을 주로 말하는가?
A 勇敢去尝试	A 용감하게 시도해라
B 不要轻易放弃	B 쉽게 포기하지 마라
C 要禁止吸烟	C 흡연을 금지해야 한다
D 要有怀疑精神	D 의구심을 가져야 한다

해설 질문에서 이 글의 중심 내용을 묻고 있다. 보기의 키워드로 A는 尝试(시도하다), B는 不要放弃(포기하지 않다), C는 禁止吸烟(흡연 금지), D는 怀疑精神(의구심)을 삼고 지문과 대조한다. 지문에서 千万不要随便放弃希望(부디 함부로 희망을 포기하지 마라)이라고 했으므로 키워드가 언급된 B가 정답이다.

어휘 勇敢 yǒnggǎn 동 용감하다 尝试 chángshì 동 시도해보다 轻易 qīngyì 부 쉽게, 경솔하게, 제멋대로 禁止 jìnzhǐ 동 금지하다 吸烟 xīyān 동 담배를 피다 精神 jīngshén 명 정신

84-85

人们都希望自己可以过上很幸福的日子。那么85究竟什么才是真正的幸福？有人说帮助别人是一种幸福；有人说赚很多钱是一种幸福；还有人说健康才是真正的幸福。而84我认为幸福感的高低由生活态度来决定，85不管你认为幸福是什么，只要你用心去找，就一定能发现它。

사람들은 자신이 행복한 삶을 보내기를 희망한다. 그렇다면 85도대체 무엇이 진정한 행복인가? 어떤 사람은 다른 사람을 돕는 것을 행복이라고 생각하고, 어떤 사람은 돈을 많이 버는 것이 행복이라고 생각한다. 또 어떤 사람은 건강이야말로 진정한 행복이라고 생각한다. 84나는 행복감의 높고 낮음은 생활 태도로 결정된다고 생각한다. 85당신이 무엇을 행복이라고 여기든지 주의를 기울이면, 분명 그것을 발견할 수 있을 것이다.

어휘 希望 xīwàng 동 희망하다 自己 zìjǐ 대 자기, 자신 过 guò 동 보내다, 지나다 幸福 xìngfú 형 행복하다 日子 rìzi 명 날, 세월, 시간 那么 nàme 접 그러면, 그렇다면 究竟 jiūjìng 부 도대체 真正 zhēnzhèng 형 진정한 帮助 bāngzhù 동 돕다 명

도움 　别人 biérén 때 다른 사람　种 zhǒng 양 종류를 세는 단위　赚钱 zhuànqián 통 돈을 벌다　健康 jiànkāng 형 건강하다
认为 rènwéi 통 생각하다, 여기다　高低 gāodī 명 높고 낮음, 고저　由 yóu 깨 ~으로, ~으로부터 [근거나 구성 요소를 나타냄]
生活 shēnghuó 통 생활하다 명 생활　态度 tàidu 명 태도　决定 juédìng 통 결정하다　不管 bùguǎn 접 ~을 막론하고　只要
A, 就B zhǐyào A, jiù B 접 A하기만 하면 B하다　用心 yòngxīn 통 주의를 기울이다, 애쓰다　找 zhǎo 명 찾다　一定 yídìng 부
반드시, 틀림없이　发现 fāxiàn 통 발견하다

★★☆ 중

84　★ 说话人认为幸福感高低由什么来决定?　│　★ 화자는 행복감의 높고 낮음은 무엇으로 결정된다고 여기는가?

A 获得成功	A 성공을 얻는 것
B 身体健康	B 몸이 건강한 것
C 收入高低	C 수입의 높고 낮음
D 生活态度	**D 생활 태도**

해설　질문에서 화자가 행복감이 높고 낮음은 무엇으로 결정된다고 여기는지를 묻고 있다. 지문은 행복한 삶에 대한 견해를 나열
하며 我认为幸福感的高低由生活态度来决定(나는 행복감의 높고 낮음은 생활 태도로 결정된다고 생각한다)이라고 했
다. 따라서 행복감의 높고 낮음에 대한 화자의 견해로 알맞은 것은 D이다.

어휘　获得 huòdé 통 얻다　成功 chénggōng 명 통 성공(하다)　收入 shōurù 명 수입

★☆☆ 하

85　★ 最后一句的 "它" 指的是:　│　★ 마지막 문장에서 '그것'이 가리키는 것은?

A 友谊	A 우정
B 幸福	**B 행복**
C 热情	C 열정
D 信任	D 신임

해설　질문에서 它가 가리키는 것을 묻고 있으므로 글의 후반부를 살펴본다. 지문은 '행복'에 관한 글이며, 마지막 문장에서 不管
你认为幸福是什么, 只要你用心去找, 就一定能发现它(당신이 무엇을 행복이라고 여기든지 주의를 기울이면, 분명
그것을 발견할 수 있을 것이다)라고 했으므로 '그것'이 가리키는 것이 B임을 알 수 있다.

어휘　友谊 yǒuyì 명 우정　热情 rèqíng 명 열정　信任 xìnrèn 명 신임

쓰기　**제1부분**

풀이전략　가장 먼저 문장의 술어가 될 수 있는 단어를 찾는다. 그리고 술어와 어울리는 주어와 목적어를 배치한 뒤 관형어, 부
사어와 같은 수식 성분을 배치한다.

★★☆ 중

86　很　城市的　严重　这座　空气污染

관형어	주어	부사어	술어
这座城市的空气	**污染**	**很**	**严重。**
대사+양사+명사+的+명사	명사	정도부사	형용사

이 도시의 공기 오염이 아주 심각하다.

해설 **술어 배치** 제시어 중 동사가 없으므로 형용사 严重(심각하다)을 술어에 배치한다.
주어 목적어 배치 술어 严重의 묘사의 대상으로 空气污染(공기 오염)을 주어에 배치한다.
남은 어휘 배치 정도부사 很(아주)은 부사어이므로 술어 앞에 배치한다. '대사+양사'인 这座(이)는 양사 座와 함께 쓰이는 명사 城市(도시) 앞에 배치하고, 这座城市的(이 도시의)에 구조조사 的(~의)가 결합되어 있으므로 관형어로서 空气污染 앞에 배치하여 문장을 완성한다.

어휘 城市 chéngshì 명 도시   严重 yánzhòng 형 심각하다   座 zuò 양 동, 채 [산·건축물·교량 등의 고정된 물체를 세는 단위]   空气 kōngqì 명 공기   污染 wūrǎn 명 동 오염(시키다)

★★★ 상

87 盐　千万别　往　放太多　这个汤里

부사어	술어	관형어	목적어
千万别往这个汤里	**放**	**太多**	**盐。**
부사+부정부사+개사구(往+대사+양사+명사+방위명사)	동사	정도부사+형용사	명사

부디 이 국에 소금을 너무 많이 넣지 마세요.

해설 **술어 배치** 제시어 중 동사 放(넣다)을 술어에 배치한다. 금지를 나타내는 别(~하지 마라)가 있으므로 주어가 없는 문장임을 예상한다.
주어 목적어 배치 술어 放의 행위의 대상으로 盐(소금)을 목적어에 배치한다.
남은 어휘 배치 개사 往(~을 향해)은 방위명사 里(안)가 있는 这个汤里(이 탕에)와 함께 往这个汤里로 결합시키고, 부사어 千万别(부디 ~하지 마라)를 그 앞에 배치한다. '정도부사+형용사'인 太多(너무 많은)는 목적어 盐 앞에 배치하여 문장을 완성한다.

Tip▶ **부사 千万**
부사 千万은 '부디, 제발'이라는 뜻으로, 뒤에 당부, 부탁을 나타내는 내용이 온다. '千万+要/得/不能/别/不要'의 형식으로 쓴다!
예 千万不要迟到。 제발 늦지 마세요.

어휘 盐 yán 명 소금   千万 qiānwàn 부 부디, 제발   别 bié 부 ~하지 마라   往 wǎng 개 ~을 향해서   放 fàng 동 넣다, 놓다   汤 tāng 명 국

★★☆ 중

88 你　祝贺　大奖　科学竞赛的　获得了

술어1	목1/주2	술어2	관형어	목적어2
祝贺	**你**	**获得了**	**科学竞赛的**	**大奖。**
동사	대사	동사+了	명사+명사+的	명사

네가 과학 경진 대회에서 대상을 받은 것을 축하해.

해설 **술어 배치** 제시어에 祝贺(축하하다)가 있으므로 술어1에 배치하고 겸어문 구조를 떠올린다. 또 다른 동사 获得(얻다)는 술어2에 배치한다.

주어 목적어 배치 동사 祝贺를 활용한 축하문은 '祝贺+A(축하하는 대상)+B(축하하는 내용)'의 형식으로 'A가 B한 것을 축하하다'를 나타낸다. 따라서 祝贺의 목적어이자 获得의 주어로 你(너)를 배치하고, 获得의 목적어로 大奖(대상)을 배치한다.

남은 어휘 배치 구조조사 的와 결합된 科学竞赛的(과학 경진 대회의)는 목적어 大奖 앞에 관형어로 배치하여 문장을 완성한다.

Tip▶ 시험에 자주 출제되는 축하 표현
   • 호응 구조: [祝贺 + A(축하하는 대상) + B(축하하는 내용)] A가 B한 것을 축하하다
   예 祝贺你顺利找到了一份好工作。 순조롭게 좋은 일자리 구한 거 축하해.

어휘 祝贺 zhùhè 통 축하하다   大奖 dàjiǎng 명 대상   科学 kēxué 명 과학   竞赛 jìngsài 통 경쟁하다   获得 huòdé 통 얻다

★★★ 상

89 说明一下   你快   这个情况   将   简单地

주어	부사어	将+목적어	부사어	술어	보어
你 대사	快 부사	将这个情况 개사구(将+대사+양사+명사)	简单地 형용사+地	说明 동사	一下。 동량사
어서 이 상황을 간단하게 설명해보세요.					

해설 **술어 배치** 제시어 중 동량사 一下와 결합된 동사 说明(설명하다)을 술어에 배치한다. 将(~을/를)이 있으므로 把자문 구조를 예상한다.

주어 목적어 배치 술어 说明의 행위의 주체로 你(너)를 주어에 배치하고, 행위의 대상으로 这个情况(이 상황)을 将의 목적어에 배치한다.

남은 어휘 배치 부사어의 어순 [부사+조동사+'……地(동작자 묘사)'+개사구+'……地(동작 묘사)']에 따라 부사 快(어서)는 개사 将 앞에 배치하고, 구조조사 地(~하게)가 결합되어 있는 简单地(간단하게)는 동작을 꾸며주므로 술어 说明 앞에 배치하여 문장을 완성한다.

어휘 说明 shuōmíng 통 설명하다   情况 qíngkuàng 명 상황   将 jiāng 개 ~을/를   简单 jiǎndān 형 간단하다

★★★ 중

90 发现的   往往都是   很多发明   从生活中

관형어	주어	부사어	술어	목적어
很多 정도부사+형용사	发明 명사	往往都 부사+부사	是 동사	从生活中发现的。 개사구(从+명사+방위명사+동사)+的
많은 발명은 종종 생활에서 발견한 것이다.				

해설 **술어 배치** 제시어 중 동사 是(~이다)를 술어에 배치한다.

주어 목적어 배치 술어 是의 주어로 很多发明(많은 발명)을 배치하고 구조조사 的(~의 것)가 결합되어 명사형을 이루고 있는 发现的(발견한 것)를 목적어에 배치한다.

남은 어휘 배치 개사구인 从生活中(생활에서)은 发现的 앞에 부사어로 배치하고, 부사 往往(종종)과 都(모두)는 이미 술어 是과 결합되어 있으므로 很多发明往往都是从生活中发现的로 문장을 완성한다.

어휘 发现 fāxiàn 통 발견하다　往往 wǎngwǎng 분 종종　发明 fāmíng 명 통 발명(하다)　从 cóng 개 ~으로부터　生活 shēnghuó 명 통 생활(하다)

★★★ 종

91 表中的　　重新　　请按照　　姓名顺序　　排列一下

请	주어	술어	보어
请 동사	**按照表中的姓名顺序重新** 개사구(按照+명사+방위사+的+명사+명사)+부사	**排列** 동사	**一下。** 동량사
표의 이름 순서에 따라 다시 배열해주세요.			

해설 **술어 배치** 제시어 중 请(~해주세요)이 있으므로 请자 청유문임을 예상한다. 동량사 一下와 결합되어 있는 동사 排列(배열하다)를 술어에 배치한다.

남은 어휘 배치 개사 按照(~에 따라)의 목적어로 명사 姓名顺序(이름 순서)를 배치하고, 구조조사 的(~의)가 결합된 表中的(표의)는 관형어이므로 姓名顺序 앞에 배치한다. 부사 重新(다시)은 부사어로 排列 앞에 배치하고, 一下(좀 ~하다)는 이미 술어 뒤에 결합되어 있으므로 请按照表中的姓名顺序重新排列一下로 문장을 완성한다.

어휘 表 biǎo 명 표　重新 chóngxīn 분 다시, 새로　按照 ànzhào 개 ~에 따라, ~에 의해　姓名 xìngmíng 명 성명　顺序 shùnxù 명 순서　排列 páiliè 통 배열하다

★★★ 상

92 一公里　　我们距离　　入口　　高速公路　　只有

주어	부사어	술어	목적어
我们 대사	**距离高速公路入口只** 동사+명사+부사	**有** 동사	**一公里。** 수사+양사
우리는 고속도로 진입로에서 1킬로미터밖에 떨어져 있지 않다.			

해설 **술어 배치** 제시어 중 술어가 될 수 있는 동사 有(있다)를 술어에 배치한다. 距离(떨어지다)가 있으므로 거리를 나타내는 'A 距离B有……(A가 B로부터 ~만큼 떨어져 있다)'의 형식을 예상한다.

주어 목적어 배치 술어 有의 목적어로 수량사 一公里(1킬로미터)를 배치하고, 주어로 대사 我们(우리)을 배치한다.

남은 어휘 배치 장소를 나타내는 단어 高速公路(고속도로)와 入口(입구)는 高速公路入口로 결합시킨 뒤, 이것을 다시 距离 뒤에 배치하여 문장을 완성한다.

Tip▶ **거리를 나타내는 개사 离**

　•**호응 구조: [A + 离(距离) + B(공간상 거리의 기준점) + 远/近/有A公里]** A가 B로부터 멀다/가깝다/A킬로미터 떨어져 있다

　　예 北京**离**上海大约有多少公里? 베이징은 상하이로부터 대략 몇 킬로미터 떨어져 있나요?

어휘 公里 gōnglǐ 명 킬로미터(km)　距离 jùlí 통 (~로 부터) 떨어지다, 사이를 두다　入口 rùkǒu 명 입구　高速公路 gāosùgōnglù 명 고속도로　只 zhǐ 분 오직, 다만

★★☆ 중

93 什么是　幸福　究竟　真正的　你认为

주어	술어	목적어
你 대사	**认为** 동사	**究竟什么是真正的幸福?** 문장(부사+대사+동사+형용사+的+명사)

당신은 도대체 무엇이 진정한 행복이라고 생각합니까?

해설 **술어 배치** 제시어에 동사가 2개가 있다. 동사 认为(생각하다)와 是(~이다) 중에서 认为가 你(당신)와 결합되어 있으므로 술어에 배치한다.

주어 목적어 배치 술어 认为는 문장을 목적어로 취할 수 있다. '주어+술어'의 구조인 什么是(무엇이 ~이다) 뒤에 幸福(행복)를 목적어로 배치하고, 문장 什么是幸福를 认为의 목적어에 배치한다.

남은 어휘 배치 구조조사 的가 결합된 真正的(진정한)는 관형어이므로 幸福 앞에 배치하고, 究竟은 의문 형태를 취하는 부사이므로 什么 앞에 배치하여 문장을 완성한다.

Tip▶ **부사 究竟**
부사 究竟은 '도대체'라는 뜻으로 의문문에 주로 사용한다. 유사한 표현으로 到底가 있다.
예 现在都8点了，他**究竟**几点来？ 지금 벌써 8시가 넘었는데, 그는 도대체 몇 시에 오는 거야?

어휘 幸福 xìngfú 휑 행복하다 몡 행복　究竟 jiūjìng 튀 도대체　真正 zhēnzhèng 휑 진정한　认为 rènwéi 동 생각하다, 여기다

★★★ 상

94 鼓掌起来　观众们　获奖者　台下的　都为那位

관형어	주어	부사어	술어	보어
台下的 명사+的	**观众们** 명사	**都为那位获奖者** 부사+개사구(为+대사+양사+명사)	**鼓掌** 동사	**起来。** 동사

무대 아래의 관중들은 그 수상자를 위해 박수를 쳤다.

해설 **술어 배치** 제시어 중 방향보어 起来와 결합되어 있는 동사 鼓掌(박수를 치다)을 술어에 배치한다.

주어 목적어 배치 술어 鼓掌의 행위의 주체로 观众们(관중들)을 주어에 배치한다.

남은 어휘 배치 구조조사 的가 결합된 台下的(무대 아래의)는 관형어이므로 观众们 앞에 배치하고, '대사+양사' 구조인 那位(그)는 명사 获奖者(수상자) 앞에 관형어로 배치한다. 개사구인 为那位获奖者(그 수상자를 위해)는 부사어이므로 술어 鼓掌 앞에 배치하여 문장을 완성한다.

Tip▶ **목적과 원인을 나타내는 개사 为**
① 목적: [주어 + '为A(목적)' + 술어] 누가 A를 위해서 ~하다
예 今天我们**为**大家准备了一些点心。 오늘 우리는 여러분을 위해서 디저트를 준비했어요.
② 원인: [주어 + '为A(원인)' + 술어] 누가 A때문에 ~하다
예 他们还在**为**旅行日程吵架。 그들은 아직 여행 일정 때문에 다투고 있어.

어휘 鼓掌 gǔzhǎng 동 박수를 치다　观众 guānzhòng 몡 관중　获奖者 huòjiǎngzhě 몡 수상자　台下 táixià 몡 무대 아래　位 wèi 양 분 [존댓말]

★★☆ 중

95 态度　　面试时　　交谈　　很重要

부사어	관형어	주어	부사어	술어
面试时 동사+명사	**交谈** 동사	**态度** 명사	**很** 정도부사	**重要。** 형용사
면접 때 대화 태도가 아주 중요하다.				

해설　**술어 배치** 제시어에 정도부사 很(아주)이 결합된 형용사 重要(중요하다)를 술어에 배치한다.
　　　주어 목적어 배치 술어 重要의 묘사의 대상으로 态度(태도)를 주어에 배치한다.
　　　남은 어휘 배치 동사 交谈(대화하다)은 관형어로 态度 앞에 배치하고, 시기를 나타내는 面试时(면접 때)는 전체 문장의
　　　상황을 나타내므로 부사어로 문장 맨 앞에 배치하여 문장을 완성한다.

어휘　态度 tàidu 몡 태도　面试 miànshì 통 면접 시험을 보다 몡 면접　交谈 jiāotán 통 이야기를 나누다. 대화하다　积极 jījí 톙 적
　　　극적이다. 긍정적이다

쓰기　제2부분

[풀이전략]　제시어의 품사와 의미를 파악한다. 사진 속 인물과 상황을 파악하여 제시어를 사용한 주술목 기본 문장을 완성한다.
　　　　　　사진의 배경이 되는 장소, 인물의 표정과 감정을 활용하여 부사어, 관형어, 보어 등의 수식 성분이 있는 문장을 만들
　　　　　　수도 있다.

★★☆ 중

96
精彩(jīngcǎi)는 형용사로 '훌륭하다'라는 뜻이고 사진은 사람들이 경기를 보며 환호성
을 지르는 뒷모습이다.

해설　제시어인 精彩(훌륭하다)를 술어로 삼아 '오늘의 경기는 매우 훌륭했다'라는 문장을 완성한다. 今天的比赛(오늘의 경기)를
　　　주어로 삼고, 정도부사 非常(매우)을 덧붙여 주─술 기본 문장 今天的比赛非常精彩를 완성한다. 더 나아가 훌륭한 경기를
　　　본 후 감동했다는 내용으로 我们都感动得哭了起来(우리는 울 정도로 감동했다)를 추가하여 문장을 완성할 수도 있다.

정답　**기본** 今天的比赛非常**精彩**。　오늘의 경기는 매우 훌륭했다.
　　　확장 看完这场**精彩**的比赛，我们都激动得哭了起来。　이 멋진 경기를 보고 나서, 우리는 울 정도로 감동했다.

어휘　比赛 bǐsài 몡 경기　精彩 jīngcǎi 톙 뛰어나다, 훌륭하다　场 chǎng 양 회, 차례 [문예, 오락, 체육 활동 등에 쓰임]　激动 jīdòng
　　　통 (감정이) 격하게 움직이다. 감동하다　哭 kū 통 울다

97

垃圾桶(lājītǒng)은 명사로 '쓰레기통'이라는 뜻이고 사진은 빈 병이 있는 쓰레기통의 모습이다.

해설 제시어인 垃圾桶(쓰레기통)을 주어로 삼아 '쓰레기통은 어디든 다 있다'라는 문장을 완성한다. 哪儿都(어디든 다)를 부사어로 삼고 有(있다)를 술어로 삼아 기본 문장 垃圾桶哪儿都有를 완성한다. 더 나아가 빈 병을 쓰레기통에 버려달라는 협조문을 请자 청유문을 사용하여 请把空瓶扔进垃圾桶里(빈 병을 쓰레기통에 버려주세요)로 표현하고 비유적인 문장 给垃圾找个合适的家(쓰레기에게 알맞은 집을 찾아주세요)를 추가할 수도 있다.

정답 **기본** 垃圾桶哪儿都有。 쓰레기통은 어디든 다 있다.
확장 请把空瓶扔进垃圾桶里，给垃圾找个合适的家，谢谢你们的配合。 빈 병을 쓰레기통에 버려주세요. 쓰레기에게 알맞은 집을 찾아주세요. 협조해주셔서 감사합니다.

어휘 垃圾桶 lājītǒng 몡 쓰레기통 把 bǎ 꽤 ~을/를 空瓶 kōngpíng 몡 빈 병, 공병 垃圾 lājī 몡 쓰레기 找 zhǎo 통 찾다 合适 héshì 혱 알맞다, 적당하다 配合 pèihé 통 협동하다

98

厚(hòu)는 형용사로 '두껍다'라는 뜻이고 사진은 매우 두꺼운 책 한 권이 테이블 위에 놓여져 있는 모습이다.

해설 제시어인 厚(두껍다)를 술어로 삼아 '이 책은 매우 두껍다'라는 문장을 완성한다. 这本书(이 책)를 주어로 삼고, 정도부사 非常(매우)을 덧붙여 주—술 기본 문장 这本书非常厚를 완성한다. 더 나아가 '虽然A，但是B(비록 A일지라도 그러나 B하다)'의 접속사 형식을 사용하여 这本书虽然很厚，但是内容十分有趣(이 책은 비록 두껍지만, 내용이 매우 재미있다)라는 문장으로 만들 수도 있다.

정답 **기본** 这本书非常厚。 이 책은 매우 두껍다.
확장 这本书虽然很厚，但是内容十分有趣，我可能要用一天的时间才能看完。 이 책은 비록 두껍지만, 내용이 매우 재미있어서, 하루를 써야 다 볼 수 있을 것이다.

어휘 书 shū 몡 책 厚 hòu 혱 두껍다 虽然A，但是B suīrán A, dànshì B 졥 비록 A일지라도 그러나 B하다 内容 nèiróng 몡 내용 十分 shífēn 閉 십분, 매우 有趣 yǒuqù 혱 재미있다 可能 kěnéng 閉 아마도 时间 shíjiān 몡 시간

99

挂(guà)는 동사로 '걸다'라는 뜻이고 사진은 남자와 여자가 그림을 벽에 걸고 있는 모습이다.

해설 제시어인 挂(걸다)를 술어로 삼아 '아이가 그린 그림을 그곳에 거는 것이 어때?'라는 문장을 완성한다. 孩子画的画儿(아이가 그린 그림)을 주어로 삼고, 보어로 在那儿(그곳에)을 술어 뒤에 배치하고, 의견을 묻는 怎么样(어때)을 덧붙여 기본 문장 孩子画的画儿挂在那儿, 怎么样?을 완성한다. 더 나아가 그림을 세는 양사 幅(폭)와 구체적인 장소 大门那儿 (대문 쪽)을 사용하고, 부연 설명 这样做出门时都能看到它(외출할 때마다 그림을 볼 수 있어)를 추가한 문장을 완성할 수도 있다.

정답 **기본** 孩子画的画儿**挂**在那儿, 怎么样? 아이가 그린 그림 그곳에 거는 것이 어때?
　　 확장 我看把这幅画**挂**在大门那儿最好, 这样出门时就能看到它. 내가 보기에는 이 그림 대문 쪽에 거는 게 가장 좋을 거 같아. 외출할 때마다 그림을 볼 수 있어.

어휘 孩子 háizi 몡 아이　画画(儿) huàhuà(r) 통 그림을 그리다　挂 guà 통 걸다　把 bǎ 개 ~을/를　幅 fú 양 폭 [그림을 세는 단위]　大门 dàmén 몡 대문　出门 chūmén 통 외출하다

★★★ 중

100　　咳嗽(késou)는 동사로 '기침하다'라는 뜻이고 사진은 남자가 기침을 심하게 하는 모습이다.

해설 제시어인 咳嗽(기침하다)를 술어로 삼아 '그가 왜 갑자기 기침을 하지, 감기에 걸렸나?'라는 문장을 완성한다. 他(그)를 주어로 삼고, 怎么突然(왜 갑자기)을 부사어로 삼고, 의문문 感冒了吗?(감기 걸렸나?)를 덧붙여 기본 문장 他怎么突然咳嗽, 感冒了吗?를 완성한다. 더 나아가 기침하는 정도를 표현한 这么厉害(이렇게 심하게)를 보어에 사용하고, 제안하는 내용인 你让他赶紧回家休息(그에게 어서 집에 가서 쉬라고 해)를 추가한 문장을 완성할 수도 있다.

정답 **기본** 他怎么突然**咳嗽**, 感冒了吗? 그가 왜 갑자기 기침을 하지, 감기에 걸렸나?
　　 확장 他怎么突然**咳嗽**得这么厉害, 脸色也不好, 你让他赶紧回家休息. 그는 왜 갑자기 기침을 이렇게 심하게 할까, 안색도 안 좋고, 어서 집에 가서 쉬라고 해.

어휘 怎么 zěnme 대 어떻게, 어찌하여, 어떠하다　突然 tūrán 뷔 갑자기　咳嗽 késou 통 기침하다　感冒 gǎnmào 통 감기에 걸리다　厉害 lìhai 혱 심하다, 대단하다　脸色 liǎnsè 몡 안색　让 ràng 통 ~하게 하다　赶紧 gǎnjǐn 뷔 서둘러, 재빨리　回家 huíjiā 통 집으로 돌아가다　休息 xiūxi 통 휴식하다

I wish you the best of luck!

좋은 책을 만드는 길
독자님과 함께하겠습니다.

도서에 궁금한 점, 아쉬운 점, 만족스러운 점이
있으시다면 어떤 의견이라도 말씀해 주세요.
시대고시기획은 독자님의 의견을 모아 더 좋은 책으로 보답하겠습니다.

www.sidaegosi.com

HSK 4급 고수들의 막판 7일! 실전모의고사 500제

초판1쇄 발행	2021년 04월 05일(인쇄 2021년 02월 17일)
발 행 인	박영일
책 임 편 집	이해욱
저 자	이지현, 김보름
감 수	陈英
편 집 진 행	이지현, 신기원
표지디자인	이미애
편집디자인	양혜련, 장성복
발 행 처	(주)시대고시기획
출 판 등 록	제 10-1521호
주 소	서울시 마포구 큰우물로 75 [도화동 538 성지 B/D] 9F
전 화	1600-3600
팩 스	02-701-8823
홈 페 이 지	www.sidaegosi.com
I S B N	979-11-254-9344-0 (13720)
정 가	17,000원
